Uwe Kettermann, Andreas Rohde

Inside Microsoft DirectX 9-Spieleprogrammierung

Uwe Kettermann, Andreas Rohde

Inside Microsoft DirectX 9-Spieleprogrammierung

Uwe Kettermann, Andreas Rohde: Inside Microsoft DirectX 9-Spieleprogrammierung
Microsoft Press Deutschland, Konrad-Zuse-Str. 1, 85716 Unterschleißheim
Copyright © 2006 by Microsoft Press Deutschland

15 14 13 12 11 10 9 8 7 6 5 4 3 2 1
08 07 06

ISBN 3-86063-096-2

© Microsoft Press Deutschland
(ein Unternehmensbereich der Microsoft Deutschland GmbH)
Konrad-Zuse-Str. 1, D-85716 Unterschleißheim
Alle Rechte vorbehalten

Fachlektorat: Georg Weiherer, Münzenberg
Korrektorat: Karin Baeyens, Siegen
Layout und Satz: Gerhard Alfes, mediaService, Siegen (www.media-service.tv)
Umschlaggestaltung: Hommer Design GmbH, Haar (www.HommerDesign.com)
Gesamtherstellung: Kösel, Krugzell (www.KoeselBuch.de)

Inhaltsverzeichnis

Vorwort

Danksagung

Die Autoren danken auch bei diesem Projekt Christoph, Kim, Maya, Sebastian, Vera und
Yvonne für ihre Geduld und Unterstützung. Dabei möchten wir uns für die Entbehrungen und den Verzicht
entschuldigen, den unsere Familien durch die Arbeit an diesem Buch erlitten haben.

Was ist DirectX

DirectX ist eine von Microsoft eingeführte API, welche als Schnittstelle zwischen Hardware und Software
agiert und speziell auf die Bedürfnisse eines Spieleprogrammierers zugeschnitten ist. DirectX ist eine leistungsstarke Programmierschnittstelle. Sie verfügt über eine reichhaltige Infrastruktur, welche kaum einen
Wunsch offen lässt. So ist es nicht weiter verwunderlich, dass DirectX das zurzeit dominante Spieleinterface
darstellt. Als DirectX 1995 vorgestellt wurde, wurden quasi alle Spiele unter MS-DOS programmiert. Eine
Programmierung unter Windows war nicht möglich. Dies sollte sich mit DirectX ändern. Dennoch war der
Siegeszug nicht einfach. Zur damaligen Zeit gehörte OpenGL zu den größten Konkurrenten und bot einige
Vorteile.

DirectX oder ...

Neben DirectX gibt es auch andere, zum Teil sehr bekannte Schnittstellen. An erster Stelle muss OpenGL
genannt werden. OpenGL ist wie DirectX ein Spieleinterface, welches über einen ähnlichen Funktionsumfang verfügt. Obwohl sich DirectX und OpenGL vom Funktionsumfang und Programmiertechnik ähneln,
konnte DirectX eine vorherrschende Stellung einnehmen. Dies liegt auch daran, dass DirectX ein fester
Bestandteil von Windows geworden ist. Aber allein durch diese Tatsache ist das nicht zu begründen. Es gibt
sehr wohl eine Reihe von Gründen, welche für DirectX sprechen.

Pro DirectX:

- Eine sehr schnelle Schnittstelle.

- Speziell auf die Bedürfnisse eines Spieleprogrammierers zugeschnitten.

- Bietet durch die Integration in Windows eine sehr hohe Kompatibilität mit den Schnittstellen des
  Betriebssystems.

- Bereits in der Version 9 verfügbar und ist somit als ausgereift zu betrachten.

Kontra DirectX:

- DirectX ist eine geschlossene API. Es ist nicht möglich, zusätzliche Erweiterungen zu integrieren.

- Mangelhafte Dokumentation.

DirectX verfügt über eine klare Struktur. Diese verändert sich von Version zu Version immer ein wenig, aber
die ganz großen strukturellen Änderungen sind recht selten. Beispielsweise entfiel Direct Draw in der Version 8. Ab DirectX Version 8 gibt es kein eigenständiges Direct Draw mehr. Direct Draw war für die Darstellung von 2D Grafiken zuständig. Ebenfalls wurde über DirectX die benötigte Surface für Direct3D erstellt.
Mit der Einführung von DirectX Version 8 verschmolz Direct Draw mit Direct3D.

Solch gravierende Änderungen sind sehr selten und dies ist auch ein Grund für den Siegeszug von DirectX. Ein Programmierer kann ohne Angstschweiß dem Übergang von einer Version zur nächsten entgegenblicken. Die Abwärtskompatibilität gewährleistet zudem eine gewisse Langlebigkeit der erstellten Programme.

Wenn sich die Hardware ändert, kann es zu einem Problem kommen. Auf dem Computermarkt gibt es unzählige Anbieter diverser Hardware. Sie als Programmierer sind auf die Hardware angewiesen und Sie als Programmierer tragen eine gewisse Verantwortung für die Funktionsfähigkeit Ihrer Programme. Das klingt logisch, stellt aber ein gewaltiges Problem dar. Nehmen wir für einen kurzen Augenblick an, es würden lediglich zehn Mainboards und zehn Grafikkarten existieren. Dann hätten Sie bereits eine Testmatrix von 100 Kombinationsmöglichkeiten. Nehmen Sie jetzt noch Soundkarten, Joysticks und sonstiges Equipment hinzu. Sie erkennen, dass man aus dem Testen nicht mehr herauskommt. Wie aber können Sie die Funktionsfähigkeit Ihrer Programme sicherstellen. Zum einen sollten Sie eine signifikante Testumgebung zur Verfügung haben. Wie diese aussehen sollte, ist in erster Linie davon abhängig, in welchem Umfang Ihr Programm vertrieben werden soll.

Bestandteile von DirectX

DirectX ist als Spezialist zum Programmieren von Spielen ins Leben gerufen worden. Nun ist es ein Problem, ein Spezialist für alles zu sein. Deshalb ist es wichtig, dass DirectX in autarke Bereiche gegliedert ist. So kann sich jede Schnittstelle unabhängig voneinander entwickeln. Nun werfen wir einen Blick auf die einzelnen Bereiche von DirectX.

Direct3D

Direct3D ist die Grafikschnittstelle, welche für 2D und 3D Grafik zuständig ist. Es wird Sie vielleicht verwundern, dass Direct3D auch für 2D-Grafiken (obwohl der Name etwas anderes vermuten lässt) zuständig ist. Ursprünglich übernahm DirectDraw den Themenbereich der zweidimensionalen Bilddarstellung, jedoch mit der DirectX Version 8 verschmolz DirectDraw mit Direct3D, und übrig blieb lediglich noch Direct3D.

DirectInput

Der Name verrät auch diesmal den Zuständigkeitsbereich von DirectInput. Diese API kümmert sich um jegliche Möglichkeit mit Eingabegeräten zusammenzuarbeiten. Ob Maus, Tastatur oder Joystick, mit DirectInput haben Sie diese Geräte gut im Griff. Das hört sich nach einem kleinen Aufgabengebiet an, aber berücksichtigen Sie bei Ihren Überlegungen, wie viel unterschiedliche Gerätehersteller sich auf diesem Markt tummeln.

DirectPlay

DirectPlay ist für Netzwerkspiele konzipiert worden. Sie stellt Netzwerkoptionen auf Transportprotokollebenen zur Verfügung. Dabei ist diese Schnittstelle von den Netzwerkprotokollen des Systems unabhängig (zumindest in einem gewissen Rahmen). Die Hauptaufgabe von DirectPlay ist es, die Kommunikation von Programmen zu ermöglichen. Das bedeutet natürlich, es wird die Kommunikation von Spielen ermöglicht.

DirectSound

Mit DirectSound können Sie fast alles machen, was Ihr Musikerherz begehrt. WAV Dateien abspielen Sound-effekt integrieren, Echo, räumlicher Klang, Klang mit Tiefenwirkung … alles ist möglich. Sie können Audio-daten laden und wieder abspielen und dabei auch weiteren Sound parallel abspielen. Ganz besonders inte-ressant ist die Möglichkeit, einen Sound unter Berücksichtigung der dreidimensionalen Spielewelt abzuspielen. Damit ist gemeint, dass eine Soundquelle in der Ferne leiser ist als eine Soundquelle direkt neben dem Betrachter.

Kapitel 1

Vorbereitungen

In diesem Kapitel:

Zielgruppe, Einstiegsvoraussetzungen und Vorkenntnisse

Dieses Buch wendet sich an die Leser, die bereits Erfahrung mit der Programmiersprache C++ haben und nun zusätzlich in die Welt der Multimedia- und Spiele-Programmierung einsteigen wollen. Dabei benötigen Sie keine Kenntnisse im Bereich der DirectX-Programmierung. Wir werden in diesem Buch die Techniken von Anfang an demonstrieren. Dabei werden wir Ihnen alles von der ersten Erstellung eines Direct3D-Devices bis hin zum Einfügen sämtlicher gelernten DirectX-Techniken anhand eines Spielprojekts vorstellen und erläutern.

Welche Voraussetzungen sollten Sie erfüllen, damit Sie mit diesem Buch arbeiten können? Zu allererst sollten Sie viel Spaß an der Programmierung mitbringen und Interesse daran haben, neue Techniken zu erlernen. Da wir auf die Erklärung von C++-Befehlen weitestgehend verzichten werden, sollten Sie bereits Erfahrungen mit dieser Programmiersprache haben. Um die Projekte des Buches optimal nutzen zu können, sollten Sie über ein System mit einer einigermaßen aktuellen Hardware verfügen. Dabei ist eine DirectX9-fähige VGA-Karte Grundvoraussetzung, um die Projekte mit Hardwareunterstützung und damit mit einer passablen Framerate laufen zu lassen. Als Betriebssystem sollte Ihr System mindestens über Microsoft Windows 98 verfügen. Wir empfehlen Ihnen aber den Einsatz von Microsoft Windows XP oder Microsoft Windows Server 2003. Weiterhin sollte Ihnen eine Version von Visual C++ 2002 oder höher zur Verfügung stehen.

Aufbau des Buches

Sie haben sich also dafür entschieden, in die Welt der Spieleprogrammierung einzusteigen. Dazu haben Sie mit der Kombination von C++ und DirectX eine der meistverbreiteten Plattformen für die Entwicklung von 3D- und Multimedia-Applikationen gewählt. Dieses Buch möchte Ihnen auf verständliche Weise einen Einstieg in diese Welt bieten. Was können Sie dabei von diesem Buch erwarten? Im Gegensatz zu anderen Büchern, die sich mit der Programmierung von DirectX beschäftigen, haben wir uns bemüht, jede Technik, die wir demonstrieren und erklären, mit einer funktionsfähigen Applikation und dem kompletten Quellcode auszustatten. Diese befinden sich auf der diesem Buch beiliegenden CD-ROM und sollten immer parallel betrachtet werden. Dabei haben wir immer die wichtigsten Stellen des Sourcecodes ausführlich analysiert und kommentiert. Wichtige Befehle des DirectX-Framework finden Sie in diesem Buch immer direkt an denjenigen Stellen erläutert, an dem sie in den Projekten auftauchen. Sie müssen also nicht erst an einer anderen Stelle des Buches die Erklärung eines Befehles nachschlagen, sondern können direkt im Kapitel weiterlesen.

Dieses Buch ist in zwei Teile aufgeteilt. Im ersten Teil haben wir die Grundlagen des DirectX-Frameworks zusammengefasst und widmen uns weiteren Themen, die zur Spieleprogrammierung unerlässlich sind. Der zweite Teil ist dann die Dokumentation der Erstellung eines kompletten 3D-Spieles. Hier haben wir mit den beschriebenen Techniken des ersten Teils ein komplettes Computerspiel zusammengestellt. Dabei war es uns wichtig, zu zeigen, worauf man achten muss, wenn man die verschiedenen Techniken von DirectX in einem Projekt zusammenfasst.

Diese Aufteilung bietet einen fachlich sortierten Kontext und erleichtert das Nachschlagen von spezifischen Themen. Obwohl die Teile eindeutig voneinander getrennt sind, sind sie nicht zusammenhanglos. Wie empfehlen Ihnen, mit dem ersten Teil des Buches zu beginnen, um sich das nötige Wissen für den zweiten Teil anzueignen. Da die einzelnen Kapitel aufeinander aufbauen, sollten Sie dieses Buch in der entsprechenden Kapitelabfolge lesen. Mit genügend Programmiererfahrung können Sie sich aber auch gezielt bestimmte Kapitel des Buches heraussuchen und die für Sie interessanten Themen durcharbeiten.

Die Beispieldateien zum Buch

Der Quellcode für alle Beispiele dieses Buches ist online verfügbar unter http://www.microsoft.com/germany/mspress/begleitdateien. Tragen Sie im Eingabefeld für die ISBN-Nummer die Zahl 096 ein. Klicken Sie auf Suchen. Nach kurzer Wartezeit erscheint das Suchergebnis. Klicken Sie im Suchergebnis auf den angezeigten Link und speichern Sie die Datei auf Ihrem Computer. Danach installieren Sie die Dateien bitte in das Root-Verzeichnis von Laufwerk „C:\" Ihres Systems. Fragen zu den Beispieldateien und zu diesem Buch können Sie im Forum zum Buch auf *http://www.inside-dx9.de/forum* finden.

Kompatibilität

Die Frage der Kompatibilität der Projekte ist ein schwieriges Thema. Die Entwicklung von DirectX schreitet so schnell voran, dass es fast in jedem Quartal ein Update des Frameworks gibt. Mit diesen Updates wird die Technik zwar immer weiter entwickelt und so mancher Fehler behoben. Es ist aber immer schwer zu sagen, welche Auswirkungen die Änderungen auf bestehenden Sourcecode haben. Wir haben zur Entwicklung der Projekte dieses Buches die DirectX-Version *Microsoft DirectX 9.0 SDK Update (August 2005)* benutzt. Diese sollten Sie auf Ihrem System installieren, um einen Versionskonflikt bei der Arbeit mit den Projekten zu vermeiden. Ein weiterer Punkt, den wir bei dem Thema Kompatibilität ansprechen müssen, ist die Entwicklungsumgebung. Die Projekte dieses Buches sind alle mit der Entwicklungsumgebung *Microsoft Visual Studio .NET (Version 7.1.3088)* erstellt worden und funktionieren auch einwandfrei mit dieser IDE. Zur Unterstützung der neuen Entwicklungsumgebung *Visual C++ 2005 Express Edition*, wurden dann alle Projekte noch einmal für diese IDE konvertiert und getestet. Leider können wir an dieser Stelle die Kompatibilität der Projekte mit der Version 6 von Visual C++ nicht mehr zusichern, da die Kombination DirectX und Visual C++ 6 von Microsoft nicht mehr unterstützt wird.

Sie sollten also möglichst die folgenden Software-Versionen verwenden, um keine Probleme mit der neuen Erstellung der Demoprojekte zu bekommen:

- Microsoft DirectX 9.0 SDK Update (August 2005)
- Microsoft Visual Studio .NET (Version 7.1.3088) oder
- Microsoft Visual C++ 2005 Version 8.0.50727.42

Wichtiger Hinweis

Die in diesem Buch wiedergegebenen Verfahren und Programme werden ohne Rücksicht auf die Patentlage mitgeteilt. Sie sind für Amateur- und Lehrzwecke bestimmt.

Alle technischen Angaben und Programme in diesem Buch wurden von den Autoren mit größter Sorgfalt erarbeitet bzw. zusammengestellt und unter Einschaltung wirksamer Kontrollmaßnahmen reproduziert. Trotzdem sind Fehler nicht ganz auszuschließen. Deshalb sind wir gezwungen, darauf hinzuweisen, dass weder eine Garantie noch die juristische Verantwortung oder irgendeine Haftung für Folgen, die auf fehlerhafte Angaben zurückgehen, übernommen werden kann. Für die Mitteilung eventueller Fehler sind die Autoren jederzeit dankbar.

Microsoft, Windows, DirectX, Visual Studio, Visual Studio .NET, Visual C++, The Microsoft Network und andere Namen von MSP- und/oder Microsoft-Produkten sind eingetragene Warenzeichen von MSP und/oder Microsoft Corporation in USA und anderen Staaten.

Microsoft, Windows, das Windows-Logo sind eingetragene Warenzeichen der Microsoft Corporation.

Visual C++ 2005 Express Edition installieren

Nachdem wir den Aufbau des Buches geklärt haben, kommen wir nun zur Installation der benötigten Komponenten, um die Projekte und Demonstrationsprogramme, die wir für dieses Buch erstellt haben, zu starten und auszuprobieren. Dabei kommen wir auch schon gleich zu dem angenehmsten Punkt bei der Installation der Programme. Alle Programme und Tools, die Sie zur Arbeit mit diesem Buch benötigten sind zurzeit frei erhältlich. Sie können also mit der Programmierung von DirectX starten, ohne zusätzlich Software kaufen zu müssen.

Entwicklungsumgebung installieren

Als besonderes Bonbon konnten wir diesem Buch die Entwicklungsumgebung *Visual C++ 2005 Express Edition* beilegen. Alle weiteren benötigten Softwarepakete können Sie danach ohne Probleme aus dem Internet herunterladen und installieren. Mit der *Visual C++ 2005 Express Edition* bietet Microsoft für alle Einsteiger in die *Visual C++*-Programmierung eine kostenfreie Entwicklungsumgebung an. Diese IDE (*Integrated Development Environment*) können Sie ohne Probleme von der beiliegenden CD installieren.

> **HINWEIS**   Für die Installation der weiteren benötigten Tools empfehlen wir einen schnellen Internetzugang. Sie sollten mindestens über einen DSL-Zugang verfügen, um die Installationsdateien in einem erträglichen Zeitraum herunterladen zu können. Haben Sie dabei keinen Internet-Tarif mit einer Flatrate, können beim Herunterladen der Daten zusätzliche Kosten für Sie entstehen.

Nach dem Einlegen der CD in Ihr System können Sie dann auch schon direkt mit der Installation der Entwicklungsumgebung beginnen. Bevor Sie jedoch die Installation der IDE starten, sollten Sie eventuell bei Ihnen vorhandene Betaversionen der Visual Studio Express Editionen deinstallieren.

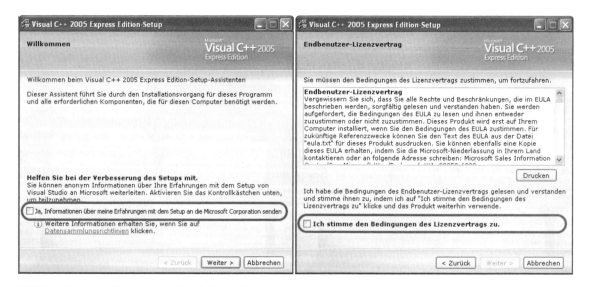

Abbildung 1.1   Lizenzabfrage vor dem Start der Installation

Nach dem Start des Setupprogramms müssen Sie zwei Fragen beantworten, bevor die Installation endgültig ausgeführt wird. Mit der ersten Abfrage auf der linken Seite von Abbildung 1.1 können Sie Ihre Erfahrungen mit den Installationsroutinen von Visual C++ 2005 an Microsoft senden und somit zur Verbesserung dieses Tools beitragen. Bevor Sie sich dafür entscheiden, sollten Sie sich auf den Microsoft-Webseiten zur Datensammlungsrichtlinie (*http://msdn.microsoft.com/vstudio/products/privacy/deu/*) über den genauen Inhalt dieses Berichtes informieren. Die zweite Abfrage auf der rechten Seite von Abbildung 1.1 zeigt die Abfrage zur Annahme des Lizenzvertrags. Diesen Vertrag müssen Sie annehmen, bevor Sie die Installation fortsetzen können. Wir empfehlen Ihnen, den Endbenutzer-Lizenzvertrag (EULA) genau zu lesen, bevor Sie ihn akzeptieren und die Installation der Software fortsetzen.

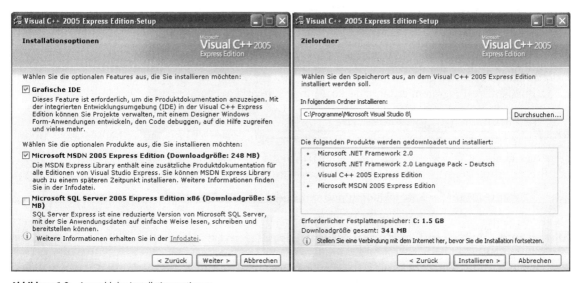

Abbildung 1.2 Auswahl der Installationsoptionen

Die nächsten beiden Schritte bei der Installation der IDE sind die Festlegung des Installationsumfangs und des Pfads, in dem die Software installiert werden soll. Das Kontrollkästchen *Grafische IDE* ist dabei standardmäßig ausgewählt, da es sich hierbei um die eigentliche Entwicklungsumgebung handelt. Wenn Ihre Internetverbindung schnell genug ist, empfehlen wir Ihnen, an dieser Stelle auch das Kontrollkästchen *Microsoft MSDN 2005 Express Edition* zu aktivieren. Dadurch werden auf Ihrem System zusätzliche Hilfeinformationen installiert. Dies spart Ihnen später bei der Arbeit mit Visual C++ 2005 sehr viel Zeit, da sich das System dann nicht für jede Suche in der Hilfe mit der Onlinehilfe-Datenbank verbinden muss. Optional können Sie auch die *Microsoft SQL Server 2005 Express Edition* herunterladen und installieren. Für die Arbeit mit DirectX wird diese allerdings nicht benötigt. Als nächsten Schritt sehen Sie auf der rechten Seite von Abbildung 1.2 ein Fenster, in dem Sie den Installationspfad der Software festlegen können. Diesen Pfad sollten Sie sich merken, da wir ihn im weiteren Verlauf der Installation noch einmal benötigen. Auch sehen Sie in diesem Fenster die Softwarepakete, die im weiteren Verlauf auf Ihr System installiert werden. Dabei wird (falls noch nicht vorhanden) immer das Microsoft .NET Framework 2.0 auf Ihrem System installiert, da dieses die Grundvoraussetzung für die Arbeit mit Visual C++ 2005 bildet. Nachdem Sie den Pfad eventuell angepasst haben, starten Sie die Installation mit einem Klick auf die Schaltfläche *Installieren*.

Abbildung 1.3 Installationsvorgang Visual C++ 2005

Jetzt wird die Installation durchgeführt. Da dieser Vorgang je nach Geschwindigkeit Ihres Systems einige Zeit dauern kann, empfehlen wir Ihnen, jetzt erst mal einen Kaffee trinken zu gehen, damit Sie für die nächsten Schritte der Installation der Entwicklungsumgebung und den zusätzlich benötigten Tools gestärkt sind.

Microsoft Platform Software Developer Kit installieren

Nach der Installation der Entwicklungsumgebung könnten Sie eigentlich schon mit der Entwicklung von .NET Framework-Projekten beginnen. Wir möchten aber bei der Entwicklung der DirectX-Projekte auf das .NET Framework verzichten und lieber reine Win32-Applikationen erstellen. Damit wir dies mit Visual C++ 2005 können, müssen wir nach der Entwicklungsumgebung auch noch das Platform SDK von Microsoft installieren. Wie Sie das SDK zusammen mit der IDE benutzen, werden wir Ihnen im Folgenden erläutern.

Zunächst sollten Sie sich das aktuelle Platform SDK von den Microsoft-Webseiten (*http://www.microsoft.com/downloads/details.aspx?familyid=0BAF2B35-C656-4969-ACE8-E4C0C0716ADB&displaylang=en*) herunterladen und die Installation starten. Auch hier wieder der Hinweis, dass es sich bei den Daten, die hier heruntergeladen werden, um einige hundert Megabyte handelt. Sie sollten deshalb immer zusätzliche Kosten für die Internetverbindung im Auge behalten, wenn Sie keine Flatrate für Ihre Internetverbindung haben sollten.

Auf der angegebenen Website des Platform SDK steht Ihnen die Webinstallation des *Software Developer Kits* zum Herunterladen zur Verfügung. Wählen Sie dabei diejenige *Download*-Schaltfläche aus, die der Systemarchitektur Ihres Computers entspricht.

Files in This Download
The links in this section correspond to separate files available in this download. Download the files most appropriate for you.

File Name:	File Size	
PSDK-amd64.exe	1.2 MB	Download
PSDK-ia64.exe	1.3 MB	Download
PSDK-x86.exe	1.2 MB	Download

↑ Top of page

Abbildung 1.4 Auswahlmöglichkeiten zum Download des Microsoft Platform SDK

Auch an dieser Stelle startet die Installation der Software direkt mit Klick auf eine der drei *Download*-Schaltflächen und ein Dialogfeld wird geöffnet, über das Sie entscheiden können, ob Sie das Installationsprogramm zunächst auf Ihrem System speichern möchten oder das Setup-Programm direkt gestartet werden soll. Mit einem Klick auf die *Ausführen*-Schaltfläche startet die Installation direkt. Bei der Verwendung einer Firewall werden Sie vermutlich gefragt, ob Sie das Programm wirklich ausführen möchten. Dies sollten Sie bestätigen, nachdem Sie die Quelle der Datei überprüft haben.

Abbildung 1.5 Starten der Installation des Platform SDK

Das Setup-Programm startet und informiert Sie zunächst über einige Systemvoraussetzungen, die erfüllt werden müssen, bevor Sie die Installation der Software fortsetzen können. Um das *Software Development Kit* benutzen zu können, benötigen Sie als Betriebssystem entweder Windows Server 2003, Windows XP oder Windows 2000 Server. Zur Installation der Software benötigen Sie darüber hinaus noch den Internet Explorer 6.0 oder höher. Erfüllt Ihr System diese Voraussetzungen, können Sie direkt mit der Installation fortfahren, indem Sie im Dialogfeld auf die Schaltfläche *Next* klicken. Das nächste Dialogfeld der Setup-Routine ist die übliche Abfrage des Endbenutzer-Lizenzvertrages des SDKs. Auch dieses Dokument sollten Sie genau durchlesen, bevor Sie es bestätigen und mit der Schaltfläche *Next* die Installation fortsetzen.

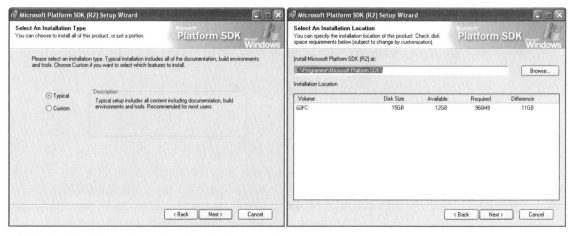

Abbildung 1.6 Installationsoptionen des Software Development Kit

Nach der Bestätigung des Endbenutzer-Vertrags können Sie noch die Installationsoptionen des SDK bestimmen. Zunächst lässt sich die Art und der Umfang der Installation festlegen. Wie Sie auf der linken Seite der Abbildung 1.6 sehen, können Sie dabei zwischen einer typischen Installation der Software wählen oder selbst bestimmen, welche Elemente des SDK installiert werden sollen. Wir empfehlen Ihnen, hier immer die erste Option zu wählen, außer Sie haben nicht mehr genügend Festplattenplatz in Ihrem System zur Verfügung. Anschließend können Sie wieder den Pfad bestimmen, in dem die Software installiert werden soll. Auch diesen sollten Sie sich unbedingt merken, da wir ihn später noch benötigen, um die Entwicklungsumgebung mit dem SDK zu verbinden. Nachdem Sie den Pfad bestimmt haben, werden Sie noch einmal gefragt, ob Sie die Installation wirklich starten wollen. Bestätigen Sie wie gewohnt mit der Schaltfläche *Next*. Die Installation startet nun und wird wohl aufgrund der großen Datenmenge wieder einige Zeit in Anspruch nehmen.

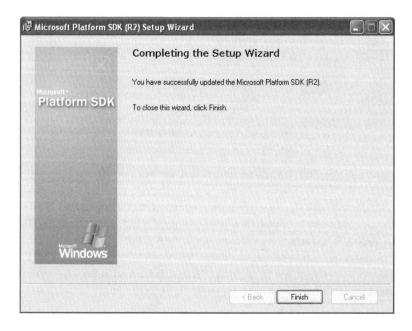

Abbildung 1.7 Fertigstellen der Installation des SDK

Am Ende der Installation müssen Sie jetzt nur noch den Setup-Assistenten des SDK beenden und Ihr System eventuell neu starten, bevor Sie mit der endgültigen Integration der Win32API-Funktionen in die Entwicklungsumgebung der Visual C++ 2005 Express Edition fortfahren können.

Finale Einstellungen der Entwicklungsumgebung

Bevor wir mit der Programmierung von Win32API-Projekten starten können, müssen Sie noch einige manuelle Anpassungen an der IDE durchführen. Dabei empfiehlt sich, von jeder Datei, die Sie im weiteren Verlauf bearbeiten, zuvor eine Sicherheitskopie anzulegen, damit nicht am Ende die gesamte Entwicklungsumgebung unbrauchbar wird.

In Listing 1.1 sehen Sie den Inhalt der Datei *VCProjectEngine.Dll.Express.Config*. Sie befindet sich im Unterverzeichnis *VC\vcpackages* des Installationspfades, der Entwicklungsumgebung. In dieser Datei müssen Sie die Pfadangaben der Entwicklungsumgebung zur Integration der SDK-Libraries und -Header anpassen. In unserem Beispiel haben wir die Pfade so angepasst, dass sie dem bei der Installation des SDK ausgewählten Pfad entsprechen. Dabei müssen Sie darauf achten, dass Sie diesen Pfad mit den entsprechenden Unterverzeichnissen erweitern.

```xml
<?xml version="1.0" encoding="utf-8"?>
<VCPlatformConfigurationFile        Version="8.00">
  <Platform Name="VCProjectEngine.dll" Identifier="Win32">
    <Directories
      Include="$(VCInstallDir)include;
               $C:\Programme\Microsoft Platform SDK\include;
               $(FrameworkSDKDir)include"
      Library="$(VCInstallDir)lib;
               $C:\Programme\Microsoft Platform SDK\lib;
               $(FrameworkSDKDir)lib;
               $(VSInstallDir);
               $(VSInstallDir)lib"
      Path="$(VCInstallDir)bin;
            $C:\Programme\Microsoft Platform SDK\bin;
            $(ProgramFiles)\HTML Help Workshop;
            $(FrameworkSDKDir)bin;
            $(FrameworkDir)
            $(FrameworkVersion);
            $(VSInstallDir);$(PATH)"
      Reference="$(FrameworkDir)$(FrameworkVersion)"
      Source="$(VCInstallDir)crt\src"
    />
  </Platform>
</VCPlatformConfigurationFile>
```

Listing 1.1 Die Datei *VCProjectEngine.Dll.Express.Config* zum Festlegen der benötigten Pfade

Zusätzlich zur Anpassung dieser Datei müssen Sie eine weitere Datei löschen. In Ihrem Benutzer-Verzeichnis im Unterverzeichnis *Anwendungsdaten\Microsoft\VCExpress\8.0* müssen Sie die Datei *vccomponents.dat* löschen, falls diese vorhanden sein sollte.

Anschließend sind noch zwei Modifikationen an der IDE vornehmen, bevor Sie endgültig mit der Arbeit beginnen können. Zunächst müssen Sie die Datei *corewin_express.vsprops* ändern. Diese Datei befindet sich im Unterverzeichnis *VC\VCProjectDefaults* des Installationspfades der Entwicklungsumgebung. In unserer Beispielinstallation also im Verzeichnis *C:\Programme\Microsoft Visual Studio 8\VC\VCProjectDefaults*.

```xml
<?xml version="1.0"?>
<VisualStudioPropertySheet ProjectType="Visual C++" Version="8.00"
                                    Name="Core Windows Libraries">
  <Tool Name="VCLinkerTool"
    AdditionalDependencies="kernel32.lib user32.lib gdi32.lib winspool.lib comdlg32.lib
                         advapi32.lib shell32.lib ole32.lib oleaut32.lib uuid.lib"/>
</VisualStudioPropertySheet>
```

Listing 1.2 Die Datei *corewin_express.vsprops* nach der notwendigen Modifizierung

In dieser Datei müssen zusätzliche Abhängigkeiten der Projekte eingetragen werden. An dieser Stelle werden dann die Win32API-Libraries hinzugefügt, die wir zum einwandfreien Funktionieren der Projekte benötigen. Diese Bibliotheken werden dem Eintrag *AdditionalDependencies* der XML-Datei hinzugefügt. Die benötigten Einträge sind in Listing 1.2 wiederum in Fettschrift dargestellt. Damit kommen wir auch schon zur letzten notwendigen Konfigurationsänderung. Mit den Änderungen, die wir bis jetzt vorgenommen haben, können wir nur bestehende Win32-Projekte öffnen. Zum Erstellen dieser Projekte müssen wir eine weitere Datei verändern. In der Datei *AppSettings.htm* im Unterverzeichnis *VC\VCWizards\AppWiz\Generic\Application\html\1031* sind die Zeilen 441 bis 444 anzupassen:

```
// WIN_APP.disabled = true;
// WIN_APP_LABEL.disabled = true;
// DLL_APP.disabled = true;
// DLL_APP_LABEL.disabled = true;
```

Listing 1.3 Änderungen der Datei *AppSettings.htm*

Bei den vier aufgeführten Zeilen müssen die beiden Schrägstriche am Anfang der Zeile entfernt werden, um die Erstellung von Win32-Projekten in der Entwicklungsumgebung zu unterstützen.

HINWEIS An dieser Stelle möchten wir Sie auf eine Einschränkung der Beispieldateien des Buches bei der Benutzung der *Visual C++ 2005 Express Edition* aufmerksam machen. Um eine größtmögliche Kompatibilität zwischen den einzelnen Visual Studio Versionen zu haben, haben wir die Dialoge der Beispielprogramme in Ressourcen-Dateien gespeichert. Diese Dateien können leider nicht mit dem Form-Designer der *Visual C++ 2005 Express Edition* bearbeitet werden. Wenn Sie also an diesen Dateien mit der beiliegenden IDE Änderungen vornehmen wollen, dann müssen Sie diese im Quellcode der Ressource-Datei vornehmen.

Damit ist die Konfiguration der ersten Entwicklungsumgebung abgeschlossen. Direkt anschließend müssen Sie allerdings noch eine weitere Software installieren, bevor Sie mit der Programmierung von DirectX beginnen können. Es handelt sich dabei um das eigentliche DirectX SDK, damit die Projekte aus diesem Buch geladen und kompiliert werden können. Lesen Sie dazu bitte im Abschnitt »DirectX SDK konfigurieren« weiter hinten in diesem Kapitel weiter.

Visual Studio .NET konfigurieren

Verfügen Sie hingegen über eine Visual Studio .NET-Version, können Sie sich den ganzen gerade beschriebenen Ablauf sparen. Für Ihre Entwicklungsumgebung müssen keine Anpassungen vorgenommen werden, um Win32API-Applikationen zu erstellen oder um mit dem DirectX SDK arbeiten zu können. Sie können daher auch direkt im Abschnitt »DirectX SDK konfigurieren« weiter hinten in diesem Kapitel weiterlesen und wie dort beschrieben das benötigte *DirectX Sofware Development Kit* herunterladen und installieren.

Visual C++ 6 konfigurieren

Leider sind die aktuellen DirectX-SDKs nicht mehr kompatibel zu der Entwicklungsumgebung *Visual C++ 6*. Bis zur Mitte des Jahres 2006 gab es auch noch die Möglichkeit eines Workarounds. Dieser wird dabei aber nicht mehr von Microsoft unterstützt und wir führen diese Version hier nur als Hinweis auf, da auch wir diese Kombination nicht mehr unterstützen können.

Damit Sie trotzdem die meisten der in diesem Buch erstellten Demonstrationsprogramme in dieser Kombination starten können, gibt es die Möglichkeit, DirectX für diese IDE speziell zu konfigurieren. Dabei müssen zwei unterschiedliche Versionen des DirectX SDK heruntergeladen und kombiniert werden. Die Benutzung dieser Methode bietet keine hundertprozentige Unterstützung des DirectX SDK und sollte deshalb nur dann genutzt werden, wenn man unter keinen Umständen in der Lage oder Willens ist, eine neue Entwicklungsumgebung zu installieren. Wir empfehlen Ihnen daher möglichst den Einsatz der *Visual C++ 2005 Express Edition* als Alternative. Wenn Sie sich aber doch für den Workaround entscheiden, möchten wir Ihnen den Hinweis geben, sich das **originale** DirectX SDK vom Oktober 2004 zu besorgen und aus diesem die *D3DX.lib*, anstatt der aktuellen Version dieser Datei zu nutzen. Auch sollten Sie bei der Benutzung von Visual C++ 6 und DirectX auf den Debug-Modus verzichten. Wenn Sie im Internet nach den Begriffen »dxguid«, »vc6« und »october 2004« suchen, können Sie genauere Tipps zur Konfiguration der beiden Komponenten finden.

DirectX SDK konfigurieren

Nachdem Sie sich für eine Entwicklungsumgebung entschieden haben und diese für die Installation des DirectX SDK vorbereitet ist, können wir direkt dazu übergehen, das Software Development Kit herunterzuladen und zu installieren. Für die Erstellung der Demonstrationsprojekte und des Spieles in diesem Buch haben wir die DirectX SDK-Version vom August 2005 (*http://www.microsoft.com/downloads/details.aspx?familyid=3904B19A-02B9-447B-AB58-C12E2456E9BA&displaylang=en*) genutzt. Bevor Sie jedoch das SDK herunterladen können, wird zunächst überprüft, ob auf Ihrem System eine legale Windows-Version installiert ist (siehe den oberen Teil von Abbildung 1.8). Erst nach einer positiven Überprüfung ist der Download des SDK freigegeben (siehe den unteren Teil von Abbildung 1.8).

Nach einer erfolgreichen Bestätigung der Legalität Ihres Betriebssystems können Sie dann den Download der Software starten. Das Listenfeld mit der Beschriftung *Estimated Donwload Time* hilft Ihnen dabei, die Zeit zu berechnen, die Sie zum Laden der Software benötigen. Nach einem Klick auf die *Download*-Schaltfläche erfolgt zunächst wiederum die Abfrage, ob Sie die Software erst speichern oder direkt ausführen wollen. Sie können die Software zwar auf Ihrem System speichern, diese wird aber nach der Installation des SDK nicht mehr gebraucht. Wir empfehlen Ihnen daher, die Installation direkt zu starten, damit Sie nicht unnötig Platz auf Ihrer Festplatte belegen.

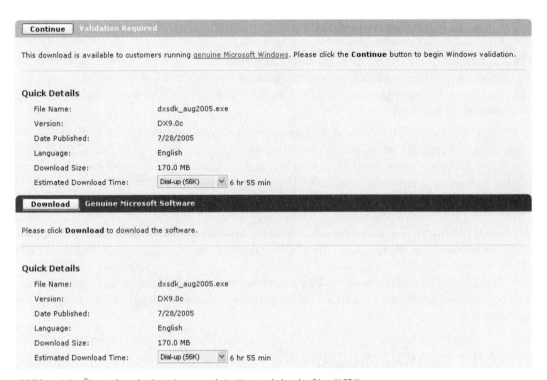

Abbildung 1.8   Überprüfung des Betriebssystems beim Herunterladen des DirectX SDK

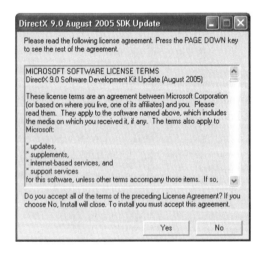

Abbildung 1.9   Bestätigung des Lizenzvertrags des DirectX SDKs

Auch an dieser Stelle verlangt Microsoft wieder die Bestätigung eines Endbenutzer-Lizenzvertrags. Sie sollten sich auch diesen Vertrag genau durchlesen, bevor Sie Ihn bestätigen und die Installation damit starten. Nach dem Download der Software und dem temporären Entpacken der Installations-Dateien startet der Setup-Assistent des SDK.

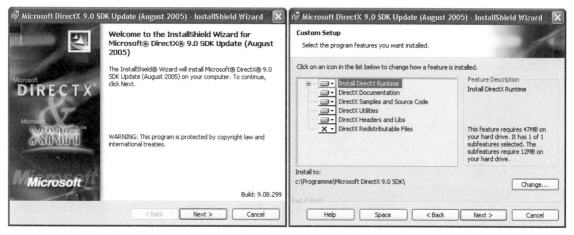

Abbildung 1.10 Start des Setup-Assistenten

Während der Installation der Software müssen Sie jetzt nur noch den Installationspfad der Software angeben. Auch diesen Pfad sollten Sie sich merken, da Sie ihn später für die Einbindung in die Entwicklungsumgebung noch benötigen.

Einfügen in die Entwicklungsumgebung

Zum Einfügen der DirectX SDK-Libraries in die Entwicklungsumgebung müssen die relevanten Verzeichnisse in die Suchpfade der IDE eingefügt werden. Dieses geschieht hier am Beispiel von Visual Studio .NET, funktioniert aber auf dieselbe Weise auch bei allen andern Entwicklungsumgebungen. Dazu rufen Sie nach dem Start der Entwicklungsumgebung den Menübefehl *Extras/Optionen* auf.

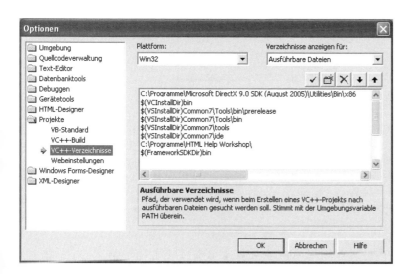

Abbildung 1.11 Optionen der Entwicklungsumgebung

Danach wählen Sie in der linken Seite des Dialogfeldes den Eintrag *Projekte* und anschließend *VC++-Verzeichnisse* aus. Danach wählen Sie auf der rechen Seite im Listenfeld *Verzeichnisse anzeigen für* nacheinander die folgenden Einträge aus und erweitern den Suchpfad um die angegebenen Verzeichnisse:

- Ausführbare Dateien

  INSTALLATIONSPFAD_DIRECTX\Utilities\Bin\x86

- Includedateien

  INSTALLATIONSPFAD_DIRECTX\Include

- Bibliothekdateien

  INSTALLATIONSPFAD_DIRECTX\Lib\x86

Danach müssen Sie noch die Eigenschaften des Projektes anpassen. Dazu fügen Sie die *.lib*-Dateien des DirectX-SDK in das Projekt ein, deren Funktionen Sie innerhalb Ihrer Applikation benutzen wollen.

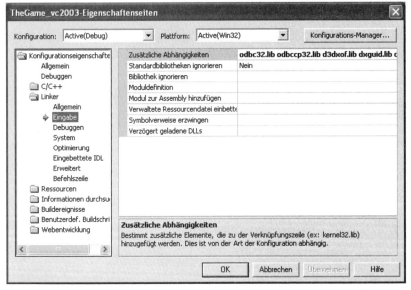

Abbildung 1.12   Projekt-Eigenschaften modifizieren

Zur Anpassung der Library-Dateien rufen Sie in der Entwicklungsumgebung den Menübefehl *Projekt/Eigenschaften* auf. Im daraufhin geöffneten Dialogfeld wählen Sie nur in der linken Seite nacheinander die Einträge *Linker* und *Eingabe* aus. Auf der rechten Seite wählen Sie den Eintrag *Zusätzliche Abhängigkeiten* und klicken rechts neben dem Tabelleneintrag auf die Schaltfläche mit den drei Punkten. Ein weiteres Dialogfeld wird geöffnet.

Abbildung 1.13 Anpassen der Library-Dateien

In das obere Feld des Dialogfeldes sollten Sie die folgenden Dateien eintragen:

```
d3dxof.lib
dxguid.lib
d3dx9d.lib
d3d9.lib
winmm.lib
comctl32.lib
dsound.lib
dinput8.lib
shlwapi.lib
```

Mit dem Einfügen dieser Dateien können Sie alle Projekte dieses Buches ausführen und sollten keine Probleme mit dem neuen Kompilieren der Applikationen haben.

Damit haben Sie die Einstellungen der Entwicklungsumgebung abgeschlossen und können nun mit der Programmierung von DirectX beginnen. Als erste Übung wollen wir uns die Erstellung des C++ Rahmenkonstrukts ansehen, auf dem alle weiteren Projekte beruhen werden.

C++-Rahmenkonstrukt

Nachdem nun die Anpassungen für die Entwicklungsumgebung durchgeführt wurden, starten wir mit dem ersten Projekt. Dieses wird zugleich auch die Grundlage für alle weiteren Projekte im Verlauf des Buches sein. Das Projekt stellt alle Funktionen zur Verfügung, die benötigt werden, um die folgenden DirectX-Projekte im Windows-System zu realisieren. Dazu wurde eine Applikation entwickelt, die das Zusammenspiel des Betriebsystems mit dem DirectX-System regelt. An dieser Stelle wird diese Verknüpfung von der Seite des Betriebsystems, in diesem Fall des Windows-Betriebsystems, vorgestellt.

GameEngine

Mit dem Projekt »GameEngine« beginnt die Arbeit an der GameEngine dieses Buches. Im Verlauf des Buchs wird diese GameEngine immer weiter ausgebaut bis hin zu einer kompletten spieletauglichen 3D-Engine. Bis zum Erreichen dieses Zieles ist es aber noch ein weiter Weg. Am Anfang müssen zunächst die Voraussetzungen dafür geschaffen werden.

Die drei Teile der GameEngine

Die GameEngine besteht aus drei Teilen, die benötigt werden, um ein funktionierendes DirectX-Device zur Verfügung zu stellen. Diese drei Komponenten und die dazugehörigen Quellcode-Dateien werden in der Abbildung 1.14 in einer Übersicht dargestellt. Dabei werden schon jetzt die Windows-Elemente der Applikation strikt von den DirectX-Elementen getrennt. Dadurch wird eine hohe Flexibilität der Engine erreicht. So ist es ohne weiteres möglich, die DirectX-Klassen von den Windows-Elementen abzukoppeln und in einer eigenen Startapplikation einzusetzen.

Die beiden Teile der Applikation befinden sich in den Quellcodedateien *GameEngine.cpp* und *GameMain-Routines.cpp*. Dabei beinhaltet die erste der beiden Dateien alle Funktionen, die im Windows-System für unsere Applikation benötigt werden. Die zweite Datei steuert den DirectX-Anteil des Projektes. Die Abbildung 1.14 zeigt die Trennung der beiden Applikationselemente und das Zusammenspiel in Form eines Flussdiagramms.

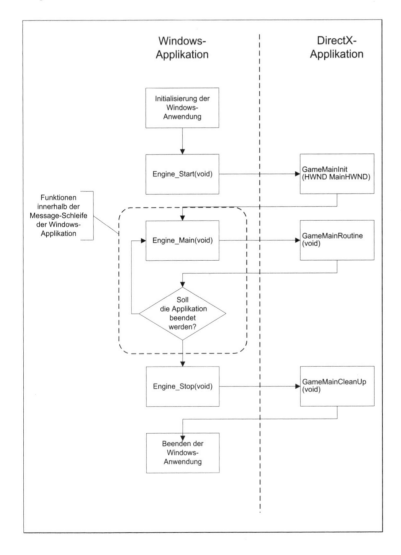

Abbildung 1.14 Ein Flussdiagramm des *GameEngine*-Projektes

GameEngine.cpp

Die *GameEngine.cpp* beinhaltet alles, was eine klassische Windows-Applikation für den Start in einem Windows-System benötigt. Da die meisten dieser benötigten Funktionen hinreichend bekannt sein sollten, werden an dieser Stelle nur die Quellcode-Abschnitte beleuchtet, die sich vom Standard unterscheiden. Dabei werden Sie sehen, dass es sich hierbei um minimale Eingriffe handelt, die zur Kommunikation mit dem DirectX-Teil des Projekts notwendig sind.

Als Erstes wird eine Instanz der Klasse *GameMainRoutines* in der Datei *GameEngine.cpp* deklariert und somit die Grundlage zur Kommunikation der beiden Projekt-Teile geschaffen:

```
GameMainRoutines GameMain;
```

Die nächsten Änderungen sind in der Funktion *WinMain* eingefügt. Diese werden an dieser Stelle nur in Auszügen vorgestellt, da die meisten Befehle allgemein bekannt sind:

```
if (IsLanguageGerman()){
  strcpy(szCurrentLanguage,"GER");
  LanguageBaseID = GER_BASE_ID;
}else{
  strcpy(szCurrentLanguage,"ENU");
  LanguageBaseID = ENU_BASE_ID;
}

LoadString(hInstance,LanguageBaseID + APP_TITLE_ID, szTitle, MAX_LOADSTRING);
```

Listing 1.4 Ausschnitt aus der *WinMain*-Funktion: Erkennung der Systemsprache

Da diese Applikation zweisprachig angelegt ist, wird als Erstes die aktuelle Sprache des Systems ermittelt. Hierzu wird durch die Funktion *IsLanguageGerman()* festgestellt, ob die Systemsprache deutsch ist. Mit dem Ergebnis der Funktion werden die Variablen gefüllt, die im weiteren Verlauf der Applikation die sprachlichen Elemente steuern. Als Erstes wird mit der ermittelten Sprachvariable der Titel der Applikation festgelegt.

Nachdem die Instanz der Applikation mit dem Befehl *InitInstance* initialisiert wurde, kommen wir zu den wichtigsten Änderungen innerhalb der Funktion *WinMain*, die den direkten Zugriff auf die *GameMainRoutines*-Klasse ermöglichen:

```
Engine_Start();
MSG msg;
ZeroMemory( &msg, sizeof(msg) );
while( msg.message!=WM_QUIT ){

  if( PeekMessage( &msg, NULL, 0U, 0U, PM_REMOVE ) ){
    TranslateMessage( &msg );
    DispatchMessage( &msg );
  }else{
    Engine_Main();
  }
}

Engine_Stop();
```

Listing 1.5 Ausschnitt aus der *WinMain*-Funktion: Die Message-Loop der Applikation

In diesem Abschnitt der *WinMain*-Funktion werden die drei Hauptfunktionen der Applikation zur Steuerung der GameEngine genutzt. Diese drei Befehle *Engine_Start()*, *Engine_Main()* und *Engine_Stop()* sollen an dieser Stelle einmal genauer beleuchtet werden:

Engine_Start() Diese Funktion startet die GameEngine. Hierbei wird beim Aufruf der Funktion der Programmablauf direkt an die Funktion *GameMainInit* der Klasse *GameMainRoutines* weitergeleitet:

```
void Engine_Start(void){
    GameMain.GameMainInit(MainHWND);
}
```

Listing 1.6 Die Funktion *Engine_Start* startet die GameEngine

Engine_Main() Mit dieser Funktion, die während jedem Durchlauf der Message-Loop der Funktion *Win-Main* aufgerufen wird, wird der Ablauf des DirectX-Teils der Applikation gesteuert. Auch an dieser Stelle wird bei einem Aufruf der Funktion der Ablauf des Programms direkt auf die entsprechende Funktion der *GameMainRoutines* weitergeleitet:

```
void Engine_Main(void){
    GameMain.GameMainRoutine();
}
```

Listing 1.7 Die Funktion *Engine_Main* steuert den Ablauf der Engine

Engine_Stop() Zu guter Letzt sorgt diese Funktion noch dafür, dass die Funktion, die innerhalb der *GameMainRoutines* für die Beendigung der Engine sorgt, aufgerufen wird:

```
void Engine_Stop(void){
    GameMain.GameMainCleanUp();
}
```

Listing 1.8 Die Funktion *Engine_Stop* beendet die GameEngine

Damit sind alle Anpassungen in der *WinMain*-Funktion beschrieben, die wir zur Steuerung der GameEngine benötigen. Weitere Routinen zur Steuerung der Applikation sind in der Message-Handle-Funktion *WndProc* untergebracht. An dieser Stelle reagiert das Programm auf die Meldungen, die das System an die Applikation sendet. Dabei werden am Anfang nur vier Meldungen für die Applikation benötigt. Für die Funktion dieses ersten Projektes muss auf folgende Messages reagiert werden:

WM_KEYDOWN. Dieses Ereignis wird immer dann vom System ausgelöst, wenn innerhalb der Applikation eine Taste gedrückt wird. Zur Steuerung des Programms werden von der GameEngine die beiden Tasten [Esc] und [Pause] überwacht:

```
if(IsKeyPressed(VK_ESCAPE)){
  SendMessage(MainHWND,WM_CLOSE,0,0);
}
if(IsKeyPressed(VK_PAUSE)){
  if (GameMain.bPause==false){
    GameMain.bPause=true;
  }else{
    GameMain.bPause=false;
  }
}
```

Listing 1.9 Ein Ausschnitt aus der *WM_KEYDOWN*-Meldungsbehandlung

Diese Überwachung von Tasteneingaben geschieht mit der Funktion *IsKeyPressed()*. Diese überprüft mit Hilfe der *GetAsyncKeyState()*-Methode, ob seit dem letzen Aufruf der Funktion die als Parameter übergebene Taste gedrückt wurde. Dabei wird die gesuchte Taste als *VirtualKey*-Konstante an die Funktion übergeben. Der Rückgabewert der Funktion ist vom Typen *bool*. Liefert die Funktion den Wert *true* zurück, wurde die Taste seit dem letzten Aufruf der Funktion gedrückt. Durch die beiden Tasten, die in diesem ersten Projekt überwacht werden, lässt sich der Ablauf des Programms anhalten und das Programm beenden. Dies führt zur nächsten Meldung, die innerhalb der Applikation überwacht wird.

WM_DESTROY. Mit der Meldung *WM_DESTROY* bekommt die Applikation vom System mitgeteilt, dass sie beendet wird. Es ist also genau der richtige Zeitpunkt, alle Aufräumarbeiten für das Programm anzustoßen, damit nach der Beendigung der Engine kein Datenmüll im Speicher zurückbleibt und alle Hardwareressourcen wieder frei gegeben werden. Insbesondere der DirectX-Teil der Applikation muss vor dem Ende der Applikation ordnungsgemäß beendet werden. Zu diesem Zweck wird der Befehl *Engine_Stop()* innerhalb des Message-Handlers aufgerufen. Dieser führt – wie bereits erwähnt – die Funktion des DirectX-Teils der Applikation aus, der für die Beendigung des DirectX-Devices zuständig ist:

```
Engine_Stop();
PostQuitMessage(0);
```

Listing 1.10 Ein Ausschnitt aus der *WM_Destroy*-Meldungsbehandlung

Nachdem die Ausführung der Funktion *Engine_Stop()* abgeschlossen ist, wird mit dem Befehl *PostQuitMessage()* dem System mitgeteilt, dass die Applikation bereit ist, geschlossen zu werden. Das System löscht dann den Thread der Applikation und gibt die Systemressourcen wieder frei.

WM_SIZE. Die letzte Meldung, die in diesem ersten Projekt zur Steuerung der Engine benötigt wird, ist die *WM_SIZE*-Message. Diese Meldung wird vom System ausgelöst, nachdem sich die Größe des Applikationsfensters geändert hat. In diesem Fall muss das DirectX-Device auf die neue Größe angepasst werden:

```
GameMain.FormResized(true);
```

Listing 1.11 Ein Ausschnitt aus derWM_*SIZE*-Meldungsbehandlung

Dazu wird der Befehl *FormReszised()* der Klasse *GamesMainRoutines* ausgeführt. Dieser Befehl sorgt dafür, dass das DirectX-Device vor dem nächsten Renderdurchlauf an die neue Größe angepasst wird.

Damit ist die Erklärung der drei Message-Handler, die zur Steuerung der Applikation und des DirectX-Devices genutzt werden, abgeschlossen. Neben diesen Meldungen, die den Ablauf des Programms regeln, wird noch eine weitere Meldungsbehandlung benötigt. Damit ist es möglich, Daten aus einem anderen Dialogfeld in den aktuellen Applikationsspeicher zu kopieren.

WM_COPYDATA. Diese Meldung dient zum Datenaustausch zwischen zwei Applikationen oder wie in diesem Fall zwischen zwei Dialogfeldern. Dabei ist das erste Dialogfeld unsere aktuelle Engine und das zweite Dialogfeld dient zur Ermittlung der Hardwareressourcen des Systems. Dieses Dialogfeld sendet an die Engine eine *WM_COPYDATA*-Meldung und übergibt ihr dabei die ermittelten Hardwaredaten. Die Funktionen dieses Extradialogs werden im weiteren Verlauf des Kapitels noch ein Thema sein. An dieser Stelle reichen die Informationen über dieses Dialogfeld aber erst einmal aus.

```
pMyCopyData = (PCOPYDATASTRUCT) lParam;

memcpy((void *) &DeviceRenderSettings,
            (const void*)pMyCopyData->lpData,(size_t)pMyCopyData->cbData);

GameMain.m_GameData.DeviceSettings.Adapter  =  DeviceRenderSettings.Adapter;
GameMain.m_GameData.DeviceSettings.BBFormat = DeviceRenderSettings.BackBufferFormat;
GameMain.m_GameData.DeviceSettings.DBFormat = DeviceRenderSettings.DepthStencilBuffer;
GameMain.m_GameData.DeviceSettings.PresentInterval =
                                    DeviceRenderSettings.PresentInterval;
GameMain.m_GameData.DeviceSettings.MSType = DeviceRenderSettings.MultiSampleType;
GameMain.m_GameData.DeviceSettings.Type = DeviceRenderSettings.DeviceType;
GameMain.m_GameData.DeviceSettings.VProcessing = DeviceRenderSettings.VertexProcessing;
GameMain.m_GameData.DeviceSettings.Windowed = DeviceRenderSettings.Windowed;
GameMain.m_GameData.DeviceSettings.wndHeight = DeviceRenderSettings.Height;
GameMain.m_GameData.DeviceSettings.wndLeft = DeviceRenderSettings.Left;
GameMain.m_GameData.DeviceSettings.wndTop = DeviceRenderSettings.Top;
GameMain.m_GameData.DeviceSettings.wndWidth = DeviceRenderSettings.Width;
```

Listing 1.12 Ein Ausschnitt aus der *WM_COPYDATA*-Meldungsbehandlung

Beim Auslösen der *WM_COPYDATA*-Meldung wird der Applikation in der Variable *lParam* ein Pointer auf eine *COPYDATASTRUCT*-Struktur übergeben. Diese Struktur muss in beiden Applikation, der sendenden und der empfangenden, gleich sein. Mit Hilfe dieser Struktur ist es dann möglich, die Daten zu kopieren. Mit dem Befehl *memcpy* wird diese Kopie erstellt:

```
memcpy((void*)&DeviceRenderSettings,(const void*) pMyCopyData->lpData,
                            (size_t)pMyCopyData->cbData)
```

Die Variable *DeviceRenderSettings* zeigt auf eine Datenstruktur, in die die Daten kopiert werden, und die Variable *pMyCopyData* enthält die Originaldaten. Dabei ist die Variable *lpData* ein Zeiger auf die Originaldatenstruktur und die Variable *cbData* enthält die Größe der zu kopierenden Daten. In der Datenstruktur *DeviceRenderSettings* werden dem Hauptdialogfeld also die Daten übergeben, die die Applikation zur Erstellung eines Direct3D-Device benötigt. Die Originaldaten werden in diesem Falle vom zweiten Dialogfeld der Applikation zur Verfügung gestellt. Dieses Dialogfeld trägt den Namen *SettingsDialog* und befindet sich in der Quellcodedatei *SettingsDialog.cpp*

GameMainRoutines.cpp

Der zweite Teil der GameEngine ist der DirectX-Teil der Applikation. In der Klasse *GameMainRoutines* sind alle Funktionen untergebracht, die es ermöglichen, ein Direct3D-Device zu erstellen. Die Funktion dieser Klasse wird im weiteren Verlauf des Buches näher erläutert. Diese Klasse wird an dieser Stelle nur der Vollständigkeit halber erwähnt; die genauen Funktionen dieses Objektes werden im weiteren Verlauf dieses Buches näher erklärt.

SettingsDialog.cpp

Die direkte Kommunikation der beiden Applikationsteile wird also über die Funktionen der Datei *GameEngine.cpp* geregelt. Es gibt aber einen zweiten wichtigen Teil innerhalb des Projektes, der fast ausschließlich der Windows-Programmierung zugerechnet werden kann. Dieser Teil ist ein Windows-Dialogfeld, das dem Benutzer der Applikation die Möglichkeit gibt, das zu erstellende DirectX-Device zu konfigurieren. Es handelt sich hierbei um den Teil des Projekts, der in der Datei *SettingsDialog.cpp* untergebracht ist.

Die beiden zuletzt genannten Teile der GameEngine gehören aber nicht mehr zum reinen C++-Rahmenkonstrukt, sondern arbeiten zum größten Teil schon mit den Funktionen des DirectX-Frameworks. Deshalb sollen sie an dieser Stelle nicht weiter betrachtet, sondern erst im späteren Verlauf des Buches aufgegriffen werden.

Kapitel 2

DirectX-Grundlagen

Was ist DirectX?

DirectX ist eine API (Application Programming Interface), welche direkt auf die Hardware eines Systems zugreift. Hierbei steht ein beschleunigter, direkter und einheitlicher Zugriff im Vordergrund aller Aktivitäten. Im Jahre 1995 wurde DirectX von Microsoft eingeführt und sollte eine Lücke zwischen Windows und MS-DOS schließen. Damals war es fast unmöglich, ein anspruchsvolles Computerspiel unter Windows zu spielen. Auf diesen Missstand reagierte Microsoft mit einer API, die direkt auf die Hardware zugreifen durfte, um so deren Leistungsfähigkeit auszunutzen.

Der direkte Zugriff auf die Hardware brachte einen wesentlichen Geschwindigkeitsgewinn, war aber oft mit erheblichen Komplikationen verbunden. Unzählig viele Hardwarehersteller tummelten sich auf dem Markt, und jeder kochte sein eigenes Süppchen. Dies führte zu einer hohen Inkompatibilität einzelner Softwareprodukte. Mit der Einführung von DirectX sollte sich das ändern.

DirectX stellte den notwendigen Befehlssatz zur Programmierung anspruchsvoller Multimediaanwendungen zur Verfügung, und die Hardwarehersteller unterstützten diesen Befehlssatz durch einen angepassten Windows-Treiber. Das Windows-Treibermodell und der einheitliche Befehlssatz läuteten den Siegeszug von DirectX ein. Auf MS-DOS basierende Konkurrenten waren chancenlos und mussten den Fall ihrer Bastion mit ansehen.

Nunmehr waren Programmierer in der Lage, Anwendungen zu entwickeln, ohne sich mit den Tücken unterschiedlichster Hardware auseinander setzen zu müssen. Eine wesentliche Erleichterung bestand darin, dass der Sourcecode nicht doppelt oder dreifach erstellt werden musste. Ohne den einheitlichen Befehlssatz von DirectX musste für jede Hardware oftmals ein spezieller Sourcecode erstellt werden. Natürlich führte dies zu einer hohen Inkompatibilität. Kein Softwarehaus war in der Lage, ausnahmslos jede Hardwarekombination zu testen.

Auch in der heutigen Zeit müssen wir uns mit unterschiedlicher Hardware beschäftigen und gegebenenfalls mit unterschiedlichen Sourcecodes darauf reagieren. Dies betrifft in der Regel fortgeschrittene Programmiertechniken, welche an die Grenzen des Machbaren gehen. Ein gutes Beispiel ist die Shader-Programmierung. Der rudimentäre Sourcecode, welcher sich mit den Grundlagen von DirectX beschäftigt, bleibt von diesen Problemen verschont.

Bestandteile von DirectX

DirectX ist keine riesige API, sondern besteht aus Modulen. Jedes Modul übernimmt einen speziellen Themenbereich. Die Module kann man als autark betrachten, obwohl es mitunter auch Verknüpfungen zwischen ihnen gibt. Alle Module zusammen ergeben DirectX und bilden eine anschauliche Bibliothek zur Programmierung von Multimediaanwendungen.

- **DirectX Graphics**
  In früheren DirectX-Versionen wurde noch zwischen DirectDraw und Direct3D unterschieden. Beide zusammen bildeten DirectX Graphics. Mittlerweile gibt es diese deutliche Trennung zwischen DirectDraw und Direct3D nicht mehr. Vielmehr wurde DirectDraw in Direct3D aufgenommen. DirectX Graphics behandelt natürlich die Grafikprogrammierung und somit das dominante Thema von DirectX. Für viele andere Themenkomplexe gibt es alternative Techniken über die normale Windows-API. Die GDI von Windows kann mit DirectX Graphics aber nicht mithalten.

- **DirectInput**
  Wir wissen, dass eine Spielfigur gesteuert und ein grafisches Menü bedient werden muss. Die Abfrage von Maus, Tastatur und Joystick ist der Themenbereich von DirectInput. Oberflächlich betrachtet scheint dies ein kleiner Themenkomplex zu sein und somit leicht verständlich sowie gut zu erlernen. Dies trifft jedoch nur zu, solange wir uns mit Standardeingabegeräten beschäftigen. Beim Einsatz von besonderen Eingabegeräte erkennen wir die Komplexität der Sache. Erschwerend kommt die Kategorie der Force-Feed-Back-Eingabegeräte hinzu. Diese können nicht als Standardgerät betrachtet werden und sind während der Programmierung gesondert zu behandeln.

- **DirectPlay**
  Hinter DirectPlay stehen Netzwerkoptionen auf Transportprotokollebene. Hauptsächlich werden Client/Host-Verbindungen verwendet. Hierbei können komplexe Chatsysteme ebenso wie auf Netzwerk basierende Interaktionen mehrerer Spieler entstehen. Oftmals bekommt ein Spiel erst den richtigen Reiz im Multispieler-Modus. Dies ist die Domäne von DirectPlay.

- **DirectSound**
  Was wäre ein Spiel ohne Sound? Geräuschlos fahrende Autos oder ein rein visueller Raketenabschuss wären nur halb so reizvoll. Ohne eine gewisse akustische Unterstützung ist das beste Spiel langweilig und öde. DirectSound bietet eine umfangreiche Funktionssammlung zum Thema Akustik. Insbesondere die Verwendung von dreidimensionalem Sound macht ein Spiel wesentlich realistischer. Diese API beschränkt sich aber nicht nur auf Wiedergabe, sondern bietet auch die Möglichkeit, selbst etwas aufzunehmen.

- **DirectMusic**
  Mit Hilfe des DirectMusic-Producers können Sie eigene Stücke komponieren und anschließend über die DirectMusic-API wiedergeben. DirectMusic unterstützt ebenfalls das Midi-Format. Diese Schnittstelle ermöglicht den Anschluss spezieller Midi-Tastaturen und zielt speziell auf die Bedürfnisse von Kompo-

nisten. Eine Midi-Tastatur liefert im Gegensatz zu einer Computer-Tastatur analoge Werte, welche auf Anschlagstärke und Anschlaggeschwindigkeit analysiert werden können.

- DirectShow
DirectShow widmet sich der qualitativ hochwertigen Aus- und Wiedergabe von Videodaten. Es werden alle gängigen Formate unterstützt, sodass man mit einer breiten Kompatibilität rechnen kann. In direkter Zusammenarbeit mit Hardwarekomponenten wird ein Höchstmaß an Qualität und Geschwindigkeit erzielt. Integrierte Konvertierungsmöglichkeiten runden die Schnittstelle ab.

- DirectSetup
Jedes Programm muss installiert werden, und Installationsabläufe zu erstellen ist die Aufgabe von Direct-Setup. Bei der Installation wird besonders auf unterschiedliche DirectX-Versionen geachtet. Sollte ein Missstand vorliegen, wird dieser behoben.

COM – Component Object Model

Die Ansprüche, die an ein modernes Softwaresystem gestellt werden, steigen stetig und fordern eine kontinuierliche Weiterentwicklung des Betriebssystems sowie der Entwicklungsumgebungen moderner Programmiersprachen. Darum ist es wichtig, derart komplexe Systeme leicht zu managen. Die Aufteilung in leistungsstarke Module, die in der Gesamtheit eine Einheit bilden, aber dennoch eine gewisse Unabhängigkeit bewahren, ist ein populärer Ansatz. Mit dem Microsoft Component Object Model steht eine Infrastruktur zur Verfügung, welche die Erstellung und Verwendung von Applikationen erleichtern soll. Die Aufteilung in einzelne Module bietet den Vorteil, ein entwickeltes Modul an mehreren Stellen einzusetzen, ohne es erneut entwerfen zu müssen. Indem einzelne Module leicht ausgetauscht werden können, verringert sich der Pflegeaufwand beachtlich.

C++ sowie DirectX verwenden das COM-Modell. Die Basis dieses Modells sind die Interfaces. Über die Interfaces findet die eigentliche Kommunikation statt. Ein Interface können Sie sich als eine Sammlung von Methoden vorstellen, welche die Handlungsgrundlagen einer Applikation bilden. Um Interfaces von anderen Klassen in der Schreibweise abzusetzen, wird im Regelfall ein *I* vorangestellt.

```
Interface IUnknow
{
    virtual HRESULT QueryInterface(REFIID riid, LPVOID *ppvOjc);
    virtual ULONG AddRef(VOID);
    virtual ULONG Release(VOID);
}
```

Listing 2.1   Interface *IUnknow*

IUnknow ist das Interface, welches von allen Interfaces geerbt wird. Dies ist die Definition der Basisfunktionen, die von allen COM-Komponenten erbracht werden muss. Sollten die Basisfunktionen nicht oder nicht vollständig erbracht werden, passt die Komponente nicht reibungslos in die COM-Architektur.

Abschließend können wir sagen, dass alle Interfaces von *IUnknow* abgeleitet wurden und deshalb auch als »children of IUnknow« bezeichnet werden. Im Microsoft DirectX9 SDK findet sich ein einleuchtendes Beispiel für diesen Sachverhalt:

```
IDirectSoundBuffer9* pDSBPrimary = NULL;
IDirectSound3DListener9* pDSListener;
...
if(FAILED(hr = g_pDS->CreateSoundBuffer( &dsbd, &pDSBPrimary, NULL )))
    return hr;
if(FAILED(hr = pDSBPrimary->QueryInterface(IID_IDirectSound3DListener9,
                                      (LPVOID *)&pDSListener)))
    return hr;
```

Listing 2.2 Abfrage des *IDirectSound3DListener9*-Interface

Koordinatensystem

Im Laufe der Spielentwicklung werden wir mit einer Vielzahl unterschiedlicher Objekte arbeiten. Objekte wie Autos, Flugzeuge, Häuser oder Bäume müssen im virtuellen dreidimensionalen Raum koordiniert werden. Dies ist eine gewaltige logistische Aufgabe und bedarf eines erprobten und zugleich einfachen Koordinatensystems. DirectX verwendet das dreidimensionale kartesische Koordinatensystem. Oft wird dieses als »kartesisches Koordinatensystem des Raumes« oder auch »linkshändiges Koordinatensystem« bezeichnet.

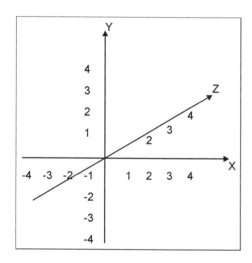

Abbildung 2.1 Kartesisches (linkshändiges) Koordinatensystem

Beim linkshändigen Koordinatensystem zeigt die Z-Achse in den Raum und die Z-Werte eines Objektes werden mit zunehmendem Abstand immer größer. Der Koordinatenursprung liegt bei (0, 0, 0). Um die Position eines Objektes zu beschreiben, verwendet man folgendes Format:

Position eines Objektes im Raum: (X-Achse, Y-Achse, Z-Achse)

Ein Objekt mit den Koordinaten (0, 0, 2) liegt somit vor einem Objekt mit den Koordinaten (0, 0, 4). Folglich wird das zweite Objekt durch das erste Objekt verdeckt.

HINWEIS   Für zweidimensionale Darstellungen verwenden Sie das zweidimensional kartesische Koordinatensystem (kartesisches Koordinatensystem für Ebenen). Die Z-Achse wird zum Beschreiben einer zweidimensionalen Position nicht benötigt und kann somit entfallen. Übrig bleiben die Abszisse (Y-Achse) und die Ordinate (X-Achse). Vergleichen Sie die Ordinate und die Abszisse mit den Seiten eines Blatt Papiers. Wenn Sie diese aufteilen und hierdurch ein Raster bilden, können Sie jeden Punkt auf dem Blatt eindeutig bestimmen.

Primitives

Tatsächlich kann DirectX nur drei unterschiedliche Objekte darstellen: Punkte, Linien und Polygone (Dreiecke). Jede DirectX-Darstellung wird aus diesen Primitiven (Primitives) aufgebaut. Jedes Primitive wird durch die Angabe von Scheitelpunkten (Vertices) spezifiziert. Durch die Definition des Render-Modus wird die Interpretation der Vertices festgelegt. Typische 3D-Applikationen sind aus vielen Objekten zusammengesetzt. Autos, Bäume, Wände und auch Spielfiguren ergeben eine Szene. Alle diese Objekte werden aus Dreiecken (Triangles) konstruiert. Im Grunde sind Dreiecke die einzige geometrische Form, die von DirectX richtig unterstützt wird. Das Dreieck ist die einfachste Form eines Polygons und bietet ideale Voraussetzungen:

- Dreiecke sind die simpelste Form eines Polygons

- Dreiecke sind immer eben

- Moderne Hardwarebeschleuniger unterstützen das Rechnen mit Polygonen

- Dreiecke sind immer kreuzungsfrei

- Komplexe Objekte wie z.B. eine Kugel können in Dreiecke zerlegt werden und folglich auch aus Dreiecken konstruiert werden. Vierecke wären hierzu nicht in der Lage, es würden Lücken in der Konstruktion auftreten.

Vor allem die Fähigkeit, ein komplexes Objekt in Dreiecke zerlegen zu können, macht das Dreieck so interessant.

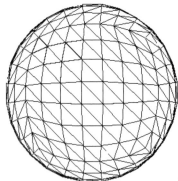

Abbildung 2.2 Gittermodell einer Kugel

Die Darstellung als Drahtgittermodell wird als *Wireframe* bezeichnet. Hierdurch erkennt man die einzelnen Dreiecke eines Objektes. Je mehr Dreiecke verwendet werden, desto runder (elliptischer) wirken die dargestellten Objekte. Bei älteren Computerspielen wirken die Spielfiguren sehr hölzern und die Gesichter erscheinen eckig. Sie erinnern mehr an Roboter, als an menschliche Spielfiguren. Erst mit leistungsstarken modernen Grafikkarten ist es möglich, die Detailtiefe zu steigern und mehr Dreiecke einzusetzen. Sie sollten aber beachten, dass beim Einsatz zu vieler Polygone die Darstellung stockend wird. Dann haben Sie zwar schöne, natürlich wirkende Objekte, aber ein nicht spielbares Spiel.

HINWEIS Die Aussage, dass Dreiecke die kleinsten Einheiten für DirectX sind, ist nur bedingt richtig, da DirectX in der Lage ist, mit einzelnen Punkten zu arbeiten. Wir werden nur kurz auf diese Technik eingehen, da sie zwar zur DirectX-Architektur gehört, aber einzelne Punkte (Point List) bzw. miteinander verbundene Punkte (Line List, Line Strip) nur eine untergeordnete Rolle einnehmen.

Rendern von Primitives

Unter Rendern versteht man den zur Darstellung ganzer Szenen oder Objekten notwendigen Rechenprozess. Der Ausgangspunkt des Renderns ist die Geometrie der Objekte, welche in zahlreiche Dreiecke aufgeteilt als Drahtgittermodell dargestellt wird. Die Ausstattung der Objekte mit Materialeigenschaften, Texturen sowie die Integration von Lichtquellen (Helligkeit und Schatten), folgen bestimmten Algorithmen und stellen daher hohe Anforderungen an die Rechenkapazität. Eine moderne Grafikkarte entlastet die CPU sehr und ist für einen Spielecomputer unverzichtbar. Möchte man eine Bewegung darstellen, sollte die Szene mindestens 25 Mal pro Sekunde neu berechnet werden. Eine solche Wiederholfrequenz wird auch *Framerate* genannt. Eine Framerate von weniger als 25 würde durch eine stockende Animation entlarvt. Wir als Spielentwickler sollten unbedingt für eine störungsfreie Animation sorgen. Um dieses Ziel zu erreichen, stehen uns verschiedene Möglichkeiten zur Verfügung:

- Point List
- Line List
- Line Strip
- Triangle List
- Triangle Strip
- Triangle Fan

Point List

Eine Point List ist eine Sammlung von Eckpunkten (Vertices). Die einzelnen Punkte werden isoliert gerendert. Sie ist hervorragend für die Simulation eines Sternenfeldes geeignet.

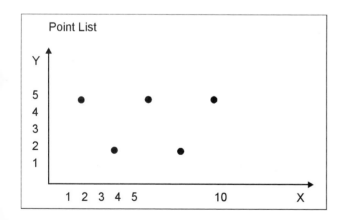

Abbildung 2.3 Point List

Das folgende Beispiel zeigt, wie die einzelnen Vertices für die Point List erstellt werden:

```
struct CUSTOMVERTEX {
    float x,y,z;
};

CUSTOMVERTEX Vertices[] = {
```

Listing 2.3 Initialisierung von Vertices für die Point List

```
    {2.0, 5.0, 0.0},
    {4.0, 2.0, 0.0},
    {6.0, 5.0, 0.0},
    {8.0, 2.0, 0.0},
    {10.0, 5.0, 0.0}
};
```

Listing 2.3 Initialisierung von Vertices für die Point List *(Fortsetzung)*

Mit Hilfe der Methode *IDirect3DDevice9::DrawPrimitive* wird die Point List gerendert:

```
d3dDevice->DrawPrimitive( D3DPT_POINTLIST, 0, 5 );
```

DrawPrimitive

Die Methode *IDirect3DDevice9::DrawPrimitive* ist für das Rendern von Vertices verantwortlich. Solange die Parameter korrekt angegeben werden, ist diese Methode absolut problemlos.

```
HRESULT DrawPrimitive(
    D3DPRIMITIVETYPE PrimitiveType,
    UINT StartVertex,
    UINT PrimitiveCount
);
```

Listing 2.4 Methode *IDirect3DDevice9::DrawPrimitive*

Die Methode benötigt drei Parameter: *PrimitiveType* beschreibt die Darstellungsart der Vertices. In diesem Fall ist das *D3DPT_POINTLIST*. Der Parameter *StartVertex* ist ein Index auf das erste Vertex, das gerendert werden soll. *PrimitiveCount* bestimmt, wie viele Vertices zum Rendern verwendet werden bzw. wie viele Render-Schritte benötigt werden.

Line List

Mit der Line List werden immer zwei Punkte miteinander verbunden. Mit dieser Technik kann heftiger Regen oder auch Schneeregen dargestellt werden.

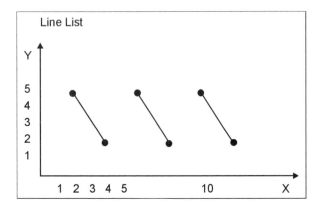

Abbildung 2.4 Line List

Da wir immer zwei Vertices miteinander verbinden, muss die Anzahl der Vertices ein Vielfaches von zwei sein. Eine ungerade Anzahl würde zu einem Problem mit dem letzten Vertex führen. Dieses könnte nicht mehr verbunden werden.

```
struct CUSTOMVERTEX {
    float x,y,z;
};

CUSTOMVERTEX Vertices[] = {
    {2.0, 5.0, 0.0},
    {4.0, 2.0, 0.0},
    {6.0, 5.0, 0.0},
    {8.0, 2.0, 0.0},
    {10.0, 5.0, 0.0},
    {12.0, 2.0, 0.0}
};
```

Listing 2.5 Initialisierung der Veritces für eine Line List

Der Aufruf der *DrawPrimitive*-Methode birgt eine kleine Neuerung:

```
d3dDevice->DrawPrimitive( D3DPT_LINELIST, 0, 3 );
```

Beachten Sie den letzten Parameter *PrimitiveCount*. Obwohl wir sechs Vertices definiert haben, finden wir den Wert 3. Dies liegt daran, dass wir immer zwei Vertices verbinden wollen. Somit gehören zu einem Render-Schritt immer zwei Vertices und es sollen insgesamt drei Render-Schritte ausgeführt werden.

Line Strip

Line Strip können wir ein wenig mit »Malen nach Zahlen« vergleichen. Es wird eine fortwährende Verbindung von einem Punkt zum nächsten gezogen. Mit dieser Technik können Sie offene Polygone erzeugen.

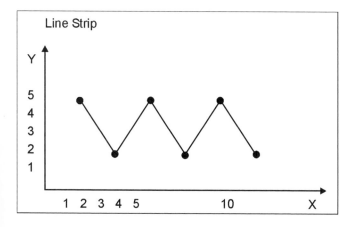

Abbildung 2.5 Line Strip

Die Anzahl der Vertices kann beliebig festgelegt werden. Sie sind nicht darauf angewiesen, ein Vielfaches von zwei zu erreichen. Interessanter ist die *DrawPrimitive*-Methode:

```
d3dDevice->DrawPrimitive( D3DPT_LINESTRIP, 0, 5 );
```

Wiederum weckt der letzte Parameter unsere Aufmerksamkeit. Obwohl wir sechs Vertices deklariert haben, benötigen wir lediglich fünf Render-Schritte zum Rendern des Objektes.

Triangle List

Wegen ihrer hohen Flexibilität ist dies die wohl beliebteste Render-Technik. Aus jeweils drei aufeinander folgenden Vertices wird ein isoliertes Dreieck gerendert.

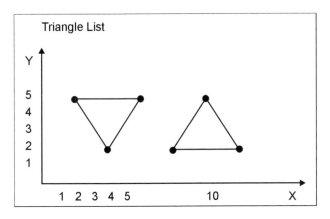

Abbildung 2.6 Triangle List

Mit einem Blick auf die DrawPrimitives erkennen wir, dass immer drei Vertices für einen Render-Schritt notwendig sind:

```
d3dDevice->DrawPrimitive( D3DPT_TRIANGLELIST, 0, 2 );
```

Daraus ergibt sich ein Wert von 2 für den Parameter *PrimitiveCount*. Folglich müssen wir aber berücksichtigen, dass die Gesamtzahl der Vertices eines Objekts ein Vielfaches von 3 sein muss, da das letzte Dreieck sonst nicht geschlossen werden kann.

Triangle Strip

Bei der Triangel Strip-Methode werden für das erste Dreieck drei Vertices benötigt. Für jedes weitere Dreieck benötigt DirectX nur noch ein zusätzliches Vertex. Obwohl diese Technik besonders schnell ist, wird sie von Programmierern nicht so hoch geschätzt, wie die Triangle List-Methode.

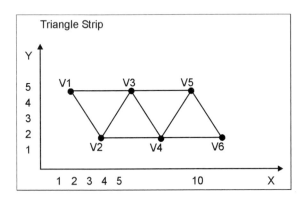

Abbildung 2.7 Triangle Strip

Die *DrawPrimitive*-Methode verrät uns, dass wir vier Render-Schritte benötigen:

```
d3dDevice->DrawPrimitive( D3DPT_TRIANGLESTRIP, 0, 4);
```

Die vier Render-Schritte wollen wir im Detail betrachten. Insgesamt möchten wir vier Dreiecke erstellen. Die einzelnen Schritte geben an, welche Vertices zu einem Dreieck zusammengefasst werden.

Schritt 1: V1, V3, V2

Schritt 2: V2, V3, V4

Schritt 3: V4, V3, V5

Schritt 4: V4, V5, V6

Durch die Definition von nur sechs Vertices können insgesamt vier Dreiecke erzeugt werden. Bei der Triangle List-Methode würden wir für vier Dreiecke immerhin zwölf Vertices benötigen. Indem wir die Anzahl der Vertices reduzieren, brauchen wir weniger Speicher- und Rechenkapazität.

Triangle Fan

Die Triangle Fan-Methode ist mit der Triangle Strip-Methode vergleichbar. Diesmal konzentriert sich der Aufbau der Dreiecke um einen zentralen Punkt. In Abbildung 2.8 ist dieser Punkt mit *V1* gekennzeichnet.

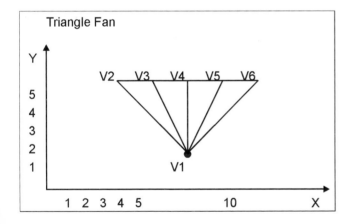

Abbildung 2.8 Triangle Fan

Zur Darstellung der vier Dreiecke werden vier Render-Schritte benötigt:

```
d3dDevice->DrawPrimitive( D3DPT_TRIANGLEFAN, 0, 4 );
```

Die Anzahl der verwendeten Vertices muss größer oder gleich 3 sein und kann beliebig erweitert werden. Mit dieser Technik lassen sich Pyramiden, aber auch Landschaften oder Hausdächer gut darstellen.

CullMode

Computerobjekte werden mit realen Objekten verglichen. Auch ein virtuelles Blatt Papier auf dem Computer besitzt eine Vorder- und Rückseite, zu sehen ist aber nur eine Seite. Der CullMode bestimmt, welche Seite sichtbar ist. Mit der *SetRenderState*-Methode können wir den CullMode verändern.

```
SetRenderState(D3DRS_CULLMODE, CullMode);
```

Für den Parameter *CullMode* steht folgende Auswahl zur Verfügung:

- D3DCULL_NONE
  Vorder- und Rückseite sind sichtbar

- D3DCULL_CW
  Vertices, welche im Uhrzeigersinn erstellt wurden, werden ausgeblendet

- D3DCULL_CCW
  Vertices, die gegen den Uhrzeigersinn erstellt wurden, werden ausgeblendet

CW steht für »clockwise« und *CCW* ist die Abkürzung für »counterclockwise«.

Vertexformate

Ein Vertex besteht nicht nur aus reinen Positionskoordinaten, es kann eine Reihe weiterer Informationen beinhalten. Zusätzliche Informationen werden benötigt, um Farben, Texturen, Transparenz oder Reflexionen darzustellen. Da wir die Eigenschaften eines Vertexes flexibel definieren können, spricht man auch von einem flexiblen Vertexformat (FVF) oder auch von einem dynamischen Vertexformat.

Funktionsweise 0

Ein Vertexformat ist eine Struktur. Die Struktur legt fest, welche Eigenschaften dem Vertex zugeschrieben werden sollen. Jedes Vertexformat wird Positionskoordinaten enthalten. Ohne diese würde ein Vertex nicht platziert werden können. Farbinformationen oder Texturkoordinaten sind Informationen, welche nicht unbedingt in ein Vertexformat gehören. Um ein Vertexformat zu konstruieren, erweitern wir die entsprechende Struktur lediglich um die gewünschten Fähigkeiten.

Konstruktion eines Vertexformats

Da Informationen oftmals in Strukturen gespeichert werden, verwendet auch DirectX eine Struktur zum Speichern von Informationen. Das einfachste Vertexformat beinhaltet lediglich Positionskoordinaten:

```
struct CUSTOMVERTEX
{
   FLOAT x, y, z;
};
```

Listing 2.6   Vertexformat mit Positionskoordinaten

Das gleiche Vertexformat könnten wir auch anders schreiben:

```
struct CUSTOMVERTEX
{
   D3DXVECTOR3 position;
};
```

Listing 2.7 Vertexformat mit Positionskoordinaten

Beide Vertexformate beinhalten die gleichen Informationen. Der Unterschied besteht darin, wie die Informationen der Struktur übergeben werden. Da ein Vertexformat weitaus mehr Daten erfassen kann, muss die Struktur entsprechend mitwachsen:

```
struct CUSTOMVERTEX {
   FLOAT x, y, z;
   DWORD color;
   FLOAT tu, tv;
};
```

Listing 2.8 Komplexeres Vertexformat mit Positionskoordinaten, Farbinformationen und Texturkoordinaten

Dieses Vertexformat erfasst die Positionskoordinaten mit den Mitgliedern x, y und z. Über das Mitglied *color* kann eine Farbe definiert werden. Dies ist der Farbton, welcher direkt am Vertex vorherrscht. Je mehr man sich den anderen Vertices nähert, desto stärker vermischt sich die vorherrschende Farbe mit dem Farbton der restlichen Vertices. In der Summe ergibt dies ein ansehnliches Farbenspiel. Die Mitglieder *tu* und *tv* sind Texturkoordinaten. Diese werden benötigt, um eine Textur über ein Objekt zu ziehen. Die Gestaltung des Vertexformats muss den Bedürfnissen angepasst sein, das heißt, unnötiger Ballast sollte vermieden werden. Was nutzen Texturkoordinaten, wenn Texturen nicht verwendet werden?

Flexibles Vertexformat

Wenn wir uns ein Vertexformat bauen, ist DirectX zuerst einmal nicht über den genauen Aufbau informiert. In früheren DirectX-Versionen war das anders. Es standen lediglich einige vordefinierte Strukturen zur Verfügung, die aber nicht explizit angemeldet werden mussten. Der Nachteil liegt auf der Hand. Der Freiraum beim Gestalten des Vertexformats war eingeschränkt. Unter DirectX 9 müssen wir das Vertexformat mit der *IDirect3DDevice9::SetFVF()*-Methode bekannt machen:

```
HRESULT SetFVF(
    DWORD FVF
);
```

Diese Methode erwartet lediglich einen Parameter, welcher den Aufbau des Vertexformats beschreibt:

```
#define D3DFVF_CUSTOMVERTEX (D3DFVF_XYZ |D3DFVF_DIFFUSE)
```

Das folgende Beispiel zeigt die Verwendung der *SetFVF()*-Methode:

```
HRESULT hresult;
#define D3DFVF_CUSTOMVERTEX (D3DFVF_XYZ |D3DFVF_DIFFUSE)
hresult = SetFVF(D3DFVF_CUSTOMVERTEX);
```

Listing 2.9 Die Verwendung der *SetFVF()*-Methode

SetFVF

Setzt die aktuelle Vertexdeklaration

```
HRESULT SetFVF(
    DWORD FVF
);
```

FVF   Information über den Vertextyp

Die Funktion gibt ein *D3D_OK* zurück, wenn die Methode erfolgreich war. Sollte ein Fehler auftreten, wird ein *D3DERR_INVALIDCALL* zurückgegeben. Dies kann beispielsweise bei einem ungültigen Vertextyp erfolgen.

Beispielprogramm *Primitives*

Die Beispielprogramme *Primitives I* und *Primitives II* demonstrieren die Verwendung der unterschiedlichen Primitives-Typen. Außerdem können Sie zwischen dem CullMode sowie dem FillMode umschalten.

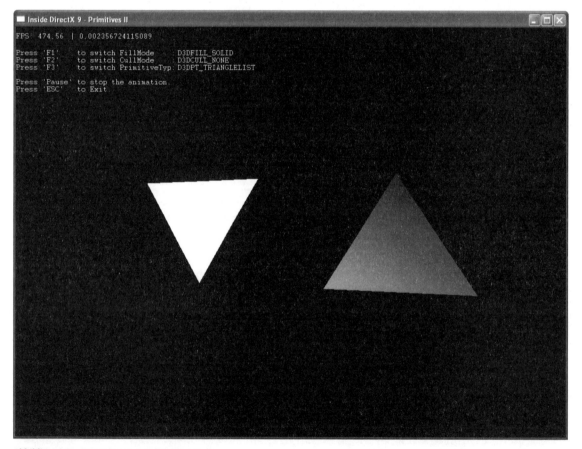

Abbildung 2.9   Beispielprogramm *Primitives II*

Je nachdem, welchen Primitive-Typ Sie verwenden, ändert sich die geometrische Form. Hierbei müssen Sie unbedingt berücksichtigen, dass sich die Vertexdaten nie verändern. Es wird immer auf Basis derselben Vertexdaten gerendert.

Mit der Taste [F1] verändern Sie den FillMode. Über die Taste [F2] können Sie den CullMode durchschalten. Über den CullMode haben wir bereits gesprochen und hier erkennen Sie den praktischen Einsatz. Das bunte Dreieck wurde im Uhrzeigersinn erstellt, das weiße Dreieck gegen den Uhrzeigersinn. Wenn wir den Cull-Mode auf *D3DCULL_NONE* setzen, sind beide Dreiecke permanent sichtbar. Bei der Auswahl eines anderen CullModes ist immer nur ein Dreieck sichtbar. Letztendlich können wir mit der [F3]-Taste zwischen den Primitive-Typen hin- und herschalten. Achten Sie doch einmal auf den Primitive-Typ *TriangleStrip*. Bei diesem Primitive-Typ mischen sich die Vertexdaten von Dreieck 1 und Dreieck 2. Aus den gemischten Vertexdaten wird ein neues Dreieck gebildet, welches einen Farbverlauf von bunt auf weiß hat.

Dreieck-Raster-Regeln

Die Koordinaten eines Dreiecks werden durch Vertices definiert. Diese Koordinaten beziehen sich auf die virtuelle 3D-Welt und nicht etwa auf die Pixelaufteilung eines Monitors, auch wenn die 3D-Welt über den Monitor für den Anwender sichtbar wird. Damit dies reibungslos funktioniert, werden die Dreieck-Raster-Regeln angewandt.

DirectX baut ein Objekt immer von links oben nach rechts unten (top-left filling convention) auf. Dies ist die gleiche Technik, die auch von der GDI oder OpenGL verwendet wird. DirectX geht immer davon aus, dass die Koordinaten das Zentrum eines Pixel beschreiben. (Ist das Zentrum innerhalb eines Dreiecks so, ist das Pixel ein Teil des Dreiecks). Pixelzentren werden immer als Ganzzahl angegeben.

Die Abbildung 2.10 zeigt eine Matrix mit 25 Pixel. Sie beginnt mit (0, 0) und endet mit (5, 5). Die Breite des Rechtecks wird beschrieben mit: rechts minus links. Die Höhe wird beschrieben durch: unten minus oben.

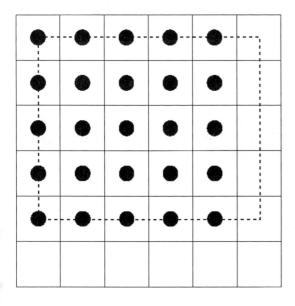

Abbildung 2.10 Pixeldarstellung eines Rechtecks

Die top-left filling convention besagt, dass eine Kante keine obere Kante (top edge) sein kann, es sei denn, sie verläuft horizontal.

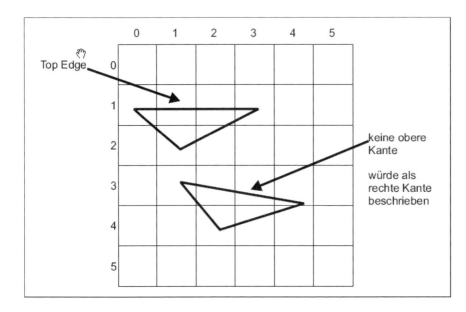

Abbildung 2.11 Obere Kante

An Abbildung 2.11 erkennen Sie, wann eine Kante als top edge bezeichnet wird. Da es jedoch selten vorkommt, dass eine Kante horizontal verläuft, haben wir meistens Dreiecke mit linken und rechten Kanten.

Sollten Sie in Ihrem Koordinatensystem zwei Dreiecke definieren, welche teilweise die gleichen Pixel verwenden, werden die gemeinsamen Pixel dem ersten Dreieck zugeordnet.

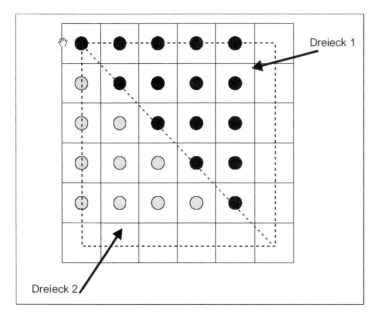

Abbildung 2.12 Pixelverteilung von Dreieck 1 und Dreieck 2

Die gemeinsamen Pixel werden dem ersten Dreieck zugewiesen. Die Verteilung, welche Pixel zu welchem Dreieck gehören, ist eine heikle Angelegenheit. Grafische Artefakte, Bildflimmern oder einfache Grafikfehler sind Ihnen sicher bekannt. Sie sind mitunter ein Grund für solche Phänomene.

GameEngine – Einfache Initialisierung von DirectX Graphics

Nachdem nun die ersten Grundlagen des DirectX-API betrachtet wurden, ist es Zeit, wieder einen Blick auf das Basisprojekt dieses Buches zu werfen. Den ersten Teil der GameEngine haben wir schon weiter vorne im Buch behandelt. Er stellt den Windows-Teil der Applikation dar. An dieser Stelle nun soll der DirectX-Teil des Projektes unser Augenmerk erhalten. Die erste Aufgabe dieses Teils ist die Erstellung eines einfachen DirectX-Device. Mit diesem Device wollen wir im weiteren Verlauf des Buches auch alle weiteren Projekte realisieren. Wie bereits erwähnt, befindet sich der Quellcode der DirectX-Funktionen in der Datei *Game-MainRoutines.cpp*.

GameMainRoutines.cpp

Die Funktionen dieses ersten Projekts beschränken sich auf das Erstellen des Devices und das Starten der Render-Schleife. Im Folgenden wollen wir die wichtigsten Programmteile einmal etwas näher beleuchten.

Das erste Objekt dieser Klasse, das an dieser Stelle betrachtet wird, ist die Dokumentenstruktur _GAMEDATA. Diese Struktur beinhaltet in der GameEngine alle Informationen, die für die Arbeit mit DirectX benötigt werden. In ihr werden die Daten des DirectX-Device sowie alle Klassen, die im weiteren Verlauf des Projektes benötigt werden, zusammengefasst. Die erste Initialisierung dieser Struktur wird in der Konstruktor-Funktion der Klasse vorgenommen.

```
ZeroMemory(&m_GameData, sizeof(_GAMEDATA));
m_GameData.pD3D = NULL;
m_GameData.pd3dDevice = NULL;
m_GameData.iTime=1;
```

Listing 2.10 Ausschnitt der Funktion *GameMainRoutines()*

Hierbei wird der Speicherbereich der gesamten Struktur als Erstes mit dem *ZeroMemory*-Befehl gelöscht, damit es in diesem Speicherbereich keine korrupten Daten gibt. Danach werden die beiden Variablen, die das DirectX-Device und das Direct3D-Device im Verlauf der Applikation beinhalten sollen, auf den Wert *NULL* gesetzt. Die letzte Initialisierung an dieser Stelle ist die Variable *iTime* mit dem Wert 1. Diese Variable dient zur Berechnung der Frame-Durchlaufzeiten innerhalb der GameEngine. Nachdem die Klasse über ihren Konstruktor initialisiert wurde, werden mit der *GameMainInit()*-Funktion weitere Initialisierungen für die DirectX-Komponenten vorgenommen. Hierbei werden als Erstes die DirectX Komponenten erstellt, die für die GameEngine benötigt werden. Danach werden die Render-Optionen des Direct3D-Devices festgelegt und zu guter Letzt noch die Schriftarten in die Engine eingebunden.

```
if(FAILED(InitD3D(MainHWND))){
  MessageBox(NULL,"Error creating device","InitD3D",MB_OK);
  exit(0);
};
if(FAILED(InitRenderOptions())){
  MessageBox(NULL,"Error setting render options","InitRenderOptions",MB_OK);
  exit(0);
}
if(FAILED(m_GameData.GameFonts.InitFonts(m_GameData.pd3dDevice))){
  MessageBox(NULL,"Error init fonts ","InitFonts",MB_OK);
  exit(0);
}
```

Listing 2.11 Initialisierungen innerhalb der Funktion *GameMainInit*

Zur besseren Übersicht und Trennung der einzelnen Aufgaben sind die Funktionen der GameEngine in einzelne Routinen aufgeteilt. Die erste Funktion, die zur Initialisierung der Engine aufgerufen wird, ist *InitD3D*. Diese Routine erstellt das Direct3D-Device mit Hilfe der Informationen, die der *GameMainRoutines*-Klasse über den Windows-Teil der Applikation mitgeteilt wurden. Diese Daten werden innerhalb der Struktur *DeviceSettings* gespeichert, die in der Struktur *m_GameData* gespeichert sind. Bevor das Direct3D-Device erstellt werden kann, muss ein DirectX-Device erstellt werden. Dieses Device wird über den Befehl *Direct3DCreate9* erstellt. Außerdem wird zur Erstellung des 3D-Device eine Variable der Struktur *D3DPRESENT_PARAMETERS* benötigt. In dieser werden alle Parameter übergeben, die festlegen, wie das Direct3D-Device im Anschluss erstellt werden soll. In unserem Fall werden diese Informationen aus der *DeviceSettings*-Struktur übernommen.

```
if( NULL == ( m_GameData.pD3D = Direct3DCreate9( D3D_SDK_VERSION ) ) )
  return E_FAIL;
D3DPRESENT_PARAMETERS d3dpp;
ZeroMemory( &d3dpp, sizeof(d3dpp) );
if(m_GameData.DeviceSettings.Windowed == TRUE){
  d3dpp.Windowed = TRUE;
}else{
  d3dpp.Windowed = FALSE;
  d3dpp.BackBufferHeight = m_GameData.DeviceSettings.wndHeight;
  d3dpp.BackBufferWidth = m_GameData.DeviceSettings.wndWidth;
}
d3dpp.EnableAutoDepthStencil = TRUE;
d3dpp.hDeviceWindow =hWnd;
d3dpp.SwapEffect = D3DSWAPEFFECT_DISCARD;
d3dpp.AutoDepthStencilFormat = m_GameData.DeviceSettings.DBFormat;
d3dpp.BackBufferCount = 0;
d3dpp.BackBufferFormat = m_GameData.DeviceSettings.BBFormat;
d3dpp.PresentationInterval = m_GameData.DeviceSettings.PresentInterval;
d3dpp.MultiSampleQuality = 0;
d3dpp.MultiSampleType = m_GameData.DeviceSettings.MSType;
HRESULT hr =  m_GameData.pD3D->CreateDevice( m_GameData.DeviceSettings.Adapter,
                                             m_GameData.DeviceSettings.Type ,
                                             hWnd,
                                             m_GameData.DeviceSettings.VProcessing,
                                             &d3dpp,
                                             &m_GameData.pd3dDevice);
```

Listing 2.12 Auszug aus der Funktion *InitD3D(hwnd)*

Mit dem Befehl *CreateDevice* wird an dieser Stelle endgültig das Direct3D-Device kreiert, mit dem alle weiteren Operationen durchgeführt werden sollen. Dabei wird dem Befehl neben der bereits erwähnten *D3DPRESENT_PARAMETERS*-Struktur, noch die Informationen mitgegeben, für welchen Grafikadapter das Device initialisiert werden soll und welcher *VertexProcessing*-Typ genutzt werden soll.

Der nächste Schritt bei der Erstellung eines funktionsfähigen Direct3D-Device ist die Festlegung der Render-Eigenschaften, den so genannten *RenderStates*. Diese *RenderStates* werden in der Funktion *InitRenderOptions* festgelegt. Dabei beschränkt sich das erste Projekt auf die nötigsten Einstellungen. Dabei wird das Device so konfiguriert, dass in diesem ersten Projekt so wenige Problempunkte wie möglich auftreten können. Dazu gehört, dass bei jedem Objekt innerhalb des Device die Vorder- und die Hinterseite gerendert werden (*D3DRS_CULLMODE*). Außerdem wird das Lighting-System des Direct3D-Device abgestellt (*D3DRS_LIGHTING*). Zum Schluss wird noch festgelegt, dass alle Elemente innerhalb des Direct3D-Device komplett gefüllt sind (*D3DRS_FILLMODE*). Somit sind die Basiseinstellungen für die GameEngine festgelegt und das Device kann genutzt werden.

```
if(FAILED(m_GameData.pd3dDevice->SetRenderState(D3DRS_CULLMODE, CullMode))){
    return E_FAIL;
}
if(FAILED(m_GameData.pd3dDevice->SetRenderState( D3DRS_LIGHTING, FALSE ))){
    return E_FAIL;
}
if(FAILED(m_GameData.pd3dDevice->SetRenderState( D3DRS_FILLMODE, FillMode ))){
    return E_FAIL;
}
```

Listing 2.13 Setzen der RenderStates in der Funktion *InitRenderOptions*

Damit wäre die erste Initialisierung des Direct3D-Device abgeschlossen und es ist damit bereit, als Basis des Frameworks zu fungieren. Dieses Framework wird über die nächsten Kapitel immer weiter aufgebaut und so im weiteren Verlauf des Buches um alle benötigten Funktionen erweitert. Ziel ist eine voll funktionierende 3D-Engine, die allen Ansprüchen einer GameEngine gewachsen ist.

Start des eigenen Frameworks

Der erste Schritt zur eigenen GameEngine inklusive eines eigenen Frameworks ist getan. Das Direct3D-Device, das die gesamte Darstellung der Engine übernehmen wird, ist erstellt und wartet darauf, genutzt zu werden. Das Erste, was ein eigenes DirectX-Framework neben der Initialisierung des Direct3D-Device benötigt, ist eine Render-Schleife. Diese Schleife wird bei jedem neuen Bild, auch Frame genannt, durchlaufen, um diesen zu berechnen und darzustellen. Den Einstieg zu der Render-Schleife der GameEngine bildet die Funktion *GameMainRoutine*. Im ersten Kapitel des Buches haben Sie erfahren, dass diese Funktion eng mit der Funktion *Engine_Main()* verbunden ist. Diese Funktion ist im Windows-Teil der Applikation untergebracht und zwar in der Message-Schleife der Applikation. Dies bedeutet, die Funktion *GameMainRoutine* wird bei jeder Bearbeitung der Message-Schleife des *GameEngine*-Dialogfeldes aufgerufen. Es ist somit also eine regelmäßige Abarbeitung der Funktion *GameMainRoutine* gewährleistet.

```
void GameMainRoutine(void){

if(bGameLoop){
  if(m_GameData.WindowsResize == true){
    GameMainInit(MyMainHWND);
    m_GameData.WindowsResize=false;
  }
  if(bPause == FALSE){
    m_GameData.Utilities.CalculateSpeed();
    SetupMatrices();
  }
  m_GameData.Utilities.TicTimer();
  Render();
}
```

Listing 2.14   Die Render-Schleife *GameMainRoutine* in der Übersicht

Die Render-Schleife ist zu Beginn des Frameworks noch sehr übersichtlich. Sie besteht nur aus einigen Befehlen, hat aber schon an dieser Stelle einige anspruchsvolle Aspekte. Der erste und einfachste Punkt ist die Abfrage der Variablen *bGameLoop*. Dieser Boolean-Wert signalisiert der Funktion, ob die Applikation eine Aufforderung zum Beenden der GameEngine bekommen hat. In diesem Fall muss der nächste Frame nicht gerendert werden und alle Befehle dieser Funktion werden übersprungen. Im Normalfall ist dieser Wert aber auf *TRUE* gesetzt, und somit werden die einzelnen Elemente der Routine abgearbeitet. In diesem Fall überprüft die Funktion als Nächstes, ob die Größe des Fensters der Applikation geändert wurde. Ist dies der Fall, wurde das Direct3D-Device zur Darstellung der Frames zerstört und ein erneuter Render-Vorgang würde zu einem Ausnahmefehler führen. Deshalb wird in diesem Fall die Routine *GameMainInit* erneut aufgerufen, um sicherzustellen, dass die folgenden Befehle ein funktionierendes Direct3D-Device zur Verfügung haben.

Die nächste Abfrage in der Render-Schleife stellt fest, ob der Benutzer der Applikation die ⌈Pause⌉-Taste gedrückt hat und so die Berechnung der Frames abgeschaltet hat. In diesem Fall werden alle Befehle übersprungen, die die dynamische Berechnung der einzelnen Bilder sicherstellen.

Dazu gehört die Berechnung der Durchlaufzeiten der Render-Schleife, mit dem Befehl *m_GameData.Utilities.CalculateSpeed()* und die Festlegung der Kameraposition sowie deren Sichtwinkel mit der Funktion *SetupMatrices()*. Nach der dynamischen Berechnung des nächsten Bildes beschäftigt sich der Befehl *Render()* mit dessen Darstellung.

TIPP   Sollten Sie diese erste Applikation zur Erstellung eines ersten eigenen Projektes als Vorlage nehmen, sollten Sie die folgende Regel einhalten: Alle Berechnungen des Frames sollten innerhalb der *if*-Schleife *if(bPause == FALSE){...}* stehen. Alle Funktionen, die rein zur Darstellung der Frames dienen, sollten dementsprechend nach dieser Schleife stehen. Dies stellt sicher, dass die Bilder immer ordnungsgemäß dargestellt werden, auch wenn die Berechnung der neuen Frames abgeschaltet wird. Bei abgeschalteter Berechnung wird also immer wieder der gleiche Frame dargestellt.

Die Darstellung des Frames ist das Thema des nächsten Abschnittes. Dazu wollen wir uns die vier wichtigsten DirectX-Funktionen innerhalb der Funktion *Render()* näher ansehen:

```
m_GameData.pd3dDevice->Clear(0, NULL, D3DCLEAR_TARGET|D3DCLEAR_ZBUFFER,
                             D3DCOLOR_XRGB(0,0,0), 1.0f, 0 );
```

Listing 2.15   Teil der *Render()*-Funktion des Projektes: der *Clear*-Befehl zum Löschen des Device

Die Darstellung eines neuen Frames läuft dabei immer nach demselben Schema ab. Als Erstes wird der letzte dargestellte Frame aus dem Speicher des Device gelöscht. Danach wird die Darstellung des aktuellen Frames gestartet. Diesem werden alle darzustellenden Objekte der Szene hinzugefügt. Anschließend wird die Szene geschlossen und mit Hilfe eines weiteren Befehls in dem DirectX-Device dargestellt.

Den Anfang macht also der DirectX-Befehl *Clear*. Dieser ist als Methode in der Klasse *IDirect3DDevice9* deklariert und sorgt dafür, dass der Speicherbereich, der zur Darstellung des letzten Frames genutzt wurde, gelöscht wird.

IDirect3DDevice9::Clear

Mit der Methode *IDirect3DDevice9::Clear* können verschiedene Speicherbereiche, die so genannten Surfaces, gelöscht werden. Zu diesen Surfaces gehören die RenderTargets, aber auch der StencilBuffer sowie der DepthBuffer des Direct3D-Device.

```
HRESULT Clear(DWORD Count,
    const D3DRECT *pRects,
    D3DCLEAR Flags,
    D3DCOLOR Color,
    float Z,
    DWORD S);
```

Count	Anzahl der *Rectangle*-Objekte des Arrays im Parameter *pRects*. Dieser Parameter muss 0 enthalten, wenn der zweite Parameter NULL ist.
pRects	Der zweite Parameter stellt einen Zeiger auf einen Array aus *D3DRECT*-Strukturen dar. Diese *Rectangle*-Objekte stellen die Teile des Device dar, die gelöscht werden sollen. Zum Löschen des gesamten Viewports wird in diesem Parameter der Wert NULL an die Funktion übergeben.
Flags	Die Variable *Flags* enthält eine Kombination aus *D3DCLEAR*-Werten. Diese bestimmen unter anderem, welches Surface des Device gelöscht werden soll.
Color	Das RenderTarget wird mit dem *ARGB*-Wert dieser Variablen gelöscht
Z	Dieser Wert legt fest, bis zu welcher Tiefe der *DepthBuffer* des RenderTarget gelöscht werden sollt. Dabei muss dieser Wert zwischen 0 und 1 liegen.
S	Der StencilBuffer des Device wird auf den Wert dieser Variablen gesetzt. Dabei liegt der Wert zwischen 0 und $2^n - 1$. Dabei ist *n* die Bittiefe des StencilBuffers.

Die Funktion *Clear* gibt einen Wert vom Typ *HRESULT* als Ergebnis zurück. Wurde der Befehl ordnungsgemäß durchgeführt, liefert die Funktion den Wert *D3D_OK* zurück.

Mit dem nächsten Befehlsblock wird nun die neue Szene innerhalb des Device dargestellt. Der Befehl *Begin-Scene* eröffnet die Darstellung. Direkt anschließend werden alle Befehle ausgeführt, die die einzelnen Objekte darstellen. In unserem Beispiel werden mit dem Befehl *DrawPrimitive* einfache geometrische Formen innerhalb des Direct3D-Device dargestellt. Nachdem alle Elemente erstellt wurden, wird die Szene mit dem Befehl *EndScene* abgeschlossen.

```
if(SUCCEEDED( m_GameData.pd3dDevice->BeginScene())){
  .
  d3dDevice->DrawPrimitive( D3DPT_POINTLIST, 0, 5 )
  .
  .
  m_GameData.pd3dDevice->EndScene();
}
m_GameData.pd3dDevice->Present( NULL, NULL, NULL, NULL );
```

Listing 2.16 Ausschnitt aus der *Render()*-Funktion des Projektes. Diese stellt die einzelnen Frames dar.

Mit dem *Present*-Befehl wird anschließend die gesamte erstellte Szene im Direct3D-Device dargestellt und die *Render()*-Funktion des Projektes abgeschlossen. Dabei sind an dieser Stelle die vier Parameter der Funktion noch zu vernachlässigen. Diese werden erst benötigt, wenn man bei der Erstellung des Device den *SwapEffect D3DSWAPEFFECT_COPY* festgelegt hat. In diesem Fall arbeitet man mit mehreren *Surfaces* zur Darstellung der einzelnen Szenen. Mit den Parametern der Funktion *Present* können diese Objekte dann einzeln angesprochen werden.

Eine weitere Funktion innerhalb des neuen Frameworks ist der Befehl *SetupMatrices()*. Diese Routine ist der Punkt innerhalb unseres Frameworks, der die Position und das Sichtfeld der Kamera festlegt. Dies geschieht über drei Variablen des Typs *D3DXMATRIXA16*. Die Objekte *matWorld*, *matView* und *matProj* legen über Vektoren das Verhalten der World-, View- und Projektionsmatrix des Direct3D-Device fest. Mit dem Befehl *SetTransform* werden diese Werte an das Device übertragen.

```
//World
D3DXMATRIXA16 matWorld;
D3DXMatrixRotationY( &matWorld, (float)1 );
m_GameData.pd3dDevice->SetTransform( D3DTS_WORLD, &matWorld );

//View
D3DXVECTOR3 vEyePt( 0.0f, 0.0f,-45.0f );
D3DXVECTOR3 vLookatPt( 0.0f, 0.0f, 0.0f );
D3DXVECTOR3 vUpVec( 0.0f, 1.0f, 0.0f );
D3DXMATRIXA16 matView;
D3DXMatrixLookAtLH( &matView, &vEyePt, &vLookatPt, &vUpVec );
m_GameData.pd3dDevice->SetTransform( D3DTS_VIEW, &matView );

//Projection
D3DXMATRIXA16 matProj;
D3DXMatrixPerspectiveFovLH( &matProj, D3DX_PI/4, 1.0f, 1.0f, 100.0f );
m_GameData.pd3dDevice->SetTransform( D3DTS_PROJECTION, &matProj );
```

Listing 2.17 Die Methode *SetupMatrices()* zur Festlegung der Kameraposition und des Sichtfeldes

An dieser Stelle haben wir somit die Basisfunktionen unseres Frameworks erstellt. Diese allein würden schon ausreichen, um mit Hilfe des erstellen Device 3D-Szenen zu berechnen und darzustellen. Dabei hat das Framework in diesem frühen Stadium aber noch einen schwerwiegenden Nachteil. Es ist absolut unflexibel, was die Unterstützung der Hardware angeht. Die im Sourcecode festgelegten Parameter für die Hardware können vom Benutzer der Applikation nicht geändert werden. Um diesen Missstand zu beheben, muss die Hardware des Systems, auf dem das Programm läuft, vor dem Erstellen der DirectX-Objekte erkannt werden. Mit Hilfe der erkannten Hardware wird dem Benutzer die Auswahl ermöglicht, das Direct3D-Device seiner Applikation so zu erstellen, wie er es möchte. Um dies zu gewährleisten, haben wir dem Framework ein Hardware-Dialogfeld hinzugefügt, der die Funktionen zum Erkennen und Auswählen der Hardware zur Verfügung stellt.

SettingsDialog

Der *SettingsDialog* ist ein klassisches Windows-Dialogfeld. Bei diesem Dialogfeld haben wir auf die reinen Windows-API-Funktionen zurückgegriffen. Ausdrücklich haben wir auf die Benutzung der Microsoft Foundation Classes verzichtet. Wir wollen dadurch sicherstellen, dass der Windows-Anteil der *GameEngine* so klein wie möglich bleibt.

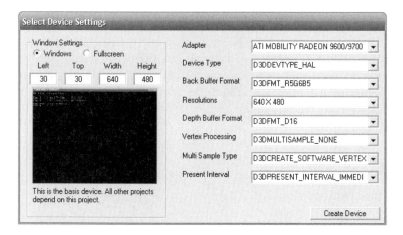

Abbildung 2.13 Ein Screenshot des Dialogfeldes *Select Device Settings*

Die Programmierung von Dialogfeldern in der Windows-Umgebung beruht zum größten Teil darauf, jedem einzelnen Objekt innerhalb des Dialogfeldes Meldungen, so genannte Messages, zu senden. Diese Meldungen werden dann von den einzelnen Objekten ausgewertet oder ausgeführt. Die wichtigsten Messages, die für den *SettingsDialog* genutzt werden, sind in der Header-Datei des Dialogfeldes mit Hilfe eines *#define*-Befehls definiert. Dieser hilft dabei, den Sourcecode übersichtlicher zu gestalten. Als Beispiel für diese Definitionen wird an dieser Stelle das Makro *CB_SELECTFIRSTITEM* erläutert.

```
#define CB_SELECTFIRSTITEM(m_hwnd,comboboxID
                  SendDlgItemMessage(m_hwnd, comboboxID, CB_SETCURSEL ,
                                     (WPARAM) 0,(LPARAM) 0)
```

Mit dieser Definition wird die Dialogfeld-Message angesprochen, die dafür sorgt, dass das erste Element der Stringliste innerhalb eines ComboBox-Steuerelements ausgewählt und in dem Edit-Bereich des Objektes angezeigt wird. Dazu wird der Meldung *CB_SETCURSEL* im Parameter *WPARAM* der Index des Elements mitgeteilt, das ausgewählt werden soll. In diesem Fall wird eine 0 übergeben. Es wird also das erste Element der Liste ausgewählt. Analog zu dieser Definition wurden alle benötigten System-Messages, die in diesem Dialogfeld benötigt werden, als neues Makro definiert.

Eine weitere Funktion des *SettingsDialog* sind die so genannten Presets. Diese *#define*-Anweisungen legen noch vor dem Start der Applikation eine gewünschte Direct3D-Konfiguration fest. Diese gewünschte Konfiguration wird beim Start des Dialogfeldes überprüft und wenn die Hardware des Systems diese Presets unterstützt, werden diese als Vorauswahl in den Steuerelementen des Dialogfeldes angezeigt. Außer der Funktion zur Festlegung einer gewünschten Konfiguration bieten die Presets noch die Möglichkeit, die Darstellung des *SettingsDialog* und des Hauptfensters festzulegen. Dabei sind bis auf einige Ausnahmen alle voreingestellten Werte nach dem Start der Applikation noch veränderbar. Diese beiden Ausnahmen, *PRESET_STRICT* und *PRESET_PICTUREANDDESC*, können während der Laufzeit nicht mehr geändert werden. Der erste der beiden Boolean-Werte *PRESET_STRICT* legt fest, dass der Benutzer der Applikation die Größe des Direct3D-Device nicht manuell verändern darf. Diese Option ist immer dann von Vorteil, wenn schon im Vorfeld bekannt ist, in welcher Auflösung das Device ausgeführt werden soll oder ausgeführt werden muss. Besonders bei performancehungrigen Projekten kann so eine Auflösung festgelegt werden, in der die Applikation noch flüssig läuft. Mit der zweiten Variablen *PRESET_PICTUREANDDESC* wird festgelegt, ob der Text und der Screenshot auf der linken Seite des *SettingsDialog* angezeigt werden soll. Wird diese Variable auf *TRUE* gesetzt, werden zwei Objekte aus den Ressourcen der Applikation geladen und dargestellt.

```
#define PRESET_ADAPTER            (UINT)D3DADAPTER_DEFAULT
#define PRESET_WIDTH              (UINT)640
#define PRESET_HEIGHT             (UINT)480
#define PRESET_TOP                (UINT)30
#define PRESET_LEFT               (UINT)30
#define PRESET_WINDOWED           (BOOL)TRUE
#define PRESET_SIZE_STRICT        (BOOL)FALSE
#define PRESET_DEVICETYPE         (D3DDEVTYPE)D3DDEVTYPE_HAL
#define PRESET_DEPTHSTENCILBUFFER (D3DFORMAT)D3DFMT_D16
#define PRESET_BACKBUFFERFORMAT   (D3DFORMAT)D3DFMT_R5G6B5
#define PRESET_PRESENTINTERVAL    (UINT)D3DPRESENT_INTERVAL_IMMEDIATE
#define PRESET_VERTEXPROCESSING   (DWORD)D3DCREATE_SOFTWARE_VERTEXPROCESSING
#define PRESET_MULTISAMPLETYPE    (D3DMULTISAMPLE_TYPE)D3DMULTISAMPLE_NONE
#define PRESET_PICTUREANDDESC     (BOOL)TRUE
```

Listing 2.18 *SettingsDialog*-Presets zur Vorauswahl der Direct3D-Konfiguration

Außer den bereits erwähnten *#define*-Makros am Anfang der Header-Datei werden in dem *SettingsDialog* noch weitere Strukturen und Variablen verwendet, die uns die Programmierung des Windows Dialogs und seiner Funktionen vereinfachen sollen. An dieser Stelle soll aber ein kurzer Überblick über diese Objekte ausreichen, eine nähere Betrachtung ist dabei nicht notwendig, da die meisten Variablen selbsterklärend sind.

Da der *SettingsDialog* feststellen soll, welche Optionen die Hardware des Systems der Direct3D zur Verfügung stellt, benötigt der Dialog ein DirectX-Device. Ein Zeiger auf dieses Device wird nach der Initialisierung in dem Zeiger *m_lpD3D* gespeichert. Weiterhin werden die Daten aller Grafikadapter benötigt, die in das System integriert sind. Die Informationen zu diesen Adaptern werden in dem Array *Adapterinfo* gespeichert. Dieses ist auf zehn Grafikadapter beschränkt. Sollte Ihr System mehr als zehn Grafikadapter enthalten, müssen Sie diesen Wert dementsprechend anpassen. Die Variable *m_currentDisplayMode* dient als temporäre Variable zur ersten Initialisierung des *SettingsDialog*. Die beiden letzten Objekte *DXEnvironmentSettings* und *MyCopyData* dienen zur Weiterverarbeitung der ermittelten Daten. Diese Daten werden in der Variablen *DXEnvironmentSettings* gespeichert und anschließend mit Hilfe der Variablen *MyCopyData* in das Hauptfenster der Applikation kopiert. Außer der beschriebenen Variablen, werden innerhalb des Projektes noch einige andere Enumerationen benutzt. Diese Auflistungen beinhalten alle gängigen Typen verschiedener DirectX-Einstellungen. Es wird darauf verzichtet, jedes einzelne Objekt hier zu erklären, da es sich nur um Zusammenfassungen von bestehenden Daten handelt, die im späteren Verlauf noch erklärt werden.

Der nächste Abschnitt in der Datei *SettingsDialog.cpp* enthält Funktionen, die es ermöglichen, verschiedene DirectX-Konstanten in String-Werte und umgekehrt zu konvertieren. Diese Funktionen werden für die Arbeit mit den ComboBox-Steuerelementen des Dialogfeldes benötigt, da diese Objekte nur Stringelemente verwalten können. Als Beispiel für diese Methode wird die Funktion *VertexProcessingTypeToString* erläutert.

```
TCHAR* VertexProcessingTypeToString(DWORD currentType){
  switch (currentType){
    case D3DCREATE_SOFTWARE_VERTEXPROCESSING: return
                        TEXT("D3DCREATE_SOFTWARE_VERTEXPROCESSING");
    case D3DCREATE_MIXED_VERTEXPROCESSING:    return
                        TEXT("D3DCREATE_MIXED_VERTEXPROCESSING");
    case D3DCREATE_HARDWARE_VERTEXPROCESSING: return
                        TEXT("D3DCREATE_HARDWARE_VERTEXPROCESSING");
    case D3DCREATE_PUREDEVICE:                return
                        TEXT("D3DCREATE_PUREDEVICE");
    default:              return TEXT("Unknown VertexProcessingType");
  }
}
```

Listing 2.19 Funktion zur Konvertierung einer DirectX-Konstanten in einen *TCHAR*-String

Es handelt sich bei den Funktionen zur Konvertierung der Konstanten eigentlich um eine einfache *switch*-Struktur. Diese wertet den *DWORD*-Parameter aus, der der Funktion übergeben wurde und gibt mit Hilfe der *return*-Anweisung den vorbestimmten *TCHAR*-String an die aufrufende Funktion zurück.

```
DWORD VertexProcessingTypeFromString(TCHAR* currentString){
  if (strcmp("D3DCREATE_SOFTWARE_VERTEXPROCESSING",currentString)== 0)
                        {return D3DCREATE_SOFTWARE_VERTEXPROCESSING;}
  if (strcmp("D3DCREATE_MIXED_VERTEXPROCESSING",currentString)== 0)
                        {return D3DCREATE_MIXED_VERTEXPROCESSING;}
  if (strcmp("D3DCREATE_HARDWARE_VERTEXPROCESSING",currentString)== 0)
                        {return D3DCREATE_HARDWARE_VERTEXPROCESSING;}
  if (strcmp("D3DCREATE_PUREDEVICE",currentString)== 0)
                        {return D3DCREATE_PUREDEVICE;}
}
```

Listing 2.20 Funktion zur Konvertierung eines *TCHAR*-Strings in eine DirectX-Konstante

Analog zur Konvertierung einer Konstanten zu einem String gibt es auch den umgekehrten Weg. Hierbei wird der Funktion ein Zeiger auf einen *TCHAR*-String übergeben. Der String, auf den dieser Zeiger verweist, wird anschließend mit mehreren *If*-Vergleichen überprüft. Dabei wird der String mit mehreren fest definierten Stringbuffern verglichen. Findet die Funktion eine Übereinstimmung, wird auch hier über den *return*-Befehl die entsprechende Konstante an die aufrufende Funktion zurückgegeben.

Nachdem nun einige Basiselemente unseres Dialogfeldes bekannt sind, wird es Zeit, sich die Hauptroutine des Windows-Dialogfeldes anzusehen. Die Funktion *DXSettings_DialogProc* verwaltet alle Ereignisse und Meldungen des *SettingsDialogs*. Sie ist für uns der Ausgangspunkt für alle weiteren Operationen, die zur Ermittlung der Hardwareeigenschaften des Systems benötigt werden. Damit die einzelnen Abschnitte ein wenig übersichtlicher werden, haben wir den Abschnitt *WM_INITDIALOG* der Message-Schleife in kleinere Teile aufgeteilt. Dies vereinfacht das Verständnis der einzelnen Funktionen und teilt die Befehle in einzelne Sinnabschnitte auf, d.h. jeder Abschnitt hat eine in sich abgeschlossene Aufgabe.

```
hwndOwner = GetDesktopWindow();
GetWindowRect(hwndOwner, &rcOwner);
GetWindowRect(hwndDlg, &rcDlg);
CopyRect(&rc, &rcOwner);
```

Listing 2.21 *WM_INITDIALOG*: Positionieren des Dialogfeldes bei der Initialisierung

```
OffsetRect(&rcDlg, -rcDlg.left, -rcDlg.top);
OffsetRect(&rc, -rc.left, -rc.top);
OffsetRect(&rc, -rcDlg.right, -rcDlg.bottom);

SetWindowPos(hwndDlg,
             HWND_TOP,
             rcOwner.left + (rc.right / 2),
             rcOwner.top + (rc.bottom / 2),
             0, 0,          // ignores size arguments
             SWP_NOSIZE);
```

Listing 2.21 *WM_INITDIALOG*: Positionieren des Dialogfeldes bei der Initialisierung *(Fortsetzung)*

Die ersten Funktionen während der Initialisierung des Dialogfeldes ist die Festlegung seiner Position. Dabei wird mit Hilfe von einigen Berechnungen der *SettingsDialog* genau in der Mitte des Desktops dargestellt. Dazu ermittelt der Befehl *GetDesktopWindow()* als Erstes das Handle des Desktops. Die direkt anschließenden *GetWindowRect*-Befehle bestimmen die Größe des Desktops und des *SettingsDialog*. Danach folgen die Berechnungen der neuen Position des Dialogfeldes. Diese Position wird mit dem Befehl *SetWindowPos* dann am Ende des Funktionsblocks für das Dialogfeld festgelegt.

```
ZeroMemory(&DXEnvironmentSettings,sizeof(_DXENVSETTINGS));

DXEnvironmentSettings.Height            = PRESET_HEIGHT;
DXEnvironmentSettings.Top             = PRESET_TOP;
DXEnvironmentSettings.Left            = PRESET_LEFT;
DXEnvironmentSettings.Width           = PRESET_WIDTH;
DXEnvironmentSettings.DeviceType          = PRESET_DEVICETYPE;
DXEnvironmentSettings.DepthStencilBuffer      = PRESET_DEPTHSTENCILBUFFER;
DXEnvironmentSettings.BackBufferFormat       = PRESET_BACKBUFFERFORMAT;
DXEnvironmentSettings.PresentInterval       = PRESET_PRESENTINTERVAL;
DXEnvironmentSettings.VertexProcessing      = PRESET_VERTEXPROCESSING;
DXEnvironmentSettings.MultiSampleType       = PRESET_MULTISAMPLETYPE;
DXEnvironmentSettings.Windowed        = PRESET_WINDOWED;
```

Listing 2.22 *WM_INITDIALOG*: Die Erstellung der *DXEnvironmentSettings*-Struktur

Alle Daten, die im Dialogfeld vom Benutzer angegeben werden, sollen in einer Struktur gespeichert werden. Um sicherzustellen, dass die Applikation auch ohne Eingabe des Benutzers ordentlich laufen kann, wird eine Mindestanforderung an das Device, die so genannten *Presets* in die Struktur kopiert. Diese *Presets* sind, wie bereits erwähnt, in der Header-Datei des Dialogfeldes abgelegt und können beliebig verändert werden. Es sollten jedoch immer nur gültige Werte in den Presets gespeichert werden, da es ansonsten zu Abstürzen beim Erstellen der 3D-Applikation kommen kann.

Damit unsere Applikation auf die Hardware des Gerätes zugreifen kann, benötigt sie einen Zugang zu einer DirectX-Schnittstelle. Dieser Zugang wird über die Erstellung eines temporären DirectX-Device dem Dialogfeld zur Verfügung gestellt. Dazu wird über den Befehl *Direct3DCreate9* ein Device in der Variablen *m_lpD3D* hinterlegt. Über dieses Device werden im weiteren Verlauf alle benötigten Daten ermittelt. Nach dem Abschluss des Dialogfeldes wird dieses Device wieder gelöscht, da es für die weiteren Funktionen des Projektes nicht mehr benötigt wird.

```
if( NULL == (m_lpD3D = Direct3DCreate9( D3D_SDK_VERSION ) ) ){
  return FALSE;
}
```

Listing 2.23 *WM_INITDIALOG*: Erstellen eines DirectX-Device

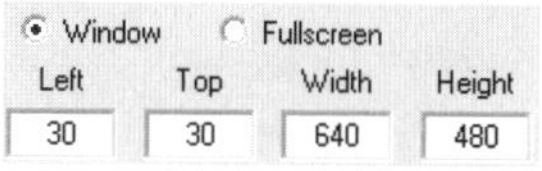

Abbildung 2.14 Ausschnitt aus dem *SettingsDialog*: Einstellen der Fenstergröße und Position

Die nächsten Schritte innerhalb der *WM_INITDIALOG*-Routine erstellen die beiden RadioButton-Steuerelemente, die den Fenstermodus des Direct3D-Device festlegen. Dabei wird zunächst ermittelt, ob der Programmierer diese Option für die Applikation vorgesehen hat. Über das Makro *PRESET_SIZE_STRICT* wird festgelegt, ob dem Benutzer die Möglichkeit zur Auswahl gegeben werden soll oder nicht. Ist der Inhalt dieser Variablen der Wert *FALSE*, werden die beiden RadioButton-Steuerelemente zur Auswahl erstellt und im Dialogfeld angezeigt. Ist dieser Wert *TRUE*, werden die in den Presets vordefinierten Werte für die Größe und die Position des Device übernommen und zur Information des Anwenders innerhalb der TextBox-Steuerelemente angezeigt.

```
if (PRESET_SIZE_STRICT == FALSE){
  HWND tmpHwnd;
  HFONT tmpFont;
  tmpFont = CreateFont(8,0,0, 0, FW_NORMAL,
                       FALSE, FALSE,
                       0, ANSI_CHARSET,
                       OUT_DEFAULT_PRECIS,
                       CLIP_DEFAULT_PRECIS,
                       DEFAULT_QUALITY,
                       DEFAULT_PITCH | FF_SWISS,
                       "MS Sans Serif");
  //Create first button
  tmpHwnd = CreateWindow ("button", "Fullscreen", WS_CHILD | WS_VISIBLE |
   BS_AUTORADIOBUTTON ,100,30,75,14, hwndDlg, (HMENU)IDC_RADIO_FULLSCREEN, NULL, NULL);
  //Set Font of Button
  SendDlgItemMessage(hwndDlg, IDC_RADIO_FULLSCREEN, WM_SETFONT,  (WPARAM)
                                        tmpFont,(LPARAM) TRUE);
  // Create second button
  tmpHwnd = CreateWindow ("button", "Windows", WS_CHILD | WS_VISIBLE |
   BS_AUTORADIOBUTTON ,20,30,75,14, hwndDlg, (HMENU)IDC_RADIO_WINDOWED, NULL, NULL);
  //Set Font of Button
  SendDlgItemMessage(hwndDlg, IDC_RADIO_WINDOWED, WM_SETFONT,  (WPARAM)
                                        tmpFont,(LPARAM) TRUE);
  if(DXEnvironmentSettings.Windowed == TRUE){
    HandleOptionButtons(hwndDlg,IDC_RADIO_WINDOWED,TRUE);
  }else{
    HandleOptionButtons(hwndDlg,IDC_RADIO_FULLSCREEN,TRUE);
  }
}else{
  EB_DISABLE(hwndDlg,IDC_EDIT_HEIGHT);
  EB_DISABLE(hwndDlg,IDC_EDIT_WIDTH);
  EB_DISABLE(hwndDlg,IDC_EDIT_TOP);
  EB_DISABLE(hwndDlg,IDC_EDIT_LEFT);
}
```

Listing 2.24 *WM_INITDIALOG*: Auswerten der Presets und Anzeigen der RadioButton-Steuerelemente

Wenn also die RadioButton-Steuerelemente angezeigt werden sollen, wird mit dem Befehl *CreateFont* zunächst ein *Font*-Objekt kreiert, das auf die beiden RadioButton-Steuerelemente angewandt werden soll. Anschließend werden die beiden Window-Steuerelemente mit Hilfe des Befehls *CreateWindow* erstellt und positioniert. Mit der Dialog-Message *WM_SETFONT* wird nun der erstellte Font dem Steuerelement zugewiesen.

Diese Vorgehensweise wird dementsprechend auch auf das zweite RadioButton-Steuerelement angewandt. In dem Fall, dass die beiden RadioButton-Steuerelemente nicht angezeigt werden, müssen die Eingabefelder für die Abmessungen und die Position des Device-Fensters für die Benutzereingabe gesperrt werden. Dies realisieren wir mit dem Makro *EB_DISABLE*. Dieser Befehl stellt sicher, dass ein TextBox-Steuerelement mit Hilfe der Window-Message *EM_SETREADONLY* als nur lesbar gekennzeichnet ist und jede Eingabe in das Element durch den Benutzer verweigert wird.

This is the basis device. All other projects depend on this project.

Abbildung 2.15 Ausschnitt aus dem *SettingsDialog*: Screenshot und Projektkurzerklärung

Als nächste Anzeigeoption des Dialogfeldes haben wir die Möglichkeit integriert, einen Screenshot des Projekts und eine kurze Erläuterung der Applikation im Dialogfeld auszugeben. Die Anzeige dieser beiden Objekte wird erneut über ein Element der Presets realisiert. Dieses Mal wird *#define PRESET_PICTURE-ANDDESC* von unseren Funktionen ausgewertet. Ist diese Variable auf *TRUE* gesetzt, werden der Screenshot und die Erklärung innerhalb des Dialogfeldes dargestellt. Der Screenshot und auch der Erklärungstext müssen dabei vom Entwickler in den Ressourcen des Projektes hinterlegt werden. Der folgende Sourcecode liest die beiden Ressourcen dann aus und kopiert sie in die dafür vorgesehenen Steuerelemente.

```
if(PRESET_PICTUREANDDESC){
.
.
.
// Create Static Control for Bitmap

   tmpHwnd = CreateWindow ("STATIC", "",
            WS_VISIBLE | WS_CHILD | SS_BLACKRECT | SS_BITMAP,
            20,90,200,150, hwndDlg, (HMENU)IDC_PICTUREBOX,
            GetModuleHandle(NULL), NULL);

   // Load Bitmap from Ressource
   HBITMAP bmpScreenShot = LoadBitmap
                       (GetModuleHandle(NULL),MAKEINTRESOURCE(IDB_SCREENSHOT));

   // Send Bitmap to Static Control
   SendDlgItemMessage(hwndDlg,IDC_PICTUREBOX,STM_SETIMAGE,IMAGE_BITMAP,
                                          (LPARAM)bmpScreenShot);

   // Load String for Description from Ressource
```

Listing 2.25 *WM_INITDIALOG*: Auswerten der Presets und Anzeigen des Screenshots sowie der Projektbeschreibung

```
LoadString(GetModuleHandle(NULL),IDS_SETTINGS_DESC,tmpStr,128);

// Create Static Control for Description
tmpHwnd = CreateWindow ("STATIC", tmpStr, WS_VISIBLE | WS_CHILD  ,
            20,245,200,43, hwndDlg, (HMENU)IDC_DESCRIPTION,
            GetModuleHandle(NULL), NULL);

//Set Font of Static Control
SendDlgItemMessage(hwndDlg, IDC_DESCRIPTION, WM_SETFONT,  (WPARAM) tmpFont,(LPARAM)
                                                                    TRUE);
}
```

Listing 2.25 *WM_INITDIALOG*: Auswerten der Presets und Anzeigen des Screenshots sowie der Projektbeschreibung *(Fortsetzung)*

Zur Darstellung unseres Screenshots wird ein Static-Steuerelement genutzt. Dieses wird durch den *Create-Window*-Befehl initialisiert. Um dem Dialogfeld mitzuteilen, dass das erstellte Objekt ein Bild aufnehmen soll, wird bei der Erstellung das Flag *SS_BITMAP* an die Funktion übergeben. Im nächsten Schritt wird das Bitmap mit dem Befehl *LoadBitmap* aus den Ressourcen geladen und in die Variable *bmpScreenShot* des Typs *HBITMAP* gespeichert. Über die Windows-Message *STM_SETIMAGE* wird dieses Bitmap dann an das Static-Steuerelement übergeben und dargestellt. In der gleichen Weise wird auch der Text zur Erklärung des Projektes kopiert. Zunächst wird der Text mit dem Befehl *LoadString* aus den Ressourcen des Projektes in die Variable *tmpStr* kopiert. Danach wird über die Funktion *CreateWindow* ein neues Static-Steuerelement initialisiert, das den kopierten Text übergeben bekommt. Zu guter Letzt wird noch der Font dieses Steuerelements geändert und an die Darstellung der anderen Elemente des *SettingsDialog* angepasst.

Damit hätten wir die gestalterischen Optionen des *SettingsDialog* erläutert. Anschließend soll die eigentliche Aufgabe des Dialogfeldes, das Auslesen der Hardware, unser Thema sein. Zu diesem Zweck müssen als Erstes alle Grafikadapter des Computersystems ausgelesen und deren Beschreibungen in das ComboBox-Steuerelement *IDC_COMBO_ADAPTER* des Dialogfeldes kopiert werden. Dieses ComboBox-Steuerelement ist, wie schon erwähnt, der Ausgangspunkt zur Erkennung der DirectX-Möglichkeiten des Systems. Mit Hilfe der temporären Variable *tmpAdapter* werden alle vom System zur Verfügung gestellten Adapter durchlaufen und in das Array *Adapterinfo* eingetragen. Dieses Array wurde in der Header-Datei des Dialogfeldes definiert. Die maximale Anzahl der im System enthaltenen Grafikadapter wird über den Befehl *GetAdapterCount* ermittelt, die Informationen zu den einzelnen Adaptern werden durch die Funktion *GetAdapterIdentifier* in das bereitgestellte Array kopiert.

Das Makro *CB_ADDTEXT* innerhalb der *for*-Schleife trägt dann die einzelnen Bezeichnungsstrings in das gewünschte ComboBox-Steuerelement ein. Sind alle im Array enthaltenen Grafikadapter durchlaufen, wird das erste Element des ComboBox-Steuerelements im Bearbeitungsbereich des Steuerelements mit dem definierten Makro *CB_SELECTFIRSTITEM* dargestellt.

```
UINT tmp_adapter;
for(tmp_adapter = 0; tmp_adapter < m_lpD3D->GetAdapterCount(); tmp_adapter++ ){
  if(FAILED(m_lpD3D->GetAdapterIdentifier(tmp_adapter,0,
                           &(Adapterinfo[tmp_adapter].adapter))))
    MessageBox(NULL,"Error receiving adapter identifier",0,0);
    return 0;
  }
  CB_ADDTEXT(hwndDlg,IDC_COMBO_ADAPTER,Adapterinfo[tmp_adapter].adapter.Description);
}
```

Listing 2.26 *WM_INITDIALOG*: Ermitteln des ersten Grafikadapters im System und Aufruf der ersten Initialisierung aller vorhandenen Combo-Box-Steuerelemente

```
CB_SELECTFIRSTITEM(hwndDlg,IDC_COMBO_ADAPTER);

DXEnvironmentSettings.Adapter = (UINT)0;

// Get Current Adapter Mode for initialisation
m_lpD3D->GetAdapterDisplayMode(DXEnvironmentSettings.Adapter, &m_currentDisplayMode);

FillAllControls(hwndDlg, ADAPTER_CHANGE);

ShowWindow (hwndDlg, SW_SHOW);
// Set Focus on Created Device
if (GetDlgCtrlID((HWND) wParam) != IDD_DEVICESETTINGS){
  SetFocus(GetDlgItem(hwndDlg, IDD_DEVICESETTINGS));
  return FALSE;
}
return TRUE;
```

Listing 2.26 *WM_INITDIALOG*: Ermitteln des ersten Grafikadapters im System und Aufruf der ersten Initialisierung aller vorhandenen Combo-Box-Steuerelemente *(Fortsetzung)*

Bevor die erste Initialisierung des *SettingsDialog* abgeschlossen werden kann, müssen zwei weitere Einstellungen vorgenommen werden. Zuerst wird in der Struktur *DXEnvironmentSettings* die Nummer des ausgewählten Grafikadapters gespeichert und die modulare Variable *m_currentDisplayMode* mit den Einstellungen des ersten Adapters vorinitialisiert. Diese Variable wird im weiteren Verlauf dieses Kapitels noch das eine oder andere Mal eine Rolle spielen. Nach der Initialisierung der beiden erwähnten Elemente ist es nun soweit, die restlichen ComboBox-Steuerelemente des *SettingsDialog* mit allen benötigten Hardwaredaten zu füllen. Die Initialisierung der Elemente wird mit der Funktion *FillAllControls* angestoßen. Dieser Befehl wird unser Thema im nächsten Abschnitt dieses Kapitels sein. Der Vollständigkeit halber sind die letzten Befehle der *WM_INITDIALOG*-Sektion der Message-Routine in Listing 2.26 zusätzlich aufgeführt. Mit dem *Show-Window*-Befehl wird der *SettingsDialog* auf den Bildschirm gebracht und mit dem *SetFocus*-Befehl erhält das Dialogfeld den Fokus innerhalb der Windows-Umgebung.

FillAllControls

Die Funktion *FillAllControls* verwaltet innerhalb unseres Dialogfeldes den Status der einzelnen ComboBox-Steuerelemente. Dazu wird die Routine immer dann aufgerufen, wenn sich während der Laufzeit des Dialogfeldes der Status eines ComboBox-Steuerelements ändert, also die *CBN_SELCHANGE*-Message des Steuerelements ausgelöst wird. Die einzelnen Behandlungsroutinen der ComboBox-Steuerelemente rufen dann die Funktion *FillAllControls* mit verschiedenen Parametern auf. Diese unterschiedlichen Konstanten legen dann fest, an welcher Stelle die ComboBox-Aktualisierung beginnen muss. Die folgende Abbildung soll den Ablauf dieser Funktion etwas deutlicher machen.

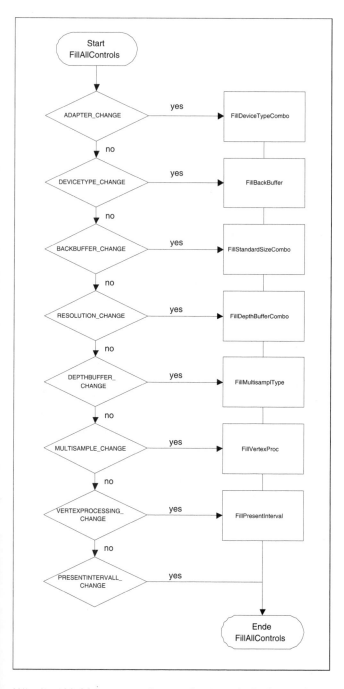

Abbildung 2.16 Flussdiagramm der Funktion *FillAllControls*

Wie die Abbildung 2.16 zeigt, werden innerhalb der Funktion die einzelnen Statuskonstanten abgefragt und je nach Wert des Parameters, mit dem die Funktion aufgerufen wurde, werden alle nachfolgenden Befehle in der Routine aufgerufen. Im Sourcecode wird dieser Ablauf über eine *switch*-Anweisung realisiert. Wird die aktuelle Statuskonstante in einem *case*-Vergleich gefunden, startet die Bearbeitung der Befehle an dieser Stelle. Durch die fehlende *break*-Anweisung am Ende jedes *case*-Vergleiches wird sichergestellt, dass auch die

Befehle der folgenden *case*-Sektionen ausgeführt werden. Die eigentlichen Funktionen zur Behandlung der einzelnen ComboBox-Steuerelemente sind in der Funktion *FillAllControls* nicht enthalten. Sie ist nur der Ausgangspunkt für die weitere Verarbeitung der Änderungen innerhalb des Dialogfeldes. Dabei ist jeder *case*-Vergleich so gestaltet, dass zunächst die aktuelle Einstellung des jeweiligen ComboBox-Steuerelements gesichert und danach derjenige Befehl aufgerufen wird, der das nächste Objekt in der Reihe aktualisiert.

```
switch(State){
  case ADAPTER_CHANGE:
    FillDeviceTypeCombo(hwndDlg,DXEnvironmentSettings.Adapter);

  case DEVICETYPE_CHANGE:
    if (SUCCEEDED(CBGetSelectedItem(hwndDlg,IDC_COMBO_DEVICETYPE, sTemp))){
      DXEnvironmentSettings.DeviceType = DeviceTypeFromString(sTemp);
    }
    FillBackBuffer(hwndDlg,DXEnvironmentSettings.Adapter,
                                     DXEnvironmentSettings.DeviceType);
  case BACKBUFFER_CHANGE:
    if (SUCCEEDED(CBGetSelectedItem(hwndDlg,IDC_COMBO_BACKBUFFERFORMAT,sTemp))){
      DXEnvironmentSettings.BackBufferFormat  = BackBufferFormatFromString(sTemp);
    }
    FillStandardSizeCombo(hwndDlg,DXEnvironmentSettings.Adapter,
                                     DXEnvironmentSettings.BackBufferFormat);

  case RESOLUTION_CHANGE:
    if (SUCCEEDED(CBGetSelectedItem(hwndDlg,IDC_COMBO_STANDARDSIZE,sTemp))){
      FillResolutionControls(hwndDlg,sTemp);
    }
    FillDepthBufferCombo(hwndDlg,DXEnvironmentSettings.Adapter,
            DXEnvironmentSettings.DeviceType,DXEnvironmentSettings.BackBufferFormat);

  case DEPTHBUFFER_CHANGE:
    if (SUCCEEDED(CBGetSelectedItem(hwndDlg,IDC_COMBO_DEPTHBUFFERFORMAT,sTemp))){
      DXEnvironmentSettings.DepthStencilBuffer = DepthFormatFromString(sTemp);
    }
    FillMultisamplType(hwndDlg,DXEnvironmentSettings.Adapter ,
            DXEnvironmentSettings.DeviceType,DXEnvironmentSettings.BackBufferFormat);

  case MULTISAMPLE_CHANGE:
    if (SUCCEEDED(CBGetSelectedItem(hwndDlg,IDC_COMBO_MULTISAMPLETYPE,sTemp))){
      DXEnvironmentSettings.MultiSampleType  = MultisampleTypeFromString(sTemp);
    }
    FillVertexProc(hwndDlg,DXEnvironmentSettings.Adapter,
                                     DXEnvironmentSettings.DeviceType);

  case VERTEXPROCESSING_CHANGE:
    if (SUCCEEDED(CBGetSelectedItem(hwndDlg,IDC_COMBO_VERTEXPROCESSING,sTemp))){
      DXEnvironmentSettings.VertexProcessing = VertexProcessingTypeFromString(sTemp);
    }
    FillPresentInterval(hwndDlg, DXEnvironmentSettings.Adapter,
                                     DXEnvironmentSettings.DeviceType);

  case PRESENTINTERVALL_CHANGE:
    if (SUCCEEDED(CBGetSelectedItem(hwndDlg,IDC_COMBO_PRESENTINTERVAL,sTemp))){
      DXEnvironmentSettings.PresentInterval  = PresentIntervalFromString(sTemp);
    }
  default:
    break;
}
```

Listing 2.27 Die *Switch*-Struktur der Funktion *FillAllControls*

Die *FillAllControls*-Funktion ist sozusagen der Verteiler der Aufgaben an die weiteren Funktionen innerhalb des *SettingsDialog*. Diese lesen dann die einzelnen Optionen des DirectX-Device aus und tragen sie in die entsprechenden Elemente ein. Dabei ist die Reihenfolge wichtig, in der die Funktionen aufgerufen werden, denn die meisten Funktionen benötigen als Parameter die Resultate von vorangegangenen Befehlen. Deshalb kann auch die Reihenfolge innerhalb der *switch*-Strukturen nicht beliebig geändert werden, da die einzelnen Befehle auf die Informationen der vorangegangenen Funktion angewiesen sind. In der Folge werden wir uns diese einzelnen Befehle einmal genauer ansehen und somit die Enumeration der DirectX-Optionen kennen lernen.

FillDeviceTypeCombo

Die Funktion *FillDeviceTypeCombo* hat das Ziel, die ComboBox *IDC_COMBO_DEVICETYPE* mit den Direct3D-Devicetypen zu füllen, die bei dem ausgewählten Grafikadapter zur Verfügung stehen. Hierbei werden wir auch zwei Funktionsblöcke erklären, die Sie auch in allen folgenden Funktionen zur Erkennung der DirectX-Fähigkeiten des Adapters wiederfinden werden. Dabei handelt es sich um die Funktionen, zum Leeren des aktuellen ComboBox-Steuerelements am Beginn der Funktion und um den Befehl zum Ermitteln der Preset-Einstellung des Steuerelements am Ende der Funktion

```
void FillDeviceTypeCombo(HWND hwndDlg,int intAdapterNumber){

   CB_RESETITEMS(hwndDlg, IDC_COMBO_DEVICETYPE);
```

Listing 2.28 *FillDeviceTypeCombo*: Löschen der ComboBox *IDC_COMBO_DEVICETYPE*

Zum Löschen des Inhalts einer ComboBox benutzen wir das von uns vorher definierte Makro *CB_RESETITEMS*. Dieses kapselt die Windows-Message *CB_RESETCONTENT*, die an das aktuell ausgewählte ComboBox-Steuerelement gesandt wird. Nach dem Löschen des Objekts beginnt die eigentliche Arbeit der Funktion. Deren Aufgaben bestehen darin, alle möglichen Kombinationen der verfügbaren *D3DDevice*-Typen und allen vorher festgelegten *BackBuffer*-Formaten zu prüfen. Zu diesem Zweck werden zwei verschachtelte *for*-Schleifen eingesetzt. Mit der ersten Schleife werden die Durchläufe durch die *Back-Buffer*-Formate bestimmt, mit der zweiten Schleife die einzelnen Instanzen der *D3DDevice*-Typen.

```
for (UINT a = 0; a < 7; a++){
    for(UINT i = 0; i < 4; i++){
        switch(i){
        case 0:
            if(SUCCEEDED(m_lpD3D->CheckDeviceType(intAdapterNumber,     D3DDEVTYPE_HAL,
                             m_currentDisplayMode.Format, d3dBackBufferFormats[a],
                                        DXEnvironmentSettings.Windowed))){

                if (CB_FINDTEXT(hwndDlg,IDC_COMBO_DEVICETYPE,
                                 DeviceTypeToString(D3DDEVTYPE_HAL)) == CB_ERR){

                    CB_ADDTEXT(hwndDlg,IDC_COMBO_DEVICETYPE,
                                        DeviceTypeToString(D3DDEVTYPE_HAL));
                }
            }
            break;
```

Listing 2.29 *FillDeviceTypeCombo*: Vorgehensweise zur Überprüfung der *DeviceType/BackBuffer*-Kombination

Ob die Kombination eines *DeviceType*- und *BackBuffer*-Formats bei dem aktuellen Grafikadapter zur Verfügung steht, wird mit dem Befehl *IDirect3DDevice9::CheckDeviceType* überprüft. Diese Funktion gibt den Wert *D3D_OK* zurück, wenn die als Parameter übergebene Formatkombination von dem Grafikadapter unterstützt wird. Das Makro *SUCCEEDED* überprüft den Rückgabewert des Befehls. Im Fall, dass die Formatkombination unterstützt wird, überprüft die Routine als Nächstes, ob der ermittelte DeviceType bereits in der ComboBox vorhanden ist. Dies geschieht mit einem weiteren Makro. Das Makro *CB_FINDTEXT* kapselt die Windows-Message *CB_FINDSTRING*. Diese liefert die Konstante *CB_ERR* als Rückgabewert, wenn die gesuchte Zeichenfolge noch nicht in der ComboBox vorhanden ist. In diesem Fall wird mit dem schon bekannten Makro *CB_ADDTEXT* der aktuelle *DeviceType*-String in die ComboBox eingetragen.

```
case 1:
    if(SUCCEEDED(m_lpD3D->CheckDeviceType(intAdapterNumber,    D3DDEVTYPE_SW,
                    m_currentDisplayMode.Format, d3dBackBufferFormats[a],
                                    DXEnvironmentSettings.Windowed))){

        if (FAILED(CB_FINDTEXT(hwndDlg,IDC_COMBO_DEVICETYPE,
                                DeviceTypeToString(D3DDEVTYPE_SW)))){

            CB_ADDTEXT(hwndDlg,IDC_COMBO_DEVICETYPE,
                                DeviceTypeToString(D3DDEVTYPE_SW));
        }
    }
    break;
case 2:
    if(SUCCEEDED(m_lpD3D->CheckDeviceType(intAdapterNumber,    D3DDEVTYPE_REF,
                    m_currentDisplayMode.Format, d3dBackBufferFormats[a],
                                    DXEnvironmentSettings.Windowed))){

        if (FAILED(CB_FINDTEXT(hwndDlg,IDC_COMBO_DEVICETYPE,
                                DeviceTypeToString(D3DDEVTYPE_REF)))){

            CB_ADDTEXT(hwndDlg,IDC_COMBO_DEVICETYPE,
                                DeviceTypeToString(D3DDEVTYPE_REF));
        }
    }
    break;
case 3:
    if(SUCCEEDED(m_lpD3D->CheckDeviceType(intAdapterNumber, D3DDEVTYPE_NULLREF,
                    m_currentDisplayMode.Format, d3dBackBufferFormats[a],
                                    DXEnvironmentSettings.Windowed))){

        if (FAILED(CB_FINDTEXT(hwndDlg,IDC_COMBO_DEVICETYPE,
                                DeviceTypeToString(D3DDEVTYPE_NULLREF)))){

            CB_ADDTEXT(hwndDlg,IDC_COMBO_DEVICETYPE,
                                DeviceTypeToString(D3DDEVTYPE_NULLREF));
        }
    }
    break;
case 4:
    if SUCCEEDED(m_lpD3D->CheckDeviceType(intAdapterNumber,
                    D3DDEVTYPE_FORCE_DWORD, m_currentDisplayMode.Format,
                    d3dBackBufferFormats[a],DXEnvironmentSettings.Windowed))){

        if (FAILED(CB_FINDTEXT(hwndDlg,IDC_COMBO_DEVICETYPE,
```

Listing 2.30 *FillDeviceTypeCombo*: Überprüfung der restlichen *DeviceType*- und *BackBuffer*-Kombinationen

```
                                  DeviceTypeToString(D3DDEVTYPE_FORCE_DWORD)))){

            CB_ADDTEXT(hwndDlg,IDC_COMBO_DEVICETYPE,
                                    DeviceTypeToString(D3DDEVTYPE_FORCE_DWORD));
        }
      }
    break;
  default:
    break;
  }
 }
}
```

Listing 2.30 *FillDeviceTypeCombo*: Überprüfung der restlichen *DeviceType*- und *BackBuffer*-Kombinationen *(Fortsetzung)*

Die restlichen *case*-Vergleiche der Funktion sind in der gleichen Weise gestaltet wie der eben erklärte Abschnitt. Es wird aber dabei in jedem Block ein anderer *DeviceType* geprüft. Nach dem Durchlauf aller möglichen *BackBuffer*-Formate stehen sämtliche kompatiblen *DeviceType*-Bezeichnungen in der ComboBox *IDC_COMBO_DEVICETYPE* zur Auswahl zur Verfügung.

```
// If Preset is available in the current device type, select it
if (FAILED(CB_FINDTEXT(hwndDlg,IDC_COMBO_DEVICETYPE,
                          DeviceTypeToString(DXEnvironmentSettings.DeviceType)))){

  CB_SELECTFIRSTITEM(hwndDlg,IDC_COMBO_DEVICETYPE);
 }else {

  CB_SELECTITEM(hwndDlg,IDC_COMBO_DEVICETYPE,
                  CB_FINDTEXT(hwndDlg,IDC_COMBO_DEVICETYPE,
                      DeviceTypeToString(DXEnvironmentSettings.DeviceType)));
 }
}
```

Listing 2.31 *FillDeviceTypeCombo*: Überprüfen des Preset und eintragen in die ComboBox

Die restlichen Befehle der Funktion dienen dazu, die vom Entwickler gewünschte Voreinstellung des *Device-Typen* zu überprüfen. Dieser voreingestellte Wert befindet sich in der Variablen *DeviceType* innerhalb der Struktur *DXEnvironmentSettings*. Wird dieser ausgewählte Wert innerhalb des ComboBox-Steuerelements gefunden, wird diese Zeichenfolge selektiert und im *SettingsDialog* als ausgewählter Wert der ComboBox dargestellt. Ist der Preset-Wert nicht in der aktuellen Auswahl der kompatiblen *DeviceTypen* zu finden, wird der erste Eintrag der ComboBox selektiert.

Bevor wir zur nächsten Funktion des Dialogfeldes kommen, wollen wir uns die Syntax des Befehls *CheckDeviceType* noch einmal genauer ansehen.

IDirect3D9::CheckDeviceType

Der Befehl *CheckDeviceType* überprüft, ob der gewünschte DeviceType in der geprüften Device-Konfiguration zur Verfügung steht. Dabei ist es irrelevant, ob es sich bei der Abfrage um einen hardware- oder softwareunterstützten DeviceType handelt.

```
HRESULT CheckDeviceType(UINT Adapter,
                        D3DDEVTYPE DeviceType,
                        D3DFORMAT DisplayFormat,
                        D3DFORMAT BackBufferFormat,
                        BOOL Windowed);
```

Adapter	Den Anfang macht der Grafikadapter, dabei wird dem Befehl der Index des Adapters (*UINT Adapter*) übergeben, der geprüft werden soll. Den maximalen Wert, der an dieser Stelle eingetragen werden kann, erhält man mit der Funktion *IDirect3DDevice9::GetAdapterCount*.
DeviceType	Der nächste Parameter ist eine Variable vom Datentyp *D3DDEVTYPE*. Dieser Wert legt den *DeviceType* fest, der überprüft werden soll. Er wird über vordefinierte Konstanten angegeben.
DisplayFormat	Die Variable *DisplayFormat* stellt eine *D3DFORMAT*-Konstante dar, die der Funktion angibt, welcher DisplayMode geprüft werden soll
BackBufferFormat	Der Wert *BackBufferFormat* ist ebenfalls ein *D3DFORMAT*-Wert. In diesem Fall wird aber nicht der DisplayMode des Device geprüft, sondern die BackBuffer-Möglichkeiten des Device.
Windowed	Mit diesem Wert wird der Funktion mitgeteilt, ob das Device als Fullscreen-Applikation oder in einem Fenster-Dialog erstellt werden soll

Die Funktion *IDirect3DDevice9::CheckDeviceType* hat drei definierte Rückgabewerte. Wird das übergebene *DeviceType* als gültig erkannt, wird der Wert *D3D_OK* zurückgeliefert. Der Befehl gibt den Wert *D3DERR_NOTAVAILABLE* zurück, wenn der *DeviceType* nicht unterstützt wird. Dies ist beispielsweise der Fall, wenn ein Grafikadapter keine Hardwarebeschleunigung zur Verfügung stellt. Der dritte Rückgabewert ist *D3DERR_INVALIDCALL*. Dieser Wert wird zurückgegeben, wenn beim Aufruf des Befehls ungültige Parameter eingetragen werden. Ein Beispiel hierfür wäre, dass ein Adapterindex eingetragen wird, der die Anzahl der im System vorhandenen Adapter überschreitet.

FillBackBuffer

Die nächste Funktion zum Ermitteln der DirectX-Möglichkeiten ist die Routine *FillBackBuffer*. Diese ermittelt alle zur Verfügung stehenden *BackBuffer*-Formate bei einem gegebenen *DeviceType* und Grafikadapter-Kombination. Diese ermittelten Formate werden dann in die dafür vorgesehene ComboBox *IDC_COMBO_BACKBUFFERFORMAT* eingetragen.

```
void FillBackBuffer(HWND hwndDlg ,int intAdapterNumber,D3DDEVTYPE devType){
  CB_RESETITEMS(hwndDlg, IDC_COMBO_BACKBUFFERFORMAT);

  for (UINT i = 0; i<6;i++){
    if(SUCCEEDED(m_lpD3D->CheckDeviceType(intAdapterNumber, devType,
                      m_currentDisplayMode.Format, d3dBackBufferFormats[i],
                                    DXEnvironmentSettings.Windowed)))){
      if (FAILED(CB_FINDTEXT(hwndDlg,IDC_COMBO_BACKBUFFERFORMAT,
                      BackBufferFormatToString(d3dBackBufferFormats[i])))){
        CB_ADDTEXT(hwndDlg,IDC_COMBO_BACKBUFFERFORMAT,
                        BackBufferFormatToString(d3dBackBufferFormats[i]));
      }
    }
  }
}
```

Listing 2.32 *FillBackBuffer*: Überprüfung der verfügbaren *BackBuffer*-Formate

```
if (FAILED(CB_FINDTEXT(hwndDlg,IDC_COMBO_BACKBUFFERFORMAT,
                  BackBufferFormatToString(PRESET_BACKBUFFERFORMAT)))){
   CB_SELECTFIRSTITEM(hwndDlg, IDC_COMBO_BACKBUFFERFORMAT);
 }else{
   CB_SELECTITEM(hwndDlg,IDC_COMBO_BACKBUFFERFORMAT,
            CB_FINDTEXT(hwndDlg,IDC_COMBO_BACKBUFFERFORMAT,
              BackBufferFormatToString(DXEnvironmentSettings.BackBufferFormat)));
 }
}
```

Listing 2.32 *FillBackBuffer*: Überprüfung der verfügbaren *BackBuffer*-Formate *(Fortsetzung)*

Genau wie bei der vorangegangenen Funktion wird auch bei dieser Routine als Erstes die Ziel-ComboBox mit dem Makro *CB_RESETITEMS* gelöscht. Danach werden durch eine *for*-Schleife alle verfügbaren *Back-Buffer* mit dem Befehl *CheckDeviceType* überprüft. Wir die geprüfte Kombination als gültig erkannt, wird diese umgehend mit dem Befehl *CB_ADDTEXT* in das ComboBox-Steuerelement eingetragen. Am Ende der Funktion wird die gewünschte Voreinstellung dieses Formats überprüft und gegebenenfalls in der Combo-Box selektiert.

FillStandardSizeCombo

Alle Funktionen innerhalb der Routine *FillAllControls* sind auf das Ergebnis der jeweils vorhergehenden angewiesen. Das Ergebnis der Funktion *FillBackBuffer* ist eine Kollektion gültiger *BackBuffer*-Formate. Das selektierte *BackBuffer*-Format dient also in der Funktion *FillStandardSizeCombo* zur Ermittlung aller erlaubten Bildschirmauflösungen, die das Grafik-Device für dieses Format zur Verfügung stellt.

```
void FillStandardSizeCombo(HWND hwndDlg,int intAdapterNumber, D3DFORMAT d3dFormat){
   UINT AllDisplayModes;
   D3DDISPLAYMODE temp_mode;
   TCHAR tmpString[30];
   // Clear current items in ComboBox
   CB_RESETITEMS(hwndDlg, IDC_COMBO_STANDARDSIZE);
```

Listing 2.33 *FillStandardSizeCombo*: Vorbereiten der benötigten Elemente

Zunächst werden die benötigten Variablen für die Funktionen lokal deklariert und anschließend das ComboBox-Steuerelement *IDC_COMBO_STANDARDSIZE* gelöscht. Danach wird mit der Funktion *GetAdapterModeCount* die Anzahl der unterschiedlichen Bildschirmauflösungen ermittelt, die der Grafikadapter bei dem gewählten *BackBuffer*-Format zur Verfügung stellt. Diese Anzahl wird in der Variablen *AllDisplayModes* hinterlegt und dient in der anschließenden *for*-Schleife als Maximalwert.

```
AllDisplayModes = m_lpD3D->GetAdapterModeCount(intAdapterNumber,d3dFormat);
// go through all resolutions and insert them in the combobox
// Find all resolutions valid for the given Graphicadapter and BackBuffer Formats
for(UINT cur_mode=0;cur_mode<AllDisplayModes;cur_mode++){
   if(SUCCEEDED(m_lpD3D->EnumAdapterModes(intAdapterNumber,
                          d3dFormat,cur_mode,&temp_mode))){

      sprintf(tmpString,"%i X %i",temp_mode.Width,temp_mode.Height);
      // if resolution already present, don't insert it again
```

Listing 2.34 *FillStandardSizeCombo*: Erkennen aller mögliche Display-Einstellungen des Device

```
        if (FAILED(CB_FINDTEXT(hwndDlg,IDC_COMBO_STANDARDSIZE,tmpString))){
            CB_INSERTTEXT(hwndDlg,IDC_COMBO_STANDARDSIZE,tmpString);
        }
    }
}
```

Listing 2.34 *FillStandardSizeCombo*: Erkennen aller mögliche Display-Einstellungen des Device *(Fortsetzung)*

Die *for*-Schleife wird in diesem Fall benötigt, da eine Bildschirmauflösung mit dem Befehl *GetAdapterCount* mehr als einmal gezählt wird, wenn diese Auflösung mit unterschiedlichen Bildwiederholraten zur Verfügung steht. Wenn z.B. die Bildschirmauflösung 800x600 mit 75, 85 und 100 Hz zur Verfügung stünde, wäre die Auflösung drei Mal in der Liste der möglichen Bildschirmauflösungen vorhanden. Mit der *for*-Schleife wird also die Bildwiederholungsfrequenz der einzelnen Auflösungen ausmaskiert. Zur Überprüfung der einzelnen *DisplayModes* wird der Befehl *EnumAdapterModes* genutzt. Ermittelt diese Funktion eine gültige Bildschirmeinstellung, wird diese in der *D3DDISPLAYMODE*-Struktur *temp_mode* hinterlegt. Die beiden Werte *Width* und *Height* dieser Struktur beinhalten dann die Bildschirmauflösungsbreite bzw. die -höhe des überprüften Anzeigemodus. Diese beiden Werte werden anschließend mit einer *sprintf*-Funktion in einen String zusammengefasst. Bevor dieser in die ComboBox eingetragen wird, muss zunächst noch überprüft werden, ob diese Bildschirmauflösung nicht bereits in der Liste der ComboBox-Einträge enthalten ist.

```
// If Preset is available in the current Resolutions, select it
sprintf(tmpString,"%i X %i",DXEnvironmentSettings.Width,
                               DXEnvironmentSettings.Height );
if (FAILED(CB_FINDTEXT(hwndDlg,IDC_COMBO_STANDARDSIZE,tmpString))){
    CB_SELECTFIRSTITEM(hwndDlg, IDC_COMBO_STANDARDSIZE);
}else {
    CB_SELECTITEM(hwndDlg,IDC_COMBO_STANDARDSIZE,
                        CB_FINDTEXT(hwndDlg,IDC_COMBO_STANDARDSIZE,tmpString));
}
}
```

Listing 2.35 *FillStandardSizeCombo*: Füllen der ComboBox IDC_COMBO_STANDARDSIZE mit allen zur Verfügung stehenden Auflösungen

Am Ende der Funktion steht wieder die Überprüfung der Einstellungen. Sind die aktuell eingestellten Werte in der Struktur *DXEnvironmentSettings* enthalten, werden diese in der ComboBox selektiert. Sind sie nicht vorhanden, wird das erste Element der ComboBox dem Benutzer als Auswahl angeboten.

IDirect3DDevice9:: EnumAdapterModes

Der Befehl *EnumAdapterModes* überprüft den angegebenen Grafikadapter darauf, ob das angefragte Format und der angegebene *Display-Mode* unterstützt werden. Diese Methode wird meist in einer Schleife benutzt, um alle verfügbaren Adapter mit den angegebenen Parametern zu überprüfen.

```
HRESULT EnumAdapterModes(UINT Adapter,
                    D3DFORMAT Format,
                    UINT Mode,
                    D3DDISPLAYMODE* pMode);
```

Adapter	Die erste Variable *Adapter* legt den Grafikadapter fest, der überprüft werden soll. Dabei ist die Konstante *D3DADAPTER_DEFAULT* immer der primäre Displayadapter des Systems.
Format	Der Wert der Variablen *Format* gibt den Pixelmode an, der mit dem angegebenen Grafikadapter getestet werden soll. Dieser wird in Kombination mit der nächsten Variablen überprüft.

Mode	Der Parameter *Mode* gibt die *DisplayMode*-Konstante an, die auf Gültigkeit geprüft werden soll. Dabei muss dieser *UINT*-Wert immer zwischen 0 und dem Wert liegen, der von dem Befehl *IDirect3D9::GetAdapterModeCount* zurückgegeben wird, minus 1.
pMode	Der Zeiger *pMode* verweist auf den Buffer, der das Ergebnis der Abfrage aufnehmen soll. Dabei wird eine gültige *D3DFORMAT*-Konstante zurückgegeben.

Die Funktion liefert als Ergebnis die Konstante *D3D_OK* zurück, wenn die angegebene Parameter-Kombination auf dem angegebenen Adapter genutzt werden kann. Wenn die Adapternummer größer oder gleich der im System enthaltenen Adapter ist, liefert die Funktion den Wert *D3DERR_INVALIDCALL* zurück. Ein weiterer Rückgabewert ist die Konstante *D3DERR_NOTAVAILABLE*. Dieser wird von der Funktion zurückgegeben, wenn das angegebene *Surface*-Format nicht unterstützt wird oder der Adapter keine Hardwarebeschleunigung unterstützt.

FillResolutionControls

Außer der ComboBox, die mit den Standard-Bildschirmauflösungen gefüllt wird, gibt es im Dialogfeld noch vier weitere Steuerelemente, die zur Festlegung des zu erstellenden DirectX-Device genutzt werden können. Mit Hilfe dieser vier Steuerelemente ist es dem Anwender möglich, die Position des Device und dessen Größe zu bestimmen. Über die beiden Steuerelemente *IDC_EDIT_TOP* bzw. *IDC_EDIT_LEFT* kann die linke obere Ecke des DirectX-Device bestimmt werden, und über die beiden Steuerelemente *IDC_EDIT_WIDTH* und *IDC_EDIT_HEIGHT* dessen Größe.

```
void FillResolutionControls(HWND hwndDlg, TCHAR * sTemp){
  char cTemp[20]= {"\0"};
  char TempSize[20] = {"\0"};
  sprintf(cTemp,"%i",PRESET_TOP);
  EB_SETTEXT(hwndDlg,IDC_EDIT_TOP,cTemp);
  DXEnvironmentSettings.Top   = (UINT)PRESET_TOP;

  sprintf(cTemp,"%i",PRESET_LEFT);
  EB_SETTEXT(hwndDlg,IDC_EDIT_LEFT, cTemp);
  DXEnvironmentSettings.Left   = (UINT)PRESET_LEFT;
  sprintf(cTemp,"%s",sTemp);
  char * FindX = strstr(cTemp,"X");
  strncpy(TempSize,cTemp,(strlen(cTemp)-(strlen(FindX)+1)));
  EB_SETTEXT(hwndDlg,IDC_EDIT_WIDTH, TempSize);
  DXEnvironmentSettings.Width = (UINT)atoi(TempSize);
  strncpy(TempSize,FindX+2,(strlen(FindX)));
  EB_SETTEXT(hwndDlg,IDC_EDIT_HEIGHT, TempSize);
  DXEnvironmentSettings.Height  = (UINT)atoi(TempSize);
}
```

Listing 2.36 *FillResolutionControls*: Anzeigen der Werte zur Festlegung der Größe und Position des Dialogfeldes

Dabei beschränkt sich die Funktion *FillResolutionControls* ausschließlich auf die Ausgabe der Werte. Die Position des Device wird dabei immer aus den Presets geholt. Dabei löschen wir eine eventuelle Einstellung dieser Werte, die für das aktuelle Device nicht mehr gültig sein könnten. Danach wird der der Funktion übergebene *TCHAR*-Wert *sTemp* in ein *Char*-Array *cTemp* umgewandelt. Dieses wird über einfache Stringmanipulationen in die beiden Teilstrings für die Breite und die Höhe des Device geteilt. Diese beiden Strings werden an die ComboBox-Steuerelemente übergeben und anschließend mit dem Befehl *atoi* in die Integervariablen innerhalb der Struktur *DXEnvironmentSettings* gespeichert. Die Bildschirmauflösungen, die dem Device zur Verfügung stehen, sind somit ermittelt und in die verschiedenen Steuerelemente eingetragen. Die nächsten DirectX-Eigenschaften, die wir nun ermitteln werden, sind die *DepthBuffer*-Eigenschaften des

DirectX-Device. Diese werden mit der Funktion *FillDepthBufferCombo* ermittelt und in das dafür vorgesehene ComboBox-Steuerelement eingetragen.

FillDepthBufferCombo

Die Funktion *FillDepthBufferCombo* schließt die beiden DirectX-Funktionen *IDirect3D9::CheckDeviceFormat* und *IDirect3D9::CheckDepthStencilMatch* ein. Diese werden in einer *for*-Schleife eingesetzt, um alle für das Device zur Verfügung stehenden *DepthBuffer*-Formate zu ermitteln. Dabei ist die erste *CheckDeviceFormat*-Methode universell einsetzbar. Mit ihrer Hilfe können verschiedene Eigenschaften des DirectX-Device abgefragt werden.

```
void FillDepthBufferCombo(HWND hwndDlg,int intAdapterNumber,D3DDEVTYPE
                          d3dDevType,D3DFORMAT d3dFormat){
  ...
  // Find all DepthStencilFormats valid guilty for the given Graphicadapter, DeviceType and
  // BackBuffer Format
  for (UINT i =0; i < 9 ;i++){
    if(SUCCEEDED(m_lpD3D->CheckDeviceFormat(intAdapterNumber,d3dDevType,
                    d3dFormat,D3DUSAGE_DEPTHSTENCIL,D3DRTYPE_SURFACE,
                                        d3dDepthStencilBuffers[i]))){
      if(SUCCEEDED(m_lpD3D->CheckDepthStencilMatch(intAdapterNumber,d3dDevType,
              m_currentDisplayMode.Format,d3dFormat,d3dDepthStencilBuffers[i]))){
        CB_ADDTEXT(hwndDlg, IDC_COMBO_DEPTHBUFFERFORMAT,
                          DepthFormatToString( d3dDepthStencilBuffers[i]));
      }
    }
  }
  ...
}
```

Listing 2.37 Ausschnitt aus der Funktion *FillDepthBufferCombo*

Die Kombination der beiden Konstanten *D3DUSAGE_DEPTHSTENCIL* und *D3DRTYPE_SURFACE* überprüft, ob das mit *d3dDepthStencilBuffers* angegebene *D3DFORMAT* für das Device generell zur Verfügung steht. Ist dies der Fall, wird dieses Format anschließend auch noch im Kontext mit dem aktuellen *Display-Mode* getestet und gegebenenfalls in die dafür vorgesehene ComboBox eingetragen.

IDirect3D9::CheckDeviceFormat

Die Funktion *IDirect3D9::CheckDeviceFormat* ermittelt, ob ein bestimmtes *Surface*-Format als Ressourcetyp zur Verfügung steht und dieser als Texture, DepthStencil-Buffer oder als RenderTarget genutzt werden kann. Alternativ überprüft der Befehl, ob eine beliebige Kombination dieser drei Ressourcetypen bei dem angegebenen Adapter zur Verfügung steht.

```
HRESULT CheckDeviceFormat(UINT Adapter,
                          D3DDEVTYPE DeviceType,
                          D3DFORMAT AdapterFormat,
                          DWORD Usage,
                          D3DRESOURCETYPE RType,
                          D3DFORMAT CheckFormat);
```

Adapter	Die Variable *Adapter* gibt den Adapterindex des zu überprüfenden Grafikadapters an. Dabei ist wie immer darauf zu achten, dass es sich bei der übergebenen Konstante um einen gültigen Wert handelt. Die Konstante *D3DADAPTER_DEFAULT* stellt dabei den primären Grafikadapter des Systems dar.

DeviceType	Der zweite Parameter *DeviceType* beinhaltet einen Wert der *D3DDEVTYPE*-Aufzählung und legt den *DeviceType* fest, der für die Überprüfung genutzt werden soll
AdapterFormat	Mit dem Wert *AdapterFormat* vom Typ *D3DFORMAT* wird der *DisplayMode* festgelegt, der für die Überprüfung des Grafikadapters genutzt werden soll
Usage	Die Variable *Usage* ist eine beliebige Kombination von *D3DUSAGE*- und *D3DUSAGE_QUERY*-Konstanten. Diese legt fest, welche Eigenschaft beim Aufruf der Funktion abgefragt werden soll. Dabei ist zu beachten, dass für *IDirect3D9::CheckDeviceFormat* nur ein Teil der *D3DUSAGE*-Konstanten zur Verfügung steht.
RType	Der Wert *RType* legt den Ressourcetyp fest, der zusammen mit dem angegebenen Format überprüft werden soll. Bei dem Wert handelt es sich um ein Mitglied der *D3DRESOURCETYPE*-Aufzählung.
CheckFormat	Als letzten Parameter übergeben wir der Funktion einen Wert des Typs *D3DFORMAT*. Diese Konstante stellt das Format dar, welches mit den vorher definierten Parametern überprüft werden soll.

Als Rückgabewert liefert die Funktion die Konstante *D3D_OK*, wenn das angegebene Format für die angegebene Usage-/Ressourcenkombination gültig ist, und *D3DERR_NOTAVAILABLE*, wenn die Kombination nicht unterstützt wird.

IDirect3D9::CheckDepthStencilMatch

Mit dem Befehl *IDirect3D9::CheckDepthStencilMatch* wird überprüft, ob das angegebene *DepthStencil*-Format mit dem RenderTarget in der festgelegten Bildschirmeinstellung kompatibel ist

```
HRESULT CheckDepthStencilMatch(UINT Adapter,
                               D3DDEVTYPE DeviceType,
                               D3DFORMAT AdapterFormat,
                               D3DFORMAT RenderTargetF,
                               D3DFORMAT DepthStencilF);
```

Adapter	Auch bei dieser Funktion bestimmt der erste Parameter wieder den Grafikadapter, der für die Überprüfung des gewünschten Formates herangezogen werden soll. Wiederum repräsentiert der Wert *D3DADAPTER_DEFAULT* den primären Grafikadapter des Systems.
DeviceType	Die Variable *DeviceType* legt auch hier mit Hilfe eines Wertes aus der *D3DDEVTYPE*-Aufzählung den *DeviceType* fest, der zusammen mit dem Grafikadapter überprüft werden soll
AdapterFormat	Mit dem Parameter *AdapterFormat* wird das Adapter-Format bestimmt, das zusammen mit dem Grafikadapter geprüft werden soll
RenderTargetF	Dieser Parameter legt das Format des RenderTarget fest, das zusammen mit dem *DepthStencil*-Format der letzten Variablen getestet werden soll
DepthStencilF	*DepthStencil*-Format zur Überprüfung der *StencilBuffer*-Möglichkeiten des Devices

Die Methode liefert den Wert *D3D_OK* zurück, wenn die Überprüfung des *Stencil*-Buffers erfolgreich war, und *D3DERR_NOTAVAILABLE*, wenn das angegebene Format in der überprüften Umgebung nicht zur Verfügung steht.

FillMultisampleType

Eine weitere Methode innerhalb der Funktion *FillAllControls* ist der Befehl *FillMultisampleType*. Dieser Befehl hat wie die anderen Funktionen die Aufgabe, eine bestimmte DirectX-Eigenschaft zu überprüfen und in ein ComboBox-Steuerelement einzutragen. In diesem Fall wird überprüft, welche *MultiSample*-Typen vom überprüften Device zur Verfügung gestellt werden. Mit Hilfe dieser *MultiSample*-Typen wird während eines Rendervorgangs des Device ein *AntiAliasing*-Effekt realisiert. Welche *MultiSample*-Typen innerhalb des Device zur Verfügung stehen, wird mit dem Befehl *CheckDeviceMultiSampleType* festgestellt. Dieser wird in einer *for*-Schleife eingeschlossen. Mit Hilfe dieser Schleife werden alle theoretisch möglichen *MultiSample*-

Typen durchlaufen und als Parameter der genannten Funktion übergeben. Zusätzlich werden dieser Funktion noch die bereits bekannten Parameter übergeben. Darunter befindet sich der gewählte Grafikadapter und der ausgewählte *DeviceType*. Zusätzlich wird mit der Variablen *d3dFormat* noch das zu testende Render-Target-Format an den Befehl übergeben.

```
void FillMultisamplType(HWND hwndDlg, int intAdapterNumber, D3DDEVTYPE
                                            d3dDevType,D3DFORMAT d3dFormat){
  CB_RESETITEMS(hwndDlg, IDC_COMBO_MULTISAMPLETYPE);
  for (UINT i = 0; i < 16;i++){
    if(SUCCEEDED(m_lpD3D->CheckDeviceMultiSampleType(intAdapterNumber, d3dDevType,
            d3dFormat, DXEnvironmentSettings.Windowed , d3dMultiSampleType[i],NULL))){
      CB_ADDTEXT(hwndDlg,IDC_COMBO_MULTISAMPLETYPE,
                          MultisampleTypeToString(d3dMultiSampleType[i]));
    }
  }
  if (FAILED(CB_FINDTEXT(hwndDlg,IDC_COMBO_MULTISAMPLETYPE,
                          MultisampleTypeToString(PRESET_MULTISAMPLETYPE)))){
    CB_SELECTFIRSTITEM(hwndDlg, IDC_COMBO_MULTISAMPLETYPE);
  }else {
    CB_SELECTITEM(hwndDlg,IDC_COMBO_MULTISAMPLETYPE,
              CB_FINDTEXT(hwndDlg,IDC_COMBO_MULTISAMPLETYPE,
                  MultisampleTypeToString(DXEnvironmentSettings.MultiSampleType)));
  }
}
```

Listing 2.38 *FillMultisampleType*: Auswählen der *MultiSampleType*-Optionen des Device

Ist der überprüfte *MultiSample*-Typ für die angegebene Kombination aus Parameterwerten gültig, wird der ermittelte *MultiSample*-Wert in die dafür vorgesehene ComboBox kopiert. Am Ende wird dann noch die Voreinstellung dieses Wertes überprüft und gegebenenfalls in der ComboBox selektiert.

Die beiden letzten Eigenschaften, die wir an dieser Stelle noch aus der vorhandenen Hardware ermitteln müssen, sind die *VertexProcessing*-Möglichkeiten und die *PresentIntervall*-Eigenschaften.

FillVertexProc

Die *VertexProcessing*-Eigenschaften werden mit einigen logischen Strukturen abgefragt und festgelegt. Sie werden von der Funktion nicht in letzter Konsequenz überprüft, sondern vielmehr werden sie aufgrund von allgemeinen Erfahrungswerten festgelegt. Dabei verwenden wir ausschließlich die beiden Werte *HARDWARE_VERTEXPROCESSING* und *SOFTWARE_VERTEXPROCESSING*. Mit der Funktion *GetDeviceCaps* stellen wir fest, ob der aktuell ausgewählte Adapter in Verbindung mit dem gewählten *DeviceType* eine hardwaregestützte Vertexverarbeitung zur Verfügung stellt. Ist dies der Fall, werden die beiden genannten Konstanten in die ComboBox *IDC_COMBO_VERTEXPROCESSING* eingefügt.

```
void FillVertexProc(HWND hwndDlg,int intAdapterNumber,D3DDEVTYPE d3dDevType){

  CB_RESETITEMS(hwndDlg, IDC_COMBO_VERTEXPROCESSING);

  D3DCAPS9  tmpCaps;
  if (m_lpD3D->GetDeviceCaps(intAdapterNumber,d3dDevType,&tmpCaps)== D3D_OK){

    if (tmpCaps.VertexProcessingCaps != 0){
```

Listing 2.39 Überprüfung der *VertexProcessing*-Fähigkeiten in der Funktion *FillVertexProc*

```
      CB_ADDTEXT(hwndDlg,IDC_COMBO_VERTEXPROCESSING,
                                  VertexProcessingTypeToString(d3dVertexProcs[2]));
      CB_ADDTEXT(hwndDlg,IDC_COMBO_VERTEXPROCESSING,
                                  VertexProcessingTypeToString(d3dVertexProcs[0]));
    }else{
      CB_ADDTEXT(hwndDlg,IDC_COMBO_VERTEXPROCESSING,
                                  VertexProcessingTypeToString(d3dVertexProcs[2]));
    }

    if (FAILED(CB_FINDTEXT(hwndDlg,IDC_COMBO_VERTEXPROCESSING,
                          VertexProcessingTypeToString(PRESET_VERTEXPROCESSING)))){
      CB_SELECTFIRSTITEM(hwndDlg, IDC_COMBO_VERTEXPROCESSING);
    }else {
      CB_SELECTITEM(hwndDlg,IDC_COMBO_VERTEXPROCESSING,
            CB_FINDTEXT(hwndDlg,IDC_COMBO_VERTEXPROCESSING,
              VertexProcessingTypeToString(DXEnvironmentSettings.VertexProcessing)));
    }
  }
}
```

Listing 2.39 Überprüfung der *VertexProcessing*-Fähigkeiten in der Funktion *FillVertexProc (Fortsetzung)*

Unterstützt die geprüfte Kombination kein *HardwareProcessing*, wird in das Steuerelement ausschließlich die Konstante für die softwareunterstützte Vertexberechnung eingefügt, da diese auf jeden Fall zur Verfügung steht. Im Anschluss wird noch die Voreinstellung des *VertexProcessing*-Wertes überprüft und ausgewählt. Damit wäre die Ermittlung der *VertexProcessing*-Eigenschaften des Device auch schon abgeschlossen und es bleibt nur noch, die verfügbaren *PresentInterval*-Werte zu ermitteln und dem Anwender zur Verfügung zu stellen.

FillPresentInterval

Die ComboBox *IDC_COMBO_PRESENTINTERVAL* ist das letzte Steuerelement, das in der Routine *FillAll-Controls* behandelt wird. Das Element nimmt die *PresentInterval*-Einstellungen auf, die für das gewählte Device zur Verfügung stehen. Dabei wird auch in diesem Fall keine echte Prüfung der Hardwaremöglichkeiten durchgeführt, sondern es werden die einzelnen Elemente logisch ausgewertet. Mit Hilfe einer *for*-Schleife werden alle zur Verfügung stehenden *PresentInterval*-Konstanten überprüft. Die erste Prüfung beinhaltet die Abfrage nach der Windowed-Einstellung des Device. Soll nämlich ein Device innerhalb eines Windows-Dialogfeldes erstellt werden, stehen die Werte *D3DPRESENT_INTERVAL_TWO*, *D3DPRESENT_INTERVAL_THREE* und *D3DPRESENT_INTERVAL_FOUR* nicht zur Verfügung, und der aktuelle Durchlauf der Schleife wird mit dem Befehl *continue* bereits an dieser Stelle wieder unterbrochen.

```
void FillPresentInterval(HWND hwndDlg, int intAdapterNumber, D3DDEVTYPE d3dDevType ){

  CB_RESETITEMS(hwndDlg, IDC_COMBO_PRESENTINTERVAL);

  UINT tmpPresentInterval;

  for( UINT i = 0; i < 6; i++ )   {
    tmpPresentInterval = d3dPresentInterva[i];
```

Listing 2.40 *FillPresentInterval*: Überprüfen der *PresentInterval*-Einstellungen und Füllen der zugehörigen ComboBox

```
  if(DXEnvironmentSettings.Windowed == TRUE){
    if( tmpPresentInterval == D3DPRESENT_INTERVAL_TWO
               || tmpPresentInterval == D3DPRESENT_INTERVAL_THREE
               || tmpPresentInterval == D3DPRESENT_INTERVAL_FOUR ){
      continue;
    }
  }

  D3DCAPS9  tmpCaps;
  if (m_lpD3D->GetDeviceCaps(intAdapterNumber,d3dDevType,&tmpCaps)== D3D_OK){
    if( tmpPresentInterval == D3DPRESENT_INTERVAL_DEFAULT
               || (tmpCaps.PresentationIntervals & tmpPresentInterval) ){
      CB_ADDTEXT( hwndDlg,IDC_COMBO_PRESENTINTERVAL,
                           PresentIntervalToString(d3dPresentInterva[i]));
    }
  }
}

// If Preset is available in the current PresentIntervals, select it
if (FAILED(CB_FINDTEXT(hwndDlg,IDC_COMBO_PRESENTINTERVAL,
                        PresentIntervalToString(PRESET_PRESENTINTERVAL)))){
  CB_SELECTFIRSTITEM(hwndDlg, IDC_COMBO_PRESENTINTERVAL);
}else {
  CB_SELECTITEM(hwndDlg,IDC_COMBO_PRESENTINTERVAL,
               CB_FINDTEXT(hwndDlg,IDC_COMBO_PRESENTINTERVAL,
                   PresentIntervalToString(DXEnvironmentSettings.PresentInterval)));
}
}
```

Listing 2.40 *FillPresentInterval*: Überprüfen der *PresentInterval*-Einstellungen und Füllen der zugehörigen ComboBox *(Fortsetzung)*

Nach der logischen Prüfung des *PresentInterval*-Wertes wird dieser noch mit der Funktion *GetDeviceCaps* überprüft. Diese stellt alle Cap-Informationen des Device in einer Struktur vom Typ *D3DCAPS9* zur Verfügung. In der Variablen *PresentationIntervals* innerhalb dieser Struktur befindet sich ein Wert, der alle zur Verfügung stehenden *PresentInterval*-Konstanten repräsentiert. Diese einzelnen Werte müssen dann mit einem logischen *&*-Operators ausmaskiert werden. Wird der aktuell zu prüfende *PresentInterval* dabei gefunden, wird dieser gefundene Wert in das ComboBox-Steuerelement eingetragen. Dabei wird der Wert *D3DPRESENT_INTERVAL_DEFAULT* immer in der ComboBox eingetragen, da dieser bei allen Devices zur Verfügung steht. Am Ende der Funktion überprüfen wir erneut, welchen Wert der Entwickler für dieses Projekt als Standard-Einstellung vorgesehen hat, und selektieren diesen Wert gegebenenfalls in dem ComboBox-Steuerelement.

Damit wären alle Funktionen zur Ermittlung der Hardwarefähigkeiten des Systems besprochen. Diese Funktionen werden, je nachdem welches ComboBox-Steuerelement im Windows-Dialogfeld geändert wurde, nacheinander in der Routine *FillAllControls* aufgerufen. Gleichzeitig zu den Einträgen der Werte in die einzelnen ComboBox-Steuerelemente wird in der Routine auch die Datenstruktur *DXEnvironmentSettings* gefüllt. Jeder Wert, der in einem ComboBox-Steuerelement selektiert ist, wird somit auch automatisch in dieser Struktur eingetragen. Zur Erstellung eines DirectX-Device müssen wir nun noch diese Daten unserer GameEngine zur Verfügung stellen. Dieses geschieht innerhalb des *SettingsDialog* mit der Schaltfläche *IDC_BUTTON_CREATEDEVICE*. Die Funktion, die durch Anklicken dieser Schaltfläche ausgeführt wird, stellt die benötigten Daten zusammen und sendet diese an den Parent-Dialog des *SettingsDialog*, der zur Erstellung des DirectX-Device eingesetzt wird.

WM_COMMAND

Die eigentliche Übergabe geschieht in der Window-Message *WM_COMMAND* und dort genau in dem *case*-Vergleich des *IDC_BUTTON_CREATEDEVICE*-Objektes. Diese Sektion wird abgearbeitet, wenn die Schaltfläche zur Erstellung des Device im *SettingsDialog* angeklickt wurde. Innerhalb der Sektion werden zur Sicherheit noch einmal alle Werte aus den entsprechenden Steuerelementen kopiert und in die *DXEnvironmentSettings*-Struktur eingefügt.

```
case IDC_BUTTON_CREATEDEVICE:
    sprintf(sTemp,"%s","0000000000"); //ResetString

    EB_GETTEXT(hwndDlg,IDC_EDIT_TOP, sTemp);
    sprintf(cTemp,"%s",sTemp);
    DXEnvironmentSettings.Top    = (UINT)atoi(cTemp); // Top

    sprintf(sTemp,"%s","0000000000"); //ResetString

    EB_GETTEXT(hwndDlg,IDC_EDIT_HEIGHT, sTemp);
    sprintf(cTemp,"%s",sTemp);
    DXEnvironmentSettings.Height    = (UINT)atoi(cTemp); // Height
    sprintf(sTemp,"%s","0000000000"); //ResetString
    EB_GETTEXT(hwndDlg,IDC_EDIT_LEFT, sTemp);
    sprintf(cTemp,"%s",sTemp);
    DXEnvironmentSettings.Left = (UINT)atoi(cTemp); // Left
    sprintf(sTemp,"%s","0000000000"); //ResetString
    EB_GETTEXT(hwndDlg,IDC_EDIT_WIDTH, sTemp);
    sprintf(cTemp,"%s",sTemp);
    DXEnvironmentSettings.Width = (UINT)atoi(cTemp); //Width
```

Listing 2.41 Steuerelemente zur Bestimmung der Position und der Größe werden ausgelesen

Die ersten Steuerelemente, die innerhalb der *WM_COMMAND*-Sektion ausgelesen werden, sind die Text-Box-Steuerelemente zur Bestimmung der Größe und der Position des zu erstellenden Device. Zum Auslesen der Objekte wird das Makro *EB_GETTEXT* eingesetzt, das wir vorher definiert haben. Dieses Makro kapselt die Window-Message *WM_GETTEXT*. Dieser Befehl schreibt jeweils den aktuellen Wert in die Variable *sTemp*, die wir zuvor mit dem Wert *0000000000* initialisiert haben. Der ermittelte Wert wird dann direkt anschließend in ein Char-Array konvertiert und mit dem Befehl *atoi* in die für ihn vorgesehene Variable innerhalb der Datenstruktur gespeichert.

```
    if (SUCCEEDED(CBGetSelectedItem(hwndDlg,IDC_COMBO_DEVICETYPE, sTemp))){
      DXEnvironmentSettings.DeviceType = DeviceTypeFromString(sTemp);
    }

    if (SUCCEEDED(CBGetSelectedItem(hwndDlg,IDC_COMBO_BACKBUFFERFORMAT,sTemp))){
      DXEnvironmentSettings.BackBufferFormat = BackBufferFormatFromString(sTemp);
    }

    if (SUCCEEDED(CBGetSelectedItem(hwndDlg,IDC_COMBO_DEPTHBUFFERFORMAT,sTemp))){
      DXEnvironmentSettings.DepthStencilBuffer = DepthFormatFromString(sTemp);
    }

    if (SUCCEEDED(CBGetSelectedItem(hwndDlg,IDC_COMBO_MULTISAMPLETYPE,sTemp))){
      DXEnvironmentSettings.MultiSampleType = MultisampleTypeFromString(sTemp);
```

Listing 2.42 Steuerelemente zur Festlegung der Device-Eigenschaften werden ausgelesen und deren Werte gespeichert

```
}

if (SUCCEEDED(CBGetSelectedItem(hwndDlg,IDC_COMBO_VERTEXPROCESSING,sTemp))){
  DXEnvironmentSettings.VertexProcessing  = VertexProcessingTypeFromString(sTemp);
}

if (SUCCEEDED(CBGetSelectedItem(hwndDlg,IDC_COMBO_PRESENTINTERVAL,sTemp))){
  DXEnvironmentSettings.PresentInterval  = PresentIntervalFromString(sTemp);
}
```

Listing 2.42 Steuerelemente zur Festlegung der Device-Eigenschaften werden ausgelesen und deren Werte gespeichert *(Fortsetzung)*

Die Befehle zum Auslesen der Werte innerhalb der einzelnen ComboBox-Steuerelemente sind schon bekannt aus der Erklärung der einzelnen Funktionen innerhalb der Hauptfunktion *FillAllControls*. Sie werden vor dem Kopieren der Daten an den Parent-Dialog noch einmal ausgeführt, um sicherzustellen, dass auch wirklich die gewünschten Einstellungen des Anwenders berücksichtigt werden. Bevor wir die Daten kopieren, schließen wir zunächst das temporäre DirectX-Device, das wir innerhalb des *SettingsDialog* zum Testen der einzelnen Hardwaremerkmale genutzt haben. Mit dem Makro *SAFE_RELEASE* sorgen wir dafür, dass das DirectX-Device beendet wird und der Speicherbereich, den es belegt hat, wieder freigegeben wird.

```
SAFE_RELEASE(m_lpD3D);
hwndOwner = GetParent(hwndDlg);
MyCopyData.dwData = NULL;
MyCopyData.cbData = sizeof(_DXENVSETTINGS);
MyCopyData.lpData = &DXEnvironmentSettings;
SendMessage(hwndOwner,WM_COPYDATA, (WPARAM)(HWND)hwndOwner,
                                   (LPARAM)(LPVOID)&MyCopyData);

EndDialog(hwndDlg,-1);
break;
```

Listing 2.43 Kopieren der Datenstruktur mit *WM_COPYDATA*

Nachdem das Device beendet wurde, ist es nun Zeit, die gesammelten Daten an den *Parent*-Dialog zu übergeben. Dazu wird als Erstes der Handler dieses Dialogfeldes mit der Funktion *GetParent* ermittelt. Danach füllen wir die Struktur *MyCopyData* des Datentyps *COPYDATASTRUCT* wie folgt mit Werten. Die Variable *dwData* sollte Information darüber enthalten, um welche Art von Daten es sich in der Variablen *lpData* handelt. Mit Hilfe dieser Informationen ist es dem Empfänger-Objekt möglich, die erhaltenen Daten richtig zu verarbeiten. Der Wert *cbData* legt die Größe der zu kopierenden Daten fest. Als Letztes enthält der Wert *lpData* einen Zeiger auf die Datenstruktur, die kopiert werden soll. Diese Struktur wird dann anschließend mit der *SendMessage*-Anweisung *WM_COPYDATA* an den Parent-Dialog gesandt. Dieser verarbeitet die Daten dann anschließend weiter. Für den *SettingsDialog* bleibt nun nichts mehr als sich selber zu schließen, da seine Aufgabe erfüllt ist.

Übergabe der ermittelten Daten

Im Abschnitt »GameEngine – Einfache Initialisierung von DirectX Graphics« weiter vorne in diesem Kapitel wurde beschrieben, wie das DirectX-Device der Applikation mit Hilfe der Datenkollektion *DeviceSettings* innerhalb der Datenstruktur *m_GameData* erstellt wurde. An dieser Stelle wollen wir nun zeigen, wie diese Daten in die Struktur *DeviceSettings* gelangen. Dazu sind in der *WndProc*-Funktion der Datei *GameEngine.cpp* die Funktionen eingefügt, die benötigt werden, um die vom *SettingsDialog* gesendeten Daten zu empfangen und diese dann sofort an die Klasse *GameMainRoutines* weiterzuleiten. Wird die Window-Anweisung *WM_COPYDATA* ausgelöst, erwartet die Funktion einen Zeiger auf ein *COPYDATASTRUCT*-Objekt innerhalb der Variablen *lParam*. Diesen Zeiger speichern wir zunächst in der Variablen *pMyCopy-Data*. Danach wird der Speicherbereich, auf den dieser Zeiger weist, durch den *memcpy*-Befehl kopiert. Dabei werden die Daten in die Struktur *DeviceRenderSettings* übernommen.

```
case WM_COPYDATA:
  pMyCopyData = (PCOPYDATASTRUCT) lParam;
  memcpy((void *) &DeviceRenderSettings,
                   (const void*)pMyCopyData->lpData,(size_t)pMyCopyData->cbData);
  GameMain.m_GameData.DeviceSettings.Adapter = DeviceRenderSettings.Adapter;
  GameMain.m_GameData.DeviceSettings.BBFormat = DeviceRenderSettings.BackBufferFormat;
  GameMain.m_GameData.DeviceSettings.DBFormat =
                           DeviceRenderSettings.DepthStencilBuffer;
  GameMain.m_GameData.DeviceSettings.PresentInterval =
                           DeviceRenderSettings.PresentInterval;
  GameMain.m_GameData.DeviceSettings.MSType = DeviceRenderSettings.MultiSampleType;
  GameMain.m_GameData.DeviceSettings.Type = DeviceRenderSettings.DeviceType;
  GameMain.m_GameData.DeviceSettings.VProcessing =
                           DeviceRenderSettings.VertexProcessing;
  GameMain.m_GameData.DeviceSettings.Windowed = DeviceRenderSettings.Windowed;
  GameMain.m_GameData.DeviceSettings.wndHeight  = DeviceRenderSettings.Height;
  GameMain.m_GameData.DeviceSettings.wndLeft    = DeviceRenderSettings.Left;
  GameMain.m_GameData.DeviceSettings.wndTop = DeviceRenderSettings.Top;
  GameMain.m_GameData.DeviceSettings.wndWidth = DeviceRenderSettings.Width;
```

Listing 2.44 Übergabe der Device-Informationen an die Klasse *GameMainRoutines*

Nachdem wir die Daten kopiert haben, ist der Rest ein Kinderspiel. Die Daten werden dann nur noch den passenden Werten in der Datenstruktur *DeviceSettings* zugewiesen.

Hiermit wäre der Einstieg in das eigene Framework inklusive einer eigenen Hardwareerkennung vollzogen. Der weitaus größte Teil hierbei war die Zusammenstellung der Hardwaremöglichkeiten mit Hilfe des *SettingsDialog*. Dieses muss aber nur einmal erfolgen und kann jetzt in alle weiteren Projekte eingebunden werden. Deshalb wurde dieser eher schwierige Teil auch schon so früh im Buch platziert. Es wurde damit eine solide Grundlage für alle weiteren Aufgaben geschaffen. Dabei wird die GameEngine immer weiter wachsen und am Ende hoffentlich ein komplett spieletaugliches Framework darstellen.

Matrizen

Direct3D beschäftigt sich mit einer virtuellen dreidimensionalen Welt. Wir, die User, betrachten diese Welt auf einem zweidimensionalen Monitor. Damit dies überhaupt funktionieren kann, muss die virtuelle Computerwelt in ein zweidimensionales Monitorbild transformiert werden. Das kartesische Koordinatensystem ist die Grundlage für die notwendigen Berechnungen. Die World-, View- und Projektionsmatrizes bedienen sich des Koordinatensystems und verantworten die notwendige Transformation.

Welttransformation: Worldmatrix

Spielfiguren, Landschaften, Häuser, Autos usw. werden mit Hilfe externer Editoren erstellt. Zum Zeitpunkt der Erstellung weiß der Designer, an welcher Position sie platziert werden sollen. Im Editor werden die

Objekte um den Koordinatenursprung (0, 0, 0) erstellt. In unserem eigenen Programm wollen wir die Objekte frei platzieren. Wir werden dafür sorgen, dass alle Objekte an die richtige Position kommen. Im Detail bedeutet das, wir müssen die Position, Rotation und Skalierung jedes einzelnen Objektes genau beschreiben. Dies geschieht über eine eigene Objekt-Matrix. Wenn jedes Objekt eine eigene Matrix besitzt und diese in die gesamte Weltmatrix integriert werden soll, ist es die Aufgabe der Weltmatrix, für eine reibungslose Zusammenführung zu sorgen.

Dies gilt auch dann, wenn wir ein Objekt direkt in dem eigenen Programm erzeugen. Nehmen wir an, wir wollen dies per Sourcecode tun (also ohne ein zuvor mit einem Editor erstelltes Objekt). Auch dann wird das Objekt eine eigene Weltmatrix erhalten. Oftmals bedient man sich eines Tricks und verwendet eine Matrix für eine Vielzahl von Objekten oder vielleicht sogar für die gesamte 3D-Welt. Aber letztendlich müssen wir auch in diesem Fall von einer autonomen Objekt-Matrix sprechen, da wir wählen, welche Matrix zum Einsatz kommt.

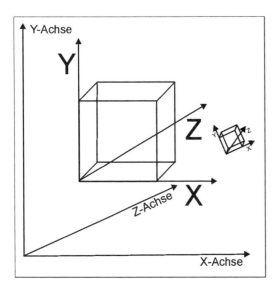

Abbildung 2.17　Szene mit zwei autonomen Objekten

Die Abbildung 2.17 zeigt eine Szene mit zwei Objekten. Sie erkennen, dass beide Objekte über ein eigenes Koordinatensystem verfügen. Dies bedeutet, dass beide Objekte auch eine eigene Matrix besitzen.

Das folgende Beispiel demonstriert die Verwendung einer externen Matrix. Die externe Matrix wird über einen Zeitindex in der Y-Achse gedreht und anschließend der Weltmatrix zugewiesen.

```
D3DXMATRIXA16 matWorld;
UINT   iTime  = timeGetTime() % 1000;
FLOAT fAngle = iTime * (2.0f * D3DX_PI) / 1000.0f;
D3DXMatrixRotationY( &matWorld, fAngle );
g_pd3dDevice->SetTransform( D3DTS_WORLD, &matWorld );
```

Listing 2.45　Transformation der Weltmatrix

Würden wir diese Matrix einem Objekt zuordnen, wirkte es, als ob sich das Objekt drehte. Dies ist natürlich nicht der Fall. Wir verdrehen, verschieben die gesamte 3D-Welt, zeichnen das Objekt und rücken anschließend die Welt wieder gerade. Während des gesamten Prozesses haben wir die Objektdaten nicht verändert.

D3DXMatrixRotationX

Erstellt eine Matrix, welche zuvor um die X-Achse rotiert wurde

```
D3DXMATRIX *WINAPI D3DXMatrixRotationX(
                   D3DXMATRIX *pOut,
                   FLOAT Angle
);
```

*pOut	Ein Pointer auf eine *D3DMATRIX*-Struktur, welche das Ergebnis der Operation aufnimmt
Angle	Der Winkel (im Bogenmaß – Radiant), welcher zur Rotation verwendet wird

Bei Erfolg wird eine gefüllte *D3DXMATRIX* zurückgegeben. Andernfalls bleibt die Matrix leer.

Sichttransformation: Viewmatrix

Eine 3D-Szene nehmen wir wie durch den Blick einer Kamera wahr. Entsprechend der Welttransformation werden wir alle Objekte aus einem ganz bestimmten Blickwinkel sehen. Die Positionierung der Kamera sowie deren Konfiguration wird Sichttransformation genannt. Hierzu bedient man sich der Sichtmatrix (Viewmatrix). Nachdem die Sichtmatrix berechnet wurde, weisen wir DirectX an, die Transformation durchzuführen. Hier ein Beispiel:

```
D3DXVECTOR3 vEyePt( 0.0f, 3.0f,-5.0f );
D3DXVECTOR3 vLookatPt( 0.0f, 0.0f, 0.0f );
D3DXVECTOR3 vUpVec( 0.0f, 1.0f, 0.0f );
D3DXMATRIXA16 matView;
D3DXMatrixLookAtLH( &matView, &vEyePt, &vLookatPt, &vUpVec );
g_pd3dDevice->SetTransform( D3DTS_VIEW, &matView );
```

Listing 2.46 Transformation der Sichtmatrix

Jedes Mal, nachdem sich die Position oder die Konfiguration der Kamera ändert, muss die Transformation der Sichtmatrix erneut durchgeführt werden.

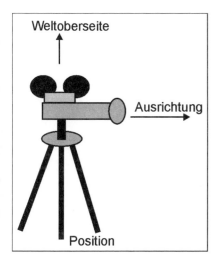

Abbildung 2.18 Drei Parameter zum Berechnen der Sichttransformation

Zum Berechnen der Sichtmatrix (für ein linkshändiges Koordinatensystem) verwenden wir die *D3DXMatrixLookAtLH*-Funktion.

```
D3DXMATRIX *WINAPI D3DXMatrixLookAtLH(
    D3DXMATRIX *pOut,
    CONST D3DXVECTOR3 *pEye,
    CONST D3DXVECTOR3 *pAt,
    CONST D3DXVECTOR3 *pUp
);
```

Listing 2.47 Deklaration der *D3DXMatrixLookAtLH()*-Methode

pEye bestimmt die Kameraposition. Die Ausrichtung (Blickwinkel) der Kamera wird mit dem *pAt*-Parameter deklariert. Der verbleibende Parameter *pUp* gibt an, in welcher Richtung die Weltoberseite (der Himmel) liegt. Bei der Sicht aus einem Flugzeug würde sich der Parameter beim Rollen um die eigene Achse verändern.

D3DXMatrixLookAtLH

Erstellt eine linkshändige »look-at-matrix«

```
D3DXMATRIX *WINAPI D3DXMatrixLookAtLH(
               D3DXMATRIX *pOut,
               CONST D3DXVECTOR3 *pEye,
               CONST D3DXVECTOR3 *pAt,
               CONST D3DXVECTOR3 *pUp
);
```

pOut	Ein Pointer auf eine *D3DMATRIX*-Struktur, welche das Ergebnis der Operation aufnimmt
pEye	Hier wird der »eye point« definiert
pAt	Ein Vektor, welcher definiert, wohin die Kamera gerichtet ist. Dieser Vektor legt fest, in welche Richtung der Betrachter schaut.
pUp	Hiermit wird die aktuelle Weltausrichtung [0, 1, 0] festgelegt

Es wird eine linkshändige »look-at-matrix« zurückgegeben. Bei Misserfolg bleibt die Matrix leer.

Projektionstransformation: Projectionmatrix

Die Projektionstransformation ist im finalen Schritt für die Darstellung der 3D-Szene auf dem Bildschirm verantwortlich. Hierzu benötigen wir eine Projektionsmatrix, die durch die *D3DXMatrixPerspectiveFovLH*-Methode erstellt wird.

```
D3DXMATRIXA16 matProj;
D3DXMatrixPerspectiveFovLH( &matProj, D3DX_PI/4, 1.0f, 1.0f, 100.0f );
g_pd3dDevice->SetTransform( D3DTS_PROJECTION, &matProj );
```

Die Transformation wird immer dann erneut durchgeführt, wenn sich die Projektionsmatrix ändert. Sie können sich sicher vorstellen, dass die Projektion einer 3D-Welt auf einen 2D-Monitor mit Verzerrungen zu kämpfen hat. Eine mögliche Ursache für auftretende Verzerrungen ist die Umrechnung in das richtige Seitenverhältnis. Der Standardumrechungsfaktor ist PI/4 (*D3DX_PI/4*). Hierdurch erreichen Sie ein Seitenverhältnis, welches dem Monitor (Auflösung: 1.024x768) entspricht.

Mit der Methode wird die Projektionsmatrix berechnet:

```
D3DXMATRIX *WINAPI D3DXMatrixPerspectiveFovRH(
    D3DXMATRIX *pOut,
    FLOAT fovy,
    FLOAT Aspect,
    FLOAT zn,
    FLOAT zf
);
```

Die Parameter sind schnell erläutert. Der Parameter *fovy* steht für »Field of View« in der Ausdehnung der Y-Achse. Angegeben wird dieser Wert als Bogenmaß. Der *Aspect* ist das Seitenverhältnis des Viewports. Er wird wie folgt berechnet: Breite geteilt durch Höhe. Die verbleibenden Parameter *zn* und *zf* geben den jeweiligen Tiefenwert für die Near Plane und Far Plane an.

Viewport

Wir haben die Welt-, Sicht- und Projektionstransformation vorgestellt. Mit Hilfe dieser Transformationen wollen wir ein Bild auf dem Monitor darstellen. Da wir nicht die gesamte 3D-Welt gleichzeitig angezeigt bekommen, sollten wir genauer betrachten, welchen Ausschnitt wir sehen.

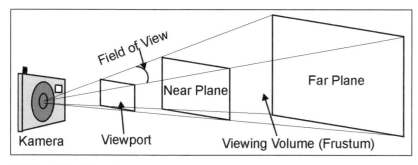

Abbildung 2.19 Viewport

Auf dem Viewport wird der Bereich zwischen der *Near Plane* und der *Far Plane* projiziert. Wo die Near Plane anfängt und die Far Plane endet, wird in der Projektionstransformation bestimmt.

Matrixmanipulationen

Eine Matrix ist eine Anordnung von Zahlenwerten in Tabellenform. Man spricht von den Spalten und Zeilen einer Matrix. Die Spalten und Zeilen werden auch als Vektoren (Spaltenvektor bzw. Zeilenvektor) bezeichnet. Die einzelnen Zahlenwerte einer Matrix werden Komponenten oder Elemente der Matrix genannt. DirectX ist auf Matrizen angewiesen. Mit Hilfe von Matrizen können wir Objekte im Raum bewegen, skalieren oder rotieren. Solche Veränderungen werden als Transformation bezeichnet. Die Transformation verbindet die globale Weltmatrix mit den individuellen Modellmatrizen der einzelnen Objekte. Ein Objekt wird im Regelfall um den Koordinatenursprung erstellt. Dies geschieht mit externen Editoren. Zum Zeitpunkt der

Erstellung ist der Verwendungszweck sowie die Position, Skalierung und Drehung des Objekts noch unklar. Diese Merkmale werden erst beim Erstellen der Szene festgelegt. Das folgende Beispiel veranschaulicht das Zusammenspiel der Matrizen.

Angenommen, wir hätten ein Objekt nicht um den Koordinatenursprung erzeugt und dieses Objekt hätte eine Position von *D3DXVECTOR3(11, 2, 35)*. Jetzt möchten wir das Objekt auf die Position *D3DXVECTOR3(10, 0, 0)* bewegen, dann würden wir folgende Berechnung durchführen:

Relative Objektkoordinaten + Position = Absolute Koordinaten

```
D3DXVECTOR3(11, 2, 35) + D3DXVECTOR3(10, 0, 0) = D3DXVECTOR3(21, 2, 35)
```

Wir erkennen, dass die absoluten Koordinaten unsere gewünschte Position weit verfehlen. Dies liegt daran, dass wir die relativen Objektkoordinaten nicht berücksichtigt haben. Obwohl die Rechnung einfach aussieht, stehen wir vor einem beachtlichen Problem. Wenn wir ein Objekt nicht selbst erstellen, sondern auf fertige Objekte zurückgreifen, wissen wir nicht, wie diese Objekte erstellt wurden. Die einzige Möglichkeit, dies herauszufinden, ist es, das Objekt (und damit meinen wir die Vertexdaten) zu analysieren. Hierzu muss über die Marginalwerte das Objektzentrum ermittelt werden.

Transformation

Mit einer Transformation wird ein bestimmtes Ziel verfolgt. Sie wollen ein Objekt bewegen, skalieren oder rotieren lassen. Hierzu stehen zwei grundsätzliche Ansätze zur Verfügung. Sie verändern entweder die Weltmatrix und zeichnen anschließend das Objekt oder Sie verändern die Objektdaten (Modellmatrix). Die gesamte Welt zu verändern ist nicht so schwer, wie es scheint. Die 3D-Welt wird über eine einzige Matrix kontrolliert, und Berechungen an dieser einfachen 4x4-Matrix sind schnell gemacht. Dem gegenüber steht die Manipulation eines oder mehrerer Objekte. Ein Objekt kann schnell einige hundert Vertices umfassen. Wir müssten jedes einzelne Vertex neu berechnen und anschließend das Objekt zeichnen. Obwohl die direkte Objektmanipulation auch Vorteile (vor allem bei der Lichtberechnung) mit sich bringt, ist sie in den meisten Fällen zu langsam. DirectX ist eine Höchstgeschwindigkeitstechnik und duldet keinen Flaschenhals, welcher das gesamte Rendering ausbremst.

Translation

Mit Translation wird eine Positionsveränderung beschrieben. Hierbei werden wir nicht die einzelnen Vertices des Objektes verschieben (bzw. neu berechnen), sondern die 3D-Welt. Diese Technik funktioniert nur dann, wenn das Zentrum des zu zeichnenden Objekts mit dem lokalen Koordinatenursprung übereinstimmt. Sollte dies nicht der Fall sein, werden Sie die gewünschte Position nur treffen, indem Sie die entsprechenden Offsets berücksichtigen. Um ein Objekt zu bewegen, sind die folgenden Schritte notwendig:

- Verschieben der 3D-Welt
- Zeichnen des Objektes
- Wiederherstellen der 3D-Welt

Wie haben wir uns das Verschieben der 3D-Welt vorzustellen? Wir können dies vergleichen mit einem Blatt Papier, auf dem ein kleiner Scherenschnitt liegt. Wir halten den Scherenschnitt fest und verschieben das Blatt Papier. Dann kleben wir den Scherenschnitt an und rücken das Papier zurück an die ursprüngliche Position. Für den Betrachter hat es den Anschein, als hätte sich der Scherenschnitt bewegt.

DirectX bewältigt diese Aufgabe mit Hilfe der Translation-Matrix.

$$
\begin{bmatrix}
1 & 0 & 0 & 0 \\
0 & 1 & 0 & 0 \\
0 & 0 & 1 & 0 \\
Tx & Ty & Tz & 1
\end{bmatrix}
\quad
\begin{bmatrix}
\_11 & \_12 & \_13 & \_14 \\
\_21 & \_22 & \_23 & \_24 \\
\_31 & \_32 & \_33 & \_34 \\
\_41 & \_42 & \mathbf{\_43} & \_44
\end{bmatrix}
$$

Um die Matrix zu verschieben, können Sie die hauseigene Methode von DirectX nutzen oder Sie führen die notwendigen Veränderungen manuell durch. DirectX stellt Ihnen die *D3DXMatrixTranslation()*-Methode zur Seite:

```
D3DXMATRIX *WINAPI D3DXMatrixTranslation(D3DXMATRIX *pOut,
    FLOAT x,
    FLOAT y,
    FLOAT z
);
```

Listing 2.48 Deklaration der *D3DXMatrixTranslation()*-Methode

Beispiel:

```
D3DXMATRIX mat;
D3DXMatrixIdentify(&mat);
D3DXMatrixTranslation(&mat, 10.0f, 0.0f, 0.0f);
Direct3DDevice->SetTransform( D3DTS_WORLD,mat);
```

Alternativ können Sie die Matrix manuell verändern. Hierzu weisen Sie den Matrixelementen *_41*, *_42* und *_43* neue Werte zu. Hier ein Beispiel:

```
D3DXMATRIX mat;
D3DXMatrixIdentify(&mat);
mat._41 = 10.0f;
mat._42 = 0.0f;
mat._43 = 0.0f;
Direct3DDevice->SetTransform( D3DTS_WORLD,mat);
```

D3DXMatrixTranslation

Erstellt eine Matrix mit den angegebenen Parametern

```
D3DXMATRIX *WINAPI D3DXMatrixTranslation(
            D3DXMATRIX *pOut,
            FLOAT x,
            FLOAT y,
            FLOAT z
);
```

pOut	Ein Zeiger auf eine *D3DMATRIX*-Struktur, welche das Ergebnis der Operation aufnimmt
x, y, z	x-, y- und z-Koordinaten der transformierten Matrix

Ist die Methode erfolgreich, wird eine transformierte Matrix zurückgegeben. Andernfalls bleibt die Matrix leer.

IDirect3DDevice9::SetTransform

Setzt eine neue transformierte Matrix

```
HRESULT SetTransform(
    D3DTRANSFORMSTATETYPE State,
    CONST D3DMATRIX *pMatrix
);
```

State	Dieser Parameter definiert den Matrixtyp, welcher beeinflusst werden soll. Der Wert kommt aus der *D3DTRANSFORMSTATETYPE*-Auflistung oder ist das *D3DTS_WORLDMATRIX*-Makro.
pMatrix	Ein Zeiger auf die zu setzende Matrix

Ist die Methode erfolgreich, wird *D3D_OK* zurückgegeben, andernfalls die Fehlermeldung *D3DERR_INVALIDCALL* ausgegeben.

Skalieren

3D-Modelle werden mit speziellen Editoren erstellt. Jedes Mal, wenn ein neues Modell erstellt wird, kann eine neue Größeneinheit verwendet werden. Ist die Größe für die eine 3D-Welt genau passend, kann sie für die nächste zu groß oder zu klein sein. Es wäre äußerst mühsam, für jede 3D-Welt ein neues Modell zu erstellen und unnötig. Indem wir die Größenverhältnisse der Weltmatrix verändern, nehmen wir auch Einfluss auf die Größe der zu integrierenden Modelle.

$$\begin{bmatrix} Sx & 0 & 0 & 0 \\ 0 & Sy & 0 & 0 \\ 0 & 0 & Sz & 0 \\ 0 & 0 & 0 & 1 \end{bmatrix} \begin{bmatrix} \_11 & \_12 & \_13 & \_14 \\ \_21 & \_22 & \_23 & \_24 \\ \_31 & \_32 & \_33 & \_34 \\ \_41 & \_42 & \_43 & \_44 \end{bmatrix}$$

Zum Skalieren einer Matrix können Sie die *D3DXMatrixScaling()*-Methode einsetzen.

```
D3DXMATRIX *WINAPI D3DXMatrixScaling(D3DXMATRIX *pOut,
    FLOAT sx,
    FLOAT sy,
    FLOAT sz
);
```

Listing 2.49   Deklaration der *D3DXMatrixScaling()*-Methode

Die Parameter *sx*, *sy* und *sz* dienen als Multiplikator zur Größenänderung. Mit einem Faktor kleiner 1 wird das Modell kleiner und mit einem Faktor größer 1 wird das Modell größer. Diese Methode berücksichtig die unterschiedlichen Ausdehnungsrichtungen (horizontal, vertikal und die Tiefe) eines Modells. So kann die Ausdehnung individuell angepasst werden. Das folgende Beispiel bewirkt eine Ausdehnung um den Faktor *1.5* auf der X-Achse. Die anderen Achsen bleiben unberührt.

```
D3DXMATRIX mat;
D3DXMatrixIdentify(&mat);
D3DXMatrixScaling(&mat, 1.5f, 1.0f, 1.0f);
Direct3DDevice->SetTransform( D3DTS_WORLD,mat);
```

Selbstverständlich können Sie auch diesmal manuell auf die Matrix zugreifen:

```
D3DXMATRIX mat;
D3DXMatrixIdentify(&mat);
mat._11 = 1.5f;
mat._22 = 1.0f;
mat._33 = 1.0f;
Direct3DDevice->SetTransform( D3DTS_WORLD,mat);
```

Rotation

Eine der wichtigsten Transformationen ist die Rotation einer Matrix. Diese wird bei fast jeder Bewegung benötigt. Dreidimensionale Körper besitzen drei Achsen. Dementsprechend benötigen wir auch Möglichkeiten, entlang dieser Achsen zu rotieren. Die verschiedenen Rotationen werden anhand von Rotationsmatrizen abgebildet.

- Rotation X-Achse

$$\begin{bmatrix} 1 & 0 & 0 & 0 \\ 0 & \cos & \sin & 0 \\ 0 & -\sin & \cos & 0 \\ 0 & 0 & 0 & 1 \end{bmatrix} \begin{bmatrix} \_11 & \_12 & \_13 & \_14 \\ \_21 & \_22 & \_23 & \_24 \\ \_31 & \_32 & \_33 & \_34 \\ \_41 & \_42 & \_43 & \_44 \end{bmatrix}$$

- Rotation Y-Achse

$$\begin{bmatrix} \cos & 0 & -\sin & 0 \\ 0 & 1 & 0 & 0 \\ \sin & 0 & \cos & 0 \\ 0 & 0 & 0 & 1 \end{bmatrix} \begin{bmatrix} \_11 & \_12 & \_13 & \_14 \\ \_21 & \_22 & \_23 & \_24 \\ \_31 & \_32 & \_33 & \_34 \\ \_41 & \_42 & \_43 & \_44 \end{bmatrix}$$

- Rotation Z-Achse

$$\begin{bmatrix} \cos & \sin & 0 & 0 \\ -\sin & \cos & 0 & 0 \\ 0 & 0 & 1 & 0 \\ 0 & 0 & 0 & 1 \end{bmatrix} \begin{bmatrix} \_11 & \_12 & \_13 & \_14 \\ \_21 & \_22 & \_23 & \_24 \\ \_31 & \_32 & \_33 & \_34 \\ \_41 & \_42 & \_43 & \_44 \end{bmatrix}$$

DirectX unterstützt uns mit drei angepassten Methoden:

- X-Achse

```
D3DXMATRIX *WINAPI D3DXMatrixRotationX(D3DXMATRIX *pOut,
    FLOAT Angle
);
```

Beispiel:

```
D3DXMATRIX mat;
D3DXMatrixIdentity(&mat);
D3DXMatrixRotationX(&mat, 3.1415f);
Direct3DDevice->SetTransform( D3DTS_WORLD,mat);
```

- Y-Achse

```
D3DXMATRIX *WINAPI D3DXMatrixRotationY(D3DXMATRIX *pOut,
    FLOAT Angle
);
```

Beispiel:

```
D3DXMATRIX mat;
D3DXMatrixIdentify(&mat);
D3DXMatrixRotationY(&mat, 3.1415f);
Direct3DDevice->SetTransform( D3DTS_WORLD,mat);
```

- Z-Achse

```
D3DXMATRIX *WINAPI D3DXMatrixRotationZ(D3DXMATRIX *pOut,
    FLOAT Angle
);
```

Beispiel:

```
D3DXMATRIX mat;
D3DXMatrixIdentify(&mat);
D3DXMatrixRotationZ(&mat, 3.1415f);
Direct3DDevice->SetTransform( D3DTS_WORLD,mat);
```

Bei diesen selbsterklärenden Methoden müssen wir lediglich den Parameter *Angle* genauer betrachten. Angle erwartet einen Zahlenwert in der Maßeinheit *Radiant* und nicht in Grad. Die Umrechnung von Grad in Radiant lautet:

*Radiant = Grad * (PI/180)*

Sie können aber auch folgende Definition nutzen:

```
#define D3DXToRadian( degree ) ((degree) * (D3DX_PI / 180.0f))
```

Zur manuellen Matrixmanipulation müssen Sie wie gewohnt direkt auf die Matrix zugreifen. Hier ein Beispiel für eine Rotation auf der Y-Achse um 180 Grad (Radiant: *3.1415f* bzw. *PI*).

```
D3DXMATRIX mat;
D3DXMatrixIdentify(&mat);
mat._11 = Cos(D3DX_PI);
mat._13 = Sin(D3DX_PI)*-1;
mat._31 = Sin(D3DX_PI);
mat._33 = Cos(D3DX_PI);
Direct3DDevice->SetTransform( D3DTS_WORLD,mat);
```

D3DXMatrixIdentify

Erzeugt eine Null-Matrix (identity matrix). Die Null-Matrix ist Ausgangspunkt für viele Matrixberechnungen.

```
D3DXMATRIX *D3DXMatrixIdentity(
         D3DXMATRIX *pOut
);
```

*pOut   Nimmt die erzeugte Matrix auf

Das Ergebnis ist eine Null-Matrix. Alle Mitglieder der Matrix haben den Wert 0 mit Ausnahme der Diagonalen [1,1], [2,2], [3,3], [4,4].
Beispiel:
1, 0, 0, 0
0, 1, 0, 0
0, 0, 1, 0
0, 0, 0, 1
Sollte die Methode nicht erfolgreich sein, wird eine leere Matrix zurückgegeben.

Rotation entlang eines Vektors

Bislang haben Sie Rotationen entlang fest ausgerichteter Achsen kennen gelernt. Wenn Sie eine Rotation entlang einer frei definierten Achse benötigen, müssen Sie entweder die bekannten Methoden kombinieren oder Sie verwenden die *D3DXMatrixRotationAxis()*-Methode.

```
D3DXMATRIX *WINAPI D3DXMatrixRotationAxis(D3DXMATRIX *pOut,
    CONST D3DXVECTOR3 *pV,
    FLOAT Angle
);
```

Der Parameter *Angle* wird wieder in der Maßeinheit Radiant angegeben. Der Parameter *pV* ist ein Richtungsvektor ausgehend vom Koordinatenursprung. Hier ein Beispiel mit einer diagonalen Achse zwischen der X und Y-Achse.

```
D3DXMATRIX mat;
D3DXMatrixIdentify(&mat);
D3DXMatrixRotationAxis(&mat, new D3DXVECTOR3(1, 1, 0), 3.1415f);
Direct3DDevice->SetTransform( D3DTS_WORLD,mat);
```

D3DXMatrixRotationAxis

Erstellt eine Matrix, welche entlang eines Vektors gedreht wurde. Anders als bei den Methoden *D3DXMatrixRotationX*, *D3DXMatrixRotationY* und *D3DXMatrixRotationZ* ist die Rotationsachse variabel. Sie kann einem beliebigen Vektor entsprechen und macht diese Methode äußerst flexibel.

```
D3DXMATRIX *WINAPI D3DXMatrixRotationAxis(
                       D3DXMATRIX *pOut,
              CONST D3DXVECTOR3 *pV,
              FLOAT Angle
);
```

*pOut   Nimmt die erzeugte Matrix auf

*pV	Der Vektor, um den die Matrix gedreht werden soll
Angle	Der Winkel (im Bogenmaß – Radiant), welcher zur Rotation verwendet wird

Als Ergebnis erhalten Sie die rotierte Matrix. Sollte es zu einem Fehler gekommen sein, erhalten Sie eine leere Matrix.

Kombinieren unterschiedlicher Transformationstechniken

Wenn Sie mehrere Transformationen miteinander kombinieren möchten, müssen Sie darauf achten, dass das Ergebnis einer Transformation nicht von einer folgenden Transformation überschrieben wird. So können Sie zum Beispiel die Rotation über die X-Achse mit der Rotation über die Y-Achse kombinieren.

Negativbeispiel:

```
D3DXMATRIX mat;
D3DXMatrixIdentify(&mat);
D3DXMatrixRotationX(&mat, 3.1415f);
D3DXMatrixRotationY(&mat, 3.1415f);
Direct3DDevice->SetTransform( D3DTS_WORLD,mat);
```

Man könnte annehmen, dass in der Matrix *&mat* das Ergebnis beider Transformationen gespeichert wäre. Dies ist aber nicht der Fall. Lediglich das Ergebnis der letzten Transformation wird durch die Matrix *&mat* ausgedrückt. Damit wir die Ergebnisse mehrerer Transformationen in einer Matrix zusammenfassen, müssen wir jede einzelne Matrix mit der endgültigen Matrix multiplizieren. Hier der richtige Weg:

```
D3DXMATRIX mat, tmpmat;
D3DXMatrixIdentify(&mat);
D3DXMatrixRotationX(&tmpmat, 3.1415f);
D3DXMatrixMultiply(&mat, &mat, &tmpmat);
D3DXMatrixRotationY(&mat, 3.1415f);
D3DXMatrixMultiply(&mat, &mat, &tmpmat);
Direct3DDevice->SetTransform( D3DTS_WORLD,mat);
```

Beispielprogramm *Rotation*

Zur Demonstration der unterschiedlichen Matrixmanipulationen haben wir ein umfassendes Beispielprogramm erstellt. Dieses Programm zeigt die Rotation über die starren Achsen X, Y und Z, sowie die Rotation über eine vektorabhängige Achse. Zusätzlich können Sie eine Positions- sowie Größenveränderung initialisieren.

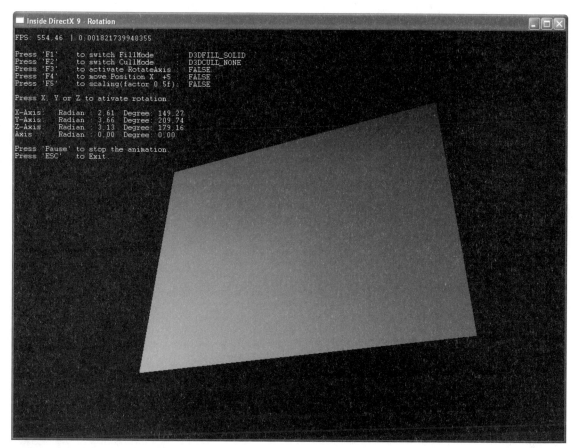

Abbildung 2.20 Beispielprogramm *Rotation*

In der Funktion *GameMainRoutines::Render()* finden Sie den zentralen Sourcecode, welcher für die Manipulationen verantwortlich ist:

```
D3DXMatrixIdentity(&m_GameData.mFinal);
if(bPause == FALSE){
    if (m_GameData.Scale){
        D3DXMatrixScaling(&m_GameData.mTmp ,0.5f,0.5f,0.5f);
        D3DXMatrixMultiply(&m_GameData.mFinal, &m_GameData.mFinal, &m_GameData.mTmp);}
    if (m_GameData.Move){
        D3DXMatrixTranslation(&m_GameData.mTmp ,5,0,0);
        D3DXMatrixMultiply(&m_GameData.mFinal, &m_GameData.mFinal, &m_GameData.mTmp);}
```

Das Objekt wird skaliert und anschließend auf die neue Position gesetzt. In diesem Fall besteht das Objekt lediglich aus zwei Dreiecken. Diese besitzen keine Tiefe und obwohl wir die Tiefe nicht skalieren können, führt das zu keinem Fehler, da es sich für DirectX um normale Daten wie bei jedem anderen Objekt handelt.

```
if (m_GameData.RotationAxis){
    m_GameData.AngleAxis += m_GameData.Utilities.Speed.R0125x;
    if(m_GameData.AngleAxis >= 2*D3DX_PI) m_GameData.AngleAxis -= 2*D3DX_PI;
    D3DXMatrixRotationAxis(&m_GameData.mTmp ,new
                                    D3DXVECTOR3(1,1,0),m_GameData.AngleAxis);
    D3DXMatrixMultiply(&m_GameData.mFinal, &m_GameData.mFinal, &m_GameData.mTmp);}
```

Wir müssen uns entscheiden, ob wir die Rotation über eine individuelle Achse oder über eine der statischen Grundachsen X, Y oder Z durchführen lassen. Beides zugleich würde ins Chaos führen.

```
else{
    m_GameData.AngleAxis=0;
    if (m_GameData.RotationYEnable){
        m_GameData.AngleY += m_GameData.Utilities.Speed.R0125x;
        if(m_GameData.AngleY >= 2*D3DX_PI) m_GameData.AngleY -= 2*D3DX_PI;
        D3DXMatrixRotationY(&m_GameData.mTmp,(float)m_GameData.AngleY);
        D3DXMatrixMultiply(&m_GameData.mFinal, &m_GameData.mFinal, &m_GameData.mTmp);}
    else {m_GameData.AngleY=0;}

    if (m_GameData.RotationXEnable){
        m_GameData.AngleX += m_GameData.Utilities.Speed.R0125x;
        if(m_GameData.AngleX >= 2*D3DX_PI) m_GameData.AngleX -= 2*D3DX_PI;
        D3DXMatrixRotationX(&m_GameData.mTmp,(float)m_GameData.AngleX);
        D3DXMatrixMultiply(&m_GameData.mFinal, &m_GameData.mFinal, &m_GameData.mTmp);}
    else {m_GameData.AngleX=0;}

    if (m_GameData.RotationZEnable){
        m_GameData.AngleZ += m_GameData.Utilities.Speed.R0125x ;
        if(m_GameData.AngleZ >= 2*D3DX_PI) m_GameData.AngleZ -= 2*D3DX_PI;
        D3DXMatrixRotationZ(&m_GameData.mTmp,(float)m_GameData.AngleZ);
        D3DXMatrixMultiply(&m_GameData.mFinal, &m_GameData.mFinal, &m_GameData.mTmp);}
    else {m_GameData.AngleZ=0;}
}
SetupMatrices(&m_GameData.mFinal);
}
```

Listing 2.50 Ausschnitt aus der *GameMainRoutines::Render()*-Methode

Für jede Achse können wir eine eigene Rotationsmatrix berechnen. Damit die Änderungen aller Matrixmanipulationen in einer finalen Matrix vereinigt werden, müssen wir jeweils die einzelnen Matrizen mit der finalen Matrix multiplizieren.

Abschließend wird die finale Matrix der *SetupMatrices()*-Methode übergeben. Diese setzt unter anderem die neue Weltmatrix.

Texturen

Der Begriff Textur ist Ihnen sicher auch dann bekannt, wenn Sie noch nie etwas mit Grafikprogrammierung zu tun hatten. Texturen sind ein wesentliches Merkmal der Güte eines Spiels. In Kritiken werden realistische Texturen besonders hervorgehoben, da sie das ausmachen, was der Anwender zu sehen bekommt.

Wenn wir uns umsehen, entdecken wir kaum einfarbige, glatte Oberflächen, wie sie ein künstlich geschaffenes Polygon in einer virtuellen Computerwelt hat, das künstlich und realitätsfremd wirkt. Mit Texturen lassen sich Oberflächen simulieren, sodass aus einem einfachen Polygon z. B. ein dreieckiges Holzstück oder ein

Metallkeil wird. Oberflächen zu simulieren ist eine wesentliche Aufgabe von DirectX. Ohne Realismus wäre ein Spiel nicht interessant. Gute Texturen verleihen einer Szene eine ganz besondere Atmosphäre. Im Grunde sind Texturen nichts anderes als Bilder mit charakteristischen Mustern und Farben, die eine Oberfläche simulieren, die beim Rendern auf die Dreiecke eines Objektes gelegt werden.

Das Rendern von Polygonen kostet Zeit. Je weniger Polygone ein Objekt enthält, desto schneller kann es berechnet und auf dem Monitor angezeigt werden. Für ein genaueres Objekt müssen Sie die Anzahl der Polygone erhöhen. Ein wesentlicher Vorteil der Texturen ist es, dass das Objekt selbst nicht verfeinert werden muss. Ob eine Textur über vier Polygone oder über vierzig Polygone gelegt wird, ist bedeutungslos. Es entsteht der Anschein, als würde es sich um unzählige einzelne Teilchen handeln.

Beim Gebrauch moderner Grafikkarten wird jedoch schnell vergessen, das Texturen viel Speicherplatz benötigen und bei allzu großzügigem Gebrauch von Texturgrößen schnell der zugelassene Rahmen gesprengt wird. Texturen sind nur eine Illusion. Die mit einer Textur dargestellte raue Oberfläche ist nur von vorn betrachtet perfekt. Von der Seite gesehen erkennt man die glatte Oberfläche des Objekts, da es schließlich aus ebenen Polygonen konstruiert wird.

Detailtiefe, Texturen und Licht

Ein wesentlicher Vorteil von Texturen ist, dass die Objekte selbst nicht weiter verfeinert werden müssen. Dies ist nur bedingt richtig. Wenn eine Szene gerendert wird, dann wird die Beleuchtung eines Objektes anhand des Normalvektors bestimmt. Der Normalvektor wird für jedes einzelne Polygon berechnet. Für ein Objekt aus wenigen Polygonen wird die Berechnung des Lichteinfalls entsprechend einfach sein und ergibt in der Regel ein unrealistisches Lichtverhalten. Bei diesen Berechnungen spielt es auch keine Rolle, ob wir Texturen eingesetzt haben oder nicht. Um ein realistisches Beleuchtungsmodell zu erhalten, müssen wir mit hochauflösenden Objekten arbeiten. Dies ist eine Gradwanderung zwischen Design und Performance. Da das Rendern von vielen Polygonen viel Rechenzeit kostet, sollten Sie immer abwägen, ob ein Objekt wirklich verfeinert werden muss oder eine detaillierte Textur ausreicht.

Obwohl Texturen auf den Normalvektor keinen Einfluss haben, verändern sie dennoch das Reflexionsverhalten eines Objektes. Die Lichtreflexion ist immer eine errechnete Kombination aus Lichtfarbe und Materialfarbe. In der Summe können wir sagen, dass Texturen ein Objekt realistischer wirken lassen. Dies gilt sowohl für die Oberflächenstruktur als auch für die Berechnung der Lichtreflexionen.

Speicher und Größe

Texturen werden im Grafikkartenspeicher abgelegt, da die Grafikkarte sehr schnell und sehr oft auf sie zugreifen muss, um für eine ausreichende Performance zu sorgen. Das langsame Handling über den Hauptspeicher des Mainboards erweist sich meist als umständlich und sollte vermieden werden.

Wie groß eine Textur ist, sollte gut überlegt sein, da einerseits der verfügbare Speicher gesprengt werde kann und andererseits viele Grafikkarten nur solche Größen akzeptieren, deren Breite und Höhe eine Potenz von 2 ist, also 1, 2, 4, 8, 16, 32, 64, 128, 256, 512 usw. ergibt. Diese Dimensionen sind für binär arbeitende Mikroprozessoren besonders geeignet. Einige Grafikkarten verlangen sogar quadratische Texturen.

HINWEIS   Unter der Voraussetzung, dass genügemd Speicher verfügbar ist, akzeptieren einige Grafikarten jede Texturgröße. Wir wissen, dass eine GPU mit Texturgrößen, basierend auf einer Potenz von zwei am besten zurechtkommt. Unter Verwendung frei definierter Texturgrößen kommt es zwar nicht zu Fehlern, aber merkliche Performanceeinbußen sind möglich. Daher sollten Sie sich an die bevorzugten Texturgrößen halten.

Welche Vorraussetzungen eine Textur erfüllen muss, zeigt die *D3DCAPS9*-Struktur:

- Wenn die Texturgröße einer Zweierpotenz entsprechen muss, ist das *D3DPTEXTURECAPS_POW2*-Flag gesetzt.

- Muss eine Textur quadratisch sein, sollte das *D3DPTEXTURECAPS_SQUAREONLY*-Flag gesetzt sein.

Vielleicht ist der grundsätzliche Einsatz von quadratischen Texturen basierend auf einer Zweierpotenz am sinnvollsten. Auf jeden Fall sind solche Anwendungen am kompatibelsten zu den verschiedenen Grafikkarten. Texturen mit den Dimensionen 256x256 Pixel können laut Microsoft SDK am schnellsten gerendert werden.

Texturkoordinaten

Bisher haben wir immer davon gesprochen, dass eine Textur auf ein Polygon gelegt wird. Wir können uns dies so vorstellen, dass ein Objekt in einen Bogen Geschenkpapier eingeschlagen wird. Damit der Computer versteht, was wir wollen, müssen wir ihm mitteilen, wie wir das Geschenkpapier drehen wollen, wo oben und unten ist und welche Maße es haben soll. Texturkoordinaten beinhalten diese Informationen.

Sie als Programmierer entscheiden, wie eine Textur eingesetzt werden soll. Hierzu bestimmen wir ein Vertexformat, das in der Lage ist, die zusätzlichen Informationen aufzunehmen. Neben den normalen Koordinaten eines Vertex müssen auch die Texturkoordinaten gespeichert werden. Eine Textur ist zweidimensional und dementsprechend wird das Vertexformat um die Mitglieder *tu* und *tv* erweitert.

```
struct CUSTOMVERTEX
{
    FLOAT x, y, z;
    DWORD color;
    FLOAT tu, tv;
};
#define D3DFVF_CUSTOMVERTEX (D3DFVF_XYZ|D3DFVF_DIFFUSE|D3DFVF_TEX1)
```

Listing 2.51 Deklaration einer Vertexstruktur mit Texturkoordinaten

Mit den Elementen *tu* und *tv* wird festgelegt, welches Texel dem Vertex zugewiesen wird. Ein Texel ist ein Pixel einer Textur. Jedes Vertex erhält eine feste Zuweisung, und der Rest des Polygons wird interpoliert berechnet. Diese Interpolation kennen wir bereits von den Vertexfarben. Auch bei den Farben wird nur den Ecken eine Farbe zugewiesen und der Rest berechnet. Dennoch verhält sich die Berechnung einer Textur etwas anders. Im Gegensatz zu der interpolierten Berechnung der Farben greift DirectX auf die reellen Informationen der Textur zurück. Hieraus ergibt sich eine interpolierte Berechnung der Pixeldaten anhand der Vertexdaten, basierend auf dem reellen Datenbestand der Textur.

Das Texturkoordinatensystem enthält nur zwei Achsen. Mehr Achsen sind nicht notwendig, da eine Textur nur zweidimensional ist. Die U-Achse zeigt nach rechts und die V-Achse zeigt nach unten. Deshalb findet sich der Koordinatenursprung nicht in der Mitte einer Textur, sondern in der linken oberen Ecke (0, 0). Eine Textur ist immer rechteckig und der Punkt (1, 1) beschreibt die rechte untere Ecke.

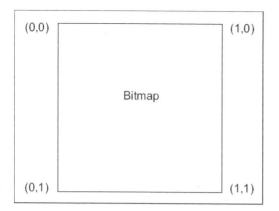

Abbildung 2.21 Texturkoordinaten

Diese Aufteilung macht die Textur unabhängig von der reellen Bitmapgröße. Dies ist sinnvoll, weil jedes Objekt einer Szene einer kontinuierlichen Neuberechnung durch DirectX unterliegt. Die Textur auf dem Objekt muss sich entsprechend der Neuberechnung dehnen oder strecken. Würde DirectX mit absoluten Zahlen arbeiten, wäre ein dynamisches Handling ausgeschlossen. Basierend auf diesen Kenntnissen können wir feststellen, dass die Texturmitte (unabhängig von der reellen Größe) immer bei den Koordinaten (0.5, 0.5) liegt. Dieses dynamische Handling wird *dynamic addressing scheme* genannt.

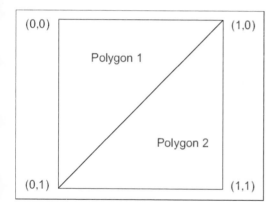

Abbildung 2.22 Quadrat aus zwei Polygonen mit Textur

Wir haben aus zwei Polygonen ein Rechteck (in diesem Fall ein Quadrat) geformt. Je nachdem, wie wir das Objekt rendern wollen (*TriangleList* oder *TriangleStrip*), müssen wir vier bzw. sechs Vertices definieren. In unserem Beispiel definieren wir sechs Vertices:

```
CUSTOMVERTEX Vertices[] =
    {
        {-5.0f, 5.0f, 0.0f, 0xffff0000, 0, 0 },
        { 5.0f, 5.0f, 0.0f, 0xff0000ff, 1, 0 },
        {-5.0f,-5.0f, 0.0f, 0xff00ff00, 0, 1 },
        {-5.0f,-5.0f, 0.0f, 0xff00ff00, 0, 1 },
        { 5.0f, 5.0f, 0.0f, 0xff0000ff, 1, 0 },
        { 5.0f,-5.0f, 0.0f, 0xffff0000, 1, 1 },
    };
```

Listing 2.52 Initialisierung von Vertexdaten mit Schwerpunkt auf Texturkoordinaten

Projizieren Sie die Bitmap auf das rechteckige Objekt. So können Sie erkennen, welche Werte den *tu*- und *tv*-Parametern zugewiesen werden. Wir haben zuerst das erste Polygon im Uhrzeigersinn erstellt. Die Vertices wurden in folgender Reihenfolge erstellt. Beginnend von links oben (0, 0) nach rechts oben (1, 0) und zum Schluss links unten (0, 1). Das zweite Polygon wurde wiederum im Uhrzeigersinn erstellt. Diese beginnt links unten (0, 1) und führt über den Punkt rechts oben (1, 0) zum abschließenden Punkt rechts unten (1, 1). Beide Polygone zusammen decken die gesamte Texturfläche ab.

Diese Aufteilung ist leicht verständlich und verdeutlicht die Funktionsweise der Texturkoordinaten. Da es nicht realistisch ist, dass eine Fläche lediglich aus zwei Polygonen besteht, betrachten wir die Abbildung 2.23. Sie zeigt uns die Vergabe von Texturkoordinaten bei mehr als zwei Polygonen.

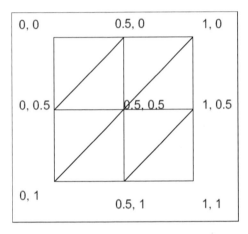

Abbildung 2.23   Rechteck aus acht Polygonen mit Texturkoordinaten

Gut erkennbar ist, dass jedem Polygon lediglich ein Anteil der Gesamttextur zugewiesen wird. Betrachtet man anschließend das gesamte Objekt, lässt sich auch die gesamte Textur erkennen. Es ist unerheblich, in welcher Reihenfolge die Polygone erstellt wurden. Ob Polygon 3 vor Polygon 1 oder nach Polygon 7 gerendert wird, ist für die Vergabe der Texturkoordinaten ohne Bedeutung. Das *dynamic addressing scheme* ist von solchen Veränderungen unbeeindruckt. Lediglich die Änderung der eigentlichen Vertexkoordinaten führt auch zu Veränderungen der Texturkoordinaten.

Was passiert, wenn wir eine Textur auf ein nicht rechteckiges Objekt auftragen möchten? Exemplarisch werden wir diesen Fall am Beispiel eines Trapez besprechen. Bekanntlich sind die Seiten eines Trapez unterschiedlich lang, und damit beginnt auch schon das Dilemma. Wir stehen vor der Entscheidung, ob wir die Textur entweder stauchen bzw. dehnen wollen, oder einen Teil der Textur abschneiden. Wenn wir die Textur nochmals mit dem Geschenkpapier vergleichen, würde uns die Entscheidung leicht fallen. Wir würden das überflüssige Papier abschneiden. Im Falle der Textur ist die Entscheidung nicht ganz so einfach. Es gibt eine Vielzahl an Texturen, welche mit einer gewissen Verzerrung leicht zurechtkommen. Andere Texturen reagieren auf Verzerrungen sehr empfindlich und der Betrachter würde den Missstand sofort erkennen.

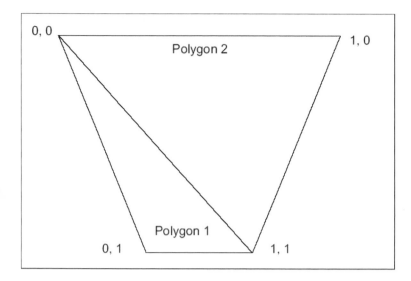

Abbildung 2.24 Gestauchte Textur

Wenn wir für die dargestellten Polygone die abgebildeten Texturkoordinaten verwenden, wird die Textur zwangsweise verzerrt. Die Stauchung findet an der unteren Linie statt. Je nach Sichtweise kann man auch eine Dehnung an der oberen Linie entdecken.

> **HINWEIS** DirectX und alle Grafikkarten sind immer bemüht, eine möglichst hohe Performance zu erzielen. Eine Textur zu stauchen ist ein rechenintensiver Prozess und wird mitunter einfach ignoriert. Dies liegt im Wesentlichen an einem vereinfachten Algorithmus zur Berechnung von Texturen. Optimale Qualität und hohe Performance haben sich noch nie vertragen. Im Zweifelsfall wird sich DirectX für die bessere Performance entscheiden.

Nun wollen wir den Fall untersuchen, in dem die Textur abgeschnitten wird. Eine Stauchung bzw. Dehnung findet nicht statt und die Originaltextur bleibt (in beschnittener Form) erhalten.

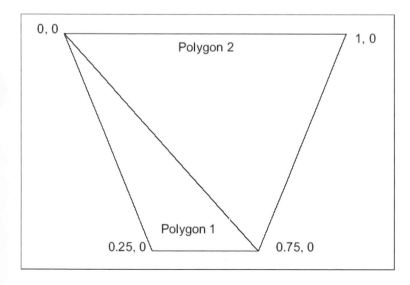

Abbildung 2.25 Abgeschnittene Textur

In diesem Beispiel wird die Ober- und Unterkante in das richtige Verhältnis gesetzt. Der Vorteil ist, dass die Textur ohne Verzerrung erhalten bleibt. Allerdings gehen Teile der Textur verloren und werden auch nicht auf dem Bildschirm dargestellt.

Ob Sie eine verzerrte Textur in Kauf nehmen oder auf eine ordentliche Darstellung Wert legen, bleibt Ihnen überlassen. Texturen mit einem wirren Muster (Beton, Felsen, Wasser oder Gras) können eine Verzerrung leicht verkraften. Bei detaillierten Texturen wie Mauerstrukturen oder die Darstellung eines Bildes, wären Verzerrungen absolut unangemessen.

Textur-Adressenmodell

Das Textur-Adressenmodell (Texture Address Model) regelt den allgemeinen Umgang mit Texturen bzw. den Texturkoordinaten. Im Detail wird geregelt, was mit einer Textur passieren soll, wenn diese gekachelt werden soll. Die wichtigsten Modelle werden wir jetzt besprechen.:

- Warp
- Mirror
- Clamp
- Border

Texturen

Eine Textur ist nicht einfach ein eingescanntes Foto. Texturen sollten bestimmte Eigenschaften besitzen, damit die hohen Erwartungen der Anwender erfüllt werden. Es sollte sehr genau darauf geachtet werden, wo eine Textur eingesetzt wird. Beim Einsatz in einem Bereich, den der Spieler betreten kann, braucht sie hohe Detailtiefe, Hintergrundbereiche dürfen etwas vernachlässigt werden. Vordergrundtexturen sollten eine hohe Auflösung besitzen, da sie sonst grobkörnig wirken. Teilweise ist dieser Effekt so stark, dass er mit einem Mosaik vergleichbar ist.

Texturen müssen die Beleuchtung einer Szene unterstützen. Beleuchtung, Material und Texturen bilden eine Einheit, welche zur Darstellung einer Szene verwendet werden. Verdunkelte Szenen und farbenfrohe Texturen passen nicht zusammen. Texturen mit Aufhellungen, als würden sie von einer Taschenlampe ausgeleuchtet, müssen mit den installierten Lichtquellen zusammenpassen. Sollten sie nicht harmonieren, wirkt die Lichtquelle deplatziert und die Stimmung einer Szene ist verfehlt.

Große Flächen werden gekachelt. Hierbei ist es von besonderer Bedeutung, dass die verwendete Textur als Endlos-Textur erstellt wurde. Die Bildteile einer Endlos-Textur, welche rechts aus dem Bild laufen, laufen links wieder hinein. Setzt man nun Bild an Bild, passen die linken und rechten Bildteile nahtlos aneinander. Gleiches muss auch für die vertikale Ausrichtung gelten.

Bedenken Sie, dass Texturen ein wesentliches Merkmal eines Spiels sind. Letztendlich sind sie es, die vom Anwender bestaunt oder kritisiert werden. Die Atmosphäre eines Spiels wird durch den behutsamen Einsatz von Texturen gesteigert und das gesamte Projekt gewinnt an Klasse. Durch den Einsatz von dilettantischen Texturen verderben Sie die programmiererische Güte, was sich durch nichts ausgleichen lässt.

Bisher haben wir behauptet, dass Texturadressen für die Vertices eines Polygons zwischen 0.0 und 1.0 liegen. Diese Aussage wollen wir etwas modifizieren. Stellen Sie sich vor, wir wollen eine lange Mauer bauen. Dazu gibt es zwei Möglichkeiten: Wir können eine sehr große Textur verwenden oder die Textur kacheln. Eine große Textur muss in etwa der Größe der Mauer entsprechen, da die Mauerstruktur sonst verzerrt würde. Derart große Texturen belasten das Speichersystem ungemein und auch die Grafikkarte, die ungewöhnlich viel Zeit zum Rendern benötigen würde. Alternativ können wir die Textur in einer moderaten Größe belassen und diese gekachelt auf die Mauer auftragen. Das entspricht dem Prinzip einer Tapete. Das Muster wird kontinuierlich fortgesetzt und der Betrachter kann die Übergänge zwischen den einzelnen Teilstücken nicht wahrnehmen.

Aktivieren eines bestimmten Textur-Adressenmodells

Das Textur-Adressenmodell wird in der _D3DTEXTUREADDRESS_-Aufzählung zusammengefasst:

```
typedef enum _D3DTEXTUREADDRESS {
    D3DTADDRESS_WRAP = 1,
    D3DTADDRESS_MIRROR = 2,
    D3DTADDRESS_CLAMP = 3,
    D3DTADDRESS_BORDER = 4,
    D3DTADDRESS_MIRRORONCE = 5,
    D3DTADDRESS_FORCE_DWORD = 0x7fffffff
} D3DTEXTUREADDRESS;
```

Texturkoordinaten sind in horizontale (*tu*) und vertikale (*tv*) Koordinaten aufgeteilt. Für beide Ausrichtungen kann ein eigener Modus festgelegt werden. Mit der *SetTextureStageState()*-Methode wird festgelegt, welcher Modus für die jeweilige Ausrichtung zum Einsatz kommt. Hierbei sind Kombinationen der unterschiedlichen Modi erlaubt. Mitunter lassen sich hierdurch ansehnliche Effekte erzielen.

```
HRESULT SetSamplerState(DWORD Sampler,
    D3DSAMPLERSTATETYPE Type,
    DWORD Value
);
```

IDirect3DDevice9::SetSamplerState

Setzt den *SamplerState*-Wert. Obwohl diese Methode lediglich drei Parameter benötigt, gehört sie zu den komplexeren DirectX-Methoden. Dies liegt vornehmlich an dem Parameter *Type*. Abhängig vom *Type*-Parameter verändert sich der gültige *Value*-Wert.

```
HRESULT SetSamplerState(
    DWORD Sampler,
    D3DSAMPLERSTATETYPE Type,
    DWORD Value
);
```

Sampler   Index auf den gewünschten Sampler

Type	Dieser Parameter ist ein Mitglied der *D3DSAMPLERSTATETYPE*-Auflistung

	``typedef enum D3DSAMPLERSTATETYPE {
	    D3DSAMP_ADDRESSU = 1,
	    D3DSAMP_ADDRESSV = 2,
	    D3DSAMP_ADDRESSW = 3,
	    D3DSAMP_BORDERCOLOR = 4,
	    D3DSAMP_MAGFILTER = 5,
	    D3DSAMP_MINFILTER = 6,
	    D3DSAMP_MIPFILTER = 7,
	    D3DSAMP_MIPMAPLODBIAS = 8,
	    D3DSAMP_MAXMIPLEVEL = 9,
	    D3DSAMP_MAXANISOTROPY = 10,
	    D3DSAMP_SRGBTEXTURE = 11,
	    D3DSAMP_ELEMENTINDEX = 12,
	    D3DSAMP_DMAPOFFSET = 13,
	    D3DSAMP_FORCE_DWORD = 0x7fffffff
	} D3DSAMPLERSTATETYPE;```

Value	Ein gültiger Wert. Der Wert steht in Abhängigkeit des verwendeten Samplertyps.

Bei Erfolg wird *D3D_OK* zurückgegeben, bei Misserfolg *D3DERR_INVALIDCALL*.

Der Parameter *Sampler* ist ein Indexwert. Beim einfachen Einsatz einer normalen Textur und somit auch beim Einsatz einer einzigen Texturebene ist dieser Wert gleich null. Der zweite Parameter *Type* ist Mitglied der *D3DSAMPLERSTATETYPE*-Aufzählung und bestimmt (für diesen Kontext) die Ausrichtung der Veränderung. Das eigentliche Adressmodell wird mit dem Parameter *Value* festgelegt.

Beispiel: Das folgende Beispiel zeigt eine klassische horizontale Kachelung (*Warp*) und eine gespiegelte vertikale Kachelung (*Mirror*).

- Horizontales Adressmodell (*tu*)

```
HRESULT result;
resutl = SetSamplerState(0, D3DSAMP_ADDRESSU, D3DTADDRESS_WRAP);
```

- Vertikales Adressmodell (*tv*)

```
HRESULT result;
resutl = SetSamplerState(0, D3DSAMP_ADDRESSV, D3DTADDRESS_MIRROR);
```

Warp

Das Kacheln einer Textur wird als *Warp Texture Address Mode* bezeichnet. Hierunter versteht man das klassische Aneinanderreihen einer Textur in horizontaler sowie vertikaler Ausrichtung. Der Warp-Modus ist der Defaultwert von DirectX.

Kombinationen mit dem Border-, Mirror- und Clamp-Modus sind erlaubt.

HINWEIS   Es soll Grafikkarten geben, welche diese Technik nicht unterstützen. Wir selbst haben diese Erfahrung jedoch nicht gemacht.

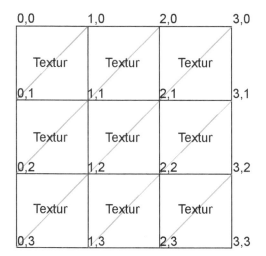

Abbildung 2.26 Warp Texture Address Mode

Die Abbildung 2.26 zeigt die Texturkoordinaten bei der Verwendung des *Warp Texture Address Modes*. Die Textur wird insgesamt drei Mal vertikal sowie horizontal aneinander gereiht. Hierdurch wird die Textur neun Mal dargestellt. Der Adressbereich der Texturkoordinaten liegt nicht mehr zwischen 0.0 und 1.0, sondern wurde auf 0.0 bis 3.0 erweitert. Diese Erweiterung gilt sowohl für die horizontale als auch die vertikale Ausrichtung. Der Adressbereich für die vertikale und horizontale Ausrichtung muss nicht identisch sein. Es ist nicht notwendig, in quadratischen Dimensionen zu denken. Die Ausdehnungsbereiche sind vollkommen autonom zu definieren.

Mirror

Der Mirror-Modus spiegelt jedes zweite Teilstück entweder horizontal oder vertikal bzw. horizontal und vertikal. Die Textur wird wie beim Warp-Modus gekachelt.

Kombinationen mit dem Warp-, Border- und Clamp-Mode sind erlaubt.

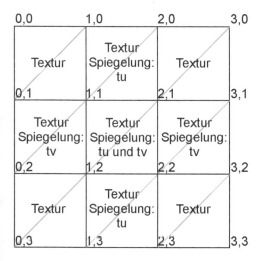

Abbildung 2.27 Mirror Texture Address Mode

Die Abbildung 2.27 zeigt eine horizontal und vertikal gespiegelte Fläche. Die horizontal benachbarte Fläche wird horizontal gespiegelt. Die vertikal benachbarte Fläche wird vertikal gespiegelt. Die diagonal liegende Fläche wird horizontal und vertikal gespiegelt.

Clamp

Beim Clamp-Modus wird die Textur nicht gekachelt. Die Textur wird in dem Bereich von 0,0 bis 1,1 normal dargestellt. Die Texturfarbe am Rand der Textur wird auf den verbleibenden Bereich ausgedehnt.

Kombinationen mit dem Warp-, Mirror- und Border-Modus sind erlaubt.

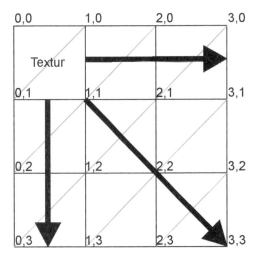

Abbildung 2.28 Clamp Texture Address Mode

In der Abbildung 2.28 erkennen Sie, wie die Randfarbe einer Textur auf den gesamten Objektbereich ausgedehnt wird. Das wirkt so, als hätten Sie die Textur durch nasse Farbe gezogen.

Border

Der Border-Modus stellt die Textur in dem Bereich von 0,0 bis 1,1 normal dar. Der verbleibende Bereich wird mit der aktuellen Zeichenfarbe gefüllt.

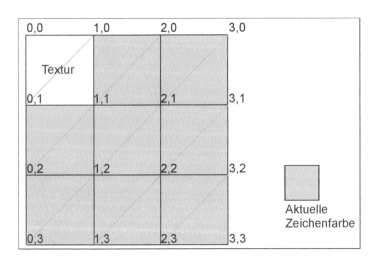

Abbildung 2.29 Border Texture Address Mode

Das Füllen des Restbereiches ist nicht von der Textur abhängig. Die aktuell gültige Zeichenfarbe bestimmt die Füllfarbe. Voreingestellt ist die Farbe Schwarz.

Beispielprogramm *Textur-Adressenmodell*

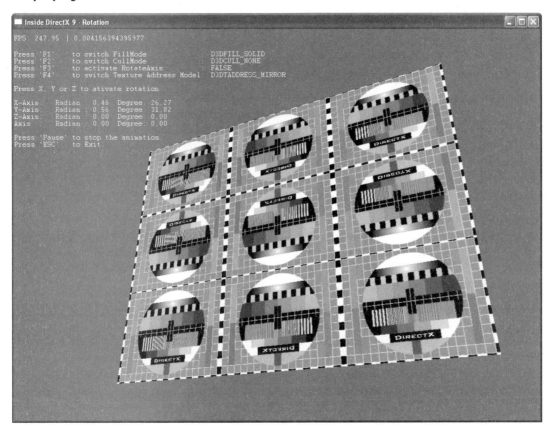

Abbildung 2.30 Beispielprogramm *Textur-Adressenmodell*

Mit der F4 -Taste wird zwischen den Textur-Adressenmodellen umgeschaltet. Durch dreimalige Wiederholung in horizontaler und vertikaler Richtung werden alle möglichen Veränderungen veranschaulicht. Den Steuercode, welcher für die Umschaltung verantwortlich ist, finden Sie in der *GameEngine.cpp*.

```
if ((GetAsyncKeyState(VK_F4)& 0x8000)!=0)
{
   //D3DTADDRESS_WRAP = 1,
   //D3DTADDRESS_MIRROR = 2,
   //D3DTADDRESS_CLAMP = 3,
   //D3DTADDRESS_BORDER = 4,

   GameMain.AddressMode ++;
   if (GameMain.AddressMode > 4)GameMain.AddressMode =1;
   HRESULT result;
   result = GameMain.m_GameData.pd3dDevice->SetSamplerState(0, D3DSAMP_ADDRESSU,
                                              GameMain.AddressMode);
   result = GameMain.m_GameData.pd3dDevice->SetSamplerState(0, D3DSAMP_ADDRESSV,
                                              GameMain.AddressMode);
}
```

Listing 2.53 Sourcecode aus der *GameEngine.cpp* beim Drücken der F4 -Taste

Wir haben uns in diesem Beispielprogramm darauf beschränkt, das entsprechende Textur-Adressenmodell für die vertikale und horizontale Ausrichtung gleichzeitig zu setzen. Hierdurch werden die Auswirkung der unterschiedlichen Modelle sehr gut sichtbar.

Texturfilter

Bei der Darstellung von Texturen kommt es oft zu einem sehr unschönen Effekt. Beim Annähern an eine Textur werden die einzelnen Pixel immer größer. Objekte, die sich im Nahbereich der Kamera befinden, sind auf dem Bildschirm so groß, dass die Textur stark gestreckt werden muss. Diese Streckung kann dazu führen, dass einzelne Pixel zu großen Rechtecken vergrößert werden. Wie stark dieser Effekt ausgeprägt ist, hängt von verschiedenen Faktoren ab. Zum einen ist die Größe des Objektes entscheidend, zum anderen kann eine hohe Texturauflösung den Effekt reduzieren. Tritt dieser Effekt während des Spiels auf, wirkt die Szene sehr unrealistisch und jegliche Atmosphäre geht verloren.

Es ist nicht ratsam, zu große Texturen zu verwenden. Hochauflösende Texturen belasten das System ungemein und können schnell zu echten Performancebremsen werden. Außerdem können Sie in einem Spiel nicht immer bestimmen, wie nah eine Figur an ein Objekt herantreten darf. Manchmal ist gerade diese Annäherung (z.B. beim Öffnen einer Tür) gewollt. Dann wäre es wirklich ärgerlich, wenn der Spieler vor einer Wand mit Monsterpixeln stehen würde.

DirectX steht vor dem Problem, eine dreidimensionale Welt auf einem zweidimensionalen Monitor darstellen zu müssen. Hierzu müssen die Texel (Texel sind die Pixel einer Textur) auf die Pixel des Monitors umgerechnet werden. Das bringt Darstellungsprobleme mit sich, da eine Textur nur zweidimensional und nicht unendlich genau ist. Einerseits soll die Textur perspektivisch korrekt auf das Polygon gelegt werden. Andererseits kann die Textur aufgrund fehlender Bandbreite und Speicherplatz nicht unendlich groß sein, sodass normalerweise relativ kleine Texturen gestreckt werden, wenn man sich dem Objekt nähert. Auch das Gegenteil, das Verkleinern einer Textur, bringt Probleme mit sich. Es müssen Lösungen gesucht werden, um die fehlenden Pixel und die aus Ungenauigkeit entstehenden visuellen Artefakte zu vermindern.

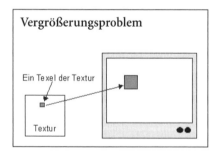

Abbildung 2.31 Vergrößerungsproblem bei der Darstellung eines Texels

Angenommen, wir erstellen eine Wand mit einer Textur. Diese wird von der Kamera weit entfernt positioniert. Aus großer Entfernung betrachtet sind die einzelnen Textur-Texel nicht erkennbar und alles scheint recht realistisch. Je mehr man sich der Wand nähert, desto grobkörniger werden die Texel auf dem Monitor dargestellt. Befindet man sich unmittelbar vor der Textur, sind aus scheinbar kleinen Texel grobe Klötze geworden. Dies kann man mit einem Blick durch ein Mikroskop vergleichen. Eine scheinbar glatte Oberfläche wirkt uneben und ein Staubkorn wird zu einem faustdicken Stein. DirectX arbeitet mit Farben und aus einem Texel wird ein einfarbiger Klotz.

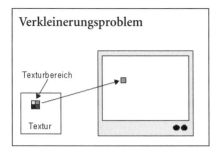

Abbildung 2.32 Verkleinerungsproblem bei der Darstellung eines Texturbereiches

Wenn eine Textur weit entfernt dargestellt wird, ist die Textur kleiner als im Original und man spricht vom Stauchen einer Textur. Beim Stauchen einer Textur gehen immer Texturinformationen verloren. DirectX steht vor der Aufgabe, einen bestimmten Texturbereich (ein paar benachbarte Texel) zu einem einzigen Pixel zusammenzufassen. Aus mehreren Texel ein einziges Pixel zu machen, kann auf unterschiedliche Art und Weise geschehen. Entweder entscheidet man sich zur Darstellung von einem Texel und lässt die anderen Texel unberücksichtigt, oder man entscheidet sich, aus allen betroffenen Texeln ein neues Texel zu bilden und dieses dann auf dem Monitor darzustellen. Da die Berechnung von der Kameraposition abhängig ist, ändert sich die Darstellung von Szene zu Szene. Wenn dies passiert, spricht man vom Shimmering-Effekt.

HINWEIS   Beim Shimmering-Effekt handelt es sich um einen Bildfehler, bei dem einem einzelnen Pixel eines Objektes je nach Betrachtungsstandort eine andere Farbe zugewiesen wird. Bei 30 Bildern pro Sekunde wirkt das wie ein schnelles Flackern.

Zur Reduzierung visueller Artefakte sowie des Shimmering-Effekts können vier Techniken angewandt werden.

- **Nearest Point Sampling**

  Nearest Point Sampling war eine der ersten Techniken zur Verbesserung der Bildqualität. Sie ist jedoch einfach und nicht sehr wirksam. Dennoch verwendet DirectX diese Technik als Grundlage, sodass alle bisher in diesem Buch erstellten Programme mit dieser Technik arbeiten. Das ist bisher kein Problem gewesen, da die bisherigen Beispielprogramme nur sehr geringfügig mit Texturen bzw. Interpolationen von Texturgrößen arbeiteten. Der Grundgedanke dieser Technik ist es, dass jedes Pixel auf dem Monitor als Ganzzahlkoordinate angegeben wird. Fließkommawerte werden einfach auf eine Ganzzahl gerundet. Somit sollte das wahrscheinlichste Texel selektiert werden. Angenommen, DirectX würde die Koordinaten x=103,8 und y=103,2 errechnen, dann würde durch die Umrechnung der *Nearest Point Sampling*-Methode das Texel an den Koordinaten x=104 und y=103 gezeichnet. Wenn für mehrere Texel die gleichen Koordinaten berechnet werden (dies ist bei einer starken Verkleinerung sehr wahrscheinlich), wird das entsprechende Pixel vom aktuellen Wert überschrieben. Alle Texel mit den gleichen berechneten Pixelkoordinaten haben den gleichen Rang und dürfen sich gegenseitig überschreiben. Diese Technik kommt mit sehr wenig Rechenzeit aus und ist letztendlich durch die hohe Performance der Grundwert für DirectX. Glücklicherweise verliert diese Technik mit leistungsstärkerer Hardware an Bedeutung.

- **Linear Filter**

  Im Grunde ist ein linearer Filter ein Weichzeichner. Jedes Pixel wird mit den Nachbarpixel vermischt und in die Szene geschrieben, die dadurch etwas unscharf wirkt. Dennoch verbessert der lineare Filter die Qualität einer Szene deutlich und gehört zu den beliebtesten Filtertechniken. Moderne Grafikkarten beherrschen diesen Filter und können ihn ohne merklichen Geschwindigkeitsverlust anwenden. Allerdings ist diese Technik wesentlich rechenintensiver als die Nearest Point Sampling-Technik.

- Anisotropic Filter (uneinheitlicher Filter)

  Prinzipiell sollte dieser Filter die Qualität verbessern. In den meisten Fällen ist das auch so, jedoch abhängig von der jeweiligen Güte der Grafikkarte. Der Grafikkartenhersteller ist für die Implementierung des entsprechenden Algorithmus verantwortlich. Der uneinheitliche Filter mischt benachbarte Pixel. Die Interpolation der neuen Pixelfarbe wird in unregelmäßigen Formen durchgeführt und nicht, wie beim linearen Filter, an viereckigen Pixelbereichen. Zusätzlich wird die perspektivische Verzerrung berücksichtigt, deshalb die Abhängigkeit vom jeweiligen Grafikkartenhersteller.

- MipMap

  Ein grundlegendes Problem aller Texturen ist es, dass sie vergrößert oder verkleinert werden müssen. Werden große Texturen auf kleine Flächen reduziert, treten die deutlichsten Störungen auf. MipMap-Filter verwenden den Ansatz, dass von einer Textur unterschiedliche Größen im Speicher bereitliegen. Bei starken Verkleinerungen werden kleinere Texturen verwendet und bei weniger starken Verkleinerungen werden mittlere Texturgrößen eingesetzt. Hierbei ist DirectX bestrebt, eine möglichst passende Texturgröße auszuwählen, sodass die verwendete Textur nach Möglichkeit weder gestaucht noch gestreckt werden muss.

Nearest Point Sampling

Die Nearest-Point-Sampling-Technik kann die Bildung von Artefakten nicht verhindern. Artefakte entstehen an den Kanten eines Polygons. Mit dieser Technik werden die benachbarten Texel nicht gemischt, es wird ein Texel herausgepickt und als Pixel auf dem Monitor dargestellt. Die Abbildung 2.33 zeigt eine Fläche mit 18 Polygonen. Über diese Fläche soll eine Textur gelegt werden. An den Kanten (bevorzugt an den Diagonalen) können Berechnungsfehler auftreten.

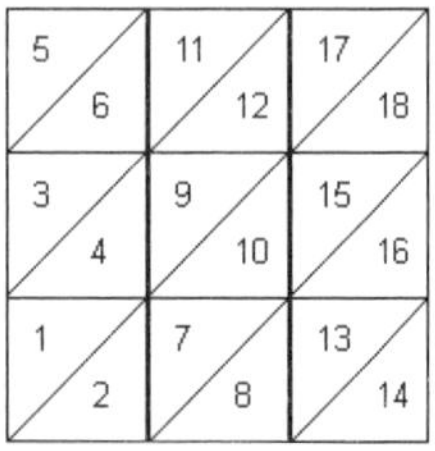

Abbildung 2.33   Fläche aus 18 Polygonen

In der Abbildung 2.34 haben wir eine Streifentextur auf die Fläche gelegt.

Abbildung 2.34   Fläche mit Textur und visuellem Fehler

In dem oberen rechten Bereich (zwischen Polygon 17 und 18) können wir eine Bildstörung beobachten. Eigentlich sollte das Streifenmuster beim Übergang zwischen Polygon 17 und 18 ganz normal fortgesetzt werden. Die simple Berechnungsmethode der Nearest-Point-Sampling-Technik berechnet die Pixelkoordinaten durch einfaches Auf- und Abrunden. In Abhängigkeit des Blickwinkels und Position der Kamera treten mehr oder weniger starke Rundungsfehler auf.

Linear Filter

Eine deutliche Verbesserung der Bildqualität bietet die lineare Filterung. Diese Technik wird auch als bilinearer Filter bezeichnet. Der bilineare Filter ist am weitesten verbreitet. Er sorgt weitgehend dafür, dass die unerwünschten Bildstörungen (visuelle Artefakte: flimmern, springen von Linien) verschwinden. Eine bilinear gefilterte Szene wirkt unscharf und das ist auch so gewollt. Scharfe Polygonkanten werden verwischt und hierdurch wird die Szene in sich harmonisch. Der Unschärfe kann man durch hochauflösende Texturen entgegenwirken.

Bei der Nearest-Point-Sampling-Technik wurde das auf dem Monitor sichtbare Pixel durch einfaches Runden des Koordinatenpaars ermittelt. Dies führte zu abrupten Farbübergängen und unangenehmen Artefakten. Die bilineare Filterung benutzt vier Texel einer Textur zur Berechnung des endgültigen Pixels, welches auf dem Monitor dargestellt wird. Aus den vier Texel wird ein gewichteter Mittelwert ermittelt. Dieser Mittelwert stellt die neue Farbe des Monitorpixels dar.

Wurde z.B. das Koordinatenpaar x=12.2 und y=20.4 ermittelt, so werden die Texel (x=12,y=20), (x=11,y=20), (x=12,y=19) und (x=11,y=19) als Berechnungsgrundlage verwendet. Die Texel fließen nicht zu gleichen Teilen in die Berechnung ein, sondern werden entsprechend dem Abstand zum berechneten Koordinatenpaar gewichtet. Es werden immer vier Texel zur Berechung eines Pixels verwendet. Betrachten Sie hierzu die Abbildung 2.35.

Abbildung 2.35 Vier Texel einer Textur

Angenommen, die Texel aus Abbildung 2.35 bilden die Berechnungsgrundlage für das Monitorpixel, dann würde die Berechnung folgendermaßen aussehen (Abbildung 2.36):

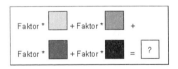

Abbildung 2.36 Berechnung eines Pixels aus vier Texel

Damit die endgültige Farbe berechnet werden kann, werden die einzelnen Texel in ihre Farbbestandteile aufgeteilt. Anschließend wird jeder Bestandteil gewichtet und wieder zusammengesetzt.

Faktor(1)*Rotanteil(1)+Faktor(2)*Rotanteil(2)+Faktor(3)*Rotanteil(3) = Rot
Faktor(1)*Grünanteil(1)+Faktor(2)*Grünanteil(2)+Faktor(3)*Grünanteil(3) = Grün
Faktor(1)*Blauanteil(1)+Faktor(2)*Blauanteil(2)+Faktor(3)*Blauanteil(3) = Blau

Nach dem RGB-Modell wird die Farbe des Monitorpixels wieder zusammengesetzt:

Rot + Grün + Blau = Neue Farbe für das Pixel

Die neue Farbe kann nur mit erheblichem Rechenaufwand erstellt werden. Beachten Sie, dass diese Berechnungen für jedes Monitorpixel notwendig sind. Bei einer Auflösung von 1.024*768 sind das immerhin

786.432 Berechnungen. Wenn wir jetzt noch eine Framerate von 30 Bildern pro Sekunde zu Grunde legen, kommen wir auf 23.592.960 Millionen Berechnungen pro Sekunde.

Uneinheitlicher Filter

Das uneinheitliche Filtern wird auch als »anisotopic filtering« bezeichnet. Für diese Technik gibt es keinen allgemein gültigen Algorithmus. Die Grafikkartenhersteller sind für die Implementierung eines entsprechenden Algorithmus verantwortlich, und das stellt viele Hersteller vor eine Gewissensfrage. Alle Hersteller möchten mit beeindruckenden Leistungswerten glänzen. Unglücklicherweise vertragen sich Qualität und Quantität nur sehr selten. Deshalb wird es immer wieder Grafikkarten geben, welche mit dem Leistungsmerkmal eines uneinheitlichen Filters werben, aber tatsächlich einen minderwertigen Algorithmus verwenden. Dieser kann dann so schlecht sein, dass er selbst hinter einem linearen Filter zurückbleibt.

Im Gegensatz zu dem linearen Filter werden nicht mehr viereckige Texelbereiche für die Interpolation der neuen Pixelfarbe verwendet, sondern unregelmäßige Formen. Außerdem werden perspektivische Aspekte stärker berücksichtig. Diese bleiben bei einem linearen Filter unberücksichtigt.

MipMap Filter

MIP steht für »multum in parvo« und bedeutet zeitgerecht übersetzt »Viele Dinge auf einem kleinen Raum«. Bei der MipMap-Technik werden mehrere Duplikate einer Textur in unterschiedlichen Größen erzeugt und im Speicher bevorratet. Je nachdem, wie groß die Zielfläche ist, wird die am besten passende Größe verwendet. Dies hat den Vorteil, dass sich die notwendigen Skalierungen auf ein Minimum beschränken. Stellen Sie sich eine Texturkette vor. Die größte Textur steht am Anfang der Kette und die kleinste Textur (bis zu 1x1 Pixel klein) steht am Ende. Objekte im Nahbereich erhalten große Texturen, und Objekte am Horizont begnügen sich mit den kleinen Texturen.

Je kleiner eine Textur wird, desto mehr Informationen gehen verloren. Einen Schriftzug auf einer stark verkleinerten Textur kann man nicht mehr lesen. Dieser Nachteil ist nicht so gewichtig, da auch in der Realität auf weit entfernten Objekten selten Details erkennbar sind.

Durch den Einsatz von MipMaps kann eine Geschwindigkeitssteigerung erzielt werden. Wenn wir große Texturen verwenden (z.B. 1.024x1.024 Pixel), muss sich diese Textur jeder beliebigen Objektgröße anpassen. Je kleiner das Objekt wird, desto komplizierter ist es, die Textur umzurechnen. Kleine Texturen für kleine Flächen und große Texturen für große Flächen sind besser berechenbar.

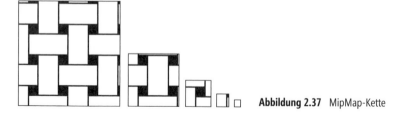

Abbildung 2.37 MipMap-Kette

Die Abbildung 2.37 zeigt eine MipMap-Kette. Die größte Textur ist 512x512 Pixel groß, die kleinste Textur ist 32x32 Pixel. Wann eine bestimmte Textur verwendet wird, können wir nicht bewusst beeinflussen. Diese Entscheidung wird von DirectX getroffen. Aber wir können die Texturanzahl festlegen. Hierdurch haben wir zumindest einen indirekten Einfluss auf das Verhalten. Ein bequemer Weg, die Anzahl der MipMap-Texturen (MipMap-Level) festzulegen, ist die Verwendung der *D3DXCreateTextureFromFileEx()*-Methode.

D3DXCreateTextureFromFileEx()

Die ist die Expertenfunktion zum Laden einer Textur aus einer Datei. Es steht eine Vielzahl an Parametern zur Verfügung, um das Texturinterface wunschgemäß anzupassen.

```
HRESULT D3DXCreateTextureFromFileEx(
    LPDIRECT3DDEVICE9 pDevice,
    LPCTSTR pSrcFile,
    UINT Width,
    UINT Height,
    UINT MipLevels,
    DWORD Usage,
    D3DFORMAT Format,
    D3DPOOL Pool,
    DWORD Filter,
    DWORD MipFilter,
    D3DCOLOR ColorKey,
    D3DXIMAGE_INFO *pSrcInfo,
    PALETTEENTRY *pPalette,
    LPDIRECT3DTEXTURE9 *ppTexture
);
```

pDevice	Ein gültiges Direct3D-Device
pSrcFile	Der Pfad und der Name der Datei, die geladen werden soll
Width	Die Breite der Textur in Pixel. Wenn der Wert 0 oder *D3DX_DEFAULT* ist, wird die tatsächliche Breite der Bilddatei genommen, ansonsten wird die Texturbreite auf den angegebenen Wert skaliert.
Height	Die Höhe der Textur in Pixel. Wenn der Wert 0 oder *D3DX_DEFAULT* ist, wird die tatsächliche Höhe der Bilddatei genommen, ansonsten wird die Texturhöhe auf den angegebenen Wert skaliert.
MipLevels	Hier wird die Anzahl der gewünschten MipMaps angegeben. Ist der Wert 0 oder *D3DX_DEFAULT*, wird die Textur nur in einer Auflösung angelegt.
Usage	Der Wert ist 0 oder *D3DUSAGE_RENDERTARGET* oder *D3DUSAGE_DYNAMIC*. Hiermit kann die Zeichenausgabe verändert werden. Somit ist es nicht notwendig, immer auf den Monitor zu rendern, sondern es könnte beispielsweise auch in eine Textur gerendert werden. Hierdurch lassen sich Spezialeffekte wie ein Spiegel oder ein laufender Fernseher im Computerspiel simulieren.
Format	Hiermit wird das Pixelformat der Textur festgelegt. Der Wert ergibt sich aus der *D3DFORMAT*-Aufzählung oder Sie verwenden den Wert *D3DFMT_UNKNOWN*. In diesem Fall wird das Pixelformat aus der Bilddatei verwendet.
Pool	Eine Konstante aus der *D3DPOOL*-Aufzählung, welche den Speicherbereich der Textur festlegt
Filter	Die Filter regulieren die Art und Weise, wie ein Pixel aus einem Texturpixel errechnet werden soll. Hierzu werden ein oder mehrere Werte aus der *D3DX_FILTER*-Aufzählung verwendet.
MipFilter	Die Filter regulieren die Art und Weise, wie ein Pixel aus einem Texturpixel errechnet werden soll. Hierzu werden ein oder mehrere Werte aus der *D3DX_FILTER*-Aufzählung verwendet.
ColorKey	Hiermit bestimmen Sie eine transparente Farbe. Der Farbwert wird als 32-Bit-Farbwert übergeben. Der enthaltene Alphawert sagt aus, wie transparent die Farbe sein soll. Somit wäre ein völlig transparenter schwarzer Hintergrund mit &FF000000 darzustellen. Der Wert 0 deaktiviert die Schlüsselfarbe.
*pSrcInfo	Ein Zeiger auf einen Record des Typs *D3DXIMAGEINFO*, der mit Informationen über das Bild gefüllt ist. Wird dieser Verweis nicht benötigt, kann der Wert auf NULL gesetzt werden.
*pPalette	Ein Zeiger auf einen Record des Typs *TPALETTEENTRY*, mit dem der Farbanteil der Textur gelesen werden kann. Wird dieser Verweis nicht benötigt, kann der Wert auf NULL gesetzt werden.
*ppTexture	Ein Zeiger auf eine Textur, welche mit dieser Methode erstellt wird

Wurde die Textur erfolgreich erstellt, wird ein *D3D_OK* zurückgegeben. Wenn die Methode fehlschlägt, erhalten Sie eine der folgenden Fehler-meldungen angezeigt:

D3DERR_INVALIDCALL – Der Aufruf der Methode ist ungültig (beispielsweise hat ein Parameter einen falschen Wert.)

D3DERR_NOTAVAILABLE – Das Device unterstützt die geforderte Technik nicht.

D3DERR_OUTOFVIDEOMEMORY – Es steht nicht genügend Videospeicher zur Verfügung.

D3DXERR_INVALIDDATA – Die Daten sind ungültig.

E_OUTOFMEMORY – Es konnte nicht genügend Speicher reserviert werden.

Beispielprogramm *Texturfilter*

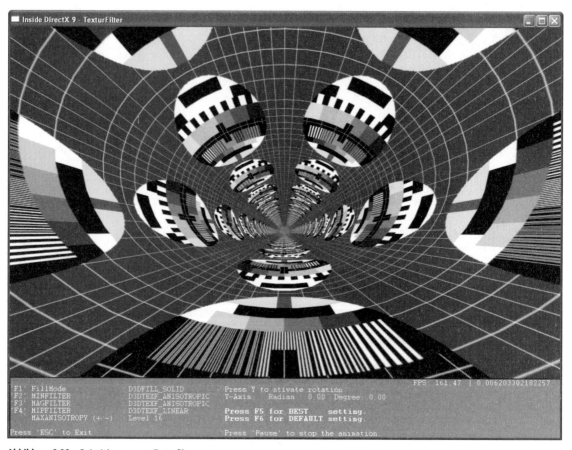

Abbildung 2.38   Beispielprogramm *Texturfilter*

Wir wollten ein Programm erstellen, welches die Wirkung von Texturfiltern besonders gut veranschaulicht. Das Beispielprogramm bietet einen Tunnelblick. Am Ende des Tunnels wird die Textur extrem verkleinert. Genau dann sollte ein Texturfilter seine besondere Wirkung zeigen. Über die Hotkeys F5 (beste Wirkung) und F6 (Voreinstellung von DirectX) haben Sie einen direkten Vergleich zwischen den Grund- und Ideal-einstellungen von DirectX.

Wenn Sie die Einstellungen manuell verändern, sollten Sie den uneinheitlichen Filterlevel nicht aus den Augen verlieren. Ein uneinheitlicher Filter (anisotropic filter) zeigt nur dann eine Wirkung, wenn der Level größer Null ist. Je größer dieser Wert ist, desto besser ist die Wirkung. Mit der ⊞-Taste können Sie den Level erhöhen.

Mit Hilfe der Tasten F2 und F3 werden die *MIN*- und *MAG*-Filter gesetzt.

```
//TexturFilter
//D3DTEXF_NONE = 0,
//D3DTEXF_POINT = 1,
//D3DTEXF_LINEAR = 2,
//D3DTEXF_ANISOTROPIC = 3,

if ((GetAsyncKeyState(VK_F2)& 0x8000)!=0)
{
    GameMain.m_GameData.TexturMinFilter ++;
    if (GameMain.m_GameData.TexturMinFilter > 3)GameMain.m_GameData.TexturMinFilter =0;
    GameMain.m_GameData.pd3dDevice->SetSamplerState(0, D3DSAMP_MINFILTER,
                            GameMain.m_GameData.TexturMinFilter);
}

if ((GetAsyncKeyState(VK_F3)& 0x8000)!=0)
{
    GameMain.m_GameData.TexturMagFilter ++;
    if (GameMain.m_GameData.TexturMagFilter > 3)GameMain.m_GameData.TexturMagFilter =0;
    GameMain.m_GameData.pd3dDevice->SetSamplerState(0, D3DSAMP_MAGFILTER,
                            GameMain.m_GameData.TexturMagFilter);
}
```

Listing 2.54 Setzen des *MIN*- und *MAG*-Filters über die Tasten F2 und F3

Besonders interessant ist die Verwendung der MipMap-Texturen. Diese werden über die Taste F4 eingeschaltet. Mit diesen Texturen ist eine deutliche Bildverbesserung zu erkennen. Außerdem können wir einen leichten Performancegewinn erkennen.

```
if ((GetAsyncKeyState(VK_F4)& 0x8000)!=0)
{
    //TexturFilter MipMap-Filter
    //D3DTEXF_NONE = 0,
    //D3DTEXF_POINT = 1,
    //D3DTEXF_LINEAR = 2,

    GameMain.m_GameData.TexturMipFilter ++;
    if (GameMain.m_GameData.TexturMipFilter > 2)GameMain.m_GameData.TexturMipFilter =0;
    GameMain.m_GameData.pd3dDevice->SetSamplerState(0, D3DSAMP_MIPFILTER,
                            GameMain.m_GameData.TexturMipFilter);
}
```

Listing 2.55 Aktivieren des *MIP*-Filters über die Taste F4

Bevor wir die Erläuterungen zu dem Beispielprogramm abschließen, wollen wir auf das Erstellen der MipMap-Textur eingehen. Hierzu kam die *D3DXCreateTextureFromFileEx()*-Methode zum Einsatz:

```
D3DXCreateTextureFromFileEx(
   m_GameData.pd3dDevice,
   "d512x512.bmp",
   D3DX_DEFAULT,
   D3DX_DEFAULT,
   D3DX_DEFAULT,
   0,
   D3DFMT_R5G6B5,
   D3DPOOL_MANAGED,
   D3DX_FILTER_TRIANGLE|D3DX_FILTER_MIRROR,
   D3DX_FILTER_TRIANGLE|D3DX_FILTER_MIRROR,
   NULL,
   NULL,
   NULL,
   &m_GameData.D3D_TextureMipMap)
```

Der fünfte Parameter bestimmt die Anzahl der zu erstellenden MipMap-Texturen. Diese werden im Speicher abgelegt und bei Bedarf verwendet. Dem Parameter haben wir den Wert *D3DX_DEFAULT* zugewiesen. Hierdurch wird die maximal mögliche Anzahl von MipMap-Texturen erstellt. Wenn Sie die Anzahl reduzieren (z.B. auf den Wert 2), werden Sie ein deutlich schlechteres Bild feststellen.

Multiple Textur Blending

DirectX kann bis zu acht Texturen gleichzeitig auf ein Polygon rendern. Mehrere Texturen gleichzeitig zu rendern, ermöglicht eine Reihe von Spezialeffekten. So können Licht und Schatten oder Reflexionen sowie Spiegelungen simuliert werden. Moderne Grafikkarten unterstützen diese Technik ohne nennenswerten Performanceverlust.

Multiple Textur Blending wird oft als Multitexturing bezeichnet. Multitexturing legt mehrere Texturen in Schichten übereinander. Den so entstandenen Stapel nennt man Textur-Blending-Kaskade. Jeder Schicht wird mitgeteilt, wie sie das endgültige Erscheinungsbild beeinflussen soll. Vereinfacht ausgedrückt können wir das mit einem Stapel transparenter Blätter vergleichen. Die unteren Blätter schimmern durch die oberen und alle zusammen ergeben das Gesamtbild. Je mehr Texturen übereinander gelegt werden, desto schwieriger wird die Vorhersage des Gesamtbildes. Jede Textur wird ganz individuell untergemischt, sodass sich leichte Veränderungen an einer Textur auf alle Texturen auswirken können.

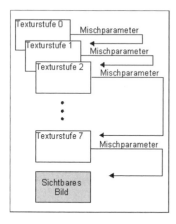

Abbildung 2.39   Textur-Blending-Kaskarde

Das Mischverhalten einer Texturstufe wird immer durch drei Faktoren beeinflusst. Argument 1, Argument 2 und ein spezifischer Mischoperator bestimmen, wie die Texturstufe das Erscheinungsbild beeinflussen soll.

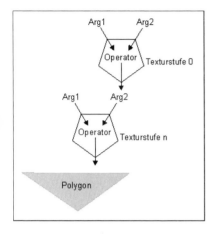

Abbildung 2.40 Mischverhalten einzelner Texturstufen

Mit der Methode *SetTextureStageState()* werden die Argumente sowie der Operator der Texturstufe zugewiesen:

```
HRESULT SetTextureStageState(
    DWORD Stage,
    D3DTEXTURESTAGESTATETYPE Type,
    DWORD Value
);
```

IDirect3DDevice9::SetTextureStageState

Setzt den *Stage*-Wert der zugewiesenen Textur

```
HRESULT SetTextureStageState(
    DWORD Stage,
    D3DTEXTURESTAGESTATETYPE Type,
    DWORD Value
);
```

Stage	Definiert die gewünschte Texturebene (Stage)
Type	Ein Mitglied aus der *D3DTEXTURESTAGESTATETYPE*-Auflistung
Value	Ein gültiger Wert in Abhängigkeit vom *Type*-Parameter

Bei Erfolg wir *D3D_OK* zurückgegeben, bei Misserfolg *D3DERR_INVALIDCALL*

Der erste Parameter *Stage* bestimmt die Texturstufe und muss nicht weiter erläutert werden. Der Parameter *D3DTEXTURESTAGESTATETYPE* ist wesentlich interessanter und bestimmt, ob es sich um die Zuweisung eines Argumentes oder des Operators handelt. Der dritte Parameter wird in Abhängigkeit vom zweiten Parameter verwendet. *Value* nimmt, je nachdem, was beim zweiten Parameter ausgewählt wurde, andere Werte an.

Der zweite Parameter *D3DTEXTURESTAGESTATETYPE* beinhaltet eine Auflistung unterschiedlichster Werte. Sie werden in der Auflistung *_D3DTEXTURESTAGESTATETYPE* zusammengefasst:

```
typedef enum _D3DTEXTURESTAGESTATETYPE {
    D3DTSS_COLOROP = 1,
    D3DTSS_COLORARG1 = 2,
    D3DTSS_COLORARG2 = 3,
  D3DTSS_ALPHAOP = 4,
    D3DTSS_ALPHAARG1 = 5,
    D3DTSS_ALPHAARG2 = 6,
    D3DTSS_BUMPENVMAT00 = 7,
    D3DTSS_BUMPENVMAT01 = 8,
    D3DTSS_BUMPENVMAT10 = 9,
    D3DTSS_BUMPENVMAT11 = 10,
    D3DTSS_TEXCOORDINDEX = 11,
    D3DTSS_BUMPENVLSCALE = 22,
    D3DTSS_BUMPENVLOFFSET = 23,
    D3DTSS_TEXTURETRANSFORMFLAGS = 24,
    D3DTSS_COLORARG0 = 26,
    D3DTSS_ALPHAARG0 = 27,
    D3DTSS_RESULTARG = 28,
    D3DTSS_CONSTANT = 32,
    D3DTSS_FORCE_DWORD = 0x7fffffff
} D3DTEXTURESTAGESTATETYPE;
```

Wie unschwer erkennbar ist, handelt es sich um eine komplexere Auflistung, welche nicht nur für den Bereich Multitexturing verwendet wird. Für Multitexturing benötigen wir die ersten drei Mitglieder dieser Auflistung. Sie ermöglichen es uns, die Argumente 1 und 2 sowie den Operator zu bestimmen.

Der dritte Parameter aus der *SetTextureStageState()*-Methode steht in Abhängigkeit zum zweiten Parameter. Nun betrachten wir, welche Auswahlmöglichkeit uns zur Verfügung steht, wenn wir Argument 1 oder Argument 2 zuweisen wollen. In diesem Fall dürfte einer der folgenden Einträge zugewiesen werden:

- *D3DTA_CONSTANT*
- *D3DTA_CURRENT*
- *D3DTA_DIFFUSE*
- *D3DTA_SELECTMASK*
- *D3DTA_SPECULAR*
- *D3DTA_TEMP*
- *D3DTA_TEXTURE*
- *D3DTA_TFACTOR*

Wenn Sie die zwei Texturstufen mischen wollen, können Sie als erstes Argument *D3DTA_CURRENT* und als zweites Argument *D3DTA_TEXTURE* wählen. *D3DTA_CURRENT* legt fest, dass das Ergebnis der vorherigen Texturstufe verwendet werden soll und *D3DTA_TEXTURE* bestimmt, dass die Textur der aktuellen Texturstufe verwendet wird. Mit der Zuweisung der beiden Argumente weiß DirectX bereits, was miteinander gemischt werden soll. Jetzt muss nur noch festgelegt werden, wie gemischt werden soll. Hierzu gibt es den Texturoperator. Der Operator bezieht seine Auswahlmöglichkeiten aus der Auflistung *_D3DTEXTUREOP*.

```
typedef enum _D3DTEXTUREOP {
    D3DTOP_DISABLE = 1,
    D3DTOP_SELECTARG1 = 2,
    D3DTOP_SELECTARG2 = 3,
    D3DTOP_MODULATE = 4,
    D3DTOP_MODULATE2X = 5,
    D3DTOP_MODULATE4X = 6,
    D3DTOP_ADD = 7,
    D3DTOP_ADDSIGNED = 8,
    D3DTOP_ADDSIGNED2X = 9,
    D3DTOP_SUBTRACT = 10,
    D3DTOP_ADDSMOOTH = 11,
    D3DTOP_BLENDDIFFUSEALPHA = 12,
    D3DTOP_BLENDTEXTUREALPHA = 13,
    D3DTOP_BLENDFACTORALPHA = 14,
    D3DTOP_BLENDTEXTUREALPHAPM = 15,
    D3DTOP_BLENDCURRENTALPHA = 16,
    D3DTOP_PREMODULATE = 17,
    D3DTOP_MODULATEALPHA_ADDCOLOR = 18,
    D3DTOP_MODULATECOLOR_ADDALPHA = 19,
    D3DTOP_MODULATEINVALPHA_ADDCOLOR = 20,
    D3DTOP_MODULATEINVCOLOR_ADDALPHA = 21,
    D3DTOP_BUMPENVMAP = 22,
    D3DTOP_BUMPENVMAPLUMINANCE = 23,
    D3DTOP_DOTPRODUCT3 = 24,
    D3DTOP_MULTIPLYADD = 25,
    D3DTOP_LERP = 26,
    D3DTOP_FORCE_DWORD = 0x7fffffff
} D3DTEXTUREOP;
```

Auch diese Auflistung unterstützt mehr als nur das einfache Multitexturing. Sie werden feststellen, dass die einzelnen Operatoren zum Mischen von zwei Texturstufen mehr oder weniger gut geeignet sind.

Nun betrachten wir den notwendigen Sourcecode:

```
D3DDevice->SetTextureStageState(1, D3DTSS_COLOROP, D3DTOP_MODULATE2X);
D3DDevice->SetTextureStageState(1, D3DTSS_COLORARG1, D3DTA_TEXTURE );
D3DDevice->SetTextureStageState(1, D3DTSS_COLORARG2, D3DTA_CURRENT );
```

Sie erkennen die Zuweisung der Argumente 1 und 2 sowie die Zuweisung des Operators. In welcher Reihenfolge Sie die Zuweisungen vornehmen, ist völlig bedeutungslos. Wichtig ist, dass beim Rendern alle notwendigen Informationen vorliegen.

Spezialeffekt mit Multitexturing

Wir wollen nun erklären, was es mit Begriffen wie Lightmapping, Darkmapping, Detailmapping usw. auf sich hat. Hinter diesen Begriffen erwarten viele Anwender komplizierte Algorithmen und komplexe Programmstrukturen. In Wirklichkeit handelt es sich um ein einfaches Multitexturing.

Detailmapping

Mit Detailmapping wird einem Polygon ein besonders detailreiches (scharfes) Erscheinungsbild gegeben. Natürlich kann die Auflösung der Textur nicht wirklich verbessert werden, aber das Bild erscheint detaillierter, manchmal auch grobkörniger. Ob und wann dieser Effekt auftritt, ist auch von der verwendeten Detailtextur abhängig. Die Detailtextur befindet sich über der eigentlichen Textur und enthält oftmals eine schlichte hellgraue Struktur.

```
D3DDevice->SetTextureStageState(1, D3DTSS_COLOROP, D3DTOP_ADDSIGNED);
D3DDevice->SetTextureStageState(1, D3DTSS_COLORARG1, D3DTA_TEXTURE );
D3DDevice->SetTextureStageState(1, D3DTSS_COLORARG2, D3DTA_CURRENT );
```

Lightmapping

Mit Lightmapping wird die Simulation einer oder mehrerer Lichtquellen bezeichnet. Lichtquellen in eine Szene zu platzieren ist nicht schwer, aber nicht immer sinnvoll. Eine Lichtquelle nimmt immer Einfluss auf einen bestimmten Radius. Hierdurch können Bereiche beeinflusst werden, welche nicht unberührt bleiben sollen. Außerdem verlangt jede zusätzliche Lichtquelle ein bestimmtes Maß an Rechenzeit. Letztendlich können nur eine begrenzte Anzahl an Lichtquellen gleichzeitig initialisiert werden. Bei einer Lightmap handelt es sich um eine vorwiegend schwarze Textur, welche stellenweise weiße (helle) Flecken aufweist. Überall wo sich helle Bereiche befinden, wird die Textur aufgehellt.

Im Wesentlichen müssen wir Lightmappings in zwei Kategorien einteilen. Die erste Kategorie berücksichtigt alle eingeschalteten Lichtquellen. In der zweiten Kategorie werden diese Lichtquellen nicht berücksichtigt.

- Kategorie 1: Berücksichtigung der Lichtquellen (Streulichtfarbe)

```
D3DDevice->SetTextureStageState(1, D3DTSS_COLOROP, D3DTOP_ADD);
D3DDevice->SetTextureStageState(1, D3DTSS_COLORARG1, D3DTA_TEXTURE );
D3DDevice->SetTextureStageState(1, D3DTSS_COLORARG2, D3DTA_CURRENT );
```

Hierbei werden die Texturen aus beiden Texturstufen addiert. Es wird Texel für Texel addiert und das Ergebnis zeigt eine Mischung aus beiden Texturen. Addiert man die Texelfarbe Schwarz (0x00000000) mit einer beliebigen anderen Farbe, wird die Farbe nicht verändert. Schwarz nimmt keinen Einfluss auf das Erscheinungsbild.

- Kategorie 2: Keine Berücksichtigung der Lichtquellen (Streulichtfarbe)

Wenn die Streulichtfarbe unberücksichtigt bleiben soll, muss für die Texturstufe 0 folgende Operation durchgeführt werden.

```
D3DDevice->SetTextureStageState(0, D3DTSS_COLOROP, D3DTOP_SELECTARG1);
D3DDevice->SetTextureStageState(0, D3DTSS_COLORARG1, D3DTA_TEXTURE );
```

Anschließend wird die Lightmap zur Grundtextur addiert und das Ergebnis ist eine reine Mischtextur aus Textur 1 und Textur 2 ohne Einflüsse irgendwelcher Lichtquellen.

```
D3DDevice->SetTextureStageState(1, D3DTSS_COLOROP, D3DTOP_ADD);
D3DDevice->SetTextureStageState(1, D3DTSS_COLORARG1, D3DTA_TEXTURE );
D3DDevice->SetTextureStageState(1, D3DTSS_COLORARG2, D3DTA_CURRENT );
```

Darkmapping

Diesmal wird eine Textur abgedunkelt. Dieser Effekt wird durch die Multiplikation zweier Texturen erzielt. Auch beim Darkmapping unterscheidet man zwei Kategorien. Wiederum handelt es sich um die Einbeziehung von Lichtquellen.

- Kategorie 1: Berücksichtigung der Lichtquellen (Streulichtfarbe)

```
D3DDevice->SetTextureStageState(1, D3DTSS_COLOROP, D3DTOP_MODULATE);
D3DDevice->SetTextureStageState(1, D3DTSS_COLORARG1, D3DTA_TEXTURE );
D3DDevice->SetTextureStageState(1, D3DTSS_COLORARG2, D3DTA_CURRENT );
```

- Kategorie 2: Keine Berücksichtigung der Lichtquellen (Streulichtfarbe)

```
D3DDevice->SetTextureStageState(0, D3DTSS_COLOROP, D3DTOP_SELECTARG1);
D3DDevice->SetTextureStageState(0, D3DTSS_COLORARG1, D3DTA_TEXTURE );

D3DDevice->SetTextureStageState(1, D3DTSS_COLOROP, D3DTOP_MODULATE);
D3DDevice->SetTextureStageState(1, D3DTSS_COLORARG1, D3DTA_TEXTURE );
D3DDevice->SetTextureStageState(1, D3DTSS_COLORARG2, D3DTA_CURRENT );
```

Im Gegensatz zur Addition beim Lightmapping ist die Farbe Schwarz nicht bedeutungslos. Schwarz bedeutet eine völlige Verdunkelung der Textur. Bei der Farbe 50% Grau wird die Textur halb verdunkelt. Diese Technik wird oftmals zur Realisierung von Taschenlampeneffekten verwendet. Hierzu verwendet man eine völlig schwarze Textur mit einem Lichtpunkt in der Mitte. Alles unter dem Lichtpunkt bleibt sichtbar, wohingegen der gesamte schwarze Bereich im Dunkeln verborgen bleibt.

Texturkoordinaten und Multitexturing

Mit Texturkoordinaten haben wir uns bereits beschäftigt. Dennoch müssen wir im Zusammenspiel mit Multitexturing auf eine Erweiterung verweisen. Jeder Texturstufe können individuelle Texturkoordinaten zugewiesen werden. Dies ist durchaus sinnvoll, denn hierdurch lassen sich außerordentliche Effekte erzielen. Im Zusammenhang mit Darkmapping haben wir auf einen Taschenlampeneffekt hingewiesen. Diese wird aber erst realistisch, wenn sich die Taschenlampe auch bewegen kann. Damit dies geschieht, muss sich die Textur selbst bewegen und dies ist nur mit Hilfe der Texturkoordinaten möglich. Ungewollt ist eine Bewegung aller Texturenstufen. Lediglich die Taschenlampentextur soll bewegt werden. Welche Texturstufe mit welchen Texturkoordinaten zusammenarbeiten soll, wird mit der *SetTextureStageState()*-Methode festgelegt.

```
D3DDevice->SetTextureStageState(0, D3DTSS_TEXCOORDINDEX, 0);
D3DDevice->SetTextureStageState(1, D3DTSS_TEXCOORDINDEX, 1);
```

Mit diesen beiden Sourcecodezeilen wird bestimmt, dass Texturstufe 0 die ersten Texturkoordinaten verwenden soll und Texturstufe 1 die zweiten Texturkoordinaten.

Damit die Zuweisung unterschiedlicher Texturkoordinaten funktionieren kann, muss ein entsprechend geeignetes *CustomVertex*-Format vorliegen. Dieses muss in der Lage sein, mehrere Texturkoordinaten aufzunehmen.

```
struct CUSTOMVERTEX
{
    FLOAT    x, y, z;
    D3DCOLOR color;
    float    tu1, tv2;
    float    tu3, tv4;
};
```

Listing 2.56 Deklaration einer Vertexstruktur mit zwei Texturebenen
#define D3DFVF_CUSTOMVERTEX (D3DFVF_XYZ |D3DFVF_DIFFUSE |D3DFVF_TEX1|D3DFVF_TEX2)

Diese Vertexstruktur ist in der Lage, insgesamt zwei Texturkoordinatenpaare zu erfassen. Sie können individuell verändert und nach Belieben den Texturstufen zugewiesen werden.

Beispielprogramm *Multi-Textur-Blending (Multitexturing)*

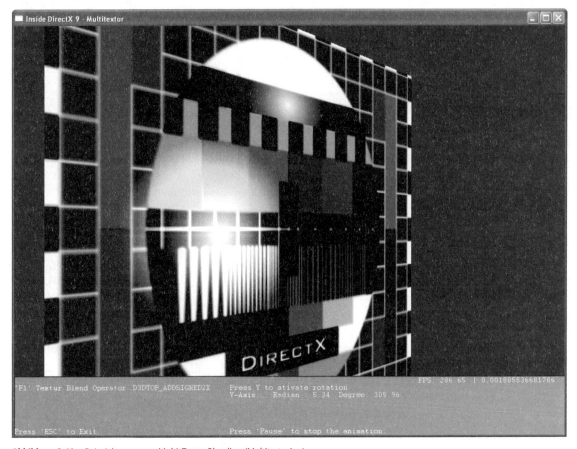

Abbildung 2.41 Beispielprogramm *Multi-Textur-Blending (Multitexturing)*

Dieses Beispielprogramm verwendet zwei Texturstufen. Die Texturstufe 0 zeigt ein Testbild und Texturstufe 1 zeigt eine Light- bzw. Darkmap. Außerdem verwenden beide Texturstufen ein individuelles Texturkoordinatenpaar. Dies ermöglicht eine animierte Texturstufe 1. Mit der Taste F1 können Sie den »Textur Blend Operator« verändern. Damit Sie nicht alle Mitglieder der _D3DTEXTUREOP-Auflistung durchschalten müssen, haben wir eine Vorauswahl getroffen. In dem Modul *GameMainRoutines.cpp* initialisieren wir das Array *m_GameData.TextureOPArray[]*.

```
m_GameData.TextureOPArray[0]=D3DTOP_ADD;
m_GameData.TextureOPArray[1]=D3DTOP_ADDSIGNED;
m_GameData.TextureOPArray[2]=D3DTOP_ADDSIGNED2X;
m_GameData.TextureOPArray[3]=D3DTOP_ADDSMOOTH;
m_GameData.TextureOPArray[4]=D3DTOP_DISABLE;
m_GameData.TextureOPArray[5]=D3DTOP_DOTPRODUCT3;
m_GameData.TextureOPArray[6]=D3DTOP_LERP;
m_GameData.TextureOPArray[7]=D3DTOP_MODULATE;
m_GameData.TextureOPArray[8]=D3DTOP_MODULATE2X;
m_GameData.TextureOPArray[9]=D3DTOP_MODULATE4X;
m_GameData.TextureOPArray[10]=D3DTOP_SUBTRACT;
```

Beim Betätigen der ‾F1‾-Taste wird die Hilfsvariable *m_GameData.TexturOP* um den Wert 1 erhöht. Diese Variable identifiziert das jeweilige Arrayfeld.

```
if ((GetAsyncKeyState(VK_F1)& 0x8000)!=0){
    GameMain.m_GameData.TextureOP ++;
    if (GameMain.m_GameData.TextureOP > 0)GameMain.m_GameData.TextureOP =0;
    GameMain.m_GameData.pd3dDevice->SetTextureStageState(1,
    3DTSS_COLOROP, GameMain.m_GameData.TextureOPArray[GameMain.m_GameData.TextureOP]);
    GameMain.m_GameData.pd3dDevice->SetTextureStageState(1, 3DTSS_COLORARG1,
    D3DTA_TEXTURE );
    GameMain.m_GameData.pd3dDevice->SetTextureStageState(1, 3DTSS_COLORARG2,
    D3DTA_CURRENT );
}
```

Lediglich der Textur Blending-Operator wird verändert. Die Argumente 1 und 2 bleiben unverändert. So ist es leicht zu beobachten, welche Auswirkungen die Veränderung des Textur Blending-Operators hat. Hierdurch können nicht alle theoretisch möglichen Effekte erzielt werden, aber dennoch veranschaulicht das Beispielprogramm die Wirkung und die Macht von Multitexturing.

Alpha-Textur-Blending

Alpha-Textur-Blending bedient sich der Multi-Textur-Blending-Technik. Die beiden Techniken unterscheiden sich durch die Verwendung eines Alphawertes. Das von DirectX gebräuchliche Farbformat ist *ARGB* (Alpha, Rot, Grün, Blau). Der Alphawert legt fest, wie transparent ein Texel dargestellt werden soll. Ein Wert von 0 bedeutet, dass das Texel völlig unsichtbar ist. Ein Wert von 1 bedeutet, dass das Texel völlig sichtbar ist. Der Alphawert wird als Alphakanal oder auch Alphamaske bezeichnet.

Texturfaktor

Es gibt unterschiedliche Möglichkeiten, um einen Alphawert zu ermitteln. Der Alphawert ist oftmals in einem normalen Farbwert vom Typ *D3DCOLOR* enthalten. Der Typ *D3DCOLOR* wird auch von der *SetRenderState()*-Methode verwendet.

```
HRESULT SetRenderState(
    D3DRENDERSTATETYPE State,
    DWORD Value
);
```

IDirect3DDevice9::SetRenderState

Setzt die gewünschten Render-Parameter

```
HRESULT SetRenderState(
    D3DRENDERSTATETYPE State,
    DWORD Value
);
```

State   Ein Mitglied aus der *D3DRENDERSTATETYPE*-Auflistung

Value   Ein gültiger Wert in Abhängigkeit vom *State*-Parameter

Bei Erfolg wird *D3D_OK* zurückgegeben, bei Misserfolg *D3DERR_INVALIDCALL*

Wenn ein bestimmter Alphawert zugewiesen werden soll, muss der *State*-Parameter den Wert *D3DRS_TEXTUREFACTOR* annehmen. Der zweite Parameter erwartet dann einen Wert vom Typ *D3DCOLOR*. Obwohl es sich um einen normalen Farbwert handelt, spielen die Werte für Rot, Grün und Blau keine Rollen. Einzig der Alphawert wird abgefragt.

```
D3dDevice->SetRenderState( D3DRS_TEXTUREFACTOR, 0xff000000);
```

Der Farbwert kann auch mit Hilfe des Makros *D3DCOLOR_ARGB()* gebildet werden.

```
D3dDevice->SetRenderState( D3DRS_TEXTUREFACTOR, D3DCOLOR_ARGB(255,0,0,0));
```

Nachdem der Alphawert zugewiesen wurde, muss der entsprechenden Texturstufe mitgeteilt werden, dass der Alphawert auch verwendet werden soll.

```
D3dDevice->SetTextureStageState(1, D3DTSS_COLOROP, D3DTOP_BLENDFACTORALPHA);
```

Beispielprogramm *Alpha-Textur-Blending*

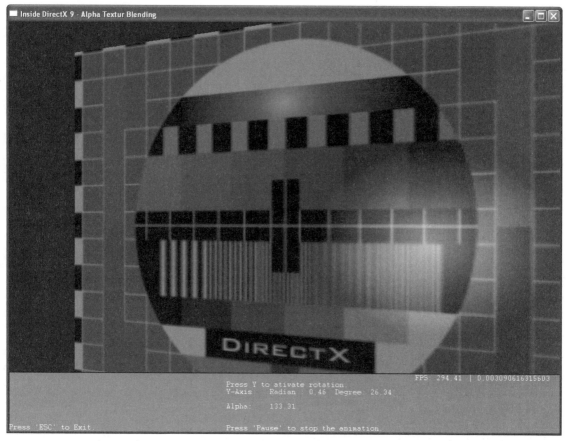

Abbildung 2.42　Beispielprogramm *Alpha-Textur-Blending*

Dieses Beispielprogramm basiert auf der Multi-Textur-Blending-Demo. Wir haben lediglich die Hilfsvariable *m_GameData.AlphaTexturBlending* eingeführt. Diese erfasst den zu verwendenden Alphawert und wird über einen kurzen Sourcecode modifiziert.

```
if (m_GameData.AlphaTexturBlendingDirection)
{
   m_GameData.AlphaTexturBlending += m_GameData.Utilities.Speed.R4x  ;
   if (m_GameData.AlphaTexturBlending >= 255) m_GameData.AlphaTexturBlendingDirection =
   false;
}
else
{
   m_GameData.AlphaTexturBlending -= m_GameData.Utilities.Speed.R4x  ;
   if (m_GameData.AlphaTexturBlending <= 0) m_GameData.AlphaTexturBlendingDirection =
   true;
}
```

Listing 2.57　Addition/Subtraktion des *AlphaTextureBlending*-Wertes

Hier wird die Variable *m_GameData.AlphaTexturBlending* bis 255 aufaddiert und anschließend wieder auf 0 reduziert.

```
m_GameData.pd3dDevice->SetRenderState( D3DRS_TEXTUREFACTOR,
D3DCOLOR_ARGB(int(m_GameData.AlphaTexturBlending),0,0,0) );
m_GameData.pd3dDevice->SetTextureStageState(1, D3DTSS_COLOROP, D3DTOP_BLENDFACTORALPHA);
```

Nachdem wir den Wert mit Hilfe der *SetRenderState()*-Methode gesetzt haben, und die Texturstufe 1 angewiesen haben, diesen auch zu verwenden, wird die Textur kontinuierlich ein- und ausgeblendet.

Alpha-Blending

Das Alpha-Blending ist eine Technik zur transparenten Darstellung von Objekten. Bei dieser Art der Darstellung wird zusätzlich zu den drei Primärfarben eine vierte Farbinformation für die Transparenz berücksichtigt. Die additive Farbmischung erlaubt es, Zusatzinformationen in einem separaten Kanal, dem Alphakanal, zu integrieren. Bei der Farbdarstellung mit 24 Bit (TrueColor) werden zusätzlich 8 Bit für die Transparenzinformationen eingebunden.

Alpha-Blending ist eine sehr aufwändige Technik. Der Grafikchip muss neben der Transparenzinformation noch zwei weitere Faktoren verarbeiten. Die Tiefeninformationen der Objekte (Z-Buffer) sowie Texturinformationen müssen in die Berechnungen einfließen.

HINWEIS   Beim Alpha-Blending spricht man von einer Technik, die zum Ziel hat, ganze Objekte transparent darzustellen. Die Alpha-Textur-Blending-Technik dagegen soll eine oder mehrere Texturstufen transparent darstellen. Beide Techniken basieren auf dem *ARGB*-Farbmodell. Dieses wird auch als additives Farbmodell bezeichnet und ermöglicht es, Hintergrundfarben mit Vordergrundfarben zu mischen. Die resultierende Farbinformation beinhaltet eine Kombination aus beiden Farben und repräsentiert auch eine mögliche Transparenz.

Das additive Farbmodell (RGB)

DirectX arbeitet mit dem Farbmodell RGB (Rot, Grün, Blau). Diese drei Farben werden als Komplementärfarben (Primärfarben) bezeichnet. Durch Mischen von zwei Primärfarben entstehen die Sekundärfarben Cyan, Magenta und Gelb:

Rot + Grün = Gelb

Grün + Blau = Cyan

Blau + Rot = Magenta

Alle drei Primärfarben ergeben die Lichtfarbe Weiß.

Rot + Grün + Blau = Weiß

Legt man jeder Farbe eine Tiefe von 8 Bit zu Grunde, erhält man eine 24-Bit-Farbe (TrueColor).

*255 * 255 * 255 = 16.777.216 Farben*

Ein RGB-Wert wird als Vektor aufgefasst und kann mit Skalaren multipliziert werden. Dies kennt man bereits von anderen Vektorräumen. Da RGB-Farben als Vektor verstanden werden, wird eine leichte Manipulation der Helligkeitsstufen eines gesamten RGB-Farbraums ermöglicht.

Rot (255, 0, 0) * 0.5 = dunkler

Rot (255, 0, 0) * 1,5 = heller

Wenn Farben gemischt werden sollen, werden Vektoren addiert. Die Summe zweier Vektoren berechnet sich aus:

$$(a1 + b1) + (a2 + b2) + (c1 + c2) = \begin{pmatrix} a1+b1 \\ a2+b2 \\ a3+b3 \end{pmatrix}$$

Rot (255, 0, 0) + Grün (0, 255, 0) = Gelb (255, 255, 0)

Blau (0, 0, 255) + Grün (0, 255, 0) = Cyan (0, 255, 255)

Rot (255, 0, 0) + Blau (0, 0, 255) = Magenta (255, 0, 255)

Was passiert, wenn wir eine beliebige Farbe mit schwarz mischen? Schwarz wird oftmals als lichtlos oder als »Abwesenheit von Licht« bezeichnet. Deshalb sollte Schwarz auch keinen Einfluss auf die Mischfarbe haben.

Schwarz + Rot = Rot

Schwarz + Grün = Grün

Schwarz + Blau = Blau

Schwarz + Farbe X = Farbe X

Wie Sie erkennen, verändert Schwarz die Mischfarbe nicht. Dies werden wir beim Alpha-Blending sowie beim Alpha-Textur-Blending bemerken.

Abschließend wollen wir die Frage klären, was beim Mischen mit der Farbe Weiß passiert?

Weiß (255, 255, 255) + Rot (255, 0, 0) = Undefinierter Zustand

Eine Mischung mit Weiß führt zu einem Problem, welches anhand eines Mischungsverhältnisses gelöst wird. Hierzu treffen wir folgende Annahme: Wir wollen Weiß und Rot zu gleichen Teilen mischen. Daraus ergibt sich folgende Rechnung:

0.5 * Rot (255, 0, 0) + 0.5 * Weiß (255, 255, 255) =

(127.5, 0, 0) + (127.5, 127.5, 127.5) =

(255, 127.5, 127.5)

Ein Blick auf den Namen

Den Namen Alpha-Blending kennt beinahe jeder, der sich mit dem Thema DirectX auseinander setzt. Mit Blending ist das Überblenden gemeint. Der Begriff Überblenden ist uns vom Film- oder Videoschnitt geläufig und beschreibt das langsame Einblenden einer neuen Szene in die bestehende. Hierbei wird die alte Szene immer transparenter und die neue immer stärker sichtbar. Mit Alpha ist ein Index gemeint, welcher bestimmt, wie transparent ein Pixel sein soll. Je höher der Alphawert ist, desto undurchsichtiger ist das Pixel.

Alpha-Blending arbeitet mit dem additiven Farbmodel, nimmt jedoch zu den regulären Grundfarben RGB noch einen Alphawert hinzu. Somit arbeitet DirectX mit dem *ARGB-* bzw. *RGBA*-Modell. Durch diesen zusätzlichen Wert benötigt DirectX einen 32 Bit großen Farbwert. Deshalb werden Farben auch als DWORD gespeichert. Ein DWORD besitzt ausreichend Platz, um eine Echtfarbe (TrueColor 24 Bit) und ein Alphawert (8 Bit) aufzunehmen.

Transparenz oder ein Pixel mit dem Hintergrund verknüpfen

Alpha-Blending basiert darauf, dass jedes neue Pixel mit dem Hintergrund (Bildpuffer) verknüpft wird. Das Ergebnis wird wieder in den Bildpuffer geschrieben. Dieser Vorgang kann sich beliebig wiederholen. Wichtig ist jedoch, dass die Pixel in der richtigen Tiefenreihenfolge geschrieben werden. Wenn weit entfernte Pixel hinter näher gelegene Pixel geschrieben werden, führt das zu Bildfehlern und zu perspektivisch deformierten Szenen.

Was ist Transparenz?

Ein Material ist transparent, wenn Lichtstrahlen nicht reflektiert werden. Oder anders ausgedrückt ist Transparenz die Fähigkeit, Lichtstrahlen durchzulassen. Sie kennen den Effekt, wenn Sie vor eine Taschenlampe etwas Transparentpapier halten. Das Licht der Taschenlampe ist Weiß und trifft auf das Transparentpapier. Das Transparentpapier filtert das Licht und lässt nur ein bestimmtes Farbspektrum durch. Bei blauem Transparentpapier kann das blaue Farbspektrum passieren und bei rotem Transparentpapier passiert das rote Farbspektrum. Es sieht so aus, als wäre das Licht blau bzw. rot. In Wirklichkeit ist das Licht der Taschenlampe aber Weiß.

Nun steht DirectX vor der Aufgabe, den Hintergrund mit dem Vordergrundpixel zu kombinieren. Wahrscheinlich sollte eine Multiplikation beider Pixel das Problem lösen. Bei genauerer Betrachtung erkennen wir, dass eine Multiplikation zwar ein Ergebnis liefert, aber in den meisten Fällen von einer korrekten Kombination beider Pixel weit entfernt ist.

Das additive Farbmodell liefert die korrekte Lösung. Zwei Pixel sind miteinander zu kombinieren, indem ihre gewichteten Werte addiert werden. Es muss genau bestimmt werden, wie der Blendfaktor von dem alten und neuen Wert verwendet werden soll. Der Blendfaktor ist das jeweilige Gewicht einer Farbe und bestimmt die Intensität, mit der die Farbe das Gesamtergebnis beeinflusst.

Ergebnis = (Hintergrund * Blendfaktor$_{Hintergrund}$) + (Vordergund * Blendfaktor$_{Vordergrund}$)

Wenn Hintergrund und Vordergrund gleich stark miteinander gemischt werden sollen, müssen die Blendfaktoren für den Hintergrund sowie Vordergrund gleich sein. Sehr beliebt ist die folgende Zuweisung:

Blendfaktor$_{Hintergrund}$ = 1

Blendfaktor$_{Vordergrund}$ = 1

Der Blendfaktor kann auch in Abhängigkeit zu dem Alphawert der Vordergrundfarbe gesetzt werden. Demnach sollte ein hoher Alphawert das Pixel stärker darstellen als ein kleiner Alphawert. Hierzu betrachten wir den folgenden Ansatz:

Blendfaktor$_{Hintergrund}$ = 1 – Alphawert

Blendfaktor$_{Vordergrund}$ = Alphawert

Besonders zu beachten ist, dass der Blendfaktor bei diesem Lösungsansatz immer 1 ergibt. Wenn die Summe der Blendfaktoren größer 1 ist, wird das Endergebnis heller. Wenn die Summe der Blendfaktoren kleiner 1 ist, wird das Endergebnis dunkler.

Farbe als Träger für den Alphawert

Alphawerte können in Farben untergebracht sein. Hierbei sprechen wir von Vertexfarben, Materialfarben und von Farben im Allgemeinen. Texturen können Alphawerte enthalten und hierbei gibt es nicht nur einen Alphawert für die gesamte Textur, sondern für jedes einzelne Texel. So können einige Texel transparenter als andere dargestellt werden. Durch diese individuelle Gestaltung einer Textur können sehr schöne Effekte erzielt werden. Sie sollten aber beachten, dass das Oberflächenformat der Textur in der Lage sein muss, den Alphawert aufzunehmen. *D3DFMT_A8R8G8B8* ist in der Lage, auch die Alphawerte zu speichern.

Alpha-Blending aktivieren

Jedes Mal, wenn wir ein Polygon transparent zeichnen wollen, müssen wir DirectX mitteilen, dass wir Alpha-Blending verwenden wollen. Ist Alpha-Blending erst einmal aktiviert, werden alle Polygone so lange transparent gezeichnet, bis Alpha-Blending wieder deaktiviert wird. Zum Aktivieren bzw. Deaktivieren wird ein RenderState mittels *SetRenderState()*-Methode gesetzt:

```
HRESULT SetRenderState(
    D3DRENDERSTATETYPE State,
    DWORD Value
);
```

- Aktivieren von Alpha-Blending

  ```
  HRESULT result;
  result = SetRenderState(D3DRS_ALPHABLENDENABLE, True);
  ```

- Deaktivieren von Alpha-Blending

  ```
  HRESULT result;
  result = SetRenderState(D3DRS_ALPHABLENDENABLE, False);
  ```

Die Aktivierung von Alpha-Blending allein reicht nicht, um Alpha-Blending zu nutzen. Es fehlt noch eine Beschreibung der Blendfaktoren. Mit Hilfe der RenderStates *D3DRS_SRCBLEND* (Vordergrund) und *D3DRS_DESTBLEND* (Hintergrund) können wir die Blendfaktoren setzen. Beide RenderStates fordern einen Parameter aus der *D3DBLEND*-Auflistung.

```
typedef enum _D3DBLEND {
    D3DBLEND_ZERO = 1,
    D3DBLEND_ONE = 2,
    D3DBLEND_SRCCOLOR = 3,
    D3DBLEND_INVSRCCOLOR = 4,
    D3DBLEND_SRCALPHA = 5,
    D3DBLEND_INVSRCALPHA = 6,
    D3DBLEND_DESTALPHA = 7,
    D3DBLEND_INVDESTALPHA = 8,
    D3DBLEND_DESTCOLOR = 9,
    D3DBLEND_INVDESTCOLOR = 10,
    D3DBLEND_SRCALPHASAT = 11,
    D3DBLEND_BOTHSRCALPHA = 12,
    D3DBLEND_BOTHINVSRCALPHA = 13,
    D3DBLEND_BLENDFACTOR = 14,
    D3DBLEND_INVBLENDFACTOR = 15,
    D3DBLEND_FORCE_DWORD = 0x7fffffff
} D3DBLEND;
```

Die Voreinstellung für die beiden RenderStates *D3DRS_SRCBLEND* (Vordergrund) und *D3DRS_DESTBLEND* ist:

```
HRESULT result;
result = SetRenderState(D3DRS_SRCBLEND, D3DBLEND_ONE);
result = SetRenderState(D3DRS_DESTBLEND, D3DBLEND_ZERO);
```

Durch die Voreinstellung wird Alpha-Blending verhindert. Der Vordergrund wird den Hintergrund zu 100 Prozent überdecken. Der Blendfaktor *D3DBLEND_ZERO* besagt, dass der Hintergrund mit einem Anteil von 0 Prozent gewichtet wird. Dem gegenüber steht der Blendfaktor D3DBLEND_ONE. Dieser sorgt für eine hundertprozentige Gewichtung.

Die Tabelle 2.1 gibt Auskunft über die möglichen Blendfaktoren.

RenderState	Beschreibung
D3DBLEND_ZERO	Blendfaktor ist 0
D3DBLEND_ONE	Blendfaktor ist 1
D3DBLEND_SRCCOLOR	Blendfaktor entspricht der Vordergrundfarbe
D3DBLEND_INVSRCCOLOR	Blendfaktor entspricht 1 minus der Vordergrundfarbe
D3DBLEND_DESTCOLOR	Blendfaktor entspricht der Hintergrundfarbe
D3DBLEND_INVDESTCOLOR	Blendfaktor entspricht 1 minus der Hintergrundfarbe
D3DBLEND_SRCALPHA	Blendfaktor entspricht dem Alphawert der Vordergrundfarbe
D3DBLEND_INVSRCALPHA	Blendfaktor entspricht 1 minus dem Alphawert der Vordergrundfarbe
D3DBLEND_DESTALPHA	Blendfaktor entspricht dem Alphawert der Hintergrundfarbe
D3DBLEND_INVDESTALPHA	Blendfaktor entspricht 1 minus dem Alphawert der Hintergrundfarbe
D3DBLEND_BLENDFACTOR	Blendfaktor entspricht dem angegebenen Wert des RenderStates (wird als Farbe angegeben)

Tabelle 2.1 Blendfaktoren für Alpha-Blending

RenderState	Beschreibung
D3DBLEND_INVBLENDFACTOR	Blendfaktor entspricht 1 minus dem angegebenen Wert des RenderStates (wird als Farbe angegeben)
D3DBLEND_SRCALPHASAT	Blendfaktor entspricht (f, f, f,1) wenn f = min(A_S, $1-A_d$) ist
D3DBLEND_BOTHSRCALPHA	Wird nicht mehr verwendet. Der gleiche Effekt kann erzielt werden, indem *SRCBLEND* auf *D3DBLEND_SRCALPHA* und *DESTBLEND* auf *D3DBLEND_INVSRCALPHA* gesetzt wird.
D3DBLEND_BOTHINVSRCALPHA	Der Vordergrundblendfaktor entspricht ($1 - A_s$, $1 - A_s$, $1 - A_s$, $1 - A_s$) und der Hintergrundblendfaktor entspricht (A_s, A_s, A_s, A_s). Der Hintergrundblendfaktor wird überschrieben.

Tabelle 2.1 Blendfaktoren für Alpha-Blending *(Fortsetzung)*

Damit ein Alphawert verwendet werden kann, empfiehlt es sich, die Blendfaktoren *D3DBLEND_SRCALPHA* sowie sein Gegenstück *D3DBLEND_INVSRCALPHA* zu verwenden. Hierdurch fließen Alphawerte, welche in einer Farbe (Textur, Vertexfarbe, Materialfarbe) enthalten sind, in den Verschmelzungsprozess ein.

Wenn ein Polygon oder ein gesamtes Objekt gleichmäßig transparent gezeichnet werden soll, kommen die Blendfaktoren *D3DBLEND_BLENDFACTOR* und *D3DBLEND_INVBLENDFACTOR* zum Einsatz. Der zu verwendende Alphawert wird nicht aus einer Material-, Vertex, oder Texturfarbe bezogen, sondern explizit angegeben. Die Übergabe des Alphawertes erfolgt als DWORD und könnte somit auch eine Variable vom Typ *D3DCOLOR* sein.

Nachdem die Blendfaktoren festgelegt sind, muss der Blendoperator bestimmt werden. Der Blendoperator geht auf die Art und Weise der Pixelverknüpfung ein. Er legt fest, wie das Hintergrundpixel mit dem Vordergrundpixel miteinander kombiniert werden soll. Hierzu wird der RenderState *D3DRS_BLENDOP* verwendet. Dieser RenderState verlangt einen Wert aus der *D3DBLENDOP*-Auflistung.

```
typedef enum _D3DBLENDOP {
    D3DBLENDOP_ADD = 1,
    D3DBLENDOP_SUBTRACT = 2,
    D3DBLENDOP_REVSUBTRACT = 3,
    D3DBLENDOP_MIN = 4,
    D3DBLENDOP_MAX = 5,
    D3DBLENDOP_FORCE_DWORD = 0x7fffffff
} D3DBLENDOP;
```

Blendoperator	Beschreibung
D3DBLENDOP_ADD	Das Ergebnis ist die Summe von Hintergrundfarbe und Vordergrundfarbe
D3DBLENDOP_SUBTRACT	Die Hintergrundfarbe wird von der Vordergrundfarbe subtrahiert
D3DBLENDOP_REVSUBTRACT	Die Vordergrundfarbe wird von der Hintergrundfarbe subtrahiert
D3DBLENDOP_MIN	Das Ergebnis ist der kleinere Wert, entweder die Hintergrundfarbe oder die Vordergrundfarbe. Die Farben werden nicht kombiniert.
D3DBLENDOP_MAX	Das Ergebnis ist der größere Wert, entweder die Hintergrundfarbe oder die Vordergrundfarbe. Die Farben werden nicht kombiniert.

Tabelle 2.2 Blendoperatoren für den RenderState *D3DRS_BLENDOP*

Alpha-Testing

Alpha-Blending ist eine Technik, welche die Systemressourcen stark beansprucht. Die Verbindung von Hintergrundinformationen mit Vordergrundinformationen ist eine rechenintensive Aufgabe. Dennoch will kein Spieleentwickler auf Alpha-Blending verzichten. Ärgerlich wird es immer dann, wenn Alpha-Blending zum Einsatz kommt, aber unbemerkt bleibt. Hierfür kann es verschiedene Gründe geben. Der Grund kann ein zu kleiner Alphawert sein. Bei einem kleinen Alphawert (nahe bei null) würde das Polygon quasi völlig transparent dargestellt. In diesem Fall hätte das System eine Menge Rechenzeit dazu verwendet, ein transparentes Polygon (Objekt) zu berechnen.

Unter Alpha-Testing versteht man die Möglichkeit, zu prüfen ob ein Pixel einem bestimmten Kriterium entspricht. Nur wenn die Bedingung eingehalten wird, darf das Pixel gezeichnet werden. So könnte man zum Beispiel festlegen, dass ein Pixel nur dann gezeichnet wird, wenn der Alphawert größer 127 ist.

HINWEIS   Alpha-Werte werde als DWORD angegeben. Ein DWORD ist 32 Bit groß. Neben den Primärfarben (3 * 8 Bit = 24 Bit) erhält der Alphawert ebenfalls 8 Bit. Mit 8 Bit steht dem Alphawert eine Spanne von 256 (0 bis 255) Einheiten zur Verfügung. Ein Wert von 0 bedeutet die totale Transparenz. Ein Wert von 255 bedeutet völlig opak (undurchsichtig).

Alpha-Testing aktiviert man mit dem RenderState *D3DRS_ALPHATESTENABLE*:

```
HRESULT result;
result = SetRenderState(D3DRS_ALPHATESTENABLE, TRUE);
```

Anschließend muss die Bedingung zum Testen festgelegt werden. Hierzu wird der RenderState *D3DRS_ALPHAFUNC* verwendet. Hierbei verlangt die *SetRenderState()*-Methode als zweiten Parameter ein Mitglied aus der *D3DCMPFUNC*-Auflistung:

```
typedef enum _D3DCMPFUNC {
    D3DCMP_NEVER = 1,
    D3DCMP_LESS = 2,
    D3DCMP_EQUAL = 3,
    D3DCMP_LESSEQUAL = 4,
    D3DCMP_GREATER = 5,
    D3DCMP_NOTEQUAL = 6,
    D3DCMP_GREATEREQUAL = 7,
    D3DCMP_ALWAYS = 8,
    D3DCMP_FORCE_DWORD = 0x7fffffff
} D3DCMPFUNC;
```

Alpha-Testing-Bedingungen	Beschreibung
D3DCMP_NEVER	Der Test scheitert immer
D3DCMP_LESS	Das neue Pixel wird akzeptiert, wenn der Wert kleiner dem Wert des aktuellen Pixels ist
D3DCMP_EQUAL	Das neue Pixel wird akzeptiert, wenn der Wert gleich dem Wert des aktuellen Pixels ist
D3DCMP_LESSEQUAL	Das neue Pixel wird akzeptiert, wenn der Wert kleiner gleich dem Wert des aktuellen Pixels ist
D3DCMP_GREATER	Das neue Pixel wird akzeptiert, wenn der Wert größer dem Wert des aktuellen Pixels ist
D3DCMP_NOTEQUAL	Das neue Pixel wird akzeptiert, wenn der Wert ungleich dem Wert des aktuellen Pixels ist

Tabelle 2.3 Alpha-Testing-Bedingungen

Alpha-Testing-Bedingungen	Beschreibung
D3DCMP_GREATEREQUAL	Das neue Pixel wird akzeptiert, wenn der Wert größer gleich dem Wert des aktuellen Pixels ist
D3DCMP_ALWAYS	Der Test wird immer bestanden

Tabelle 2.3 Alpha-Testing-Bedingungen *(Fortsetzung)*

```
HRESULT result;
result = SetRenderState(D3DRS_ALPHAFUNC, D3DCMP_GREATEREQUAL);
```

Zuletzt benötigt DirectX die Information, mit welchem Wert die Bedingung verglichen werden soll. Hierzu bedienen wir uns des RenderStates *D3DRS_ALPHAREF*. Der Wertebereich liegt zwischen 0x00000000 bis 0x000000FF. Der voreingestellte Wert ist 0x00000000.

```
HRESULT result;
result = SetRenderState(D3DRS_ALPHAREF, 0x0000007F);
```

oder

```
HRESULT result;
result = SetRenderState(D3DRS_ALPHAREF, 127);
```

Beispielprogramm *Alpha-Blending*

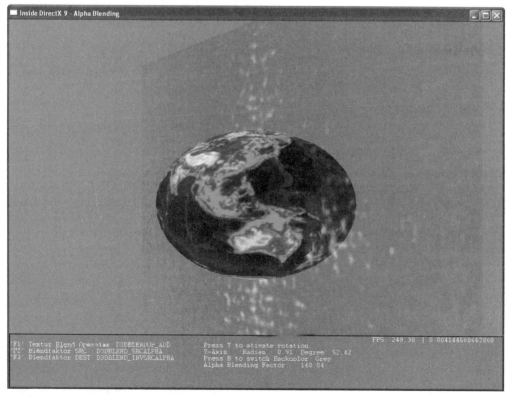

Abbildung 2.43 Beispielprogramm *Alpha-Blending*

Um Alpha-Blending zu demonstrieren, benötigen wir zumindest zwei Objekte. Es würden auch zwei Dreiecke genügen. Wichtig ist, dass die beiden Objekte sich gegenseitig verdecken. Wir haben eine Weltkugel und eine Milchglasscheibe gewählt. Die Weltkugel liegt inmitten der Glasscheibe. Die Glasscheibe dreht sich entlang der vertikalen Achse (Y-Achse). Hierbei wird die Weltkugel immer wieder verdeckt. Anhand des Wechselspiels aus freier und verdeckter Sicht, können die Auswirkungen der unterschiedlichen Alpha-Blending-Einstellungen gut beobachtet werden. Zusätzlich können Sie mit der Taste ⌴B⌴ zwischen den Hintergrundfarben Schwarz und Grau umschalten. Die Farbe Schwarz nimmt eine Sonderstellung ein. Sie verhält sich größtenteils neutral und verfälscht das Alpha-Blending-Ergebnis nicht. Mit der Taste ⌴F1⌴ wählen Sie den Alpha-Blending-Operator. Mit den Tasten ⌴F2⌴ und ⌴F3⌴ werden die Blendfaktoren für den Vordergrund und den Hintergrund gewählt.

Die Reihenfolge, in der die einzelnen Objekte gezeichnet werden, ist von maßgeblicher Bedeutung. So müssen zuerst alle Objekte gezeichnet werden, die opak dargestellt werden sollen. Anschließend werden alle transparenten bzw. teiltransparenten Objekte gezeichnet. Hierbei ist auf die korrekte Tiefenreihenfolge zu achten. Das heißt, es wird zuerst das am weitesten entfernte Objekt gezeichnet, anschließend das näher gelegene und so weiter. Die Reihenfolge ist von »fern« nach »nah«. Das hört sich leicht an, stellt aber in der Praxis ein echtes Problem dar. Es muss bei jedem Zeichendurchlauf (die Objekte oder die Kamera könnten ihre Position verändern) eine nach Entfernung sortierte Liste erstellt werden. Bei vielen Objekten ist das eine zeitintensive Aufgabe. Solch eine Liste einmal zu erstellen, ist eine kaum spürbare Aufgabe. Wenn aber diese Liste 50 oder 100 Mal pro Sekunde erstellt werden muss, wird sich das in einer geringeren Framerate niederschlagen.

Beim Zeichnen der transparenten Objekte muss der Z-Buffer abgeschaltet werden. Beim Zeichnen der opaken Objekte wird der Z-Buffer wieder aktiviert.

Auswahl des Alpha-Blending-Operators

Der Alpha-Blending-Operator wird über die Taste ⌴F1⌴ ausgewählt. Hierzu erhöhen wir die Hilfsvariable *AlphaBlendingOPindex* jeweils um 1.

```
if ((GetAsyncKeyState(VK_F1)& 0x8000)!=0){
    GameMain.m_GameData.AlphaBlendingOPindex ++;
    if(GameMain.m_GameData.AlphaBlendingOPindex>5)
                        (GameMain.m_GameData.AlphaBlendingOPindex=1;}
    result = GameMain.m_GameData.pd3dDevice->SetRenderState(D3DRS_BLENDOP,
                        GameMain.m_GameData.AlphaBlendingOPindex);
}
```

Nachdem die Variable *AlphaBlendingOPindex* gesetzt wurde, muss der neue Wert an DirectX übermittelt werden. Dies geschieht mit der *SetRenderState()*-Methode.

Die Variable *AlphaBlendingOPindex* ist vom Datentyp *Integer* und wird durch die *D3DBLENDOP*-Auflistung interpretiert.

```
typedef enum _D3DBLENDOP {
    D3DBLENDOP_ADD = 1,
    D3DBLENDOP_SUBTRACT = 2,
    D3DBLENDOP_REVSUBTRACT = 3,
    D3DBLENDOP_MIN = 4,
    D3DBLENDOP_MAX = 5,
    D3DBLENDOP_FORCE_DWORD = 0x7fffffff
} D3DBLENDOP;
```

Auswahl des Blendfaktors

Durch die Tasten F2 und F3 wird der Blendfaktor für die Vordergrundfarbe (*D3DRS_SRCBLEND*) und die Hintergrundfarbe (*D3DRS_DESTBLEND*) umgeschaltet:

```
if ((GetAsyncKeyState(VK_F2)& 0x8000)!=0){
    GameMain.m_GameData.AlphaBlendingSRCindex ++;
    if(GameMain.m_GameData.AlphaBlendingSRCindex>15)
                            (GameMain.m_GameData.AlphaBlendingSRCindex=1;}
    result = GameMain.m_GameData.pd3dDevice->SetRenderState(D3DRS_SRCBLEND,
                            GameMain.m_GameData.AlphaBlendingSRCindex);
}
if ((GetAsyncKeyState(VK_F3)& 0x8000)!=0){
    GameMain.m_GameData.AlphaBlendingDESTindex ++;
    if(GameMain.m_GameData.AlphaBlendingDESTindex>15)
                            {GameMain.m_GameData.AlphaBlendingDESTindex=1;}
    result = GameMain.m_GameData.pd3dDevice->SetRenderState(D3DRS_DESTBLEND,
                            GameMain.m_GameData.AlphaBlendingDESTindex);
}
```

Die Hilfsvariablen *AlphaBlendingSRCindex* und *AlphaBlendingDESTindex* werden anhand der *D3BLEND*-Auflistung interpretiert:

```
typedef enum _D3DBLEND {
    D3DBLEND_ZERO = 1,
    D3DBLEND_ONE = 2,
    D3DBLEND_SRCCOLOR = 3,
    D3DBLEND_INVSRCCOLOR = 4,
    D3DBLEND_SRCALPHA = 5,
    D3DBLEND_INVSRCALPHA = 6,
    D3DBLEND_DESTALPHA = 7,
    D3DBLEND_INVDESTALPHA = 8,
    D3DBLEND_DESTCOLOR = 9,
    D3DBLEND_INVDESTCOLOR = 10,
    D3DBLEND_SRCALPHASAT = 11,
    D3DBLEND_BOTHSRCALPHA = 12,
    D3DBLEND_BOTHINVSRCALPHA = 13,
    D3DBLEND_BLENDFACTOR = 14,
    D3DBLEND_INVBLENDFACTOR = 15,
    D3DBLEND_FORCE_DWORD = 0x7fffffff
} D3DBLEND;
```

Zeichnen der Objekte

Beim Zeichnen der Objekte müssen wir auf die korrekte Reihenfolge achten. Zuerst wird das opake und anschließend das transparente Objekt gezeichnet:

- Opakes Objekt

```
SetupMatrices(&m_GameData.mFinal2);
result = m_GameData.pd3dDevice->SetRenderState(D3DRS_ALPHABLENDENABLE, FALSE);
m_GameData.pd3dDevice->SetTexture( 0, m_GameData.D3D_Texture2 );
m_GameData.pd3dDevice->SetStreamSource( 0, m_GameData.ProjectClass.pVB_sphere, 0,
                                        sizeof(CUSTOMVERTEX) );
m_GameData.pd3dDevice->SetFVF( D3DFVF_CUSTOMVERTEX );
m_GameData.pd3dDevice->DrawPrimitive( D3DPT_TRIANGLESTRIP, 0,2 * 20 * ( 20 + 1 )-2);
```

- Transparentes Objekt

```
SetupMatrices(&m_GameData.mFinal);
result = m_GameData.pd3dDevice->SetRenderState(D3DRS_ALPHABLENDENABLE, TRUE);
m_GameData.pd3dDevice->SetTexture( 0, m_GameData.D3D_Texture1 );
m_GameData.pd3dDevice->SetStreamSource( 0, m_GameData.ProjectClass.pVB_square, 0,
                                        sizeof(CUSTOMVERTEX) );
m_GameData.pd3dDevice->SetFVF( D3DFVF_CUSTOMVERTEX );
m_GameData.pd3dDevice->DrawPrimitive( D3DPT_TRIANGLELIST, 0,2);
```

Beide Objekte sollen sich unterschiedlich drehen. Hierzu bedarf es einer eigenen Matrix. Das Ergebnis beider Matrizen wird in *mFinal* und *mFinal2* gespeichert. Die Matrizen werden unmittelbar vor dem Zeichnen an die *SetupMatrices()*-Routine übergeben. Diese manipuliert im Wesentlichen die Weltmatrix, sodass die individuellen Auswirkungen bei den einzelnen Objekten sichtbar werden.

Textur mit einem Alphawert

Das drehende Milchglas verwendet eine 32-Bit-Textur. In der Bitmap ist ein eigener Alphakanal vorhanden. Dieser wurde durch eine Graustufenumrechnung der RGB-Farben errechnet. Es ist von höchster Bedeutung, dass Alphawerte vorhanden sind. Nur dann können Blendfaktoren wie *D3DBLEND_SRCALPHA* und *D3DBLEND_INVSRCALPHA* funktionieren. Die meisten Bitmaps haben lediglich eine Farbtiefe von 24 Bit. Bei der Verwendung dieser Bitmaps werden einige (nicht alle) Blendfaktoren keine Wirkung zeigen.

Z-Buffer (Tiefenspeicher)

Wenn mehrere Objekte in einer Szene gezeichnet werden sollen, besteht die Gefahr, dass sich die Objekte gegenseitig verdecken. Hieraus entsteht ein Sichtbarkeitsproblem. Das Sichtbarkeitsproblem beschäftigt sich damit, welche Teile von Objektoberflächen bei der Projektion auf die zweidimensionale Anzeigefläche sichtbar sind. Die Verdeckungsberechnung versucht, nicht sichtbare Oberflächen zu erkennen und auszusortieren, um so das Sichtbarkeitsproblem zu lösen.

Der Maler-Algorithmus ist ein frühe Lösung des Sichtbarkeitsproblems und eine Anspielung auf einen einfältigen Maler, welcher zuerst weiter entfernte Objekte zeichnet und diese mit den näher gelegenen Objekten übermalt. Das bedeutet, dass alle Objekte der Tiefe nach sortiert werden müssen. Anschließend wird von fern nach nah gezeichnet. Der Maler-Algorithmus führt zu einigen Problemen. Eines davon offenbart sich, wenn sich Objekte im 3D-Raum überschneiden. In diesem Fall ist eine eindeutige Tiefensortierung nicht möglich und ein Objekt wird das andere komplett überzeichnen. Richtig wäre es, wenn sich die Objekte nur teilweise (entsprechend der tatsächlichen Tiefe der einzelnen Pixel) überzeichnen würden. Zusätzlich ist der Maler-Algorithmus sehr langsam. Es werden auch solche Pixel gezeichnet, welche später durch ein anderes Objekt wieder verdeckt werden.

DirectX verwendet den Z-Buffer-Algorithmus. Dieser ist eine Weiterentwicklung des Maler-Algorithmus und wurde von dem US-amerikanischen Informatiker und Computergrafiker Dr. Edwin Catmull entwickelt. Beim Zeichnen eines Objektes werden die Tiefeninformationen (Z-Koordinate) der einzelnen Pixel im Z-Buffer abgelegt. Der Z-Buffer ist als zweidimensionales Array aufgebaut, welches von jedem Bildschirmpunkt den Tiefenwert speichert. Wenn ein Objekt einen bereits verwendeten Bildschirmpunkt benutzen möchte, vergleicht die Grafikkarte die Tiefeninformationen und wird das Pixel auswählen, welches dem Betrachter am nächsten ist. Die Tiefeninformation des ausgewählten Pixels ersetzt dann die vorhandene Tiefeninformation im Z-Buffer. Ein Z-Buffer kann in unterschiedlichen Qualitäten erstellt werden. Je nachdem, ob der Z-Buffer mit 8, 16 oder 32 Bit erstellt wurde, werden visuelle Artefakte vermieden bzw. vermindert. Eine zu geringe Bittiefe macht sich hauptsächlich bei eng benachbarten Objekten negativ bemerkbar. Der Wertebereich des Z-Buffers liegt zwischen 0 und 1. Fälschlicherweise wird oft angenommen, der Wertebereich würde zwischen −1 und +1 liegen.

Eine Alternative zum Z-Buffer ist der W-Buffer. Diese Techniken unterscheiden sich in der Art, wie sie die Tiefenwerte ermitteln. Der Z-Buffer interpoliert die tatsächlichen Tiefenwerte in den Bereich zwischen 0 (nah) und 1 (fern). Der W-Buffer tut dies nicht. Er arbeitet prinzipiell mit den unveränderten Tiefenwerten, welche als Fließkommazahl gespeichert werden. Die resultierenden Werte sind im Gegensatz zum Z-Buffer gleichmäßiger verteilt. Obwohl der W-Buffer bei bestimmten Anwendungen ein besseres Ergebnis liefert, verwendet DirectX hauptsächlich den Z-Buffer.

Erstellen eines Z-Buffers

Wenn ein Z-Buffer verwendet werden soll, muss dies bereits beim Erstellen des Direct3D-Device berücksichtigt werden. Die Grundlage zum Erstellen eines Direct3D-Device ist die *D3DPRESENT_PARAMETERS*-Struktur. In dieser Struktur müssen wir die Verwendung des Z-Buffers kenntlich machen. Außerdem muss das Z-Buffer-Format festgelegt werden.

```
D3DPRESENT_PARAMETERS d3dpp;
ZeroMemory( &d3dpp, sizeof(d3dpp) );
d3dpp.Windowed             = TRUE;
d3dpp.SwapEffect           = D3DSWAPEFFECT_COPY;
d3dpp.EnableAutoDepthStencil = TRUE;
d3dpp.AutoDepthStencilFormat = D3DFMT_D16;
if( FAILED( g_pD3D->CreateDevice( D3DADAPTER_DEFAULT, D3DDEVTYPE_HAL, hWnd,
                        D3DCREATE_SOFTWARE_VERTEXPROCESSING,
                        &d3dpp, &d3dDevice ) ) ) return E_FAIL;
```

Das Z-Buffer-Format ist von den Fähigkeiten der Grafikkarte abhängig. Die Tabelle 2.4 zeigt die von DirectX unterstützen Formate.

Typ	Value	Beschreibung
D3DFMT_D16_LOCKABLE	70	16 Bit
D3DFMT_D32	71	32 Bit
D3DFMT_D15S1	73	16 Bit (15 Bit für den Tiefenspeicher und 1 Bit für den Stencil-Buffer)
D3DFMT_D24S8	75	32 Bit (24 Bit für den Tiefenspeicher und 8 Bit für den Stencil-Buffer)
D3DFMT_D24X8	77	32 Bit (es werden nur 24 Bit für den Tiefenspeicher genutzt)
D3DFMT_D24X4S4	79	32 Bit (24-Bit für den Tiefenspeicher, 4 Bit für den Stencil-Buffer)
D3DFMT_D32F_LOCKABLE	82	Ein geschütztes Format (Institute of Electrical and Electronics Engineers IEEE)
D3DFMT_D24FS8	83	24 Bit für den Tiefenspeicher und 8 Bit für den Stencil-Buffer
D3DFMT_D16	80	16 Bit
D3DFMT_VERTEXDATA	100	Beschreibt eine Vertex-Buffer-Surface
D3DFMT_INDEX16	101	16 Bit Index-Buffer-Tiefe
D3DFMT_INDEX32	102	32 Bit Index-Buffer-Tiefe

Tabelle 2.4 Z-Buffer-Formate (Tiefenspeicherformate)

Verwenden des Z-Buffers

Nachdem der Z-Buffer beim Erstellen des Direct3D-Device mit erstellt wurde, muss DirectX darüber informiert werden, dass der Z-Buffer auch verwendet werden soll. Dies geschieht durch das Setzen eines Render-States.

```
HRESULT result;
result = D3dDevice->SetRenderState(D3DRS_ZENABLE, D3DZB_TRUE);
```

Beim Aufruf des RenderStates sollten Sie darauf achten, dass für den Parameter *Value* nicht einfach ein *TRUE* oder *FALSE* gesetzt wird. Hierfür ist die *D3DZBUFFERTYPE*-Auflistung vorgesehen.

HINWEIS Auch wenn die Verwendung der *D3DZBUFFERTYPE*-Auflistung vorgesehen ist, führt der Einsatz von *TRUE* und *FALSE* nicht zu einem Fehler. Wenn Sie lediglich den Z-Buffer verwenden, ist es Ihnen überlassen, mit welchem Ausdruck Sie arbeiten wollen.

```
typedef enum _D3DZBUFFERTYPE {
    D3DZB_FALSE = 0,
    D3DZB_TRUE = 1,
    D3DZB_USEW = 2,
    D3DZB_FORCE_DWORD = 0x7fffffff
} D3DZBUFFERTYPE;
```

Das Mitglied *D3DZB_USEW* ist besonders interessant. Über diesen Eintrag kann die Verwendung des W-Buffers initialisiert werden. Dies geht natürlich nur dann, wenn die Grafikkarte das unterstützt.

Ein Pointer auf den Tiefenspeicher

Manchmal ist es hilfreich, direkt auf den Tiefenspeicher zuzugreifen. Mit der *GetDepthStencilSurface()*-Methode erhält man einen Zeiger auf den aktuellen Tiefenspeicher.

```
LPDIRECT3DSURFACE9 pZBuffer;
m_d3dDevice->GetDepthStencilSurface( &pZBuffer );
```

IDirect3DDevice9::GetDepthStencilSurface

Liefert einen Zeiger auf den Tiefenspeicher eines Direct3D-Device

```
HRESULT GetDepthStencilSurface(
    IDirect3DSurface9 **ppZStencilSurface
);
```

ppZStencilSurface   Ein Zeiger auf ein gültiges *IDirect3Dsurface*-Interface

Bei Erfolg wird *D3D_OK* zurückgegeben, bei Misserfolg *D3DERR_INVALIDCALL* oder *D3DERR_NOTFOUND*.

Z-Buffer löschen

Bevor mit einem neuen Zeichendurchlauf begonnen wird, muss das Zeichenziel (render target) vom alten Inhalt gelöscht werden. Das Gleiche gilt auch für den Z-Buffer. Mit der *Clear()*-Methode wird der Z-Buffer gelöscht:

```
m_GameData.pd3dDevice->Clear( 0, NULL, D3DCLEAR_TARGET|D3DCLEAR_ZBUFFER,
                              D3DCOLOR_XRGB(0,0,255), 1.0f, 0 );
if( SUCCEEDED( m_GameData.pd3dDevice->BeginScene() ) )
{
    // ========================================================
    // Begin the scene
    // ========================================================
{
m_GameData.pd3dDevice->EndScene();
```

Listing 2.58 Löschen des Zeichenziels und des Z-Buffers

Das Listing 2.58 demonstriert das Löschen des Zeichenziels (*D3DCLEAR_TARGET*) sowie des Z-Buffers (*D3DCLEAR_ZBUFFER*). Neben dem Zeichenziel und dem Z-Buffer kann auch der Stencil-Buffer gelöscht werden.

D3DCLEAR-Flags	Beschreibung
D3DCLEAR_STENCIL	Löscht den Stencil-Buffer
D3DCLEAR_TARGET	Löscht das Zeichenziel (render target)
D3DCLEAR_ZBUFFER	Löscht den Z-Buffer (Tiefenspeicher)

Tabelle 2.5 *D3DCLEAR*-Flags

Material

Beim Zeichnen einer Szene versucht DirectX, die reale Welt möglichst gut zu simulieren. In der realen Welt existiert eine Vielzahl unterschiedlicher Materialien. Glas, Metall, Holz oder Kunststoff haben unterschiedliche Eigenschaften. In der virtuellen Welt des Computers können wir die unterschiedlichen Materialien nicht anfassen, sodass man sich auf das Betrachten der Objekte beschränken muss. Anhand des Reflexionsverhaltens erkennt man, welches Material dargestellt wird. Jedes Material reflektiert das Licht auf eine charakteristische Art und Weise.

Für die perfekte Simulation von Materialien verwendet DirectX im Wesentlichen drei Hilfsmittel:

- Texturen
- Farbe
- Glanzverhalten

Texturen beeinflussen das Erscheinungsbild eines Objektes, aber sie können nicht als Material im Sinne von DirectX verstanden werden.

Licht und Material

Material ist die Reflexion von Licht. Ohne Licht können wir kein Material sehen. Ein Objekt wird nur erkannt, wenn es im Licht steht. Das reflektierte Licht wird vom Auge erfasst und wir sehen das Objekt.

Material und Licht bestehen im Wesentlichen aus drei Bestandteilen:

- Ambient
- Diffuse
- Specular

  Beim Material kommt noch der Bestandteil *Emissive* hinzu.

- Emissive

Das Materialverhalten ist von diesen Bestandteilen abhängig. Es kann nur der Bestandteil gesehen (reflektiert) werden, welcher im Material sowie im Licht enthalten ist.

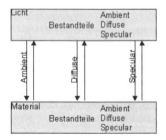

Abbildung 2.44   Reflexion von Licht durch ein Material mit allen Bestandteilen

Die Abbildung 2.44 zeigt, wie ein Material mit den Bestandteilen Ambient, Diffuse und Specular das einfallende Licht reflektiert. Sowohl im Material als auch im Licht sind alle Bestandteile enthalten.

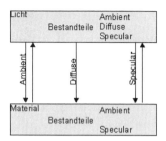

In der Abbildung 2.45 erkennt man das eingeschränkte Reflexionsverhalten eines Materials, welches nicht alle Bestandteile vorweist. Obwohl das einfallende Licht einen diffusen Lichtanteil besitzt, wird dieser nicht reflektiert. Diffuse Lichtquellen sind wirkungslos.

Im Gegensatz zum Licht besitzt ein Material (zumindest in der virtuellen Welt) einen Emissive-Bestandteil. Hierbei handelt es sich um eine eigene Leuchtkraft des Materials. Ist dieser Bestandteil im Material enthalten, kann auf den Einsatz von Licht verzichtet werden. Das Objekt ist sichtbar, obwohl keine Lichtquellen eingeschaltet sind.

Ambient, Diffuse, Specular und Emissive

Wir haben bereits von den Bestandteilen des Materials gesprochen. Nun wollen wir den Sinn und Zweck der unterschiedlichen Bestandteile besprechen. Bevor wir hiermit beginnen, werfen wir noch einen Blick auf die von DirectX verwendete Datenstruktur:

```
typedef struct _D3DMATERIAL9 {
    D3DCOLORVALUE Diffuse;
    D3DCOLORVALUE Ambient;
    D3DCOLORVALUE Specular;
    D3DCOLORVALUE Emissive;
    float Power;
} D3DMATERIAL9;
```

Listing 2.59 Eine *D3DMATERIAL*-Struktur

Sie werden es sicherlich erkennen: In der *D3DMATERIAL9*-Struktur ist der fünfte Bestandteil *Power* integriert. *Power* ist zwar in der Datenstruktur enthalten, kann aber nicht als eigenständiger Bestandteil gewertet werden. Wir wollen nicht zuviel vorwegnehmen, aber mit dem *Power*-Faktor wird die Stärke von Glanzlichtern (Specular) beeinflusst.

Ambient

Der ambiente Materialanteil agiert mit dem ambienten Lichtanteil. Ein ambientes Licht ist ein Umgebungslicht. Es ist allgegenwärtig und besitzt keine Positions- oder Richtungseigenschaften. Wenn dieser Bestandteil in dem Material enthalten ist, werden Lichttypen wie Spot-Light oder Point-Light an Wirkung verlieren. Dennoch ist der ambiente Materialanteil sehr wichtig. Mit ihm ist es möglich, ein Objekt oder eine ganze Szene gleichmäßig zu beleuchten. Viele Szenen kommen gänzlich ohne Lichtquellen aus und arbeiten ausschließlich mit einem Umgebungslicht.

Diffuse

Der diffuse Materialanteil reflektiert ausschließlich ein diffuses Licht. Unter einem diffusen Licht versteht man ein Streulicht, wie es dem natürlichen Licht am ähnlichsten ist. Ausschlaggebend für die Reflexion ist der Normalvektor eines Polygons. Trifft das Licht in einem möglichst kleinen Winkel auf den Normalvektor, wird es am stärksten reflektiert. Im Zusammenspiel mit dem Normalvektor ist ein natürliches Licht am besten zu simulieren.

Specular

Glanzlichter sind von einem specularen Materialanteil abhängig. Unter einem Glanzlicht versteht man eine überhelle Reflexion, wie sie beispielsweise beim Beleuchten einer Metallkugel auftritt. Um diesen Effekt zu erzielen, benötigen wir ein speculares Licht und einen specularen Materialanteil. Außerdem muss ein Indikator gesetzt werden, welcher die Intensität der Reflexion beschreibt. Dies geschieht mit dem Power-Mitglied aus der *D3DMATERIAL9*-Struktur.

Emissive

Eigentlich darf man bei dem Emissive-Bestandteil nicht von einem echten Materialbestandteil sprechen. Diese Eigenschaft existiert nur in der virtuellen Welt und beschreibt die Eigenleuchtkraft eines Materials. Obwohl man diese Eigenschaft in der Realität vergebens sucht, ist sie sehr hilfreich. Ohne den Einsatz von Lichtquellen (welcher Art auch immer) können Objekte sichtbar gemacht werden. Außerdem kann man mit dieser Eigenschaft ein Objekt besonders hervorheben. Stellen Sie sich eine beliebige Szene vor, in der Sie das Augenmerk des Spielers auf ein besonderes Objekt lenken möchten. Mit einer eigenen Leuchtkraft in einer beliebigen Farbe ist das ein Kinderspiel.

Material verwenden

Damit DirectX ein Material verwenden kann, muss zuerst die *D3DMATERIAL9*-Struktur gefüllt werden. Die einzelnen Materialbestandteile sind vom Datentyp *D3DCOLORVALUE*. Lediglich das Mitglied *Power* bildet eine Ausnahme. Hier wird der Datentyp *float* erwartet.

```
D3DMATERIAL9 mtrl;
ZeroMemory( &mtrl, sizeof(D3DMATERIAL9) );
mtrl.Diffuse.r = mtrl.Ambient.r = mtrl.Specular.r =1.0f;
mtrl.Diffuse.g = mtrl.Ambient.g = mtrl.Specular.g =1.0f;
mtrl.Diffuse.b = mtrl.Ambient.b = mtrl.Specular.b =1.0f;
mtrl.Diffuse.a = mtrl.Ambient.a = mtrl.Specular.a =1.0f;
mtrl.Power=20;
```

Listing 2.60 Deklaration und Initialisierung eines Materials

Der Wertebereich für die einzelnen Bestandteile liegt zwischen *0.0f* und *1.0f*. Indem wir allen Materialbestandteilen den Höchstwert zuweisen, ist das Material in der Lage, jegliches Licht zu reflektieren.

Nachdem das Material initialisiert wurde, muss DirectX über die Verwendung informiert werden. Hierzu nutzt man die *SetMaterial()*-Methode.

```
HRESULT SetMaterial(
    CONST D3DMATERIAL9 *pMaterial
);
```

IDirect3DDevice9::SetMaterial

Setzt das angegebene Material als Eigenschaft des Direct3D-Device. Das neue Material wird beim nächsten Renderaufruf verwendet und bleibt bis zur nächsten Änderung gültig.

```
HRESULT SetMaterial(
    CONST D3DMATERIAL9 *pMaterial
);
```

pMaterial   Ein Zeiger auf eine *D3DMATERIAL9*-Struktur

Bei Erfolg wird *D3D_OK* zurückgegeben, bei Misserfolg *D3DERR_INVALIDCALL*.

Diese Methode verlangt lediglich einen Zeiger auf ein zuvor definiertes und initialisiertes Material. Um an das Listing 2.60 anzuknüpfen, würde der Aufruf wie folgt aussehen:

```
D3dDevice->SetMaterial( &mtrl );
```

Ab diesem Zeitpunkt wird dieses Material für jedes zu zeichnende Polygon verwendet. Es ist so lange gültig, bis ein anderes Material gesetzt wird.

Licht

Wir nehmen unsere Umwelt wahr, indem ein Lichtstrahl unser Auge erreicht und unser Gehirn ein Bild der betrachteten Umwelt erzeugt. Die von Objekten zurückgeworfenen Lichtstrahlen ermöglichen ein räumliches Sehen und sind die Grundlagen unserer Orientierung. DirectX versucht ein möglichst realistisches Abbild der realen Welt zu erstellen, denn erst durch die Einbeziehung von Licht können wir auf dem zweidimensionalen Monitor eine Vorstellung des geometrischen Aufbaus einer Szene bekommen. In einer künstlich geschaffenen Welt benötigt man Modelle, welche das Verhalten von Licht und Umgebung beschreiben. Es gibt sehr wirkungsvolle Modelle, die sehr nahe an die Wirklichkeit heranreichen. Jedoch ist zu beachten, dass der Rechenaufwand eines Modells mit steigender Wirklichkeitstreue steigt. Einige Raytracer verwenden sehr realistische Rechenmodelle, welche aber ein Realtime-Rendering nicht mehr zulassen. DirectX muss nun einen Kompromiss bereitstellen, welcher zum einen eine hohe Performance garantiert, aber andererseits nicht zu unwirklich wirken darf.

DirectX verwendet ein Beleuchtungsmodell für lokale Objekte. Damit ist die Lichtberechnung eines direkt auftreffenden Lichtstrahls gemeint. Andere Modelle beschäftigen sich mit Beleuchtungsmodellen für globale Objekte. Diese berechnen den Lichtstrahl auch dann, wenn er ein Objekt durchquert hat. Mit globalen Beleuchtungsmodellen ist eine Schattenberechnung für Objekte möglich, welche hinter dem primären Objekt liegen. Das lokale Beleuchtungsmodell berechnet Schatten für das direkt beleuchtete Modell. Es kann keinen Schatten für verdeckte Modelle berechnen. So kann beispielsweise der Schatten an der Wand, welcher von einem Objekt geworfen wird, nicht berechnet werden. Die Schattierung auf dem Objekt selber kann jedoch berechnet werden und wird im weiteren Verlauf als Schatten bezeichnet.

DirectX unterscheidet zwischen direktem und indirektem Licht. Indirektes Licht ist ein ambientes Licht, welches allgegenwärtig ist. Es besitzt keine Lichtrichtung, stattdessen strahlt es aus allen Richtungen zugleich. Ein Vorteil des indirekten Lichtes ist die außerordentlich gute Ausleuchtung aller Objekte in einer Szene. Da das Licht aus allen Richtungen gleichzeitig auf ein Polygon trifft, kann es keinen Schatten erzeugen.

Direkte Lichtquellen haben immer eine Lichtrichtung. Das bedeutet, dass ein Objekt nicht gleichmäßig beleuchtet wird. Die der Lichtquelle abgewandte Seite liegt im Schatten und die der Lichtquelle zugewandte Seite wird vollständig beleuchtet. Beim Vergleich zwischen dem indirekten Licht und dem direkten Licht schneidet das indirekte Licht schlecht ab. Das direkte Licht wirkt wesentlich natürlicher und ist in der Lage, eine Szene wesentlich zu beleben.

Wird zum Vergleich das natürliche Licht herangezogen, erkennt man sehr schnell die Schwächen von DirectX. Das natürliche Licht der Sonne (oder auch einer künstlichen Beleuchtung) ist einer Reihe von unkontrollierbaren Einflüssen ausgesetzt. Ein Lichtstrahl trifft auf ein beliebiges Objekt und wird dort gebrochen. Ein Teil des Lichts wird von dem Objekt absorbiert, der Rest spaltet sich in Streulichter. Diese Streulichter treffen zusammen mit anderen Streulichtern wiederum auf ein Objekt, welches ebenfalls wiederum Streulichter erzeugt. Dieser Vorgang wiederholt sich so lange, bis das gesamte Licht von den einzelnen Objekten absorbiert wurde.

DirectX unterscheidet zwischen direktem und indirektem Licht. Zu den direkten Lichttypen gehören Point-Light, Spot-Light und Directional-Light. Als indirekte Lichtquelle ist das Ambient-Light zu nennen.

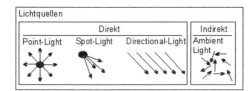

Abbildung 2.46 Lichtquellen

- Point-Light (Punktlichter)

  Dieser Lichttyp strahlt in alle Richtungen. Oftmals wird er mit der Sonne verglichen, welche ebenfalls in alle Richtungen strahlt. Die Intensität nimmt mit zunehmender Entfernung zum Zentrum der Lichtquelle ab. Zur Berechnung eines Point-Light müssen die Position und die Lichtrichtung bekannt sein.

- Spot-Light (Spotlichter)

  Ein Spot-Light wird mit dem Strahl einer Taschenlampe verglichen. Es gibt einen inneren und einen äußeren Winkel zur Berechnung des Lichtkegels. Die Lichtintensität nimmt mit zunehmender Entfernung sowie mit Annäherung an den Rand ab. Neben der Position und der Lichtrichtung müssen die Werte für den inneren und äußeren Winkel bekannt sein.

- Directional-Light (gerichtetes Licht)

  Das Directional-Light benötigt zur Berechnung lediglich eine Lichtrichtung. Auf einen Positionsvektor kann verzichtet werden. Die Lichtintensität nimmt mit zunehmender Entfernung nicht ab. Da es keinen Ursprung (Positionsvektor) gibt, kann eine Lichtschwächung nicht berechnet werden.

- Ambient-Light (Umgebungslicht)

  Dies ist der einzig existierende indirekte Lichttyp. Eigentlich dürften wir von »existieren« nicht sprechen, da man diesen Lichttyp in der Realität nicht findet. Oftmals wird dieser Lichttyp verwendet, um eine Grundhelligkeit festzulegen. Mit einer existierenden Grundhelligkeit und zusätzlich eingesetzten direkten Lichtquellen lassen sich viele Lichtsituationen berücksichtigen. Denken Sie beispielsweise an einen

Raum mit Fenstern. In dem Raum brennt eine Glühlampe und zusätzlich verteilt sich einfallendes Licht durch die Fenster im ganzen Raum. Das einfallende Licht würde durch das Ambient-Light simuliert und die Glühlampe könnte durch ein Point-Light umgesetzt werden.

Die Bedeutung des Normalvektors

Der deutsche Astronom, Physiker und Mathematiker Johann Heinrich Lambert (1728 bis 1777) beschreibt die winkelabhängige Reflexion einer diffus reflektierenden Fläche, einer so genannten Lambertschen Fläche. Die Lichtstärke I ist maximal in Richtung der Flächennormalen (Normalvektor) und nimmt mit dem Kosinus des Ausstrahlungswinkels w ab. Sie ist unabhängig von dem Einstrahlwinkel einer Lichtquelle. Daraus folgt, dass die Leuchtdichte B konstant ist. Eine Lambertsche Fläche erscheint gleich hell, unabhängig von der Blickrichtung. Hieraus folgt das Lambertsche Kosinusgesetz:

$$\frac{I}{S\cos(w)} = B$$

B ist eine Konstante, S ein Flächenmaß und w der Ausstrahlungswinkel, dann gilt für eine Lambertsche Fläche das Kosinusgesetz.

Ein Objekt besteht aus vielen kleinen Flächen. Denken Sie an eine Kugel, welche aus Hunderten von Polygonen zusammengesetzt wird. Jede Fläche für sich erscheint gleich hell, aber wie hell sie wirklich scheint, ist von dem Winkel der Fläche zur Lichtquelle abhängig. Dieser Winkel wird anhand des Normalvektors beschrieben.

HINWEIS   Der Normalvektor oder auch »Vektor Normale« ist ein Vektor, welcher senkrecht auf einer Ebene steht. Er schließt mit den die Ebene aufspannenden Vektoren jeweils einen rechten Winkel ein.

Für das Beleuchtungsmodell von DirectX bedeutet dies, dass die Reflexion am stärksten ist, wenn sich die Lichtquelle direkt über dem Normalvektor befindet.

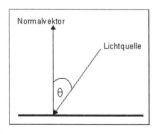

Abbildung 2.47 Normalvektor

Ein Winkel von 0 Grad würde eine maximale Reflexion bedeuten. Dem gegenüber steht ein Winkel von 90 Grad. Dieser Winkel bedeutet eine minimale Reflexion.

Phong-Beleuchtungsmodell

Das Lambertsche Kosinusgesetz zur Berechnung matter diffuser Flächen ist unvollständig. Unabhängig von der Blickrichtung ist die Lambertsche Fläche gleich hell. Dies kommt in der Realität sehr selten vor. Fast alle Flächen haben aus einem bestimmten Blickwinkel betrachtet eine glänzende Fläche. 1975 hat Phong sein Beleuchtungsmodell vorgestellt. Dieses basiert auf dem Lambertschen Modell, erweitert es aber um einen zusätzlichen Term. Hierdurch ist es möglich, eine unvollkommene spiegelnde Reflexion zu berechnen. Dieses Beleuchtungsmodell ist in fast jedem Raytracer integriert. Leider ist dieses Beleuchtungsmodell in DirectX nicht (besser noch nicht) implementiert.

Gouraud- und Flat-Beleuchtungsmodell

Das Gouraud-Beleuchtungsmodell, ein 1971 von Henri Gouraud in seiner Doktorarbeit über die »Grafische Computerdarstellung von gekrümmten Flächen« vorgestelltes Verfahren, berücksichtigt die Farbwerte der Polygonecken. Mit diesem Modell ist es möglich, weiche Schattierungen innerhalb eines Polygons zu berechnen. Dem gegenüber steht das Flat-Beleuchtungsmodell. Dieses Beleuchtungsmodell weist einem Polygon lediglich eine Farbe zu. Innerhalb des Polygons gibt es keinen Farbverlauf. Dies hat zur Folge, dass Objekte, welche aus wenig Polygonen gefertigt wurden, einen Rastereffekt aufweisen. Damit ist gemeint, dass ein benachbartes Polygon eine deutlich andere Farbe erhält, sodass die Kanten der einzelnen Polygone erkennbar sind.

Mit Hilfe des RenderStates *D3DRS_SHADEMODE* kann das Beleuchtungsmodell gewählt werden. Zur Verfügung stehen Mitglieder aus der *D3DSHADEMODE*-Auflistung:

```
typedef enum _D3DSHADEMODE {
    D3DSHADE_FLAT = 1,
    D3DSHADE_GOURAUD = 2,
    D3DSHADE_PHONG = 3,
    D3DSHADE_FORCE_DWORD = 0x7fffffff
} D3DSHADEMODE
HRESULT result;
result = D3dDevice->SetRenderState(D3DRS_SHADEMODE, D3DSHADE_GOURAUD);
```

Obwohl die *D3DSHADEMODE*-Auflistung das Mitglied *D3DSHADE_PHONG* beinhaltet, wird dieses Beleuchtungsmodell zurzeit nicht unterstützt. Der voreingestellte Wert ist *D3DSHADE_GOURAUD*. Das Gouraud-Beleuchtungsmodell ist das von DirectX bevorzugte Modell. Die Interpolation der Eckpunktfarben eines Polygons unter Berücksichtigung der vorherrschenden Normalvektoren erlaubt einen feinen Schattenwurf über das gesamte Polygon. Hierdurch kann die Zahl der verwendeten Polygone drastisch reduziert werden. Um ein ähnliches Erscheinungsbild mit dem Flat-Beleuchtungsmodell zu erzielen, müsste die Anzahl der Polygone deutlich gesteigert werden.

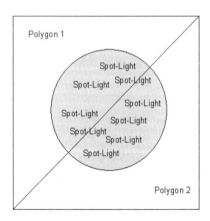

Abbildung 2.48   Das Spot-Light erreicht nicht die Polygonecken

Das Gouraud-Beleuchtungsmodell ist allerdings nicht fehlerfrei. Es ist auf die Normalvektoren der Polygonecken angewiesen. Ohne diese kann der Farbverlauf für das Polygon nicht berechnet werden. Was passiert, wenn die Lichtquelle die Polygonecken nicht erreicht?

Die Polygonecken werden nicht erreicht, mit dem Ergebnis, dass wir keine Lichtberechnung erhalten. Die Polygone bleiben im Dunkeln. Um dieses Problem zu umgehen, gibt es zwei Lösungsansätze: Entweder vergrößert man den Wirkungskreis der Lichtquellen oder man arbeitet mit mehr Polygonen. Ein großer Wirkungskreis der Lichtquellen ist manchmal eine hilfreiche Lösung. Schließlich kann man gleichzeitig die Lichtabschwächung heraufsetzen, sodass im Endergebnis ein normaler Wirkungskreis entsteht. Der Vorteil ist, dass die Polygonecken immer in die Lichtberechnung einfließen und alle Übergänge weich und harmonisch sind. Die Polygonanzahl zu erhöhen ist mit Sicherheit die beste Lösung, wenn die Systemressourcen dies zulassen. Eine deutliche Steigerung der verwendeten Polygone bedeutet oftmals auch einen deutlichen Performanceverlust. Hier wird man wohl einen Kompromiss finden müssen.

Lichttypen

Bevor man ein direktes oder indirektes Licht verwenden kann, muss dieses eingeschaltet werden. Hierzu gibt es den RenderState *D3DRS_LIGHTING*:

```
HRESULT result;
result = D3dDevice->SetRenderState(D3DRS_LIGHTING, true);
```

Mit dem gleichen RenderState wird das Licht wieder ausgeschaltet:

```
result = D3dDevice->SetRenderState(D3DRS_LIGHTING, false);
```

Ambient-Light

Der indirekte Lichttyp Ambient-Light benötigt lediglich einen Parameter. Als Umgebungslicht kann es über einen RenderState-Aufruf gesetzt werden:

```
HRESULT result;
result = D3dDevice->SetRenderState(D3DRS_AMBIENT, D3DCOLOR);
```

Das Ambient-Light benötigt weder eine Positionsangabe noch eine Richtungsangabe.

Direkte Lichttypen

Als direkte Lichttypen stellt DirectX drei Typen bereit: Point-Light, Spot-Light und Directional-Light. Diese Lichttypen werden anhand unterschiedlicher Eigenschaften konfiguriert, sodass die charakteristischen Merkmale hervortreten. Die *D3DLIGHT9*-Struktur beinhaltet alle Merkmale, welche zum Konfigurieren der Lichttypen benötigt werden:

```
typedef struct _D3DLIGHT9 {
    D3DLIGHTTYPE Type;
    D3DCOLORVALUE Diffuse;
    D3DCOLORVALUE Specular;
    D3DCOLORVALUE Ambient;
    D3DVECTOR Position;
    D3DVECTOR Direction;
    float Range;
    float Falloff;
    float Attenuation0;
    float Attenuation1;
    float Attenuation2;
    float Theta;
    float Phi;
} D3DLIGHT9;
```

Listing 2.61   Eine *D3DLIGHT9*-Struktur

Nicht alle Lichttypen benötigen die gesamte Struktur zur Konfiguration. Das Spot-Light ist der komplexeste Lichttyp und verlangt die meisten Informationen. Die Lichtfarbe wird durch die Mitglieder *Ambient, Diffuse* und *Specular* beschrieben. Sie werden durch das Beleuchtungsmodell miteinander verschmolzen und bilden in Kombination mit dem Objektmaterial die finale Pixelfarbe.

Mit Hilfe der Mitgliedsdaten *Position* und *Direction* kann die Position sowie die Lichtrichtung einer Licht-quelle festgelegt werden. Das Directional-Light benötigt eine Lichtrichtung, aber keine Positionsangabe. Der *Range*-Parameter bestimmt die Reichweite der Lichtquelle.

Den Werten für *Attenuation0, Attenuation1* und *Attenuation2* kommt eine besondere Bedeutung zu. Sie simulieren die Lichtschwächung mit fortlaufender Strecke. So werden entfernt liegende Objekte dunkler dar-gestellt als näher liegende Objekte.

Mit *Falloff, Theta* und *Phi* wird der innere und äußere Kegel eines Spot-Lights beschrieben.

Die Eigenschaft *Typ* muss ein Mitglied aus der *D3DLIGHTTYPE*-Auflistung sein. In dieser Auflistung finden Sie alle verfügbaren direkten Lichttypen:

```
typedef enum _D3DLIGHTTYPE {
    D3DLIGHT_POINT = 1,
    D3DLIGHT_SPOT = 2,
    D3DLIGHT_DIRECTIONAL = 3,
    D3DLIGHT_FORCE_DWORD = 0x7fffffff
} D3DLIGHTTYPE;
```

Listing 2.62   Eine *D3DLIGHTYPE*-Struktur

Einschalten einer direkten Lichtquelle

Im Gegensatz zu dem indirekten Licht muss eine direkte Lichtquelle eingeschaltet werden. Bevor die Licht-quelle eingeschaltet wird, muss die Lichtquelle konfiguriert und dem System zur Verfügung gestellt werden. Mit der *SetLight()*-Methode wird eine Lichtquelle an DirectX übergeben:

```
HRESULT result;
result = SetLight(DWORD Index, CONST D3DLIGHT9 *pLight);
```

IDirect3DDevice9::SetLight

Setzt eine Lichtquelle und stellt die Verbindung zu dem aktuellen Direct3D-Device her

```
HRESULT SetLight(
    DWORD Index,
    CONST D3DLIGHT9 *pLight
);
```

Index   Index der verwendeten Lichtquelle. Moderne Grafikkarten unterstützen acht Lichtquellen mit aufsteigender Tendenz.

*pLight   Ein Zeiger auf eine *D3DLIGHT9*-Struktur

Bei Erfolg wird *D3D_OK* und bei Misserfolg *D3DERR_INVALIDCALL* zurückgegeben.

Beispiel:

```
D3DLIGHT9 light;
ZeroMemory( &light, sizeof(D3DLIGHT9) );
D3dDevice->SetLight( 0, &light );
```

Die *SetLight()*-Methode verwendet zwei Parameter. Der erste Parameter ist ein einfacher Index. Er legt fest, auf welche Lichtquelle sich die Methode bezieht. Die meisten Grafikkarten sind in der Lage, bis zu acht Lichtquellen gleichzeitig zu verwalten. Dadurch würde sich der Indexbereich auf 0 bis 7 beschränken. Der zweite Parameter ist ein Zeiger auf eine zuvor deklarierte Lichtquelle. Die *SetLight()*-Methode sollte erst dann aufgerufen werden, nachdem die Eigenschaften der Lichtquelle festgelegt wurden.

Jetzt kann die Lichtquelle eingeschaltet werden. Hierzu wird die *LightEnable()*-Methode verwendet:

```
HRESULT result;
result = LightEnable(DWORD LightIndex, BOOL bEnable);
```

Der erste Parameter stellt den Bezug zur Lichtquelle her. Das heißt, dass der Index von der *SetLight()*-Methode angegeben wird. Der zweite Parameter ist vom Datentyp *Boolean* und bestimmt, ob ein Licht ein- oder ausgeschaltet werden soll.

Point-Light

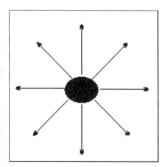

Abbildung 2.49 Point-Light

- Das Point-Light strahlt in alle Richtungen. Es handelt sich nicht um ein gerichtetes Licht und somit fehlt diesem Licht eine Lichtrichtung.

HINWEIS   Es ist nicht notwendig, eine gesetzte Lichtquelle direkt zu aktivieren. Es ist oftmals sinnvoll, erst alle Lichtquellen zu definieren und zu setzen. Je nach Bedarf können diese Lichtquellen dann ein- oder ausgeschaltet werden. Jede zusätzliche Lichtquelle belastet die Rechenzeit des Systems ungemein. Dies sollten Sie bei der Spielplanung berücksichtigen und gegebenenfalls lieber auf die eine oder andere Lichtquelle verzichten. Manchmal ist es auch nicht notwendig, mit Lichtquellen zu arbeiten. Lightmaps oder Shadowmaps sind gute Alternativen und belasten das System nicht so stark.

Eigenschaften	Beispielwerte
D3DLIGHTTYPE Type	D3DLIGHT_POINT

D3DCOLORVALUE Diffuse	light.Diffuse.r = 1.0f;
	light.Diffuse.g = 1.0f;
	light.Diffuse.b = 1.0f;

D3DCOLORVALUE Specular	light.Specular.r = 1.0f;
	light.Specular.g = 1.0f;
	light.Specular.b = 1.0f;

D3DCOLORVALUE Ambient	light.Ambient.r = 1.0f;
	light. Ambient.g = 1.0f;
	light. Ambient.b = 1.0f;

D3DVECTOR Position	light.Position = D3DXVECTOR3(0,0,0);
float Attenuation0	light.Attenuation0 = 0.45f;
float Attenuation1	light.Attenuation1 = 0.0025f;
float Attenuation2	light.Attenuation2 = 0.000025f;
float Range	light.Range = 100.0f

Tabelle 2.6 Eigenschaften des Point-Lights

■ Der Tabelle 2.6 können Sie die notwendigen Eigenschaften eines Point-Lights entnehmen. Außerdem haben wir die Tabelle mit exemplarischen Werten erweitert, sodass dieser Lichttyp direkt verwendet werden kann.

Directional-Light

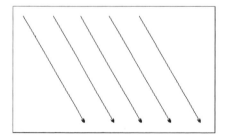

Abbildung 2.50 Directional-Light

Directional-Light (richtungsorientiertes Licht) besitzt als Eigenschaften eine Farbe und eine Richtung. Diese Lichtquelle erzeugt ein paralleles Licht, welches in einer einheitlichen Richtung durch die gesamte Szene wandert. Richtungsorientiertes Licht wird weder von Reichweiten noch von Abschwächungsfaktoren beeinflusst.

Eigenschaften	Beispielwerte
D3DLIGHTTYPE Type	D3DLIGHT_POINT

D3DCOLORVALUE Diffuse	light.Diffuse.r = 1.0f;
	light.Diffuse.g = 1.0f;
	light.Diffuse.b = 1.0f;

D3DCOLORVALUE Specular	light.Specular.r = 1.0f;
	light.Specular.g = 1.0f;
	light.Specular.b = 1.0f;

D3DCOLORVALUE Ambient	light.Ambient.r = 1.0f;
	light. Ambient.g = 1.0f;
	light. Ambient.b = 1.0f;

D3DVECTOR Direction	light.Direction = D3DXVECTOR3(1,0,0)

Tabelle 2.7 Eigenschaften des Directional-Lights

Zu den Eigenschaften ist nicht viel zu sagen. Lediglich auf die Einstellungen von *Direction* möchten wir eingehen. Sie müssen beachten, dass es sich hierbei um einen Vektor handelt, welcher die Richtung des Lichts angibt. Es handelt sich nicht um eine absolute Position im Raum.

Spot-Light

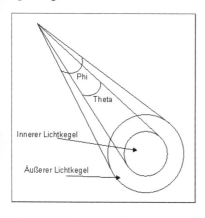

Abbildung 2.51 Spot-Light

Ein Spot-Light ist exakt mit dem Strahl einer Taschenlampe vergleichbar. Ein Spot-Light ist der komplexeste Lichttyp und verlangt die meisten Eigenschaften. Es werden alle Mitglieder der *D3DLIGHT9*-Struktur zur Konfiguration benötigt. Der helle innere Lichtkegel wird mit *Theta* festgelegt. Der äußere Lichtkegel wird mit *Phi* bestimmt. Mit dem *Falloff*-Wert wird die Abschwächung zwischen dem inneren und äußeren Rand beschrieben.

Eigenschaften	Beispielwerte
D3DLIGHTTYPE Type	D3DLIGHT_POINT

D3DCOLORVALUE Diffuse	light.Diffuse.r = 1.0f;
	light.Diffuse.g = 1.0f;
	light.Diffuse.b = 1.0f;

Tabelle 2.8 Eigenschaften des Spot-Lights

Eigenschaften	Beispielwerte

D3DCOLORVALUE Specular	light.Specular.r = 1.0f;
	light.Specular.g = 1.0f;
	light.Specular.b = 1.0f;

D3DCOLORVALUE Ambient	light.Ambient.r = 1.0f;
	light.Ambient.g = 1.0f;
	light.Ambient.b = 1.0f;

D3DVECTOR Position	light.Position = D3DXVECTOR3(0,0,0);
D3DVECTOR Direction;	light.Direction = D3DXVECTOR3(1,0,0);
float Attenuation0	light.Attenuation0 = 0.45f;
float Attenuation1	light.Attenuation1 = 0.0025f;
float Attenuation2	light.Attenuation2 = 0.000025f;
float Range	light.Range = 100.0f
float Falloff;	light.Falloff = 1.0f;
float Theta;	light.Theta = 2.0f;
float Phi;	light.Falloff = 3.14159f;

Tabelle 2.8 Eigenschaften des Spot-Lights *(Fortsetzung)*

Der *Phi*-Wert ist eine Winkelangabe (radiant). Er liegt zwischen *0.0f* und *PI* (3.14159).

Der *Theta*-Wert ist ebenfalls eine Winkelangabe und liegt zwischen *0.0f* und einem Wert kleiner *Phi*.

Der *Falloff*-Wert beschreibt den Helligkeitsverlauf zwischen dem inneren und äußeren Lichtkegel. Der Wertebereich liegt zwischen *0.0f* und *1.0f*. Um einen gleichmäßigen Helligkeitsverlauf zu erzielen, kann dieser Wert auf *1.0f* gesetzt werden.

Beispielprogramm *Licht*

Unser Beispielprogramm demonstriert den Einsatz aller direkten Lichttypen. Außerdem zeigt es den Umgang mit Glanzeffekten. Über die Taste F1 können Sie zwischen den Lichttypen Point-Light, Directional-Light und Spot-Light umschalten. Die Taste F2 aktiviert das Glanzlicht. Das Glanzlicht wirkt sich lediglich auf die Kugeln aus, denn nur diese verwenden ein Material mit einem Specular-Anteil. Die umliegenden Wände können das Specular-Light nicht reflektieren.

- **Point-Light**

  Das Point-Light bewegt sich entlang der Y-Achse. Es wird durch eine kleine weiße Kugel symbolisiert. Die Reichweite ist so gewählt, dass die umliegenden Wände von der Lichtquelle ausgeleuchtet werden. Hierbei haben wir darauf geachtet, dass die Reichweite nicht zu großzügig gesetzt wurde, sodass die Wände zwar erreicht, aber unterschiedlich stark beleuchtet werden.

- **Directional-Light**

  Das Directional-Licht benötigt keine Positionsangaben. In diesem Beispiel rotiert das Licht entlang der Y-Achse. Hierdurch werden die Wände sowie die Kugeln von dem Licht beeinflusst, aber der Boden sowie die Decke bleiben unberührt.

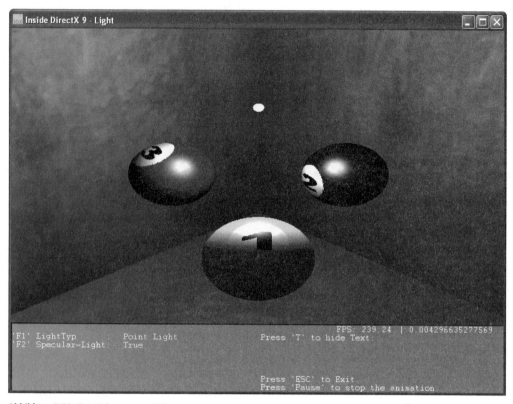

Abbildung 2.52 Beispielprogramm *Licht*

- Spot-Light

    Das Spot-Light ist der komplexeste Lichttyp. Wir wollten einen Scheinwerfer simulieren, welcher sich oberhalb der Kugeln befindet und schräg nach unten leuchtet. Hierbei sollte er sich um die Y-Achse drehen. Dieser Lichttyp wird durch eine kleine weiße Kugel symbolisiert.

Initialisierung der Lichtquellen

Die Methode *InitLight()* initialisiert die Lichtquellen:

```
HRESULT GameMainRoutines::InitLights()
{
  D3DXVECTOR3 vecDir;
  //--------------------------------------------------------------------------
  // Init - PointLight -
  //--------------------------------------------------------------------------
  ZeroMemory( &m_GameData.PointLight, sizeof(D3DLIGHT9) );
  m_GameData.PointLight.Type       = D3DLIGHT_POINT;

  m_GameData.PointLight.Diffuse.r = 1.0f;
  m_GameData.PointLight.Diffuse.g = 1.0f;
  m_GameData.PointLight.Diffuse.b = 1.0f;
  m_GameData.PointLight.Diffuse.a = 0.0f;
```

```
m_GameData.PointLight.Specular.r = 1.0f;
m_GameData.PointLight.Specular.g = 1.0f;
m_GameData.PointLight.Specular.b = 1.0f;
m_GameData.PointLight.Specular.a = 1.0f;

m_GameData.PointLight.Ambient.r = 0.1f;
m_GameData.PointLight.Ambient.g = 0.1f;
m_GameData.PointLight.Ambient.b = 0.1f;
m_GameData.PointLight.Ambient.a = 0.1f;

m_GameData.PointLight.Attenuation0 = 0.0f;
m_GameData.PointLight.Attenuation1 = 0.2f;
m_GameData.PointLight.Attenuation2 = 0.001f;
m_GameData.PointLight.Position = m_GameData.Sphere4.MyProperties.GetPosition();

m_GameData.PointLight.Range       = 50.0f;
m_GameData.pd3dDevice->SetLight( 0, &m_GameData.PointLight );
```

Ein Point-Light ist leicht zu initialisieren. Nachdem die Farben zugewiesen wurden, bleiben lediglich die Abschwächungen, die Reichweite sowie die Position zurück. Da wir das Point-Light durch eine kleine weiße Kugel symbolisieren wollen, verwenden wir die Kugelposition zur Initialisierung der Lichtposition.

```
//-----------------------------------------------------------------------------
// Init - DirectionalLight -
//-----------------------------------------------------------------------------
ZeroMemory( &m_GameData.DirectionalLight, sizeof(D3DLIGHT9) );
m_GameData.DirectionalLight.Type       = D3DLIGHT_DIRECTIONAL;

m_GameData.DirectionalLight.Diffuse.r = 1.0f;
m_GameData.DirectionalLight.Diffuse.g = 1.0f;
m_GameData.DirectionalLight.Diffuse.b = 1.0f;
m_GameData.DirectionalLight.Diffuse.a = 0.0f;

m_GameData.DirectionalLight.Specular.r = 1.0f;
m_GameData.DirectionalLight.Specular.g = 1.0f;
m_GameData.DirectionalLight.Specular.b = 1.0f;
m_GameData.DirectionalLight.Specular.a = 1.0f;

m_GameData.DirectionalLight.Ambient.r = 0.1f;
m_GameData.DirectionalLight.Ambient.g = 0.1f;
m_GameData.DirectionalLight.Ambient.b = 0.1f;
m_GameData.DirectionalLight.Ambient.a = 0.1f;

m_GameData.DirectionalLight.Attenuation0 = 0.0f;
m_GameData.DirectionalLight.Attenuation1 = 0.2f;
m_GameData.DirectionalLight.Attenuation2 = 0.001f;

m_GameData.DirectionalLight.Direction = D3DXVECTOR3(0,0,1);
m_GameData.pd3dDevice->SetLight( 1, &m_GameData.DirectionalLight );
```

Beim Directional-Light ist die Lichtrichtung von elementarer Bedeutung. Bei der Initialisierung richten wir das Licht nach vorne in Richtung positiver Z-Achse aus. Bitte beachten Sie, dass die Lichtrichtung nicht auf einen absoluten Punkt im Raum zeigt, sondern ein Vektor ist.

```
//------------------------------------------------------------
// Init - SpotLight -
//------------------------------------------------------------

ZeroMemory( &m_GameData.SpotLight, sizeof(D3DLIGHT9) );
m_GameData.SpotLight.Type       = D3DLIGHT_SPOT;

m_GameData.SpotLight.Diffuse.r = 1.0f;
m_GameData.SpotLight.Diffuse.g = 1.0f;
m_GameData.SpotLight.Diffuse.b = 1.0f;
m_GameData.SpotLight.Diffuse.a = 0.0f;

m_GameData.SpotLight.Specular.r = 1.0f;
m_GameData.SpotLight.Specular.g = 1.0f;
m_GameData.SpotLight.Specular.b = 1.0f;
m_GameData.SpotLight.Specular.a = 1.0f;

m_GameData.SpotLight.Ambient.r = 0.1f;
m_GameData.SpotLight.Ambient.g = 0.1f;
m_GameData.SpotLight.Ambient.b = 0.1f;
m_GameData.SpotLight.Ambient.a = 0.1f;

m_GameData.SpotLight.Attenuation0 = 0.0f;
m_GameData.SpotLight.Attenuation1 = 0.2f;
m_GameData.SpotLight.Attenuation2 = 0.001f;
m_GameData.SpotLight.Direction = D3DXVECTOR3(0.0f,0.0f,1.0f);
m_GameData.SpotLight.Position = m_GameData.Sphere4.MyProperties.GetPosition();

m_GameData.SpotLight.Range       = 30.0f;
m_GameData.SpotLight.Phi         =  2.0f;
m_GameData.SpotLight.Theta       =  0.5f;
m_GameData.SpotLight.Falloff     =  8.0f;

m_GameData.pd3dDevice->SetLight( 2, &m_GameData.SpotLight );
...
}
```

Listing 2.63 Die Funktion InitLight()

Das Spot-Light benötigt eine Vielzahl von Parametern. Manchmal vergisst man, einen Parameter zu initialisieren, was dann zur Folge hat, dass das Licht überhaupt nicht mehr aktiviert werden kann. Wir möchten Ihre Aufmerksamkeit diesmal auf den *Falloff*-Wert lenken. Sie haben sicherlich bemerkt, dass der Wert mit 8.0f relativ hoch ist. Solch hohe Werte sind immer dann sinnvoll, wenn man einen weichen Kantenverlauf erzielen möchte. Wir haben zwischen dem äußeren Lichtkegel (2.0f) und dem inneren Lichtkegel (0.5f) ein Verhältnis von 4:1 geschaffen. Dies würde mit einem kleinen *Falloff*-Wert einen großen Lichtkegel erstellen. Mit dem hohen *Falloff*-Wert reduziert sich der sichtbare Durchmesser und es entstehen weiche Kanten. Auch wenn wir einen verkleinerten Durchmesser zu sehen bekommen, wurde der Radius des äußeren Lichtkegels nicht wirklich verkleinert. Die Abschwächung vom inneren Lichtkegel bis zum Rand des äußeren Lichtkegels ist so groß, dass der äußere Teil nicht mehr sichtbar ist. Nicht sichtbar heißt nicht, dass er nicht mehr vorhanden ist.

Aktivieren der Lichter

In der Funktion *InitLight()* haben wir die Lichtquellen definiert und gesetzt, aber noch nicht aktiviert. Dies geschieht beim Tastendruck auf die Taste [F1].

```
if(IsKeyPressed(VK_F1)){ //Key F1
    GameMain.m_GameData.LightTyp +=1;
    if(GameMain.m_GameData.LightTyp>2) GameMain.m_GameData.LightTyp=0;
    switch(GameMain.m_GameData.LightTyp)
    {
    case 0: //PointLight
        GameMain.m_GameData.pd3dDevice->LightEnable( 0, true );
        GameMain.m_GameData.pd3dDevice->LightEnable( 1, false );
        GameMain.m_GameData.pd3dDevice->LightEnable( 2, false );
        break;
    case 1:
        GameMain.m_GameData.pd3dDevice->LightEnable( 0, false );
        GameMain.m_GameData.pd3dDevice->LightEnable( 1, true );
        GameMain.m_GameData.pd3dDevice->LightEnable( 2, false );
        break;
    case 2:
        GameMain.m_GameData.pd3dDevice->LightEnable( 0, false );
        GameMain.m_GameData.pd3dDevice->LightEnable( 1, false );
        GameMain.m_GameData.pd3dDevice->LightEnable( 2, true );
        break;
    }
}
```

Listing 2.64   Aktivieren der Lichter beim Tastendruck auf [F1]

Wie Sie erkennen, aktivieren wir immer nur ein Licht. Die beiden anderen Lichtquellen werden deaktiviert. Natürlich ist es auch erlaubt, mehrere Lichter gleichzeitig zu aktivieren. Zur Demonstration einzelner Lichttypen wäre dies aber ungeeignet.

Nebel

Der Einsatz von Nebel bringt eine Reihe von Vorteilen mit sich. Nebel kann eine Szene wesentlich realistischer wirken lassen. Weit entfernte Objekte sind teilweise oder ganz im Nebel verborgen. Je weiter man sich dem Objekt nähert, desto besser wird es erkennbar. Außerdem gibt es Szenen, in denen Nebel erwartet wird. Englische Gassen ohne Nebelschleier sind einfach unvorstellbar. Ein weiterer Grund, welcher für Nebel spricht, ist die Verminderung von grafischen Artefakten. Diese treten beim Skalieren von Texturen auf und können durch die zusätzlichen Berechnungen von Nebel entfernt oder zumindest reduziert werden. Für den Programmierer ist der Nebel ein wahrer Segen. Eines der größten Probleme des Programmierers ist die Begrenzung der Sichtweite. In so genannten *In-Door-Levels* ist dies weniger ein Problem. *In-Door* bedeutet, die Szene spielt in Räumen, in denen die Sichtweite durch Wände begrenzt wird. Aber wie sieht es im Freien (*Out-Door*) aus? Hier gibt es keine Wände, die den Blick ins Unendliche verhindern. Wenn wir die Sichtweite nicht begrenzen, schaut der Spieler ins Nichts. Bei DirectX würde dies im Regelfall einen Blick ins Schwarze bedeuten. Solche Perspektiven steigern nicht unbedingt den Realismus der Szene. Aber mit einer Begrenzung der Sichtweite alleine ist es nicht getan. Vielleicht können Sie sich an alte Spiele erinnern, bei denen Objekte (Bäume, Häuser, Autos ...) plötzlich im Bild erschienen sind. Es ist nicht realistisch, dass ein Objekt von der momentanen Position aus nicht, einen Schritt weiter jedoch voll und uneingeschränkt sichtbar wird. Realistischer ist es, wenn das Objekt beim nächsten Schritt langsam aus einem allgegenwärtigen Dunst (Nebel) eingeblendet würde.

Was wäre nun der programmiertechnische Idealfall? Eine Sichtweitenbegrenzung durch Nebel. Hinter dem Nebel könnte die Welt zu Ende sein und der Spieler würde es nicht merken. Objekte werden langsam in die Szene eingeblendet, ohne sprunghaft zu erscheinen.

Nebelfähigkeiten

DirectX verwendet ein relativ einfaches Nebelmodell. Dieses Modell erlaubt es nicht, jeglichen natürlichen Nebel zu simulieren. Wenn wir von Nebel sprechen, meinen wir eine Vielzahl unterschiedlicher Varianten: Nebel, Rauch, Bodennebel, Nebelbänke oder Nebelschwaden. Dies sind nur einige Nebelbeispiele, aber sie verdeutlichen, wie vielschichtig der natürliche Nebel gestaltet ist. Insbesondere ein örtlich gebundener Nebel wird von DirectX nicht unterstützt. Bodennebel oder eine dahinziehende Nebelbank kann von dem Nebelmodell nicht dargestellt werden. DirectX kann lediglich einen allgemein gültigen Nebel berechnen. Dieser gilt dann für die gesamte Welt und kann nicht lokal begrenzt werden. Sicherlich ist es möglich, den Nebel in den Hintergrund zu drängen, aber eine horizontale oder vertikale Begrenzung ist nicht möglich.

Berechnungsarten

DirectX unterscheidet unterschiedliche Berechungsmodelle. Das eine geht von einer linear wachsenden Nebeldichte aus und wird als *Linear-Fog* bezeichnet. Das zweite Berechnungsmodell basiert auf einer exponentiell wachsenden Nebeldichte und wird als *Exponential-Fog* deklariert.

Linear-Fog

Der lineare Nebel wird mit folgender Formel berechnet:

$$f = \frac{end - d}{end - start}$$

- Mit dem Parameter *end* wird die entfernteste Nebelstelle beschrieben. An der am weitesten entfernt liegenden Stelle ist die Nebeldichte am stärksten.

- Der Parameter *start* beschreibt die am nächsten liegende Nebelstelle. An dieser Stelle ist die Nebeldichte am schwächsten. Das bedeutet, in der Regel ist der Nebel an dieser Stelle nicht sichtbar.

- Die Nebeldichte ist von der Entfernung zur Kamera abhängig. Je weiter man sich von der Kamera entfernt, desto dichter wird der Nebel. Die Entfernung zur Kamera wird mit dem Parameter *d* beschrieben.

Bei einer linearen Verteilung können wir die Nebelstärke schnell berechnen. Hierzu betrachten wir ein Beispiel und treffen folgende Annahmen: *start = 0, end = 1000*

- Bei einer Entfernung von d = 0 (minimale Entfernung)

$$1.0 = \frac{1000 - 0}{1000 - 0}$$

- Bei einer Entfernung von d = 500 (halber Weg)

$$0.5 = \frac{1000 - 500}{1000 - 500}$$

- Bei einer Entfernung von d = 1000 (maximale Entfernung)

$$0.0 = \frac{1000 - 1000}{1000 - 1000}$$

Hieraus lässt sich schlussfolgern, dass die Nebeldichte direkt bei der Kamera den Wert 1.0f hat und somit als fast hundertprozentig transparent zu bezeichnen ist. Das genaue Gegenteil finden wir bei der maximalen Entfernung. Hier hat die Nebeldichte den Wert 0.0f und ist völlig opak. Objekte werden vom Nebel völlig umhüllt und sind nicht mehr sichtbar.

Exponential-Fog

Eine nicht linear wachsende Nebeldichte ist das Merkmal des Exponential-Fogs. Dieses Nebelmodell kommt ohne einen Nebelstartwert sowie eines Nebelendwert aus. Die Nebeldichte ist ein logarithmischer Wert, welcher die Entfernung zur Kamera sowie einen Nebelfaktor berücksichtig. Hier werden zwei Varianten unterschieden. Zum einen sprechen wir von dem einfachen exponentiellen Nebel und zum anderen kommt der quadratisch exponentielle Nebel zum Einsatz:

- Einfach exponentieller Nebel

$$f = \frac{1}{e^{d * Dichte}}$$

- Quadratisch exponentieller Nebel

$$f = \frac{1}{e^{(d * Dichte..)^2}}$$

- Für beide Formeln gilt, dass e die Basis des natürlichen Logarithmus (ca. 2.71828) ist.
- Der Parameter d ist wiederum die Entfernung zur Kamera.
- Der Parameter $Dichte$ ist ein Multiplikator, welcher die Intensität des Nebels beschreibt. Der Wertebereich liegt zwischen 0.0f und 1.0f.

Interpretation der Werte

Ein Nebelwert von 1.0f bedeutet, dass ein Objekt vom Nebel nicht beeinflusst wird. Ein Nebelwert von 0.0f bedeutet, dass ein Objekt völlig im Nebel verschwindet. Es ist nicht mehr sichtbar. Die Zuweisung des Wertes 1.0f für keine Beeinflussung und ein Wert von 0.0f für eine maximale Beeinflussung sorgt mitunter für eine gewisse Irritation.

Der errechnete Nebelwert bestimmt, wie viel von dem ursprünglichen Objekt sichtbar ist. Genauer gesagt wird hiermit definiert, wie viel von der ursprünglichen Objektfarbe erhalten bleibt. Wurde ein Nebelwert von 0.4 ermittelt, dann besagt dieser, dass 40% der Objektfarbe erhalten bleibt. Die Objektfarbe wird zu 60% von der Nebelfarbe überzeichnet.

Vertex-Fog oder Pixel-Fog (Table-Fog)

DirectX unterscheidet nicht nur die Berechnungsmodelle, sondern auch zwei grundlegende Techniken: eine pixelorientierte Berechnung (Table-Fog) steht einer vertexorientierten Berechnung (Vertex-Fog) gegenüber.

Der Vertex-Fog berechnet die Nebelintensität an den Vertices eines Polygons. Anschließend wird der Nebel für das Polygon anhand der Vertexdaten interpoliert. Diese Berechnung ist ungenauer als die Table-Fog-Methode, denn diese berechnet jedes einzelne Pixel eines Polygons anhand der tatsächlichen Entfernung zur Kamera. Man kann sich denken, dass die Berechnung für jedes einzelne Pixel eine rechenintensive Aufgabe ist. Deshalb arbeiten alle modernen Grafikkarten mit Nebeltabellen (FogTable). Diese beinhalten vorberechnete Werte für unterschiedliche Entfernungen. Deshalb wird der Pixel-Fog fast ausschließlich als Table-Fog bezeichnet.

Alles, was nicht mehr von DirectX berechnet wird, sondern von einem der unzähligen Hardwarehersteller, unterliegt einem strengen Wettbewerb. Preis- und Zeitdruck lassen manchmal ein Produkt zu, welches von minderer Qualität ist. Das kann sich auch beim Pixel-Fog bemerkbar machen.

Aber auch der Vertex-Fog hat seine Probleme. Wenn nach der Vertex-Fog-Methode ein sehr großes Polygon berechnet werden soll, können Rundungsprobleme auftreten. Ein Polygon, welches beispielsweise nur teilweise im Nebel liegt, würde durch die Vertex-Fog-Methode im Ganzen vom Nebel beeinflusst. Dies liegt daran, dass die Polygonzwischenräume (zwischen den Vertices) lediglich interpoliert werden. Es wird also auch der Teil des Polygons beeinflusst, welcher eigentlich nicht im Nebel liegt.

Die wahre Tiefe

DirectX arbeitet mit möglichst schnell zu berechnenden Algorithmen. Nur so kann die erwartete Performance erlangt werden. Bei der Berechnung des Nebels ist das nicht anders. DirectX verwendet zur Berechnung der Nebelintensität die Z-Koordinate eines Objektes bzw. Vertex. Dies scheint auf den ersten Blick die richtige Vorgehensweise zu sein, aber nach genauerem Hinsehen ergibt sich ein Problem. Objekte mit den gleichen Z-Koordinaten können auch unterschiedliche Entfernungen zur Kamera haben. Dies möchten wir anhand einer langen Mauer verdeutlichen. Bei einem direkten Blick auf die Mauer (Mauer und Kamera befinden sich im rechten Winkel) haben wir eine kürzere Entfernung zur Kamera, als wenn wir in einem nicht rechtwinkligen Blick auf die Mauer schauen würden.

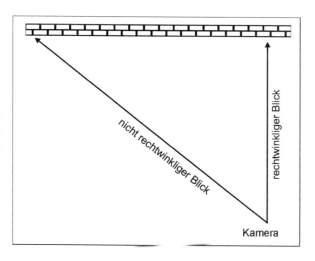

Abbildung 2.53 Blickrichtung auf eine Mauer

Bei dem nicht rechtwinkligen Blick auf die Mauer müsste die Mauer vom Nebel stärker verhüllt sein als beim senkrechten Blick auf die Mauer. Dies ist aber nicht der Fall. Da die Mauer an jeder Position die gleichen Z-Koordinaten hat, wird der Nebeleinfluss auch überall gleich stark berechnet.

Ein solches Nebelverhalten ist völlig realitätsfremd. Um dieses Problem zu lösen, müssen wir DirectX veranlassen, mit den echten Entfernungsdaten zu rechnen. Hierzu können wir einen RenderState setzen:

```
HRESULT result;
result = D3dDevice->SetRenderState(D3DRS_RANGEFOGENABLE, TRUE);
```

Nachdem *RANGEFOGENABLE* aktiviert wurde, werden alle Nebeleffekte mit den echten Entfernungsdaten eines Objektes zur Kamera berechnet. Andernfalls wird lediglich die Z-Koordinate als Berechnungsgrundlage verwendet. Voreingestellt arbeitet DirectX ohne echte Entfernungsdaten. Oftmals reicht die vereinfachte Berechnungsmethode. Range-Fog können Sie nur in Verbindung mit Vertex-Fog verwenden.

Relevante RenderStates

Mit der Tabelle 2.9 erhalten Sie einen Überblick über alle relevanten RenderStates, welche zur Nebelberechnung verwendet werden.

RenderState	Beschreibung
hr = D3dDevice->SetRenderState(*D3DRS_FOGENABLE, TRUE);*	Mit *TRUE* aktivieren Sie den Nebel. Mit *FALSE* wird der Nebel deaktiviert. Default: *FALSE*

hr = D3dDevice->SetRenderState(*D3DRS_FOGVERTEXMODE, D3DFOGMODE);*	typedef enum _D3DFOGMODE {
	    D3DFOG_NONE = 0,
	    D3DFOG_EXP = 1,
	    D3DFOG_EXP2 = 2,
	    D3DFOG_LINEAR = 3,
	    D3DFOG_FORCE_DWORD = 0x7fffffff
	 } D3DFOGMODE;
	 Default: *D3DFOG_NONE*

hr = D3dDevice->SetRenderState(*D3DRS_FOGTABLEMODE, D3DFOGMODE);*	typedef enum _D3DFOGMODE {
	    D3DFOG_NONE = 0,
	    D3DFOG_EXP = 1,
	    D3DFOG_EXP2 = 2,
	    D3DFOG_LINEAR = 3,
	    D3DFOG_FORCE_DWORD = 0x7fffffff
	 } D3DFOGMODE;
	 Default: *D3DFOG_NONE*

hr = D3dDevice->SetRenderState(*D3DRS_FOGCOLOR, D3DCOLOR);*	Hiermit wird die Nebelfarbe festgelegt. Nicht immer ist ein weißer Nebel sinnvoll.
hr = D3dDevice->SetRenderState(*D3DRS_FOGSTART, float);*	Sie können den Nebel direkt beim Betrachter beginnen lassen. Wollen Sie einen Tiefennebel zum Begrenzen Ihrer Welt verwenden, dann lassen Sie den Nebel in weiter Ferne beginnen. Dieser Parameter wird nur bei einer linearen Berechnung berücksichtigt. Default: *0.0f*
hr = D3dDevice->SetRenderState(*D3DRS_FOGEND, float);*	Hiermit wird der Nebel bei einer linearen Berechung begrenzt. Die lineare Verteilung ergibt sich aus der Distanz zwischen Endwert minus Startwert. Default: *1.0f*

Tabelle 2.9   RenderStates, welche zur Nebelberechnung verwendet werden

RenderState	Beschreibung
hr = D3dDevice->SetRenderState(D3DRS_ *FOGDENSITY*, float);	Dies ist die Dichte, welche zur Berechnung der exponentiellen und quadratisch exponentiellen Berechnung benötigt wird Default: *1.0*
hr = D3dDevice->SetRenderState(D3DRS_ *RANGEFOGENABLE*, bool);	*RangeFogEnable* bestimmt, ob Sie für den *VertexFog* die echten Entfernungen verwenden wollen. Bei *FALSE* werden die Z-Koordinaten verwendet. Default: *FALSE*

Tabelle 2.9 RenderStates, welche zur Nebelberechnung verwendet werden *(Fortsetzung)*

Beispielprogramm *Nebel*

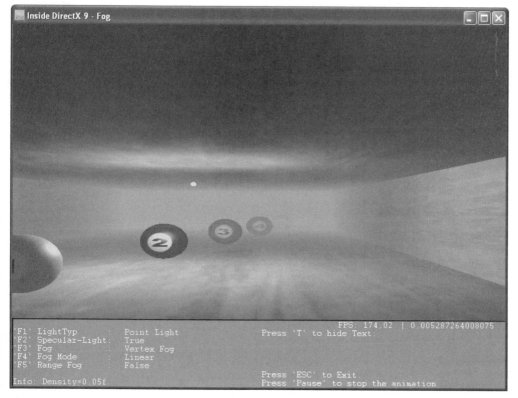

Abbildung 2.54 Beispielprogramm *Nebel*

Es ist nicht leicht, ein Beispielprogramm zu erstellen, welches die feinen Unterschiede zwischen Vertex- und Pixel-Fog veranschaulichen kann. Wie stark die Unterschiede ausfallen, ist auch von der jeweiligen Hardware abhängig. Unser Beispielprogramm veranschaulicht auch das Verhalten einer Lichtquelle im Nebel.

Wir haben eine Indoor Szene geschaffen, welche durch die räumliche Begrenzung die Auswirkungen von Nebel verdeutlicht. Die Kamera befindet sich auf der Position *z=–7.0f*. Die Billardkugeln sind jeweils zehn Einheiten weit auseinander und beginnen auf der Position *z=0.0f*. Die Szene verwendet eine Lichtquelle, welche mit der F1-Taste umgeschaltet werden kann. Mit der F2-Taste können Sie den Glanzlichteffekt aktivieren. Die Tasten [F3] bis [F5] kontrollieren die Nebelparameter. Mit Ausnahme des *Density*-Parameters können Sie alle Nebelparameter dynamisch verändern.

PixelFog

Mit Hilfe der *InitPixelFog()*-Methode wird der PixelFog kontrolliert.

InitPixelFog

Der Befehl initialisiert den PixelFog. Parallel dazu können alle Nebelparameter übergeben werden

```
InitPixelFog(bool Enable,
    DWORD Color,
    DWORD Mode,
    FLOAT Density,
    FLOAT Start,
    FLOAT End);
```

Enable	Aktiviert bzw. deaktiviert den Nebel. Hierbei wird der Nebel grundsätzlich beeinflusst und ist nicht nur auf PixelFog begrenzt (auch TableFog wird gleichzeitig aktiviert bzw. deaktiviert).
Color	Nebelfarbe

Mode	`typedef enum _D3DFOGMODE {`
	`    D3DFOG_NONE = 0,`
	`    D3DFOG_EXP = 1,`
	`    D3DFOG_EXP2 = 2,`
	`    D3DFOG_LINEAR = 3,`
	`    D3DFOG_FORCE_DWORD = 0x7fffffff`
	`} D3DFOGMODE;`

Density	Dieser Parameter bestimmt die Nebeldichte. Der Wert liegt zwischen *0.0f* und *1.0f*. Der voreingestellte Wert ist *1.0f*.
Start, End	Bestimmt den Startpunkt/Endpunkt des Nebelbereiches. Dieser ist immer abhängig von der Kameraposition und ist nicht mit einer absoluten Koordinate im 3D-Raum zu verwechseln.

Rückgabewert: *TRUE/FALSE*

Bemerkung: keine

Der Aufbau der *InitPixelFog()*-Methode ist leicht überblickbar:

```
HRESULT GameMainRoutines::InitPixelFog(bool Enable,DWORD Color, DWORD Mode, FLOAT Density, FLOAT Start,
FLOAT End)
{
    // Enable fog blending.
    if (Mode!=0)
        m_GameData.pd3dDevice->SetRenderState(D3DRS_FOGENABLE, true);
    else
        m_GameData.pd3dDevice->SetRenderState(D3DRS_FOGENABLE, false);

    // Set the fog color.
    m_GameData.pd3dDevice->SetRenderState(D3DRS_FOGCOLOR, Color);

    // Set fog parameters.
    m_GameData.pd3dDevice->SetRenderState(D3DRS_FOGVERTEXMODE, 0);
    if( Mode == D3DFOG_LINEAR )
```

Listing 2.65 *InitPixelFog()*-Methode

```
{
    m_GameData.pd3dDevice->SetRenderState(D3DRS_FOGTABLEMODE, Mode);
    m_GameData.pd3dDevice->SetRenderState(D3DRS_FOGSTART, *(DWORD *)(&Start));
    m_GameData.pd3dDevice->SetRenderState(D3DRS_FOGEND,   *(DWORD *)(&End));
}
else
{
    m_GameData.pd3dDevice->SetRenderState(D3DRS_FOGTABLEMODE, Mode);
    m_GameData.pd3dDevice->SetRenderState(D3DRS_FOGDENSITY, *(DWORD *)(&Density));
}
```

Listing 2.65 *InitPixelFog()-Methode (Fortsetzung)*

Interessant ist die Unterscheidung des *D3DFOGMODE*. Lediglich *D3DFOG_LINEAR* benötigt einen Start- und Endparameter:

```
    return S_OK;
}
```

VertexFog

Mit Hilfe der *InitVertexFog( )*-Methode wird der VertexFog kontrolliert.

InitVertexFog

Der Befehl initialisiert den VertexFog. Parallel dazu können alle Nebelparameter übergeben werden.

```
InitVertexFog(bool Enable,
    DWORD Color,
    DWORD Mode,
    BOOL UseRange,
    FLOAT Density,
    FLOAT Start,
    FLOAT End);
```

Enable	Aktiviert bzw. deaktiviert den Nebel. Hierbei wird der Nebel grundsätzlich beeinflusst und ist nicht nur auf VertexFog begrenzt (auch PixelFog wird gleichzeitig aktiviert bzw. deaktiviert).
Color	Nebelfarbe

Mode	typedef enum D3DFOGMODE {
	    D3DFOG_NONE = 0,
	    D3DFOG_EXP = 1,
	    D3DFOG_EXP2 = 2,
	    D3DFOG_LINEAR = 3,
	    D3DFOG_FORCE_DWORD = 0x7fffffff
	} D3DFOGMODE;

UseRange	Dieser Parameter ermöglicht die Berechnung der wahren Entfernung eines Objektes. Auf diese Entfernung bezieht sich die Nebelintensität und lässt die Z-Koordinate bei der Berechnung unberücksichtigt.
Density	Dieser Parameter bestimmt die Nebeldichte. Der Wert liegt zwischen *0.0f* und *1.0f*. Der voreingestellte Wert ist *1.0f*.
Start, End	Bestimmt den Startpunkt/Endpunkt des Nebelbereiches. Dieser ist immer abhängig von der Kameraposition und ist nicht mit einer absoluten Koordinate im 3D-Raum zu verwechseln.

Rückgabewert: *TRUE/FALSE*

Bemerkung: keine

Die *InitVertexFog()*-Methode ist mit der *InitPixelFog()*-Methode fast identisch. Lediglich der Parameter *Use-Range* zum Aktivieren des RangeFog ist hinzugekommen:

```
HRESULT GameMainRoutines::InitVertexFog(bool Enable, DWORD Color, DWORD Mode, BOOL UseRange, FLOAT
Density, FLOAT Start, FLOAT End)
{
    // Enable fog blending.
    if (Mode!=0)
        m_GameData.pd3dDevice->SetRenderState(D3DRS_FOGENABLE, true);
    else
        m_GameData.pd3dDevice->SetRenderState(D3DRS_FOGENABLE, false);

    // Set the fog color.
    m_GameData.pd3dDevice->SetRenderState(D3DRS_FOGCOLOR, Color);

    // Set fog parameters.
    m_GameData.pd3dDevice->SetRenderState(D3DRS_FOGTABLEMODE, 0);
    if(D3DFOG_LINEAR == Mode)
    {
        m_GameData.pd3dDevice->SetRenderState(D3DRS_FOGVERTEXMODE, Mode);
        m_GameData.pd3dDevice->SetRenderState(D3DRS_FOGSTART, *(DWORD *)(&Start));
        m_GameData.pd3dDevice->SetRenderState(D3DRS_FOGEND,   *(DWORD *)(&End));
    }
    else
    {
        m_GameData.pd3dDevice->SetRenderState(D3DRS_FOGVERTEXMODE, Mode);
        m_GameData.pd3dDevice->SetRenderState(D3DRS_FOGDENSITY, *(DWORD *)(&Density));
    }

    if(UseRange)
        m_GameData.pd3dDevice->SetRenderState(D3DRS_RANGEFOGENABLE, TRUE);
        return S_OK;
}
```

Listing 2.66   Die InitVertexFog() Methode

Wenn *RANGEFOGENABLE* auf *TRUE* gesetzt wird, wird die Nebelintensität nicht mehr anhand der Z-Koordinate berechnet, sondern anhand der wahren Entfernung zur Kamera.

Billboarding

Mit geometrischen Primitiven (Dreiecken) zu arbeiten ist vom Standpunkt einer CPU bzw. GPU eine zeit-intensive Aufgabe. Bevor ein komplexes Modell gerendert werden kann, muss dieses transformiert werden. Hierzu sind eine Reihe von Multiplikationen notwendig, welche sich bereits bei einfachen Modellen (oftmals bestehen einfache Modelle aus mehreren tausend Polygonen) negativ in der Performance niederschlägt. Spieleprogrammierer kämpfen kontinuierlich gegen einen zu großen Performanceverlust und sind immerzu auf der Suche, eine komplexe Aufgabe zu vereinfachen. So kann z.B. die Flamme einer Fackel, welche an einer Wand hängt, aus vielen tausend Polygonen erzeugt werden. Die Flamme wird sehr realistisch aussehen und man könnte sie von allen Seiten aus der Nähe betrachten, ohne einen Makel zu erkennen. Aber ist es wirklich notwendig, ein echtes Modell zu erzeugen? Eine Alternative sollte natürlich schnell zu berechnen sein. Sicherlich wird die Alternativtechnik nicht die Detailtreue des Originals erreichen, aber das ist auch nicht notwendig. Beim Durchlaufen eines Raumes achtet man kaum auf die Flammen einer beliebigen

Fackel an der Wand. Die Technik, die wir vorstellen, heißt Billboarding. Billboarding ersetzt ein 3D-Modell durch ein texturiertes Rechteck, dessen Textur wie die 3D-Repräsentation des Modells aussieht. Dieses Rechteck kann aus zwei Polygonen bestehen und würde ein Modell ersetzen, welches vielleicht aus mehreren tausend Polygonen bestehen würde. Das Einsparungspotential ist gigantisch und ermutigt zur häufigen Verwendung von Billboards.

Ein Rechteck (bestehend aus zwei Dreiecken) ist flach. Es besitzt keine Tiefe, also bedient man sich eines Tricks. Hierbei muss das Rechteck immer zur Blickrichtung der Kamera ausgerichtet werden. Dem Betrachter darf es nicht gelingen, das Rechteck von der Seite zu betrachten, sondern nur von vorne, und wird so getäuscht. Tatsächlich werden mit dieser Technik Explosionen und Feuer, Rauch- und Partikeleffekte, Wolken, Sonnenstrahlen und Lens-Flares erzeugt.

Ein weiteres beliebtes Einsatzgebiet von Billboard ist die Integration von Billboards in herkömmliche Modelle. In diesen Fällen werden von Billboard fast immer Teilaufgaben übernommen, welche mit der Modellierung durch Polygone nur schwer realisierbar sind. So kann beispielsweise der Stamm und die Äste eines Baumes durch Polygone dargestellt werden, die Blätter jedoch durch Billboard. Durch diese Technik wird auch die komplizierte Animation eines Baumes vereinfacht. Billboard im Wind wehen zu lassen, ist wesentlich leichter, als eine Animation auf Vektorebene. Bei einem starken Sturm reicht die Bewegung der Blätter nicht mehr aus. Dann müsste der ganze Baum bewegt werden, und die Billboarding-Technik wäre nicht einsetzbar.

Einfache Billboards

Ein einfaches Billboard ist im Grunde eine Textur, welche nicht berücksichtigt, dass der Betrachter um das Objekt herumgeht. Die Textur besitzt weder Vorderseite noch Rückseite und entbehrt jeder Seitenansicht. Ein gutes Beispiel für ein einfaches Billboard ist eine gerade Kerze. Die Kerze, wie auch ihre Flamme, sieht von allen Seiten gleich aus. Würde ein derartiges Billboard in eine Szene integriert, könnte der Betrachter die Kerze umkreisen, ohne zu bemerken, dass er immer dieselbe Ansicht betrachtet. Aber auch komplexere Objekte können durch einfache Billboards dargestellt werden. Bäume in weiter Entfernung können nicht umkreist werden und somit kann man auf weitere Ansichten (Seitenansichten, Rückansicht) verzichten. Bei sehr flachen Objekten (Blätter, Schilder) kann sogar auf eine explizite Ausrichtung auf die Kamerablickrichtung verzichtet werden. Wer kann aus der Ferne bestimmen, wie tief ein Ortsschild ist? Es wirkt dünn wie ein Blatt Papier. Objekte, welche von allen Seiten gleich aussehen, werden auch als rotationssymmetrische Objekte bezeichnet.

Impostors

Impostors beschäftigen sich mit nicht rotationssymmetrischen Objekten. Diese Objekte sind auf den ersten Blick für die Billboard-Technik ungeeignet. Beim Umkreisen eines nicht rotationssymmetrischen Objektes muss sich die Ansicht dem Blickwinkel anpassen. Vereinfacht bedeutet dies, dass ein Teekessel von links betrachtet anders aussieht als von rechts. Wie arbeitet ein Gaukler (Impostor = Betrüger, Hochstapler, Schwindler, Gaukler)? Zunächst muss eine gewisse Vorbereitung getroffen werden. Es müssen verschiedene Ansichten des darzustellenden Objektes angefertigt werden. Am Beispiel des Teekessels würde dieser von allen Seiten, auch den Halbseiten (Nordost, Südwest …) fotografiert. Je mehr Ansichten vorliegen, desto besser gelingt der Trick. Je nachdem, aus welcher Perspektive das Objekt betrachtet wird, muss die entsprechende Ansicht auf das Billboarding-Rechteck gelegt werden. Wenn nur sehr wenige Ansichten zur Verfügung stehen, wirkt der Trick sehr plump und wird schnell entlarvt. Dies wäre beispielsweise der Fall, wenn lediglich die Vorder- und Rückansicht sowie die beiden Seitenansichten vorliegen würden. Beim Umkreisen des Objektes würde von der Vorderansicht ab einem bestimmten Winkel auf die Seitenansicht umgeschaltet. Solch ein drastischer Schritt bleibt dem Betrachter nicht verborgen.

Wir wollen nicht verheimlichen, dass diese Technik nur selten zum Einsatz kommt. Auf modernen Systemen mit leistungsstarken Grafikkarten könnte man diese Technik als ausgestorben bezeichnen. Dies liegt zum einen an dem relativ hohen Vorbereitungsaufwand und zum anderen an dem relativ hohen Speicherbedarf.

Verschränkte Billboards

Billboards sind eine enorme Erleichterung und leisten einen wichtigen Beitrag zur Performancesteigerung. Bisher wurden nur einzelne Billboards betrachtet. Sie miteinander zu kombinieren gehört zu den häufiger genutzten Techniken. So lassen sich Bäume durch ein Kreuz zweier Billboards hervorragend darstellen. Ein Billboard wird in Nordsüdrichtung und das andere Billboard in Ostwestrichtung aufgestellt. Durch diese Kombination ist es nicht einmal notwendig, die Billboards zur Kamera auszurichten. Bei der Darstellung von Bäumen ist das eine sehr beliebte Technik, obwohl die Billboards durchschimmern und so doppelte Äste sichtbar sind, was bei dem dichten Gewirr von Ästen nicht auffällt.

Billboarding vs. Sprites

Vielleicht ist Ihnen der Begriff »Sprites« noch geläufig. Früher wurden Sprites zur Darstellung von Spielfiguren und Gegenständen verwendet. In einem 3D-Spiel verlieren Sprites an Bedeutung und fristen ein Dasein im Hintergrund. Spielfiguren und Gegenstände werden nicht länger mit Hilfe von Sprites dargestellt, sondern von komplexen 3D-Modellen, welche dreidimensional modelliert werden.

Ein komplexes dreidimensionales Objekt zu rendern, verschlingt viel Rechenzeit, die zu vergeuden sich ein Spieleprogrammierer nicht leisten kann. So ist man kontinuierlich auf der Suche nach alternativen Techniken, welche ein 3D-Objekt ersetzen können. Ein klassisches Beispiel ist ein explodierendes Benzinfass im Hintergrund. Die Flammen und Rauchschwaden der Explosion kann man als 3D-Objekt modellieren. Leider sieht man diese Explosion nur recht kurz und sie sieht von allen Seiten ziemlich gleich aus. Jetzt wäre es sinnvoll, das 3D-Objekt durch eine Bitmap zu ersetzen, welche sich kontinuierlich zur Kamera ausrichtet. Hierzu kann man Billboards oder Sprites verwenden. Im Regelfall wird man auf Billboards zurückgreifen, weil die Vorteile für sich sprechen.

Eigenschaften	Sprite	Billboard
Zweidimensional	Ja	Ja
Werden immer zur Kamera ausgerichtet	Nein	Ja
Werden immer zum Monitor ausgerichtet	Ja	Nein
Können eine räumliche Position einnehmen (Tiefenposition)	Nein	Ja
Besitzen einen transparenten Hintergrund	Ja	Ja

Tabelle 2.10 Eigenschaften von Sprites und Billboards

Eigenschaften	Sprite	Billboard
Werden von Lichteffekten beeinflusst	Nein	Bedingt (Ja)
Können auf Kollision getestet werden (Interaktion mit anderen 3D-Objekten)	Nein	Ja

Tabelle 2.10 Eigenschaften von Sprites und Billboards *(Fortsetzung)*

Anhand der Tabelle 2.10 erkennen Sie den nahen Verwandtschaftsgrad der Techniken. Der elementare Unterschied und der Vorzug der Billboards ist die Eigenschaft, eine Tiefenposition im Raum zu beziehen. Anders als ein Sprite, welches sich immer in vorderster Linie befindet, können Billboards frei im Raum platziert werden. Natürlich findet dann auch eine entsprechende Größenskalierung statt, welche beim Sprite immer separat berechnet werden muss.

Berechnungsmethoden

Damit Billboards funktionieren, müssen diese immer zur Kamera ausgerichtet werden. Entweder berechnen wir jedes Billboard einzeln, was der Realitätstreue zu Gute käme, oder wir berechnen eine einheitliche Weltmatrix mit einer Ausrichtung direkt auf die Kamera.

- Einzelberechnung

  Bei der Einzelberechnungsmethode verbleibt das Billboard an der ursprünglichen Position im 3D-Raum. Anschließend wird für alle Vertices des Billboards die Ausrichtung zur Kamera berechnet. Das ist eine relativ einfache Rotationsberechnung um die Rotationsachsen des Billboards. Der Vorteil dieser Technik ist, dass sich alle vorhandenen Lichteffekte deutlich abzeichnen. Der Nachteil ist eine zusätzliche Belastung der CPU.

- Weltmatrix

  Um den Berechnungsprozess zu beschleunigen, können wir eine einheitliche Matrix berechnen, welche zur Darstellung aller vorhandenen Billboards verwendet wird. Die errechnete Matrix, mit Ausrichtung auf die Kamera, ersetzt temporär die vorhandene Weltmatrix. Nachdem die Billboards gerendert wurden, nimmt die ursprüngliche Weltmatrix wieder ihre Position ein. Wenn die ursprüngliche Weltmatrix gesetzt wurde, können die verbleibenden Objekte gerendert werden.

  Diese Technik stellt sich als äußerst effektiv heraus und dennoch gibt es Schattenseiten. In diesem Fall dürfen Sie das Wort Schattenseiten ruhig wörtlich nehmen. Zum Rendern verwenden wir eine eigene Billboradmatrix. Bevor das Billboard gerendert wird, wird die Weltmatrix durch die Billboard-Matrix ersetzt. Nun kann es vorkommen, dass in der Weltmatrix Lichtquellen vorhanden waren, welche in der Billboard-Matrix verloren gingen. In diesem Fall werden die Reflexionen des Lichtes nicht berücksichtigt. Im schlimmsten Fall bleibt das Billboard schwarz.

Kapitel 2:   DirectX-Grundlagen

Beispielprogramm *Billboarding*

Abbildung 2.55   Beispielprogramm *Billboarding*

Für unser Beispielprogramm haben wir ein klassisches Thema gewählt. Die Darstellung von Bäumen wird immer wieder mit Hilfe von Billboards gelöst. Es wird eine Bodenplatte erstellt, welche wir aber weitgehend ignorieren können. Sie soll lediglich demonstrieren, dass die Kamera um die Platte kreist. Auf der Bodenplatte werden nach dem Zufallsprinzip einige Bäume platziert. Anhand der Bäume wollen wir das Prinzip des Billboardings erläutern. Unsere Aufgabe wird es sein, alle Bäume zur Kamera auszurichten. Hierbei verwenden wir eine einheitliche Billboard-Matrix, welche wir auf alle Bäume anwenden. Das ist eine vereinfachte Technik, die mathematisch eine Lücke aufweist. Eigentlich müssten die Bäume an den Bildschirmrändern etwas stärker zur Kamera gerichtet werden. Würden wir für jeden Baum eine eigene Billboard-Matrix errechnen, hätten wir auch einen Mehraufwand an Rechenleistung. Das Ergebnis würde sich dennoch kaum von der vereinfachten Technik unterscheiden, sodass in der Praxis fast ausschließlich die vereinfachte Technik angewandt wird.

Eine Struktur für die Bäume schaffen

Wir möchten eine dynamische Anzahl von Bäumen zeichnen. Damit man den Überblick nicht verliert, wird eine kleine Struktur benötigt. Diese wird in der *GameMainRoutines.h* angelegt und sieht wie folgt aus:

```
struct _Trees
{
  D3DXMATRIX  matWorld;
  D3DXVECTOR3 Pos;
} Trees[100];
int TreeCount;
```

Die Struktur erfasst eine Matrix sowie einen Positionsvektor. Auch jeder Baum erhält eine eigene Matrix. Diese ist nicht unbedingt notwendig, da wir eine einheitliche Billboard-Matrix verwenden, aber sie dient der Übersichtlichkeit und verbessert die Programmstruktur. Die Variable *TreeCount* gehört nicht zur eigentlichen Baumstruktur, ist aber dem Kontext zugeordnet und erfasst die Anzahl der zu zeichnenden Bäume.

Zu Beginn der *GameMainRoutines.cpp* wird die Baumstruktur mit Daten gefüllt:

```
m_GameData.TreeCount=10;
srand( (unsigned)time( NULL ) );
for(int i=0; i<m_GameData.TreeCount; i++)
  {
    m_GameData.Trees[i].Pos.x  = float((rand()%16+-8)+(float(rand()%100+0)/100));
    m_GameData.Trees[i].Pos.y  = 2.0f;
    m_GameData.Trees[i].Pos.z  = float((rand()%16+-8)+(float(rand()%100+0)/100));
    D3DXMatrixIdentity(&m_GameData.Trees[i].matWorld);
  }
```

Zu Beginn legen wir die Anzahl der zu zeichnenden Bäume fest. In unserem Beispiel haben wir uns für zehn Bäume entschieden. Mit der *srand()*-Methode können wir einen Anfangswert für den Zufallsgenerator *rand()* festlegen. Dieser wird für die Positionskoordinaten der einzelnen Bäume benötigt.

Ein Billboard erstellen

Nun ist es an der Zeit, ein Billboard zu erstellen. Dazu benötigen wir zwei Dinge:

- Ein Polygon
- Eine Textur

Das Polygon

- Im Grunde würde ein einfaches Polygon (Dreieck) zur Darstellung eines Billboard reichen. Im Regelfall greift man aber auf das Rechteck als geometrische Form zurück. Um das Rechteck zu erstellen, verwenden wir die bereits bekannte *CGeometry*-Klasse:

```
if(FAILED(m_GameData.Square2.SetD3DDevice(m_GameData.pd3dDevice))){
  MessageBox(NULL,"Error Square 2 SetD3DDevice ","Square2",MB_OK);
  exit(0);
}
```

Bevor das eigentliche Rechteck erstellt werden kann, muss der *CGeometry*-Klasse das aktuelle und gültige Direct3D-Device übergeben werden:

```
if(FAILED(m_GameData.Square2.MakeSquare (1,1,-1,-2,2,4))){
  MessageBox(NULL,"Error MakeSquare ","Square2",MB_OK);
  exit(0);
}
```

Es wird ein Rechteck mit den Dimensionen 2 x 4 (Breite x Höhe) erstellt. Außerdem positionieren wir das Rechteck so, dass der Koordinatenursprung genau durch die Mitte des Rechtecks verläuft. Obwohl das nicht notwendig ist, bevorzugen wir diese Technik, um mögliche Probleme bei Rotationen über die Achsen zu vermeiden.

Eine Textur erstellen

Ebenfalls mit Hilfe der *CGeometry*-Klasse erstellen wir die benötigte Textur. Hierzu wird die *SetTextureEx()*-Methode verwendet:

```
result = m_GameData.Utilities.GEFindMediaPath(m_GameData.MediaPath);
if(FAILED(m_GameData.Square2.SetTextureEx
              (strcat(m_GameData.MediaPath,"Texturen\\tree512.bmp"),0xff000000)))
{
  MessageBox(NULL,"Error SetTexture ","Square2",MB_OK);
  exit(0);
}
```

Beim Erstellen dieser Textur treffen wir auf eine Besonderheit. Anstatt der bekannten *D3DXCreateTextureFromFile()*-Methode wird die *D3DXCreateTextureFromFileEx()*-Methode verwendet. Der diesmal entscheidende Unterschied besteht darin, dass die *D3DXCreateTextureFromFileEx()*-Methode die Möglichkeit bietet, einen Farbschlüssel (ColorKey) zu definieren. Der ColorKey wird benötigt, damit der Hintergrund der Textur ausgeblendet werden kann.

D3DXCreateTextureFromFileEx()

Die ist die Expertenfunktion zum Laden einer Textur aus einer Datei. Es steht eine Vielzahl von Parametern zur Verfügung, um das Texturinterface wunschgemäß anzupassen.

```
HRESULT D3DXCreateTextureFromFileEx(
                    LPDIRECT3DDEVICE9 pDevice,
                    LPCTSTR pSrcFile,
                    UINT Width,
                    UINT Height,
                    UINT MipLevels,
                    DWORD Usage,
                    D3DFORMAT Format,
                    D3DPOOL Pool,
                    DWORD Filter,
                    DWORD MipFilter,
                    D3DCOLOR ColorKey,
                    D3DXIMAGE_INFO *pSrcInfo,
                    PALETTEENTRY *pPalette,
                    LPDIRECT3DTEXTURE9 *ppTexture
);
```

| pDevice | Ein gültiges Direct3D-Device |

pSrcFile	Der Pfad und der Name der Datei, die geladen werden soll
Width	Die Breite der Textur in Pixel. Wenn der Wert 0 oder *D3DX_DEFAULT* ist, wird die tatsächliche Breite der Bilddatei genommen, ansonsten wird die Texturbreite auf den angegebenen Wert skaliert.
Height	Die Höhe der Textur in Pixel. Wenn der Wert 0 oder *D3DX_DEFAULT* ist, wird die tatsächliche Höhe der Bilddatei genommen, ansonsten wird die Texturhöhe auf den angegebenen Wert skaliert.
MipLevels	Hier wird die Anzahl der gewünschten MipMaps angegeben. Ist der Wert 0 oder *D3DX_DEFAULT*, wird die Textur nur in einer Auflösung angelegt.
Usage	Der Wert ist 0 oder *D3DUSAGE_RENDERTARGET* oder *D3DUSAGE_DYNAMIC*. Hiermit kann die Zeichenausgabe verändert werden. Somit ist es nicht notwendig, immer auf den Monitor zu rendern, sondern es könnte beispielsweise auch in eine Textur gerendert werden. Hierdurch lassen sich Spezialeffekte wie ein Spiegel oder ein laufender Fernseher im Computerspiel simulieren.
Format	Hiermit wird das Pixelformat der Textur festgelegt. Der Wert ergibt sich aus der *D3DFORMAT*-Aufzählung oder verwenden Sie den Wert *D3DFMT_UNKNOWN*, wird das Pixelformat aus der Bilddatei verwendet.
Pool	Eine Konstante aus der *D3DPOOL*-Aufzählung, welche den Speicherbereich der Textur festlegt
Filter	Die Filter regulieren die Art und Weise, wie ein Pixel aus einem Texturpixel errechnet werden soll. Hierzu werden ein oder mehrere Werte aus der *D3DX_FILTER*-Aufzählung verwendet.
MipFilter	Die Filter regulieren die Art und Weise, wie ein Pixel aus einem Texturpixel errechnet werden soll. Hierzu haben wir ein oder mehrere Werte aus der *D3DX_FILTER*-Aufzählung verwendet.
ColorKey	Hiermit bestimmen Sie eine transparente Farbe. Der Farbwert wird als 32-Bit-Farbwert übergeben. Der enthaltene Alphawert sagt aus, wie transparent die Farbe sein soll. Somit wäre ein völlig transparenter schwarzer Hintergrund mit &FF000000 darzustellen. Der Wert 0 deaktiviert die Schlüsselfarbe.
*pSrcInfo	Ein Zeiger auf einen Record des Typs *D3DXIMAGEINFO*, der mit Informationen über das Bild gefüllt ist. Wenn dieser Verweis nicht benötigt wird, kann der Wert auf NULL gesetzt werden.
*pPalette	Ein Zeiger auf einen Record des Typs *TPALETTEENTRY*, mit dem der Farbanteil der Textur gelesen werden kann. Wenn dieser Verweis nicht benötigt wird, kann der Wert auf NULL gesetzt werden.
*ppTexture	Ein Zeiger auf eine Textur, welche mit dieser Methode erstellt wird

Wenn die Textur erfolgreich erstellt wurde, wird ein *D3D_OK* zurückgegeben. Wenn die Methode fehlschlägt, erhalten Sie eine der folgenden Fehlermeldungen:
D3DERR_INVALIDCALL – Der Aufruf der Methode ist ungültig (beispielsweise hat ein Parameter einen falschen Wert)
D3DERR_NOTAVAILABLE – Das Device unterstützt die geforderte Technik nicht
D3DERR_OUTOFVIDEOMEMORY – Es steht nicht genügend Videospeicher zur Verfügung
D3DXERR_INVALIDDATA – Die Daten sind ungültig
E_OUTOFMEMORY – Es konnte nicht genügend Speicher reserviert werden

In der *CGeometry*-Klasse wird diese Methode eingesetzt. Sie wurde eingebunden in die Methode *SetTextureEx()* und ermöglicht so auf bequeme Art und Weise ihre Verwendung:

```
HRESULT CGeometry::SetTextureEx(LPCTSTR name, DWORD color)
{
  char tmpname[255];
  sprintf(tmpname,"%s%s","..\\\\",name);
  if( FAILED( D3DXCreateTextureFromFileEx(pd3dDevice, name ,
  D3DX_DEFAULT,
  D3DX_DEFAULT,
  0,
  0,
```

Listing 2.67 *SetTextureEx()*-Methode

```
D3DFMT_UNKNOWN,
D3DPOOL_DEFAULT,
D3DX_FILTER_LINEAR,
D3DX_FILTER_LINEAR,
color,
NULL,
NULL,
&Texture1 ) ) )
  {
    if( FAILED( D3DXCreateTextureFromFileEx(pd3dDevice, tmpname ,
    D3DX_DEFAULT,
    D3DX_DEFAULT,
    0,
    0,
    D3DFMT_UNKNOWN,
    D3DPOOL_DEFAULT,
    D3DX_FILTER_LINEAR,
    D3DX_FILTER_LINEAR,
    color,
    NULL,
    NULL,
    &Texture1 ) ) )
    {
      return E_FAIL;
    }
  }
  return S_OK;
}
```

Listing 2.67 *SetTextureEx()*-Methode *(Fortsetzung)*

Die *SetTextureEx()*-Methode benötigt lediglich zwei Parameter. Zum einen muss der Pfad inklusive Dateiname der Bilddatei angegeben werden, zum anderen wird ein 32-Bit-Farbwert benötigt. Der Farbwert wird als ColorKey verwendet und bestimmt, welche Farbe transparent dargestellt werden soll.

RenderStates

Den Hintergrund eines Billboards soll man (genau wie bei einem Sprite) nicht sehen. Damit der Hintergrund ausgeblendet werden kann, wird auf der einen Seite ein ColorKey benötigt und auf der anderen ein paar spezielle RenderStates:

```
pd3dDevice->SetRenderState(D3DRS_ALPHAREF, 0xFF);
pd3dDevice->SetRenderState(D3DRS_ALPHAFUNC, D3DCMP_GREATEREQUAL);
```

Diese RenderStates legen fest, dass alle Texel einer Textur mit Ausnahme der Hintergrundfarbe in den Bildspeicher geschrieben werden sollen.

Die Bäume rendern

Im Grunde zeichnen wir eine ganz normale Szene, welche sich nur unwesentlich von denjenigen in den bisherigen Abschnitten dieses Kapitels unterscheidet. Dennoch gibt es eine Winzigkeit, auf die wir Sie hinweisen möchten:

```
m_GameData.pd3dDevice->SetRenderState(D3DRS_ALPHATESTENABLE, TRUE);
 for(int i=0; i<m_GameData.TreeCount; i++)
 {
   m_GameData.Square2.MyProperties.SetMatrix(m_GameData.Trees[i].matWorld);
   m_GameData.Square2.MyProperties.SetPosition(m_GameData.Trees[i].Pos);
   m_GameData.pd3dDevice->SetTransform( D3DTS_WORLD, &m_GameData.Trees[i].matWorld);
   if(FAILED(m_GameData.Square2.Render())){
     MessageBox(NULL,"Error Render","Square2",MB_OK);
     exit(0);
   }
 }
 m_GameData.pd3dDevice->SetRenderState(D3DRS_ALPHATESTENABLE, FALSE);
```

Wir haben bereits spezielle RenderStates verwendet, welche Billboarding ermöglichen. Während des Render-prozesses kommt noch ein RenderState hinzu, *SetRenderState(D3DRS_ALPHATESTENABLE, TRUE)*, und testet bei jedem Texturpixel, ob es in den Bildspeicher geschrieben werden darf. Ob ein Texel (ein Pixel einer Textur) geschrieben werden darf, wird durch den ColorKey sowie den RenderStates beeinflusst. Nachdem die Billboards gezeichnet wurden, wird *D3DRS_ALPHATESTENABLE* wieder deaktiviert.

Lens-Flares

Der Lens-Flare-Effekt tritt immer dann auf, wenn die Kamera direkt auf eine Lichtquelle ausgerichtet ist. Die dabei entstehenden Spiegelungen auf der Kameralinse werden auch als Halo-Effekt (eng.: halo = Ring, Glorienschein, Heiligenschein) bezeichnet.

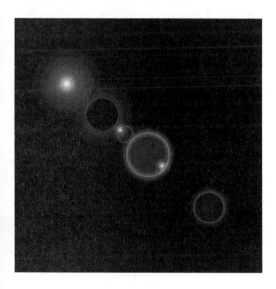

Abbildung 2.56 Lens-Flares

Durch diesen Effekt können Szenen realistischer wirken. Sehr beliebt ist dieser Effekt bei Ego-Shootern oder Weltraumspielen. Landschaftsszenen, welche oftmals ode und leblos wirken, können so belebt und aufge-peppt werden. Natürlich darf der Effekt nicht immer eingesetzt werden. Sie sollten die Szene genau begut-achten und dann entscheiden, ob ein Lens-Flare-Effekt sinnvoll ist. Ein Übermaß an Effekten kann auch schaden und macht außerdem nicht immer Sinn.

Geometrische Formen

Die beliebteste geometrische Form ist der Ring. Ringe gibt es in unterschiedlichen Ausprägungen und sie sind geeignet, eine gesamte Lens-Flare-Kette zu erstellen.

Abbildung 2.57   Unterschiedliche Ringe

Neben den Ringen gibt es aber auch noch weitere Formen, welche durchaus zum Einsatz kommen. Es gibt vielfältige Auswahlmöglichkeiten.

Abbildung 2.58   Alternative Lens-Flare-Formen

Bei den geometrischen Formen muss beachtet werden, dass sie nicht zu sehr das Bild überblenden. Ein sehr stark gefülltes Muster wäre als Lichtquelle geeignet, aber nicht mehr als Linseneffekt. Linseneffekte sollten genügend Freiraum beinhalten, sodass der durchschimmernde Hintergrund zum Großteil ohne Farbverfälschungen erkennbar ist.

Das Berechnungsmodell

Wahrscheinlich haben Sie bereits einige Lens-Flare-Effekte gesehen. Dabei stellt man fest, dass die Lens-Flare-Achse durch den Koordinatenursprung (bzw. durch die Bildschirmmitte) verläuft. Für einen solchen Verlauf benötigt man einen Richtungsvektor, welcher bei der Lichtquelle beginnt und die Bildschirmmitte schneidet.

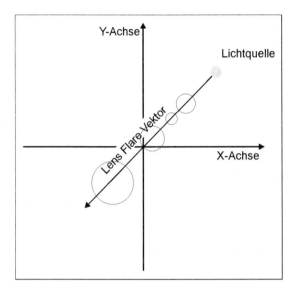

Abbildung 2.59 Lens-Flare-Vektor

Den Lens-Flare-Vektor zu berechnen ist nicht schwierig. Wir haben zwei Punkte im Raum:

- D3DXVECTOR Lichtquelle
- D3DXVECTOR Ziel (Koordinatenursprung)

Um den Richtungsvektor zu ermitteln, müssen wir das Ziel vom Ursprung subtrahieren. Hierzu verwenden wir die *D3DXVec3Subtract()*-Methode:

```
D3DXVECTOR3 LensFlareVector, SunPosition, TargetPosition;
D3DXVec3Subtract(&LensFlareVector, &SunPosition, &TargetPosition);
```

Als Nächstes benötigen wir die Länge zwischen Lichtquelle und Ziel. Mit Hilfe der *D3DXVec3Lenght()*-Methode ist auch das kein Problem:

```
float length;
length=D3DXVec3Length(&LensFlareVector);
```

Jetzt fehlt nur noch die Möglichkeit, die einzelnen Lens-Flares entlang des Lens-Flare-Vektors zu platzieren. Hierzu muss der Lens-Flare-Vektor zuerst normalisiert werden. Daraus ergibt sich, dass der Lens-Flare-Vektor, multipliziert mit der Länge, die maximale Entfernung angibt. Der Lens-Flare-Vektor multipliziert mit 0.0f gibt die theoretisch kürzeste Entfernung (Koordinatenursprung) an.

Lens-Flare-Objekt	Position
Primary Flare	*Lenght*
First Object	*Lenght / 1.4f*
Next Object	*Lenght / 2.0f*
Next Object	*Lenght / 4.0f*

Tabelle 2.11 Positionierung der Lens-Flare-Objekte

Lens-Flare-Objekt	Position
Next Object	–(Lenght / 6.0f)
First HighLight	Lenght / 2.0f (Object.Position.y +=0.3f)
Next HighLight	Lenght / 4.0f (Object.Position.y –=1.7f)

Tabelle 2.11 Positionierung der Lens-Flare-Objekte *(Fortsetzung)*

Die Tabelle 2.11 zeigt eine mögliche Positionierung unterschiedlicher Lens-Flare-Objekte. Dies ist nur ein Vorschlag. Ein Lens-Flare-Effekt ist immer an die jeweilige Szene anzupassen. Betrachten Sie bitte die letzten beiden Einträge der Tabelle. Eigentlich sind dies ganz normale Lens-Flare-Objekte, aber wir verwenden diese etwas anders. Hiermit simulieren wir einen besonders hellen Punkt in einem Lens-Flare-Objekt. Man kann dies mit einer Seifenblase vergleichen, welche ebenfalls ein Glanzlicht widerspiegelt, sobald diese beleuchtet wird. In unserem Lens-Flare-Beispielprojekt können Sie den Effekt ebenfalls beobachten.

Sichtbarkeitsprüfung

Lens-Flares sollen nur dann gezeichnet werden, wenn die Lichtquelle sichtbar ist. Befindet sich die Lichtquelle nicht im Sichtfeld der Kamera, würden eventuell gezeichnete Lens-Flare-Objekte störend wirken. Es würde der Bezugspunkt fehlen. Außerdem ist es logisch, wenn Lens-Flare-Objekte nur gezeichnet werden, wenn man von der Lichtquelle geblendet wird. Die Sichtbarkeitsprüfung wird mit Hilfe der *D3DXVec3Dot()*-Methode ermittelt.

```
float DotValue;
DotValue=D3DXVec3Dot(&SunPosition, &CameraPosition );
```

Bei dieser Methode kann man sagen, dass negative Werte vor der Kamera liegen. Positive Werte befinden sich hinter der Kamera. Nun ist es so, dass nicht alle Positionen vor der Kamera auch sichtbar sind. Deshalb muss das Ergebnis noch weiter begrenzt werden. Man muss daraus keine große Wissenschaft machen. Am einfachsten funktioniert dies alles durch messen. Nehmen Sie einfach den kleinsten gemessenen Wert im Sichtbarkeitsfeld und verwenden Sie diesen als Grenzwert:

```
m_GameData.FrustumCullingValue =
                 D3DXVec3Dot(&m_GameData.SunPosition, &m_GameData.Camera );
if (m_GameData.FrustumCullingValue  > -200 ) m_GameData.FrustumCulling = true;
```

Ausblenden

Ein Lens-Flare-Effekt wirkt nur realistisch, wenn die Intensität mit zunehmendem Winkel zur Kamera ansteigt. Dies bedeutet, dass der Lens-Flare-Effekt fast völlig transparent ist, wenn die Lichtquelle ins Bild kommt. Sobald die Lichtquelle senkrecht zur Kamera steht, ist auch die maximale Intensität erreicht. Hierzu ein Beispiel:

Linke Seite –200.0f

Rechte Seite –385.0f

Differenz rechte Seite – linke Seite = 185.0f

DotValue = D3DXVec3Dot(&SunPosition, &CameraPosition)
BlendFaktor = (255.0f / 185.0f)* (linke Seite+(abs(DotValue)))

Der *BlendFaktor* bestimmt den Grad der Transparenz. Am Rand sind die Lens-Flare-Objekte fast nicht erkennbar, und in der Mitte haben sie mit einem Wert von *255.0f* das Maximum erreicht.

Rendern

Für den Lens-Flare-Effekt benötigen wir zwei Techniken, die Sie bereits kennen gelernt haben: Alpha-Blending sowie Billboarding bilden die Grundlage des Effekts. Alpha-Blending wird benötigt, damit der Hintergrund sichtbar bleibt, und Billboarding brauchen wir, da es sich bei Lens-Flare-Objekten um einfache Texturen handelt. Des Weiteren müssen wir bedenken, dass sich die einzelnen Lens-Flare-Objekte nicht hinter anderen Gegenständen aus der Szene verstecken dürfen. Wenn die Lichtquelle sichtbar ist, muss die gesamte Lens-Flare-Kette gezeichnet werden. Um dies zu gewährleisten, muss der Z-Buffer während des Zeichnens abgeschaltet werden. Hier eine schematische Darstellung des Ablaufs:

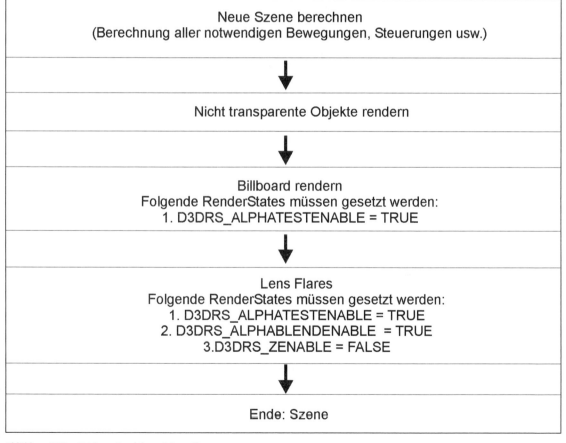

Abbildung 2.60   Zeichenreihenfolge mit Lens-Flares

Beispielprogramm *Lens-Flares*

Abbildung 2.61   Beispielprogramm *Lens-Flares* (basierend auf Billbords)

Unser Beispielprogramm basiert auf dem Billboarding-Demo. Für die Lens-Flares haben wir die klassische Ringform gewählt. Lediglich an der Lichtquelle haben wir ein massiveres Lens-Flare-Objekt gewählt. Zur Unterstützung des Effekts arbeiten wir mit Glanzlichtern am zweiten und dritten Lens-Flare-Objekt. Außerdem haben wir darauf geachtet, dass die Lens-Flare-Objekte skalierbar sind. Somit können wir das Erscheinungsbild optimal an die Szene anpassen.

Variablen deklarieren

Zur Darstellung der Lens-Flare-Objekte benötigen wir organisatorische Hilfe in Form einer Struktur. Zuvor müssen wir uns überlegen, welche Anforderungen wir an sie haben:

- Jedes Lens-Flare-Objekt benötigt eine eigene transformierte Matrix.

- Die Objekte müssen positionierbar sein.

- Die Objekte müssen skalierbar sein.

Nachdem die Anforderungen definiert sind, können wir die notwendige Datenstruktur schaffen:

```
struct _LensFlares
  {
    D3DXMATRIX  matWorld;
    D3DXVECTOR3 Pos;
    float       Scale;
  } LensFlares[10];
int LensFlaresCount;
```

Neben der eigentlichen Lens-Flare-Struktur müssen wir noch weitere Variablen deklarieren. Für die anstehenden Berechnungen des Lens-Flare-Vektors benötigen wir einen Startpunkt und einen Endpunkt. Der Startpunkt heißt *TestPosition* und der Endpunkt heißt *SunPosition*.

```
D3DXVECTOR3  SunPosition;
D3DXVECTOR3  TestPosition;
```

Für die Sichtbarkeitsprüfung der Lichtquelle werden noch die folgenden Variablen benötigt:

```
bool  FrustumCulling;
float FrustumCullingValue;
float FrustumCullingBlendFactor;
```

FrustumCulling legt fest, ob die Lens-Flare-Objekte gezeichnet werden sollen. Nur wenn der Wert *TRUE* ist, werden die Objekte gezeichnet. *FrustumCullingValue* ist eine temporäre Variable und wird später erläutert. *FrustumCullingBlendFactor* legt den Transparenzgrad der Lens-Flare-Objekte fest.

Variablen initialisieren

Die Variablen werden am Anfang der *GameMainRoutines.cpp* initialisiert:

```
m_GameData.SunPosition.x = 0.0f;
m_GameData.SunPosition.y = 4.0f;
m_GameData.SunPosition.z = 20.0f;
```

Nun wird die Position der Lichtquelle festgelegt. In unserem Beispiel soll die Sonne simuliert werden.

```
m_GameData.TestPosition.x = 0.0f;
m_GameData.TestPosition.y = 0.0f;
m_GameData.TestPosition.z = 0.0f;
```

Der zweite Punkt für den Lens-Flare-Vektor verläuft genau durch den Koordinatenursprung. Dies ist eine sehr beliebte Technik. Dennoch wollen wir erwähnen, dass das nicht zwingend sein muss. Manchmal ist es sogar besser, den Lens-Flare-Vektor nicht durch den Koordinatenursprung laufen zu lassen.

```
m_GameData.LensFlaresCount=7;
```

Wenn Sie die Anzahl der Lens-Flare-Objekte verändern wollen, müssen Sie lediglich den Wert der Variablen *LensFlaresCount* ändern:

```
for(int u=0; u<m_GameData.LensFlaresCount ; u++)
  {
    m_GameData.LensFlares[u].Pos.x = m_GameData.SunPosition.x;
    m_GameData.LensFlares[u].Pos.y = m_GameData.SunPosition.y;
    m_GameData.LensFlares[u].Pos.z = m_GameData.SunPosition.z;
    D3DXMatrixIdentity(&m_GameData.LensFlares[u].matWorld);
  }
```

An dieser Stelle weisen wir den einzelnen Lens-Flare-Objekten eine Position zu. Da diese Werte später überschrieben werden, dient die Zuweisung lediglich der Initialisierung der Variablen:

```
m_GameData.LensFlares[0].Scale=4.0f;
m_GameData.LensFlares[1].Scale=1.0f;
m_GameData.LensFlares[2].Scale=0.25f;
m_GameData.LensFlares[3].Scale=1.5f;
m_GameData.LensFlares[4].Scale=2.5f;
m_GameData.LensFlares[5].Scale=0.15f;
m_GameData.LensFlares[6].Scale=0.15f;
```

Hier werden die Größenverhältnisse der jeweiligen Lens-Flare-Objekte festgelegt. Es ist sehr wichtig, dass die einzelnen Objekte im richtigen Verhältnis zueinander stehen. Ansonsten wirkt der gesamte Effekt unecht. Die beiden letzten Zuweisungen sind für die bereits erwähnten Glanzlichter. Da sich diese quasi in einem anderen Lens-Flare-Objekt befinden, müssen sie besonders klein sein.

Lens-Flare-Objekte erstellen

```
// ----------------------------------------------------------------
// Geometry - LensFlare 1 -
// ----------------------------------------------------------------

if(FAILED(m_GameData.LensFlare1.SetD3DDevice(m_GameData.pd3dDevice))){
  MessageBox(NULL,"Error LensFlare1 SetD3DDevice ","LensFlare1",MB_OK);
  exit(0);
}

if(FAILED(m_GameData.LensFlare1.MakeSquare (1,1,-1,-2,2,4))){
  MessageBox(NULL,"Error MakeSquare ","LensFlare1",MB_OK);
  exit(0);
}

result = m_GameData.Utilities.GEFindMediaPath(m_GameData.MediaPath);
if(FAILED(m_GameData.LensFlare1.SetTextureEx
         (strcat(m_GameData.MediaPath,"Texturen\\Flares\\lens1.jpg"),0xFF000000))){
  MessageBox(NULL,"Error SetTexture ","LensFlare1",MB_OK);
  exit(0);
}
```

Insgesamt verwenden wir vier unterschiedliche Lens-Flare-Formen. Das Erstellen der restlichen Lens-Flare-Objekte ist mit diesem Objekt vergleichbar. Es werden lediglich andere Bilddateien geladen. Beim Erstellen der Lens-Flare-Objekte sollten Sie beachten, dass wir (wie bei den Billboards) die *SetTextureEx()*-Methode verwenden. Dies ist notwendig, da wir einen transparenten Hintergrund benötigen.

Szene neu berechnen

Damit eine neue Szene dargestellt werden kann, sind einige Berechnungen notwendig:

```
m_GameData.Camera.x=float(10*sin(m_GameData.iTime));
m_GameData.Camera.y=4.0f;
m_GameData.Camera.z=float(20*cos(m_GameData.iTime));
```

Alles beginnt mit der Neuberechnung der Kameraposition. Die Kamera kreist um den Koordinatenursprung und ist kontinuierlich auf das Zentrum ausgerichtet:

```
D3DXVECTOR3 vEyePt( m_GameData.Camera );
D3DXVECTOR3 vLookatPt( 0.0f, 0.0f, 0.0f );
D3DXVECTOR3 vUpVec( 0.0f, 1.0f, 0.0f );

D3DXMatrixLookAtLH( &matView, &vEyePt, &vLookatPt, &vUpVec );
m_GameData.pd3dDevice->SetTransform( D3DTS_VIEW, &matView );

if(m_GameData.Billboarding) D3DXMatrixTranspose(&matWorld, &matView);
```

Anschließend wird die Viewmatrix und, falls notwendig, der Billboarding-Vektor berechnet:

```
m_GameData.FrustumCullingValue =
                    D3DXVec3Dot(&m_GameData.SunPosition, &m_GameData.Camera );
if (m_GameData.FrustumCullingValue > -200 )
    {
    m_GameData.FrustumCulling = true;
    }
else
    {
    m_GameData.FrustumCulling=false;
    float tmp1;
    tmp1=-200.0f+(abs(m_GameData.FrustumCullingValue ));
    m_GameData.FrustumCullingBlendFactor=(255.0f/185.0f)*tmp1;
    }
```

Nun kommen wir zur Sichtbarkeitsprüfung. Mit Hilfe des Dotprodukts gelingt es, zu definieren, ob sich die Lichtquelle vor oder hinter der Kamera befindet. Wenn *FrustumCulling* gleich *TRUE* ist, werden die Lens-Flare-Objekte nicht gezeichnet.

```
D3DXVECTOR3 vDir;
float Lenght;
D3DXVec3Subtract(&vDir, &m_GameData.SunPosition, &m_GameData.TestPosition);
Lenght=D3DXVec3Length(&vDir);
D3DXVec3Normalize(&vDir,&vDir);
m_GameData.LensFlares[0].Pos=(vDir*Lenght/1.0f)+m_GameData.TestPosition;
m_GameData.LensFlares[1].Pos=(vDir*Lenght/1.4f)+m_GameData.TestPosition;
m_GameData.LensFlares[2].Pos=(vDir*Lenght/2.0f)+m_GameData.TestPosition;
m_GameData.LensFlares[3].Pos=(vDir*Lenght/4.0f)+m_GameData.TestPosition;
m_GameData.LensFlares[4].Pos=(vDir*-(Lenght/6.0f))+m_GameData.TestPosition;
m_GameData.LensFlares[5].Pos=(vDir*(Lenght/2.0f))+m_GameData.TestPosition;
m_GameData.LensFlares[6].Pos=(vDir*(Lenght/4.0f))+m_GameData.TestPosition;
```

In diesem Abschnitt wird die neue Position auf dem Lens-Flare-Vektor festgelegt. Diese verändert sich mit jeder Bewegung der Kamera:

```
for(int u=0; u<m_GameData.LensFlaresCount; u++)
{
  matWorld._11=m_GameData.LensFlares[u].Scale;
  matWorld._22=m_GameData.LensFlares[u].Scale;
  matWorld._33=m_GameData.LensFlares[u].Scale;

  matWorld._41=m_GameData.LensFlares[u].Pos.x;
  matWorld._42=m_GameData.LensFlares[u].Pos.y;
  matWorld._43=m_GameData.LensFlares[u].Pos.z;

  if (u==6) matWorld._42-=1.7f;
  if (u==5) matWorld._42+=0.3f;

  m_GameData.LensFlares[u].matWorld = matWorld;
}
```

Nachdem die neuen Positionen der Lens-Flare-Objekte festgelegt wurden, muss die jeweilige Lens-Flare-Matrix neu skaliert und positioniert werden. Die alten Daten gingen bei der Zuweisung der Billboarding-Matrix verloren.

Rendern

Bevor man mit dem eigentlichen Zeichnen der Lens-Flare-Kette anfangen darf, müssen die notwendigen RenderStates gesetzt werden. Folgende RenderStates müssen wir berücksichtigen:

- Hintergrundfarbe der Lens-Flare-Objekte ausblenden

  result = m_GameData.pd3dDevice->SetRenderState(D3DRS_ALPHATESTENABLE, TRUE);

- Alpha-Blending einschalten

  result = m_GameData.pd3dDevice->SetRenderState(D3DRS_ALPHABLENDENABLE , TRUE);

- Die Lens-Flare-Objekte müssen immer im Vordergrund gezeichnet werden

  result = m_GameData.pd3dDevice->SetRenderState(D3DRS_ZENABLE, FALSE);

Beim Zeichnen der Lens-Flare-Kette müssen wir eine bestimmte Reihenfolge einhalten. Da wir mit Alpha-Blending arbeiten, muss die Kette von hinten nach vorne gezeichnet werden. Das ist wichtig, weil die hinteren Lens-Flare-Objekte durch die vorderen durchscheinen sollen.

```
for(int u=0; u<m_GameData.LensFlaresCount; u++)
{
switch(u)
{
case 0:
  m_GameData.pd3dDevice->SetRenderState(D3DRS_BLENDFACTOR,
                        3DCOLOR_ARGB(0,int(255),int(255),int(255)));
  m_GameData.LensFlare1.MyProperties.SetMatrix(m_GameData.LensFlares[u].matWorld);
  m_GameData.LensFlare1.MyProperties.SetPosition(m_GameData.LensFlares[u].Pos);
  m_GameData.LensFlare1.MyProperties.Scale(
                m_GameData.LensFlares[u].Scale,m_GameData.LensFlares[u].Scale,
                m_GameData.LensFlares[u].Scale);
  m_GameData.pd3dDevice->SetTransform( D3DTS_WORLD,
                m_GameData.LensFlares[u].matWorld);
  if(FAILED(m_GameData.LensFlare1.Render())){
    MessageBox(NULL,"Error Render"," LensFlare1",MB_OK);
    exit(0);
  }
  break;
```

Als erstes Lens-Flare-Objekt wird die Lichtquelle gezeichnet. Die Lichtquelle ist kontinuierlich vorhanden und wird an den Bildschirmrändern nicht abgeschwächt. Das bedeutet, dass wir diesem Lens-Flare-Objekt einen statischen Blendfaktor zuweisen müssen:

```
case 1:
  m_GameData.pd3dDevice->SetRenderState(D3DRS_BLENDFACTOR,
                  D3DCOLOR_ARGB(0,int(m_GameData.FrustumCullingBlendFactor),
                  int(m_GameData.FrustumCullingBlendFactor),
                  int(m_GameData.FrustumCullingBlendFactor)));
  m_GameData.LensFlare2.MyProperties.SetMatrix(m_GameData.LensFlares[u].matWorld);
  m_GameData.LensFlare2.MyProperties.SetPosition(m_GameData.LensFlares[u].Pos);
  m_GameData.LensFlare2.MyProperties.Scale(
                m_GameData.LensFlares[u].Scale,
                m_GameData.LensFlares[u].Scale,
                m_GameData.LensFlares[u].Scale);
  m_GameData.pd3dDevice->SetTransform(
                D3DTS_WORLD,m_GameData.LensFlares[u].matWorld);

  if(FAILED(m_GameData.LensFlare2.Render())){
    MessageBox(NULL,"Error Render"," LensFlare2",MB_OK);
    exit(0);
  }
```

Im Gegensatz zum ersten Lens-Flare-Objekt unterliegen alle nachfolgenden einer dynamischen Transparenz. An den Bildschirmrändern sollen sie kaum sichtbar sein und in der Bildschirmmitte möglichst ausgeprägt dargestellt werden. Darum ist es notwendig, nach jeder Neupositionierung den Blendfaktor neu zu berechnen. Die Neuberechnung finden Sie in der *SetupMatrices()*-Methode. Hier wird der berechnete Wert nur noch an das Direct3D-Device übermittelt.

```
      break;
  case 2:
    //Lens-Flare-Objekt 3
    break;
  case 3:
    //Lens-Flare-Objekt 4
    break;
  case 4:
    //Lens-Flare-Objekt 5
    break;
  case 5:
    //Lens-Flare-Objekt 6
    break;
  case 6:
    //Lens-Flare-Objekt 7
    break;
  }
}
```

Lens-Flare und Skybox

Ein Lens-Flare-Effekt ist nur so gut, wie die Szene, in die er eingebunden wird. Unser Demoprogramm verzichtet auf unnötigen Ballast und konzentriert sich auf die technischen Feinheiten. Dennoch wollten wir den Effekt in einer etwas realistischeren Umgebung zeigen und haben das vorhandene Beispielprogramm in eine Skybox gepackt.

Abbildung 2.62   Lens-Flare-Effekt in einer Skybox

In diesem Beispielprogramm haben wir die Position der Lichtquelle an die Skybox angepasst und das letzte Lens-Flare-Objekt in der Größe reduziert. Außerdem lassen wir den Effekt an den Rändern weicher einblenden. Dies wurde im Wesentlichen dadurch erzielt, dass Teile der Lens-Flare-Kette leicht sichtbar sind, bevor die Lichtquelle ins Bild kommt. So wird der Betrachter sozusagen vorgewarnt, dass gleich eine starke Lichtquelle erscheint.

```
VOID GameMainRoutines::SetupMatrices(){
/---------------------------------------------------------------
// Name: SetupMatrices()
// Desc: Sets up the world, view, and projection transform Matrices.
//---------------------------------------------------------------

D3DXMATRIX matView, matWorld, matProj, tmpMatrix;

matWorld=m_GameData.Square1.MyProperties.GetMatrix();

m_GameData.Camera.x=float(10*sin(m_GameData.iTime));
m_GameData.Camera.y=2.0f;
m_GameData.Camera.z=float(20*cos(m_GameData.iTime));

//View
D3DXVECTOR3 vEyePt( m_GameData.Camera  );
D3DXVECTOR3 vLookatPt( 0.0f, 0.0f, 0.0f );
D3DXVECTOR3 vUpVec( 0.0f, 1.0f, 0.0f );

D3DXMatrixLookAtLH( &matView, &vEyePt, &vLookatPt, &vUpVec );
m_GameData.pd3dDevice->SetTransform( D3DTS_VIEW, &matView );

//Projection
D3DXMatrixPerspectiveFovLH( &matProj, D3DX_PI/4, 0.80f, 1.0f, 1000.0f );
m_GameData.pd3dDevice->SetTransform( D3DTS_PROJECTION, &matProj );

if(m_GameData.Billboarding) D3DXMatrixTranspose(&matWorld, &matView);
m_GameData.FrustumCullingValue =D3DXVec3Dot(&m_GameData.SunPosition, &m_GameData.Camera );
if (m_GameData.FrustumCullingValue > -150 )
    {
        m_GameData.FrustumCulling = true;
    }
else
    {
        m_GameData.FrustumCulling=false;
        float tmp1;
        tmp1=-150.0f+float((abs(int(m_GameData.FrustumCullingValue) )));
        m_GameData.FrustumCullingBlendFactor=(255.0f/230.0f)*tmp1;
    }

for(int i=0; i<m_GameData.TreeCount; i++)
    {
        matWorld._41=m_GameData.Trees[i].Pos.x;
        matWorld._42=m_GameData.Trees[i].Pos.y;
        matWorld._43=m_GameData.Trees[i].Pos.z;
```

```
        m_GameData.Trees[i].matWorld = matWorld;
    }


D3DXVECTOR3 vDir;
float Lenght;
D3DXVec3Subtract(&vDir, &m_GameData.SunPosition, &m_GameData.TestPosition);
Lenght=D3DXVec3Length(&vDir);
D3DXVec3Normalize(&vDir,&vDir);
m_GameData.LensFlares[0].Pos=(vDir*Lenght/1.0f)+m_GameData.TestPosition;
m_GameData.LensFlares[1].Pos=(vDir*Lenght/1.4f)+m_GameData.TestPosition;
m_GameData.LensFlares[2].Pos=(vDir*Lenght/2.0f)+m_GameData.TestPosition;
m_GameData.LensFlares[3].Pos=(vDir*Lenght/4.0f)+m_GameData.TestPosition;
m_GameData.LensFlares[4].Pos=(vDir*-(Lenght/6.0f))+m_GameData.TestPosition;
m_GameData.LensFlares[5].Pos=(vDir*(Lenght/2.0f))+m_GameData.TestPosition;
m_GameData.LensFlares[6].Pos=(vDir*(Lenght/4.0f))+m_GameData.TestPosition;

for(int u=0; u<m_GameData.LensFlaresCount; u++)
    {
        matWorld._11=m_GameData.LensFlares[u].Scale;
        matWorld._22=m_GameData.LensFlares[u].Scale;
        matWorld._33=m_GameData.LensFlares[u].Scale;

        matWorld._41=m_GameData.LensFlares[u].Pos.x;
        matWorld._42=m_GameData.LensFlares[u].Pos.y;
        matWorld._43=m_GameData.LensFlares[u].Pos.z;

        if (u==6) matWorld._42-=1.7f;
        if (u==5) matWorld._42+=0.3f;

        m_GameData.LensFlares[u].matWorld = matWorld;
    }
}
```

Terrain

Eine natürliche Landschaft zu gestallten, stellt den Programmierer vor nicht einfach zu lösende Aufgaben.
Unter einem Terrain versteht man eine Außenlandschaft (Outdoor Landscape), welche spezifische Höhen-
darstellungen beinhaltet. Außengelände werden in unterschiedlichsten Spielekategorien benötigt. Ein ganz
typisches Beispiel ist ein Flugsimulator. Mit dem Flugzeug wird eine Landschaft überflogen. Diese Landschaft besitzt mitunter gigantische Dimensionen, sodass das Gelände als endlos erscheint. Für derart große
Gelände ist es nicht mehr möglich, diese in einem 3D-Editor zu erstellen. Vielmehr benötigt man eine Technik, welche es erlaubt, ein Gelände fast automatisch zu generieren.

Heightmap

Eine Heightmap ist eine Informationsquelle, welche zum Berechnen eines Terrains verwendet wird. Sie speichert die Höheninformationen, welche benötigt werden, um ein Außengelände realistisch erscheinen zu lassen.

Abbildung 2.63 Heightmap

Die hellen Bereiche der Heightmap werden als Berglandschaft dargestellt. Die dunklen Bereiche werden als Tal dargestellt.

Erstellen einer Heightmap

Es gibt mehrere Möglichkeiten, um eine Heightmap zu erstellen. Hierbei ist es nicht unbedingt wichtig, mit welchem Werkzeug gearbeitet wird. Wichtig ist, dass die Höheninformationen eindeutig interpretiert werden können.

Künstlich generierte Heightmap

Eine Möglichkeit, eine Heightmap zu erstellen, ist es, sie einfach zu berechnen. Hierzu kann man unterschiedliche Algorithmen verwenden. Wir haben einen Algorithmus basierend auf einer Sinuskurve erstellt:

```
float        *aheightmap;
int          AnzahlX=128;
int          AnzahlZ=128;

aheightmap = (float*) malloc(anzahlX*anzahlY*sizeof(float));

for (int z=0; z < AnzahlZ; z++)
{
    for (int x=0; x < AnzahlX; x++)
    {
        aheightmap[ind(x,z)] = float(100.0f*sin(x/8.0f) + cos((z-50.0f)/18.0f));
    }
}
```

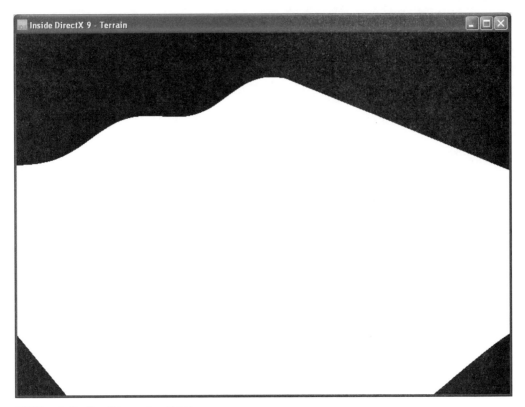

Abbildung 2.64   Künstlich generierte Heightmap

Die Heightmap ist lediglich ein Array, welches die Höheninformationen des Terrains enthält. Dieses Array wird in der Praxis aber nicht künstlich generiert, sondern es wird auf eine Bitmap zurückgegriffen, welche die notwendigen Höheninformationen bereitstellt.

Eine Heightmap aus einer Datei erstellen

Wir erstellen unsere Heightmap aus einer 128x128 großen Datei mit einer Farbtiefe von 8 Bit. Hierzu nutzen wir ein RAW-Format, welches ohne Headerinformationen auskommt. Dies ist der ideale Dateityp für eine Heightmap.

Abbildung 2.65   Heightmap

Wir werden die Farbwerte der Heightmap dazu nutzen, ein Array mit Höheninformationen zu füllen. Dabei repräsentiert die Farbe Schwarz (Wert: 0) den tiefsten Punkt und die Farbe Weiß (Wert: 255) den höchsten Punkt.

```
float    *aheightmap;
int      AnzahlX=128;
int      AnzahlZ=128;
ifstream file;
unsigned char c;

aheightmap = (float*) malloc(anzahlX*anzahlY*sizeof(float));

file.open("Heightmap.raw",ios::binary);
   for (int z=0; z < AnzahlZ; z++)
   {
      for (int x=0; x < AnzahlX; x++)
      {
         file.get(c);
         aheightmap[ind(x,z)] = (float)c;
      }
   }
file.close();
```

Erstellen des Vertex-Buffers

Der Vertex-Buffer wird als Bodenfläche erstellt, wobei die Y-Koordinate mit Hilfe der Heightmap generiert wird:

```
int      AnzahlX=128;
int      AnzahlZ=128;
float    *aheightmap;

int numVertices = int(AnzahlX * AnzahlZ * 6);
RenderCount=numVertices/3;

SAFE_RELEASE (pVB);
if( FAILED( pd3dDevice->CreateVertexBuffer( numVertices*sizeof(CUSTOMVERTEX2),
                        0, D3DFVF_CUSTOMVERTEX, D3DPOOL_DEFAULT, &pVB , NULL ) ) )
{
   return E_FAIL;
}

CUSTOMVERTEX2* pVertices;
if( FAILED( pVB->Lock( 0, 0, (void**)&pVertices, 0 ) ) )
return E_FAIL;

int pp =0;
for( z=0; z<AnzahlZ-1; z++ )
{
   for( int x=0; x<AnzahlX-1; x++ )
   {

      //Triangle 1
      pVertices[pp].position = D3DXVECTOR3((float) x-AnzahlX/2),
               (float)(10.0f/255.0f)*aheightmap[ind(x,z)] ,(float) z-(AnzahlZ/2));
      pVertices[pp+1].position = D3DXVECTOR3((float) x+1-(AnzahlX/2),
```

```
            (float)(10.0f/255.0f)*aheightmap[ind(x+1,z)] ,(float) z-(AnzahlZ/2));
        pVertices[pp+2].position = D3DXVECTOR3((float) x+1-(AnzahlX/2),
            (float)(10.0f/255.0f)*aheightmap[ind(x+1,z+1)] ,(float) z+1-(AnzahlZ/2));


        //Triangle 2
        pVertices[pp+3].position = D3DXVECTOR3((float) x-(AnzahlX/2),
                (float)(10.0f/255.0f)*aheightmap[ind(x,z)] ,(float) z-(AnzahlZ/2));
        pVertices[pp+4].position = D3DXVECTOR3((float) x+1-(AnzahlX/2),
            (float)(10.0f/255.0f)*aheightmap[ind(x+1,z+1)],(float) z+1-(AnzahlZ/2));
        pVertices[pp+5].position = D3DXVECTOR3((float) x-(AnzahlX/2),
            (float)(10.0f/255.0f)*aheightmap[ind(x,z+1)] ,(float) z+1-(AnzahlZ/2));


        pp+=6;
    }
}

pVB->Unlock();
```

Das Erstellen des Vertex-Buffers ist nicht schwer. Diese Technik haben wir bereits viele Male verwendet. Wir würden Ihnen gerne einen Screenshot des gerenderten Vertex-Buffers zeigen, aber leider ist das nicht möglich. Das einzige, was Sie zu sehen bekämen, wären weiße Berge auf weißem Hintergrund, und das macht nicht wirklich Sinn.

Wir sollten nochmals einen genaueren Blick auf die Zuweisung der Y-Werte werfen.

```
(float)(10.0f/255.0f)*aheightmap[ind(x+1,z)]
```

Aus der Heightmap erhalten wir einen Wertebereich zwischen 0 und 255. Nun wollen wir nicht unbedingt 255 Einheiten hohe Berge haben, sondern möchten die Maximalhöhe unseren Wünschen anpassen. Hierzu verwenden wir den folgenden Multiplikator:

```
(float)(Wunschhöhe / 255.0f)
```

In unserem Beispiel ist das

```
(float)(10 / 255.0f)
```

Hierdurch wurde die Maximalhöhe des Terrains auf zehn Einheiten festgelegt.

Texturkoordinaten zuweisen

Ein Terrain wird erst zu einem Terrain, wenn sich eine Landschaft abzeichnet. Eine Landschaft basiert auf Texturen. Damit das Terrain realistischer wirkt, müssen wir dem Vertex-Buffer eine Textur zuweisen. Dies machen wir direkt beim Erstellen des Vertex-Buffers.

```
int pp =0;
for( z=0; z<AnzahlZ-1; z++ )
{
    for( int x=0; x<AnzahlX-1; x++ )
    {

        //Triangle 1
        pVertices[pp].position = D3DXVECTOR3((float) x-AnzahlX/2),
                    (float)(10.0f/255.0f)*aheightmap[ind(x,z)] ,(float) z-(AnzahlZ/2));
        pVertices[pp+1].position = D3DXVECTOR3((float) x+1-(AnzahlX/2),
                    (float)(10.0f/255.0f)*aheightmap[ind(x+1,z)] ,(float) z-(AnzahlZ/2));
        pVertices[pp+2].position = D3DXVECTOR3((float) x+1-(AnzahlX/2),
                    (float)(10.0f/255.0f)*aheightmap[ind(x+1,z+1)] ,(float) z+1-(AnzahlZ/2));

        pVertices[pp].tu=1/AnzahlX*(x);
        pVertices[pp].tv=1-(1/AnzahlZ*(z+AnzahlZ));

        pVertices[pp+1].tu=1/AnzahlX*(x+1);
        pVertices[pp+1].tv=1-(1/AnzahlZ*(z+AnzahlZ));

        pVertices[pp+2].tu=1.0f/AnzahlX*(x+1);
        pVertices[pp+2].tv=1-(1/AnzahlZ*(z+AnzahlZ+1));
```

Das Dreieck wird entgegen dem Uhrzeigersinn erstellt. Somit ergibt sich für das linke Vertex der Wert x und für das vordere Vertex der Wert z.

```
        //Triangle 2
        pVertices[pp+3].position = D3DXVECTOR3((float) x-(AnzahlX/2),
                    (float)(10.0f/255.0f)*aheightmap[ind(x,z)] ,(float) z-(AnzahlZ/2));
        pVertices[pp+4].position = D3DXVECTOR3((float) x+1-(AnzahlX/2),
                    (float)(10.0f/255.0f)*aheightmap[ind(x+1,z+1)],(float) z+1-(AnzahlZ/2));
        pVertices[pp+5].position = D3DXVECTOR3((float) x-(AnzahlX/2),
                    (float)(10.0f/255.0f)*aheightmap[ind(x,z+1)] ,(float) z+1-(AnzahlZ/2));

        pVertices[pp+3].tu=1/AnzahlX*(x);
        pVertices[pp+3].tv=1-(1/AnzahlZ*(z+AnzahlZ));

        pVertices[pp+4].tu=1/AnzahlX*(x+1);
        pVertices[pp+4].tv=1-(1/AnzahlZ*(z+AnzahlZ+1));

        pVertices[pp+5].tu=1/AnzahlX*(x);
        pVertices[pp+5].tv=1-(1/AnzahlZ*(z+AnzahlZ+1));
        pp+=6;
    }
}
```

Auch das zweite Dreieck wird entgegen dem Uhrzeiger erstellt und hier gilt ebenfalls, dass das äußerst linke Vertex dem Wert x entspricht und das unterste Vertex den Wert z übernimmt.

Normalvektor berechnen

Damit das Terrain ein möglicht realistisches Lichtverhalten aufweist, müssen wir für jedes Polygon den Normalvektor berechnen. Dies ist insbesondere bei einer unebenen Oberfläche von Bedeutung. Diese bekommt erst die typischen Charakterzüge, wenn die unterschiedlich schrägen Seiten das Licht unterschiedlich reflektieren.

```
int pp =0;
for(  z=0; z<AnzahlZ-1; z++ )
{
   for( int x=0; x<AnzahlX-1; x++ )
   {

      //Triangle 1
      pVertices[pp].position = D3DXVECTOR3((float) x-AnzahlX/2),
               (float)(10.0f/255.0f)*aheightmap[ind(x,z)] ,(float) z-(AnzahlZ/2));
      pVertices[pp+1].position = D3DXVECTOR3((float) x+1-(AnzahlX/2),
               (float)(10.0f/255.0f)*aheightmap[ind(x+1,z)] ,(float) z-(AnzahlZ/2));
      pVertices[pp+2].position = D3DXVECTOR3((float) x+1-(AnzahlX/2),
            (float)(10.0f/255.0f)*aheightmap[ind(x+1,z+1)] ,(float) z+1-(AnzahlZ/2));

      pVertices[pp].tu=1/AnzahlX*(x);
      pVertices[pp].tv=1-(1/AnzahlZ*(z+AnzahlZ));

      pVertices[pp+1].tu=1/AnzahlX*(x+1);
      pVertices[pp+1].tv=1-(1/AnzahlZ*(z+AnzahlZ));

      pVertices[pp+2].tu=1.0f/AnzahlX*(x+1);
      pVertices[pp+2].tv=1-(1/AnzahlZ*(z+AnzahlZ+1));

      pVertices[pp].normal=CalcNormal(pVertices[pp].position,
                      pVertices[pp+1].position,pVertices[pp+2].position);
      pVertices[pp+1].normal=CalcNormal(pVertices[pp].position,
                      pVertices[pp+1].position,pVertices[pp+2].position);
      pVertices[pp+2].normal=CalcNormal(pVertices[pp].position,
                      pVertices[pp+1].position,pVertices[pp+2].position);
```

Damit der Normalvektor berechnet werden kann, müssen alle Vertices eines Polygons bekannt sein. Die Funktion *CalcNormal()* benötigt die drei Eckpunkte des Dreiecks und liefert den Normalvektor des Dreiecks zurück.

```
      //Triangle 2
      pVertices[pp+3].position = D3DXVECTOR3((float) x-(AnzahlX/2),
               (float)(10.0f/255.0f)*aheightmap[ind(x,z)] ,(float) z-(AnzahlZ/2));
      pVertices[pp+4].position = D3DXVECTOR3((float) x+1-(AnzahlX/2),
            (float)(10.0f/255.0f)*aheightmap[ind(x+1,z+1)],(float) z+1-(AnzahlZ/2));
      pVertices[pp+5].position = D3DXVECTOR3((float) x-(AnzahlX/2),
            (float)(10.0f/255.0f)*aheightmap[ind(x,z+1)] ,(float) z+1-(AnzahlZ/2));

      pVertices[pp+3].tu=1/AnzahlX*(x);
```

```
    pVertices[pp+3].tv=1-(1/AnzahlZ*(z+AnzahlZ));

    pVertices[pp+4].tu=1/AnzahlX*(x+1);
    pVertices[pp+4].tv=1-(1/AnzahlZ*(z+AnzahlZ+1));

    pVertices[pp+5].tu=1/AnzahlX*(x);
    pVertices[pp+5].tv=1-(1/AnzahlZ*(z+AnzahlZ+1));

    pVertices[pp+3].normal=CalcNormal(pVertices[pp+3].position,
                       pVertices[pp+4].position,pVertices[pp+5].position);
    pVertices[pp+4].normal=CalcNormal(pVertices[pp+3].position,
                       pVertices[pp+4].position,pVertices[pp+5].position);
    pVertices[pp+5].normal=CalcNormal(pVertices[pp+3].position,
                       pVertices[pp+4].position,pVertices[pp+5].position);
```

Auch für das zweite Dreieck berechnen wir den Normalvektor.

```
    pp+=6;
  }
}
```

CalcNormal()

Diese Funktion berechnet den Normalvektor eines Polygons. Der Normalvektor steht senkrecht auf dem Polygon und bildet somit einen 90-Grad-Winkel zur planen Fläche des Polygons.

```
D3DXVECTOR3 CalcNormal(
    D3DXVECTOR3 v1,
    D3DXVECTOR3 v2,
    D3DXVECTOR3 v3,
);
```

v1, v2, v3   Die drei Eckpunkte des Polygons

Die Funktion liefert den Normalvektor des Polygons. War die Funktion nicht erfolgreich, wird ein leerer Vektor zurückgegeben.

Beispielprogramm *Simple Terrain*

Unser Beispielprogramm verwendet eine 128x128 Pixel große Heightmap. Mit einer Farbtiefe von 8 Bit erhalten wir Höhenangaben im Bereich von 0 bis 255. Damit wir überhaupt etwas erkennen können, verwenden wir eine Textur, welche die Konturen der Heightmap unterstützt.

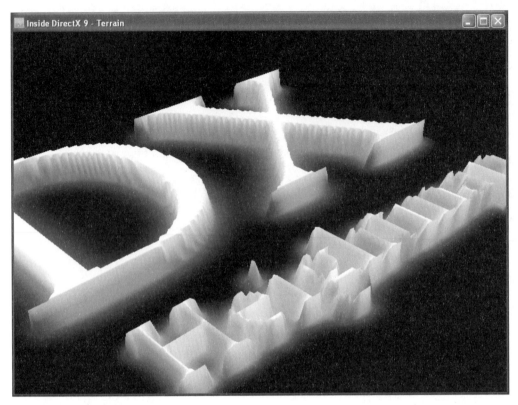

Abbildung 2.66   Beispielprogramm *Simple Terrain*

Für unser Beispielprogramm haben wir eine Terrain-Klasse erstellt. Die Klasse beinhaltet alle notwendigen Eigenschaften, um ein einfaches Terrain zu generieren. Wir werden eine Heightmap laden und den notwendigen Vertex-Buffer generieren. Außerdem laden wir eine Textur, welche dem Terrain das gewünschte Erscheinungsbild verleit.

Zuerst übergeben wir der *Terrain*-Klasse das aktuelle Direct3D-Device. Dies muss der erste Schritt sein, weil im weiteren Verlauf einige Methoden auf das Direct3D-Device aufbauen:

```
if(FAILED(m_GameData.Terrain.SetD3DDevice(m_GameData.pd3dDevice))){
    MessageBox(NULL,"Error SetD3DDevice ","Terrain",MB_OK);
    exit(0);
}
```

Anschließend müssen wir die Heightmap laden und den Vertex-Buffer erstellen. Beides wird in der Methode *LoadHeightmap()* erledigt:

```
result = m_GameData.Utilities.GEFindMediaPath(m_GameData.MediaPath);
if(FAILED(m_GameData.Terrain.LoadHeightmap
                        (strcat(m_GameData.MediaPath,"Heightmap\\Terrain2.raw"))))
{
    MessageBox(NULL,"Error LoadHeightmap ","Terrain",MB_OK);
    exit(0);
}
```

Das Auslesen der Heightmap sowie das Erstellen des Vertex-Buffers haben wir bereits ausführlich erläutert. Als Nächstes erstellen wir eine Textur. Nur durch eine Textur macht eine Heightmap wirklich Sinn.

```
result = m_GameData.Utilities.GEFindMediaPath(m_GameData.MediaPath);
if(FAILED(m_GameData.Terrain.SetTexture
                (strcat(m_GameData.MediaPath,"Texturen\\Terrain2_Texture2.bmp")))))
{
   MessageBox(NULL,"Error SetTexture ","Terrain",MB_OK);
   exit(0);
}
```

Abschließend müssen wir nur noch einen Blick auf die *Render()*-Methode werfen. Diese ist völlig unspektakulär und vervollständigt das Beispielprogramm:

```
HRESULT CTerrain::Render()
{
   HRESULT hr;

   hr=pd3dDevice->SetFVF( D3DFVF_CUSTOMVERTEX );
   hr=pd3dDevice->SetStreamSource( 0, pVB , 0, sizeof(CUSTOMVERTEX2) );
   hr=pd3dDevice->SetTexture( 0, Texture1 );
   hr=pd3dDevice->DrawPrimitive( D3DPT_TRIANGLELIST , 0,RenderCount);

   if(FAILED(hr))     return E_FAIL;
   return S_OK;
}
```

LOD (Level of Detail)

Das Prinzip des Level of Detail (LOD) ist es, ein Objekt in mehreren Darstellungsformen abzubilden. Die verschiedenen Darstellungen eines Objektes haben immer unterschiedlich viele Polygone. Als Ziel gilt es, die Anzahl der Polygone auf ein Minimum zu reduzieren, solange keine detaillierte Ansicht des Objektes notwendig ist. Die verwendete Polygonreduktion ist abhängig von der Objektgröße, vom Abstand zum Betrachter, von Objektsilhouette und der Geschwindigkeit des Betrachters bzw. der Geschwindigkeit des Objektes. Ein schnell fahrendes Auto könnte beispielsweise einen detailreichen Baum am Straßenrand kaum wahrnehmen. Ein schnelles Objekt (beispielsweise eine Rakete) könnte vom Betrachter nur schemenhaft erfasst werden. In beiden Fällen wäre der Einsatz von zu vielen Polygonen reine Verschwendung.

Wenn wir eine normale 3D-Szene rendern, findet immer eine perspektivische Projektion statt. Detailreiche Objekte in großer Entfernung werden auf nur wenige Bildschirmpixel reduziert. Bei der Projektion von komplexen Objekten auf wenige Pixel werden naturgemäß viele unnötige Polygone gerendert. Natürlich vergeudet man damit wertvolle Ressourcen. Aus diesem Grund kann für weit entfernte Objekte, kleine Objekte oder unwichtige Objekte eine geringe LOD-Stufe gewählt werden. Eine kleine LOD-Stufe bedeutet weniger Details und das bedeutet weniger Polygone. Der Benutzer bzw. der LOD-Algorithmus entscheidet, mit welcher Detailstufe das Objekt dargestellt wird.

Terrains werden aus Gitternetzen dargestellt. Dies können regelmäßige oder unregelmäßige Netze sein.

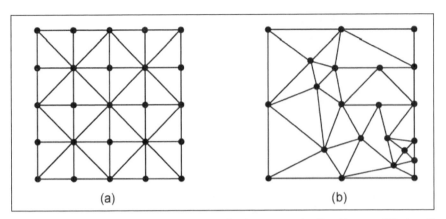

Abbildung 2.67   Links ein regelmäßiges Gitternetz und rechts ein unregelmäßiges Gitternetz (TIN-trianguliertes unregelmäßiges Netz)

Neben der Tatsache, dass Terrains auf Dreiecken basieren, basieren natürlich auch alle weiteren Objekte in einer DirectX-Welt auf Dreiecken. Somit ist es verständlich, dass LOD-Algorithmen für DirectX auch auf einer Dreiecksbasis arbeiten.

Die maximale LOD-Stufe ist das ursprüngliche Polygonnetz eines Objektes bzw. Terrains. Dieses besitzt die höchste Detailstufe und dient als Ursprung für alle abgeleiteten LOD-Stufen. Rein theoretisch könnte man daraus ableiten, dass die niedrigste LOD-Stufe ein Dreieck wäre. Dem ist auch so, aber ein Dreieck besitzt keinerlei Ähnlichkeiten mit dem ursprünglichen Objekt, sodass die niedrigste LOD-Stufe faktisch nie eingesetzt wird. In der Praxis wird ein Limit definiert, welches die minimale Polygonzahl festlegt. Dieses Limit steht in Abhängigkeit von dem verwendeten Polygonnetz sowie dem verwendeten LOD-Algorithmus. Außerdem ist das Limit auch von der Geometrie des Objektes abhängig. Eine Stehlampe besitzt einen massiven Lampenkopf und einen massiven Lampenfuß. Die Lampenstange, welche Fuß und Kopf miteinander verbindet, wird sehr viel filigraner. Bei einer niedrigen LOD-Stufe könnte es passieren, dass die Lampenstange ganz wegfällt und nur noch der Kopf und der Fuß übrig bleiben.

Für Terrain-LOD-Algorithmen werden zwei geschlossene Polygonnetze verwendet. Die Abbildung 2.67 zeigt das TIN-trianguliertes unregelmäßiges Netz sowie das regelmäßige Gitternetz (regular gridded height fields). Regelmäßige Gitternetze werden mit Hilfe eines Arrays (Heightmap) mit regelmäßigen x, y und z-Koordinaten erstellt. Variable Absätze zwischen den Vertices erlauben ein Gitternetz nach TIN. Hierdurch erreicht man den Vorteil, dass eine Fläche mit weniger Polygonen zu approximieren ist. Andere Schemata benötigen oftmals mehr Polygone und eine höhere Genauigkeit, um zum gleichen Ergebnis zu gelangen. Regelmäßige Gitternetze sind einfach zu manipulieren und zu speichern. So kann ein beliebiger Punkt in einer Fläche leicht durch die umliegenden bekannten Vertices interpoliert werden. Zusätzlich kommen regelmäßige Gitternetze mit sehr wenig Speicher aus. Es muss lediglich der z-Wert eines Vertices gespeichert werden. TINs benötigen mehr Speicherplatz. Da es sich um ein unregelmäßiges Gitternetz handelt, muss für jedes Vertex zumindest die x-, y- und z-Koordinate gespeichert werden.

Bei der Polygonreduzierung mittels LOD-Algorithmus treten einige Probleme auf. Terrains haben in der Regel Bereiche nahe dem Betrachter, welche sich dann bis in die Ferne ziehen. Hier sollte man mit unterschiedlichen Detailstufen arbeiten. Treffen nun benachbarte Bereiche mit unterschiedlichen Detailstufen aufeinander, können die einzelnen Vertices nicht unmittelbar miteinander verbunden werden. Es entstehen Kanten, Lücken oder Spalten (Cracks) im Polygonnetz. T-junctions sind eine weitere unerwünschte Störung im Polygonnetz. Sie entstehen, wenn ein Vertex in einer hohen LOD-Stufe kein gemeinsames Vertex im benachbarten Bereich mit niedriger LOD-Stufe findet.

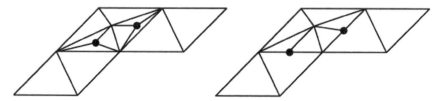

Abbildung 2.68   Mögliche Artefakte – links Cracks und rechts T-junctions

Beim Wechsel von einer Detailstufe zu einer anderen können zeitweilige Aliasing-Artefakte auftreten. Diese werden salopp »Popping« genannt. Eine beliebte Methode zur Vermeidung von Popping-Effekten ist die Morph-Methode. Diese Methode basiert auf einem Überblendeffekt, welcher die unerwünschten Fehler im Gitternetz einfach überblendet.

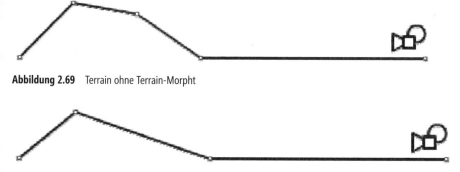

Abbildung 2.69   Terrain ohne Terrain-Morpht

Abbildung 2.70   Terrain nach Terrain-Morpht

Die Abbildung 2.69 und die Abbildung 2.70 zeigen, wie die Terrain-Morpht-Methode funktioniert. Ein zuvor detailliertes Terrain verliert an Detailtreue, ohne dass der Charakterzug des Terrains verloren geht. Natürlich führt dies immer dann zu Problemen, wenn eine sehr hohe Detailtreue benötigt wird.

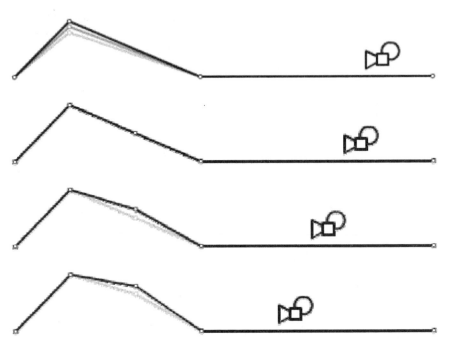

Abbildung 2.71   Unterschiedliche LOD-Stufen in Abhängigkeit zur Entfernung des Betrachters

Wenn wir uns mit der Kamera dem Berg nähern, nimmt die Detailtreue wieder zu. Dies muss aber ein langsamer Prozess sein, da ansonsten ein Sprung erkennbar ist.

Color-Map und Detail-Map

Ein Terrain soll möglichst realistisch erscheinen. Mitunter bietet es sich an, mit zwei Texturen zu arbeiten. So harmonieren Color-Map und Detail-Map sehr gut miteinander. Mit der Color-Map kann eine Grundstimmung erzeugt werden. Hohe Berge werden hell gefärbt und Täler werden beispielsweise in ein Grün gelegt. Natürlich könnte diese Textur alleine kein Terrain definieren. Deshalb benötigen wir eine weitere Textur. Die Detail-Map ist hervorragend geeignet, die Charakteristika des Terrains hervorzuheben. Bei einer Detail-Map handelt es sich um eine feine Textur, auf der ein Muster hinterlegt ist. Oftmals wird als Muster ein einfaches Bildrauschen verwendet. Durch die Auswahl von geeigneten Überblendparametern können die beiden Texturen gut kombiniert werden.

Es ist sogar möglich, nur mit der Detail-Map zu arbeiten, indem man die grobe Farbgebung in die Vertexfarbe einfließen lässt. Leider kann das Aussehen des Terrains nicht mehr so leicht beeinflusst werden. Wenn die Terrainfarbe in der Vertexfarbe hinterlegt wird, muss für eine Änderung der Farbe der Sourcecode verändert werden. Beim Arbeiten mit einer Color-Map könnte man beispielsweise leicht auf eine Winterlandschaft schwenken. Dies erreicht man, indem die Farbe Weiß in der Color-Map dominiert. So würden nicht nur die Bergspitzen weiß eingefärbt, sondern auch das Tal würde einen weißen Überwurf erhalten. Sollten Sie auf die Color-Map verzichten, werden Sie einen kleinen Geschwindigkeitsgewinn verzeichnen.

Bei der Kombination von Color-Map und Detail-Map wird man eine gewisse Eintönigkeit im Terrain erkennen. Jede Bergspitze und jedes Tal werden sich zum Verwechseln ähnlich sehen. Dies liegt natürlich daran, dass lediglich eine Detail-Map verwendet wird. Diese wird gekachelt über das gesamte Terrain gelegt und bietet somit keinerlei Abwechslung. Abwechslung erhalten Sie nur durch die Verwendung von mehreren Detail-Maps.

Volumentexturen

Um ein Terrain zu texturieren, können auch Volumentexturen eingesetzt werden. Jede Ebene einer Volumentextur würde einer Höhenschicht im Terrain entsprechen. Terrains mit Volumentexturen sind leicht in Echtzeit zu manipulieren. Dies ist in der Tatsache begründet, dass Terrains mit Volumentexturen ohne großartige Vorberechnungen auskommen. So muss beispielsweise keine Color-Map berechnet werden. Auch das notwendige Sortieren von Vertices nach Höhendaten entfällt. Leider gehören Volumentexturen noch längst nicht zum Standard einer jeden Grafikkarte. So würde sich der Programmierer immer mit der Tatsache abfinden müssen, eine Terrain-Engine einmal mit Volumentextur und einmal ohne Volumentextur entwickeln zu müssen. Diesen Mehraufwand scheuen die meisten Programmierer.

Terrain-Beleuchtung

Natürlich können Sie in einem Terrain ganz normale Lichtquellen einsetzen. Diese kommen oftmals an lokal begrenzten Orten zum Einsatz. Beispielsweise lässt sich ein Lagerfeuer ganz hervorragend mit einem Punktlicht in Szene setzen. Ein richtungsorientiertes Licht (Directional-Light) kann die Sonnenstrahlen simulieren. Diese Lichtquellen sind immer dann geeignet, wenn es sich um dynamische Lichtquellen handelt. Das Lagerfeuer ist leicht am flackern, die Sonne wandert über den Horizont; das sind dynamische Ereignisse, welche dynamische Lichtquellen erfordern.

Anders als dynamische Lichtquellen können statische Lichtquellen bereits im Vorfeld berechnet werden. Der Einsatz von vorberechneten Lichtquellen stellt einen Performancegewinn dar. Einfache dynamische Lichtquellen sind beispielsweise Straßenlaternen. Diese besitzen ein kontinuierliches gleichstarkes Licht mit einem begrenzten Radius. Aber es gibt auch komplexere statische Lichtquellen. Hierzu kann ebenfalls eine Light-Map verwendet werden. Diese muss aber individuell berechnet werden. Hierzu schießt man einen Strahl von Texel zur Lichtquelle und prüft, ob das Texel im Schatten liegt. Sollte dies der Fall sein, soll das Texel dunkler werden und der entsprechende Bereich auf der Light-Map kann erstellt werden.

Eine weitere Möglichkeit ist die Verwendung einer Normal-Map. Eine Normal-Map basiert auf den Werten des Normalvektors. Sie repräsentiert den Normalvektor an jeder Stelle des Terrains. Anhand des Richtungsvektors der Lichtquelle sowie dem Normalvektor des Terrains lässt sich die Beleuchtung berechnen.

Partikeleffekte

Unser Alltag ist von Partikeleffekten beeinflusst. Wohin wir auch sehen, überall treffen wir auf umherfliegende, umherrollende oder herumliegende Partikel. Oftmals ist uns dieser Einfluss nicht bewusst, dennoch sind die Partikel vorhanden.

Beispielsweise betrachten wir einen Wasserstrahl aus einem ordinären Wasserhahn. Wenn wir den Wasserstrahl programmieren würden, kämen wir schnell zu einer mathematisch exakt berechneten Lösung: eine Wassersäule, welche ohne jeden Makel zu Boden fällt. Ein Wasserstrahl ist aber nicht fehlerfrei. Aus der dominanten Wassersäule lösen sich immer wieder Kleinstpartikel und fallen leicht abseits zu Boden. Oder was wäre ein mit Vollgas startender Wagen ohne einige von den Reifen aufgewirbelte Steinchen. Wäre es nicht phantastisch, wenn beim Laufen durch eine staubige Gegend auch ein wenig Staub aufgewirbelt würde. Schnee und Regen sind weitere Beispiele für Partikeleffekte. Partikeleffekte werden eingesetzt, um eine Szene realistischer wirken zu lassen. Das ist aber nicht die einzige Einsatzmöglichkeit. Mit Partikeln lassen sich Szenen aufpeppen. Phantasielandschaften mit umherschwebenden Lichtpartikeln oder ein geheimnisvoller Schimmer, welcher einen Schatz umhüllt. Derartige Effekte verhelfen einer Szene zu der richtigen Stimmung, und diese überträgt sich auch auf den Spieler.

Wir haben einige Möglichkeiten benannt, welche durch den Einsatz von Partikeleffekten realistischer wirken würden. Anhand dieser kleinen Auswahl können wir aber auch die Komplexität des Themas abschätzen. Es wird keine universell einsetzbare Partikelengine geben. Sicherlich wird man mit einer recht offen gehaltenen Engine ein breites Spektrum der möglichen Partikeleffekte abdecken können, aber eine Engine für alle denkbaren Einsatzbereiche gibt es nicht.

Wir werden Ihnen eine Technik vorstellen, welche sehr dynamisch einsetzbar ist. Sie kann als Basis für individuelle Lösungen betrachtet werden und wird Ihnen sicherlich gute Dienste leisten.

Eine Partikelengine soll ein Programm aufwerten. Eine Aufwertung erfahren wir nur dann, wenn die Partikelengine auch unseren Erwartungen entspricht. Wir wissen nicht, was Sie von einer Partikelengine erwarten. Die individuellen Erwartungen sind natürlich von dem Verwendungszweck abhängig. Eine Partikelengine, welche realistischen Rauch darstellen soll, ist sicherlich anders konzipiert, als eine Engine, die für Schnee und Regen sorgen soll. Wenn es möglich wäre, würden wir die eierlegende Wollmilchsau erstellen. Aber selbst diese könnte den Facettenreichtum möglicher Partikeleinsätze nicht abdecken.

Neben den individuellen Anforderungen an eine Partikelengine gibt es aber auch die allgemeinen Anforderungen. Diese zu erfüllen ist bereits eine erhebliche Aufgabe, die wir nun lösen möchten.

Das sind die allgemeinen Anforderungen an eine Partikelengine:

- Hohe Performance
- Flexibilität
- Einfache Systemintegration
- Ausbaufähigkeit

Partikelstruktur

Ein Objekt von A nach B zu bewegen ist kein Problem. Ein Partikel von A nach B zu bewegen ist ebenfalls kein Problem. 10.000 Partikel koordiniert einem bestimmten Algorithmus folgend zu bewegen, ist eine neue Herausforderung und bedarf einer gewissen Organisation. Denken Sie beispielsweise an einen heftigen Regenschauer. Jeder einzelne Regentropfen muss koordiniert werden. Um diese gewaltige Aufgabe in den Griff zu bekommen, benötigen wir eine Partikelstruktur, welche alle Partikelinformationen in sich aufnehmen kann. Hiermit stehen uns alle relevanten Informationen stetig zur Verfügung. Die Partikelstruktur muss rank und schlank sein. Eine zu umfangreiche Struktur würde dem Grundsatz der hohen Performance widersprechen und eine spartanisch angelegte Struktur würde die gewünschte Flexibilität vermissen lassen. Wir werden Ihnen eine Struktur vorstellen, welche für viele Anforderungen geeignet ist:

```
struct Particle
{
    D3DXVECTOR3 m_vCurPos;
    D3DXVECTOR3 m_vCurVel;
    D3DCOLOR    m_vColor;
};
```

Diese Partikelstruktur enthält die benötigten Komponenten. Mit dem Parameter *m_vCurPos* wird die aktuelle Position des Partikels angegeben. Der Parameter *m_vCurVel* beschreibt die Bewegungsrichtung des Partikels. Der verbleibende Parameter *m_vColor* bestimmt die Partikelfarbe. Diese Farbe ist von hoher Bedeutung. In einem schmutzigen Terrain würden leuchtend weiße Partikel sehr unwirklich aussehen. Die Farbe muss dem jeweiligen Partikel angepasst werden.

Oftmals arbeiten Partikelengines mit einem Ausblendeffekt bzw. mit einem Farbverlauf. Damit ist gemeint, dass die Partikelfarbe von der Startfarbe bis zur Endfarbe langsam überblendet. Diese Effekte sind manchmal recht wirkungsvoll, werden aber meist gar nicht bemerkt. Wenn Sie den Effekt integrieren möchten, müssen Sie einen zeitabhängigen Effekt kreieren. Jeder Partikel benötigt eine eigene Lebenszeit. Während dieser Lebenszeit verblasst der Partikel zusehends bzw. wechselt die Farbe.

```
struct Particle
{
    D3DXVECTOR3 m_vCurPos;
    D3DXVECTOR3 m_vCurVel;
    D3DCOLOR    m_vStartColor;
    D3DCOLOR    m_vEndColor;
    Float       m_vLifeTime;
    Float       m_vStartTime;
};
```

Wir haben die Partikelstruktur entsprechend erweitert. Diese Struktur ermöglicht das Überblenden von Partikeln. Überblendeffekte werde auch als Fade-Effekte bezeichnet.

*Faktor = 100 / m_vLifeTime * (AktuelleZeit – m_vStartTime)*

Mit dieser kleinen Formel können Sie einen Faktor definieren, welchen Sie zur Berechnung des Fade-Effekts verwenden können.

Jede Partikelengine benötigt genaueste Informationen über den Status jedes einzelnen Partikels. Hierzu gehört grundsätzlich die Information, ob ein Partikel überhaupt gerendert werden darf. Wenn die Lebenszeit des Partikels verbraucht ist, darf der Partikel nicht weiter gerendert werden. Hierzu bietet sich ein neuer Parameter an.

```
struct Particle
{
    D3DXVECTOR3 m_vCurPos;
    D3DXVECTOR3 m_vCurVel;
    D3DCOLOR    m_vStartColor;
    D3DCOLOR    m_vEndColor;
    Float       m_vLifeTime;
    Float       m_vStartTime;
    Bool        m_vAlive;
};
```

Mit dem Parameter *m_vAlive* können Sie auf einen Blick erkennen, ob der Partikel nochmals berechnet werden muss oder ob die Lebenszeit abgelaufen ist und der Partikel aus allen weiteren mathematischen Berechnungen herausgehalten werden kann.

Dreidimensional vs. zweidimensional

Obwohl wir bereits viel über Partikel erfahren haben, wissen wir nicht, wie wir einen Partikel darstellen können. Der ideale Partikel wäre ein dreidimensionales Objekt, welches dem gewünschtem Partikel perfekt ähnelt. Vereinfacht dargestellt können wir für eine Schneeflocke eine Kugel wählen und für einen Regentropfen eine zylindrische Form. Diese Objekte würden sich hervorragend in einem 3D-Raum integrieren.

Wir wissen aber auch, dass DirectX ein wahrer Meister der Täuschung ist. Also könnten wir überlegen, ob wir nicht mit zweidimensionalen Objekten arbeiten können. Diese sind nicht so performancelastig und leicht einsetzbar. Natürlich ist ein dreidimensionales Objekt wesentlich detaillierter, aber den zu erwartenden Realitätsverlust wird der Betrachter kaum bemerken. Wenn wir zweidimensionale Objekte einsetzen wollen, bietet sich die langjährig bekannte Sprite-Technik an. Hierbei verschmilzt eine Bitmap (Sprite) mit Hilfe von transparentem Hintergrund und Alpha-Blending-Effekten mit der Szene. Das Ergebnis ist eine homogene Darstellung der gesamten Szene. Betrachten wir dazu die »Pros« und die »Kontras«.

Pro 3D-Partikel

- Sehr realistisch
- Gute Systemintegration

Kontra 3D-Partikel

- Hoher Performance-Anspruch
- Geeignete Formen müssen mühsam erstellt werden und sind oftmals schlecht zu konstruieren
- Blending-Effekte sind schlechter darstellbar
- Texturen müssen auf die jeweilige geometrische Struktur des Partikels angepasst werden
- Partikel sind kleinste Objekte, sodass die komplexe Struktur nicht wahrgenommen wird

Eine Schneeflocke unter einem Mikroskop besitzt eine wunderbare Struktur. Es ist eine wahre Freude, sie zu betrachten. Jede Schneeflocke ist ein Unikat. Wenn wir die Schneeflocke aber aus ein paar Metern Entfernung sehen, erkennen wir nur noch einen langsam schwebenden weißen Punkt. Von der schönen und einzigartigen Struktur ist nichts mehr zu erkennen.

Wenn wir aus einer Schneeflocke ein dreidimensionales Objekte erschaffen würden, müssten wir sicherlich einige hundert Vertices verwenden. Bei einer entfernten Betrachtung ist das sicherlich eine irrsinnige Vergeudung von wertvollen Ressourcen. Schließlich fällt ja nicht nur eine Schneeflocke vom Himmel, sondern einige tausend Flocken werden es schon sein.

Wir werden schnell feststellen, dass wir mit dreidimensionalen Objekten an die Grenze des Machbaren stoßen. Der Lösungsweg von DirectX heißt Point-Sprites. Dies sind zweidimensionale Objekte, welche speziell auf die Anforderungen einer Partikelengine optimiert wurden.

Pro Point-Sprites

- Transparenter Hintergrund
- Geringer Performance-Anspruch

- Gute Systemintegration

- Hohe Flexibilität

- Sehr realistisch

- Gute Blending-Effekte

Kontra Point-Sprites

- Keine echte dreidimensionale Struktur

- In der Nahaufnahme wirken die Partikel verwaschen und unecht

- Aber in der DirectX-Version 8 stehen uns Point-Sprites zur Verfügung. Diese sind für Partikelengines konstruiert und sollen laut SDK auch so verwendet werden. Um die geforderte Performance zu erbringen, muss ein Partikel einfach »geschnitzt« sein. Überflüssiger Schnickschnack belastet das System und ist somit fehl am Platz.

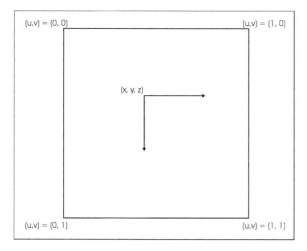

Abbildung 2.72 Texturkoordinaten eines Point-Sprite

Die Texturkoordinaten eines Point-Sprite unterscheiden sich nicht von den herkömmlichen Texturkoordinaten. Anhand der Abbildung 2.72 erkennen Sie auch, dass es sich wirklich um zweidimensionale Objekte handelt. Im praktischen Einsatz vergisst man dies leicht.

Vertexformat

Genauso wie ein normaler Vertex-Buffer benötigt auch ein Point-Sprite ein Vertexformat. Hiermit legen wir die Eigenschaften des Point-Sprite fest:

```
#define FVF_PARTIKELVERTEX (D3DFVF_XYZ|D3DFVF_DIFFUSE)

struct PARTIKELVERTEX {
    D3DXVECTOR3 pos;
    D3DCOLOR    color;
    PARTIKELVERTEX(){}
    PARTIKELVERTEX(float x, float y, float z){
        this->pos.x = x;
        this->pos.y = y;
        this->pos.z = z;
    }
    PARTIKELVERTEX(D3DXVECTOR3 vec){
        this->pos.x = vec.x;
        this->pos.y = vec.y;
        this->pos.z = vec.z;
    }
};
```

Wir stellen Ihnen an dieser Stelle eine einfache Struktur vor. Lediglich die Position sowie die Farbe werden erfasst. Sicherlich wird Ihnen auffallen, dass keine Texturkoordinaten erfasst werden. Dies liegt an der besonderen Point-Sprite-Struktur. Wir wissen, dass ein Point-Sprite die Textur genauso verwaltet, wie es eine normale Textur auch macht, dennoch sind gesonderte Texturangaben nicht notwendig. Das bedeutet im Umkehrschluss, dass eine Textur auch nicht angepasst werden kann. Eine Textur wird immer auf die gleiche Art und Weise von einem Point-Sprite verwendet.

Point-Sprites aktivieren

Bevor man Point-Sprites verwenden kann, müssen sie eingeschaltet werden. Hierzu stellt DirectX ein RenderState zur Verfügung.

```
pd3dDevice->SetRenderState( D3DRS_POINTSPRITEENABLE, TRUE );
```

Mit *TRUE* wird die Verwendung von Point-Sprites zugelassen. Dementsprechend verwehrt der Wert *FALSE* die Nutzung von Point-Sprites.

Point-Sprites skalieren

Eine der elementaren Eigenschaften einer dreidimensionalen Anwendung liegt in ihrer Tiefenwirkung. Gegenstände im Hintergrund sind kleiner als ein entsprechender Gegenstand im Vordergrund. Point-Sprites können sich in alle Richtungen ausdehnen. Wenn sich ein Point-Sprite von der Kamera entfernt, muss es auch kleiner werden. Dies ist normalerweise keine Fähigkeit, welche ein Sprite besitzt. Point-Sprites sind aber keine gewöhnlichen Sprites.

```
pd3dDevice->SetRenderState( D3DRS_POINTSCALEENABLE,  TRUE );
```

Mit *TRUE* erlauben Sie eine entfernungsangemessene Skalierung von Point-Sprites. *FALSE* legt fest, dass alle Point-Sprites immer gleich groß gezeichnet werden.

```
pd3dDevice->SetRenderState( D3DRS_POINTSCALE_A,  Float2DWORD(0.0f) );
pd3dDevice->SetRenderState( D3DRS_POINTSCALE_B,  Float2DWORD(0.0f) );
pd3dDevice->SetRenderState( D3DRS_POINTSCALE_C,  Float2DWORD(0.5f) );
```

$$S_s = V_h * S_i * sqrt(1/(A + B * D_e + C *(D_e^2)))$$

POINTSCALE_A, *POINTSCALE_B* und *POINTSCALE_C* sind die Point-Skalierungsfaktoren, welche zur Berechnung herangezogen werden.

Beispielprogramm *Partikel*

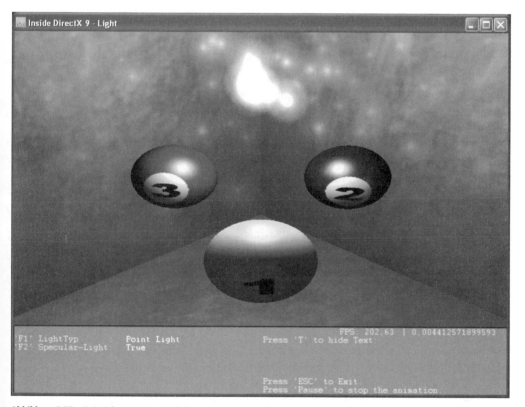

Abbildung 2.73   Beispielprogramm *Partikel*

Unser Beispielprogramm basiert auf dem zuvor vorgestellten Beispielprogramm *Licht*. Diesmal bewegt sich die Lichtkugel wiederum in der Mitte des Bildschirms auf und ab. Aufgefrischt wurde die Szene durch die Integration eines Partikeleffektes. Die Lichtkugel versprüht kleine Fragmente, welche den Eindruck eines sprühenden Feuers erwecken.

Das Beispielprogramm basiert auf unserer Partikelengine mit den Dateien *GEPartikel.cpp* und *GEPartikel.h*.

Deklaration

Zunächst müssen wir einen Partikel deklarieren. Dies geschieht in der *GameMainRoutines.h*:

```
CGEPartikel Partikel;
```

Da wir das gesamte Handling des Partikeleffekts über eine *Partikel*-Klasse abwickeln, reicht die einfache Deklaration einer neuen Klasse. Anschließend werden wir die notwendige Initialisierung durchführen.

Initialisierung

Die Initialisierung der *Partikel*-Klasse ist schnell erledigt. Da wir eine möglichst hohe Performance erzielen möchten, reichen ein paar wenige Befehle.

```
// ------------------------------------------------------------
// Geometry - Partikel -
// ------------------------------------------------------------

m_GameData.Partikel.currentPosition = D3DXVECTOR3(0.0f, 0.0f, 0.0f);
m_GameData.Partikel.maxVolume = D3DXVECTOR3(3.5f, 3.5f, 3.5f);
m_GameData.Partikel.PointSize = 1.0f;
m_GameData.Partikel.baseColor = D3DCOLOR_COLORVALUE(1.0f, 1.0f, 1.0f,1.0f);
```

Die Initialisierung beginnt mit der Definition eines Partikelursprungs, welcher mit der Methode *Partikel.currentPosition* an die *Partikel*-Klasse übergeben wird. Aus diesen Koordinaten werden sich später alle Partikel herausbewegen. An dieser Stelle legen wir einen Partikelursprung fest, der sich aber noch ändern wird. Wir wollen den Partikelursprung mit dem auf- und abwandernden Licht mitbewegen. Hierzu kommen wir etwas später.

Mit *Partikel.maxVolume* wird die Reichweite der einzelnen Partikel beschrieben. Je größer die einzelnen Werte gewählt werden, desto weiter dürfen sich die Partikel in die entsprechende Richtung entfernen.

Der Parameter *Partikel.PointSize* erklärt sich fast von alleine. Er bestimmt die Partikelgröße. Somit kann eine variable Anpassung an Ihre Szene vorgenommen werden.

Eine Partikelfarbe gehört zu den Grundeigenschaften einer jeden Partikelengine. Mit dem Parameter *Partikel.baseColor* wird die Farbe erfasst.

Partikel erstellen

Nachdem die Initialisierung abgeschlossen ist, können die Partikel erstellt werden. Hierzu haben wir die Methode *Partikel.CreatePointSprites()* in unsere Partikelengine integriert:

```
m_GameData.Partikel.CreatePointSprites(m_GameData.pd3dDevice,"Texturen\\point.bmp");
```

Die Methode benötigt einerseits einen Verweis auf ein gültiges Direct3D-Device, und zum anderen wird der Verweis auf eine Bitmap erwartet. Die Bitmap wird als Point-Sprite-Textur verwendet.

Neue Partikelposition berechnen

Bei unserem Partikeleffekt möchten wir keine statische Position verwenden. Der Partikelursprung wandert mit der Lichtquelle mit.

```
// Calculate PointSprite
m_GameData.Partikel.currentPosition = m_GameData.Sphere4.MyProperties.GetPosition();
m_GameData.Partikel.MovePointSpritesExplosion();
```

Natürlich können wir mit diesen beiden Methoden nicht die neue Position berechnen. Die eigentliche Berechnung finden wir in der *Partikel.MovePointSpritesExplosion()*-Methode.

```
void CGEPartikel::MovePointSpritesExplosion(){

static double dStartAppTime = timeGetTime();
float fElpasedAppTime = (float)((timeGetTime() - dStartAppTime) * 0.005);

static double dLastFrameTime = timeGetTime();
double dCurrenFrameTime = timeGetTime();
double dElpasedFrameTime = (float)((dCurrenFrameTime - dLastFrameTime) * 0.005);
dLastFrameTime = dCurrenFrameTime;


if( fElpasedAppTime >= 1.0f )
    {
        dStartAppTime = timeGetTime();
    }

D3DXVECTOR3 tmpMax = currentPosition + maxVolume;

for( int i = 0; i < GEMAX_PARTICLES; ++i ){
   m_partikel[i].m_vCurPos += m_partikel[i].m_vCurVel * (float)dElpasedFrameTime;
   if (m_partikel[i].m_vCurPos.x > tmpMax.x ||
      m_partikel[i].m_vCurPos.y > tmpMax.y ||
     m_partikel[i].m_vCurPos.z > tmpMax.z)
    {
        m_partikel[i].m_vCurPos = currentPosition;
    }
}
}
```

Listing 2.68 *MovePointSpritesExplosion*

Rendern

Zum Rendern müssen wir lediglich die *Partikel.RenderPointSprites()*-Methode aufrufen. Diese Methode setzt die benötigten RenderStates und zeichnet anschließend die Point-Sprites.

```
HRESULT CGEPartikel::RenderPointSprites(LPDIRECT3DDEVICE9 pd3dDevice){
HRESULT hr;
hr = S_OK;

pd3dDevice->SetRenderState( D3DRS_ZWRITEENABLE, FALSE );

pd3dDevice->SetRenderState( D3DRS_ALPHABLENDENABLE, TRUE );
pd3dDevice->SetRenderState( D3DRS_DESTBLEND, D3DBLEND_ONE );

pd3dDevice->SetRenderState( D3DRS_POINTSPRITEENABLE, TRUE );
pd3dDevice->SetRenderState( D3DRS_POINTSCALEENABLE,  TRUE );

pd3dDevice->SetRenderState( D3DRS_POINTSIZE,     Float2DWORD(PointSize) );
```

Listing 2.69 *RenderPointSprites*

```
pd3dDevice->SetRenderState( D3DRS_POINTSIZE_MIN, Float2DWORD(1.0f) );
pd3dDevice->SetRenderState( D3DRS_POINTSCALE_A,  Float2DWORD(0.0f) );
pd3dDevice->SetRenderState( D3DRS_POINTSCALE_B,  Float2DWORD(0.0f) );
pd3dDevice->SetRenderState( D3DRS_POINTSCALE_C,  Float2DWORD(0.5f) );

PARTIKELVERTEX *pPointVertices;

m_pVertexBuffer->Lock( 0, GEMAX_PARTICLES * sizeof(PARTIKELVERTEX),
                          (void**)&pPointVertices, D3DLOCK_DISCARD );

for( int i = 0; i < GEMAX_PARTICLES; ++i )
{
   pPointVertices->pos = m_partikel[i].m_vCurPos;
   pPointVertices->color = m_partikel[i].m_vColor;
   pPointVertices++;
}

m_pVertexBuffer->Unlock();

D3DXMATRIX matWorld;
D3DXMatrixIdentity(&matWorld);

if(pd3dDevice->SetTransform( D3DTS_WORLD, &matWorld))return hr;

pd3dDevice->SetTexture(0,m_pTexture);
pd3dDevice->SetStreamSource( 0, m_pVertexBuffer, 0, sizeof(PARTIKELVERTEX) );
pd3dDevice->SetFVF( FVF_PARTIKELVERTEX );
pd3dDevice->DrawPrimitive( D3DPT_POINTLIST, 0, GEMAX_PARTICLES );

pd3dDevice->SetRenderState( D3DRS_POINTSPRITEENABLE, FALSE );
pd3dDevice->SetRenderState( D3DRS_POINTSCALEENABLE,  FALSE );
pd3dDevice->SetRenderState( D3DRS_ZWRITEENABLE, TRUE );
pd3dDevice->SetRenderState( D3DRS_ALPHABLENDENABLE, FALSE );
return hr;
}
```

Listing 2.69 *RenderPointSprites (Fortsetzung)*

Einführung in DirectInput

Nachdem wir uns in den bisherigen Abschnitten zum größten Teil mit der grafischen Programmierung innerhalb der DirectX-API gekümmert haben, kommen wir nun zu einem Teil der Spieleprogrammierung, die den Unterschied zwischen einer Grafikdemo und einem wirklichen Computerspiel ausmacht. Dieser Unterschied ist die Möglichkeit, interaktiv in das Spielgeschehen einzugreifen, das Spiel also zu steuern. Wir wollen uns daher den nächsten Teil des DirectX-Framework ansehen: die DirectInput-Schnittstelle. Mit Hilfe dieses Interface können wir innerhalb von DirectX jedes beliebige Eingabegerät verwalten und die gewünschten Daten von dieser Hardware erhalten.

An dieser Stelle stellt sich dann die Frage: Warum brauchen wir zur Abfrage dieser Informationen eine eigene DirectInput-Schnittstelle? Bis jetzt sind wir doch noch ganz gut ohne ausgekommen ... Bei allen Grafikdemonstrationen in den vergangenen Kapiteln haben wir zur Abfrage der Tastatur reine Windows-API-Befehle benutzt und damit auch keine Schwierigkeiten bekommen. Für die anderen beiden Eingabegeräte Maus und Joystick gibt es entsprechende Funktionen, die wir anstelle des DirectInput-Interface nutzen könnten. Warum sollten wir also diese Schnittstelle benutzen?

Heutigen Computerspielern bieten sich bei der Auswahl des gewünschten Eingabegerätes vielfältige Möglichkeiten. Dabei ist es möglich, die gesamte Eingabekonfiguration des Spieles frei zu bestimmen. Der Spieler kann sogar Kombinationen der Eingabegeräte benutzten. Um diese Flexibilität bei der Eingabe von Daten innerhalb eines Spieles zu gewährleisten, greifen wir auf die Dienste des DirectInput-Interface zurück.

Die DirectInput-Schnittstelle

DirectInput basiert, wie die Direct3D-Schnittstelle, auf dem *Component Object Model*. Wir bekommen es also auch an dieser Stelle wieder mit einigen Interfaces zu tun, um die Funktionen des DirectInput-Systems zu nutzen. Als Erstes wollen wir uns einmal die generelle Funktionsweise der DirectInput-Schnittstelle ansehen.

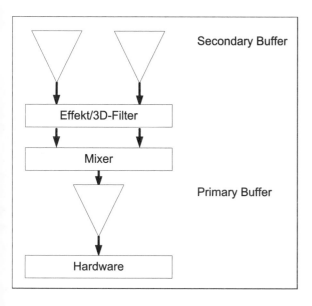

Abbildung 2.74 Funktionsschema von DirectInput

In Abbildung 2.74 sehen Sie die beiden wichtigsten Bestandteile des DirectInput-Systems. Die beiden Schnittstellen *IDirectInput8* und *IDirectInputDevice8* sind die beiden Interfaces, die wir im Folgenden am häufigsten verwenden werden. Die Basis bei jedem Einsatz des DirectInput-Systems ist die *IDirectInput8*-Schnittstelle. Dieses Objekt muss beim Einsatz von DirectInput immer als Erstes initialisiert werden. Mit Hilfe dieses Elementes können dann im Folgenden die *IDirectInputDevice8*-Objekte erstellt werden. Diese stellen dann die Schnittstellen zu den einzelnen Geräten zur Verfügung. Innerhalb einer Applikation ist es dabei nicht ungewöhnlich, dass gleich mehrere dieser Objekte initialisiert und verwaltet werden müssen. Danach kann die Anwendung mit jedem der einzelnen Devices kommunizieren und den Status des Eingabegerätes abfragen. Dieses ist dann auch schon der größte Vorteil von DirectInput. Die Daten aller Hardwaregeräte kommen über eine Schnittstelle und können so alle gleich ausgewertet werden. Dabei muss nur bei der Erstellung der einzelnen *IDirectInputDevice8*-Objekte unterschieden werden, für welches Hardwaregerät die Schnittstelle bestimmt ist. Zu diesem Zweck stellt die DirectInput-Schnittstelle drei Geräteklassen zur Verfügung:

- **Tastatur**

  Bei der Tastatur-Geräteklasse handelt sich um eine oder mehrere Tastaturen, die von DirectInput verwaltet werden können.

- Zeigegeräte

  Unter die Klasse der Zeigegeräte fallen nicht nur Mäuse oder Touchpads an Notebooks, sondern auch spezielle Geräte wie Zeichenbretter können in dieser Geräteklasse verwaltet werden.

- Joysticks

  Die letzte Kategorie von Geräten sind die der Joysticks. Zu diesen Objekten gehören nicht nur die allgemein bekannten Joysticks mit einem Steuerhebel und mehr oder weniger Knöpfen, sondern zu dieser Geräteklasse gehören auch Gamepads, Lenkräder und jede andere Hardware, die nicht als Tastatur oder als Maus von DirectInput ausgewertet werden kann. In diese Kategorie fallen auch die ForceFeedback-Geräte. Diese Geräte simulieren für den Benutzer eine Gegenkraft zu seinen Steuerungen, wodurch die Steuerung eines Spieles noch realistischer gestaltet werden kann.

DirectInput ist also eine sehr flexible und viel versprechende Schnittstelle zur Steuerung unserer DirectX-Applikationen. Wir wollen uns nun ansehen, ob das Objekt auch halten kann, was es verspricht. Bevor wir aber auf die an unser System angeschlossenen Geräte zugreifen können, müssen wir zunächst feststellen, welche Hardware überhaupt angeschlossen ist. Dies tun wir, indem wir in unserem ersten Projekt die angeschlossenen Eingabegeräte unseres Systems enumerieren.

Enumeration

Zur Darstellung der an das System angeschlossenen Geräte haben wir ein kleines Projekt erstellt, das das erste Demoprogramm im Bereich von DirectInput darstellt. Dieses Windows-Dialogfeld enthält nur ein Listenfeld, in dem wir die gefundenen Geräte auflisten wollen.

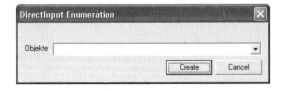

Abbildung 2.75 Dialogfeld *DirectInput Enumeration* zur Auflistung aller DirectInput-Geräte

Unser Ziel ist es also, festzustellen, welche Eingabegeräte am Computersystem angeschlossen sind. Zu diesem Zweck erstellen wir als Erstes ein funktionierendes *IDirectInput8*-Objekt, damit wir auf die Funktionen der Schnittstelle zugreifen können. Dieses Objekt haben wir innerhalb unseres Dialogfeldes modulweit deklariert. Wir haben somit die Möglichkeit, aus allen Funktionen des Dialogfeldes ohne Probleme auf unser DirectInput-Interface zuzugreifen.

```
LPDIRECTINPUT8 DIDevice = NULL;
```

Was müssen wir also nun tun, um die *IDirectInput8*-Schnittstelle zu initialisieren? Eigentlich nicht viel. Die Vorgehensweise bei der Erstellung des DirectInput-Interfaces wollen wir uns anhand der Funktion *OnCreateDevice* einmal ansehen. Diese Funktion wird durch die MessageHandler-Schleife des Dialogfeldes aufgerufen, wenn der Benutzer nach dem Start der Applikation die Schaltfläche *Create* anklickt. Da wir innerhalb unseres Projektes mit nur einem DirectInput-Interface arbeiten wollen und sicherstellen müssen, dass eine vorherige Initialisierung des Objektes keinen Datenmüll hinterlassen hat, löschen wir als Erstes das DirectInput-Objekt mit dem Makro *SAFE_RELEASE*. Danach können wir auch schon das Device wieder starten.

Dies erledigen wir mit dem Befehl *DirectInput8Create*, der bei erfolgreicher Ausführung in der Variablen *DIDevice* einen Zeiger auf eine funktionierende DirectInput-Schnittstelle speichert.

```
HRESULT OnCreateDevice (HWND hwndDlg){
  HRESULT hr = S_OK;

  // Release any DirectInput objects.
  SAFE_RELEASE( DIDevice );

  // Create a DInput object
  hr = DirectInput8Create( GetModuleHandle(NULL), DIRECTINPUT_VERSION,
                                IID_IDirectInput8, (VOID**)&DIDevice, NULL );
  if( FAILED(hr)){
    MessageBox(NULL, "CAN'T CREATE DEVICE","ERROR", MB_OK );
    return hr;
  }

  HWND hInputDeviceCombo = GetDlgItem( hwndDlg,IDC_DEVICES );
  hr = DIDevice->EnumDevices(DI8DEVCLASS_ALL,
                    (LPDIENUMDEVICESCALLBACK)DIEnumDevicesCallback,
                    (VOID*)hInputDeviceCombo,DIEDFL_ALLDEVICES);
  if( FAILED(hr)){
    MessageBox(NULL, "CAN'T ENUMERATE DEVICE","ERROR", MB_OK );
    return hr;
  }

  // Select the first device in the combo box
  SendMessage( hInputDeviceCombo,   CB_SETCURSEL, 0, 0 );

  return hr;
}
```

Listing 2.70 Funktion zum Erstellen eines DirectInput-Device

Nachdem die Funktion zur Erstellung des Device ohne Fehler ausgeführt wurde, können wir nun die Eingabegeräte unseres Systems auflisten. Diesen Vorgang starten wir mit dem Befehl *EnumDevices* des *IDirectInput8*-Interface. Dieser Befehl übergibt den weiteren Ablauf der Hardwareerkennung an die *Callback*-Funktion *IDEnumDevicesCallback*, die für jedes Gerät aufgerufen wird, das an das System angeschlossen ist:

```
INT_PTR CALLBACK IDEnumDevicesCallback(LPCDIDEVICEINSTANCE lpddi,LPVOID pvRef){
  HWND hSoundDeviceCombo = (HWND)pvRef;

  // Add the string to the combo box
  SendMessage( hSoundDeviceCombo, CB_ADDSTRING, 0,
                      (LPARAM) (LPCTSTR)lpddi->tszProductName);

  return DIENUM_CONTINUE;
}
```

Listing 2.71 *Callback*-Funktion zur Auflistung der DirectInput-Geräte

In unserem Fall hat die *Callback*-Funktion dabei keine großen Aufgaben. Sie macht nichts anderes als die Bezeichnung des gefundenen Gerätes mit Hilfe eines *SendMessage*-Aufrufs an die ComboBox des Windows-Dialogfeldes weiterzuleiten.

Damit hätten wir auch schon die erste Aufgabe innerhalb der DirectInput-Funktionen erfolgreich gemeistert. Wie gewohnt wollen wir uns nach dem praktischen Einsatz der wichtigsten Funktionen des gerade besprochenen Abschnitts nun auch die Syntax dieser Befehle ansehen.

DirectInput8Create

Erstellt ein DirectInput-Objekt und gibt eine Schnittstelle zu diesem Objekt zurück

```
HRESULT WINAPI DirectInput8Create(HINSTANCE hinst,
                                  DWORD dwVersion,
                                  REFIID riidltf,
                                  LPVOID *ppvOut,
                                  LPUNKNOWN punkOuter);
```

hinst	Der erste Parameter bei der Erstellung eines DirectInput-Objektes ist ein Handle auf die Applikation oder die DLL, die das Device erstellen möchte. Dieses Objekt wird dann anschließend mit dem DirectInput-Device verbunden. Dabei legen die Möglichkeiten dieses Objektes auch die Möglichkeiten des DirectInput-Device fest.
dwVersion	Die nächste Variable legt die DirectInput-Version fest, für die die Applikation geschrieben wurde. Dieser Wert ist normalerweise *DIRECTINPUT_VERSION*. Diese Konstante ist in der Datei *Dinput.h* mit dem Wert 0x800 definiert. Wenn Sie eine vorhergehende DirectInput-Version benutzen wollen, müssen Sie den Befehl *DirectInputCreateEx* anstatt der aktuellen Funktion benutzen.
riidltf	Der Parameter *riidltf* enthält eine eindeutige Kennung, die festlegt, ob es sich bei dem erstellten DirectInput-Device um ein ANSI- oder Unicode-Objekt handeln soll. Die beiden möglichen Werte hierbei sind *IID_IDirectInput8A* und *IID_IDirectInput8W*. Abhängig vom Unicode-Flag bei der Kompilierung der Applikation wird einer dieser beiden Werte als *IID_IDirectInput8* definiert.
ppvOut	Mit dem vorletzten Parameter geben Sie die Variable an, die nach erfolgreicher Erstellung des DirectInput Objektes ein Interface auf eben dieses enthalten soll
punkOuter	Dieser Parameter sollte in den meisten Fällen NULL sein. Dieser wird nämlich nur dann gebraucht, wenn man mit der Aggregation von COM-Objekten arbeitet.

Wurde die Funktion erfolgreich abgeschlossen, liefert sie den Wert *DI_OK* zurück. Kommt es zu einem Fehler, wird einer der folgenden Werte zurückgegeben: Der Wert *DIERR_BETADIRECTINPUTVERSION* weist im Falle eines Fehlers darauf hin, dass die Applikation für eine vorangegangene Version von DirectInput geschrieben wurde, deren Funktionen nicht mehr unterstützt werden. Mit der Meldung *DIERR_INVALIDPARAM* gibt die Funktion an, dass einer der übergebenen Parameter nicht mit der Funktion kompatibel war. Die nächste Fehlerkonstante *DIERR_OLDDIRECTINPUTVERSION* weist darauf hin, dass die Applikation eine neuere Version von DirectInput benötigt. Und der letzte Fehlercode *DIERR_OUTOFMEMORY* stellt fest, dass nicht genügend Systemspeicher für die Erstellung des Objektes zur Verfügung stand.

IDirectInput8::EnumDevices

Enumeriert verfügbare Geräte des Systems

```
HRESULT EnumDevices(DWORD dwDevType,
                    LPDIENUMDEVICESCALLBACK lpCallback,
                    LPVOID pvRef,
                    DWORD dwFlags);
```

dwDevType	Mit der Variablen *dwDevType* übergibt man an die Funktion einen Filter der zu erkennenden Geräte-Klassen. Diese DWORD kann folgende Werte enthalten: **DI8DEVCLASS_ALL** Diese Konstante legt fest, dass alle Geräteklassen bei der Auflistung der Geräte berücksichtigt werden sollen **DI8DEVCLASS_DEVICE** Mit diesem Wert wird festgelegt, dass alle Devices erkannt werden sollen, die nicht in eine der folgenden Klassen fallen **DI8DEVCLASS_GAMECTRL** Alle Joysticks sollen aufgelistet werden **DI8DEVCLASS_KEYBOARD** Alle Tastaturen sollen aufgelistet werden. Dieser Wert entspricht dem Wert *DI8DEVTYPE_KEYBOARD.* **DI8DEVCLASS_POINTER** Die Geräte der Typen *DI8DEVTYPE_MOUSE* und *DI8DEVTYPE_SCREENPOINTER* sollen aufgelistet werden
lpCallback	Adresse einer *Callback*-Funktion, die für jedes gefundene Geräte einmal aufgerufen wird
pvRef	Mit der Variable *pvRef* übergibt die Applikation der *Callback*-Funktion bei jedem Aufruf einen 32-Bit-Wert
dwFlags	Der Wert *dwFlags* legt einen Rahmen für die Auflistung der Geräte fest. Dieses Flag kann eine Kombination aus mehreren der folgenden Werte sein: **DIEDFL_ALLDEVICES** Alle installierten Geräte sollen aufgelistet werden. Dies ist der Default-Wert bei der Enumeration der Geräte. **DIEDFL_ATTACHEDONLY** Nur angeschlossene und installierte Geräte werden aufgelistet **DIEDFL_FORCEFEEDBACK** Es werden ausschließlich ForceFeedback-Geräte erkannt **DIEDFL_INCLUDEALIASES** Es werden auch die Geräte erkannt, die nur als Alias für andere Geräte im System stehen **DIEDFL_INCLUDEHIDDEN** Mit diesem Wert werden auch versteckte Geräte in die Aufzählung mit aufgenommen

Auch diese Funktion liefert im Erfolgsfall den Wert *DI_OK* zurück. Bei den Fehlerwerten beschränkt sich die Funktion auf die Unterscheidung in *DIERR_INVALIDPARAM*, der zurückgegeben wird, wenn der Funktion ein falscher Parameter übergeben wurde, und dem Wert *DIERR_NOTINITIALIZED*. Diesen Fehler meldet die Funktion in dem Fall, dass das DirectInput-Objekt nicht vor dem Aufruf des Befehles *EnumDevices* initialisiert wurde.

An dieser Stelle müssen wir aber gestehen, dass wir die Enumeration der DirectInput-Geräte nur der Vollständigkeit halber mit aufgenommen haben. In der weiteren Arbeit mit der *IDirectInput8*-Schnittstelle werden wir diese Auflistung der Devices nicht mehr durchführen, sondern vielmehr mit den Werten *GUID_SysKeyboard* und *GUID_SysMouse* arbeiten. Diese beiden Konstanten stellen immer das primäre Hardwaregerät einer jeden Klasse dar, das an das System angeschlossen ist.

Keyboard

Die erste Geräte-Klasse, die wir für unsere Projekte nutzbar machen wollen, ist die Tastatur-Klasse. Wir möchten Daten von der Standard-Tastatur unseres Systems mit Hilfe von DirectInput abfragen und die erhaltenen Informationen für unsere Projekte zur Verfügung stellen. In der Abbildung 2.76 sehen Sie, dass sich im Vergleich zu dem vorangegangenen Projekt einiges geändert hat. Die erste Änderung, die auffällt, ist, dass die ComboBox zur Wahl der Geräte verschwunden ist. Da wir im weiteren Verlauf immer auf das Standardeingabegerät einer Klasse zugreifen wollen, ist dieses nicht mehr nötig. Aus diesem Grunde haben wir diese Option ganz weggelassen. Stattdessen enthält das Dialogfeld jetzt diverse Optionsschaltflächen zur Festlegung der Eigenschaften des DirectInput-Device. Zusätzlich haben wir zur Ausgabe der Daten ein Textfeld in das Dialogfeld integriert.

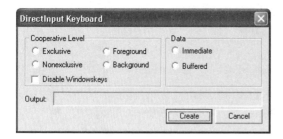

Abbildung 2.76 Dialogfeld *DirectInput Keyboard*

Unser Ziel ist es also, ein *IDirectInputDevice8*-Interface zur Abfrage unserer Tastatur zu erstellen und die Daten dieses Gerätes abzufragen. Zu diesem Zweck haben wir als Erstes in unserem Projekt modulweit die Variable *DIKeyboardDevice* deklariert. Diese wird zusammen mit der *IDirectInput8*-Schnittstelle in der Funktion *OnCreateDevice* mit Leben gefüllt:

```
LPDIRECTINPUTDEVICE8 DIKeyboardDevice = NULL;
```

Die Funktion *OnCreateDevice* haben wir dabei um die Funktionen erweitert, die wir zur Erstellung der Tastatur-Schnittstelle benötigen. Wir werden also an dieser Stelle nur die Teile aufführen, die sich im Vergleich zum ersten DirectInput-Projekt innerhalb der Funktion verändert haben. Die erste Änderung haben wir direkt am Anfang der Routine. Da wir auch in diesem Projekt sicherstellen wollen, dass wir keinen Datenmüll bei der Erstellung unserer Objekte im System hinterlassen, ist die erste Handlung wieder das Löschen eventuell vorhandener Objekte. Dabei löschen wir wie gehabt die DirectInput-Schnittstelle, in diesem Fall aber als letztes Objekt. Vorher löschen wir erst den Timer, den wir zur Abfrage der Tastaturdaten nutzen, und das *IDirectInputDevice8*-Interface. Bevor wir dieses jedoch löschen können, stellen wir mit dem Befehl *IDirectInputDevice8::Unacquire* sicher, dass dieses Objekt nicht eventuell noch zur Abfrage von Daten genutzt wird.

```
KillTimer( hwndDlg, 0 );
if( DIKeyboardDevice){
  DIKeyboardDevice->Unacquire();
}
// Release any DirectInput objects.
SAFE_RELEASE( DIKeyboardDevice );
SAFE_RELEASE( DIDevice );
```

Listing 2.72 Beenden und Löschen der vorherigen Instanzen der benötigten DirectInput-Objekte

Nach dem Löschen der alten Daten können wir dann darangehen, die DirectInput-Objekte neu zu initialisieren. Dabei werden als Erstes die Steuerelemente des Dialogfeldes ausgewertet und mit Hilfe dieser Daten das Verhalten des Tastatur-Device bestimmt. Das geschieht, indem die relevanten Konstanten in der Variablen *dwCoopFlags* zusammengefasst werden. Nach der Erstellung der *IDirectInput8*-Schnittstelle wird dann auch schon das Tastatur-Device mit Hilfe der Funktion *IDirectInput8::CreateDevice* erstellt. Dabei wird mit der

Konstanten *GUID_SysKeyboard* festgelegt, dass zur Erstellung des Device die Standard-Systemtastatur genutzt werden soll. Mit dem zweiten Parameter legen wir fest, dass ein Zeiger auf das erstellte Interface in der modularen Variablen *DIKeyboardDevice* gespeichert wird. Wurde die Schnittstelle erfolgreich initialisiert, wird als Nächstes das Datenformat bestimmt, mit dem das Objekt gefüllt werden soll. Dieses kann vom Entwickler selbst erstellt werden, es ist aber auch möglich, vorgefertigte Datenformate zu nutzen. Mit dem Objekt *c_dfDIKeyboard* greifen wir auf die Standard-*DIDATAFORMAT*-Struktur, die zum Lesen von Tastaturdaten bestimmt ist, zurück. Der nächste Schritt beim Erstellen des Tastatur-Device ist das Setzen der Kooperationsebene des Objektes. Diese legt fest, wie sich das Input-Device im Umgang mit DirectInput-Devices anderer Applikationen verhält. Wie sich das DirectInput-Device unseres Projektes verhält, wird dabei mit der Variablen *dwCoopFlags* festgelegt, die, wie bereits erwähnt, mit Hilfe der Optionsschaltflächen des Dialogfeldes am Anfang der Funktion definiert wurde. Sollte dabei eine ungültige Kombination von Kooperationsoptionen gewählt worden sein, wird die Erstellung des Tastatur-Device sofort abgebrochen und alle bis dahin erstellten Objekte werden gelöscht.

```
hr = DIDevice->CreateDevice(GUID_SysKeyboard, &DIKeyboardDevice, NULL );
if( FAILED(hr)){
  MessageBox(NULL, "CAN'T GET KEYBOARD DEVICE","ERROR", MB_OK );
  return hr;
}

// Dataformat
hr = DIKeyboardDevice->SetDataFormat( &c_dfDIKeyboard );
if( FAILED(hr)){
  MessageBox(NULL, "CAN'T SET DATA FORMAT","ERROR", MB_OK );
  return hr;
}

// Set the cooperativity level
hr = DIKeyboardDevice->SetCooperativeLevel( hwndDlg, dwCoopFlags );
if( hr == DIERR_UNSUPPORTED && !bForeground && bExclusive ){
  if(DIKeyboardDevice){
    DIKeyboardDevice->Unacquire();
  }
  // Release any DirectInput objects.
  SAFE_RELEASE( DIKeyboardDevice );
  SAFE_RELEASE( DIDevice );
  MessageBox(NULL, "DIERR_UNSUPPORTED","ERROR", MB_OK );
  return hr;
}

if( FAILED(hr) ){
  MessageBox(NULL, "ERROR SETCOOPERATIVE LEVEL","ERROR", MB_OK );
  return hr;
}

if( !bImmediate ) {
  DIPROPDWORD dipdw;
  dipdw.diph.dwSize      = sizeof(DIPROPDWORD);
  dipdw.diph.dwHeaderSize = sizeof(DIPROPHEADER);
  dipdw.diph.dwObj       = 0;
  dipdw.diph.dwHow       = DIPH_DEVICE;
  dipdw.dwData           = 8; // Arbitrary Buffer size
  hr = DIKeyboardDevice->SetProperty( DIPROP_BUFFERSIZE, &dipdw.diph);
```

Listing 2.73 Erstellung einer *IDirectInputDevice8*-Schnittstelle in der Funktion *OnCreateDevice*

```
     if(FAILED(hr)){
        MessageBox(NULL, "ERROR SETPROPERTY","ERROR", MB_OK );
        return hr;
     }
  }

  // Acquire the newly created device
  DIKeyboardDevice->Acquire();

  SetTimer( hwndDlg, 0, 1000 / 12, NULL );

  return hr;
}
```

Listing 2.73 Erstellung einer *IDirectInputDevice8*-Schnittstelle in der Funktion *OnCreateDevice (Fortsetzung)*

Für unser Projekt haben wir festgelegt, dass es zwei Möglichkeiten zur Auswertung der Daten geben soll. Es besteht die Möglichkeit einer gepufferten Datenauswertung oder einer direkten Übernahme der Daten. Wird beim Aufruf der Funktion *OnCreateDevice* die gepufferte Datenauswertung gewählt, wird nach dem Setzen der Kooperationsebene eine Struktur des Typs *DIPROPDWORD* erstellt und an das Tastatur-Device übergeben. Diese Struktur sammelt die eingegebenen Tastaturdaten zwischen den einzelnen Abfragen des Objektes. Zum Schluss der Funktion bleibt uns dann nur noch, den Zugriff auf das Tastatur-Device mit dem Befehl *IDirectInputDevice8::Acquire* sicherzustellen und den Timer zu starten, mit dessen Hilfe wir im weiteren Verlauf des Projektes die Daten der Tastatur auswerten werden.

IDirectInput8::CreateDevice

Erstellt und initialisiert eine Instanz eines *IDirectInputDevice8*-Devices mit Hilfe eines GUID (Global Unique IDentifier) und stellt eine Schnittstelle zu diesem Device zur Verfügung

```
HRESULT CreateDevice(REFGUID rguid,
                     LPDIRECTINPUTDEVICE *lplpDirectInputDevice,
                     LPUNKNOWN pUnkOuter);
```

rguid	Zeiger auf die zur Erstellung des Device zu nutzende GUID. Diese kann entweder eine im System genutzte und mit *IDirectInput8::EnumDevices* ermittelte Konstante sein oder es gibt auch die Möglichkeit, mit vordefinierten Objekten zu arbeiten. Zu diesen Objekten gehören die Standard-Systemtastatur, die mit dem Wert *GUID_SysKeyboard* bestimmt wird und die Standard-Systemmaus die mit dem Wert *GUID_SysMouse* bestimmt wird.
lplpDirectInputDevice	Der zweite Parameter ist ein Zeiger auf die Variable, die nach der erfolgreichen Ausführung der Methode das Interface des *IDirectInputDevice8*-Objektes enthalten soll
pUnkOuter	Dieser Parameter sollte in den meisten Fällen NULL sein. Er wird nur dann gebraucht, wenn man mit der Aggregation von COM-Objekten arbeitet.

Nach der Ausführung der Funktion stehen zur Auswertung des Ergebnisses wieder einige Fehlerkonstanten zur Verfügung, die von einer Applikation ausgewertet werden können. Mit dem Wert *DI_OK* zeigt die Funktion an, dass der Befehl erfolgreich beendet wurde. Kommt es zu einem Fehler während der Ausführung der Methode, wird der Grund des Abbruchs detailliert wiedergegeben. Der Wert *DIERR_INVALIDPARAM* zeigt dabei an, dass einer der übergebenen Parameter nicht den vorgeschriebenen Werten entsprach.

Wird der Befehl *CreateDevice* aufgerufen, bevor das *IDirectInput8*-Device initialisiert wurde, kommt es zu der Fehlermeldung *DIERR_NOTINITIALIZED*. Die dritte allgemeine Fehlermeldung ist die Konstante *DIERR_OUTOFMEMORY*, die anzeigt, dass die Funktion nicht genügend Speicher vom System zur Verfügung gestellt bekommen hat, um das Device zu erstellen.

IDirectInputDevice8::SetDataFormat

Der Befehl *SetDataFormat* legt das Datenformat des *IDirectInputDevice8*-Device fest

```
HRESULT SetDataFormat(LPCDIDATAFORMAT lpdf);
```

lpdf

Der einzige Parameter der Funktion gibt die Adresse einer Struktur an, die beschreibt, wie die Daten aussehen sollen, die vom Device zurückgeliefert werden sollen. Dabei kann eine Applikation ein eigenes Datenformat kreieren oder auf eines der folgenden Standardformate zurückgreifen:

c_dfDIKeyboard
c_dfDIMouse
c_dfDIMouse2
c_dfDIJoystick
c_dfDIJoystick2

Die Fehlerwerte dieser Funktion entsprechen weitgehend der Funktion *CreateDevice*. Auch diese Methode besitzt die Fehlercodes *DI_OK*, *DIERR_INVALIDPARAM* und *DIERR_NOTINITIALIZED*. Einen zusätzlichen Fehlercode hat diese Funktion aber dennoch. Wird die Konstante *DIERR_ACQUIRED* von der Funktion zurückgeliefert, war das DirectInput-Device bereits in Benutzung und das Datenformat konnte nicht geändert werden.

Es ist also nicht möglich, ein Datenformat an ein *IDirectInputDevice8* zu übergeben, wenn der *Acquire*-Befehl dieses Objektes bereits ausgeführt wurde. Dabei sollte das Datenformat eines Input-Device auch nur einmal gesetzt werden.

IDirectInputDevice8::SetCooperativeLevel

Die Funktion legt die Kooperationsebene der Instanz des DirectInput-Device fest. Mit Kooperationsebene ist das Verhalten des Device im Umgang mit den DirectInput-Devices anderer Applikationen und des Systems gemeint.

```
HRESULT SetCooperativeLevel(HWND hwnd,
                            DWORD dwFlags);
```

hwnd

Der erste Parameter ist ein Handle auf ein *Window*-Objekt. Dieser Handle muss auf ein Top-Level-Window weisen, das direkt mit dem Prozess der Applikation zusammenhängt. Dieses Window sollte nicht geschlossen werden, bevor das DirectInput-Device, das mit ihm verbunden wurde, beendet ist.

dwFlags

Die Variable *dwFlags* ist eine Kombination aus Werten, die die Kooperationsebene des Device festlegen. Dabei können folgende Werte genutzt werden:

DISCL_BACKGROUND
Die Applikation benötigt auch den Zugriff auf das Device, selbst wenn sie im Hintergrund liegt, d.h. auch wenn sich nicht aktiv ist. Dadurch kann bei dem DirectInput-Device zu jeder Zeit der Befehl *Acquire* ausgeführt werden.

DISCL_EXCLUSIVE
Die aktuelle Applikation erhält exklusiven Zugriff auf das DirectInput-Device. Wenn eine Applikation exklusiven Zugriff auf das Device hat, wird dieser Zugriff keiner anderen Applikation mehr gewährt. Andere Applikationen können in diesem Fall nur »non-exclusive« auf das Device zugreifen.

DISCL_FOREGROUND
Die Applikation hat nur Zugriff auf das DirectInput-Device, wenn sie aktiv ist. Wird das Programm in den Hintergrund geschickt, dann wird bei dem Input-Device der Applikation automatisch der *Unacquire*-Befehl ausgeführt.

DISCL_NONEXCLUSIVE
Das *InputDevice*-Interface der Applikation hat einen »non exclusive«-Zugriff auf das DirectInput Device. Es kommt sich also mit keiner anderen Applikation in die Quere.

DISCL_NOWINKEY
Diese Option sperrt die ⊞ -Taste eines Systems. Wenn dieses Flag gesetzt ist, kommt es während der Ausführung der Applikation nicht zu einem Abbruch, wenn aus Versehen diese Taste auf der Tastatur gedrückt wurde.

Auch diese Funktion benutzt die gleichen Fehlerkonstanten wie der *CreateDevice*-Befehl. Deshalb wurde an dieser Stelle auf eine erneute Erläuterung der Fehlerwerte verzichtet.

IDirectInputDevice8::Acquire

Mit Hilfe dieser Methode erhält man Zugang zum erstellten DirectInput-Device

```
HRESULT Acquire(VOID);
```

Auch die Fehlerkonstanten dieser Funktion sind inzwischen weitgehend bekannt. Im Vergleich zu den vorherigen Funktionen gibt es aber zwei zusätzliche Fehlerwerte. Der erste Wert ist *S_FALSE*, diesen bekommen wir von der Funktion zurückgeliefert, wenn der Zugang zu dem Device schon bestand, bevor der Befehl aufgerufen wurde. Der zweite Errorcode ist der Wert *DIERR_OTHERAPPHASPRIO*, mit dem die Applikation anzeigt, dass eine andere Applikation mit einer höheren Priorität die Durchführung des Befehls nicht zugelassen hat.

An dieser Stelle besitzen wir also ein funktionierendes DirectInput-Device, mit dem es uns möglich ist, die Daten von unserer Tastatur auszulesen. Dieses Auslesen der Daten wollen wir an dieser Stelle auch sofort beginnen.

Sie erinnern sich, dass wir zur Auswertung der Daten einen Timer innerhalb unserer Applikation initialisiert haben. Dieses Objekt ist so eingestellt, dass er zwölf Mal in der Minute einen Timer-Event auslöst. Dieser Event wird innerhalb der MessageHandler-Funktion unseres Dialogfeldes über die Message *WM_TIMER* abgefangen und das Auslesen der Daten durchgeführt. Innerhalb dieser Sektion wird entschieden, welche weitere Funktion zur Behandlung der Daten aufgerufen werden soll. Wurde vom Benutzer beim Start der DirectInput-Device-Erstellung die Option *Buffered* ausgewählt, werden die zwischengespeicherten Daten mit dem Befehl *ReadBufferedData* ausgewertet.

```
case WM_TIMER:
  // Update the input device every timer message
  tmpCheckButton = GetDlgItem( hwndDlg,IDC_IMMEDIATE  );
  bImmediate  = SendMessage(tmpCheckButton,BM_GETCHECK, 0, 0);
  if( bImmediate ){
    if( FAILED( ReadImmediateData( hwndDlg ) ) ){
      KillTimer( hwndDlg
      MessageBox( NULL, "ERROR READING INPUT STATE","ERROR", MB_ICONERROR | MB_OK );
      EndDialog( hwn
    }
  }else{
    if( FAILED( ReadBufferedData( hwndDlg ) ) ){
      KillTimer( hwndDlg, 0 );
      MessageBox( NULL, "ERROR READING INPUT STATE","ERROR", MB_ICONERROR | MB_OK );
      EndDialog( hwndDlg, TRUE );
    }
  }
break;
```

Listing 2.74 *WM_TIMER*-Sektion der Funktion *DirectInput_DialogProc*

Wurde hingegen bestimmt, dass die Daten direkt übernommen werden sollen, wird die Funktion *ReadImmediateData* aufgerufen und die Daten somit direkt ausgewertet. Diese Funktion zum direkten Auslesen der Daten wollen wir uns auch gleich als Nächstes ansehen.

In dieser Funktion möchten wir also die Daten des Tastatur-Device direkt auslesen. Es werden also nur die Daten übernommen, die zum Zeitpunkt der Abfrage aktuell sind. In unserem Fall bekommen wir die Tastaten, die während des Aufrufs der Funktion gedrückt sind. Das Auslesen der Daten geschieht dabei mit dem Befehl *IDirectInputDevice8::GetDeviceState*. Wie der Name schon sagt, erhalten wir mit dieser Funktion den aktuellen Status des Input-Device. Das klingt relativ einfach. Ist es auch, das Schwierigste dabei ist die Auswertung der Daten, und diese wollen wir uns jetzt einmal näher ansehen.

Zur Ausgabe der Tastaturdaten haben wir in unserem Dialogfeld ein TextBox-Steuerelement vorgesehen. Wir müssen also die erhaltenen Daten so formatieren, dass wir sie in diesem Element ausgeben können. Zu diesem Zweck erstellen wir direkt am Anfang der Funktion die *TCHAR*-Variable *strNewText*. In diesem Element werden wir später die erhaltenen Daten für die Ausgabe an das Dialogfeld zwischenspeichern. Die zweite *TCHAR*-Variable *strElement* ist eine temporäre Variable, die wir zur Auswertung der Daten benötigen. Das *BYTE*-Element *diks* hingegen ist die Variable, die die Daten des Tastaturpuffers direkt übernehmen wird.

Nach der Deklaration der benötigten Variablen starten wir dann auch schon mit der eigentlichen Arbeit der Routine, und diese beginnt wie fast immer mit einer Abfrage, ob das Objekt, mit dem wir arbeiten wollen, auch wirklich vorhanden ist. Sollte das *DIKeyboardDevice* aus irgendeinem Grund nicht ordnungsgemäß installiert sein, wird die Funktion *ReadImmediateData* direkt wieder abgebrochen. Ist das InputDevice vorhanden, löschen wir als Nächstes die Variable, die wir zur Übernahme der Tastaturdaten nutzen wollen und rufen den Befehl *IDirectInputDevice8::GetDeviceState* direkt auf. Ist der Aufruf nicht erfolgreich, ist es möglich, dass das InputDevice unserer Applikation von einem anderen Ereignis einen *Unacquire*-Befehl bekommen hat und so die Daten der Tastatur nicht mehr zur Verfügung stehen. In diesem Fall sendet die Funktion dem Device ihrerseits einen *Acquire*-Befehl, um die Überwachung wieder einzuschalten. Dies wird dabei wiederholt, solange der Fehlercode des Befehls *DIERR_INPUTLOST* ist. Anschließend geben wir im Text-Box-Steuerelement unseres Dialogfeldes eine Fehlermeldung aus und beenden die Funktion.

```
HRESULT ReadImmediateData( HWND hDlg ){
  HRESULT hr;
  TCHAR   strNewText[256*5 + 1] = TEXT("");
  TCHAR   strElement[10];
  BYTE    diks[256];
  int     i;

  if( NULL == DIKeyboardDevice ){
    return S_OK;
  }

  ZeroMemory( diks, sizeof(diks) );
  hr = DIKeyboardDevice->GetDeviceState( sizeof(diks), diks );
  if( FAILED(hr) ){
    hr = DIKeyboardDevice->Acquire();
    while( hr == DIERR_INPUTLOST ){
      hr = DIKeyboardDevice->Acquire();
    }
    if( hr == DIERR_OTHERAPPHASPRIO || hr == DIERR_NOTACQUIRED ){
      SetDlgItemText( hDlg, IDC_OUTPUT, TEXT("Unacquired") );
      return S_OK;
    }
  }

  for( i = 0; i < 256; i++ ){
    if( diks[i] & 0x80 ){
      sprintf(strElement, "0x%02x ", i );
      strcat( strNewText, strElement );
```

Listing 2.75 *ReadImmediateData*-Funktion zur direkten Übernahme von Daten des Tastaturpuffers

```
   }
 }

 SetDlgItemText( hDlg, IDC_OUTPUT, strNewText );
 return S_OK;
}
```

Listing 2.75 *ReadImmediateData*-Funktion zur direkten Übernahme von Daten des Tastaturpuffers *(Fortsetzung)*

Im Falle der erfolgreichen Übernahme der Tastaturdaten bleibt uns an dieser Stelle nichts anderes übrig, als die Daten für unsere Ausgabe zu formatieren. Dabei gehen wir die Variable *diks* Byte für Byte durch und werten die Daten aus. Dazu formatieren wir das jeweilige Byte mit Hilfe des *sprintf*-Befehls und hängen dieses Ergebnis direkt an den Ausgabestring *strNewText* an.

Dieser String wird zum Schluss noch dem TextBox-Steuerelement des Dialogfeldes mit dem Befehl *SetDlgItemText* übergeben und somit dem Benutzer der Applikation sichtbar gemacht. Damit haben wir also die Daten der Tastatur erfolgreich ausgelesen und dabei gesehen, dass dies gar nicht so schwer ist. Die direkte Auswertung der Daten ist die Methode, die wir in den meisten Fällen benutzen werden. Für ein Spiel ist diese Methode auch absolut ausreichend. In manchen Fällen ist es aber so, dass man jede Eingabe der Tastatur auswerten muss, auch jene, die zwischen den Abfragen des DirectInput-Device gemacht werden. In diesem Fall müssen wir die Daten zwischen den einzelnen Abfragen speichern. Diese Methode des Zwischenspeicherns sehen wir uns jetzt in der letzten Funktion *ReadBufferedData* des Projektes an.

Da sich die Funktion nicht sehr von der vorangegangenen Routine unterscheidet, wollen wir uns auch hier nur die Neuerungen innerhalb der Funktion ansehen. Bei der gepufferten Übernahme der Daten müssen wir mit einem anderen Objekt arbeiten, als bei der direkten Datenauswertung. Anstatt einer *BYTE*-Variable benötigen wir in diesem Fall ein Array der Struktur *DIDEVICEOBJECTDATA*. Zusätzlich deklarieren wir noch eine Variable, die bestimmt, wie viele Daten wir aus dem Daten-Puffer der Tastatur lesen wollen.

```
DIDEVICEOBJECTDATA didod[8];
DWORD              dwElements;
```

Listing 2.76 Zusätzliche Variablen der Funktion *ReadBufferedData*

Die beiden neu eingefügten Variablen benötigen wir also, um die gespeicherten Daten aus dem Input-Device auszulesen. Wie Sie gleich sehen, benötigen wir nicht nur einen neuen Variablentyp zur Übernahme der Daten, sondern wir benötigen auch eine neue Funktion. Die gepufferten Daten des Device werden mit dem Befehl *IDirectInputDevice8::GetDeviceData* ausgelesen. Diese Funktion speichert die Tastaturdaten in der Variable *didod*. Dabei wird die Anzahl der auszulesenden Daten mit der Variable *dwElements* übergeben.

```
dwElements = 8;
hr = DIKeyboardDevice->GetDeviceData( sizeof(DIDEVICEOBJECTDATA),
                                      didod, &dwElements, 0 );
```

Listing 2.77 Auslesen der gespeicherten Daten des Tastaturpuffers

Die Daten befinden sich jetzt also in dem Array aus *DIDEVICEOBJECTDATA*-Strukturen. In der *for*-Schleife der Funktion können wir nun die einzelnen Objekte auswerten und zur Ausgabe auf den Dialog vorbereiten. Dabei sehen wir, dass mit Hilfe der Struktur die Auswertung der Daten sehr viel detaillierter geschehen kann, denn wir können nicht nur bestimmen, welche Taste betätigt wurde (*dwOfs*), sondern auch, ob diese Taste gedrückt oder losgelassen wurde (*dwData*). Aus diesen beiden Informationen wird in der Funktion wieder eine Zeichenfolge erstellt.

```
for( i = 0; i < dwElements; i++ ){
    sprintf(strElement,"0x%02x%s ", didod[ i ].dwOfs,
                            (didod[ i ].dwData & 0x80) ? "D" : "U");
    strcat( strNewText, strElement);
}
```

Listing 2.78 Formatieren der Daten in der Funktion *ReadBufferedData*

Diese Zeichenfolge wird dann zum Abschluss der Routine, wie auch schon bei der *ReadImmediateData*-Funktion, an das TextBox-Steuerelement des Windows-Dialogfeldes weitergeleitet. Damit wären die Funktion und auch unser Projekt abgeschlossen und wir haben die Möglichkeiten der DirectInput-Schnittstelle zum Auslesen von Tastaturdaten kennen gelernt. Bevor wir uns aber der nächsten Geräteklasse im DirectInput-System zuwenden, möchten wir uns noch einmal die beiden wichtigsten Befehle zum Auslesen von Daten aus einem InputDevice ansehen und damit deren Unterschiede auf einen Blick sichtbar machen.

IDirectInputDevice8::GetDeviceState

Die Funktion liest die aktuellen Daten des Device aus

```
HRESULT GetDeviceState(DWORD cbData,
                       LPVOID lpvData);
```

cbData	Die Variable übergibt der Funktion die Bytegröße des Daten-Buffers, der in dem Parameter *lpvData* an die Funktion übergeben wird
lpvData	Der zweite Parameter stellt die Adresse einer Datenstruktur dar, die die Daten des Input-Device übernehmen soll. Das Datenformat wird dabei mit dem Befehl *IDirectInputDevice8::SetDataFormat* vorher festgelegt.

Die Rückgabewerte dieser Funktion unterscheiden sich nicht von den Werten der Funktion *CreateDevice*. Daher möchten wir an dieser Stelle auf die erneute Erklärung der Werte verzichten und Sie auf die Erklärung der Rückgabewerte der genannten Funktion verweisen.

IDirectInputDevice8::GetDeviceData

Die Funktion liest die gespeicherten Daten des Device aus

```
HRESULT GetDeviceData(DWORD cbObjectData,
                      LPDIDEVICEOBJECTDATA rgdod,
                      LPDWORD pdwInOut,
                      DWORD dwFlags);
```

cbObjectData	Die erste Variable der Funktion legt die Bytegröße der *DIDEVICEOBJECTDATA*-Struktur fest
rgdod	Der Parameter *rgdod* ist der Verweis auf ein Array der *DIDEVICEOBJECTDATA*-Struktur, das die gespeicherten Daten erhalten soll. Die Anzahl der Elemente des Arrays muss mit dem Wert übereinstimmen, der der Funktion im Parameter *pdwInOut* übergeben wird. Wird in diesem Parameter der Wert NULL übergeben, werden zwar keine Daten gespeichert, aber alle anderen Seiteneffekte finden statt.
pdwInOut	Diese Variable hat zwei Funktionen: Vor dem Aufruf der Funktion muss dieser Parameter die Anzahl der Elemente des Arrays *rgdod* enthalten. Nach dem Aufruf enthält diese Variable die Anzahl der zurückgegebenen Einträge im Array.

dwFlags	Mit diesem Parameter wird die Methode festgelegt, wie die Daten aus dem Device-Buffer übernommen werden. Der Wert kann entweder 0 oder *DIGDD_PEEK* sein. Wird der *Wert DIGDD_PEEK* genutzt, werden die Daten des Buffers zwar gelesen, aber nicht gelöscht. Ein zweiter Aufruf des *IDirectInputDevice8::GetDeviceData*-Befehls würde also die gleichen Daten wie der erste auslesen können.

Außer den schon bekannten Fehlerwerten hat diese Funktion zwei Besonderheiten. Bei erfolgreicher Abarbeitung des Befehles wird entweder ein *DI_OK* oder ein *DI_BUFFEROVERFLOW* zurückgegeben. Dabei bedeutet *DI_BUFFEROVERFLOW* nicht, dass es zu einem Fehler gekommen ist, sondern dass in dem Device-Buffer mehr Daten vorhanden waren, als die *DIDEVICEOBJECTDATA*-Struktur aufnehmen konnte. Die zweite Besonderheit ist der Wert *DIERR_NOTBUFFERED*, der von der Funktion zurückgegeben wird, wenn der Befehl *IDirectInputDevice8::GetDevice-Data* bei einem Device ausgeführt wurde, das nicht als »Buffered«-Device erstellt wurde. In diesem Fall muss bei dem Geräte-Device noch die Eigenschaft *DIPROP_BUFFERSIZE* gesetzt werden.

Das Auslesen der Tastaturdaten haben wir damit abgeschlossen. Jetzt wollen wir uns um die nächste Geräteklasse kümmern, die Maus-Geräteklasse. Wir werden dabei den größten Vorteil kennen lernen, den DirectInput gegenüber der Windows-API zum Abfragen der Eingabegeräte hat. Wir werden nämlich sehen, dass das Abfragen der Daten eines Mouse-Device nahezu identisch mit der Abfrage eines Tastatur-Device ist. Wir müssen dabei nur einige Standard-Werte ändern und können dann ohne Probleme auf die Eingabedaten der Maus zurückgreifen.

Mouse

Der Abschnitt zum Auslesen der Mouse-Daten wird wahrscheinlich einer der kürzesten dieses Buches sein. Da wir uns auch diesmal nicht wiederholen wollen, werden wir an dieser Stelle ebenfalls nur die Änderungen zum vorangegangenen Projekt erklären.

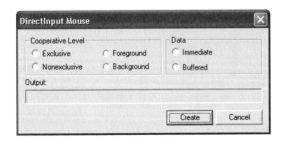

Abbildung 2.77 Programm zur Demonstration der Mouse-Optionen der DirectInput-Schnittstelle.

Wie Sie sehen, sind nicht nur Methoden zum Auslesen eines Mouse-Device fast identisch, sondern auch die Parameter zur Festlegung des Verhaltens des Device sind fast gleich. Deshalb können wir bei diesem Projekt auf das Dialogfeld des Tastatur-Demoprogramms zurückgreifen:

```
LPDIRECTINPUTDEVICE8 DIMouseDevice = NULL;
```

In diesem Projekt haben wir zur besseren Unterscheidung der *IDirectInputDevice8*-Objekte den Namen *DIMouseDevice* für das Objekt gewählt, obwohl es sich um das gleiche Element handelt, wie im vorherigen Projekt das *DIKeyboardDevice*.

```
// Obtain an interface to the system keyboard device.
hr = DIDevice->CreateDevice(GUID_SysMouse, &DIMouseDevice, NULL );
if( FAILED(hr)){
  MessageBox(NULL, "CAN'T GET KEYBOARD DEVICE","ERROR", MB_OK );
  return hr;
}
// Dataformat
hr = DIMouseDevice->SetDataFormat( &c_dfDIMouse2 );
if( FAILED(hr)){
  MessageBox(NULL, "CAN'T SET DATA FORMAT","ERROR", MB_OK );
  return hr;
}
```

Listing 2.79 Änderung in der Funktion *OnCreateDevice*

Bei der Erstellung des Geräte-Device gibt es dann auch nur an zwei Stellen einen Unterschied, im Gegensatz zur Erstellung eines Tastatur-Device. Diese beiden Unterschiede liegen in den Konstanten, die beim Erstellen des Device genutzt werden. Da wäre zum einen die Konstante *GUID_SysMouse*, die bei dem Befehl *CreateDevice* genutzt wird und festlegt, dass die Standardsystem-Mouse die Daten für das InputDevice liefern soll. Die zweite Konstante wird bei der Funktion *SetDataFormat* genutzt; bei deren Aufruf wird nämlich das Format *c_dfDIMouse2* als Datenformat des Device festgelegt.

Mit diesen beiden kleinen Änderungen war es uns also möglich, ein Tastatur-Device in ein Mouse-Device umzuwandeln. Einfacher geht es doch nun wirklich nicht. Ob das Auslesen der Daten der Mouse auch so einfach ist, wie bei der Tastatur, werden wir uns jetzt einmal ansehen. Dieses Lesen der Daten wird wieder in den beiden Funktionen *ReadImmediateData* und *ReadBufferedData* durchgeführt. Auch hier wollen wir uns nun wieder die Änderungen zu den Vorgänger-Funktionen ansehen.

Außer der bekannten *TCHAR*-Variable zur Ausgabe einer Zeichenfolge im Dialogfeld haben wir in der Funktion *ReadImmediateData* noch eine Struktur des Typs *DIMOUSESTATE2* deklariert. Diese soll im Anschluss die Daten des Mouse-Device übernehmen. Dazu wird sie einfach als zweiter Parameter der Funktion *GetDeviceState* übergeben und somit gefüllt.

```
DIMOUSESTATE2 dims2;       // DirectInput Mouse state structure

// Get the input's device state, and put the state in dims
ZeroMemory( &dims2, sizeof(dims2) );
hr = DIMouseDevice->GetDeviceState( sizeof(DIMOUSESTATE2), &dims2 );
```

Listing 2.80 Benutzung der Struktur *DIMOUSESTATE2* zum Auslesen der Device-Daten

Da es sich im Gegensatz zum *BYTE*-Array des Tastatur-Device bei der Mouse nur um ein Element handelt, benötigen wir zum Auslesen der Daten keine *for*-Schleife, sondern können direkt auf alle Daten der Struktur zugreifen:

```
sprintf(strNewText,
    "(X=% 3.3d, Y=% 3.3d, Z=% 3.3d) B0=%c B1=%c B2=%c B3=%c B4=%c B5=%c B6=%c B7=%c",
    dims2.lX, dims2.lY, dims2.lZ,
    (dims2.rgbButtons[0] & 0x80) ? '1' : '0',
    (dims2.rgbButtons[1] & 0x80) ? '1' : '0',
    (dims2.rgbButtons[2] & 0x80) ? '1' : '0',
    (dims2.rgbButtons[3] & 0x80) ? '1' : '0',
    (dims2.rgbButtons[4] & 0x80) ? '1' : '0',
    (dims2.rgbButtons[5] & 0x80) ? '1' : '0',
    (dims2.rgbButtons[6] & 0x80) ? '1' : '0',
    (dims2.rgbButtons[7] & 0x80) ? '1' : '0');
```

Listing 2.81　Auswerten der Mouse-Daten in der Funktion *ReadImmediateData*

So ist es uns möglich, mit einem erweiterten *sprintf*-Befehl den gesamten Inhalt der Struktur in einen String zu transferieren und diesen am Ende der Funktion an das TextBox-Steuerelement des Dialogfeldes zu geben.

Das war doch einfach, oder? Wir haben es geschafft, mit nur drei Änderungen des Sourcecodes den aktuellen Status des Mouse-Device zu ermitteln. Ob es so einfach bleibt und auch die gepufferte Datenübernahme ohne Probleme umgestellt werden kann, sehen Sie am Ende dieses Abschnitts.

Um es vorwegzunehmen: Das reine Auslesen der gepufferten Mouse-Daten ist identisch mit dem Auslesen eines Tastatur-Device. Die Auswertung der Mouse-Informationen ist jedoch etwas umständlicher.

```
for( i = 0; i < dwElements; i++ ){
  switch( didod[ i ].dwOfs ){
    case DIMOFS_BUTTON0:
      strcat(strNewText,"B0");
      break;
    case DIMOFS_BUTTON1:
      strcat(strNewText,"B1");
      break;
    case DIMOFS_BUTTON2:
      strcat(strNewText,"B2");
      break;
    ...
    case DIMOFS_X:
      strcat(strNewText,"X");
      break;
    case DIMOFS_Y:
      strcat(strNewText,"Y");
      break;
    case DIMOFS_Z:
      strcat(strNewText,"Z");
      break;
    default:
      strcat(strNewText,"");
  }
  switch( didod[ i ].dwOfs ){
    case DIMOFS_BUTTON0:
    case DIMOFS_BUTTON1:
    case DIMOFS_BUTTON2:
    case DIMOFS_BUTTON3:
    case DIMOFS_BUTTON4:
    case DIMOFS_BUTTON5:
    case DIMOFS_BUTTON6:
```

Listing 2.82　Auswerten der gepufferten Mouse-Daten in der Funktion *ReadBufferedData*

```
case DIMOFS_BUTTON7:
    if( didod[ i ].dwData & 0x80 )
      strcat(strNewText,"U ");
    else
      strcat(strNewText,"D ");
    break;
  case DIMOFS_X:
  case DIMOFS_Y:
  case DIMOFS_Z:
    TCHAR strCoordValue[20];
    sprintf(strCoordValue,"%d ", didod[ i ].dwData);
    strcat(strNewText,strCoordValue);
    break;
  }
}
```

Listing 2.82 Auswerten der gepufferten Mouse-Daten in der Funktion *ReadBufferedData (Fortsetzung)*

Damit wir an die genauen Optionen der Maus kommen, müssen wir jedes Element des *didod*-Arrays einzeln auswerten. Da aber die Daten nicht im Klartext in der Struktur stehen, ist es am einfachsten, die enthaltenen Daten mit den Konstanten der Mouse-Funktionen zu vergleichen. Wird dabei eine Übereinstimmung gefunden, wird der Ausgabezeichenfolge eine entsprechende Funktion angehängt. Dabei geschieht die Auswertung in zwei Schritten: Als Erstes wird mit Hilfe des Wertes *dwOfs* festgestellt, welches Bauteil der Mouse genutzt wurde, und anschließend wird mit der Variablen *dwData* überprüft, wie dieses Bauteil genutzt wurde.

Damit haben Sie die grundlegenden Funktionen der DirectInput-Schnittstelle kennen gelernt. Sie haben dabei erfahren, wie sich auf einfache Weise Daten der beiden wichtigsten Eingabegeräte des Systems abfragen und diese dann weiter auswerten lassen. Wie der Einsatz der DirectInput-Technik in einer 3D-Welt aussieht, werden Sie im zweiten Teil des Buches kennen lernen, wenn es um den Einsatz dieser Technik bei der Spieleprogrammierung geht.

Einführung in DirectSound

In den bisherigen Abschnitten dieses Buches haben wir uns weitgehend um die Grafikfähigkeiten des DirectX-Frameworks gekümmert. DirectX bietet aber nicht nur die Schnittstellen für die zweidimensionale und dreidimensionale Grafikprogrammierung, sondern die API bietet auch eine komfortable Schnittstelle zur Programmierung von Sound- und Video-Funktionen. Mit Hilfe dieser Funktionen und Objekte können auf einfachste Weise verschiedene Soundmodelle realisiert werden. Dabei ist die Wiedergabe von Stereo- oder Raumklang-Sounds ebenso einfach möglich, wie die Aufnahme von Sounddateien und die Verzerrung von Soundwiedergaben mittels Effekt-Filtern. Dabei beschränkt sich die Wiedergabe der Sounddateien nicht nur auf den Bereich der Grafikprogrammierung, sondern durch die vergleichsweise einfache Handhabung der Schnittstelle hält DirectSound auch Einzug in immer mehr Applikationen.

Das Haupteinsatzgebiet der DirectSound-Funktionen ist und bleibt aber die Soundprogrammierung im Bereich der Spieleprogrammierung. Zu diesem Zweck stellt die DirectSound-Schnittstelle verschiedene Techniken zur Verfügung, die wir uns im weiteren Verlauf des Kapitels ansehen werden. Dabei werden wir uns aber auf die Techniken beschränken, die zur Unterstützung eines Spielprojektes benötigt werden. Sie werden dabei die verschiedenen Objekte der DirectSound-Schnittstelle kennen lernen. Wir beginnen dabei mit dem Auslesen der Soundmöglichkeiten des Systems, programmieren dann die erste Soundwiedergabe innerhalb der DirectSound-API und lernen dabei die Effektmöglichkeiten der Schnittstelle kennen. Der nächste Schritt ist dann die Programmierung von Raumklang-Effekten und anschließend noch die reine Wiedergabe von Sound und Videodateien. Bevor wir aber mit dem praktischen Teil anfangen, wollen wir erst mal einen Blick auf die Theorie von DirectSound werfen und dabei die wichtigsten Bestandteile der DirectSound-Schnittstelle kennen lernen.

IDirectSound-Struktur

Das erste Objekt innerhalb der DirectSound-API ist die *IDirectSound*-Struktur. Diese Struktur ist der Ausgangspunkt für alle Funktionen im Bereich der DirectSound-Schnittstelle. Sie stellt die wichtigsten Funktionen zur Programmierung der Soundmöglichkeiten des DirectX-Frameworks zur Verfügung. Eine der Hauptaufgaben des Objektes ist die Erstellung des *IDirectSoundBuffer*. Diese SoundBuffer stellen die wichtigsten Objekte innerhalb der DirectSound-Schnittstelle da. Die gesamte Wiedergabe der Sounddaten erfolgt über diese SoundBuffer. Die Abbildung 2.78 zeigt den Weg, den die Sounddaten durchwandern müssen, bevor sie zur Hardware gelangen und über diese abgespielt werden.

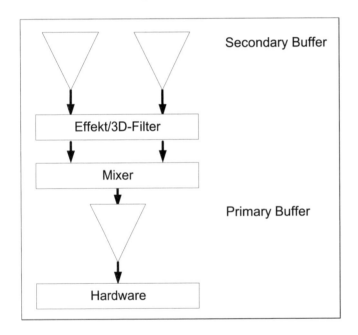

Abbildung 2.78   Funktionsweise von DirectSound

Dabei ist zu sehen, dass es zwei verschiedene Typen von SoundBuffern gibt. Der eine Typ sind die *Secondary-Buffer*-Objekte. Diese nehmen die »Roh«-Daten der Sounddateien auf. Die zweite Art der SoundBuffer-Elemente ist der *PrimaryBuffer*. Dieser Buffer existiert in jeder Applikation nur einmal und enthält die Daten, die an die Hardware weitergegeben werden.

DirectSoundBuffer

Es gibt also zwei unterschiedliche Typen von SoundBuffern. Wir wollen uns jetzt einmal die Besonderheiten dieser beiden Elemente ansehen und deren Funktionen und Möglichkeiten näher erläutern.

SecondaryBuffer (static /streaming)

Das erste SoundBuffer-Element, das wir uns ansehen wollen, ist der *SecondaryBuffer*. Dieses Element stellt den Einstiegspunkt für die Soundwiedergabe dar. In diesem Element werden die Sounddaten eingelesen und für die spätere Wiedergabe vorgehalten. Jede Applikation muss mindestens einen SecondaryBuffer besitzen, um die Sounddaten speichern und wiedergeben zu können. Dabei bietet dieser Buffer-Typ eine ganze Anzahl von Optionen, die uns die Arbeit mit den Sounddaten erheblich vereinfachen. Ein SecondaryBuffer kann einfach während der Laufzeit unserer Applikation erstellt und beendet werden. Je nach Volumen der Daten, die über den Buffer wiedergegeben werden sollen, kann er dabei statisch oder als Stream angelegt werden. Dabei beinhaltet der Static-Buffer die gesamten Daten eines Sounds und stellt diese der Applikation zur Verfügung. Der Stream-Buffer wird während der Wiedergabe des Sounds hingegen immer wieder mit neuen Daten gefüllt und kann so auch große Datenmengen wiedergeben.

Mit Hilfe der SecondaryBuffer-Objekte ist es möglich, Sounddaten zu mischen. Dies geschieht auf einfache Weise, indem in der Applikation einfach mehrere Soundbuffer parallel wiedergegeben werden. Dabei ist die Anzahl der Buffer, die wiedergegeben werden können, nur durch die Performance des Computersystems beschränkt. Ein weiterer Vorteil dieser Objekte sind die Einstellungsmöglichkeiten, die das Element bietet. Dabei lassen sich jedem Buffer unterschiedliche Einstellungen zuordnen. Diese Einstellungen gehen über die Lautstärke und die Wiedergabefrequenz bis hin zu Soundeffekten und Positionsbestimmungen im dreidimensionalen Raum. Diese Einstellungen zur Kontrolle des SoundBuffers können während des Erstellens des SoundBuffers gemacht werden.

PrimaryBuffer

Ein spezieller *SoundBuffer* innerhalb des DirectSound-Frameworks ist der *PrimaryBuffer*. Wie erwähnt, gibt es diesen Buffer nur genau einmal pro Applikation. Seine Aufgabe ist nicht das Vorhalten von Sounddaten, sondern der *PrimaryBuffer* leitet die Sounddaten direkt an die Hardware des Systems weiter. Dabei übernimmt er die Daten aus dem *SecondaryBuffer* und leitet diese weiter an die Hardware. Der *PrimaryBuffer* bestimmt dabei, in welcher Soundqualität die Sounddaten wiedergegeben werden. Die Sample-Rate, die bei der Erstellung des *PrimaryBuffer* angegeben wird, ist jene, die festlegt, in welcher Qualität die Hardware den Sound wiedergeben soll. Liegen die Daten in dem *SecondaryBuffer* in einer anderen Qualität vor, als die des *PrimaryBuffer*, werden diese in Echtzeit vom System in das gewünschte Format konvertiert. Dies ist zwar im ersten Moment sehr komfortabel, wir müssen aber darauf achten, dass nicht zu viel Systemperformance bei der Konvertierung verloren geht. Das Beste ist es also, darauf zu achten, dass die Daten in den *SecondaryBuffern* möglichst das gleiche Format besitzen wie im *PrimaryBuffer*.

Das Framework besitzt noch weitere Buffer-Formate, da diese aber bei der Wiedergabe von 3D-Sound benötigt werden, wollen wir diese erst später im Kapitel erklären. Jetzt wollen wir uns zunächst mit unseren ersten Schritten bei der DirectSound-Programmierung beschäftigen. Bevor wir aber auf unserem System eine Sounddatei wiedergeben können, müssen wir zunächst wissen, ob unser System überhaupt die Möglichkeit hat, Sound wiederzugeben. Wir müssen also feststellen, ob und welche Soundhardware unser System besitzt. Zu diesem Zweck wollen wir im Folgenden die Soundhardware unseres Systems auslesen und unser erstes DirectSound-Objekt erstellen.

Aufzählen der DirectSound-Geräte eines Systems

Bevor wir überhaupt daran denken können, auf unserem System mit der DirectSound-API zu arbeiten, müssen wir unserer IDE erst einmal mitteilen, auf welche Komponenten sie zugreifen muss. Dazu binden wir die benötigten Header-Dateien in unsere Standard-Include-Datei *GEstdafx.h* ein. Außerdem müssen wir der IDE mitteilen, dass sie die Bibliotheksdatei *dsound.lib* mit in das Projekt einbinden soll.

```
// DirectSound includes
#include <mmsystem.h>
#include <mmreg.h>
#include <dsound.h>
```

Listing 2.83   Einbinden der benötigten Header-Dateien des DirectSound-Systems

Innerhalb des Projektes haben wir zwei Stellen innerhalb des Dialog-MessageHandlers, die wir als Einstieg für unsere Applikation benutzten. Bei der Initialisierung des Dialogfeldes wird die Funktion *InitSoundDevices* aufgerufen. Mit Hilfe dieser Funktion werden die Hardwaremöglichkeiten des Systems ausgelesen und in ein ComboBox-Steuerelement gespeichert. Die zweite Funktion *StartSoundDevice* wird aufgerufen, wenn die Schaltfläche mit der Kennung *IDCREATE* angeklickt wird. Diese Funktion erstellt dann ein DirectSound-Device mit Hilfe der ausgewählten Hardware.

```
LRESULT CALLBACK EnumSoundDevice_DialogProc (HWND hwndDlg,
                                 UINT uMsg, WPARAM wParam, LPARAM lParam){

case WM_INITDIALOG:

  InitSoundDevices( hwndDlg );

case IDCREATE:

  StartSoundDevice(hwndDlg);
```

Listing 2.84   Message-Loop des Dialogfeldes *IDD_ENUMSOUND*

Die Erkennung der Soundmöglichkeiten unseres Systems ist verhältnismäßig einfach. Mit Hilfe des Befehles *DirectSoundEnumerate* wird diese Erkennung angestoßen. Die Funktion verlangt bei ihrem Aufruf als ersten Parameter einen Zeiger auf eine *LPDSENUMCALLBACK*-Funktion. Diese Funktion wird dann anschließend für jedes Sounddevice aufgerufen, das im System gefunden wird. Der zweite Parameter ist der benutzerdefinierte Verweis. In unserem Fall übergeben wir damit der *CallBack*-Funktion den Handle des ComboBox-Steuerelements, in das die gefundene Hardware eingetragen werden soll. Die Funktion *DirectSoundEnumerate* liefert im Erfolgsfall den Wert *DS_OK* zurück. Diesen Wert werten wir anschließend mit Hilfe des Makros *FAILED* aus und zeigen eine Meldung an, wenn es bei der Suche nach den Soundkomponenten im System zu einem Fehler gekommen ist. Wird die Hardware ordnungsgemäß erkannt, wird am Ende der Funktion *InitSoundDevices* das erste gefundene Hardware-Device in der ComboBox *IDC_DEVICES* selektiert.

```
HRESULT InitSoundDevices( HWND hwndDlg ){
  HRESULT hr;
  // Enumerate the sound devices and place them in the combo box
  HWND hSoundDeviceCombo = GetDlgItem( hwndDlg,IDC_DEVICES );
  hr = DirectSoundEnumerate((LPDSENUMCALLBACK)DSoundEnumCallback,
```

Listing 2.85   Mit der Funktion *InitSoundDevices* startet die Erkennung der Sound-Hardware

```
                            (VOID*)hSoundDeviceCombo);
  if(FAILED(hr)){
    MessageBox(NULL,"ERROR_SOUND","FEHLER",MB_OK);
    return hr;
  }

  // Select the first device in the combo box
  SendMessage( hSoundDeviceCombo,   CB_SETCURSEL, 0, 0 );

  return S_OK;
}
```

Listing 2.85 Mit der Funktion *InitSoundDevices* startet die Erkennung der Sound-Hardware *(Fortsetzung)*

Die Funktion *DSoundEnumCallback* wird also für jedes Soundgerät ausgeführt, das in unserem System installiert wird. Durch die Definition der Funktion als *LPDSENUMCALLBACK*-Funktion während des Aufrufs der *DirectSoundEnumerate*-Funktion sind die Parameter, die die *Callback*-Funktion übergeben bekommt, vorgegeben. Da wäre als Erstes die GUID des gefundenen Device. Da diese ID im System einzigartig ist, können wir mit ihrer Hilfe jedes Device eindeutig festlegen. Die folgenden beiden Zeiger auf einen String bieten uns die Möglichkeit, den Gerätenamen und die Gerätebeschreibung auszulesen. Der letzte Parameter der Funktion ist der Zeiger, der der Funktion *DirectSoundEnumerate* übergeben wurde. In unserem Fall handelt es sich, wie erwähnt, um einen Zeiger auf das ComboBox-Steuerelement, das mit den Gerätebeschreibungen gefüllt werden soll.

Zur Verwaltung der ermittelten Hardwareinformationen setzten wir in unserem Beispiel ein statisch deklariertes Array des Typs *GUID* ein. Dieses wird mit den im System erkannten Hardware-GUIDs gefüllt. Außerdem benutzen wir noch ein statische DWORD-Variable. Mit Hilfe dieser Variablen zählen wir die gefundenen Elemente mit, da wir die Anzahl der Hardware-Devices auf zwanzig Geräte beschränkt haben. Die folgenden Befehle innerhalb der Routine sind dann verhältnismäßig einfach und schnell erklärt. Zur weiteren Verarbeitung erstellen wir als Erstes einen temporären Zeiger auf eine GUID. Danach überprüft die Funktion ob die Variable *pGUID*, die der Funktion übergeben wurde, verwertbare Daten enthält. Ist dies der Fall, überprüft die Routine, ob bereits 20 Geräte erkannt wurden. Ist dies der Fall, wird die Funktion an dieser Stelle auch schon gleich wieder abgebrochen. Sollte die Funktion weniger als 20-mal aufgerufen worden sein, wird anschließend dem temporären Zeiger *pTemp* die nächste Speicherstelle unseres statischen Arrays *AudioDriverGUIDs* zugewiesen und mit dem Befehl *memcpy* mit den Daten der übergebenen Variable *pGUID* gefüllt.

```
INT_PTR CALLBACK DSoundEnumCallback( GUID* pGUID, LPSTR strDesc,
                                     LPSTR strDrvName, VOID* pContext ){

  static GUID  AudioDriverGUIDs[20];
  static DWORD dwAudioDriverIndex = 0;

  GUID* pTemp  = NULL;
  if( pGUID ){
    if( dwAudioDriverIndex >= 20 ){
      return TRUE;
    }
    pTemp = &AudioDriverGUIDs[dwAudioDriverIndex++];
    memcpy( pTemp, pGUID, sizeof(GUID) );
  }
}
```

Listing 2.86 Das ComboBox-Steuerelement *IDC_DEVICES* wird mit Werten gefüllt

```
HWND hSoundDeviceCombo = (HWND)pContext;

SendMessage( hSoundDeviceCombo, CB_ADDSTRING, 0, (LPARAM) (LPCTSTR) strDesc );

INT nIndex = (INT)SendMessage( hSoundDeviceCombo, CB_FINDSTRING,0,
                                               (LPARAM)(LPCTSTR) strDesc );

SendMessage(hSoundDeviceCombo, CB_SETITEMDATA, nIndex, (LPARAM) pTemp );

return TRUE;
}
```

Listing 2.86 Das ComboBox-Steuerelement *IDC_DEVICES* wird mit Werten gefüllt *(Fortsetzung)*

Nachdem wir die GUID-Informationen erfolgreich in das statische Array übertragen haben, müssen wir nur noch sicherstellen, dass der Benutzer die gewonnenen Informationen auch angezeigt bekommt. Dazu werden die Device-Beschreibungen der einzelnen Geräte in das vorbereitete ComboBox-Steuerelement übertragen. Zur weiteren Verarbeitung erstellen wir eine HWND-Variable, in die wir den übergebenen Zeiger *pContext* casten. Als Nächstes fügen wir dem ComboBox-Steuerelement mit Hilfe eines *SendMessage*-Befehls die ermittelte Gerätebeschreibung zu. Um diese Beschreibung auch mit den ermittelten Hardwaredaten zu verknüpfen, liest die Funktion anschließend gleich wieder den Index aus, an der Beschreibung zuvor in das Steuerelement geschrieben wurden. Dieser Index wird dann noch mit dem Zeiger auf das aktuelle Hardware-Device verknüpft. Somit haben wir die Zuordnung der Device-Beschreibung zur GUID des Gerätes geschafft. Dieses versetzt uns in die Lage, in den nächsten Funktionen auf einfache Weise das Gerät zu bestimmen, das der Benutzter zur Erstellung des Sounddevice angefordert hat.

Initialisieren eines Sounddevice

Nachdem wir alle dem System zur Verfügung stehenden Soundgeräte ermittelt und aufgelistet haben, können wir uns damit beschäftigen, unser erstes Sounddevice zu erstellen. Dabei ist das Erstellen eines Sounddevice noch einfacher als das Ermitteln der Soundmöglichkeiten des Systems. Die einzigen Voraussetzungen, die wir zur Erstellung des Device benötigen, sind erstens eine im System vorhandene GUID eines Soundgerätes, und zweitens ein Zeiger des Typs *LPDIRECTSOUND*, der auf die Struktur hinweist, die unser Sounddevice aufnehmen soll. Doch bevor wir dazu kommen, haben wir am Anfang der Routine ein Makro eingebaut, das sicherstellen soll, dass es in unserer Applikation zu keinem schweren Ausnahmefehler kommt. Das Makro *SAFE_RELEASE* beendet ein vorhandenes Sounddevice und stellt somit sicher, dass wir nicht versuchen, mehr als ein Device in unserer Applikation zu erstellen.

Nun können wir uns daran begeben, die benötigten Informationen zum Erstellen des neuen Sounddevices zu ermitteln. Da wir in der Funktion *DSoundEnumCallback* alle Informationen bezüglich der Hardwareausstattung des Systems in der ComboBox *IDC_DEVICES* gespeichert haben, müssen wir jetzt nur dieses Objekt auswerten, um die gewünschten Informationen zu erhalten. Dazu erstellen wir zunächst einen HWND-Zeiger auf das Element mit Hilfe des Befehles *GetDlgItem*. Anschließend benutzen wir zwei *SendMessage*-Anweisungen um den Index des ausgewählten Elementes zu erhalten, und die GUID, die diesem Element zugeordnet ist. Damit wären alle benötigten Daten ermittelt und wir können das gewählte Device erstellen.

```
HRESULT StartSoundDevice(HWND hwndDlg ){
  HRESULT hr;

  SAFE_RELEASE( LPSoundDevice );

  HWND hSoundDeviceCombo  = GetDlgItem( hwndDlg, IDC_DEVICES );

  INT nSoundIndex  = (INT)SendMessage( hSoundDeviceCombo, CB_GETCURSEL, 0, 0 );

  GUID* pSoundGUID = (GUID*) SendMessage( hSoundDeviceCombo,
                                          CB_GETITEMDATA, nSoundIndex, 0 );

  hr = DirectSoundCreate( pSoundGUID, &LPSoundDevice, NULL );
  if(FAILED(hr)){
    MessageBox(NULL,"ERROR CREATE DEVICE","FEHLER",MB_OK);
    return hr;
  }else{
    MessageBox(NULL,"CREATE DEVICE OK","OK",MB_OK);
  }

  SAFE_RELEASE( LPSoundDevice );

  return S_OK;
}
```

Listing 2.87 Starten eines SoundDevice innerhalb der Applikation

Nun kommen wir zum einfachen Teil der Routine: dem Erstellen des Sounddevice. Das Device wird mit dem Befehl *DirectSoundCreate* der DirectSound-API erstellt. Diesem Befehl übergeben wir die soeben ermittelte GUID *pSoundGUID* und den Zeiger auf die *IDirectSound*-Struktur, die das Objekt repräsentiert, in dem unsere Device erstellt werden soll. Abhängig vom Rückgabewert der Funktion meldet die Routine dann den Erfolg oder Misserfolg der Erstellung an den Benutzer. Da bei unserem ersten Projekt nur die Erstellung des Device demonstriert werden soll, können wir das erstellte Device sofort wieder löschen und die Routine beenden.

DirectSoundCreate

Die Funktion *DirectSoundCreate* erstellt und initialisiert ein *IDirectSound*-Objekt

```
HRESULT WINAPI DirectSoundCreate(LPCGUID lpcGuidDevice,
                                 LPDIRECTSOUND8 * ppDS8,
                                 LPUNKNOWN pUnkOuter);
```

lpcGuidDevice	Die Variable *lpcGuidDevice* stellt die Adresse einer GUID dar, die ein installiertes Soundgerät innerhalb des Systems repräsentiert. Diese Variable muss einer GUID entsprechen, die von der Funktion *DirectSoundEnumerate* zurückgegeben wurde. Wird in diesem Parameter der Wert NULL übergeben, wird das Device unter zuhilfenahme des primären Soundgeräts erstellt. Außerdem kann dieser Parameter noch die folgenden Werte beinhalten: *DSDEVID_DefaultPlayback* Systemweites Standardausgabegerät, entspricht dem Wert NULL *DSDEVID_DefaultVoicePlayback* Standard-Soundgeräte zur Wiedergabe von Stimmen-Sounds
ppDS8	Der zweite Parameter der Funktion enthält einen Zeiger auf das *IDirectSound*-Objekt, das zur Erstellung des Sound-Device genutzt wird

pUnkOuter	Adresse der IUnknown Schnittstelle der COM Aggregation. Dieser Wert muss NULL sein, denn an dieser Stelle wird die Aggregation nicht unterstützt.

Wenn die Funktion ordnungsgemäß abgearbeitet wurde, liefert sie den Wert *DS_OK* zurück. Bei einem Fehler während der Abarbeitung des Befehls erhalten Sie einen der folgenden Werte als Rückgabewert.

Der Wert *DSERR_ALLOCATED* wird zurückgeliefert, wenn die Funktion eine angeforderte Ressource nicht benutzen kann, da sie schon von einem anderen Objekt genutzt wird. Wird der Funktion ein fehlerhafter Parameter übergeben, liefert der Befehl den Wert *DSERR_INVALIDPARAM* als Fehlercode zurück. Eine weiterer Fehlercode ist der Wert *DSERR_NOAGGREGATION*. Dieser wird von der Funktion an den aufrufenden Befehl zurückgegeben, wenn der dritte Parameter der Funktion nicht NULL ist. Die beiden letzten Fehlermeldungen weisen jeweils auf ein Problem mit der Hardware des Systems hin. Der Wert *DSERR_NODRIVER* wird vom System geliefert, wenn für die Hardware der übergebenen GUID keine Soundtreiber zur Verfügung stehen. Der letzte Fehlercode *DSERR_OUTOFMEMORY* zeigt an, dass dem System nicht genügend Speicher zur Verfügung stand, um das angeforderte SoundDevice zu erstellen.

An dieser Stelle sei schon mal angemerkt, dass auf die Erstellung eines Sounddevice mit Hilfe des *DirectSoundCreate*-Befehls immer der Befehl *SetCooperativeLevel* des *IDirectInputDevice*-Objektes ausgeführt werden muss.

Damit hätten wir den einfachsten Teil der Soundwiedergabe innerhalb der DirectSound-API beendet. Die folgenden Elemente des DirectSound Systems sind ein wenig anspruchsvoller, aber nicht wirklich schwer. Im nächsten Abschnitt wollen wir uns mit dem ersten »sinnvollen« Soundprojekt um die Wiedergabe eines Sounds kümmern. Wir werden dabei die Informationen aus einer Audiodatei lesen, die benötigten Sound-Buffer erstellen und dann anschließend den Sound über die gewählte Hardware wiedergeben.

2DSound abspielen

Außer den reinen DirectSound-Objekte benötigen wir in unserem Projekt noch weitere Komponenten, die nur in zweiter Linie mit der Soundprogrammierung zu tun haben. Da wir aber unseren Lesern ein komplettes Demo-Programm zur Verfügung stellen wollen, haben wir diese trotzdem in unsere Erklärungen mit aufgenommen. Unserer Meinung nach ist es effektiver, die komplette Entstehung eines Programms zu sehen und nachvollziehen zu können, anstatt nur Bruchstücke, die aus ihrem Kontext gerissen wurden.

Damit unser Programm seine Aufgaben erfüllen kann, benötigt es neben den DirectSound-Befehlen auch noch die Funktion zur Ermittlung eines Dateipfades, das Öffnen und Auslesen einer *.wav*-Datei und die Verwaltung dieser Funktionen innerhalb eines Windows-Dialogfeldes.

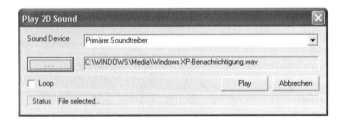

Abbildung 2.79 Dialogfeld *Play 2D Sound* zur Wiedergabe einfacher *.wav*-Dateien

Das Windows-Dialogfeld gibt dem Benutzer unserer Applikation die Möglichkeit, die programmierten Funktionen auszuführen und somit zu nutzen. In unserem Fall hat der Benutzer die Möglichkeit, das Sound-Device auszuwählen, über das der Sound wiedergegeben werden soll. Er kann die Datei auswählen, die er wiedergeben möchte, und dabei noch bestimmen, ob diese Datei einmalig oder endlos abgespielt werden soll. Das Abspielen der Sounddatei startet der Benutzer über die Schaltfläche *Play* des Dialogfeldes.

Play Sound

Zur Realisierung der erwähnten Funktionen haben wir die MessageHandler-Routine des Dialogfeldes erweitert. Neben der schon im vorhergehenden Projekt genutzten *InitSoundDevice*-Routine im *WM_INIT-DIALOG*-Handler kommen jetzt noch einige Funktionen zur Bearbeitung der Benutzer-Interaktionen hinzu. Dabei brauchen wir uns an dieser Stelle nur auf die beiden Funktionen in den MessageHandlern *IDLOADFILE* und *IDPLAY* kümmern. Die Funktionen innerhalb dieser beiden Message-Events sorgen dafür, dass der Pfad zu einer *.wav*- Datei zur Verfügung gestellt wird und dass diese Datei wiedergegeben wird.

```
case IDLOADFILE:
  // Load File
  GetPathToSoundFile(hwndDlg);
  break;
case IDC_CHECK_LOOP:
  if(bLoop){
    bLoop = FALSE;
  }else{
    bLoop = TRUE;
  }
  break;
case IDPLAY:
  // Create Sound Device
  PlaySelectedFile(hwndDlg);
  break;
case IDCANCEL:
  // Cancel
  EndDialog (hwndDlg, -1);
  break;
```

Listing 2.88 MessageEvent-Handler des Dialogfeldes *Play 2D Sound*

Die beiden anderen aufgeführten Event-Handler sind im Moment zu vernachlässigen, da ihre Funktionen entweder erst am Ende dieses Kapitels gebraucht werden (*IDC_CHECK_LOOP*) oder sie zur sofortigen Beendigung unseres Dialogfeldes führen (*IDCANCEL*). An dieser Stelle des Kapitels benötigen wir aber weder das eine noch das andere, deshalb wollen wir uns auch umgehend der Funktion *GetPathToSoundFile* widmen, mit der wir die erste Grundlage zur Wiedergabe der Sounddaten legen wollen.

Den Pfad einer Sounddatei ermitteln

Bevor wir also darangehen können, eine Sounddatei wiederzugeben, müssen wir uns zunächst darum kümmern, welche Datei wir überhaupt wiedergeben sollen. Wir benötigen also den vollständigen Dateipfad zu einer Datei, die möglichst auch in dem Format vorliegt, das wir bei der Wiedergabe benötigen. Da das Bestimmen von Dateipfaden eine grundlegende Aufgabe innerhalb des Betriebssystems ist, stellt die Common Dialog-Bibliothek diese Funktion für Applikationen zur Verfügung. Wir können also diese Funktion sowie alle anderen Dialogfeld-Funktionen mit der Dateikombination *Comdlg32.h/Comdlg32.lib* in unser Projekt integrieren. Der Schlüssel zum Ermitteln des Dateipfades ist die Funktion *GetOpenFileName*. Dieser Funktion muss ein Zeiger auf eine *OPENFILENAME*-Struktur übergeben werden, mit deren Hilfe wir das Verhalten der Funktion bestimmen können. In unserem Fall bestimmen wir das Verhalten der Funktion mit der Struktur *ofn*. Diese füllen wir bei der Erstellung mit den Daten, die wir an das *Open*-Dialogfeld überge-ben wollen. Die erste Einstellung, die wir vornehmen, ist das Setzen eines Filters, der festlegt, welche Dateien innerhalb des Dialogfeldes angezeigt werden sollen. Dies geschieht mit der Zeichenfolge "*Wave Files\0*.wav\ 0All Files\0*.*\0\0*". Außerdem übergeben wir dem Dialogfeld Zeiger auf zwei globale Variablen. Diese beiden Objekte beinhalten zum einen das Verzeichnis, in dem die Suche nach der *.wav*-Datei gestartet werden soll (*strPath*), und zum anderen wird die Variable bestimmt, in der nach dem Verlassen des Dialogfeldes der komplette Dateipfad steht (*strFilenName*).

```
VOID GetPathToSoundFile( HWND hwndDlg ){

  strFileName[0] = '\0';
  strPath[0] = '\0';

  OPENFILENAME ofn = { sizeof(OPENFILENAME),
                       hwndDlg,
                       NULL,
                       TEXT("Wave Files\0*.wav\0All Files\0*.*\0\0"),
                       NULL,
                       0,1,
                       strFileName,
                       MAX_PATH,
                       NULL,
                       0,
                       strPath,
                       TEXT("Open Sound File"),
                       OFN_FILEMUSTEXIST | OFN_HIDEREADONLY,
                       0,0,
                       TEXT(".wav"),
                       0,
                       NULL,
                       NULL};

  if( '\0' == strPath[0] ){
    if( GetWindowsDirectory( strPath, MAX_PATH ) != 0 ){
      PSTR pszSlash = strrchr(strPath, '\\');
      if (pszSlash) {
        strcat(strPath,"\\Media");
      }
    }
  }
}
```

Listing 2.89   Der erste Teil der Funktion *GetPathToSoundFile*

Nach der Erstellung der *OPENFILENAME*-Struktur initialisieren wir die Variable *strPath*. Hierzu benutzen wir den Befehl *GetWindowsDirectory*. Dieser Befehl ermittelt das Windows-Verzeichnis unseres Systems und speichert den Pfad in der Variablen, die der Funktion beim Aufruf übergeben wurde. Diesen Pfad erweitern wir dann anschließend mit dem Unterverzeichnis *Media*. In diesem Verzeichnis werden vom Betriebssystem alle Meldungstöne als *.wav*-Datei zur Verfügung gestellt.

An dieser Stelle haben wir in der Struktur *ofn* alle Informationen gesammelt, die das *OpenFilename*-Dialogfeld benötigt. Es bleibt also nur noch, dieses Dialogfeld mit der Funktion *GetOpenFileName* aufzurufen. Nach dem Aufruf wird der Rückgabeparameter der Funktion sofort ausgewertet. Ist dieser ungleich *TRUE*, tragen wir über den Befehl *SetDlgItemText* eine Fehlermeldung in die Statusleiste unseres Dialogfeldes ein und verlassen sofort danach die Funktion *GetPathToSoundFile*. Ist der Rückgabewert der Funktion aber gleich *TRUE*, so ist das Dialogfeld ordnungsgemäß abgeschlossen worden und in der Variablen *strFileName* steht unseren Funktionen der Pfad zur Datei zur Verfügung, die der Benutzer mit Hilfe unseres Programms wiedergeben möchte.

```
if( TRUE != GetOpenFileName(&ofn)){
  SetDlgItemText( hwndDlg, IDC_STATIC_STATUSAUSGABE, TEXT("Load aborted.") );
  return;
}

SetDlgItemText( hwndDlg, IDC_SELECTEDFILE, strFileName);
}
```

Listing 2.90 Darstellen des gewählten Dateinamens mit der Funktion *GetPathToSoundFile*

Bevor die Funktion abgeschlossen wird, tragen wir den gewählten Dateipfad in das dafür vorgesehene Element *IDC_SELECTEDFILE* ein. Damit haben wir eine Grundvoraussetzung zur Wiedergabe einer *.wav*-Datei gemeistert und wissen an dieser Stelle nun, welche Datei wiedergegeben werden soll.

Wiedergabe einer *.wav*-Datei

Die Funktionen zur Wiedergabe der ausgewählten Datei haben wir in der Routine *PlaySelectedFile* untergebracht. Zur besseren Übersicht haben wir die benötigten Befehle zur Wiedergabe einer Datei in drei weiteren Funktionen gekapselt. Die erste Funktion haben Sie schon bei der Aufzählung der Hardware-Devices im vorangegangenen Kapitel kennen gelernt. Die Funktion *StartSoundDevice* startet – wie der Name schon sagt – ein SoundDevice mit der Hardware, die der Benutzer im Dialogfeld ausgewählt hat. Die zweite Funktion, die wir erstellt haben, öffnet die *.wav*-Datei und liest diese ein. Der Inhalt der Datei wird dann innerhalb eines Speicherbereichs zur Verfügung gestellt. Der dritte und letzte Befehl, den wir zur Wiedergabe der Wave-Daten erstellt haben, ist die Funktion *CreateSoundBuffer*. Diese Routine erstellt die benötigten Secondary-Buffer für unser SoundDevice und füllt diese mit dem Inhalt der *.wav*-Datei.

Wie erwähnt, werden diese drei Funktionen innerhalb der Routine *PlaySelectedFile* aufgerufen. In welcher Reihenfolge und welche Schritte sonst noch zur Wiedergabe der Datei nötig sind, wollen wir uns nun einmal ansehen. Als Erstes stellen wir fest, ob der Benutzer vor dem Aufruf unserer Funktion auch wirklich eine Datei ausgewählt hat. Ist dies nicht der Fall, machen wir ihn auf seinen Fehler aufmerksam und beenden die Funktion *PlaySelectedFile* sofort wieder. Hat der Benutzer eine Datei ausgewählt, deklariert die Funktion zunächst die Variablen, die wir im weiteren Ablauf benötigen, und ruft anschließend sofort die Funktion *StartSoundDevice* zur Initialisierung des Sounddevice auf. Nach erfolgreicher Erstellung des Device ruft unsere Funktion anschließend den Befehl auf, der uns den Inhalt der *.wav*-Datei zur Verfügung stellt. Sind die Daten ausgelesen, brauchen wir diese nur noch in die geeignete Form bringen. Dies geschieht in der Funktion *CreateSoundBuffer*.

```
VOID PlaySelectedFile( HWND hwndDlg ){

  if ('\0' == strFileName[0]){
    MessageBox(NULL,"No File selected","Error",MB_OK);
    return;
  }

  HRESULT hr;
  UCHAR * snd_buffer = NULL;
```

Listing 2.91 Funktion zum Starten der Wiedergabe einer Sound-Datei

```
LPDIRECTSOUNDBUFFER dsbuffer = NULL;

StartSoundDevice(hwndDlg);

snd_buffer = OpenWaveFile(strFileName);


hr = CreateSoundBuffer((UCHAR*)snd_buffer, &dsbuffer);
if (FAILED(hr)){
  MessageBox(NULL,"Error Create Sound Buffer","Error",MB_OK);
  free(snd_buffer);
  return;
}

free(snd_buffer);

if(bLoop){
  dsbuffer->Play(0,0,DSBPLAY_LOOPING);
}else{
  dsbuffer->Play(0,0,0);
}
}
```

Listing 2.91   Funktion zum Starten der Wiedergabe einer Sound-Datei *(Fortsetzung)*

Nach dem Aufruf der *CreateSoundBuffer*-Funktion haben wir die Wave-Daten in die gewünschten Secondary-Buffer kopiert und können diese wiedergeben. Bevor wir dies jedoch über den *Play*-Befehl des *IDirectSoundBuffer*-Objektes realisieren, geben wir noch den temporären Speicher frei, den wir zum Einlesen der Wave-Daten genutzt haben.

Soweit die Theorie der Soundwiedergabe. Was nun wirklich hinter den drei Funktionen *StartSoundDevice*, *OpenWaveFile* und *CreateSoundBuffer* steckt, soll jetzt einmal näher betrachtet werden.

Erweiterung der Funktion *StartSoundDevice*

Als Erstes wollen wir uns die Funktion *StartSoundDevice* ansehen. Diese Funktion ist uns ja schon aus dem vorhergehenden Projekt bekannt. In diesem haben wir innerhalb dieser Routine ein einfaches Sounddevice erstellt und dieses sofort wieder zerstört. In diesem Projekt wollen wir das Sounddevice aber weiter benutzen, deshalb haben wir die Funktion erweitert und sie für die Wiedergabe unserer Sounddaten vorbereitet. Nachdem das Device also mit dem Befehl *DirectSoundCreate* erstellt wurde, folgt als Nächstes der Befehl *SetCooperativeLevel* des *IDirectSound*-Objektes. Mit diesem Befehl legen wir fest, wie unser Sounddevice mit den Soundobjekten anderer Applikationen zusammenarbeiten soll. Haben wir dieses Verhalten definiert, kommen wir auch schon zur zweiten Änderung der aktuellen Funktion. Damit wir die Sounddaten an die Hardware unseres Systems weitergegeben bekommen, erstellen wir in unserem Sounddevice einen *PrimaryBuffer*. Zur Erstellung diese Buffers müssen wir zunächst eine *BufferDescription*-Struktur anlegen, die wir mit den Einstellungen des *PrimaryBuffers* initialisieren. Einen Zeiger auf diese Struktur übergeben wir dann anschließend zusammen mit einem Zeiger auf ein *LPDIRECTSOUNDBUFFER*-Element an die Funktion *CreateSoundBuffer* des *IDirectSound*-Objektes. Diese erstellt dann den primären Soundbuffer und stellt diesen in der Variablen *dsprimarybuffer* zur Verfügung.

```
hr = LPSoundDevice->SetCooperativeLevel(hwndDlg, DSSCL_PRIORITY);
if(FAILED(hr)){
  MessageBox(NULL,"ERROR SETCOOPERATIVELEVEL","FEHLER",MB_OK);
  return hr;
}

LPDIRECTSOUNDBUFFER dsprimarybuffer = NULL;

// Buffer description
DSBUFFERDESC dsbd;
ZeroMemory( &dsbd, sizeof(DSBUFFERDESC) );
dsbd.dwSize        = sizeof(DSBUFFERDESC);
dsbd.dwFlags       = DSBCAPS_PRIMARYBUFFER;
dsbd.dwBufferBytes = 0;
dsbd.lpwfxFormat   = NULL;

hr = LPSoundDevice->CreateSoundBuffer( &dsbd, &dsprimarybuffer, NULL );
if( FAILED( hr ) ){
  MessageBox(NULL,"ERROR CREATESOUNDBUFFER","FEHLER",MB_OK);
  return hr;
}

WAVEFORMATEX wfx;
ZeroMemory( &wfx, sizeof(WAVEFORMATEX) );
wfx.wFormatTag     = (WORD) WAVE_FORMAT_PCM;
wfx.nChannels      = (WORD) 2;
wfx.nSamplesPerSec = (DWORD) 44100;
wfx.wBitsPerSample = (WORD) 16;
wfx.nBlockAlign    = (WORD) (wfx.wBitsPerSample / 8 * wfx.nChannels);
wfx.nAvgBytesPerSec = (DWORD) (wfx.nSamplesPerSec * wfx.nBlockAlign);

hr = dsprimarybuffer->SetFormat(&wfx);
if( FAILED( hr ) ){
  MessageBox(NULL,"ERROR SETWAVEFORMAT","FEHLER",MB_OK);
  return hr;
}

SAFE_RELEASE( dsprimarybuffer );
```

Listing 2.92 Änderungen der Funktion *StartSoundDevice*

Nachdem der SoundBuffer erfolgreich erstellt wurde, können wir das Format festlegen, mit dem der PrimaryBuffer die Sounddaten verarbeiten soll, die er im Laufe der Applikation von den SecondaryBuffern übergeben bekommt. Zur Festlegung dieses Formats wird die Struktur *WAVEFORMATEX* genutzt. Wir legen also eine Instanz dieser Struktur an und füllen diese mit den vorgesehenen Daten. In unserem Fall haben wir festgelegt, dass der Sound innerhalb der Applikation als Zweikanalton wiedergegeben werden soll. Außerdem sollen unsere Sounds mit 44.100 Sample pro Sekunde und mit 16 Bits pro Sample an die Hardware weitergegeben werden. Dieses voreingestellte Format wird dann umgehend mit dem Befehl *SetFormat* innerhalb des primären Buffers gespeichert. Auch an dieser Stelle wollen wir uns die genaue Beschreibung der wichtigsten Elemente der Funktion einmal genauer ansehen.

IDirectSound::SetCooperativeLevel

Der *SetCooperativeLevel* legt fest, wie sich die Applikation gegenüber dem System bzw. den anderen Applikationen im System verhalten soll

```
HRESULT SetCooperativeLevel(HWND hwnd,
                            DWORD dwLevel);
```

hwnd   Handle auf ein Applikationsfenster

dwLevel   Anforderung der Kooperationsebene für die Applikation

Die beiden wichtigsten Wert für diesen Parameter sind die Werte *DSSCL_NORMAL* und *DSSCL_PRIORITY*. Diese beiden Optionen sind wohl die meistverbreitesden. *DSSCL_NORMAL* stellt eine normale Einstellung der Kooperationsebene ein. Dieser Level bietet dabei das gleichmäßigste Verhalten im Bereich Multitasking und Ressourcenhandling. Er arbeitet aber mit einem voreingestellten 8-Bit-PrimaryBuffer-Format, das von der Applikation nicht mehr geändert werden kann. Der zweite Wert *DSSCL_PRIORITY* stellt eine Kooperationsebene zur Verfügung, in der es der Anwendung erlaubt ist, das Format des PrimaryBuffer selbst zu bestimmen.

Wenn die Funktion erfolgreich ausgeführt wurde, gibt diese den Wert *DS_OK* zurück. Sollte der Aufruf der Funktion jedoch fehlschlagen, wird einer der folgenden Fehlerwerte zurückgegeben. Beim Fehlercode *DSERR_ALLOCATED* konnte die angeforderte Kooperationsebene nicht gesetzt werden, da eine benötigte Ressource nicht zur Verfügung stand, da diese schon von einer anderen Applikation belegt wurde. Wird der Fehlercode *DSERR_INVALIDPARAM* von der Funktion zurückgeliefert, gab es Probleme mit einem der Parameter bei dem Aufruf des Befehls. Wird bei der Erstellung eines SoundDevice nicht die korrekte Reihenfolge der Befehle eingehalten, kann die Funktion den Wert *DSERR_UNINITIALIZED* zurückliefern. Dies deutet dann darauf hin, dass das SoundDevice vor dem Aufruf des *SetCoorperativeLevel*-Befehles nicht initialisiert wurde. Gleiches zeigt der Fehlercode *DSERR_UNSUPPORTED* an. Er sagt aus, dass der Aufruf des Befehles an dieser Stelle nicht hätte stattfinden dürfen.

Anmerkung

Eine Applikation muss seine Kooperationsebene bestimmen, bevor überhaupt ein SoundBuffer wiedergegeben werden kann. Für die Spieleprogrammierung ist die Kooperationsebene *DSSCL_PRIORITY* die richtige Wahl. Sie sollten diesen Befehl nicht aufrufen, während Sie irgendeinen Buffer in Ihrer Applikation mit dem *Lock*-Befehl für die Bearbeitung gesperrt haben.

IDirectSound::CreateSoundBuffer

Die *CreateSoundBuffer*-Funktion erstellt ein *DirectSoundBuffer*-Objekt zur Speicherung und Verarbeitung einer Audiosequenz

```
HRESULT CreateSoundBuffer(LPCDSBUFFERDESC pcDSBufferDesc,
                          LPDIRECTSOUNDBUFFER * ppDSBuffer,
                          LPUNKNOWN pUnkOuter );
```

pcDSBufferDesc   Zeiger auf eine *DSBUFFERDESC*-Struktur, die die Parameter des SoundBuffers festlegt, der erstellt werden soll

ppDSBuffer   Der zweite Parameter der Funktion enthält die Adresse einer Variablen, die das neu erstellte *IDirectSoundBuffer*-Objekt aufnehmen soll

pUnkOuter   Adresse des Objektes *IUnknown* für die COM-Anbindung des Objektes. Dieser Parameter muss den Wert NULL enthalten.

Konnte bei dem Aufruf der Funktion erfolgreich ein SoundBuffer erstellt werden, gibt der Befehl den Wert *DS_OK* zurück. Wurde zur Erstellung des SoundBuffers ein ungültiger 3D-Algorithmus angefragt, dann liefert der Befehl den Wert *DS_NO_VIRTUALIZATION*. Dieser Wert gibt an, dass zwar ein SoundBuffer erstellt wurde, dieser aber keinen 3D-Support bietet, sondern nur eine normale Stereowiedergabe. Die möglichen Fehlermeldungen bei der Erstellung eines SoundBuffers sind so zahlreich, dass wir an dieser Stelle auf die Erklärung jeder einzelnen verzichten möchten und auf die Dokumentation des DirectX-SDK hinweisen. In diesem Dokument werden die Fehlercodes ausgiebig beschrieben.

Für die Erstellung eines SoundBuffers gibt es noch ein paar generelle Anmerkungen. *CreateSoundBuffer* initialisiert nur den SoundBuffer, nicht aber den Inhalt des Buffers. Sollte der SoundBuffer wiedergegeben werden, ohne vorher mit Daten gefüllt worden zu sein, kann es zu Ausnahmefehlern kommen. Sollten Sie eine Multithread-Applikation entwickeln, ist darauf zu achten, dass der Thread, der den SoundBuffer erstellt, auch so lange existiert, wie der SoundBuffer benötigt wird. Denn wenn der Thread beendet wird, wird automatisch auch der SoundBuffer beendet. Die Erstellung eines SoundBuffers kann auf unterschiedlichen Betriebssystemen mit verschiedenen Fehlern beendet werden. Wird z.B. bei der Erstellung eines SoundBuffers die Option *DSBCAPS_LOCHARDWARE* festgelegt, obwohl diese nicht vom System unterstützt wird, dann kann entweder der Fehlercode *DSERR_INVALIDCALL* oder der Wert *DSERR_CONTROLUNAVAIL* zurückgeliefert werden.

IDirectSound::BufferDescription

Da die Struktur *BufferDescription* maßgeblich bei der Erstellung eines SoundBuffers ist, haben wir die Erklärung der einzelnen Optionen an die Erklärung des *CreateSoundBuffer*-Befehles angefügt. Wie erwähnt, kann die Applikation bei der Erstellung eines SoundBuffers die Möglichkeiten zur Kontrolle des Elementes festlegen. Dieses ist einfach möglich mit dem Flag *dwFlags* der Struktur *DSBUFFERDESC*, die bei der Erstellung eines SoundBuffers benötigt wird. Dabei kann dieses Flag eine Kombination aus einem oder mehreren Elementen der folgenden Aufzählung sein. Dabei stellen wir hier nur die wichtigsten Optionen dar. Darüber hinaus existieren noch weitere Optionen. Diese sind aber sehr speziell und werden von uns an dieser Stelle nicht benötigt.

Flag	Funktionsbeschreibung
DSBCAPS_CTRL3D	Der erstellte SoundBuffer bietet die Möglichkeit zur dreidimensionalen Einstellung. Diese Option kann nicht mit der Option *DSBCAPS_CTRLPAN* genutzt werden. Der SoundBuffer kann nicht mit Stereosound genutzt werden.
DSBCAPS_CTRLFX	Bei Benutzung dieser Option können Effekte mit dem SoundBuffer genutzt werden. Bei Nutzung dieser Option kann der Wert *DSBCAPS_CTRLFREQUENCY* nicht genutzt werden. Das Wave-Format des Buffers muss 8 oder 16 Bit PCM sein und darf nicht mehr als zwei Kanäle enthalten. Da manche Effekte Probleme mit zu kleinen SoundBuffern haben, muss dieser mindestens 150 Millisekunden lang sein.
DSBCAPS_CTRLFREQUENCY	Wird diese Option genutzt, kann die Frequenz der Sounddaten in Echtzeit verändert werden. Dieser Wert kann nicht mit der Konstanten *DSBCAPS_CTRLFX* kombiniert werden.
DSBCAPS_CTRLPAN	Der SoundBuffer hat die Möglichkeit der Balance-Einstellung, kann aber nicht mit der Option *DSBCAPS_CTRL3D* kombiniert werden
DSBCAPS_CTRLVOLUME	Bei Nutzung dieses Parameters ist es möglich, die Lautstärke des SoundBuffers zu verändern
DSBCAPS_GLOBALFOCUS	Wird ein SoundBuffer mit dieser Option erstellt, werden die Audiodaten dieses Objektes global wiedergegeben. Selbst wenn die Applikation ihren Fokus verliert, wird die Audiowiedergabe nicht gestoppt. Die Wiedergabe wird nur in einem Fall unterbrochen, nämlich dann, wenn eine Applikation den Fokus erhält, die einen SoundBuffer enthält, der mit der Option *DSSCL_WRITEPRIMARY* erstellt wurde. In diesem Fall stoppt die Wiedergabe der Audiodaten.
DSBCAPS_LOCDEFER	Bei SoundBuffern, die mit dieser Option erstellt werden, wird dem Buffer erst während der Wiedergabe eine Hardware- oder Software-Ressource zugeordnet werden. Es wird dabei erst überprüft, ob eine Hardwareressource für die Wiedergabe zur Verfügung steht; ist das nicht der Fall, wird eine Softwareressource verwandt. Dieser Wert muss genutzt werden, wenn der Buffer für das Voice Management verwendet wird.
DSBCAPS_LOCHARDWARE	Der SoundBuffer muss einen Hardware-Mixer benutzen. Sollte das SoundDevice keinen Hardware-Mixer zur Verfügung haben, oder sollte kein Speicher mehr auf der Soundhardware reserviert werden können, kommt es während der Erstellung des Buffers zu einem Fehler. Die Applikation muss im Vorfeld der Erstellung selbst die Hardwareunterstützung sicherstellen.
DSBCAPS_LOCSOFTWARE	Mit der Nutzung dieser Option legt die Applikation fest, dass der SoundBuffer im Hauptspeicher des Systems abgelegt und der Mixer per Software zur Verfügung gestellt wird. Dies selbst dann, wenn der Wert *DSBCAPS_STATIC* genutzt wird und Hardware-Ressourcen zur Verfügung stehen.
DSBCAPS_PRIMARYBUFFER	Der Buffer ist der PrimaryBuffer. Wird dieser Wert nicht genutzt, wird automatisch ein SecondaryBuffer erstellt. Diese Option kann nicht mit dem Wert *DSBCAPS_CTRLFX* gleichzeitig genutzt werden.

DSBCAPS_STATIC	Mit diesem Wert wird festgelegt, dass der SoundBuffer im Speicher der Hardware erstellt wird, wenn dieser zur Verfügung steht. Steht dieser Speicher nicht zur Verfügung, wird der Buffer im Systemspeicher erstellt. Im Vergleich zur Option *DSBCAPS_LOCHARDWARE* funktioniert diese Option auch bei Hardware-Geräten, die zwar Hardwarespeicher besitzen, aber keinen Hardware-Mixer. Diese Option kann nicht mit dem Wert *DSBCAPS_CTRLFX* gleichzeitig genutzt werden.

Es gibt einige Kombinationen von Optionen, die nicht genutzt werden dürfen. Diese finden Sie im DirectX-SDK ausführlich beschrieben. Um die beste Performance mit den SoundBuffern in Ihrer Applikation zu erreichen, sollten Sie nur die Optionen verwenden, die Sie auch für Ihr Projekt brauchen.

Damit ist die Initialisierung des SoundDevice abgeschlossen und unserer Applikation steht ein funktionierendes Sound-Objekt mit initialisiertem PrimaryBuffer zur Verfügung. Es steht uns jetzt also nichts mehr im Wege, die Sounddaten an unsere Hardware weiterzugeben. Diese Aufgabe wollen wir nun auch sofort angehen und starten damit, die Sounddaten aus der *.wav*-Datei zu kopieren. Diesen Vorgang haben wir in der Funktion *OpenWaveFile* gekapselt.

Die Funktion *OpenWaveFile*

Bevor wir uns nun daran machen, die Daten aus einer gewählten *.wav*-Datei zu laden, müssen wir kurz erwähnen, dass wir an dieser Stelle den Bereich der DirectX-Programmierung eigentlich verlassen. Denn die Funktionen der DirectSound-API setzen voraus, dass sich die Daten im Hauptspeicher des Systems befinden, d.h. die DirectSound-Schnittstelle besitzt keine eigenen Funktionen zum Laden oder zum Auslesen von *.wav*-Dateien. Dazu müssen wir auf Standardfunktionen aus dem Multimedia SDK[1] von Microsoft zurückgreifen und da speziell auf die Funktionen, um multimediale Dateien auszulesen. Um aber eine möglichst komplette Erklärung der Vorgänge beim Abspielen einer Sounddatei über die DirectSound-Schnittstelle zu bekommen, haben wir uns entschlossen, auch diesen Teil des Projektes mit aufzunehmen.

Wir setzen in dieser Funktion also auf Standardfunktionen der Multimedia-Bibliothek von Microsoft. Den Anfang beim Laden der Sound- Datei bildet die Funktion *mmioOpen*. Diese öffnet unsere vorher bestimmte *.wav*-Datei und stellt unserer Routine ein Handle auf die geöffnete Datei zur Verfügung. Mit diesem Handle können wir dann die weiteren Schritte zum Auslesen der Daten durchfühen. Als Erstes müssen wir feststellen, ob die Datei, die wir geöffnet haben, auch wirklich die Daten beinhaltet, die wir haben wollen. Wir müssen also feststellen, ob es sich bei den Daten auch wirklich um Wave-Daten handelt. Dazu benutzen wir eine *MMCKINFO*-Struktur. Diese haben wir als modal deklariert und füllen den *fccType*-Wert des Objektes mit der Kennung einer *.wav*-Datei. Dazu konvertieren wir mit dem Makro *mmioFOURCC* vier *CHAR*-Werte in einen vierstelligen Zeichencode und weisen diesen der Struktur zu.

Der Befehl *mmioDescend* sucht diesen Code nun innerhalb der Dateidaten und stellt die gefundenen Informationen seinerseits in der Struktur zur Verfügung. Sollte die Kennung jedoch nicht in der Datei gefunden werden, bricht die Funktion an dieser Stelle ab, schließt die geöffnete Datei und beendet sich selbst mit der Rückgabe eines Fehlerwertes.

```
UCHAR* OpenWaveFile(char *strWaveFile){

  HRESULT hr;
```

Listing 2.93 Funktion zum Öffnen einer WAV-Datei.

1   http://msdn.microsoft.com/library/default.asp?url=/library/en-us/multimed/htm/_win32_using_multimedia_file_i_o.asp

```
UCHAR  *snd_buffer;

m_hmmio=mmioOpen(strWaveFile,0,MMIO_READ|MMIO_ALLOCBUF);
if(m_hmmio == NULL){
  MessageBox(NULL,"ERROR LOADWAVEFILE","FEHLER",MB_OK);
  return (UCHAR*)-1;
}


m_mmckiRiff.fccType = mmioFOURCC('W', 'A', 'V', 'E');

hr = mmioDescend(m_hmmio, (LPMMCKINFO)&m_mmckiRiff, 0, MMIO_FINDRIFF);
if( FAILED( hr ) ){
  MessageBox(NULL,"ERROR NOWAVEFILE","FEHLER",MB_OK);
  mmioClose(m_hmmio, 0);
  return (UCHAR*)-1;
}

m_mmckiFmt.ckid = mmioFOURCC('f', 'm', 't', ' ');
hr = mmioDescend(m_hmmio, &m_mmckiFmt, &m_mmckiRiff, MMIO_FINDCHUNK);
if( FAILED( hr ) ){
  MessageBox(NULL,"ERROR FORMATNOTFOUND","FEHLER",MB_OK);
  mmioClose(m_hmmio, 0);
  return (UCHAR*)-1;
}
```

Listing 2.93 Funktion zum Öffnen einer WAV-Datei. *(Fortsetzung)*

Nach der Feststellung der richtigen Dateiform benötigen wir noch eine weitere Information aus der *.wav*-Datei, bevor wir die Daten auslesen und weiterverarbeiten können. Diese Angabe ist das Wave-Format, das in der Datei gespeichert ist. Dieses muss nämlich dem PCM Wave-Format entsprechen. Zu diesem Zweck suchen wir in dem Bereich, den wir mit dem ersten *mmioDescend* ermittelt haben, den Bereich, der durch die Kennung *fmt* gekennzeichnet ist. Auch in diesem Fall bricht die Routine die Bearbeitung ab, wenn sie den gesuchten Bereich nicht findet, da es sich bei der Datei dann um eine nicht PCM Wave-konforme Datei handelt.

Ist die Suche erfolgreich, stellen wir mit Hilfe des nächsten Befehls fest, ob die Datei im richtigen Format zur Verfügung steht. Wir lesen den vorher festgelegten Bereich aus und speichern die Informationen in einer Variablen der Struktur *PCMWAVEFORMAT*. Über diese Struktur erhalten wir dann die Information, welches Wave-Format in der Datei gespeichert ist. Auch dieser Funktion lassen wir eine Überprüfung folgen, um sicherzustellen, dass wir nur kompatible Daten an unsere DirectSound-Funktionen weitergeben. Bevor wir aber nun darangehen können, die Daten endgültig auszulesen, müssen wir noch die Stelle in der Datei ermitteln, an der diese Daten stehen. Dazu nutzen wir einen weiteren Aufruf der Funktion *mmioDescend*. Diesmal suchen wir nach der Kennung *data* innerhalb des Bereichs, den wir mit der ersten Abfrage der Datei schon ermittelt hatten. Am Ende dieses Aufrufs stehen dann die Eckdaten des Datenbereiches innerhalb der *.wav*-Datei in der Struktur *m_mmckiData*.

```
// ================================================================
// Read WaveFile Format
// ================================================================
hr =mmioRead(m_hmmio,(HPSTR)&LoadedPCMWaveFileFormat,m_mmckiFmt.cksize);
if(LoadedPCMWaveFileFormat.wf.wFormatTag!=1){
  if(hr!=(long)m_mmckiFmt.cksize){
    MessageBox(NULL,"Error Reading fmt chunk","FEHLER",MB_OK);
    mmioClose(m_hmmio, 0);
```

Listing 2.94 Auslesen des Wave-Formats aus den Roh-Daten der geladenen Datei

```
      return (UCHAR*)-1;
   }
}

m_mmckiData.ckid = mmioFOURCC('d', 'a', 't', 'a');
hr =mmioDescend(m_hmmio, &m_mmckiData, &m_mmckiRiff, MMIO_FINDCHUNK);
if (FAILED( hr )){
   MessageBox(NULL,"ERROR READINGDATA","FEHLER",MB_OK);
   mmioClose(m_hmmio, 0);
   return (UCHAR*)-1;
}

snd_buffer = (UCHAR*)malloc(m_mmckiData.cksize);

mmioRead(m_hmmio,(char*)snd_buffer, m_mmckiData.cksize);

mmioClose(m_hmmio, 0);

return snd_buffer;
}
```

Listing 2.94 Auslesen des Wave-Formats aus den Roh-Daten der geladenen Datei *(Fortsetzung)*

Nachdem uns nun die Informationen zur Verfügung stehen, wo sich in der Datei unsere gesuchten Sounddaten befinden, können wir diese ohne große Probleme auslesen und unserem Projekt zur Verfügung stellen. Der erste Schritt dabei ist, einen Speicherbereich für diese Daten zu reservieren. Dazu belegen wir mit dem Befehl *malloc* einen Speicherbereich in der Größe der in der Datei enthaltenen Daten. Als Nächstes brauchen wir nur noch mit dem Befehl *mmioRead* die Daten aus der *.wav*-Datei in diesen Speicherbereich zu kopieren. Damit wir keine geöffneten Dateien hinterlassen, schließen wir am Ende noch die geöffnete Datei und geben der aufrufenden Funktion den gerade erstellten Speicherbereich zurück.

Damit haben wir die Daten aus der Datei ausgelesen und sie zur Weiterverarbeitung mit den DirectSound-Funktionen aufbereitet. Damit können wir unseren Ausflug in die Multimedia-API von Microsoft auch schon beenden und im nächsten Abschnitt mit den weiteren Sound-Funktionen unseres Projektes weitermachen. Wir wollen dies aber nicht tun, ohne auch in diesem Teil die wichtigsten Befehle noch einmal mit der Erklärung ihrer Syntax zu erwähnen.

MmioOpen

Die *mmioOpen*-Funktion öffnet eine Datei zur gepufferten oder ungepufferten Ein- und Ausgabe. Dabei ist es unabhängig davon, ob es sich bei der geöffneten Datei um eine Standarddatei, eine Datei im Speicher des Systems oder eine Datei auf einem eigenen Speichersystem handelt. Der Handle, der von der Funktion zurückgeliefert wird, kann dabei aber nur von Funktionen der Mulitmedia-File-I/O-Schnittstelle verarbeitet werden. Sie sollten nicht den Fehler machen, mit anderen Dateieingabe/Dateiausgabe-Befehlen auf den Handle zuzugreifen.

```
HMMIO mmioOpen(LPSTR szFilename,
               LPMMIOINFO lpmmioinfo,
               DWORD dwOpenFlags );
```

szFilename   Der erste Parameter ist ein Zeiger auf eine Zeichenfolge, die den Namen der Datei enthält, die geöffnet werden soll. Wenn die Zeichenfolge kein Plus-Zeichen enthält, nimmt die Funktion an, dass es sich um eine Standarddatei handelt. Enthält die Zeichenfolge ein Plus-Zeichen, wird die Extension des Dateinamens ausgewertet und es werden fest definierte I/O-Operationen ausgeführt. Wenn die Zeichenfolge NULL ist und keine I/O-Operation festgelegt wurde, wird die *adwInfo*-Variable der *MMIOINFO*-Stuktur als Handle auf eine Standarddatei angenommen, die schon geöffnet wurde. Die Zeichenfolge sollte bei dieser Funktion 128 Zeichen nicht überschreiten. Dies schließt den abschließenden 0 Wert mit ein.

lpmmioinfo	Zeiger auf eine *MMIOINFO*-Struktur, die zusätzliche Informationen für den *mmioOpen*-Befehl zur Verfügung stellt. Zum Öffnen einer Standarddatei muss dieser Wert auf 0 gesetzt werden.
dwOpenFlags	Optionen zur Steuerung der *Open*-Funktion. Mit ihnen können die Zugriffsoptionen auf die Datei definiert werden.

Der Befehl liefert einen Handle auf die geöffnete Datei zurück. Sollte die Datei nicht geöffnet werden können, wird der Wert NULL von der Funktion zurückgeliefert. Wird beim Aufrufen des Befehls eine *MMIOINFO*-Struktur benutzt, enthält diese bei einem Fehler einen der folgenden Werte in der *wErrorRet*-Variable. Kann die Datei nicht geöffnet werden, da sie vom System geschützt ist, wird der Fehlercode *MMIOERR_ACCESSDENIED* zurückgeliefert. Weitere Fehlermeldungen sind *MMIOERR_PATHNOTFOUND* und *MMIOERR_NETWORKERROR*, die vom System zurückgeliefert werden, wenn es die definierte Datei nicht finden kann oder das Netzwerk den Zugriff auf die Datei verweigert. Wird die Datei von einer anderen Applikation benutzt, kommt es zu der Fehlermeldung *MMIOERR_SHARINGVIOLATION*. Sollte die eigene Applikation zu viele Dateien geöffnet haben und das System keine weiteren Datei-Handles mehr zur Verfügung stellen können, wird der Fehler *MMIOERR_TOOMANYOPENFILES* von der Funktion zurückgegeben.

MmioDescend

Die *mmioDescend*-Funktion sucht innerhalb eines Teils einer RIFF[a]-Datei, die durch die Funktion *mmioOpen* geöffnet wurde. Die Funktion kann dabei nach einem bestimmten Teil der Daten suchen.

```
MMRESULT mmioDescend(HMMIO hmmio,
                     LPMMCKINFO lpck,
                     LPMMCKINFO lpckParent,
                     UINT wFlags);
```

hmmio	Datei-Handle einer geöffneten RIFF-Datei
lpck	Zeiger auf eine Variable, die nach dem Aufruf der Funktion eine *MMCKINFO*-Struktur enthält
lpckParent	Der dritte Parameter ist optional und kann von der Applikation eine *MMCKINFO*-Struktur zugewiesen bekommen. Ist diese Struktur vorhanden, nimmt die Funktion die Informationen aus diesem Objekt als Grundlage für die erneute Suche. Es wird also nicht mehr in der ganzen Datei gesucht, sondern in dem angegebenen Teil der Datei.
wFlags	Diese Variable legt die Suchoptionen der Funktion fest. Ist dieses Flag nicht angegeben, beginnt die Funktion mit seiner Suche an der aktuellen Dateiposition. Die folgenden Optionen sind möglich: *MMIO_FINDCHUNK* sucht nach einem Teil der Datei innerhalb des angegebenen Dateiteils. Mit dem Wert *MMIO_FINDLIST* wird nach der Kennung »LIST« innerhalb der Datei gesucht. Wird der Wert *MMIO_FINDRIFF* genutzt, wird die Kennung »RIFF« gesucht.

Die Funktion liefert den Wert *MMSYSERR_NOERROR* zurück, wenn die Suche erfolgreich war. Andernfalls wird die Meldung *MMIOERR_CHUNKNOTFOUND* zurückgegeben. Dies bedeutet, dass das Ende der Datei oder das Ende des bestimmten Dateiteils erreicht wurde, bevor der gewünschte Wert gefunden wurde.

a. Resource Interchange File Format – Dieses Format wird nicht nur von *.wav*-Dateien genutzt, auch *.avi*-Dateien nutzen diese Art der Datei.

mmioRead

Die Funktion *mmioRead* liest die angegebene Bytezahl aus einer geöffneten Datei und schreibt diese in einen definierten Buffer

```
LONG mmioRead(HMMIO hmmio,
              HPSTR pch,
              LONG cch);
```

hmmio	Datei-Handle der geöffneten Datei, aus der gelesen werden soll
pch	Zeiger auf einen Speicherbereich, in dem die gelesenen Daten gespeichert werden sollen

cch	Anzahl der Bytes, die aus der Datei ausgelesen und in den Speicher kopiert werden sollen

Als Rückgabewert liefert die Funktion die Anzahl der Bytes, die aktuell aus der Datei ausgelesen wurden. Wenn das Ende der Datei erreicht wurde und keine weiteren Daten zur Verfügung stehen, liefert die Funktion den Wert 0 zurück. Wenn es beim Einlesen der Datei zu einem Fehler gekommen ist, wird der Wert −1 geliefert.

Nach dem Einlesen der Sounddatei steht uns deren Inhalt nun in einem von uns festgelegten Speicherbereich zur Verfügung. Leider kann die DirectSound-API mit diesen Daten noch nichts anfangen. Wir müssen die Daten also noch einmal weiterverarbeiten und sie in eine DirectSound konforme Datenform bringen. Dazu erstellen wir einen SecondaryBuffer, den wir anschließend mit den Sounddaten füllen und somit dem DirectSound-Objekt zur Wiedergabe zur Verfügung stellen.

Erstellen eines SecondaryBuffer mit der Funktion *CreateSoundBuffer*

Die Daten aus dem temporären Buffer müssen zunächst in einen *SecondaryBuffer* kopiert werden, zu diesem Zweck sind drei Arbeitsschritte durchzuführen. Als Erstes müssen wir den Buffer erstellen. Wir müssen also einen Speicherbereich reservieren, der groß genug ist, um die Daten aufzunehmen. Danach müssen wir diesen Buffer mit dem *Lock*-Befehl vor dem Zugriff von außen sperren und unsere Daten in den gesperrten Bereich kopieren. Zum Schluss geben wir den Buffer wieder mit dem *Unlock*-Befehl frei, damit unsere Applikation im weiteren Verlauf die Daten wiedergeben kann.

Nun wollen wir uns ansehen, wie diese einzelnen Schritte im Programmcode aussehen. Zunächst erstellen wir alle Variablen, die wir im Verlauf der Funktion benötigen, um die Daten zu transferieren. Die *WAVEFORMA-TEX*-Struktur *PCMWaveFormat* benötigen wir dabei, um das Format des *SecondaryBuffers* bei der Erstellung festzulegen. Dazu werden die Anzahl der Kanäle, die Samplerate und die Anzahl der Bits pro Sample aus der globalen Struktur *LoadedPCMWaveFileFormat* übernommen. Diese Struktur enthält die Informationen, die während des Ladens der Sounddatei eingelesen wurden. Nach der Festlegung des Wave-Formats unseres neuen SecondaryBuffers übernehmen wir die Daten sofort in die *DSBUFFERDESC*-Struktur *dsbd*. Dieser geben wir zusätzlich noch die Größe der Wave-Daten an, die wir in der Variablen *m_mmckiData.cksize* hinterlegt haben.

```
HRESULT CreateSoundBuffer(UCHAR *snd_buffer,LPDIRECTSOUNDBUFFER *dsbuffer){

  HRESULT hr = S_OK;

  // data ptr to write buffers
  UCHAR   *audio_ptr_1=NULL;
  UCHAR   *audio_ptr_2=NULL;

  // length of write buffers
  DWORD audio_length_1=0;
  DWORD audio_length_2=0;

  //Waveformat
  WAVEFORMATEX PCMWaveFormat;

  memset(&PCMWaveFormat, 0, sizeof(WAVEFORMATEX));
  PCMWaveFormat.wFormatTag      = WAVE_FORMAT_PCM;  // pulse code modulation
  PCMWaveFormat.nChannels       = LoadedPCMWaveFileFormat.wf.nChannels;
  PCMWaveFormat.nSamplesPerSec  = LoadedPCMWaveFileFormat.wf.nSamplesPerSec;
  PCMWaveFormat.wBitsPerSample  = LoadedPCMWaveFileFormat.wf.wBitsPerSample;
```

Listing 2.95 Die Funktion *CreateSoundBuffer* erstellt einen SecondaryBuffer zur Aufnahme der Sounddaten

```
PCMWaveFormat.nBlockAlign      = (PCMWaveFormat.wBitsPerSample /8 *
                                          PCMWaveFormat.nChannels);
PCMWaveFormat.nAvgBytesPerSec = (PCMWaveFormat.nSamplesPerSec *
                                          PCMWaveFormat.nBlockAlign);
PCMWaveFormat.cbSize       = 0;

DSBUFFERDESC dsbd;
ZeroMemory( &dsbd, sizeof(DSBUFFERDESC) );
dsbd.dwSize          = sizeof(DSBUFFERDESC);
dsbd.dwFlags         = DSBCAPS_CTRLVOLUME | DSBCAPS_STATIC;
dsbd.dwBufferBytes   = m_mmckiData.cksize;
dsbd.lpwfxFormat     = &PCMWaveFormat;

hr= LPSoundDevice->CreateSoundBuffer(&dsbd,dsbuffer,NULL);
if (FAILED(hr)){
   return hr;
}
```

Listing 2.95 Die Funktion *CreateSoundBuffer* erstellt einen SecondaryBuffer zur Aufnahme der Sounddaten *(Fortsetzung)*

Der SecondaryBuffer erstellt die Funktion mit dem Befehl *CreateSoundBuffer* des *IDirectSound*-Objektes. Diesem Befehl wird die erstellte *DSBUFFERDESC*-Struktur übergeben, in der wir das Wave-Format der Daten festgelegt haben, und die Adresse des Speicherbereichs, an dem der SecondaryBuffer erstellt werden soll. Ist die Erstellung des Buffers erfolgreich, können wir diesen anschließend direkt mit den Sounddaten füllen. Dazu nutzen wir den Befehl *Lock* des *IDirectSoundBuffer*-Objektes. Dieser Befehl sperrt den erstellten Speicherbereich und gibt uns damit die Möglichkeit, den Buffer mit Daten zu füllen, ohne dass ein anderes Programm auf diesen Bereich zugreifen kann. Nach der erfolgreichen Sperrung des Speicherbereiches kopieren wir die Wave-Daten mit dem *memcpy*-Befehl in unseren SecondaryBuffer.

```
hr= (*dsbuffer)->Lock( 0,
                       m_mmckiData.cksize,
                       (void **) &audio_ptr_1,
                       &audio_length_1,
                       (void **)&audio_ptr_2,
                       &audio_length_2,
                       DSBLOCK_FROMWRITECURSOR);
if (FAILED(hr)){
   return hr;
}

memcpy(audio_ptr_1, snd_buffer, audio_length_1);
memcpy(audio_ptr_2, (snd_buffer+audio_length_1),audio_length_2);

hr= (*dsbuffer)->Unlock( audio_ptr_1,
                         audio_length_1,
                         audio_ptr_2,
                         audio_length_2);
if (FAILED(hr)){
   return hr;
}

return hr;

}
```

Listing 2.96 CreateSoundBuffer

Nach dem Kopieren der Daten wird der SecondaryBuffer mit dem Befehl *Unlock* des *IDirectSoundBuffer*-Objektes wieder freigegeben und die Funktion *CreateSoundBuffer* wird abgeschlossen. Damit steht unserer Applikation alles zur Verfügung, was sie benötigt, um die Sounddaten der geladenen .wav-Datei wiederzugeben. Zur Wiedergabe der Daten müssen wir uns jetzt nur noch einmal das Ende der Funktion *PlaySelectedFile* ansehen. An dieser Stelle gibt es zwei Möglichkeiten, den geladenen Sound abzuspielen. Die erste Option ist die Wiedergabe des Sounds in einer Endlosschleife. Dazu müssen wir dem Befehl *Play* des *IDirectSoundBuffer*-Objektes als dritten Parameter den Wert *DSBPLAY_LOOPING* übergeben. Die zweite Möglichkeit ist das einfache Wiedergeben der Sounddaten. Diesen Modus wählen wir, indem wir dem Befehl eine *0* als dritten Parameter übergeben.

```
if(bLoop){
    dsbuffer->Play(0,0,DSBPLAY_LOOPING);
}else{
    dsbuffer->Play(0,0,0);
}
```

Listing 2.97 PlaySelectedFile

Haben alle Funktionen der Applikation bis zu dieser Stelle ohne Probleme funktioniert, sollten Sie nun über die Lautsprecher Ihres Computersystems den von Ihnen ausgewählten Sound hören. Dies ist zwar schon ein Erfolg, aber richtig beeindruckend wird es erst, wenn wir den Sound auch in Echtzeit noch verändern können. Die Mittel dazu stellt uns die DirectSound-API natürlich ebenfalls zur Verfügung und im Anschluss an die Syntaxerklärung der Befehle dieses Abschnittes wollen wir uns diese Modifikationsmöglichkeiten auch sofort ansehen.

IDirectSoundBuffer::Lock

Der *Lock*-Befehl sperrt einen Teil oder den gesamten Speicherbereich zum Schreiben von Daten. Er gibt einen Zeiger auf den Bereich zurück, an dem das Schreiben der Daten fortgesetzt werden kann.

```
HRESULT Lock(DWORD dwOffset,
             DWORD dwBytes,
             LPVOID * ppvAudioPtr1,
             LPDWORD pdwAudioBytes1,
             LPVOID * ppvAudioPtr2,
             LPDWORD pdwAudioBytes2,
             DWORD dwFlags);
```

dwOffset	Der Parameter *dwOffset* zeigt an, an welcher Stelle die Sperrung des Speichers starten soll. Der Wert wird dabei zu der Startposition des Buffers addiert. Der Parameter wird ignoriert, wenn im Parameter *dwFlags* der Wert *DSBLOCK_FROMWRITECURSOR* übergeben wird.
dwBytes	Mit dem zweiten Parameter wird die Anzahl der Bytes angegeben, die vom *Lock*-Befehl belegt werden soll. Da der Buffer definitionsgemäß eine Schleife ist, kann dieser Wert das Ende des Bufferbereiches überschreiten. Die Daten werden dann an den Anfang des Buffers geschrieben.
ppvAudioPtr1	Mit der dritten Variablen wird der Funktion ein Zeiger auf den ersten zu sperrenden Bereich des Buffers übergeben
pdwAudioBytes1	Im Parameter *pdwAudioBytes1* gibt die Funktion die Anzahl der Bytes zurück, die im ersten Speicherblock des Buffers geschrieben wurden. Ist diese Anzahl kleiner als die Anzahl der Bytes, die der Funktion in der Variablen *dwBytes* übergeben wurde, dann wurde das Ende des SoundBuffers erreicht und die weiteren Daten wurden wieder an den Anfang des *SecondaryBuffers* geschrieben. Der Anfang dieses Bereiches wird dann in dem Zeiger *ppvAudioPtr2* zurückgegeben.

ppvAudioPtr2	Die Adresse des zweiten Blocks von Daten wird in der Variablen *ppvAudioPtr2* gespeichert. Wird in dieser Variablen der Wert *NULL* von der Funktion zurückgegeben, stehen die gesamten Daten des SoundBuffers in dem Speicherbereich, der durch den Zeiger *ppvAudioPtr1* definiert wird.
pdwAudioBytes2	Der vorletzte Parameter stellt einen Zeiger auf die Anzahl der Bytes im zweiten Speicherblock zur Verfügung. Ist der zweite Block nicht benötigt worden, enthält die Variable *pdwAudioBytes2* genauso den Wert *NULL* wie der Parameter *ppvAudioPtr2*.
dwFlags	Mit dem Parameter *dwFlags* kann die Funktionsweise des *Lock*-Befehls bestimmt werden. Es stehen dabei folgende Werte zur Verfügung: Der Wert *DSBLOCK_FROMWRITECURSOR* definiert, dass das Sperren des Speichers von der letzten Position des *Write*-Cursors aus gestartet werden soll. Der Parameter *dwOffset* wird in disem Fall ignoriert. Der zweite Wert ist die Konstante *DSBLOCK_ENTIREBUFFER*. Dieser Parameter legt fest, dass der gesamte Speicher des *SecondaryBuffers* gesperrt werden soll. In diesem Fall wird der Parameter *dwBytes* ignoriert.

Neben der Meldung *DS_OK* hat die Funktion mehrere Fehlermeldungen, die den Grund des Abbruchs der Funktion sehr genau beschrieben. Die erste Fehlermeldung ist die Konstante *DSERR_BUFFERLOST*. Dieser Wert zeigt der Applikation an, dass die Daten des SoundBuffers verloren gegangen sind und erst wieder hergestellt werden müssen, bevor die Daten des SecondaryBuffers weiter bearbeitet werden können. Die zweite Fehlermeldung *DSERR_INVALIDCALL* zeigt an, dass die gewünschte Funktion bei dem jetzigen Status des SecondaryBuffers noch nicht zur Verfügung steht. Dies kann z.B. geschehen, wenn der *Lock*-Befehl des Buffers vor dem Befehl *CreateSoundBuffer* ausgeführt wird. Der Wert *DSERR_INVALIDPARAM* hingegen zeigt an, dass der Funktion ein falscher Parameter beim Aufruf übergeben wurde. Zum Schluss gibt es noch den Fehlercode *DSERR_PRIOLEVELNEEDED*. Dieser wird angezeigt, falls die Kooperationsebene des SoundDevice für die Erstellung des SoundBuffers nicht ausreicht.

IDirectSoundBuffer::Unlock

Die *Unlock*-Methode gibt einen Speicherbereich, der mit dem *Lock*-Befehl gesperrt wurde, wieder frei

```
HRESULT Unlock(LPVOID pvAudioPtr1,
        DWORD dwAudioBytes1,
        LPVOID pvAudioPtr2,
        DWORD dwAudioBytes2 );
```

pvAudioPtr1	Zeiger auf die Adresse des ersten durch den *IdirectSoundBuffer::Lock*-Befehl gesperrten Bereichs.
dwAudioBytes1	Anzahl der gesperrten Bytes im ersten Speicherbereich des *Lock*-Befehls
pvAudioPtr2	Zeiger auf die Adresse des zweiten durch den *IdirectSoundBuffer::Lock*-Befehl gesperrten Bereichs.
dwAudioBytes2	Anzahl der gesperrten Bytes im zweiten Speicherbereich des *Lock*-Befehls

Da der Befehl im Grunde der zweite Schritt des *Lock*-Befehles ist, besitzt er die gleichen Fehlermeldungen.

IDirectSoundBuffer8::Play

Der *Play*-Befehl startet die Wiedergabe des SoundBuffers an der Stelle des *Play*-Cursors

```
HRESULT Play(DWORD dwReserved1,
        DWORD dwPriority,
        DWORD dwFlags);
```

dwReserved1	Der erste Parameter der Funktion ist reserviert und muss immer 0 sein
dwPriority	Priorität des Sounds. Dieser Parameter wird durch den Voice Manager genutzt, wenn Hardware-Mixing-Ressourcen für den Buffer zur Verfügung gestellt werden. Die kleinste Priorität ist dabei 0, die höchste 0xFFFFFFFF. Wenn der SoundBuffer nicht mit der Konstanten *DSBCAPS_LOCDEFER* erstellt wurde, muss dieser Wert 0 sein.

dwFlags	Der Parameter *dwFlags* definiert, wie der Buffer wiedergegeben werden soll
	Die Konstante *DSBPLAY_LOOPING* legt fest, dass der Buffer immer wieder von vorne wiedergegeben werden soll. Dieses geschieht so lange, bis die Wiedergabe des Buffers explizit gestoppt oder die Applikation beendet wird. Wenn Sie einen primären Buffer abspielen wollen, muss dieser Wert immer gesetzt werden. Die beiden Werte *DBSPLAY_LOCHARDWARE* und *DBSPLAY_LOCSOFTWARE* werden genutzt, um die Wiedergabeorte von Voice-Sounds zu regeln. Sie können nur genutzt werden, wenn der Sound-Buffer mit der Konstante *DSBCAPS_LOCDEFER* deklariert wurde. *DSBPLAY_LOCHARDWARE* spielt dabei die Stimme über die Hardware eines Systems ab. Steht dem System keine entsprechende Hardware zur Verfügung, wird der *Play*-Befehl mit einem Fehler beendet. *DSBPLAY_LOCSOFTWARE* gibt die Stimme über einen Software-Buffer wieder. Die beiden Werte können dabei nicht kombiniert werden. Die letzten drei Werte sind nur gültig für Sound-Buffer, die einen Sound über die Hardware des Systems wiedergeben. Sie regeln das Verhalten des Sound-Buffers, wenn aktuell keine Hardwareressource zur Wiedergabe der Stimme zur Verfügung steht. Der Wert *DSBPLAY_TERMINATEBY_TIME* legt dabei fest, dass die Wiedergabe des Sounds mit der kürzesten Restwiedergabezeit beendet und damit Platz für den aktuellen Sound-Buffer geschaffen wird. Mit dem Wert *DSBPLAY_TERMINATEBY_DISTANCE* wird festgelegt, dass die Wiedergabe eines 3D-Buffers, der seine maximale Distanz im Raum überschritten hat, abgebrochen und die aktuelle Soundressource wieder freigegeben wird. Sollte kein 3D-Buffer zur Verfügung stehen, dann liefert die Play-Methode einen Fehler zurück. Der letzte Wert *DSBPLAY_TERMINATEBY_PRIORITY* legt fest, dass der Sound-Buffer mit geringster Priorität für die Wiedergabe der aktuellen Stimmer abgebrochen wird.

Auch in diesem Fall sind die Fehlermeldungen identisch mit dem *IDirectSoundBuffer::Lock*-Befehl, deshalb verzichten wir an dieser Stelle auf eine erneute Erklärung.

Nun haben wir das Projekt zur Wiedergabe eines Sound-Buffers abgeschlossen. Wie bereits erwähnt, wollen wir uns direkt anschließend um die Veränderungen der Sounddaten innerhalb eines SecondaryBuffers kümmern.

2DSound modifizieren (Adjust sound)

Bevor wir mit den Funktionen zur Veränderung der Sounddaten beginnen, müssen wir erwähnen, dass wir im Gegensatz zum vorangegangen Projekt für die Soundwiedergabe eine eigene Klasse erstellt haben. Diese Klasse haben wir dann anschließend in das Projekt *Adjust 2D Sound* eingefügt. Dabei mussten wir teilweise die Parameter der Funktionen anpassen. Die eigentlichen Funktionen sind dabei aber gleich geblieben. Deshalb verzichten wir im Verlauf dieses Abschnitts auf die erneute Erklärung dieser Funktionen. Wir werden nur jene Teile aufführen, die zu diesem Projekt hinzugefügt wurden. Bevor wir jedoch starten können, müssen wir noch auf zwei Befehle innerhalb der Funktion *InitInstance* der Datei *GameEngine.cpp* hinweisen. Diese beiden Befehle initialisieren für dieses Projekt benötigte Objekte, ohne die wir an dieser Stelle nicht weiter kommen würden. Der erste Befehl ist die Funktion *CoInitialize*. Mit diesem Befehl initialisieren wir die COM-Unterstützung für unser Projekt. Mit der zweiten Funktion *InitCommonControls* registrieren und initialisieren wir die *CommonControl*-Windows-Klasse für unser Dialogfeld.

```
CoInitialize( NULL );

InitCommonControls();
```

Listing 2.98   Die Routine *InitInstance* wurde um zwei Funktionen erweitert

Durch das Einfügen dieser beiden Funktionen ermöglichen wir den Einsatz des Slider-Steuerelements innerhalb unseres Windows-Dialogfeldes und die Verwendung der digitalen Soundeffekte für den *IDirectSound*-SecondaryBuffer.

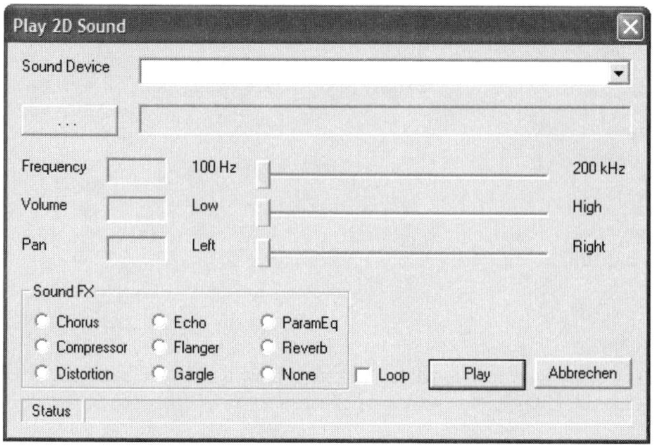

Abbildung 2.80 Das Windows-Dialogfeld für das Projekt *Adjust 2D Sound*

In der Abbildung 2.80 sehen Sie schon die grundlegenden Veränderungen zu dem vorhergehenden Projekt. Wir haben bei der Einstellung des Sounds zwei grundlegende Möglichkeiten. Die erste Möglichkeit ist die Anpassung der Parameter der Sounddaten. Dabei können die Sounddaten mit drei Größen verändert werden. Die erste Einstellung ist die Veränderung der Frequenz der *.wav*-Datei. Dabei kann die Frequenz der Daten im Bereich von 100 Hertz bis 200 Kilohertz eingestellt werden. Die nächste Einstellung betrifft die Lautstärke der Soundwiedergabe. Dabei kann die Dämpfung der Sounddaten während der Wiedergabe bestimmt werden. Diese Dämpfung kann dabei zwischen den Werten *DSBVOLUME_MAX* und *DSBVOLUME_MIN* liegen, wobei der erste Wert für eine Wiedergabe ohne Dämpfung steht und der zweite Wert für eine maximale Dämpfung der Sounddaten, also einer kompletten Stille. Die letzte Einstellung ist die Balance der Soundwiedergabe, der so genannte Pan-Wert. Dieser bestimmt das Verhältnis der Lautstärke des linken und rechten Kanals zueinander. Als zweite generelle Möglichkeit zur Veränderung der Sounddaten bietet die DirectSound-Schnittstelle das Hinzufügen von digitalen Effekten zu einem Sound-Buffer. Wir haben in unser Projekt beide Möglichkeiten integriert und starten direkt mit der Vorbereitung der Einstellungsmöglichkeiten innerhalb der Funktion *PlaySelectedFile*. Die Anpassung der drei Größen »Frequenz«, »Volumen« und »Balance« werden in unserem Projekt über drei *Slider*-Objekte der *CommonControl*-Klasse realisiert. Damit wir im weiteren Verlauf der Funktion ohne Probleme auf diese drei Slider zugreifen können, speichern wir als Erstes drei Handle zu den Objekten in lokalen Variablen ab. Direkt anschließend werden die beiden schon bekannten Befehle *OpenWaveFile* und *CreateSoundBuffer* ausgeführt. Dabei sehen wir, dass die beiden Funktionen jetzt nicht mehr global definiert sind, sondern dass die beiden Funktionen nun Bestandteile der Klasse *MySound* sind. Diese Variable ist initialisiert als eine Instanz der Klasse *GESound*. Diese Klasse beinhaltet nun alle Funktionen rund um das DirectSound-Device. Einen weiteren Unterschied sehen wir beim Aufruf der Funktion *CreateSoundBuffer*. Diese Funktion wird nun abhängig davon aufgerufen, ob der Benutzer vor dem System einen Soundeffekt ausgewählt hat oder nicht. Wurde ein Effekt gewählt, muss bei der Erstellung des *SecondaryBuffers* die Konstante *DSBCAPS_CTRLFX* benutzt werden. Da dieser Wert nicht gemeinsam mit dem Wert *DSBCAPS_CTRLFREQUENCY* benutzt werden darf, treffen wir an dieser Stelle die Unterscheidung, ob ein Soundeffekt bei der Wiedergabe berücksichtigt oder die Frequenz der Sounddaten angepasst werden soll

```
VOID PlaySelectedFile( HWND hwndDlg )

  HWND hFreqSlider       = GetDlgItem( hwndDlg, IDC_SLIDER_FREQ );
```

Listing 2.99 Der erste Teil der Funktion *PlaySelectedFile* mit den Änderungen des *Adjust 2D Sound*-Projekts

```
HWND hPanSlider       = GetDlgItem( hwndDlg, IDC_SLIDER_PAN );
HWND hVolumeSlider    = GetDlgItem( hwndDlg, IDC_SLIDER_VOL );

// Start the Sound Device in the Soundclass
MySound.StartSoundDevice(hwndDlg, pSoundGUID);

snd_buffer = MySound.OpenWaveFile();

if (m_SetEffect == GESOUNDEFFEKT_NONE){
  hr = MySound.CreateSoundBuffer((UCHAR*)snd_buffer);
}else{
  hr = MySound.CreateSoundBuffer((UCHAR*)snd_buffer,1);
}

if (FAILED(hr
  MessageBox(NULL,"Error Create Sound Buffer","Error",MB_OK);
  free(snd_buffer);
  return;
}
```

Listing 2.99   Der erste Teil der Funktion *PlaySelectedFile* mit den Änderungen des *Adjust 2D Sound*-Projekts *(Fortsetzung)*

Wird der Funktion *CreateSoundBuffer* als optionaler dritter Parameter der Wert 1 übergeben, wird der Funktion mitgeteilt, dass der SecondaryBuffer mit der Option zur Wiedergabe von Soundeffekten initialisiert werden soll. Direkt nach der Erstellung des *SecondaryBuffers* wird dieser auch schon mit den vom Benutzer gewählten Einstellungen modifiziert. Wir übergeben nacheinander die Werte an die *GESound*-Klasse, die über die *Slider*-Objekte des Dialogfeldes eingestellt wurden. Anschließend überprüft die Funktion noch, ob ein anderer Wert als die Konstante *GESOUNDEFFEKT_NONE* vom Benutzer für den Soundeffekt ausgewählt wurde. Ist dies der Fall, wird auch dieser an die Sound-Klasse übergeben. Anschließend wird die Wiedergabe des *SecondaryBuffers* in schon bekannter Weise gestartet.

```
free(snd_buffer);

MySound.SoundBufferSetFrequency((LONG)SendMessage(
                          hFreqSlider, TBM_GETPOS, 0, 0 ) * 1L);
MySound.SoundBufferSetPan((LONG)SendMessage(
                          hPanSlider,    TBM_GETPOS, 0, 0 ) * 500L);
MySound.SoundBufferSetVolume((LONG)SendMessage(
                          hVolumeSlider, TBM_GETPOS, 0, 0 ) * 100L);

if (m_SetEffect != GESOUNDEFFEKT_NONE){
  MySound.SoundBufferSetEffect(m_SetEffect);
}

if(MySound.bLoop){
  MySound.PlaySoundBuffer(0,0,DSBPLAY_LOOPING);
}else{
  MySound.PlaySoundBuffer(0,0,0);
}
```

Listing 2.100   Fortsetzung der Funktion *PlaySelectedFile*

Die Funktionen der *GESound*-Klasse zur Anpassung der drei Größen »Frequenz«, »Volumen« und »Balance« haben Sie innerhalb der Funktion *PlaySelectedFile* bereits kennen gelernt. Die direkte Umsetzung für den *SecondaryBuffer* dieser drei Einstellungen wollen wir uns jetzt noch ansehen. Sie werden aber feststellen, dass es sich hierbei nicht um spektakuläre Funktionen handelt, da die Veränderungen der Sounddaten sehr komfortabel implementiert wurden. Wir müssen innerhalb der Funktion der Klasse nichts anderes machen, als den übergebenen *long*-Wert an die jeweilige Funktion des *SecondaryBuffers* weitergeben. Das Ergebnis dieser Funktion liefern wir dann einfach als Return-Wert über unsere Funktion zurück.

```
HRESULT CGESound::SoundBufferSetFrequency(long lFrequency){
   SecBuffer->SetFrequency( lFrequency );
   return S_OK;
}
```

Listing 2.101   *GESound*-Klasse: Anpassen der Frequenz des modalen SecondaryBuffers

```
HRESULT CGESound::SoundBufferSetVolume(long lVolume){
   SecBuffer->SetVolume( lVolume );
   return S_OK;
}
```

Listing 2.102   *GESound*-Klasse: Anpassen des Volumens des modalen SecondaryBuffers

```
HRESULT CGESound::SoundBufferSetPan(long lPan){
   SecBuffer->SetPan( lPan );
   return S_OK;
}
```

Listing 2.103   *GESound*-Klasse: Anpassen der Balance des modalen SecondaryBuffers

Leider ist die Benutzung der Soundeffekte bei der Wiedergabe des Sounds nicht ganz so einfach, wie die gerade durchgeführten Anpassungen. Es wird zwar ein bisschen schwieriger, aber auch nicht wirklich schwer. Bevor wir jetzt zur Umsetzung der Soundeffekte innerhalb unseres Projektes kommen, noch ein kleiner Hinweis.

WICHTIG   Da die aktuellen DirectX-SDKs das alte Visual Studio 6 nicht mehr unterstützen, kommt es bei der folgenden Funktion zu Ausnahmefehlern bei der Verwendung von DirectX-SDK-Versionen, die neuer als die Version von Dezember 2004 sind.

Wenn Sie also Visual Studio 6 benutzen, um diese Funktion zu kompilieren, müssen Sie entweder die alten SDK-Versionen nutzen oder die folgenden Funktionen aus dem Projekt auskommentieren. Für genauere Informationen hinsichtlich der Kompatibilität der DirectX-SDK-Versionen und der Visual Studio-Versionen lesen Sie bitte die Release Notes der einzelnen Microsoft DirectX-SDK-Versionen.

Der größte Unterschied bei der Nutzung der Soundeffekte gegenüber der Einstellung der vorhergehenden Werte ist, dass wir die Effekte nicht direkt auf den SecondaryBuffer anwenden können, sondern wir müssen einen weiteren Zeiger auf den Sound-Buffer erstellen, mit dem wir dann die Effekte durchführen können. Zu diesem Zweck benutzen wir einen Zeiger auf das *IDirectSoundBuffer8*-Objekt. Dieses verbinden wir anschließend mit dem *QueryInterface*-Befehl mit unserem existierenden SecondaryBuffer. Anschließend erstellen wir eine Variable der Struktur *DSEFFECTDESC* und füllen diese mit den Effektinformationen, die wir dem Sound-Buffer übergeben wollen.

```
HRESULT CGESound::SoundBufferSetEffect(int FX){
  hr;
  LPDIRECTSOUNDBUFFER8 m_lpDSB8;

  hr = SecBuffer->QueryInterface( IID_IDirectSoundBuffer8, (LPVOID*) &m_lpDSB8 );
    if( FAILED( hr ) ){
    return hr;
  }

  DSEFFECTDESC MyEffect;

  ZeroMemory( &MyEffect, sizeof(DSEFFECTDESC) );
  MyEffect.dwSize        = sizeof(DSEFFECTDESC);
  MyEffect.dwFlags       = 0;
  switch(FX){
    case GESOUNDEFFEKT_CHORUS:
      MyEffect.guidDSFXClass = GUID_DSFX_STANDARD_CHORUS;
      break;
    case GESOUNDEFFEKT_COMPRESSOR:
      MyEffect.guidDSFXClass = GUID_DSFX_STANDARD_COMPRESSOR;
      break;
    case GESOUNDEFFEKT_DISTORTION:
      MyEffect.guidDSFXClass = GUID_DSFX_STANDARD_DISTORTION;
      break;
    case GESOUNDEFFEKT_ECHO:
      MyEffect.guidDSFXClass = GUID_DSFX_STANDARD_ECHO;
      break;
    case GESOUNDEFFEKT_FLANGER:
      MyEffect.guidDSFXClass = GUID_DSFX_STANDARD_FLANGER;
      break;
    case GESOUNDEFFEKT_GARGLE:
      MyEffect.guidDSFXClass = GUID_DSFX_STANDARD_GARGLE;
      break;
    case GESOUNDEFFEKT_PARAMEQ:
      MyEffect.guidDSFXClass = GUID_DSFX_STANDARD_PARAMEQ;
      break;
    case GESOUNDEFFEKT_REVERB:
      MyEffect.guidDSFXClass = GUID_DSFX_WAVES_REVERB;
      break;
  }

  DWORD dwResults;

  if (FX == GESOUNDEFFEKT_NONE){
    hr = m_lpDSB8->SetFX( 0, NULL, NULL );
  }else{
    hr = m_lpDSB8->SetFX(1,&MyEffect,&dwResults);
  }

  if( FAILED( hr ) ){
    return hr;
  }
  return S_OK;

}
```

Listing 2.104   Die Funktion *SoundBufferSetEffect* zur Wiedergabe von Soundeffekten

Wir benutzen in unserem Projekt nur vorgegebene Standardeffekte. Diese existieren im DirectSound-System als Konstanten, die wir innerhalb der *switch*-Schleife an die *DSEFFECTDESC*-Struktur übergeben. Diese übergeben wir dann anschließend mit Hilfe des neu erstellten Interface an den *SecondaryBuffer*, damit die Effekte bei der Wiedergabe des Sound-Buffers berücksichtigt werden.

Damit haben wir die Modifizierung der *SoundBuffers* in unserem Projekt abgeschlossen. Wir können nun also jeden Sound, den wir geladen haben, mit Effekten anpassen und verändern. Die nächste Stufe bei der Soundwiedergabe ist die Wiedergabe von Raumklängen. Zu diesem Zweck stellt das DirectSound-System die Kombination der *3DSoundBuffer* und der *3DListener* zur Verfügung. Welche Vorteile diese beiden Objekte bieten, wollen wir uns im nächsten Abschnitt ansehen.

3D-Sound abspielen

Mit Hilfe der 3D-Sound-Möglichkeiten des DirectSound-Objektes ist es uns möglich, komplexe Klangwelten in unsere Applikationen und Spiele zu integrieren. Wir können also unseren realistischen 3D-Grafikwelten auch die passenden dreidimensionalen Sounds hinzufügen. Die Technik hinter diesen 3D-Sounds wollen wir uns jetzt einmal ansehen. Dabei wollen wir uns zunächst mit der Theorie hinter diesem Soundsystem beschäftigen. Im Grunde genommen benutzen wir bei der Arbeit mit dreidimensionalen Sounds genauso einen Sound-Buffer, wie wir es schon bei der zweidimensionalen Soundwiedergabe getan haben. Der Unterschied ist nur, dass es bei einem 3D-SoundBuffer zusätzlich noch die Möglichkeit gibt, einen Positionsvektor und einen Bewegungsvektor zu bestimmen. Mit diesen beiden Vektoren können wir dem 3D-SoundBuffer eine virtuelle Position und Bewegungsrichtung in einer dreidimensionalen Welt zuweisen. Zusätzlich zu dem dreidimensionalen SoundBuffer benötigen wir dann noch einen Empfänger des Sounds. Dieser Empfänger wird bei der Soundprogrammierung als *3DListener* bezeichnet. Es geht dabei um einen Zuhörer, dessen Position und Bewegung wir auch mit Hilfe von Vektoren bestimmen können. Das 3D-Soundsystem erstellt also die dreidimensionalen Sounds, indem es das Verhältnis der Position und Bewegung des *3DBuffers* und des *3DListeners* berechnet. Bei der Berechnung werden grundlegende Theorien benutzt, bei denen einige sehr bekannt und die anderen eher unbekannt sind:

- Die erste Theorie ist wohl die bekannteste. Bei der Schallabschwächung geht man davon aus, dass ein Hörer eine Geräuschquelle immer leiser wahrnimmt, je weiter er sich von der Quelle entfernt.

- Der zweite Effekt tritt ein, wenn ein Geräusch seitlich von einem Hörer entsteht. In diesem Fall wird das Geräusch mit jenem Ohr zuerst wahrgenommen, das sich näher an der Geräuschquelle befindet.

- Ein etwas schwieriger zu realisierender Effekt entsteht, wenn ein Geräusch hinter dem Hörer entsteht. Diese Geräusche werden gedämpft wahrgenommen, da der Ton ja erst den Kopf bzw. die Ohrmuscheln des Hörers passieren muss.

- Der schwierigste Effekt bei der Berechnung der dreidimensionalen Sounds ist jener, der entsteht, wenn die Quelle des Geräusches bzw. der Hörer des Geräusches eine Eigenbewegung haben. In diesem Fall tritt der so genannte Doppler-Effekt auf. Dabei erhöht sich die Frequenz eines Tons, wenn sich die Quelle des Tons und der Hörer aufeinander zu bewegen. Wenn sie sich aber voneinander entfernen, wird die Frequenz niedriger. Am besten kann man diesen Effekt erleben bei der Sirene eines Krankenwagens, der sich auf einen zu bewegt und passiert.

Auf den ersten Blick sieht es so aus, als würde uns der Einsatz des 3D-Sounds die Arbeit sehr schwer machen. Wir wollen uns aber erst einmal die Umsetzung innerhalb der DirectX-API ansehen, bevor wir uns ein Urteil bilden. Sie werden dabei sehen, dass die Umsetzung eines dreidimensionalen Sounds innerhalb der

DirectSound-Schnittstelle einfacher ist, als zunächst gedacht. Die dabei erzielten Effekte werten jedes 3D-Projekt auf und bringen uns als Entwickler ein ganzes Stück weiter bei der Erstellung einer möglichst realistischen 3D-Umgebung.

IDirectSound3DBuffer8

Bevor wir aber zur programmiertechnischen Umsetzung der 3D-Sounds kommen, wollen wir uns die beiden wichtigsten Elemente des 3D-Soundsystems noch einmal genauer ansehen. Die *IDirectSound3DBuffer8*-Schnittstelle stellt alle Funktionen zur Verfügung, um einen SoundBuffer für die Wiedergabe dreidimensionaler Sounds nutzen zu können. Einzige Voraussetzung ist dabei, dass dieser Buffer mit der Kontrollkonstanten *DSBCAPS_CTRL3D* erstellt wurde. Nach der Verknüpfung der *IDirectSound3DBuffer8*-Schnittstelle mit dem Soundbuffer durch die *QueryInterface*-Funktion können wir dem SoundBuffer eine Position, eine Bewegungsrichtung und einige andere Eigenschaften zuweisen. Außerdem ist noch zu beachten, dass ein SoundBuffer, der als *3DSoundBuffer* deklariert wurde, nur mit Wave-Daten gefüllt werden kann, die nur einen Kanal besitzen. Der Buffer kann also nur Mono-Sounds beinhalten. Wird versucht, einen Stereo-Sound in den Buffer zu laden, kommt es zu einem Fehler.

IDirectSound3DListener8

Genau wie im richtigen Leben sind Geräusche in virtuellen dreidimensionalen Umgebungen abhängig von der Quelle des Geräusches, aber auch von deren Empfänger. Dabei spielt nicht nur die Position und die Bewegungsrichtung der Soundquelle eine Rolle, sondern auch die Parameter des Hörers müssen berücksichtigt werden. Deshalb benötigen wir bei der Programmierung des 3D-Sounds nicht nur Objekte, die den Ton abgeben, sondern wir benötigen auch ein Element, das den Ton »hört«. Dieses Objekt ist die *IDirectSound3DListener8*-Schnittstelle. Im Regelfall wird die Position des *3DListeners* identisch sein mit der Kameraposition in der 3D-Welt. Zur Erstellung des *Listener*-Objekts wird der PrimaryBuffer des SoundDevice genutzt. Dabei erfolgt die Verknüpfung des *Listener*-Objektes mit dem Buffer genauso wie vorher bei dem SoundBuffer.

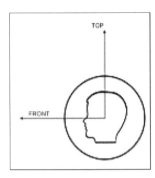

Abbildung 2.81 Beispiel der Orientierungseinstellung eines *3DListener*-Objektes

Zusätzlich zu den vom *3DSoundBuffer* bekannten Vektoren zur Bestimmung der Position und der Bewegung des *Listener*-Objekts hat dieses noch zwei weitere Parameter zur genauen Bestimmung seines Verhaltens. Diese beiden Vektoren bestimmen die Orientierung des Listeners. Stellt man sich diese Orientierung wie in Abbildung 2.81 dargestellt als Kopf vor, dann bestimmt die Orientierung quasi die Position, die der Kopf des Listeners hat. So ist es möglich, dass der Bewegungsvektor des Listeners zwar bestimmt, dass das Objekt sich nach links bewegt, der Kopf aber gleichzeitig nach rechts sieht und somit der Sound anders berechnet werden muss.

Nachdem wir nun einen kurzen Blick auf die Theorie der 3DSound-Objekte geworfen haben, wollen wir uns gleich deren Umsetzung in einem Projekt ansehen. Wir haben dabei das Projekt *Adjust 2D Sound* als Grundlage genommen und es an einigen Stellen etwas abgeändert. Wir werden im weiteren Verlauf des Kapitels nur auf diese Änderungen eingehen, da wir uns nicht unnötig wiederholen wollen. Die Soundklasse *CGESound* haben wir um zwei Funktionen erweitert. Die Funktion *StartSoundDevice3D* erstellt eine DirectSound-Schnittstelle mit einem PrimaryBuffer und weist diesem Buffer eine *IDirectSound3DListener8*-Schnittstelle zu. Die Methode *CreateSoundBuffer3D* hingegen erstellt einen SoundBuffer, füllt diesen mit den Wave-Daten und weist ihm eine *IDirectSound3DBuffer8*-Schnittstelle zu. Wir haben diese beiden Funktionen in der Methode *PlaySelectedFile* integriert und können somit anstatt eines 2D-Sounds jetzt über diese Funktion einen 3D-Sound wiedergeben.

```
VOID PlaySelectedFile( HWND hwndDlg ){

    // Start the Sound Device in the Soundclass
    MySound.StartSoundDevice3D(hwndDlg, pSoundGUID);

    if (m_SetEffect == GESOUNDEFFEKT_NONE){
      hr = MySound.CreateSoundBuffer3D((UCHAR*)snd_buffer);
    }else{
      hr = MySound.CreateSoundBuffer3D((UCHAR*)snd_buffer,1);
    }

    if(MySound.bLoop){
      // Create a timer to periodically move the 3D object around
      SetTimer( hwndDlg, 12345, 1000, NULL );
      MySound.PlaySoundBuffer(0,0,DSBPLAY_LOOPING);
    }else{
      MySound.PlaySoundBuffer(0,0,0);
    }
}
```

Listing 2.105 Änderungen in der Funktion *PlaySelectedFile*

Eine weitere Änderung innerhalb der Funktion ist der Befehl *SetTimer*. Dieser wird aufgerufen, wenn der Benutzer die Optionsschaltfläche *Loop* angeklickt hat und der Sound so lange wiederholt werden soll, bis die Wiedergabe abgebrochen wird. In diesem Fall setzt ein Timer alle 1.000 Millisekunden die Position des *3DSoundBuffers* neu. Diese Methode werden wir uns aber erst später in diesem Abschnitt ansehen.

Zunächst wollen wir uns die Erstellung des *3DListener*-Objektes ansehen. Dazu benutzen wir wie erwähnt die Funktion *StartSoundDevice3D*. Der Inhalt dieser Funktion ist nahezu identisch mit der Funktion *StartSound-Device* aus dem vorherigen Abschnitt. Damit wir aber einen 3D-fähigen PrimaryBuffer erhalten, mussten wir der *dwFlags*-Variablen der *BufferDescription*-Struktur *description* die Konstante *DSBCAPS_CTRL3D* hinzufügen. Die Erstellung des Buffers ist danach identisch mit der des vorangegangen Projekts.

```
HRESULT CGESound::StartSoundDevice3D(HWND hwndDlg,  GUID* pSoundGUID){

    LPDIRECTSOUNDBUFFER dsprimarybuffer = NULL;

    // Buffer description
    DSBUFFERDESC dsbd;
    ZeroMemory( &dsbd, sizeof(DSBUFFERDESC) );
    dsbd.dwSize        = sizeof(DSBUFFERDESC);
```

Listing 2.106 Ergänzungen der Funktion *StartSoundDevice3D*

```
dsbd.dwFlags      = DSBCAPS_CTRL3D |DSBCAPS_PRIMARYBUFFER;
dsbd.dwBufferBytes = 0;
dsbd.lpwfxFormat  = NULL;

// Create Buffer
hr = LPSoundDevice->CreateSoundBuffer( &dsbd, &dsprimarybuffer, NULL );
if( FAILED( hr ) ){
  MessageBox(NULL,"ERROR CREATESOUNDBUFFER","FEHLER",MB_OK);
  return hr;
}

hr = dsprimarybuffer->QueryInterface(IID_IDirectSound3DListener,
                                     (VOID**)&The3DListener);
if( FAILED(hr) ){
  MessageBox(NULL,"ERROR QUERYINTERFACE PRIMARYBUFFER","FEHLER",MB_OK);
  return hr;
}

// Get listener parameters
The3DListenerParameter.dwSize = sizeof(DS3DLISTENER);
The3DListener->GetAllParameters( &The3DListenerParameter);
}
```

Listing 2.106 Ergänzungen der Funktion *StartSoundDevice3D (Fortsetzung)*

Ist der Buffer erfolgreich erstellt worden, können wir auch schon gleich mit der Funktion *QueryInterface* die *IDirectSound3Dlistener*-Schnittstelle *The3DListener* mit dem *PrimaryBuffer*-Objekt verknüpfen. Für die weitere Verarbeitung speichern wir dann mit Hilfe des Befehls *GetAllParameters* die aktuellen Parameter des *Listener*-Objekts in der Struktur *The3DListenerParameter* ab. Diese wurde im Vorfeld klassenweit deklariert. Als Gegenstück zu der Funktion *GetAllParameters* fungiert die Funktion *SetAllParmeters*. Diese Funktion speichert dann die übergebenen Daten im *3DListener*-Element.

IDirectSound3DListener8::GetAllParameters

Die Funktion ermittelt die Einstellungen eines *3DListener*-Objektes und speichert diese in die vorgesehene Struktur ab

```
HRESULT GetAllParameters(LPDS3DLISTENER pListener);
```

pListener	Zeiger auf eine *DS3DLISTENER*-Struktur, die die aktuellen Einstellungen des *3DListener*-Objektes übernehmen soll

Wenn die Funktion ohne Problem abgearbeitet wird, gibt sie den Wert *DS_OK* zurück. Bei der Übergabe einer falschen Struktur als Parameter *pListener* wird der Fehlercode *DSERR_INVALIDPARAM* von der Methode zurückgegeben.

IDirectSound3DListener8::SetAllParameters

Die Methode speichert alle Parameter der übergebenen *DS3DLISTENER*-Struktur innerhalb des *3DListener*-Objektes

```
HRESULT SetAllParameters(LPCDS3DLISTENER pcListener,
                DWORD dwApply);
```

pcListener	Der erste Parameter zeigt auf die Adresse einer *DS3DLISTENER*-Struktur, die alle Daten enthält, die in dem *IDirectSound3DListener8*-Objekt gespeichert werden sollen

dwApply	Mit dem zweiten Parameter legt die Funktion fest, wann das Setzen der Parameter durchgeführt werden soll. Der Wert muss dabei einer der folgenden Konstanten entsprechen:
	DS3D_DEFERRED
	Die Einstellungen werden von dem *Listener*-Objekt nicht übernommen, bevor die Applikation den Befehl *IDirectSound3DListener8::CommitDeferredSettings* aufruft. Dieses erlaubt der Applikation, mehrere Einstellungen an dem Listener durchzuführen und diese dann auf einmal berechnen zu lassen.
	DS3D_IMMEDIATE
	Die übergebenen Einstellungen werden sofort durchgeführt. Dieser Befehl zwingt die Applikation, alle 3D-Koordinaten von allen genutzten 3DBuffern direkt neu zu berechnen.

Die Fehlercodes des Befehls sind identisch mit denen der Funktion *IDirectSound3DListener8::GetAllParameters*.

DS3DLISTENER

Die Struktur beschreibt die aktuellen Einstellungen und die Position des Listeners innerhalb der dreidimensionalen Umgebung. Diese Struktur wird bei den beiden vorangegangenen Befehlen *IDirectSound3DListener8::GetAllParameters* und *IDirectSound3DListener8::SetAllParameters* genutzt.

```
typedef struct {DWORD dwSize;
                D3DVECTOR  vPosition;
                D3DVECTOR  vVelocity;
                D3DVECTOR  vOrientFront;
                D3DVECTOR  vOrientTop;
                D3DVALUE   flDistanceFactor;
                D3DVALUE   flRolloffFactor;
                D3DVALUE   flDopplerFactor;
} DS3DLISTENER, *LPDS3DLISTENER;
typedef const DS3DLISTENER *LPCDS3DLISTENER;
```

dwSize	Größe der Struktur in Bytes. Diese Variable muss initialisiert werden, bevor eine Applikation mit dem Speichern von Daten in die Struktur beginnen kann.
vPosition, vVelocity, vOrientFront, vOrientTop	*D3DVECTOR*-Objekte, die die Position, die Bewegungsrichtung und die Orientierung des *3DListener*-Objektes festlegen
flDistanceFactor, flRolloffFactor, flDopplerFactor	Variablen zur Festlegung der aktuellen Distanz-, Rolloff- und Doppler-Werte

Damit steht unserem Projekt das erste benötigte 3DSound-Objekt zur Verfügung. Wir haben jetzt einen »Hörer« innerhalb unserer dreidimensionalen Soundwelt, den wir beliebig steuern können. Zur Erstellung des ersten 3D-Sounds benötigen wir jetzt also nur noch eine Geräuschquelle. Diese wird innerhalb der DirectSound-API mit einem SecondaryBuffer realisiert, der um eine *IDirectSound3DBuffer8*-Schnittstelle erweitert werden muss. Diese Funktion haben wir in unserem Projekt in die Routine *CreateSoundBuffer3D* integriert. Genau wie bei der Erstellung des Listeners muss bei der Erstellung des SoundBuffers der Wert *DSBCAPS_CTRL3D* innerhalb der *BufferDescription* genutzt werden. Dabei ist darauf zu achten, dass diese Konstante nicht mit dem Wert *DSBCAPS_CTRLPAN* gleichzeitig genutzt wird, da es sonst zu einer Fehlermeldung bei der Erstellung des SoundBuffers kommt, die gleich nach der Festlegung der *BufferDescription* vorgenommen wird. Nach der erfolgreichen Erstellung wird mit dem SecondaryBuffer eine *IDirectSound3DBuffer8*-Schnittstelle verknüpft, über die wir im weiteren Verlauf der Applikation das 3D-Verhalten des SoundBuffers bestimmen können.

```
HRESULT CGESound::CreateSoundBuffer3D(UCHAR *snd_buffer, int FX){

  DWORD tempFlags = DSBCAPS_CTRL3D |DSBCAPS_CTRLVOLUME ;
  if (FX==0){
    tempFlags = tempFlags | DSBCAPS_CTRLFREQUENCY;
  }else{
    tempFlags = tempFlags | DSBCAPS_CTRLFX;
  }

  DSBUFFERDESC dsbd;
  ZeroMemory( &dsbd, sizeof(DSBUFFERDESC) );
  dsbd.dwSize  = sizeof(DSBUFFERDESC);
  dsbd.dwFlags = tempFlags;
  dsbd.dwBufferBytes    = m_mmckiData.cksize;
  dsbd.guid3DAlgorithm = DS3DALG_NO_VIRTUALIZATION;
  dsbd.lpwfxFormat    = &PCMWaveFormat;

  hr= (SecBuffer)->QueryInterface( IID_IDirectSound3DBuffer, (VOID**)&Sec3DBuffer);
  if (FAILED(hr)){
    return hr;
  }

  Sec3DBufferParameter.dwSize = sizeof(DS3DBUFFER);
  Sec3DBuffer->GetAllParameters(&Sec3DBufferParameter);

  D3DVECTOR vPosition;
  vPosition.x = 0.0f;
  vPosition.y = 0.0f;
  vPosition.z = 0.0f;

  memcpy( &Sec3DBufferParameter.vPosition, &vPosition, sizeof(D3DVECTOR) );

  Sec3DBufferParameter.dwMode = DS3DMODE_HEADRELATIVE;
  Sec3DBuffer->SetAllParameters( &Sec3DBufferParameter, DS3D_IMMEDIATE );

  return hr;
}
```

Listing 2.107 Änderungen innerhalb der Funktion *CreateSoundBuffer3D*

Nach der Verknüpfung der Schnittstelle lesen wir die Parameter des Objektes sofort aus und speichern sie in der modulweit deklarierten Struktur *Sec3DBufferParameter*. Anschließend stellen wir sicher, dass sich der Sound-Buffer genau in der Mitte unseres Koordinatensystems befindet. Mit dem Wert *DS3DMODE_HEADRELATIVE* legen wir fest, dass sich der Abstand zwischen dem Sound und dem *3DListener* nicht verändern soll. Danach speichern wir die vorgenommenen Einstellungen direkt wieder in der 3DSound-Schnittstelle des erstellten SecondaryBuffers.

IDirectSound3DBuffer8::GetAllParameters

Die Funktion ermittelt alle 3D-Einstellungen eines SoundBuffers

HRESULT GetAllParameters(LPDS3DBUFFER pDs3dBuffer);

pDs3dBuffer   Der einzige Parameter der Funktion stellt einen Zeiger auf die Adresse einer *DS3DBUFFER*-Struktur dar, der
                                          die gesammelten 3D-Informationen des SoundBuffers aufnimmt

Die Errorcodes der Funktion sind identisch mit denen der Funktion *IDirectSound3DListener8::GetAllParameters*.

IDirectSound3DBuffer8::SetAllParameters

Diese Methode legt die Eigenschaften eines 3D-SoundBuffers fest

```
HRESULT SetAllParameters(LPCDS3DBUFFER pcDs3dBuffer,
                         DWORD dwApply);
```

pcDs3dBuffer	Zeiger auf eine *DS3DBUFFER*-Struktur, die die gewünschten 3D-Eigenschaften des SoundBuffers enthält
dwApply	Mit dem zweiten Parameter legt die Funktion fest, wann das Setzen der Parameter durchgeführt werden soll. Der Wert muss dabei einer der folgenden Konstanten entsprechen:

DS3D_DEFERRED
Die Einstellungen werden von dem *Listener*-Objekt nicht übernommen, bevor die Applikation den Befehl *IDirectSound3DListener8::CommitDeferredSettings* aufruft. Dies erlaubt der Applikation, mehrere Einstellungen an dem Listener durchzuführen und diese dann auf einmal berechnen zu lassen.

DS3D_IMMEDIATE
Die übergebenen Einstellungen werden sofort durchgeführt. Dieser Befehl zwingt die Applikation, alle 3D-Koordinaten von allen genutzten 3DBuffern direkt neu zu berechnen.

Die Errorcodes der Funktion sind identisch mit denen der Funktion *IDirectSound3DListener8::GetAllParameters*.

DS3DBUFFER

Die *DS3DBUFFER*-Struktur enthält alle Informationen, die benötigt werden, um die Position, die Bewegung und die Orientierung eines 3D-SoundBuffers zu bestimmen. Diese Struktur wird bei den vorangegangenen Funktionen genutzt.

```
typedef struct {DWORD     dwSize;
                D3DVECTOR vPosition;
                D3DVECTOR vVelocity;
                DWORD     dwInsideConeAngle;
                DWORD     dwOutsideConeAngle;
                D3DVECTOR vConeOrientation;
                LONG      lConeOutsideVolume;
                D3DVALUE  flMinDistance;
                D3DVALUE  flMaxDistance;
                DWORD     dwMode;
} DS3DBUFFER, *LPDS3DBUFFER;
typedef const DS3DBUFFER *LPCDS3DBUFFER;
```

dwSize	Der erste Parameter der Struktur stellt die Größe der Struktur in Bytes da. Dieses Mitglied der Struktur muss initialisiert werden, bevor die eigentlichen Informationen in der Struktur gespeichert werden können.
vPosition	Die *D3DVECTOR*-Struktur *vPosition* beschreibt die Position des 3D-SoundBuffers innerhalb einer dreidimensionalen Umgebung
vVelocity	Mit der *D3DVECTOR*-Struktur *vVelocity* wird die aktuelle Bewegung des SoundBuffers dargestellt
dwInsideConeAngle	Der DWORD-Wert *dwInsideConeAngle* bestimmt den Winkel des inneren Projektionskegels des SoundBuffers
dwOutsideConeAngle	Wie der vorherige Wert bestimmt auch *dwOutsideConeAngle* den Winkel eines Projektionskegels. Diesmal jedoch den des äußeren Kegels.
vConeOrientation	Diese *D3DVECTOR*-Struktur bestimmt die Orientierung des Projektionskegels innerhalb des 3DSoundBuffers
lConeOutsideVolume	Der Wert *lConeOutsideVolume* bestimmt die Lautstärke des SoundBuffers, wenn sich der *3DListener* nicht innerhalb des Projektionskegels befindet

flMinDistance	Mit diesem Wert wird der minimale Abstand festgelegt, der benötigt wird, damit der *3DListener* den Sound des SoundBuffers wahrnehmen kann
flMaxDistance	Im Gegensatz zum vorherigen Wert bestimmt dieser *D3DVALUE*-Wert den Abstand, den ein *3DListener*-Objekt maximal haben darf, bevor er den Sound des Buffers nicht mehr hören kann
dwMode	Für den 3DSoundBuffer gibt es drei Betriebsmodi. Diese Modi werden über die folgenden Konstanten bestimmt: **DS3DMODE_DISABLE** Die dreidimensionalen Verarbeitungen der Sounddaten werden abgeschaltet. Bei der Wiedergabe scheint der Sound des Buffers in der Mitte des *3DListener*-Objektes zu entstehen. **DS3DMODE_HEADRELATIVE** Die angegebenen Einstellungen werde relativ zum *3DListener* gesetzt, d.h. zu den angegebenen Werten werden die Einstellungen der *3DListener*-Objekte addiert. Jedes Mal, wenn sich die Position des Listeners ändert, werden dabei auch die Einstellungen des 3DSoundBuffers angepasst. Der Abstand zwischen Geräusch und Hörer bleibt dabei also konstant. **DS3DMODE_NORMAL** Dieses ist die Default-Einstellung des Objektes. Alle Einstellungen werden dabei relativ zum Ursprung der World-Matrix gesehen.

An dieser Stelle unseres Projektes stehen uns nun beide Objekte zur Verfügung, die wir zur Wiedergabe eines dreidimensionalen Sounds benötigen. Wir können diesen Sound auch schon über die *Play*-Anweisung des SecondaryBuffer-Objektes abspielen. Wie aber können wir feststellen, dass dieser Buffer auch dreidimensionale Eigenschaften besitzt? Der einfachste Weg dafür ist, die Position des SoundBuffers dynamisch anzupassen und uns das Ergebnis anzuhören. Zur dynamischen Anpassung wird beim Abspielen des SoundBuffers im Loop-Mode ein Timer-Event initialisiert. Dieses Ereignis wird alle 1.000 Millisekunden ausgeführt und im MessageHandler des Windows-Dialogfeldes behandelt.

Dabei wird als Erstes die Gradzahl bestimmt, auf die der SoundBuffer im nächsten Schritt bewegt werden soll. Diese Gradzahl wird sofort anschließend über das Statusfeld des Dialogfeldes angezeigt. Mit Hilfe der ermittelten Zahl berechnen wir dann die Position des SoundBuffers auf einer Kreisbahn rund um das *3DListener*-Objekt und speichern die Werte in einem Direct3D-Vektor ab.

```
case WM_TIMER:
  if( wParam == 12345 )
  m_Grad += (int)10;
  if (m_Grad >= (int)360){
    m_Grad = (int)0;
  }

  sprintf(buffer, "   Position des Sounds : %d Grad", m_Grad);
  SetDlgItemText( hwndDlg, IDC_STATIC_STATUSAUSGABE,    buffer);

  tempFloat = (FLOAT)m_Grad * (3.141592/180);
  D3DVECTOR vPosition;
  vPosition.x = 100.0f  * (FLOAT)sin(tempFloat);
  vPosition.y = 0.0f;
  vPosition.z = 100.0f  * (FLOAT)cos(tempFloat);

  MySound.Set3DBufferPosition(&vPosition);
  break;
```

Listing 2.108 Timer-MessageHandler zur Festlegung der Position des SoundBuffers

Am Schluss der Funktion wird dieser Vektor der Funktion *Set3DBufferPosition* der *CGESound*-Klasse übergeben und somit die Position des Buffers neu gesetzt. Dies geschieht, indem wir innerhalb der Funktion den Vektor mit der neuen Position in eine *DS3DBUFFER*-Struktur kopieren und diese dann mit dem Befehl *SetAllParameters* an den 3DSoundBuffer übergeben.

```
HRESULT CGESound::Set3DBufferPosition(D3DVECTOR *pvPosition){
  HRESULT hr = S_OK;

  memcpy( &Sec3DBufferParameter.vPosition, pvPosition, sizeof(D3DVECTOR) );

  Sec3DBufferParameter.flMaxDistance = 10.0f;
  Sec3DBufferParameter.flMinDistance = 5.0f;

  if( Sec3DBuffer ){
    hr = Sec3DBuffer->SetAllParameters( &Sec3DBufferParameter, DS3D_IMMEDIATE );
    if (FAILED(hr)){
      MessageBox(NULL,"ERROR SET3DPARAMETER","FEHLER",MB_OK);
      return hr;
    }
  }
  return hr;

}
```

Listing 2.109 Setzen der neuen Position eines 3DSoundBuffers

Wenn Sie nun das Projekt starten und einen Sound innerhalb der Loop-Schleife abspielen, sollten Sie hören, wie der Sound um Sie herumwandert.

Damit ist das Kapitel der Soundwiedergabe mit Hilfe der DirectSound-API abgeschlossen. Sie haben die Möglichkeiten kennen gelernt, um zwei- und dreidimensionale Sounds zu erstellen und diese abzuspielen. Darüber hinaus haben Sie mehr über die Funktionen zur Echtzeitmodifikation dieser Daten erfahren. Dabei haben sich aber alle Projekte auf die Wiedergabe von Wave-Daten beschränkt. Wie Sie Daten eines anderen Formats auslesen und wiedergeben können, wird Bestandteil des zweiten Teils dieses Buchs sein. Dann werden wir uns darum kümmern, Hintergrundmusik für unser Spielprojekt zu realisieren.

Mathe für Spieleprogrammierer

High resolution Timer

Das Wissen um die genaue Zeit ist für einen Spieleprogrammierer unerlässlich. Dabei geht es nicht um die Uhrzeit, sondern um einen supergenauen Zeitindex; insbesondere um die verstrichene Zeit zwischen zwei Renderzyklen. Hiermit lassen sich »Frames per Second«-Werte errechnen, besonders wichtig ist jedoch, dass wir die Geschwindigkeiten der Spielfiguren dynamisch an die Geschwindigkeit des Computers anpassen können.

Wenn wir uns ansehen, wie eine Animation auf einem Computer entsteht, erkennen wir die Notwendigkeit des High resolution Timers. Eine Animation entsteht, indem die Position eines Objektes bei jedem Renderzyklus verändert wird. So wird beispielsweise die x-Position eines Objektes bei jedem Renderzyklus um eine Einheit nach rechts verschoben. Die Verschiebung um einen festen Faktor würde bei einem langsamen Computer eine langsame Animation erzeugen und bei einem schnellen Computer eine schnelle Animation. Das ist z.B. der Fall, wenn Sie von Ihrem alten Computer auf ein aktuelles System umsteigen. Schlecht programmierte Spiele werden quasi unspielbar, da sich die Spielfiguren mit Lichtgeschwindigkeit über den Monitor bewegen. Mit Hilfe einer dynamischen Geschwindigkeitsberechnung können wir sicherstellen, dass das Spiel auf allen Computern gleich schnell läuft. Im Grunde ist es leicht, eine dynamische Geschwindigkeit zu berechnen. Wir benötigen lediglich die verstrichene Zeit zwischen zwei Renderzyklen. Anschließend gewichten wir die Geschwindigkeit mit dem ermittelten Zeitindex und weisen das Ergebnis der Spielfigur zu.

Wie können wir Zeit messen? Sollte Ihnen die *WM_TIMER*-Nachricht von Windows in den Sinn kommen, dann verwerfen Sie diesen Gedanken bitte gleich wieder. Die Priorität dieser Nachrichtenverarbeitung reicht zwar für normale Windows-Aufgaben aus, wir benötigen aber einen absolut genauen Timer, welcher sich auch nicht stören lässt. Leichteste Ungenauigkeiten würden sich durch eine zitternde Bewegung bemerkbar machen.

GetTickCount() bzw. timeGetTime()

Beide Methoden messen die Zeit in Millisekunden. Hierbei liefert *GetTickCount()* die verstrichene Zeit seit dem Einschalten des Computers und *timeGetTime()* die aktuelle Systemzeit.

```
DWORD GetTime(){return GetTickCount();}
DWORD GetTime(){return timeGetTime();}
```

Welchen Timer Sie bevorzugen, bleibt Ihnen überlassen. Nach unserem Wissen sollte *timeGetTime()* auf jedem PC dieser Welt zur Verfügung stehen. Beide Methoden arbeiten auf die Millisekunde ($1/_{1.000}$) genau.

QueryPerformanceCounter

Der Performance-Counter ist in der Hardware implementiert und arbeitet mit 3,19 MHz. Hierdurch erhalten wir eine Auflösung von ca. 1 Mikrosekunde ($1/_{1.000.000}$). Das ist genau die Auflösung, die wir brauchen. Leider steht dieser Counter bei älteren Computern nicht zur Verfügung. Auf allen uns bekannten Systemen stand der Hardware-Timer bereit. Zur Sicherheit können wir mit der *QueryPerformanceFreqency()*-Methode prüfen, ob der Counter verwendbar ist.

```
BOOL QueryPerformanceFrequency(LARGE_INTEGER* lpFrequency);
```

Wenn der Hardware-Timer nicht verfügbar ist, erhalten wir 0 als Rückgabewert, andernfalls die aktuelle Frequenz (Durchläufe pro Sekunde). Die Frequenz ist der Wert, um den der Counter pro Sekunde erhöht wird. Die eigentliche Zeitmessung übernimmt die *QueryPerformanceCounter()*-Methode.

```
BOOL QueryPerformanceCounter(LARGE_INTEGER* lpPerformanceCount);
```

Diese Methode liefert keine Uhrzeit, sondern einen Zählerindex basierend auf der Taktung der Hardware. Die Methode *TicTimer()* ermittelt den FPS-Wert und misst die verstrichene Zeit zwischen zwei Aufrufen.

Bitte beachten Sie die Variablen *AverageFPS*, *elapsed* und *freq*. Diese müssen öffentlich deklariert werden. *AverageFPS* nimmt den FPS-Wert auf. Hierbei handelt es sich um einen gerundeten Wert, basierend auf einer Messzeit von einer Sekunde. Die Variable *elapsed* beinhaltet den Zeitindex zwischen zwei Aufrufen. Um eine real verstrichene Zeit zu ermitteln, muss der Zeitindex durch die aktuelle Systemfrequenz geteilt werden.

```
realeZeit = (double)elapsed/(double)freq
```

Die real verstrichene Zeit multipliziert mit dem aktuellen FPS-Wert muss 1 ergeben.

```
public:
    double AverageFPS;
    LONGLONG elapsed;
    LONGLONG freq;

void TicTimer()
{
    double static FPS, tmpFPS;
    double static AvarageFPSStartTime;
    LONGLONG static lastFrame;
    LONGLONG CurrentFrame;
    int static AvarageFPSCounter;

    if (freq == 0) QueryPerformanceFrequency((LARGE_INTEGER*)&freq);
    QueryPerformanceCounter((LARGE_INTEGER*)&CurrentFrame);

    elapsed = CurrentFrame - lastFrame;
    FPS = (double)((double)freq / (double)elapsed);

    if ((AvarageFPSStartTime + 1000)>=(double)GetTickCount())
    {
        AvarageFPSCounter++;
        tmpFPS+=FPS;
    }
    else
    {
        AverageFPS=tmpFPS/AvarageFPSCounter;
        AverageFPSCounter=0;
        tmpFPS=0;
        AvarageFPSStartTime=GetTickCount();
    }
    if(lastFrame==0)AverageFPS=0;
        lastFrame = CurrentFrame;
}
```

Listing 3.1 *TicTimer()*-Methode zum Ermitteln von FPS und Framezeit

Grad vs. Radiant

In der Schule haben wir gelernt, dass ein Kreis 360 Grad umfasst. Der Computer kann mit einer Winkelangabe in Grad nichts anfangen. Er erwartet die Maßeinheit Radiant. Die Maßeinheit Radiant beschreibt das Verhältnis von Kreisbogen zu Radius und wird als Bogenmaß bezeichnet. Ein Halbkreis entspricht dem Wert *PI* (3,14159) und ein voller Kreis wird mit *2*PI* bezeichnet.

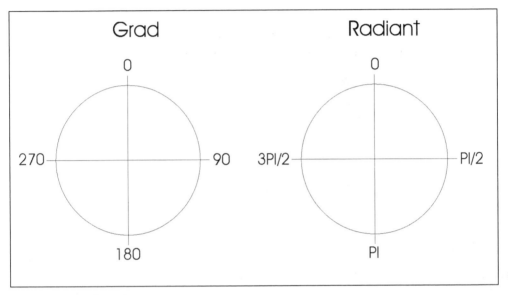

Abbildung 3.1   Grad vs. Radiant

Die Umrechnung von Radiant in Grad oder umgekehrt ist denkbar einfach:

■   Radiant = Grad * PI/180

■   Grad = Radiant * 180/PI

Diese Umrechnung ist auch in der Headerdatei *d3dx9math.h* deklariert.

```
#define D3DX_PI    ((FLOAT)  3.141592654f)
#define D3DXToRadian( degree ) ((degree) * (D3DX_PI / 180.0f))
#define D3DXToDegree( radian ) ((radian) * (180.0f / D3DX_PI))
```

Beispiel:

```
double result1, result2;
result1 = D3DXToRadian(180);
result2 = D3DXToDegree(D3DX_PI);
```

Die Ergebnisse sehen wie folgt aus:

result1 = 3.1415159

result2 = 180

Matrixberechnungen

Wir wissen, dass DirectX auf Matrizen angewiesen ist, da sonst eine 3D-Darstellung nicht denkbar ist. Sie wäre nicht in adäquater Zeit darstellbar. Mit Matrizen können komplexe Vorgänge abgebildet und schnell berechnet werden.

Aufbau einer Matrix

DirectX verwendet ausschließlich eine 4x4-Matrix. Im Allgemeinen wird eine Matrix als $m*n$-Matrix angegeben. Hierbei steht das m für die Anzahl der Zeilen und n für die Anzahl der Spalten.

$$\begin{bmatrix} M_{1,1} & M_{1,2} & M_{1,3} & ... & M_{1,n} \\ M_{2,1} & M_{2,2} & M_{2,3} & ... & M_{2,n} \\ M_{3,1} & M_{3,2} & M_{3,3} & ... & M_{3,n} \\ ... & ... & ... & ... & ... \\ M_{m,1} & M_{m,2} & M_{m,3} & ... & M_{m,n} \end{bmatrix} = M$$

Die Schreibweise für ein einzelnes Feld ist: $M_{2,3}$ (zweite Zeile, dritte Spalte). Da wir uns ausschließlich mit der 4x4-Matrix beschäftigen, könnten wir eine Zelle der Matrix auch ohne Komma darstellen: M_{23}.

Die Einheitsmatrix

Die Einheitsmatrix wird auch als *neutrale Matrix* oder *Identitätsmatrix* bezeichnet. DirectX benötigt diese Matrix immer dann, wenn eine Methode eine Matrix benötigt, diese aber nicht leer sein darf. Das ist so ziemlich jede Methode, welche mit Matrizen rechnet.

$$\begin{bmatrix} 1 & 0 & 0 & 0 \\ 0 & 1 & 0 & 0 \\ 0 & 0 & 1 & 0 \\ 0 & 0 & 0 & 1 \end{bmatrix}$$

Addition

Matrizen werden miteinander addiert, indem die einzelnen Zellen addiert werden. Dies trifft auf quadratische Matrizen zu.

$$\begin{bmatrix} 0 & 0 & 0 & 0 \\ 0 & 0 & 0 & 0 \\ 0 & 0 & 0 & 0 \\ 7 & 2 & 11 & 0 \end{bmatrix} + \begin{bmatrix} 0 & 0 & 0 & 0 \\ 0 & 0 & 0 & 0 \\ 0 & 0 & 0 & 0 \\ -2 & 2 & 5 & 4 \end{bmatrix} = \begin{bmatrix} 0 & 0 & 0 & 0 \\ 0 & 0 & 0 & 0 \\ 0 & 0 & 0 & 0 \\ 5 & 5 & 16 & 4 \end{bmatrix}$$

Subtraktion

Matrizen werden voneinander subtrahiert, indem die einzelnen Zellen beider Matrizen voneinander subtrahiert werden.

$$\begin{bmatrix} 0 & 0 & 0 & 0 \\ 0 & 0 & 0 & 0 \\ 0 & 0 & 0 & 0 \\ 2 & 7 & 1 & 28 \end{bmatrix} - \begin{bmatrix} 0 & 0 & 0 & 0 \\ 0 & 0 & 0 & 0 \\ 0 & 0 & 0 & 0 \\ 3 & 1 & 10 & 0 \end{bmatrix} = \begin{bmatrix} 0 & 0 & 0 & 0 \\ 0 & 0 & 0 & 0 \\ 0 & 0 & 0 & 0 \\ -1 & 6 & -9 & 28 \end{bmatrix}$$

Multiplikation

Zwei Matrizen werden miteinander multipliziert, indem die Zeilenelemente der ersten Matrix mit den Spaltenelementen der zweiten Matrix multipliziert werden. Eine Multiplikation ist nur dann möglich, wenn die Länge der Zeilen der ersten Matrix mit der Länge der Spalten der zweiten Matrix übereinstimmt. Aus einer $l*m$-Matrix multipliziert mit einer $m*n$-Matrix entsteht eine $l*n$-Matrix. Beachten Sie, dass bei der Matrixmultiplikation das Kummutativgesetz nicht gültig ist ($A*B$ ungleich $B*A$).

Kummutativgesetz

Das Kummutativgesetz erlaubt das Vertauschen einzelner Gleichungselemente ohne Beeinflussung des Gleichungsergebnisses.

$$a + b = b + a$$
$$a * b = b * a$$

$$\begin{bmatrix} 3 & 4 & 7 \\ 2 & 11 & 4 \end{bmatrix} * \begin{bmatrix} 4 & 11 \\ 9 & 1 \\ 2 & 3 \end{bmatrix} = \begin{bmatrix} 62 & 58 \\ 115 & 45 \end{bmatrix}$$

$$3*4 + 4*9 + 7*2 = 62 \qquad 3*11 + 4*1 + 7*3 = 58$$
$$2*4 + 11*9 + 4*2 = 115 \qquad 2*11 + 11*1 + 4*3 = 45$$

Es werden die Zeilen von Matrix A mit den Spalten von Matrix B multipliziert. Hierbei gilt, dass jeweils das erste Element aus Spalte 1 mit dem ersten Element aus Zeile 1 multipliziert wird und Element 2 aus Spalte 1 mit Element 2 aus Zeile 1 usw.

Division

Eine Matrix A wird durch Matrix B dividiert, indem Matrix A mit dem Kehrwert von Matrix B multipliziert wird. Der Kehrwert einer Matrix wird als invertierte Matrix bezeichnet. In der Schreibweise wird eine invertierte Matrix durch eine hochgestellte –1 gekennzeichnet. Multiplizieren wir eine natürliche Zahl mit dem eigenen Kehrwert, erhalten wir immer den Wert 1.

$$2563 * \frac{1}{2563} = 1$$

Wenn wir eine Matrix mit der eigenen invertierten Matrix multiplizieren, erhalten wir die Einheitsmatrix.

*Matrix A * Matrix A–1 = Einheitsmatrix*

$$\begin{bmatrix} 12 & 3 & 56 & 2 \\ 8 & 34 & 1 & 12 \\ 2 & 0 & 2 & 1 \\ 7 & 9 & 1 & 4 \end{bmatrix} * Kehrwert = \begin{bmatrix} 1 & 0 & 0 & 0 \\ 0 & 1 & 0 & 0 \\ 0 & 0 & 1 & 0 \\ 0 & 0 & 0 & 1 \end{bmatrix}$$

Erstellen der invertierten Matrix M–¹

Indem wir eine Matrix in die Einheitsmatrix umformen und alle Umformungen auf die Einheitsmatrix übertragen, erhalten wir die invertierte Matrix M–^{1}.

Matrix M	Einheitsmatrix
$\begin{bmatrix} 3 & 5 & 1 \\ 2 & 4 & 5 \\ 1 & 2 & 2 \end{bmatrix}$	$\begin{bmatrix} 1 & 0 & 0 \\ 0 & 1 & 0 \\ 0 & 0 & 1 \end{bmatrix}$
Schritt 1: Vertausche Zeile 1 und Zeile 3	
$\begin{bmatrix} 1 & 2 & 2 \\ 2 & 4 & 5 \\ 3 & 5 & 1 \end{bmatrix}$	$\begin{bmatrix} 0 & 0 & 1 \\ 0 & 1 & 0 \\ 1 & 0 & 0 \end{bmatrix}$
Schritt 2: Subtrahiere das Doppelte der 1 Zeile von der 2 Zeile	
$\begin{bmatrix} 1 & 2 & 2 \\ 0 & 0 & 1 \\ 3 & 5 & 1 \end{bmatrix}$	$\begin{bmatrix} 0 & 0 & 1 \\ 0 & 1 & -2 \\ 1 & 0 & 0 \end{bmatrix}$
Schritt 3: Subtrahiere das Dreifache der 1 Zeile von der 3 Zeile	
$\begin{bmatrix} 1 & 2 & 2 \\ 0 & 0 & 1 \\ 0 & -1 & -5 \end{bmatrix}$	$\begin{bmatrix} 0 & 0 & 1 \\ 0 & 1 & -2 \\ 1 & 0 & -3 \end{bmatrix}$
Schritt 4: Vertausche Zeile 2 mit Zeile 3. Anschließend multipliziere die zweite Zeile mit –1.	

Matrix M	Einheitsmatrix		

$$\begin{bmatrix} 1 & 2 & 2 \\ 0 & 1 & 5 \\ 0 & 0 & 1 \end{bmatrix} \qquad \begin{bmatrix} 0 & 0 & 1 \\ -1 & 0 & 3 \\ 0 & 1 & -2 \end{bmatrix}$$

Schritt 5: Subtrahiere das Doppelte der 2 Zeile von der 1 Zeile

$$\begin{bmatrix} 1 & 0 & -8 \\ 0 & 1 & 5 \\ 0 & 0 & 1 \end{bmatrix} \qquad \begin{bmatrix} 2 & 0 & -5 \\ -1 & 0 & 3 \\ 0 & 1 & -2 \end{bmatrix}$$

Schritt 6: Subtrahiere das Fünffache der 3 Zeile von der 2 Zeile

$$\begin{bmatrix} 1 & 0 & -8 \\ 0 & 1 & 0 \\ 0 & 0 & 1 \end{bmatrix} \qquad \begin{bmatrix} 2 & 0 & -5 \\ -1 & -5 & 13 \\ 0 & 1 & -2 \end{bmatrix}$$

Schritt 7: Addiere das Achtfache der 3 Zeile zur 1 Zeile

$$\begin{bmatrix} 1 & 0 & 0 \\ 0 & 1 & 0 \\ 0 & 0 & 1 \end{bmatrix} \qquad \begin{bmatrix} 2 & 8 & -21 \\ -1 & -5 & 13 \\ 0 & 1 & -2 \end{bmatrix}$$

Einheitsmatrix	Invertierte Matrix M-1

Geometrische Formen

In diesem Abschnitt möchten wir Ihnen einige Berechungsmöglichkeiten für geometrische Formen vorstellen. Mitunter ist es hilfreich, eine Kugel (oder eine andere geometrische Form) manuell berechnen zu können. Einige der vorgestellten Berechnungen verwenden wir in unseren eigenen Beispielprogrammen. Unser Ziel ist es, nicht nur einen Algorithmus vorzustellen, sondern wir wollen auch einen Vertex-Buffer erstellen. Im Idealfall sollten Sie den Sourcecode direkt in Ihren eigenen Projekten verwenden können.

Normalvektor

Der Normalvektor wird zur Berechnung von Licht und Schatten benötigt. Aber auch bei der Berechnung von Kollisionen ist der Normalvektor hilfreich. Der Normalvektor steht in der Regel senkrecht auf einem Polygon (bzw. Vertices). Die Berechnung für eine Fläche (Innenwände eines Raumes oder Außenwände einer Box) ist oftmals recht einfach.

Seitenwände	Normalvektor (x, y, z)
Boden	0, 1, 0
Decke	0, −1, 0
Rechte Wand	−1, 0, 0
Linke Wand	1, 0, 0
Vordere Wand	0, 0, −1
Hintere Wand	0, 0, 1

Tabelle 3.1 Normalvektoren eine Raumes

Seitenwände	Normalvektor (x, y, z)
Boden	0, −1, 0
Decke	0, 1, 0
Rechte Wand	1, 0, 0
Linke Wand	−1, 0, 0
Vordere Wand	0, 0, 1
Hintere Wand	0, 0, −1

Tabelle 3.2 Normalvektoren einer Box (Würfels)

Anhand der Tabellen 3.1 und 3.2 erkennen Sie, dass die Normalvektoren eines Raums immer nach innen zeigen und die Normalvektoren einer Box (Würfels) immer nach außen zeigen. So können die Wände optimal das einfallende Licht reflektieren.

Manchmal ist es nicht ganz einfach, den Normalvektor zu bestimmen. Eine Kugel hat keine rechtwinkligen Wände, und somit ist die Bestimmung des Normalvektors komplizierter. Wir stellen Ihnen eine Methode vor, welche anhand von drei Vertices (die Vertices eines Polygons) den Normalvektor berechnet:

```
D3DXVECTOR3 CalcNormal(D3DXVECTOR3 v1, D3DXVECTOR3 v2, D3DXVECTOR3 v3)
{
    D3DXVECTOR3 tv1, tv2, tv3;
    D3DXVec3Subtract(&tv1,&v2,&v1);
    D3DXVec3Subtract(&tv2,&v3,&v1);

    D3DXVec3Cross(&tv3,&tv1,&tv2);
    D3DXVec3Normalize(&tv3,&tv3);
    return tv3;
}
```

Listing 3.2 Funktion *CalcNormal()*

Die Funktion *CalcNormal()* liefert als Rückgabewert einen normalisierten Vektor. Dieser ist der Normalvektor für das Polygon. Die Lage des Polygons spielt dabei keine Rolle. Der berechnete Normalvektor steht immer senkrecht (90 Gradwinkel) auf dem Polygon.

Sphere (Kugelberechnung)

Eine Kugel zu berechnen ist eine wirkliche Hilfe. In der Computergrafik sind Kugeln ein fester Bestandteil und viele Konzepte sind nur durch den Einsatz von Kugeln realisierbar. Ein sehr populäres Beispiel ist ein Skydome. Ein Skydome ist eine Halbkugel, welche Horizont und Himmel einer Landschaft simulieren soll. Da im Weltall der Horizont fehlt, und somit auch kein Boden (Terrain) vorhanden ist, wird statt einer Halbkugel eine volle Kugel verwendet.

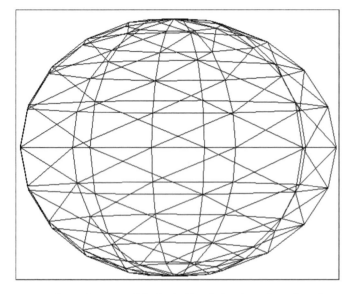

Abbildung 3.2 Sphere

Der Aufbau einer Kugel ist in Zeilen (Ringe) und Spalten (Segmente) aufgeteilt. Bei der Konstruktion werden in jedem Durchlauf immer zwei Dreiecke erstellt, welche zusammen ein Rechteck ergeben. Für das Vertexformat haben wir die Bestandteile *Position*, *Color* und *Texturkoordinaten* gewählt.

```
struct CUSTOMVERTEX
{
   D3DXVECTOR3 position;
   D3DCOLOR    color;
   float tu, tv;
};
#define D3DFVF_CUSTOMVERTEX (D3DFVF_XYZ |D3DFVF_DIFFUSE |D3DFVF_TEX1)
```

Das Vertexformat kann beliebig geändert werden. Beispielsweise könnten Sie den Normalvektor oder zusätzliche Texturkoordinaten hinzufügen.

Die Methode *MakeSphere* verlangt vier Parameter. Der erste Parameter ist ein gültiges Direct3D-Device. Der zweite und dritte Parameter verlangen jeweils die Angabe der zu verwendenden Zeilen und Spalten. Der letzte Parameter skaliert die Kugel. Eine Positionierung der Kugel ist nicht möglich. Hierdurch wird die Kugel immer um den Koordinatenursprung erstellt. Das heißt, das Zentrum der Kugel liegt auf den Objektkoordinaten (x=0, y=0, z=0). Solange die Weltmatrix nicht manipuliert wird, sind das auch die Koordinaten in der Weltmatrix.

```
HRESULT MakeSphere (int nRings , int nSegments, float m_fSize)
{
    signed int ring;
    signed int seg;

    // Anzahl der Vertices ermitteln
    DWORD dwVertices = 2 * nRings * ( nSegments + 1 ) ;

    // Vertexbuffer erstellen
    if( FAILED( pd3dDevice->CreateVertexBuffer( dwVertices*sizeof(CUSTOMVERTEX),
                                                0, D3DFVF_CUSTOMVERTEX,
                                  D3DPOOL_DEFAULT, &pVB_sphere, NULL ) ) )
    {
        return E_FAIL;
    }

    // Vertexbuffer sperren
    CUSTOMVERTEX * pVertex ;
    if( FAILED( pVB_sphere->Lock( 0, 0, (void**)&pVertex, 0 ) ) ) return E_FAIL;

    // Variablen festlegen
    FLOAT fDeltaRingAngle = ( D3DX_PI / nRings );
    FLOAT fDeltaSegAngle = ( 2.0f * D3DX_PI / nSegments );

    // Ringe erstellen
    for(ring = 0; ring < nRings; ring++ )
    {
        FLOAT r0 = sinf ( (ring+0) * fDeltaRingAngle );
        FLOAT r1 = sinf ( (ring+1) * fDeltaRingAngle );
        FLOAT y0 = cosf ( (ring+0) * fDeltaRingAngle );
        FLOAT y1 = cosf ( (ring+1) * fDeltaRingAngle );

        // Segmente erstellen
        for(seg = 0; seg < ( nSegments + 1 ) ; seg++ )
        {
            FLOAT x0 = r0 * sinf( seg * fDeltaSegAngle );
            FLOAT z0 = r0 * cosf( seg * fDeltaSegAngle );
            FLOAT x1 = r1 * sinf( seg * fDeltaSegAngle );
            FLOAT z1 = r1 * cosf( seg * fDeltaSegAngle );

            // Hinzufügen von zwei Dreiecken
            pVertex->position = D3DXVECTOR3( x0*m_fSize, y0*m_fSize, z0*m_fSize );
            pVertex->normal = pVertex->position;
            pVertex->color = 0xffffffff ;
            pVertex->tu = -((FLOAT)seg) / nSegments;
            pVertex->tv = (ring+0) / (FLOAT) nRings;
            pVertex ++;

            pVertex->position = D3DXVECTOR3( x1*m_fSize, y1*m_fSize, z1*m_fSize );
            pVertex->normal = pVertex->position;
            pVertex->color = 0xffffffff;
            pVertex->tu = -((FLOAT)seg)/ nSegments;
            pVertex->tv = (ring+1)/(FLOAT) nRings;
            pVertex ++ ;
        }
    }
    // Vertexbuffer wieder frei geben
    pVB_sphere->Unlock();
    return S_OK ;
}
```

Listing 3.3 Die Methode *MakeSphere()*

Die Routine erstellt einen Vertex-Buffer und speichert diesen in der Variablen *pVB_sphere*. Die Variable muss außerhalb der Routine deklariert werden. Der Vertex-Buffer kann ganz normal zum Zeichnen verwendet werden. Erstellt wurde der Buffer im *TRIANGLESTRIP*-Verfahren. Das bedeutet, die benötigten Zeichnungsdurchläufe berechnen sich wie folgt:

2 * Anzahl Zeilen * (Anzahl Spalten + 1) – 2

Square (Viereck)

Ein einfaches Viereck wird aus zwei Polygonen gebildet. Schwieriger ist es, ein Viereck aus einer beliebigen Anzahl an Polygonen zu berechnen. Es muss nicht nur die Position der einzelnen Vertices ermittelt werden, sondern es müssen auch die Texturkoordinaten berechnet werden.

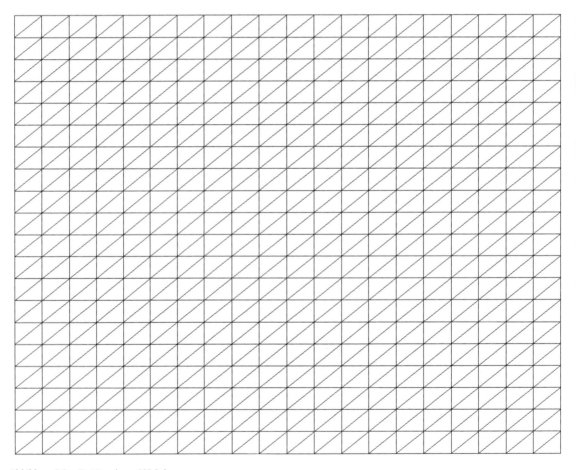

Abbildung 3.3   Ein Viereck aus 800 Polygonen

Bei einem Viereck wie in Abbildung 3.3 wäre es eine sehr mühsame Aufgabe, jedes Polygon selbst zu berechnen. Hierzu benötigen wir einen leistungsstarken Algorithmus.

Die *MakeSquare()*-Methode erstellt ein Viereck mit einer flexiblen Größe, Position und Anzahl an Polygonen.

```
HRESULT MakeSquare( float anzahlX,float anzahlY,
                              float posX, float posY,
                              float width, float height){

  PrimitivTYP=D3DPT_TRIANGLELIST;

  int numVertices = anzahlX * anzahlY * 6;
  int RenderCount=numVertices/3;

  if( FAILED( pd3dDevice->CreateVertexBuffer( numVertices*sizeof(CUSTOMVERTEX),
                                          0, D3DFVF_CUSTOMVERTEX,
                              D3DPOOL_DEFAULT, &pVB , NULL ) ) )
  {
      return E_FAIL;
  }

  CUSTOMVERTEX* pVertices;
  if( FAILED( pVB->Lock( 0, 0, (void**)&pVertices, 0 ) ) ) return E_FAIL;

  int pp =0;
  for( int x=0; x<anzahlX; x++ )
  {
      for( int y=0; y<anzahlY; y++ )
      {
        //Triangle 1
        pVertices[pp].position = D3DXVECTOR3(posX + (x*width / anzahlX),
                                      posY + (y * height / anzahlY),0);
        pVertices[pp].tu=1/anzahlX*(x+anzahlX);
        pVertices[pp].tv=1/anzahlY*(y+anzahlY);
        pVertices[pp].color =0xffffffff;

        pVertices[pp+1].position = D3DXVECTOR3(posX + ((x+1)*width / anzahlX),
                                      posY + (y * height / anzahlY),0);
        pVertices[pp+1].tu=1/anzahlX*(x+anzahlX+1);
        pVertices[pp+1].tv=1/anzahlY*(y+anzahlY);
        pVertices[pp+1].color =0xffffffff;

        pVertices[pp+2].position = D3DXVECTOR3(posX + ((x+1)*width / anzahlX),
                                        posY + ((y+1) * height / anzahlY),0);
        pVertices[pp+2].tu=1.0f/anzahlX*(x+anzahlX+1);
        pVertices[pp+2].tv=1/anzahlY*(y+anzahlY+1);
        pVertices[pp+2].color =0xffffffff;

        // Berechnung des Normalvektors
        pVertices[pp].normal=CalcNormal(pVertices[pp].position,
                        pVertices[pp+1].position,pVertices[pp+2].position);
        pVertices[pp+1].normal=CalcNormal(pVertices[pp].position,
                        pVertices[pp+1].position,pVertices[pp+2].position);
        pVertices[pp+2].normal=CalcNormal(pVertices[pp].position,
                        pVertices[pp+1].position,pVertices[pp+2].position);

        //Triangle 2
        pVertices[pp+3].position = D3DXVECTOR3(posX + ((x+1)*width / anzahlX),
                                      posY + ((y+1) * height / anzahlY),0);
```

Listing 3.4 *MakeSquare()*-Methode

```
      pVertices[pp+3].tu=1/anzahlX*(x+anzahlX+1);
      pVertices[pp+3].tv=1/anzahlY*(y+anzahlY+1);
      pVertices[pp+3].color =0xffffffff;

      pVertices[pp+4].position = D3DXVECTOR3(posX + (x*width / anzahlX),
                                    posY + ((y+1) * height / anzahlY),0);
      pVertices[pp+4].tu=1/anzahlX*(x+anzahlX);
      pVertices[pp+4].tv=1/anzahlY*(y+anzahlY+1);
      pVertices[pp+4].color =0xffffffff;

      pVertices[pp+5].position = D3DXVECTOR3(posX + (x*width / anzahlX),
                                    posY + (y * height / anzahlY),0);
      pVertices[pp+5].tu=1/anzahlX*(x+anzahlX);
      pVertices[pp+5].tv=1/anzahlY*(y+anzahlY);
      pVertices[pp+5].color =0xffffffff;

      // Berechnung des Normalvektors
      pVertices[pp+3].normal=CalcNormal(pVertices[pp+3].position,
                          pVertices[pp+4].position,pVertices[pp+5].position);
      pVertices[pp+4].normal=CalcNormal(pVertices[pp+3].position,
                          pVertices[pp+4].position,pVertices[pp+5].position);
      pVertices[pp+5].normal=CalcNormal(pVertices[pp+3].position,
                          pVertices[pp+4].position,pVertices[pp+5].position);

      pp+=6;
    }
  }
  pVB->Unlock();
  return S_OK;
}
```

Listing 3.4 *MakeSquare()*-Methode *(Fortsetzung)*

Die Parameter *anzahlX* und *anzahlY* definieren, in wie viele Teile das Viereck horizontal und vertikal aufgeteilt werden soll. Mit den Parametern *posX* und *posY* können Sie das Viereck positionieren. Natürlich können Sie das auch mit der Matrix-Translation machen, aber manchmal ist es hilfreich, auf eine einfache Art und Weise ein Viereck zu erstellen. Die verbleibenden Parameter *width* und *height* bestimmen die horizontale und vertikale Ausdehnung.

Die Variable *numVertices* erfasst die Anzahl der benötigten Vertices. Das Viereck wird im *TriangleList*-Modus erstellt und somit werden für jedes Polygon drei separate Vertices benötigt. Die Abbildung 3.3 zeigt ein Viereck mit 800 Polygonen. Für dieses Viereck müssen 2.400 Vertices erstellt werden.

Torus (Ring)

Einen Torus zu berechnen ist eine der beliebtesten Aufgaben in der Computergrafik. Der Algorithmus ist nicht ganz einfach, aber mit dem passenden Geometrielehrbuch kann auch dieses Problem gelöst werden.

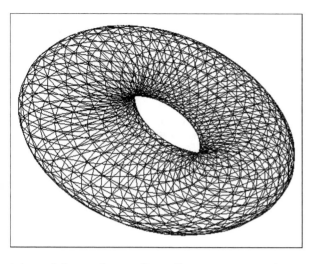

Abbildung 3.4 Torus, bestehend aus 50 Ringen mit 20 Segmenten pro Ring

Die Funktion *MakeTorus()* erstellt einen Torus mit beliebig vielen Ringen und beliebig vielen Segmenten pro Ring. Je höher die Anzahl an Ringen und Segmenten ist, desto runder wird der Ring.

```
HRESULT MakeTorus (int nRings ,
                          int nSegments,
                          float MinorRadius,
                          float MajorRadius)
{
    // Den PrimitivTyp bestimmen
    PrimitivTYP=D3DPT_TRIANGLESTRIP;

    //Anzahl der Vertices bestimmen
    int numVertices = 2 * nRings * ( nSegments + 1 );
    RenderCount=numVertices-2;

    // Erstelle Vertexbuffer
    SAFE_RELEASE (pVB);
    if( FAILED( pd3dDevice->CreateVertexBuffer( numVertices*sizeof(CUSTOMVERTEX),
                                               0, D3DFVF_CUSTOMVERTEX,
                                    D3DPOOL_DEFAULT, &pVB , NULL ) ) )
    {
        return E_FAIL;
    }

    CUSTOMVERTEX * pVertex ;
    if( FAILED( pVB->Lock( 0, 0, (void**)&pVertex, 0 ) ) )        return E_FAIL;

    // Definition der Konstanten, welche zum Erstellen der Kugel benötigt werden.
    FLOAT fDeltaRingAngle = ( D3DX_PI / nRings );
    FLOAT fDeltaSegAngle = ( 2.0f * D3DX_PI / nSegments );

    int i,j;
    float PI2 = 2.0*3.1415926535f;

    for (i=0; i<nRings; i++ )
    {
        for (j=-1; j<nSegments; j++)
```

Listing 3.5 Funktion *MakeTorus()*

```
{
    float wrapFrac = (j%nSegments)/(float)nSegments;
    float phi = PI2*wrapFrac;
    float sinphi = float(sin(phi));
    float cosphi = float(cos(phi));
    float r = MajorRadius + MinorRadius*cosphi;

    pVertex->position = D3DXVECTOR3(
                        float(sin(PI2*(i%nRings+wrapFrac)/(float)nRings))*r,
                                                    MinorRadius*sinphi,
                        float(cos(PI2*(i%nRings+wrapFrac)/(float)nRings))*r);
    pVertex->normal = D3DXVECTOR3(
                      float(sin(PI2*(i%nRings+wrapFrac)/(float)nRings))*cosphi,
                                                    sinphi,
                      float(cos(PI2*(i%nRings+wrapFrac)/(float)nRings))*cosphi);
    pVertex->color = 0xffffffff ;
    pVertex->tu = -((FLOAT)j) / nSegments;
    pVertex->tv = (i+0) / (FLOAT) nRings;
    pVertex ++;

    pVertex->position = D3DXVECTOR3(
                        float(sin(PI2*(i+1%nRings+wrapFrac)/(float)nRings))*r,
                                                    MinorRadius*sinphi,
                        float(cos(PI2*(i+1%nRings+wrapFrac)/(float)nRings))*r);
    pVertex->normal = D3DXVECTOR3(
                      float(sin(PI2*(i+1%nRings+wrapFrac)/(float)nRings))*cosphi,
                                                    sinphi,
                      float(cos(PI2*(i+1%nRings+wrapFrac)/(float)nRings))*cosphi);
    pVertex->color = 0xffffffff;
    pVertex->tu = -((FLOAT)j)/ nSegments;
    pVertex->tv = (i+1)/(FLOAT) nRings;
    pVertex ++ ;
    }
}

// Vertexbuffer freigeben
pVB->Unlock();
return S_OK ;
}
```

Listing 3.5   Funktion *MakeTorus()*

Zum Erstellen eines Rings benötigen wir vier Parameter. Die Parameter *nRings* und *nSegments* legen die Anzahl der Ringe und die Anzahl der Segmente pro Ring fest. Der Parameter *MinorRadius* legt den inneren Radius fest. Der Parameter *MajorRadius* legt den äußeren Radius fest. Der innere Radius muss kleiner sein als der äußere Radius.

Pipe (Röhre)

Eine Röhre zu berechnen ist in vielerlei Hinsicht eine nützliche Sache. Angefangen bei einem Kanalrohr bis hin zu einem flimmernden teiltransparenten Zeittunnel. Die Berechnung ist simpel und die Wirkung ist groß.

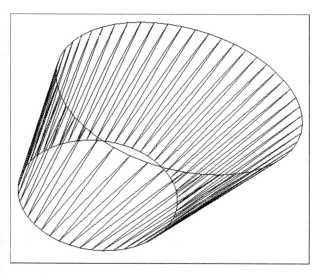

Abbildung 3.5 Pipe mit 50 vertikalen Teilstücken

Mit der Funktion *MakePipe()* können wir eine Röhre mit dynamischen Parametern erstellen. Ebenfalls wird der Normalvektor und die Texturkoordinaten berechnet.

```
HRESULT MakePipe(int anzahlX, float radius, float height)
{

   PrimitivTYP=D3DPT_TRIANGLESTRIP;

   int numVertices = 2 * anzahlX  ;
   RenderCount=numVertices-2;

   // Create the vertex buffer.
   if( FAILED( pd3dDevice->CreateVertexBuffer( anzahlX*2*sizeof(CUSTOMVERTEX),
                                       0, D3DFVF_CUSTOMVERTEX,
                               D3DPOOL_DEFAULT, &pVB, NULL ) ) )
   {
      return E_FAIL;
   }

   CUSTOMVERTEX* pVertices;
   if( FAILED( pVB->Lock( 0, 0, (void**)&pVertices, 0 ) ) )      return E_FAIL;

   for( DWORD i=0; i<anzahlX; i++ )
   {
      FLOAT theta = (2*D3DX_PI*i)/(anzahlX-1);
      pVertices[2*i+0].position = D3DXVECTOR3( sinf(theta)*radius,-height,
                                             cosf(theta)*radius );
      pVertices[2*i+0].normal  = D3DXVECTOR3( sinf(theta), 0.0f, cosf(theta) );
      pVertices[2*i+0].color   = 0xffffffff;
      pVertices[2*i+0].tu      = ((FLOAT)i)/(anzahlX-1);
      pVertices[2*i+0].tv      = 1.0f;

      pVertices[2*i+1].position = D3DXVECTOR3( sinf(theta)*radius, height,
                                             cosf(theta)*radius );
      pVertices[2*i+1].normal  = D3DXVECTOR3( sinf(theta), 0.0f, cosf(theta) );
      pVertices[2*i+1].color   = 0xffffffff;
```

Listing 3.6 Funktion *MakePipe()*

```
            pVertices[2*i+1].tu      = ((FLOAT)i)/(anzahlX-1);
            pVertices[2*i+1].tv      = 0.0f;
        }
        pVB->Unlock();
        return S_OK;
}
```

Listing 3.6 Funktion *MakePipe() (Fortsetzung)*

Die Funktion *MakePipe()* verwendet drei Parameter. Der Parameter *anzahlX* bestimmt die vertikale Aufteilung. Je höher dieser Wert ist, desto runder wird die Röhre. Die verbleibenden Parameter *radius* und *height* sind selbsterklärend.

Box (Skybox)

Eine Kiste zu erstellen ist nicht schwer. Sechs Wände mit je zwei Polygonen macht gerade mal zwölf Polygone. Eine Skybox zu erstellen ist ebenfalls nicht schwer. Ebenfalls benötigen wir nur zwölf Polygone. Kompliziert wird es erst, wenn man an die vielen kleinen Details denkt. Natürlich wollen wir wiederum eine dynamisch zu konstruierende Kiste. So wäre es doch wünschenswert, wenn wir die Anzahl der Polygone pro Seite selbst bestimmen könnten. Außerdem möchten wir auf die Ausdehnungen (Länge, Breite und Tiefe) Einfluss nehmen. Die Anzahl der Texturkacheln ist eine wichtige Eigenschaft. Wir wollen also die »eierlegende Wollmilchsau« in Form eines dynamischen Würfels.

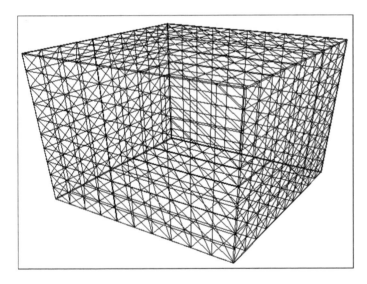

Abbildung 3.6 Die Kiste besteht aus 200 Polygonen pro Seite

Zunächst betrachten wir die Eigenschaften, welche der Würfel haben soll:

- Dynamische Anzahl an Polygonen pro Seite
- Dynamische Länge, Breite und Tiefe
- Positionierbar
- Dynamische Wiederholungen der Textur pro Seite (Textur-Kachel)
- Für jede Seite eine individuelle Textur (optional eine Textur für alle Seiten)

- Sowohl als Kiste (Normalvektoren nach außen gerichtet) als auch als Skybox (Normalvektoren nach innen gerichtet) verwendbar

- All diese Eigenschaften zu implementieren ist in der Theorie recht einfach. Dennoch erwartet uns ein komplexer Sourcecode, welcher über mehrere Seiten gehen würde. Derart viel Sourcecode können und wollen wir in dem Buch nicht abdrucken. Deshalb werden wir hier nur die wichtigen Fragmente vorstellen. Den kompletten Sourcecode finden Sie auf der Buch-CD.

Erstellen des Vertex-Buffers

Beim Erstellen des Vertex-Buffers müssen wir darauf achten, ob es sich um eine Skybox oder um eine normale Box handelt. Ebenfalls müssen wir die Position, die Ausdehnung sowie das Kacheln der Textur berücksichtigen.

Als Erstes benötigen wir die Information, ob es sich um eine Skybox handelt. Hierzu nutzen wir die Funktion *SetSkyBox()*.

```
HRESULT CGeometry::SetSkyBox(bool value)
{
    SkyBox=value;
    return S_OK;
}
```

Listing 3.7 SetSkyBox()

Mit dieser Funktion weisen wir der Variablen *SkyBox* den Wert *true* oder *false* zu. Wenn es sich um eine Skybox handelt, übergeben wir den Wert *true*. Ansonsten erhält die Variable den Wert *false*.

Jetzt können wir mit der Funktion *MakeBox()* den Vertex-Buffer erstellen. Dies ist eine sehr komplexe Funktion und deshalb stellen wir nur das Erstellen der Vorderseite vor. Alle weiteren Seiten des Würfels werden nach der gleichen Bauweise erstellt.

```
HRESULT CGeometry::MakeBox(    float anzahlX,float anzahlY, float anzahlZ,
                               float posX, float posY, float posZ,
                               float width, float height, float depth){
```

Der Funktionskopf beinhaltet neun Parameter: *anzahlX*, *anzahlY* und *anzahlZ* legen fest, aus wie vielen Quadraten (zwei Dreiecke pro Quadrat) die vertikalen, horizontalen und tiefen Seiten erstellt werden sollen. Die Parameter *posX*, *posY* und *posZ* legen die Position der vorderen linken unteren Kante fest.

```
GeometryType=GeoBox;
PrimitivTYP=D3DPT_TRIANGLELIST;
```

Diese beiden Variablen benötigen wir beim Zeichnen der Kiste.

```
int numVertices = anzahlX * anzahlY * 6 *6;
RenderCount=numVertices/3;
D3DXVECTOR3 v1;

float offsetWidth, offsetDepth, offsetHeight;
if (SkyBox){
   offsetWidth=width/250;
   offsetDepth=depth/250;
   offsetHeight=height/250;}
else {
   offsetWidth=0;
   offsetDepth=0;
   offsetHeight=0;
}
```

Nun kommt es vor, dass es an den Kanten der Kiste zu visuellen Artefakten kommt. Diese sind besonders dann ärgerlich, wenn die Kiste als Skybox verwendet wird. Dann kann man mitunter an den Kanten ins Freie schauen und das sollte man bei einer Skybox auf jeden Fall vermeiden. Um dies zu vermeiden, schieben wir die einzelnen Seiten ein Stück weit ineinander. So kann keine Kante entstehen. Die Variablen *offsetWidth*, *offsetDepth*, und *offsetHeight* legen fest, wie weit die Seiten ineinander geschoben werden.

```
SAFE_RELEASE (pVB);
if( FAILED( pd3dDevice->CreateVertexBuffer( numVertices*sizeof(CUSTOMVERTEX),
                              0, D3DFVF_CUSTOMVERTEX,
                              D3DPOOL_DEFAULT, &pVB , NULL ) ) )
{
   return E_FAIL;
}

CUSTOMVERTEX* pVertices;
if( FAILED( pVB->Lock( 0, 0, (void**)&pVertices, 0 ) ) ) return E_FAIL;

int pp =0;
if(tu_Front==0)tu_Front=1; if(tv_Front==0)tv_Front=1;

if(SkyBox) v1=D3DXVECTOR3(0, 0, 1); else v1=D3DXVECTOR3(0, 0, -1);
```

Dies ist eine wirklich wichtige Zeile. Je nachdem, ob es sich um eine Skybox oder um eine normale Kiste handelt, werden die Normalvektoren nach innen oder nach außen gerichtet. Bei dem kartesischen Koordinatensystem liegen die positiven Z-Werte in der Tiefe und die negativen Z-Werte liegen im Vordergrund. Bei einer Skybox müssen die Normalvektoren in die Tiefe (positiver Bereich) zeigen. Entsprechend umgekehrt müssen sich die Normalvektoren eines normalen Würfels verhalten.

```
for( int x=0; x<anzahlX; x++ ){
   for( int y=0; y<anzahlY; y++ )
   {
      // Front
      //Triangle 1
      pVertices[pp].position = D3DXVECTOR3(posX + (x*width / anzahlX),
                          posY + (y * height / anzahlY),posZ+offsetDepth);

      pVertices[pp].normal = v1;
      pVertices[pp].tu=tu_Front/anzahlX*(x+anzahlX);
```

Listing 3.8 Auszug aus der Funktion *MakeBox()*

```
      pVertices[pp].tv=tv_Front-(tv_Front/anzahlY*(y+anzahlY));
      pVertices[pp].color =0xffffffff;

      pVertices[pp+1].position = D3DXVECTOR3(posX + ((x+1)*width / anzahlX),
                                 posY + (y * height / anzahlY),posZ+offsetDepth);
      pVertices[pp+1].normal = v1;
      pVertices[pp+1].tu=tu_Front/anzahlX*(x+anzahlX+1);
      pVertices[pp+1].tv=tv_Front-(tv_Front/anzahlY*(y+anzahlY));
      pVertices[pp+1].color =0xffffffff;

      pVertices[pp+2].position = D3DXVECTOR3(posX + ((x+1)*width / anzahlX),
                                 posY + ((y+1) * height / anzahlY),posZ+offsetDepth);
      pVertices[pp+2].normal = v1;
      pVertices[pp+2].tu=tu_Front/anzahlX*(x+anzahlX+1);
      pVertices[pp+2].tv=tv_Front-(tv_Front/anzahlY*(y+anzahlY+1));
      pVertices[pp+2].color =0xffffffff;

      //Triangle 2
      pVertices[pp+3].position = D3DXVECTOR3(posX + ((x+1)*width / anzahlX),
                                 posY + ((y+1) * height / anzahlY),posZ+offsetDepth);
      pVertices[pp+3].normal = v1;
      pVertices[pp+3].tu=tu_Front/anzahlX*(x+anzahlX+1);
      pVertices[pp+3].tv=tv_Front-(tv_Front/anzahlY*(y+anzahlY+1));
      pVertices[pp+3].color =0xffffffff;

      pVertices[pp+4].position = D3DXVECTOR3(posX + (x*width / anzahlX),
                                 posY + ((y+1) * height / anzahlY),posZ+offsetDepth);
      pVertices[pp+4].normal = v1;
      pVertices[pp+4].tu=tu_Front/anzahlX*(x+anzahlX);
      pVertices[pp+4].tv=tv_Front-(tv_Front/anzahlY*(y+anzahlY+1));
      pVertices[pp+4].color =0xffffffff;

      pVertices[pp+5].position = D3DXVECTOR3(posX + (x*width / anzahlX),
                                 posY + (y * height / anzahlY),posZ+offsetDepth);
      pVertices[pp+5].normal = v1;
      pVertices[pp+5].tu=tu_Front/anzahlX*(x+anzahlX);
      pVertices[pp+5].tv=tv_Front-(tv_Front/anzahlY*(y+anzahlY));
      pVertices[pp+5].color =0xffffffff;
      pp+=6;
    }
}
```

Listing 3.8 Auszug aus der Funktion *MakeBox() (Fortsetzung)*

Zuweisen der Texturen

Eine der Anforderungen ist es, dass wir entweder jeder Seite eine eigene Textur zuweisen können oder eine Textur für alle Seiten verwenden. Die Funktion *SetBoxTextur()* kümmert sich um das Laden der benötigten Texturen:

```
HRESULT CGeometry::SetBoxTexture(LPCTSTR name, _SURFACE face)
```

Die Funktion benötigt zwei Parameter. Zum einen wird der Name der zu ladenden Textur verlangt. Als zweiter Parameter wird die Information benötigt, welcher Textursurface die Textur zugewiesen werden soll:

```
char tmpname[255];
sprintf(tmpname,"%s%s","..\\\\",name);
switch (face)
{
case 0://Front
   if( FAILED( D3DXCreateTextureFromFile(pd3dDevice, name, &Texture_Front ) ) )
   {
      if( FAILED( D3DXCreateTextureFromFile(pd3dDevice, tmpname , &Texture_Front ) ) )
      {
         return E_FAIL;
      }
   }
   break;
```

Listing 3.9 Routine zum Laden einer Textur für die Vorderseite

Das Listing 3.9 zeigt die Vorgehensweise zum Laden einer Textur für die Vorderseite des Würfels. Nach gleicher Art und Weise werden auch die Texturen für die restlichen Seiten geladen.

Es fehlt noch ein Indikator, welcher festlegt, ob eine Textur für alle Seiten verwendet werden soll oder ob jede Seite eine eigene Textur verwendet. Mit Hilfe der Funktion *SetBoxMultiTextur()* bestimmen wird genau diesen Sachverhalt.

```
HRESULT CGeometry::SetBoxMultiTextur(bool value)
{
      MultiTextur=value;
      return S_OK;
}
```

Wenn der Wert *true* übergeben wird, erhält jede Seite eine eigene Textur. Andernfalls wird die erste Textur (*Texture_Front*) für alle Texturen verwendet. In diesem Fall muss auch nur die erste Textur geladen werden.

Zeichnen des Würfels

Beim Zeichnen des Würfels müssen wir uns auf die neuen Anforderungen einstellen. Wenn mehrere Texturen verwendet werden, muss die Textur zwischenzeitlich gewechselt werden.

```
switch (MultiTextur)
{
   case true:
      hr=pd3dDevice->SetFVF( D3DFVF_CUSTOMVERTEX );
      hr=pd3dDevice->SetStreamSource( 0, pVB , 0, sizeof(CUSTOMVERTEX) );

      //Front
      hr=pd3dDevice->SetTexture( 0, Texture_Front );
      hr=pd3dDevice->DrawPrimitive( PrimitivTYP, 0,RenderCount/6);
      //Back
      hr=pd3dDevice->SetTexture( 0, Texture_Back );
      hr=pd3dDevice->DrawPrimitive( PrimitivTYP, RenderCount/2,RenderCount/6);
```

```
//Right
hr=pd3dDevice->SetTexture( 0, Texture_Right );
hr=pd3dDevice->DrawPrimitive( PrimitivTYP, RenderCount/2*2,RenderCount/6);
//Left
hr=pd3dDevice->SetTexture( 0, Texture_Left );
hr=pd3dDevice->DrawPrimitive( PrimitivTYP, RenderCount/2*3,RenderCount/6);
//Top
hr=pd3dDevice->SetTexture( 0, Texture_Top );
hr=pd3dDevice->DrawPrimitive( PrimitivTYP, RenderCount/2*4,RenderCount/6);
//Bottom
hr=pd3dDevice->SetTexture( 0, Texture_Bottom );
hr=pd3dDevice->DrawPrimitive( PrimitivTYP, RenderCount/2*5,RenderCount/6);
```

Wenn wir jede Seite mit einer eigenen Textur zeichnen wollen, muss vor dem Zeichnen die Textur gesetzt werden. Anschließend kann der Teil des Vertex-Buffers gezeichnet werden, welcher für die jeweilige Seite zuständig ist.

```
    if(FAILED(hr))return E_FAIL;
    return S_OK;
    break;
case false:
    // Setzen der Textur für alle Seiten
    hr=pd3dDevice->SetFVF( D3DFVF_CUSTOMVERTEX );
    hr=pd3dDevice->SetStreamSource( 0, pVB , 0, sizeof(CUSTOMVERTEX) );
    hr=pd3dDevice->SetTexture( 0, Texture_Front );
    //Alle Seiten
    hr=pd3dDevice->DrawPrimitive( PrimitivTYP, 0,RenderCount);
```

Wenn nur eine Textur zum Einsatz kommt, wird das Zeichnen des Würfels wesentlich unkomplizierter. Nachdem eine Textur einmalig gesetzt wurde, kann der Vertex-Buffer in einem Durchgang komplett gezeichnet werden.

```
    if(FAILED(hr))    return E_FAIL;
    return S_OK;
    break;
}
```

Kreisbahn/Umlaufbahn

Eine Kreisbahn ist eine räumliche Bewegungslinie, welche einen immer gleichen Abstand zu einem räumlichen Mittelpunkt (Zentrum) aufweist. Um ein Zentrum kreisende Objekte waren und sind feste Bestandteile der Spieleprogrammierung. Zusätzlich lassen sich runde Kontrollinstrumente mit Hilfe einer Kreisbahnberechnung verwirklichen.

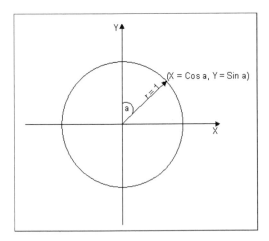

Abbildung 3.7 Kreisbahn

Um eine Kreisbahn zu berechnen, benötigt man drei Informationen:

- Zentrum (x, y)

- Radius

- Winkel

- Die Kreisbahn zu berechnen ist nicht sonderlich schwer. Dennoch wollen wir uns in drei Schritten der endgültigen Formel nähern:

- Fall 1 (das Zentrum liegt im Koordinatenursprung und der Radius ist gleich 1)

  Wenn das Zentrum im Koordinatenursprung (0, 0) liegt und der Radius den Wert 1 hat, kann jeder beliebige Punkt auf der Kreisbahn mit Cos(a), Sin(a) beschrieben werden.

  Position x = Cos(a)

  Position y = Sin(a)

- Fall 2 (das Zentrum liegt im Koordinatenursprung und der Radius ist ungleich 1)

  Wenn der Radius ungleich 1 ist, muss der ermittelte Kreispunkt mit dem Radius multipliziert werden.

  *Position x = Radius * Cos(a)*

  *Position y = Radius * Sin(a)*

- Fall 3 (das Zentrum liegt nicht im Koordinatenursprung und der Radius ist ungleich 1)

  Der letzte Fall führt zur finalen Formel und somit zu einer praxistauglichen Lösung. Das Zentrum der Kreisbahn (beispielsweise die Spielerposition) ist ungleich des Koordinatenursprungs und der Radius ist ungleich 1. In diesem Fall wird die Formel durch den Positions-Offset des Zentrums erweitert.

  *Position x = Radius * Cos(a) + Zentrum x*

  *Position y = Radius * Sin(a) + Zentrum y*

Mesh-Objekte im DirectX-Framework

Simple Mesh

In den beiden letzten Kapiteln sind die geometrischen und mathematischen Grundlagen bei der Arbeit mit dem DirectX-Framework erläutert worden. Der nächste Schritt zur Erstellung einer 3D-Welt ist der Einsatz von komplizierten dreidimensionalen Objekten. Diese Objekte bestehen zwar weiterhin aus einfachen geometrischen Formen, deren Anzahl ist aber zu groß, um sie innerhalb des Quellcodes des Programms unterzubringen. Die eleganteste Lösung für dieses Problem ist es, die Objekte in Dateien zu speichern und diese dann mit Hilfe des Programms auszulesen und darzustellen. Ein weiterer Vorteil ist, dass heutzutage so ziemlich jede 3D-Modelle-Applikation eine Unterstützung für DirectX-Mesh-Dateien besitzt. Somit können die Modelle unabhängig von der Programmierung erstellt werden, da es so gut wie unmöglich ist, komplexe Mesh-Dateien ohne ein solch professionelles Tool zu erstellen. Außerdem ist es mit diesen Programmen sehr einfach möglich, die Mesh-Objekte zusätzlich mit Materialien und Texturen zu versehen. Die Abbildung 4.1 zeigt ein solches Mesh-Objekt. Dieses ist einmal komplett mit einer Textur versehen und zum anderen als reines Gittermodell dargestellt.

Abbildung 4.1   Einfaches Mesh-Objekt mit Texturen und als Gittermodell

Der weitaus größte Vorteil ist jedoch die Unabhängigkeit des Modells vom Quellcode des Programms. Es können also je nach Programmierung verschiedene Mesh-Objekte mit demselben Sourcecode geladen und dargestellt werden. Dies bietet beispielsweise die Möglichkeit, dem Benutzer der Applikation Meshes mit verschiedenen Detailstufen zur Verfügung zu stellen, die er je nach Leistungsfähigkeit seines Systems einsetzen kann.

Das Projekt *1_SimpleMesh* auf der diesem Buch beiliegenden CD bietet den ersten programmiertechnischen Einstieg in das Thema Mesh-Programmierung. Zum Einsatz der Mesh-Objekte in einer DirectX-Applikation muss die Headerdatei *d3dx9mesh.h* in das Projekt eingebunden werden. Diese Datei enthält die Deklaration aller Funktionen, die zur Verarbeitung der .x-Dateien benötigt werden. Im ersten Projekt sind die Mesh-Funktionen in der Klasse *CGEMesh* gekapselt. In dieser Version stellt die Klasse die Funktionen zum Laden des Meshes aus einer Datei und das Darstellen des Meshes zur Verfügung. Diese Klasse bietet die Grundlage für alle weiteren Mesh-Projekte innerhalb dieses Buchs und wird somit in den folgenden Abschnitten weiter wachsen. Weiterhin wurde dem Projekt die Klasse *CObjectProperties* hinzugefügt. Diese Klasse beinhaltet eine Anzahl von Methoden zur Modifizierung eines Matrix-Objektes. Sie wird zur Positionsbestimmung des Mesh-Objekts und zur Veränderung seiner Lage in dem DirectX-Device benötigt. Sie soll an dieser Stelle aber nur kurz erwähnt und nicht weiter erläutert werden, da die Funktionen der Klasse schon im vorherigen Kapitel 3 beleuchtet wurden.

Mesh-Klasse

Zum Einbinden des Mesh-Objekts in das Projekt wird eine Instanz der Klasse *CGEMesh* innerhalb der Datenstruktur *m_GameData* deklariert. So ist die Klasse in der gesamten Klasse *GameMainRoutines* schnell zu erreichen.

```
CGEMesh SimpleMesh;
```

Die Klasse *SimpleMesh* beinhaltet nun alle Funktionen, die im weiteren Verlauf benötigt werden, um das Mesh darzustellen.

Mesh laden

Die erste Funktion der neuen Klasse ist das Laden des Meshs aus einer *.x*-Datei. Dieses geschieht über den Befehl *LoadMeshFile* der Klasse. Dieser wird in der Funktion *GameMainInit* der Klasse *GameMainRoutines* ausgeführt:

```
if(FAILED(m_GameData.SimpleMesh.LoadMeshFile(m_GameData.pd3dDevice,"spaceship.x"))){
    MessageBox(NULL,"Error init simple mesh ","simple mesh",MB_OK);
    exit(0);
}
```

Listing 4.1 Anwendung der *LoadMeshFile*-Funktion der Klasse *CGEMesh*

Dieser Befehl lädt die Datei *spaceship.x* in die Klasse *SimpleMesh* und stellt die Informationen der Applikation zur Verfügung. Welche Funktionen dabei genau ablaufen, soll im Folgenden beleuchtet werden.

Die Funktion geht davon aus, dass sich die Mesh-Datei im gleichen Verzeichnis befindet, wie die ausgeführte Applikation. Darum wird der Funktion ausschließlich der Name der Datei übergeben, die geöffnet werden soll. Die erste Aufgabe der Funktion ist es also, das Verzeichnis herauszufinden, aus dem die Datei geladen werden soll. Zu diesem Zweck wird die Funktion *GetModuleFileName* benutzt. Diese liefert einen String zurück, der den kompletten Pfad der Applikation darstellt, inklusive des eigenen Applikationsnamens. Diese Informationen werden dann sofort weiterverarbeitet und der Verzeichnispfad wird mit dem Befehl *strrchr* aus dem String extrahiert. Dem Ergebnisstring wird anschließend ein Backslash angehängt und somit der Verzeichnispfad vervollständigt. Da der Verzeichnispfad im weiteren Verlauf der Funktion noch benötigt wird, wird dieser in der Variablen *strPathHome* gespeichert. Der Variablen *tmpstring* wird dann noch der Name der Mesh-Datei hinzugefügt und somit für den nächsten Befehl vorbereitet.

Die nächste Methode lädt die Mesh-Datei in die vorbereiteten Buffer:

```
HRESULT CGEMesh::LoadMeshFile(LPDIRECT3DDEVICE9 pd3dDevice,char* strFilename){
    HRESULT hr;
    hr = S_OK;
```

Listing 4.2 *LoadMeshFile*-Funktion im Überblick

```
// Get Directory Name
char tmpstring[255];
char strPathHome[255];

PSTR pszSlash;
GetModuleFileName(GetModuleHandle(NULL),tmpstring,sizeof(tmpstring)-1);
pszSlash = strrchr(tmpstring, '\\');
if (pszSlash) pszSlash[1] = 0;

// Add File Name

strcpy(strPathHome,tmpstring);
strcat(tmpstring,strFilename);

// Load Mesh File
hr = D3DXLoadMeshFromX( tmpstring,
                        D3DXMESH_SYSTEMMEM ,
                        pd3dDevice,
                        &m_pbufAdjacency,
                        &m_pMaterialsBuffer,
                        &m_pEffectInstances,
                        &m_dwNumMaterials,
                        &m_pD3DXMesh);
if(FAILED(hr)){
  return hr;
}

// Load Material Information and Texture
D3DXMATERIAL* pMaterials = (D3DXMATERIAL*)m_pMaterialsBuffer->GetBufferPointer();

m_pMaterials = new D3DMATERIAL9[m_dwNumMaterials];
m_pTextures  = new LPDIRECT3DTEXTURE9[m_dwNumMaterials];

TCHAR tmpFilename[MAX_PATH]= "\0" ;

for(int iCount = 0; iCount < (int)m_dwNumMaterials; iCount++){
  m_pMaterials [iCount] = pMaterials[iCount].MatD3D;
  m_pMaterials [iCount].Ambient = m_pMaterials [iCount].Diffuse;

  if( pMaterials[iCount].pTextureFilename ){
    strncpy(tmpFilename,strPathHome,sizeof(tmpFilename));
    strcat(tmpFilename,TEXT(pMaterials[iCount].pTextureFilename));
  }
  if(FAILED( hr = D3DXCreateTextureFromFile( pd3dDevice,
                         tmpFilename,&m_pTextures[iCount] ) ) ){
    return   hr ;
  }
}

// Initialize the Matrix for the Object
MeshProperties.Scale(1,1,1);
return hr;
}
```

Listing 4.2 *LoadMeshFile*-Funktion im Überblick *(Fortsetzung)*

Nachdem das Mesh ordnungsgemäß geladen ist, müssen die Material- und Texturinformationen, die in der Mesh-Datei enthalten sind, verarbeitet werden. Zu diesem Zweck werden zwei Arrays erstellt, die die einzelnen Informationen aufnehmen sollen, sowie Zeiger auf ein *D3DXMATERIAL,* mit dessen Hilfe diese Daten ausgelesen werden. Da sich in der Mesh-Datei nur die Dateinamen der Texturen befinden, wird außerdem noch ein String benötigt, um diesen Namen auszulesen. Mit einer *for*-Schleife werden nun die einzelnen Informationen des Meshs durchlaufen und in die vorbereiteten Arrays geschrieben. Dabei werden als Erstes die Materialinformationen des aktuellen Teil-Meshs verarbeitet. Sie werden aus der Datei in das Array geschrieben und anschließend der *Diffuse*-Lichteigenschaft des Materials gleich der *Ambiente*-Eigenschaft gesetzt. Anschließend wird der Name der Textur ausgelesen, falls dieser in der Datei vorhanden ist. Dieser Name wird nun mit den gespeicherten Verzeichnisinformationen kombiniert. Mit Hilfe dieser Kombination wird danach die Texturdatei geladen und eine DirectX-Textur erstellt. Die Parameter des Befehls *D3DXCreateTextureFromFile* finden Sie auch in der anschließenden Syntaxerklärung erläutert. Am Ende der Funktion *LoadMeshFile* wird noch das Matrix-Objekt, das dieser Mesh-Klasse zugeordnet ist, initialisiert. Dieses geschieht, indem der *Scale*-Befehl der *CObjectProperties*-Klasse ausgeführt wird.

D3DXLoadMeshFromX

Der Befehl *D3DXLoadMeshFromX* lädt eine Mesh-Datei aus einer DirectX-.*x*-Datei

```
HRESULT WINAPI D3DXLoadMeshFromX(LPCTSTR pFilename,
                        DWORD Options,
                        LPDIRECT3DDEVICE9 pD3DDevice,
                        LPD3DXBUFFER *ppAdjacency,
                        LPD3DXBUFFER *ppMaterials,
                        LPD3DXBUFFER *ppEffectInstances,
                        DWORD *pNumMaterials,
                        LPD3DXMESH *ppMesh);
```

pFilename	Der erste Parameter *pFilename* ist ein Zeiger auf einen String. Dieser beinhaltet den kompletten Dateipfad zu der Mesh-Datei, die von dem Befehl geöffnet werden soll. Dabei wird aus dem Typ *LPCTSTR* automatisch ein *LPCWSTR*, wenn der Compiler feststellt, dass Unicode für diese Applikation vorgesehen ist.
Options	Der nächste Parameter ist eine Kombination von einem oder mehreren Konstanten des Typs *D3DXMESH*. Diese legen die Optionen fest, die bei der Erstellung des Meshs beachtet werden müssen. Es kann z.B. festgelegt werden, in welchem Speicherbereich das Mesh erstellt und welche Art des Vertex-Processing unterstützt werden soll.
pD3DDevice	Mit der nächsten Variablen wird das Direct3D-Device festgelegt, in dem das Mesh erstellt werden soll
ppAdjacency	Der Wert *ppAdjacency* stellt einen Zeiger auf einen *ID3DXBuffer* dar. Dieser Buffer wird während des Ladevorgangs mit den Adjacency-Daten des Meshs gefüllt. Es werden in diesem Buffer jeweils drei DWORDS für jedes Face des Meshs gespeichert. Diese drei Werte stellen immer die drei Faces dar, die an das aktuelle Face angrenzen.
ppMaterials	Für die Materialinformationen, die die Mesh-Datei zur Verfügung stellt, ist der Zeiger *ppMaterials* vorgesehen. Dieser wird beim Ausführen des Befehls *D3DXLoadMeshFromX* mit diesen Informationen gefüllt.
ppEffectInstances	Gleiches geschieht mit dem Zeiger *ppEffectInstances*. Dieser wird mit Werten des Typs *D3DXEFFECTINSTANCE* initialisiert und stellt dann jeweils einen Effekt für jeweils einen Teil des Meshs dar.
pNumMaterials	Der DWORD-Wert *pNumMaterials* beinhaltet nach dem Ausführen des Befehls die Anzahl der Materialien, die im Buffer *ppMaterials* gespeichert wurden
ppMesh	Zu guter Letzt gibt es noch den Parameter *ppMesh*. Dieser wird mit den eigentlichen Mesh-Daten aus der Mesh-Datei gefüllt und anschließend benötigt, um das Mesh tatsächlich darstellen zu können.

Als Rückgabewert hat die Funktion einen Wert des Typs *HRESULT*. Es wird der Wert *D3D_OK* zurückgegeben, wenn die Funktion ordnungsgemäß ausgeführt wurde. Kommt es während der Ausführung des Befehles zu einem Fehler, ist dieser entweder vom Typ *D3DERR_INVALIDCALL* oder *E_OUTOFMEMORY*. *D3DERR_INVALIDCALL* wird vom System zurückgegeben, wenn es Probleme mit den genutzten Parametern des Befehls gab. Der Fehler *E_OUTOFMEMORY* wird zurückgeliefert, wenn es dem System nicht möglich war, einen Speicherbereich für die Mesh-Daten zu belegen.

D3DXCreateTextureFromFile

Der Befehl *D3DXCreateTextureFromFile* erstellt eine DirectX-Textur mit Hilfe einer Datei

```
HRESULT WINAPI D3DXCreateTextureFromFile(LPDIRECT3DDEVICE9 pDevice,
                                         LPCTSTR pSrcFile,
                                         LPDIRECT3DTEXTURE9 *ppTexture);
```

pDevice	Der erste Parameter legt mit Hilfe eines Zeiger das Direct3D-Device fest, in dem die Textur erstellt werden soll
pSrcFile	Mit der Variablen *pSrcFile* wird der Dateipfad der zu öffnenden Datei festgelegt
*ppTexture	Der dritte Parameter ist ein Zeiger auf ein *IDirect3DTexture9*-Objekt, in dem die geladene Textur nach der Verarbeitung des Befehls zur Verfügung gestellt wird

Als Rückgabewert hat auch diese Funktion den Typ *HRESULT*. Die Funktion liefert nach erfolgreicher Ausführung ein *D3D_OK* zurück. Kommt es während der Ausführung des Befehls zu einem Fehler, liefert die Methode eine detaillierte Fehlermeldung zurück. Außer den beiden bei der Funktion *D3DXLoadMeshFromX* erwähnten Fehlermeldungen gibt es bei diesem Befehl noch weitere Fehlermeldungen, die im Zusammenhang mit der verwendeten Hardware stehen. Der Fehler *D3DERR_NOTAVAILABLE* wird vom Befehl zurückgeliefert, wenn die Hardware die angefragte Technologie nicht unterstützt. Mit der Fehlermeldung *D3DERR_OUTOFVIDEOMEMORY* zeigt das System an, dass für die angeforderte Funktion nicht mehr genug VGA-Speicher zur Verfügung steht. Die letzte Fehlermeldung, die hier erwähnt werden soll, ist die *D3DXERR_INVALIDDATA*-Meldung. Diese wird vom Befehl zurückgegeben, wenn die Methode die in der Datei übergebenen Daten nicht verarbeiten kann. Dabei ist zu erwähnen, dass die Funktion ausschließlich Dateien der folgenden Formate bearbeiten kann: *.bmp, .dds, .dib, .hdr, .jpg, .pfm, .png, .ppm,* und *.tga.*

Somit ist das Mesh geladen und steht nun über die Klasse *CGEMesh* der Applikation zur Verfügung. Es kann jetzt über die Funktion der *CObjectProperties*-Klasse in seiner Position und seiner Form geändert werden. Damit es aber dargestellt werden kann, muss es in der *Render*-Routine der Klasse *GameMainRoutines* dargestellt werden. Dieses geschieht über den Befehl *Render* der *Mesh*-Klasse.

```
m_GameData.SimpleMesh.Render(m_GameData.pd3dDevice);
```

Der Befehl bekommt als Parameter einen Zeiger auf das Device übergeben, in dem das Mesh dargestellt werden soll.

Mesh darstellen

Zur Darstellung der Mesh-Datei innerhalb der Hauptrenderroutine müssen verschiedene Operationen vorgenommen werden. Die erste Aktion, die durchgeführt wird, ist das Festlegen der Position des Meshs in der 3D-Welt innerhalb des Direct3D-Device. Dazu wird ein Objekt des Typs *D3DXMATRIX* benötigt. Dieses legt also die Position und Dimension des Mesh-Objekts bei der Darstellung innerhalb des Device fest. Das *D3DXMATRIX*-Objekt wird in der zur *Mesh*-Klasse gehörenden *CObjectProperties*-Klasse gespeichert und mit dem Befehl *GetMatrix()* abgerufen. Anschließend wird die aktuelle Position der Weltmatrix auf die Position des Mesh-Objekts eingestellt. An dieser Stelle werden anschließend die folgenden Befehle das Objekt darstellen:

```
HRESULT CGEMesh::Render(LPDIRECT3DDEVICE9 pd3dDevice){
  D3DXMATRIX matWorld;
  HRESULT hr;
  hr = S_OK;
```

Listing 4.3 Darstellen eines einfachen Mesh-Objekts

```
// Setting the Matrix for the Mesh Object

matWorld = MeshProperties.GetMatrix();

if(pd3dDevice->SetTransform( D3DTS_WORLD, &matWorld)){
  return hr;
}

// Drawing the Mesh Object

for(UINT i = 0;i < m_dwNumMaterials; i++){
  if(hr = pd3dDevice->SetMaterial(&m_pMaterials[i])) {
    return hr;
  }

  if(hr = pd3dDevice->SetTexture (0,m_pTextures[i])) {
    return hr;
  }

  if(hr = m_pD3DXMesh->DrawSubset(i)) {
    return hr;
  }
};
return hr;
}
```

Listing 4.3 Darstellen eines einfachen Mesh-Objekts *(Fortsetzung)*

Nachdem die Position, an der das Mesh dargestellt werden soll, bestimmt wurde, ist es nun sehr einfach, die einzelnen Elemente des Meshes darzustellen. In der Variablen *m_dwNumMaterials* wurde während des Ladens des Meshs aus der Mesh-Datei die Anzahl der im Mesh verwendeten Materialwerte gespeichert. Diese stimmt überein mit den Teilobjekten, aus denen das Mesh-Objekt eventuell besteht. Diese Teilobjekte müssen nun nacheinander dargestellt werden. Dazu wird eine *for*-Schleife benutzt, deren Durchläufe von der Variablen *m_dwNumMaterials* begrenzt werden. Nun werden nacheinander erst das Material und die Textur im Direct3D-Device ausgewählt und danach mit dem *DrawSubset*-Befehl das Teilobjekt dargestellt.

Damit wäre die Darstellung einer einfachen Mesh-Datei vollbracht. Diese Art von Objekten wird in einem Spiel oft für statische Objekte wie z.B. Häuser, Autos oder Bäume genutzt, die sich nicht bewegen und ihr Aussehen im Verlaufe des Programms nicht verändern. Da es sich bei den Mesh-Elementen auch gleichzeitig um die Objekte mit der größten Vertex-Anzahl handelt, benötigt die Darstellung auch verhältnismäßig viel Rechenzeit. Damit der Verbrauch dieses wichtigen Gutes nicht höher als nötig ist, wurde die Technik der »Progressive Meshes« eingeführt. Diese Technik und ihr Nutzen ist das Thema des nächsten Abschnitts.

Progressive Mesh

In den letzten Jahren hat die Entwicklung in der 3D-Spielegrafik eine rasante Entwicklung genommen. Die Spiele werden grafisch immer anspruchsvoller und die Objekte in diesen Spielen immer realistischer. Mit dieser Entwicklung sind aber auch die Anforderungen an die Computersysteme gestiegen. Durch die detailreicheren Objekte innerhalb des Spieles wird immer mehr Systemperformance benötigt. Einen Ansatz, den immer höheren Anforderungen gerecht zu werden, bietet das DirectX-Framework mit den so genannten »Progressive Meshes«. Mit Hilfe dieses Objekts ist es möglich, ein Mesh-Objekt in verschiedenen Detailstufen, auf Englisch *Level of Details*, zu erstellen. So ist es möglich, einem Objekt in der 3D-Welt eine immer kleinere Detailstufe zuzuweisen, je weiter sich diese Objekte vom Betrachter entfernen. Je weiter diese Elemente also vom Spieler oder der Kamera entfernt sind, desto weniger Systemressourcen verbrauchen sie. Die Abbildung 4.2 zeigt ein Mesh in drei verschiedenen Detailstufen.

Abbildung 4.2   Progressive Mesh in drei verschiedenen Detailstufen

Die unterschiedlichen LOD-Stufen werden bei DirectX mit einem Algorithmus erstellt, der auf den SIGGRAPH papers von Hugues Hoppe[1] basiert.

Mesh-Simplifikation in der Theorie

Das allgemeine Verfahren zur Reduzierung von geometrischen Objekten innerhalb eines Meshs ist die Kantenkollaps-Methode (edge collapse). In Abbildung 4.3 sieht man die schematische Vorgehensweise bei dieser Vereinfachungsmethode. Die beiden Kreise im linken Teil der Abbildung markieren die beiden Knoten, die in diesem Beispiel als kantenkollaps-fähig erkannt wurden. Im rechten Teil des Bildes wird dasselbe Mesh mit gelöschten Kanten und Knoten dargestellt.

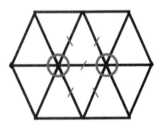 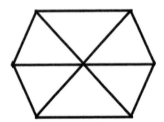

Abbildung 4.3   Darstellung der Kantenkollaps-Methode

Nachdem das Mesh geladen ist, werden als Erstes die Objekte identifiziert, die für eine mögliche Vereinfachung in Frage kommen. Dabei werden die Kanten der einzelnen Dreiecke beurteilt. Diese werden in zwei Kategorien unterschieden. Die erste Kategorie ist eine Kante, die nur an eine Dreiecksfläche angrenzt. Die zweite Kategorie sind die Kanten, die zwei Dreiecksflächen voneinander trennt. Damit ein Mesh vereinfacht werden kann, ohne dass seine komplette Form verändert wird, können nur solche Punkte vereinfacht werden, die erstens mit einer Kante der zweiten Kategorie verbunden sind und zweitens nur an Kanten der zweiten Kategorie angrenzen. Ist dies der Fall, wird die Kante, die diese beiden Knoten verbunden hat, entfernt und die dazugehörigen Dreiecke vereinfacht. Dies sollte auch schon zur theoretischen Erklärung des Verfahrens reichen. Den genauen Algorithmus und weitere ausführliche Informationen zu den Berechnungen der

[1]   Hugues Hoppe. Senior researcher, Computer Graphics Group of Microsoft Research, within Microsoft Corporation.

einzelnen Kanten und Knoten können Sie den Whitepapers von Hugues Hoppe entnehmen, die er auf seiner Internetseite[1] zum Download zur Verfügung stellt.

Mesh-Simplifikation in der Praxis

Nachdem wir die Theorie der progressiven Meshes kurz angeschnitten haben, wollen wir auch schon an die praktische Umsetzung des Themas gehen. Da es sich bei einem Mesh um ein meist recht kompliziertes Gebilde aus Dreiecken handelt, werden die Möglichkeiten der progressiven Meshes am besten in einem einfachen Demo-Projekt dargestellt:

```
if(FAILED(m_GameData.ProgressiveMesh.CreateProgressiveMesh(
                 m_GameData.pd3dDevice,m_GameData.ProgressiveMesh.GetSimpleMesh())))){
  MessageBox(NULL,"Error create progressive mesh ","progressive mesh",MB_OK);
  exit(0);
}
```

Listing 4.4 Einbinden der *Progressive Mesh*-Option in das *Progressive Mesh*-Projekt

Zur Realisierung des *Progressive Mesh*-Projekts haben wir die *CGEMesh*-Klasse aus der *SimpleMesh*-Demo um die benötigten Funktionen erweitert. Die Erstellung des progressiven Meshs wird mit der Funktion *CreateProgressiveMesh* gestartet. Diese wird nach dem Laden des Meshs in der Funktion *GameMainInit* der Klasse *GameMainRoutines* eingefügt. Die Funktion verlangt als Übergabeparameter das Direct3D-Device, in dem das progressive Mesh erstellt werden soll, und das originale Mesh, das zu bearbeiten ist.

Bevor das originale Mesh in der Funktion *CreateProgressiveMesh* in ein progressives Mesh umgewandelt werden kann, wird von der Funktion sichergestellt, dass alle benötigten Informationen innerhalb des Meshs vorhanden sind. Dazu werden als Erstes die Mesh-Informationen mit dem Befehl *D3DXCleanMesh* bereinigt. Im weiteren Verlauf der Funktion werden diese bereinigten Mesh-Daten um Normalvektoren erweitert, falls diese nicht vorhanden sein. Dazu wird zuerst über den Befehl *CloneMeshFVF* eine Kopie der bereinigten Mesh-Daten erstellt und diese direkt im Anschluss mit dem Befehl *D3DXComputeNormals* um die Normalvektoren erweitert.

```
HRESULT    CGEMesh::CreateProgressiveMesh
                          (LPDIRECT3DDEVICE9 pd3dDevice,LPD3DXMESH pD3DXMesh){
  HRESULT hr;
  LPD3DXMESH pTempMesh;

  // Perform simple cleaning operations on mesh

  hr = D3DXCleanMesh( D3DXCLEAN_SIMPLIFICATION,
                      pD3DXMesh,
                      (DWORD*)m_pbufAdjacency->GetBufferPointer(),
                      &pTempMesh,
                      (DWORD*)m_pbufAdjacency->GetBufferPointer(),
                      NULL);
  if(FAILED(hr)){
    return hr;
  }
```

Listing 4.5 *CreateProgressiveMesh*: Vorbereiten und Erstellen eines progressiven Meshs

---

[1] http://research.microsoft.com/~hoppe/

```
// If the mesh is missing normals, generate them.

DWORD dw32BitFlag = ( pD3DXMesh->GetOptions() & D3DXMESH_32BIT );
if (!( pD3DXMesh->GetFVF() & D3DFVF_NORMAL )){
  hr = pD3DXMesh->CloneMeshFVF( dw32BitFlag | D3DXMESH_MANAGED,
                                pD3DXMesh->GetFVF() | D3DFVF_NORMAL,
                                pd3dDevice,
                                &pTempMesh );
  if (FAILED(hr)){
    return hr;
  }

  D3DXComputeNormals( pTempMesh, NULL );
  m_pD3DXMesh->Release();
  m_pD3DXMesh = pTempMesh;
}

// Generate progressive meshes
m_pPD3DXFullMesh = NULL;
hr = D3DXGeneratePMesh( pD3DXMesh,
                        (DWORD*)m_pbufAdjacency->GetBufferPointer(),
                        NULL,
                        NULL,
                        1,
                        D3DXMESHSIMP_FACE,
                        &m_pPD3DXFullMesh );
if(FAILED(hr)){
  return hr;
}

m_dwFacesMin = m_pPD3DXFullMesh->GetMinFaces();
m_dwFacesMax = m_pPD3DXFullMesh->GetMaxFaces();
m_dwFacesPerMesh = ( m_dwFacesMax - m_dwFacesMin + 10 ) / 10;

hr = m_pPD3DXFullMesh->SetNumFaces(m_dwFacesMax);

if(FAILED(hr)){
  return hr;
}
```

Listing 4.5 *CreateProgressiveMesh*: Vorbereiten und Erstellen eines progressiven Meshs *(Fortsetzung)*

Wenn sichergestellt ist, dass die Mesh-Daten das richtige Format haben, wird das erste progressive Mesh erstellt. Mit Hilfe dieses Meshs werden im Anschluss alle anderen Detailstufen erstellt. Zur Bestimmung dieser Detailstufen werden die drei Variablen *m_dwFacesMin*, *m_dwFacesMax* und *m_dwFacesPerMesh* erstellt. Diese Variablen nehmen die Eckdaten zur Erstellung der Mesh-Varianten mit den unterschiedlichen Detailstufen auf. Dabei werden die minimalen und die maximalen Faces festgelegt, die die zu erstellenden Meshes haben dürfen. Und mit der dritten Variablen wird die Face-Anzahl festgelegt, um die sich die einzelnen Mesh-Detailstufen unterscheiden sollen. Bevor wir uns nun die Erstellung der weiteren Meshes ansehen, wollen wir zuerst noch einen Blick auf die Syntax der bis jetzt genutzten DirectX-Funktionen werfen, um diese besser verstehen zu können.

D3DXCleanMesh Methode

Bereinigt Mesh-Informationen und bereitet das Mesh für eine Vereinfachung vor

```
HRESULT WINAPI D3DXCleanMesh(D3DXCLEANTYPE CleanType,
                             LPD3DXMESH pMeshIn,
                             const DWORD *pAdjacencyIn,
                             LPD3DXMESH *ppMeshOut,
                             DWORD *pAdjacencyOut,
                             LPD3DXBUFFER *ppErrorsAndWarnings);
```

CleanType	Der erste Parameter ist ein Wert vom Typ *D3DXCLEANTYPE*. Dieser legt die Operationen fest, die auf das übergebene Mesh angewandt werden soll.
pMeshIn	Zeiger auf eine Variable des Typs *ID3DXMesh*, das die Informationen jenes Meshs beinhaltet, das bereinigt werden soll
pAdjacencyIn	Der dritte Parameter ist ein Zeiger auf ein Array aus drei Werten des Typ *DWORD*. Jeder dieser Werte legt die drei Faces fest, die an jedes Face innerhalb des Meshs angrenzen.
ppMeshOut	Diese Variable enthält nach der Ausführung des Befehls die bereinigten Mesh-Informationen. Sollte keine Bereinigung des Meshs nötig sein, wird ein Zeiger auf eine Kopie des in *pMeshIn* übergebenen Meshs zurückgegeben.
pAdjacencyOut	Nach Ausführung der Funktion enthält dieser Parameter einen Zeiger auf ein Array aus drei DWORD-Werten. Diese Werte repräsentieren die drei benachbarten Faces eines Dreieckes innerhalb der Mesh-Daten.
ppErrorsAndWarnings	Dieser Buffer des Typs *LPD3DXBUFFER* enthält als Rückgabewert einen String, der Fehler und Warnungen enthält, die über Probleme innerhalb der Mesh-Daten informieren

Der Rückgabewert des Typs *HRESULT* beinhaltet den Wert *D3D_OK*, wenn die Funktion erfolgreich ausgeführt wurde. Sollte die Funktion fehlschlagen, gibt es zwei mögliche Fehlermeldungen. *D3DERR_INVALIDCALL* wird zurückgegeben, wenn der Aufruf des Befehls fehlgeschlagen ist. Dies kann passieren, wenn z.B. einer der Übergabeparameter nicht gültig ist. Die zweite Fehlermeldung ist *E_OUTOFMEMORY*. Mit diesem Fehler wird angezeigt, dass das System nicht in der Lage war, genügend Speicher für die Verarbeitung des Befehls zu allokieren.

Eine Liste aller möglichen Bereinigungsoptionen finden Sie in der Auflistung der *D3DXCLEANTYPE*-Enumeration.

CloneMeshFVF Methode

Dupliziert ein Mesh mit Hilfe eines flexiblen Vertex-Formates (FVF)

```
HRESULT CloneMeshFVF( DWORD Options,
DWORD FVF,
LPDIRECT3DDEVICE9 pDevice,
LPD3DXMESH *ppCloneMesh );
```

Options	Der erste Parameter ist eine Kombination von *D3DXMESH*-Flags. Dieser DWORD-Wert legt die Optionen fest, die bei der Erstellung des Meshs beachtet werden sollen.
FVF	Wie der erste Parameter ist dieser Parameter auch eine Kombination aus DWORD-Werten. Diese legen das Vertex-Format für das Ausgangs-Mesh fest. Eine Liste aller zur Verfügung stehenden Vertex-Formate finden Sie in der Auflistung der *D3DFVF*-Enumerationswerte.
pDevice	Zeiger auf das Direct3D-Device, in dem das zu optimierende Mesh vorhanden ist
ppCloneMesh	Die Adresse eines Zeigers auf ein *ID3DXMesh*-Objekt, die nach Ausführung der Funktion das duplizierte Mesh enthält

Die Methode liefert den *HRESULT*-Wert *D3D_OK* zurück, wenn die Ausführung erfolgreich war. Kam es bei der Ausführung zu einem Fehler, sind die beiden folgenden Ergebnisse möglich. Der Wert *D3DERR_INVALIDCALL* wird zurückgeliefert, wenn es bei den Parametern, die der Methode übergeben wurden, zu Fehlern kam. Konnte nicht genug Speicher zur Ausführung des Befehls belegt werden, liefert die Funktion den Wert *E_OUTOFMEMORY* zurück.

Die Methode *CloneMeshFVF* wird genutzt, um die Vertex-Daten eines Meshs neu zu ordnen und die Anordnung der Daten zu verändern. Diese wird durch die Erstellung eines neuen Meshs auf Basis der alten Daten realisiert. Dabei wird Platz reserviert für Daten, die im Ursprungs-Mesh möglicherweise nicht vorhanden waren. Diese Daten können Normalvektoren, Texturkoordinaten, Farben oder Materialien sein.

D3DXComputeNormals Methode

Die Funktion berechnet die Normalvektoren für jedes Vertex in den Mesh-Daten und fügt diese Information dem Mesh-Objekt hinzu

```
HRESULT WINAPI D3DXComputeNormals(LPD3DXBASEMESH pMesh,
                        const DWORD *pAdjacency);
```

pMesh	Der Parameter *pMesh* wird bei der Funktion *D3DXComputeNormals* als Ein- und Ausgabeparameter genutzt. Der Zeiger verweist auf ein *ID3DXBaseMesh*-Objekt, indem der Methode das zu bearbeitende Mesh übergeben wird. Anschließend kann man die erweiterten Mesh-Daten auch aus diesem Objekt auslesen. Die Methode akzeptiert kein progressives Mesh des Typs *ID3DXPMesh* als Eingabe.
pAdjacency	Der Parameter *pAdjacency* ist ein Zeiger auf ein Array aus drei Werten des Typs *DWORD*. Jeder dieser Werte legt die drei Faces fest, die an jedes Face innerhalb des Meshs angrenzen. Dieser Parameter ist bei der Methode optional und sollte auf *NULL* gesetzt werden, wenn er nicht benötigt wird.

Wenn die Funktion erfolgreich ausgeführt wurde, liefert sie den Wert *D3D_OK* zurück. Wenn sie allerdings fehlschlägt, gibt es drei verschiedene Fehlercodes, die zurückgeliefert werden können. Die ersten beiden sind schon von den beiden vorher erklärten Funktionen bekannt. *D3DERR_INVALIDCALL* wird zurückgegeben, wenn die übergebenen Parameter nicht gültig sind, und *E_OUTOFMEMORY* wird zurückgeliefert, wenn nicht ausreichend Speicher für die Funktion zur Verfügung stand. Der dritte Wert, der von der Funktion zurückgeliefert werden kann, ist der Wert *D3DXERR_INVALIDDATA*. Dieser Wert wird von der Funktion zurückgegeben, wenn die Daten des Mesh-Objekts ungültig sind. Dieser Fehler tritt üblicherweise auf, wenn der Funktion im ersten Parameter ein Mesh-Objekt des Typs *ID3DXPMesh* übergeben wird.

Das Mesh-Objekt, das mit dem ersten Parameter an die Funktion übergeben wird, muss das Vertex-Kontrollflag *D3DFVF_NORMAL* in seinen Flexiblen Vertex Format-Informationen (FVF) gesetzt haben, damit es während der Verarbeitung des Befehls zu keiner Fehlermeldung kommt. Die Normalvektoren eines jeden Vertex innerhalb des Meshs werden generiert durch die Mittelung aller Normalvektoren der Faces, die an das Vertex angrenzen.

D3DXGeneratePMesh Funktion

Die Funktion generiert ein progressives Mesh mit Hilfe der übergebenen Parameter

```
HRESULT WINAPI D3DXGeneratePMesh(LPD3DXMESH pMesh,
                    const DWORD *pAdjacency,
                    const D3DXATTRIBUTEWEIGHTS *pVertAttrWeights,
                    const FLOAT *pVertexWeights,
                    DWORD MinValue,
                    DWORD Options,
                    LPD3DXPMESH *ppPMesh);
```

pMesh	Der erste Parameter enthält einen Zeiger auf das Quell-Mesh. Dieses enthält die Mesh-Informationen, die bei Durchführung der Methode umgewandelt werden sollen.
pAdjacency	Auch bei dieser Funktion können die so genannten Adjacency-Daten für das Mesh übergeben werden. Eine Beschreibung dieses Wertes finden Sie in der Erklärung der *D3DXCleanMesh*-Methode.
pVertAttrWeights	Der dritte Parameter enthält einen Zeiger auf eine *D3DXATTRIBUTEWEIGHTS*-Struktur. Diese Struktur enthält die *AttributWeights*-Werte für jedes Vertex-Element innerhalb der Mesh-Informationen. Dieser Parameter ist optional. Wird er nicht benötigt, sollte er auf NULL gesetzt werden. In diesem Falle wird eine Standardgewichtung der Elemente angenommen. Nähere Informationen hierzu finden Sie im Anschluss an die Syntaxerklärung dieses Befehls.

pVertexWeights	Der Zeiger aus diesem Parameter verweist auf ein Array aus *FLOAT*-Werten. Dieses enthält den Gewichtungswert jedes Vertex innerhalb der Mesh-Informationen. Ist dieser Parameter NULL, wird jedes Vertex mit 1.0 bewertet. Je höher der Gewichtungswert eines Vertex ist, desto unwahrscheinlicher ist es, dass es während der Vereinfachung des Meshs entfernt wird.
MinValue	Mit dieser Variablen wird festgelegt, um wie viele Elemente das Quell-Mesh vereinfacht werden soll. Dabei ist es abhängig von dem Parameter *Options*, ob es sich bei der übergebenen Anzahl von Elementen um Faces oder Vertices handelt, um die das Mesh vereinfacht werden soll.
Options	Der *Options*-Parameter legt die Art der Vereinfachung des Meshs fest. Mit Hilfe eines Wertes aus der *D3DXMESHSIMP*-Enumeration wird festgelegt, ob bei der Umwandlung des Meshs die Faces oder die Vertices berücksichtigt werden sollen.
ppPMesh	Der letzte Parameter der Funktion repräsentiert die Adresse eines Zeigers auf ein *ID3DXPMesh*-Objekt. Dieses Objekt enthält nach Abarbeitung der Funktion das erstellte progressive Mesh.

Die Funktion liefert bei erfolgreicher Generierung eines progressiven Meshs den Wert *D3D_OK* zurück. Im Fall eines Fehlers werden die Fehlergründe durch drei Werte unterschieden. Der Wert *D3DXERR_CANNOTATTRSORT* wird zurückgemeldet, wenn im Parameter *Options* das Flag *D3DXMESHOPT_ATTRSORT* an die Funktion übergeben wurde. Dieses Flag stellt nämlich keine gültige Funktion für die Optimierung der Mesh-Daten dar. Außerdem können wieder die beiden Werte *D3DERR_INVALIDCALL* und *E_OUTOFMEMORY* als Fehler zurückgegeben werden. Diese sind aus den vorherigen Funktionen aber schon hinlänglich bekannt und müssen an dieser Stelle nicht noch einmal erklärt werden.

Diese Funktion erstellt ein Mesh-Objekt, bei dem die Detailstufe (LOD) zwischen dem aktuellen Wert und dem *MinValue*-Wert eingestellt werden kann. Wenn der Vereinfachungsprozess nicht den in *MinValue* angegebenen Wert erreichen kann, wird die Funktion trotzdem erfolgreich ausgeführt, denn bei *MinValue* handelt es sich nicht um einen absoluten Wert. Es handelt sich bei dem Parameter eher um einen (Minimum-) Richtwert.

Wenn der Parameter *pVertAttrWeights* auf NULL gesetzt wurde, wird die folgende Standardstruktur *D3DXATTRIBUTEWEIGHTS* innerhalb der Funktion genutzt.

```
D3DXATTRIBUTEWEIGHTS AttributeWeights {
AttributeWeights.Position  = 1.0;
AttributeWeights.Boundary  = 1.0;
AttributeWeights.Normal    = 1.0;
AttributeWeights.Diffuse   = 0.0;
AttributeWeights.Specular  = 0.0;
AttributeWeights.Tex[8]    = {0.0, 0.0, 0.0, 0.0, 0.0, 0.0, 0.0, 0.0}};
```

Diese Standardstruktur sollte mit den meisten Applikationen funktionieren, da sie nur geometrische und Normalvektor-Einstellungen beinhaltet. Die anderen Werte der Struktur sollten nur verändert werden, wenn sie definitiv für eine Applikation benötigt werden.

Nachdem Sie sich nun alle wichtigen Befehle des ersten Teils der Funktion *CreateProgressiveMesh* angesehen und deren Funktion bei der Erstellung eines progressiven Meshs kennen gelernt haben, wollen wir uns jetzt im zweiten Teil der Funktion darauf konzentrieren, das erstellte progressive Mesh weiter zu verarbeiten. Wenn wir also in einem Projekt mit Mesh-Objekten unterschiedlicher Detailstufen arbeiten wollen, gibt es generell zwei Möglichkeiten. Die erste Option ist, die Detailstufe des Meshs im Verlauf der Applikation immer wieder anzupassen und diese ständig neu zu erstellen. Diese Methode kostet aber sehr viel Performance, da das Mesh immer wieder neu berechnet werden muss. Die zweite Methode ist, mehrere Mesh-Objekte mit vordefinierten Detailstufen zu erstellen und diese dann je nach Bedarf innerhalb der Applikation abzurufen. Für diese zweite Methode haben wir uns in der Progressive Mesh-Demo entschieden.

In unserem Fall gehen wir von acht Detailstufen aus. Wir erstellen also acht Mesh-Objekte, die sich ausschließlich in der Detailstufe, also bei den Vertices und Faces unterscheiden. Diese werden in dem Array *m_pPD3DXLODMesh* gespeichert. Die Erstellung der einzelnen Objekte ist in einer *For*-Schleife gekapselt. Die erste Funktion innerhalb dieser Schleife erstellt eine Kopie des ersten progressiven Meshs, das wir im ersten Teil der Funktion erstellt haben. Diese Kopie wird in dem Array *m_pPD3DXLODMesh* gespeichert. Die Detailstufe dieses Meshs wird dann im Anschluss mit dem Befehl *TrimByFaces* verringert. Mit dem Befehl

OptimizeBaseLOD werden anschließend die Vertex-Informationen des erstellten Meshs neu angeordnet. Mit dem Befehl *SetNumFaces(0)* wird dann die Erstellung des neuen Meshs abgeschlossen. Dieser Befehl legt fest, wie viele Faces während des Renderns des Mesh-Objekts berücksichtigt werden sollen. Durch den Parameter *0* wird dieser Wert auf das mögliche Minimum gesetzt.

```
for( UINT i = 0; i < 8; i++ ){
    hr = m_pPD3DXFullMesh->ClonePMeshFVF(D3DXMESH_MANAGED | D3DXMESH_VB_SHARE,
                             m_pPD3DXFullMesh->GetFVF(),
                             pd3dDevice, &m_pPD3DXLODMesh[i]);
    if(FAILED(hr)){
        return hr;
    }

    // Trim to appropriate space

    hr = m_pPD3DXLODMesh[i]->TrimByFaces( m_dwFacesMin + m_dwFacesPerMesh * i,
                             m_dwFacesMin + m_dwFacesMax * (i+1),
                             NULL,
                             NULL);
    if(FAILED(hr)){
        return hr;
    }

    hr = m_pPD3DXLODMesh[i]->OptimizeBaseLOD( D3DXMESHOPT_VERTEXCACHE, NULL );

    if(FAILED(hr)){
        return hr;
    }

    hr = m_pPD3DXLODMesh[i]->SetNumFaces(0);
    if(FAILED(hr)){
        return hr;
    }
}
m_pPD3DXRenderMesh = m_pPD3DXFullMesh;

return hr;
}
```

Listing 4.6 CreateProgressiveMesh: Erstellen von progressiven Meshes mit unterschiedlichen Detailstufen

Am Ende der Funktion wird dann noch das erste erstellte progressive Mesh als das Mesh festgelegt, das als erstes Objekt zum Rendern verwendet werden soll. Damit wäre die Erstellung der progressiven Mesh-Objekte in den unterschiedlichen Detailstufen abgeschlossen. Bevor wir uns den weiteren benötigen Funktionen rund um die progressiven Mesh-Objekte widmen, wollen wir uns die gerade praktisch genutzten DirectX-Befehle und deren Syntax auch an dieser Stelle wieder in der Theorie ansehen.

ClonePMeshFVF Methode

Wie die Methode *CloneMeshFVF* dupliziert auch diese Methode Mesh-Informationen. Dabei wird bei der *ClonePMeshFVF*-Funktion aber ein progressives Mesh geklont. Dabei kann auch bei diesem Befehl ein flexibles Vertex-Format (FVF) bei der Duplizierung eingesetzt werden.

```
HRESULT ClonePMeshFVF(DWORD Options,
                      DWORD FVF,
                      LPDIRECT3DDEVICE9 pD3DDevice,
                      DWORD *pVertexRemapOut,
                      FLOAT *pErrorsByFace,
                      LPD3DXPMESH *ppCloneMesh);
```

Options	Das DWORD *Options* legt, mit Hilfe einer Kombination aus Flags der *D3DXMESH*-Enumeration, fest, wie das geklonte Mesh erstellt werden soll
FVF	Auch der Parameter *FVF* ist ein DWORD. Mit einer Kombination von Werten der *D3DFVF*-Enumeration wird das Vertex-Format des geklonten Meshs festgelegt
pD3DDevice	Der dritte Parameter, ein Zeiger auf ein *IDirect3DDevice9*-Objekt, legt fest, in welchem Direct3D-Device das geklonte Mesh erstellt werden soll
pVertexRemapOut	Der Parameter *pVertexRemapOut* ist ein Zeiger auf ein DWORD-Array. Dieses beinhaltet nach dem Abschluss der Funktion den Index jedes Vertex.
pErrorsByFace	Das zweite Array innerhalb der Parameterauflistung enthält eine Auflistung von Fehlerwerten, die bei der Erstellung des Meshs ermittelt wurden
ppCloneMesh	Die Variable *ppCloneMesh* enthält die Adresse des Zeigers, der auf das *ID3DXPMesh*-Objekt verweist, das das neu erstellte Mesh beinhaltet

Wenn die Methode erfolgreich ausgeführt wurde, wird der Wert *D3D_OK* zurückgeliefert. Kommt es während der Ausführung zu einem Fehler, wird einer der drei folgenden Fehlercodes zurückgeliefert. Der erste Wert *D3DERR_INVALIDCALL* wird zurückgeliefert, wenn der Aufruf der Methode fehlschlug. Dieses geschieht z.B., wenn einer der Parameter, die der Funktion übergeben wurden, ungültig war. Der zweite Fehlerwert *E_OUTOFMEMORY* wird zurückgemeldet, wenn es der Funktion nicht möglich war, genügend Speicher vom System zu erhalten. Die dritte Fehlermeldung wird ausgelöst, wenn bei der Ausführung der Funktion der Parameter *Options* den Wert *D3DXMESHOPT_ATTRSORT* enthält. Dieses Attribut ist keine gültige Optimierungstechnik und aus diesem Grund meldet die Funktion den Fehlercode *D3DXERR_CANNOTATTRSORT* zurück.

TrimByFaces Methode

Verändert den Minimum- und den Maximum-Detaillevel (LOD) eines *ID3DXPMesh*-Objektes

```
HRESULT TrimByFaces(DWORD NewFacesMin,
                    DWORD NewFacesMax,
                    DWORD *rgiFaceRemap,
                    DWORD *rgiVertRemap);
```

NewFacesMin	Der Parameter *NewFacesMin* legt den neuen Minimumwert der Faces im Mesh-Objekt fest. Der Wert muss zwischen dem aktuellen Minimumwert und dem Maximumwert der Faces des Meshs liegen.
NewFacesMax	Im Gegensatz zum ersten Parameter legt der Parameter *NewFacesMax* den neuen Maximumwert der Faces im aktuellen Mesh fest. Dabei darf der angegebene Wert den aktuellen Minimumwert der Faces nicht unterschreiten und der aktuelle Maximumwert darf nicht überschritten werden.
rgiFaceRemap	Der dritte Parameter liefert einen Zeiger auf ein *DWORD*-Array zurück. Dieses beinhaltet Remap-Informationen für jedes Face innerhalb des Meshs.
rgiVertRemap	Wie der dritte Parameter liefert auch dieser Parameter einen Zeiger auf ein Array zurück. Dieses beinhaltet aber die Remap-Informationen für jedes Vertex innerhalb des Meshs.

Diese Methode besitzt auch die schon bekannten Fehlermeldungen. *D3D_OK* wird zurückgegeben, wenn der Befehl ordnungsgemäß ausgeführt wurde. Der Wert *D3DERR_INVALIDCALL* meldet, dass es zu einem Fehler beim Aufruf der Funktion kam, und *E_OUTOFMEMORY* zeigt an, dass nicht genügend Speicher für die Ausführung der Funktion zur Verfügung stand.

Die Methode *TrimByVertices* erfüllt die gleiche Aufgabe wie die Methode *TrimByFaces*. Bei ihr werden nur die Vertices des Meshs als Parameter benutzt.

OptimizeBaseLOD Funktion

Die Funktion optimiert den Basis Level of Details (LOD) Teil eines *ID3DXPMesh*-Objektes

```
HRESULT OptimizeBaseLOD(DWORD Flags,
                        DWORD *pFaceRemap);
```

Flags   Der Parameter *Flags* ist eine Kombination aus ein oder mehreren DWORD-Werten der *D3DXMESHOPT*-Enumeration. Er bestimmt die Art der Optimierung, die von dem Befehl durchgeführt werden soll.

pFaceRemap   Die zweite Variable beinhaltet einen Zeiger auf ein *DWORD*-Array, das die Informationen beinhaltet, wie die einzelnen Dreiecke neu ausgerichtet werden sollen

Diese Methode besitzt die folgenden schon bekannten Fehlermeldungen. *D3D_OK* wird zurückgegeben, wenn der Befehl ordnungsgemäß ausgeführt wurde. Der Wert *D3DERR_INVALIDCALL* meldet, dass es zu einem Fehler beim Aufruf der Funktion kam, und *E_OUTOFMEMORY* zeigt an, dass nicht genügend Speicher für die Ausführung der Funktion zur Verfügung stand.

SetNumFaces Methode

Setzt den aktuellen Level of Detail eines Meshs so nah wie möglich an den übergebenen Wert

```
HRESULT SetNumFaces(DWORD Faces);
```

Faces   Dieser Wert übergibt den gewünschten Level of Detail des Meshs an.

Wenn die Methode erfolgreich abgearbeitet wurde, wird der Wert *D3D_OK* zurückgegeben. Wenn der Befehl fehlgeschlagen ist, wird der Wert *D3DERR_INVALIDCALL* zurückgeliefert.

Wenn der angegebene Wert größer ist als die maximale Anzahl der Faces im Mesh, wird der übergebene Wert auf das mögliche Maximum gekappt. Ist der übergebene Wert kleiner als die minimale Anzahl der Faces im Mesh, wird der übergebene Wert auf das Minimum aufgestockt. Der maximale und minimale Wert der Faces kann über die beiden Methoden *GetMaxFaces* und *GetMinFaces* ermittelt werden.

Somit sind die progressiven Mesh-Objekte in ihren unterschiedlichen Detailstufen erstellt. Bis zum fertigen Projekt benötigen wir jetzt noch zwei generelle Funktionen. Die erste ist die Auswahl des richtigen Meshs, abhängig von der ausgewählten Detailstufe. Dieses geschieht in der Funktion *SetRenderLevel* der Klasse *CGEMesh*. Diesem Befehl wird ein Integer-Wert übergeben, der den Index des ausgewählten Level of Detail enthält. Mit Hilfe dieses Index wird festgelegt, welches zuvor erstellte Mesh dargestellt werden soll. Dabei wird die Detailstufe immmer kleiner, je höher der gewählte Integerwert ist. In unserem Projekt werden die Detail-Level über die Funktionstasten F1 bis F8 festgelegt. Mit Hilfe der Tastatureingaben werden in der Klasse *GameEngine* die Detail-Levelwerte ermittelt und an die Klasse *CGEMesh* weitergeleitet.

```
HRESULT CGEMesh::SetRenderLevel(int Level){
  HRESULT hr = D3D_OK;
  switch(Level){
    case 1:
```

Listing 4.7 *SetRenderLevel* legt fest, welches Mesh gerendert werden soll

```
        m_pPD3DXRenderMesh = m_pPD3DXFullMesh;
        break;
      case 2:
        m_pPD3DXRenderMesh = m_pPD3DXLODMesh[6];
        break;
      case 3:
        m_pPD3DXRenderMesh = m_pPD3DXLODMesh[5];
        break;
      case 4:
        m_pPD3DXRenderMesh = m_pPD3DXLODMesh[4];
        break;
      case 5:
        m_pPD3DXRenderMesh = m_pPD3DXLODMesh[3];
        break;
      case 6:
        m_pPD3DXRenderMesh = m_pPD3DXLODMesh[2];
        break;
      case 7:
        m_pPD3DXRenderMesh = m_pPD3DXLODMesh[1];
        break;
      case 8:
        m_pPD3DXRenderMesh = m_pPD3DXLODMesh[0];
        break;
      default:
        m_pPD3DXRenderMesh = m_pPD3DXFullMesh;
        break;
  }
  return hr;
}
```

Listing 4.7 *SetRenderLevel* legt fest, welches Mesh gerendert werden soll *(Fortsetzung)*

Nachdem nun festgelegt wurde, welches Mesh bzw. welche Detailstufe des Meshs dargestellt werden soll, kommen wir jetzt zu den Funktionen, die diese Darstellung übernehmen. Wie schon im vorangegangenen Projekt wird die Funktion zur Darstellung des Meshs in die Render-Funktion der Klasse *GameMainRoutines* integriert. Durch einen Aufruf des Befehls *RenderProgressive* wird die Darstellung des Objekts gestartet. Dem Befehl wird als einziger Parameter ein Zeiger auf das Direct3D-Device übergeben, in dem das Mesh dargestellt werden soll. Sollte das Rendern des Meshs einmal fehlschlagen, wird eine *MessageBox* angezeigt und das Projekt sofort mit dem Befehl *exit(0)* beendet.

Hier möchten wir darauf hinweisen, dass das einfache Beenden eines DirectX-Programms in den meisten Fällen sehr viel Datenmüll im Speicher zurücklässt. Es ist dringend erforderlich, alle benutzten Elemente sauber zu entladen, bevor die Applikation verlassen wird. Diese Vorgehensweise wollen wir uns aber später noch ansehen und an dieser Stelle nicht genauer darauf eingehen.

```
HRESULT hr;
hr = m_GameData.ProgressiveMesh.RenderProgressive(m_GameData.pd3dDevice);
if(FAILED(hr)){
  MessageBox(NULL,"Error Render Progressive Mesh","Progressive mesh",MB_OK);
  exit(0);
}
```

Listing 4.8 Starten des Render-Prozesses des progressiven Meshs innerhalb der Routine *GameMainRoutines*

Der Render-Prozess eines progressiven Meshs unterscheidet sich nicht von dem des einfachen Meshs. Da alle Einstellungen und Anpassungen des progressiven Meshs schon vor der Darstellung durchgeführt werden müssen, wird das Mesh bei der Darstellung wie ein einfaches Mesh gehandhabt. Dabei wird als Erstes die Matrix des Mesh-Objektes geladen und als aktuelle Position dem Direct3D-Device übergeben. Diese Matrix ist in der Klasse *MeshProperties* gespeichert und wird über die Funktion *GetMatrix()* an den Parameter *mat-World* übergeben. Danach werden die einzelnen Elemente des Meshs über die *DrawSubset*-Methode der *ID3DXPMesh*-Klasse dargestellt. Diesem Befehl vorangestellt sind die beiden Befehle zur Festlegung des Materials (*SetMaterial()*) und der Textur (*SetTexture()*), die für dieses Teilelement des Meshs benutzt werden sollen.

```
HRESULT CGEMesh::RenderProgressive(LPDIRECT3DDEVICE9 pd3dDevice){

  D3DXMATRIX matWorld;
  HRESULT hr;
  hr = S_OK;



  matWorld = MeshProperties.GetMatrix();

  hr = pd3dDevice->SetTransform( D3DTS_WORLD, &matWorld);
  if(FAILED(hr)){
   return hr;
  }

  // Drawing the Mesh Object

  for(UINT i = 0;i < m_dwNumMaterials; i++){
    hr = pd3dDevice->SetMaterial(&m_pMaterials[i]);
    if(FAILED(hr)){
      return hr;
    }
    hr = pd3dDevice->c (0,m_pTextures[i]);
    if(FAILED(hr)){
      return hr;
    }
    hr = m_pPD3DXRenderMesh->DrawSubset(i);
    if(FAILED(hr)){
      return hr;
    }
  }
 return hr;
}
```

Listing 4.9 Darstellung eines progressiven Meshs innerhalb eines Direct3D-Device

Damit wäre das zweite Projekt im Themengebiet Mesh-Objekte abgeschlossen. In unserem Beispiel haben wir ein Raumschiff so weit vereinfacht, dass man auf einem durchschnittlichen PC ungefähr 20% Performancevorteil erzielen kann. Mit einem durchdachten Einsatz dieser Technik kann man also bei einem komplexen Spiel eine sehr hohe Ressourceneinsparung erzielen. Dabei ist es z.B. möglich, ein Raumschiff so zu vereinfachen, dass es nur aus einigen Vertices besteht. Wenn dieses Objekt dann sehr weit weg vom Beobachter ist, fällt diesem der Unterschied zu dem kompletten Mesh dann noch nicht mal auf. Ziel sollte es also sein, die Technik so einzusetzen, dass das Mesh umso weniger Vertices aufweisen sollte, je weiter der Beobachter von einem Mesh entfernt ist.

Skin Mesh

Skin Meshes oder auch so genannte skelettale Meshes sind eine der wichtigsten Bestandteile in einer 3D-Welt. Dabei ist es das Ziel der skelettalen Animation, eine möglichst natürliche Bewegung für die 3D-Objekte zu realisieren. Dabei basiert die skelettale Animation auf der Theorie, dass Objekte mit so genannten Bones ausgestattet sind, die dann zur Animation dieses Modells genutzt werden. Die Animation geschieht dabei durch einfaches Verschieben und Verdrehen der Bones. Bevor wir uns jedoch die Implementierung dieser Technik in DirectX ansehen, wollen wir zunächst einen theoretischen Blick auf diese Technik werfen. Im Weiteren werden Sie die Grundlagen dieser Technik ein wenig näher kennen lernen und mehr über die Technik erfahren, die hinter diesen fast schon natürlichen Bewegungen steht.

Abbildung 4.4 Skin Mesh *Ballonman* mit Textur, als Wireframe mit Skelett und das reine Skelett

Skin Meshes besitzen eine hierarchische Struktur. In dieser Struktur sind die einzelnen Elemente miteinander verbunden. Zum Beispiel ist ein Zeh verbunden mit dem Fuß des Objektes. Das wiederum ist verbunden mit dem Schienbein. Dieses ist seinerseits verbunden mit dem Knie und so weiter. So sind die Positionen eines jeden Elements des Körpers und deren Beziehung zueinander festgelegt. Dabei wird die Position jedes Elements immer relativ zu seinem »Parent«-Element gespeichert. Diese relative Festlegung der Position hat zur Folge, dass jede Bewegung eines Elements auch das jeweilige »Child«-Element beeinflusst. In unserem Beispiel würde die Bewegung des Knies automatisch das Schienbein mitbewegen und somit auch den Fuß bzw. den Zeh. Die folgende Abbildung zeigt den Aufbau der hierarchischen Struktur des Meshs, welches wir für unser Projekt erstellt haben. An dieser Stelle sei erwähnt, dass es sich hierbei um ein sehr einfaches Objekt handelt. Die meisten Skin-Meshes, die heutzutage in 3D-Spielen genutzt werden, haben ein Vielfaches an Bones und Vertices.

Mit Hilfe dieser Struktur lassen sich nun alle Bewegungen der einzelnen Elemente relativ einfach berechnen. Der Schlüssel für diese Berechnungen sind die Matrix-Berechnungen, die Sie schon kennen gelernt haben. Jedes Element innerhalb des Meshs besitzt eine Transformationsmatrix. Zur Verdeutlichung der Bewegung wollen wir einmal eine theoretische Gleichung aufstellen. Wir gehen davon aus, dass *LeftHipMat* die Transformationsmatrix des Objekts *Left_hip* ist, *LeftKneeMat* die Matrix von *Left_knee* und *LeftFootMat* die des Elements *Left_foot*. Dann würde die Position der Zehe sich folgendermaßen berechnen:

LeftZehMat = LeftFootMat* LeftKneeMat* LeftHipMat*....*allMat

In dieser Berechnung gehen wir davon aus, dass das Element »all« die Wurzel (Root) unseres hierarchischen Objektes ist und dessen Matrix *allMat* die Position des Elements innerhalb unserer 3D-Welt repräsentiert. Würden wir jetzt unser Mesh in seine einzelnen Elemente zerlegen, könnten wir an dieser Stelle schon mit Hilfe von Matrixberechnungen eine Animation erstellen, indem wir die Position jedes Teiles relativ zur Position der *allMat* Matrix berechnen würden.

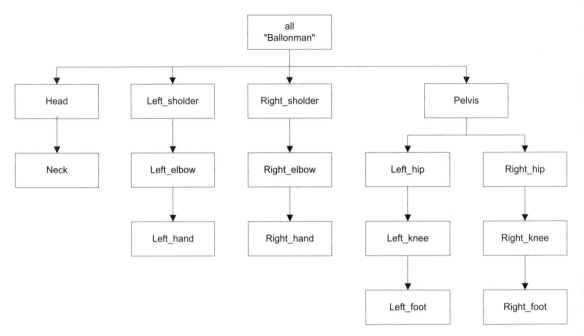

Abbildung 4.5   Hierarchische Struktur des Meshes *Ballonman*

Die Technik der »Skinned Meshes« geht hier aber noch einen Schritt weiter: Die einfache Berechnung der Transformationsmatrizen hat zur Folge, dass es innerhalb des Meshs zu Rissen und Spalten kommen würde, da sich die Vertices voneinander weg bewegen können. Hier hat die »Skin Mesh«-Technik die Möglichkeit, einem Vertex mehr als ein Bone-Element zuzuordnen. Dadurch kann die Beeinflussung jedes Vertex mit Hilfe von Interpolationsberechnungen verfeinert werden und das Problem der Lücken innerhalb des Meshs wird eliminiert. Diese Technik wird auch Vertex-Blending genannt. Diese Technik setzt voraus, dass jedes Vertex ein so genanntes *BlendingWeight* besitzt. Mit Hilfe dieses Wertes ist es dem *VertexShader* möglich, festzustellen, wie die Bewegung eines Bone-Elements das jeweilige Vertex beeinflusst.

Beim Vertex-Blending ist die Position der Vertices nicht starr mit den zugeordneten Bones verbunden. Durch die Zuordnung der einzelnen Vertices zu mehreren Bones wird die Position der einzelnen Vertices zu den jeweiligen Bone-Elementen ständig neu berechnet. Die Abbildung 4.6 zeigt, wie sich die Abstände zwischen den Bones und dem Vertex mit der Vergrößerung des Winkels zwischen den beiden Bone-Elementen verändert. Da Vertex-Blending eine zusätzliche Option der Skin Meshes ist und nicht in erster Linie dafür benötigt wird, wollen wir uns jetzt wieder den Skin Mesh-Techniken zuwenden.

Die Informationen für die Skin Mesh-Objekte erhalten wir auch diesmal wieder aus einer Mesh-Datei. Diese .*x*-Datei hat aber nun eine Besonderheit. Sie enthält nun nicht mehr nur die Vertex-Informationen des Meshs, sondern sie beinhaltet nun auch die Animation des Mesh-Objektes. Dabei ist es möglich, alle gewünschten Bewegungen des Meshs in einer Datei unterzubringen und diese dann zur Laufzeit des Programms abzurufen.

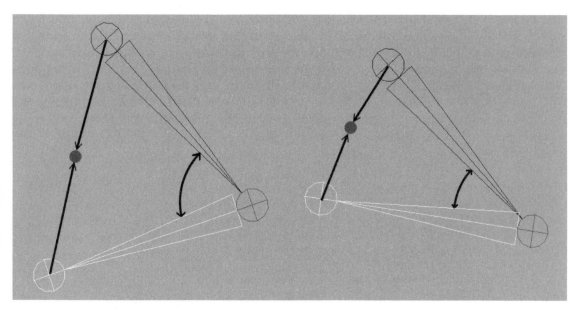

Abbildung 4.6   Skin Mesh: Vertex-Blending mit verschiedenen Bones-Elementen

Alle benötigten Funktionen zur Darstellung eines Skin Meshs sind in der Klasse *CGEHierarchyMesh* hinterlegt. Einen Zeiger auf eine Instanz dieser Klasse wird mit dem Namen *SkinnedMesh* in der Struktur *m_GameData* der Klasse *GameMainRoutines* initialisiert.

```
CGEHierarchyMesh *SkinnedMesh;
```

Nach der Initialisierung der *CGEHierarchyMesh*-Klasse können wir nun die Daten unseres Meshs mit Hilfe der *LoadMeshFile*-Methode in unsere Klasse laden. Dieses geschieht in der Funktion *GameMainInit* der Klasse *GameMainRoutines*. Dabei wird auch diesmal nur die Datei angegeben, in der die Daten gespeichert sind, sowie das Direct3D-Device, in dem die Mesh-Datei erstellt werden soll.

```
if(FAILED(m_GameData.SkinnedMesh->LoadMeshFile(m_GameData.pd3dDevice,
                                    "Meshes\\ballonman.x"))){
  MessageBox(NULL,"Error load .x file","LoadXFile",MB_OK);
  SAFE_DELETE(m_GameData.SkinnedMesh);
  exit(0);
}
```

Listing 4.10   Einbinden der *LoadMeshFile*-Methode in die Routine *GameMainInit*

Auch wenn der Aufruf der Funktion ähnlich den beiden vorangegangenen Projekten ist, sieht man den ersten Unterschied doch schon in den ersten Zeilen. Während wir bei den beiden anderen Projekten damit ausgekommen sind, dem *Laden*-Befehl des Meshs den Speicherort der Mesh-Datei mitzuteilen, müssen wir in diesem Fall mit der Kombination *GetCurrentDirectoryPath* und *SetCurrentDirectory* den aktuellen Verzeichnispfad verbiegen. Dazu wird als Erstes mit dem Befehl *GetCurrentDirectoryPath* der aktuelle Verzeichnispfad in der Variablen *oldCurrentDir* gespeichert. Danach wird mit der Hilfe des Befehls *GEFindMediaPath* der Pfad zum *Media*-Verzeichnis unserer Ordnerstruktur bestimmt. Dieser Pfad wird in der Variablen *strPathHome* gespeichert. Der ermittelte Pfad wird anschließend mit der Variablen *strFilename* kombiniert und in der

Variablen *tmpstring* abgespeichert. Diese Variable wird anschließend beim Laden der Mesh-Informationen benötigt. Vorher wird jedoch noch der aktuelle Verzeichnispfad auf das Verzeichnis festgelegt, in dem die zu ladende Mesh-Datei liegt. Dazu wird der Dateiname aus der Variablen *tmpstring* gelöscht und der komplette Pfad in der Variablen *NewPath* gespeichert. Diese wir anschließend der Funktion *SetCurrentDirectory* übergeben und somit der neue Pfad festgelegt. Nach dem Festlegen des neuen Pfads wird eine Instanz der Klasse *CGEAllocateHierarchy* initialisiert. Diese Klasse ist eine Ableitung der Klasse *ID3DXAllocateHierarchy*, mit deren Hilfe die Reservierung des Speichers vorgenommen wird, den unser Projekt für die Mesh-Informationen benötigt. Die Instanz der Klasse wird anschließend genutzt, um die Mesh-Datei zu laden. Dies geschieht mit der Funktion *D3DXLoadMeshHierarchyFromX*.

```
HRESULT CGEHierarchyMesh::LoadMeshFile (LPDIRECT3DDEVICE9 device,char* strFilename){
  HRESULT hr;
  hr = S_OK;

  // Remember old path
  TCHAR oldCurrentDir[MAX_PATH];
  GetCurrentDirectory(MAX_PATH,oldCurrentDir);

  char tmpstring[255];
  char strPathHome[255];

  hr = Utilities.GEFindMediaPath(strPathHome);

  if(FAILED(hr)){
    return hr;
  }else {
    strcpy(tmpstring,strPathHome);
    strcat(tmpstring,strFilename);
  }

  // Set new current Directory
  char NewPath[MAX_PATH];
  strcpy(NewPath,tmpstring);
  PSTR pszSlash = strrchr(NewPath, '\\');
  if (pszSlash){
    pszSlash[1] = 0
  }
  SetCurrentDirectory(NewPath);
  // Create our allocate hierarchy class to control the allocation of memory
  CGEAllocateHierarchy Alloc;

  hr = D3DXLoadMeshHierarchyFromX( tmpstring,
                                   D3DXMESH_MANAGED,
                                   device,
                                   &Alloc,
                                   NULL,
                                   &m_frameRoot,
                                   &m_animController);

  if (FAILED(hr)){
    return E_FAIL;
  }
```

Listing 4.11 *LoadMesh*-Routine (Teil 1)

Der Funktion *D3DXLoadMeshHierarchyFromX* werden alle Variablen mitgegeben, die benötigt werden, um die Informationen des Mesh-Objekts zu speichern. Der erste Parameter legt die Datei fest, die mit Hilfe des Befehls ausgelesen werden soll. Der zweite Wert bestimmt mit Hilfe eines Flags, wo der Speicher für die Mesh-Informationen bereitgestellt werden soll. Als Nächstes wird der Funktion ein Zeiger auf das soeben erstellte *CGEAllocateHierarchy*-Objekt übergeben. Mit dem Wert NULL in dem nächsten Parameter geben wir an, dass unser Mesh keine speziellen User-Daten enthält, die ausgelesen werden könnten. Die beiden letzten Parameter sind Zeiger auf zwei klasseninternen Variablen, die die Frame-Hierarchie (*m_frameRoot*) und den Animationscontroller (*m_animController*) des Meshs aufnehmen sollen.

```
// if the x file contains any animation remember how many sets there are
if(m_animController){
  m_numAnimationSets = m_animController->GetMaxNumAnimationSets();
}

// Bones for skinning
if(m_frameRoot){
  // Set the bones up
  SetupBoneMatrices(device,(D3DXFRAME_EXTENDED*)m_frameRoot, NULL);

  // Create bone matrices array for use during FrameMove to hold the final transform
  m_boneMatrices  = new D3DXMATRIX[m_maxBones];
  ZeroMemory(m_boneMatrices, sizeof(D3DXMATRIX)*m_maxBones);
}

// Recover Current Directory Path
SetCurrentDirectory(oldCurrentDir);

return hr;

}
```

Listing 4.12 *LoadMesh*-Routine (Teil 2)

Nach dem erfolgreichen Laden des Mesh-Objekts werden anschließend die Animations- und Frame-Daten weiterverarbeitet. Zunächst wird die Anzahl der unterschiedlichen Animationen abgefragt und in einer lokalen Variablen abgespeichert. Danach wird mit Hilfe des Befehls *SetupBoneMatrices* die Bones-Struktur des Mesh-Objektes ermittelt und gespeichert. Anschließend wird das Objekt initialisiert, das während der Laufzeit unseres Programms die berechnete Bones-Struktur enthalten wird. Am Ende der Funktion *LoadMeshFile* wird noch der gespeicherte Verzeichnispfad wieder hergestellt, bevor die Funktion verlassen wird.

Die Funktion *SetupBoneMatrices* erstellt nun das eigentliche »Knochengerüst« unseres Mesh-Objekts. Der Funktion wird außer dem Direct3D-Device, in dem das gesamte Objekt erstellt werden soll, noch der Frame mitgegeben, dessen Bones-Informationen ermittelt werden sollen. Der dritte Parameter ist ein Zeiger auf ein Objekt, das die Matrix des Objektes enthält, das dem aktuellen Frame innerhalb der Bones-Struktur übergeordnet ist. Da wir beim ersten Aufruf dieser Routine den Basis-Frame des Mesh-Objekts übergeben, wird dem Parameter *pParentMatrix* der Wert NULL übergeben.

Rekursive Programmierung bei *SkinnedMesh*-Objekten

Bei unserer Arbeit mit den *SkinnedMesh*-Objekten hat sich die Arbeit mit rekursiven Funktionen zur Bearbeitung der einzelnen Mesh-Objekte als sehr effizient herausgestellt. Da das *SkinnedMesh*-Objekt, wie zuvor schon beschrieben, in einer Art Baumstruktur gespeichert ist, können wir alle Elemente des Objekts ausgehend vom ersten Frame erreichen. Wir können uns also vom ersten Element des Objektes bis zum Ende des Objektes durcharbeiten, indem wir eine Funktion schreiben, die immer die gleiche Reihenfolge einhält. Zunächst muss beachtet werden, dass am Anfang der Funktion alle Befehle ausgeführt werden, die sich mit dem aktuellen Element der Baumstruktur beschäftigen. Anschließend wird festgestellt, ob sich auf der gleichen Ebene der Baumstruktur des Mesh-Objektes ein weiterer Frame befindet. Ist dies der Fall, ruft sich die Funktion erneut auf, mit dem gefundenen Frame als zu behandelndes Objekt. Befindet sich kein weiterer Frame auf der aktuellen Ebene der Baumstruktur, überprüft die Funktion, ob der aktuelle Frame einen Kind-Frame enthält. Ist dies der Fall, ruft sich die Funktion erneut selbst mit dem Kind-Frame als aktuellen Frame auf. Diese rekursive Vorgehensweise stellt sicher, dass bei der Beendigung des ersten Aufrufs der Funktion alle Elemente des gesamten Mesh-Objekts bearbeitet worden sind.

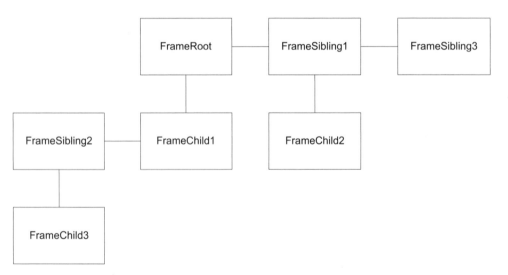

Abbildung 4.7   Beispiel einer Mesh-Struktur zur Verdeutlichung der rekursiven Programmierung

Die Abbildung 4.8 stellt diesen Ablauf einmal am Beispiel der Struktur der Abbildung 4.7 dar. Der erste Aufruf der Funktion zur Bearbeitung des Meshs wird mit dem Element *FrameRoot* als aktuelles Objekt durchgeführt. Innerhalb der Prozedur wird nun überprüft, ob das Element *FrameRoot* ein benachbartes Element auf derselben Strukturebene besitzt. In diesem Fall befindet sich das Element *FrameSibling1* auf der gleichen Ebene wie das Element *FrameRoot*. Somit wird das Element *FrameSibling1* als Nächstes abgearbeitet. Bei der Abarbeitung dieses Elements wird nun erneut geprüft, ob sich ein Element auf gleicher Ebene befindet. In unserem Beispiel befindet sich *FrameSibling3* noch auf der gleichen Höhe und wird somit als Nächstes abgearbeitet. Nach Abschluss des Funktionsaufrufs des *FrameSibling3*-Elementes wird die Bearbeitung wieder zum Element *FrameSibling1* zurückgegeben, da *FrameSibling3* weder ein Nachbar-Element noch ein Kind-Element besitzt. Bei der Weiterverarbeitung des Elements *FrameSibling1* wird anschließend dessen Kind-Element *FrameChild2* bearbeitet. Da dieses Element das letzte Element dieses Zweiges ist, wird der Programmablauf an dessen Ende wieder an die Funktion *FrameRoot* zurückgegeben. Als Nächstes überprüft nun diese erste Prozedur, ob ihrem aktuellen Objekt ein Kind-Element zugeordnet ist. Dies ist der Fall und die Bearbeitung der Prozedur für das Element *FrameChild1* wird gestartet. Dieser Aufruf unserer Funktion überprüft nun auch nacheinander wieder, ob das Element *FrameChild1* ein Nachbar- und ein Kind-Element besitzt. So werden auch die beiden Elemente *FrameSibling2* und *FrameChild3* abgearbeitet. Nach Beendigung aller rekursiv aufgerufenen Funktionen kommt der Funktionsablauf am Ende wieder an der ersten aufgerufenen Funktion an.

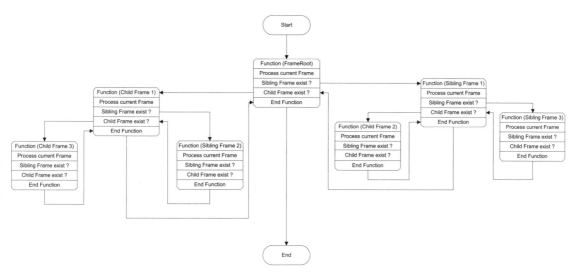

Abbildung 4.8   *Schema der rekursiven Funktionen bei der Arbeit mit SkinnedMesh-Objekten*

Diese Vorgehensweise wird uns im weiteren Verlauf des Kapitels noch häufiger begegnen. Aus diesem Grund haben wir diesen kleinen Exkurs an dieser Stelle eingebaut.

Die Funktion *SetupBoneMatrices* ist die erste Funktion, die als rekursive Funktion gestaltet ist. In der Funktion wird als Erstes eine Variable des Typs *D3DXMESHCONTAINER_EXTENDED* deklariert, der der Mesh-Container des aktuellen Frames mit Hilfe einer *Cast*-Funktion übergeben wird. Bei der Variablen *D3DXMESHCONTAINER_EXTENDED* handelt es sich um eine Ableitung des Objekts *D3DXMESH-CONTAINER*. Dieses wurde um zwei zusätzliche Arrays zur Aufnahme von Textur- und Materialinformationen erweitert. Diesen Speichertypen benutzen wir sofort anschließend erneut. Der erste Frame der Mesh-Datei wird in der Variablen *m_firstMesh* gespeichert und somit als Ausgangsframe für die spätere Animation gespeichert. Danach erstellen wir mit Hilfe des Befehls *CloneMeshFVF* eine Kopie der Mesh-Daten des aktuellen Frames. Diese Kopie wird in der Variablen *exSkinMesh* der Klasse *pMesh* gespeichert. Nachdem wir die originalen Skin-Daten gespeichert haben, müssen wir die Anzahl der Bones herausfinden, die der aktuelle Frame enthält. Dies geschieht mit dem *GetNumBones*-Befehl der *ID3DXSkinInfo*-Klasse. Mit Hilfe dieser Funktion erhalten wir ein DWORD, das die Anzahl der Bones innerhalb des Frames repräsentiert. Damit wir später ein Bones-Matrix-Array mit der richtigen Größe erstellen können, wird mit Hilfe des Makros *max* die Anzahl der Bones im aktuellen Frame mit dem aktuellen Wert der Variablen *m_maxBones* verglichen. Ist der aktuelle Bones-Wert größer, als der in *m_maxBones* gespeicherte Wert, wird dieser gespeicherte Wert mit dem aktuellen Bones-Wert überschrieben.

```cpp
void CGEHierarchyMesh::SetupBoneMatrices(LPDIRECT3DDEVICE9 device,
                                          D3DXFRAME_EXTENDED *pFrame,
                                          LPD3DXMATRIX pParentMatrix){

  // Cast to our extended structure first
  D3DXMESHCONTAINER_EXTENDED* pMesh = (D3DXMESHCONTAINER_EXTENDED*)
                                        pFrame->pMeshContainer;


  if(pMesh){

    if(!m_firstMesh){
      m_firstMesh = pMesh;
    }


    if(pMesh->pSkinInfo){

      pMesh->MeshData.pMesh->CloneMeshFVF(D3DXMESH_MANAGED,
                           pMesh->MeshData.pMesh->GetFVF(),
                           device,
                           &pMesh->exSkinMesh);


      m_maxBones=max(m_maxBones,pMesh->pSkinInfo->GetNumBones());

      // For each bone work out its matrix
      for (UINT i = 0; i < pMesh->pSkinInfo->GetNumBones(); i++){

        D3DXFRAME_EXTENDED* pTempFrame =(D3DXFRAME_EXTENDED*)D3DXFrameFind(m_frameRoot,
                                          pMesh->pSkinInfo->GetBoneName(i));

        // set the bone part - point is at the transformation matrix
        pMesh->exFrameCombinedMatrixPointer[i] =
                                    &pTempFrame->exCombinedTransformationMatrix;
      }
    }
  }

  if(pFrame->pFrameSibling){
    SetupBoneMatrices(device,
                 (D3DXFRAME_EXTENDED*) pFrame->pFrameSibling,
                 pParentMatrix);
  }

  if(pFrame->pFrameFirstChild){
    SetupBoneMatrices(device,
                 (D3DXFRAME_EXTENDED*)pFrame->pFrameFirstChild,
                 &pFrame->exCombinedTransformationMatrix);
  }

}
```

Listing 4.13 Setup Bone Matrices-Routine

Nachdem wir nun die maximale Anzahl der Bones ermittelt und gespeichert haben, müssen wir als Nächstes die Matrix-Objekte der einzelnen Bones innerhalb des Frames ermitteln und speichern. Dazu enumerieren wir alle Bones mit Hilfe einer *for*-Schleife, die durch die maximale Anzahl von Bones des Frames begrenzt wird. Durch den Befehl *D3DXFrameFind* wird jedes Bone-Element durch seinen Namen ermittelt und in einem *D3DXFRAME_EXTENDED*-Objekt gespeichert. Anschließend wird der Zeiger auf das *D3DX-MATRIX*-Objekt in das Array *exFrameCombinedMatrixPointer* der *D3DXMESHCONTAINER_EXTENDED*-Klasse *pMesh* gespeichert. So wird ein Array mit Zeigern auf eine *D3DXMATRIX* erstellt, die die einzelnen Positionen der Bones-Objekte des Frames darstellen.

Sind alle benötigten Informationen des aktuellen Frames ermittelt, kommen wir zum rekursiven Teil der Funktion. Bevor die Abarbeitung der Funktion *SetupBoneMatrices* abgeschlossen ist, ermittelt die Funktion noch, ob in der Hierarchie des Mesh-Objekts neben dem aktuellen Frame (*pFrameSibling*) oder unterhalb des Frames (*pFrameFirstChild*) ein weiterer Frame existiert. Ist dies der Fall, wird die Funktion *SetupBoneMatrices* erneut aufgerufen, und zwar mit den Informationen des eventuellen Sibling- oder Child-Objekts. Ist der erste Aufruf der Funktion *SetupBoneMatrices* abgeschlossen, dann sind alle Frames des Mesh-Objektes ermittelt und alle Bones-Objekte verarbeitet und somit die Grundlage für den nächsten Schritt, das Bestimmen der Animation des Mesh-Objekts, geschaffen. Bevor wir uns jedoch diesen Teil des Projekts ansehen, wollen wir noch einmal einen näheren Blick auf die Syntax einiger Befehle werfen, die Sie soeben kennen gelernt haben.

D3DXLoadMeshHierarchyFromX

Lädt die Frame-Hierarchie eines Mesh-Objektes aus einer *.x*-Datei

```
HRESULT  D3DXLoadMeshHierarchyFromX(LPCSTR Filename,
                       DWORD MeshOptions,
                       LPDIRECT3DDEVICE9 pDevice,
                       LPD3DXALLOCATEHIERARCHY pAlloc,
                       LPD3DXLOADUSERDATA pUserDataLoader,
                       LPD3DXFRAME* ppFrameHierarchy,
                       LPD3DXANIMATIONCONTROLLER* ppAnimController);
```

Filename	Die Variable *Filename* ist ein Zeiger auf eine *LPCSTR*-Variable. Ist das System so konfiguriert, dass es Unicode-Zeichenketten benötigt, muss der Funktion an dieser Stelle eine Variable des Typs *LPCWSTR* übergeben werden.
MeshOptions	Der nächste Wert, der der Funktion übergeben wird, ist eine Kombination aus ein oder mehreren Flag-Werten der *D3DXMESH*-Enumeration. Mit Hilfe dieses Wertes werden die Optionen zur Erstellung des Mesh-Objektes festgelegt.
pDevice	Der Parameter *pDevice* ist ein Zeiger auf ein Direct3D-Device, das dem Mesh-Objekt zugeordnet wird
pAlloc	Der Zeiger *pAlloc* verweist auf ein Objekt der *ID3DXAllocateHierarchy*-Klasse
pUserDataLoader	Sollte eine Mesh-Datei zusätzliche benutzerspezifische Informationen enthalten, können diese in einer Variablen des Typs *LPD3DXLOADUSERDATA* gespeichert werden. Die Variable *pUserDataLoader* stellt einen Zeiger auf diese Objekte dar. Nähere Informationen zum Laden von speziellen User-Daten finden Sie auch in der Syntax des *ID3DXLoadUserData*-Befehls.
ppFrameHierarchy	Nach dem Beenden des Befehls weist der Zeiger *ppFrameHierarchy* auf die Adresse einer *LPD3DXFRAME*-Struktur. Diese Struktur enthält die komplette Frame-Hierarchie des geladenen Meshs.
ppAnimController	Der letzte Parameter der Funktion ist ein Zeiger auf die Adresse eines Animationscontroller-Objektes (*LPD3DXANIMATIONCONTROLLER*). Dieses Objekt beinhaltet alle Animationen der Mesh-Datei.

Die Funktion liefert als Rückgabewert einen Wert des Typs *HRESULT*. Ist die Funktion erfolgreich ausgeführt worden, wird der Wert *D3D_OK* zurückgeliefert, und die Parameter *ppFrameHierarchy* und *ppAnimController* enthalten die beschriebenen Informationen.

Wird der Befehl mit einem Fehler beendet, stehen zwei generelle Fehlercodes zur Verfügung: Der Wert *D3DERR_INVALIDCALL* wird von der Funktion zurückgeliefert, wenn es zu Problemen bei der Übergabe der Parameter gekommen ist und z.B. ein falscher Variablentyp übergeben wurde. Der zweite Fehlercode ist die Meldung *E_OUTOFMEMORY*. Dieser Fehler wird von der Funktion zurückgeliefert, wenn es dem System nicht möglich war, genügend Speicher für die Ausführung des Befehls zu belegen.

D3DXFrameFind

Die Funktion findet die das erste Child-Element eines Root-Frames

```
LPD3DXFRAME D3DXFrameFind(const D3DXFRAME *pFrameRoot,
                          LPCSTR Name);
```

pFrameRoot   Die erste Variable der Funktion ist ein Zeiger zum Root-Frame, in dem das Child-Element gesucht werden soll. Die Variable ist demnach ein Zeiger auf eine Instanz des *D3DXFRAME*-Objekts.

Name   Der zweite Parameter der Funktion beinhaltet den Namen des Child-Elements, das gesucht werden soll

Die Funktion hat zwei mögliche Rückgabewerte: Wird die Funktion erfolgreich abgeschlossen, wird ein Zeiger auf das gefundene Element zurückgegeben. Bei einem Fehler liefert die Funktion NULL zurück.

Nachdem nun die Daten der Mesh-Datei in unser Programm übernommen wurden, können wir diese weiterverarbeiten. Damit sofort nach dem Laden der Applikation eine Animationsbewegung dargestellt wird, legen wir als Erstes den dritten Animationsablauf des Mesh-Objekts als aktiven fest. Dies geschieht in der Funktion *GameMainInit* direkt nach dem Laden der Mesh-Datei.

```
m_GameData.SkinnedMesh->SetAnimationSet(3);
```

Dies sieht auf dem ersten Blick recht einfach aus. Ob es auch programmiertechnisch einfach ist, werden wir uns nun einmal ansehen. Der Anfang der Funktion *SetAnimationSet* ist noch vergleichsweise einfach. Die ersten Befehle der Funktion stellen sicher, dass der übergebene Indexwert auch ein gültiges Animations-Set ist. Außerdem wird überprüft, ob es sich bei dem übergebenen Index um den gleichen handelt, der auch schon zurzeit läuft. Ist dies der Fall, muss er nicht noch einmal neu gesetzt werden. Ist der Index-Wert eine gültige Änderung des Animations-Sets, wird der Index-Wert des neuen Animations-Sets direkt in der modularen Variable *m_currentAnimationSet* gespeichert. Danach wird die Animation des gewählten Animations-Sets mit dem Befehl *GetAnimationSet* aus dem Animationscontroller-Objekt *m_animController* geladen und in der Variablen *AnimSet* für die weitere Verarbeitung gespeichert.

Alle weiteren Befehle der Funktion werden benötigt, um einen möglichst sanften Übergang von einer Animation zur anderen zu gewährleisten. Zu diesem Zweck arbeitet die Funktion mit so genannten Animations-Tracks. Mit Hilfe dieser Tracks kann man direkten Einfluss auf die im Mesh-Objekt gespeicherten Animationen nehmen und diese sogar zu neuen Animationen kombinieren, indem man die einzelnen Elemente mischt. Auf diese Funktion werden wir aber zunächst in unserem Projekt verzichten. Wir werden die Animations-Tracks an dieser Stelle nur benutzen, um zwei aufeinander folgende Animationen möglichst sanft zu überblenden. Wir benötigen für diese Aufgabe nur zwei Animations-Tracks. Diese werden mit den beiden Variablen *newTrack* und *m_currentTrack* bezeichnet. Dabei bestimmt der Wert *newTrack* den Animations-Track, der vom Benutzer als nächste Animation ausgewählt wurde. Die Variable *m_currentTrack* stellt dagegen den Track dar, der zur Zeit des Aufrufs der Funktion *SetAnimationSet* als der aktive gespeichert ist. Da wir in unserem Fall mit nur zwei Animationen arbeiten, benötigen wir auch nur zwei Index-Werte für die beiden genutzten Tracks. Dabei bekommt die Track-Variable *newTrack* immer einen Wert zwischen 0 und 1 zugewiesen, abhängig vom aktuellen Wert der Variablen *m_currentTrack*. Ist der Wert der Variablen bestimmt, wird auch schon sofort das in *AnimSet* gespeicherte Animations-Set diesem Index zugeordnet. Anschließend kann dieser Zeiger sofort wieder freigegeben werden. Damit wären alle Vorbereitungen abgeschlossen, die wir zur Realisierung des Animations-Übergangs benötigen. Wie diese mit Hilfe der Tracks funktioniert, wollen wir uns anschließend ansehen.

```
void CGEHierarchyMesh::SetAnimationSet(UINT index){

  if (index>=m_numAnimationSets || index==m_currentAnimationSet){
    return;
  }

  m_currentAnimationSet=index;

  // Get the animation set from the controller
  LPD3DXANIMATIONSET AnimSet;
  m_animController->GetAnimationSet(m_currentAnimationSet, &AnimSet);

  // Alternate tracks
  DWORD newTrack;
  switch (m_currentTrack){
    case 0:
      newTrack = (DWORD)1;
      break;
    case 1:
      newTrack = (DWORD)0;
      break;
  }

  m_animController->SetTrackAnimationSet( newTrack, AnimSet);
  SAFE_RELEASE(AnimSet);
```

Listing 4.14 Teil 1 der Funktion *SetAnimationSet*; Vorbereitung des Animationsübergangs

Wir haben also alle Vorbereitungen abgeschlossen, um den neuen Animations-Track als neue Animation für unser Mesh-Objekt zu übernehmen. Als Nächstes müssen wir sicherstellen, dass in den beiden Animations-Tracks, die wir zur Überblendung der Animation benutzen wollen, keine anderen Animationsabläufe gespeichert sind. Dies wird realisiert mit der *UnkeyAllTracksEvent*-Funktion des Animationscontroller-Objekts. Danach legt der *KeyTrackEnable*-Befehl fest, dass die aktuell ablaufende Animation in 0,25 Sekunden beendet werden soll. Damit es beim Ablauf der aktuellen Animation zu keiner Lücke kommt und sichergestellt ist, dass die Animationen möglichst sanft ineinander übergehen, wird dem aktuellen Animations-Track der Befehl gegeben, dass er die laufende Animation in 0,25 Sekunden abgeschlossen haben muss. Dies geschieht mit dem Befehl *KeyTrackSpeed*. Da wir einen nahtlosen Übergang der beiden Animations-Tracks realisieren wollen, wird dem aktuellen Track eine Gewichtung von 0.0 zugewiesen. Dies hat den Effekt, dass dieser Track mit dem neuen Animations-Track interpoliert wird. Es entsteht also ein weicher Übergang. Da wir nun die Ausblendung des alten Tracks vorbereitet haben, ist es nun Zeit, den neu gewählten Animations-Track ins Spiel zu bringen. Mit dem Befehl *SetTrackEnable* leiten wir die Einblendung des neuen Animations-Track ein. Der Animations-Track *newTrack* wird also aktiv gesetzt.

```
m_animController->UnkeyAllTrackEvents( m_currentTrack );
m_animController->UnkeyAllTrackEvents( newTrack );

m_animController->KeyTrackEnable( m_currentTrack,
                                  FALSE,
                                  m_currentTime + 0.25f ),

m_animController->KeyTrackSpeed( m_currentTrack,
                                 0.0f,
                                 m_currentTime,
```

Listing 4.15 Teil 2 der Funktion *SetAnimationSet*; Überblenden der Animations-Tracks

```
                                              0.25f,
                                              D3DXTRANSITION_LINEAR);

m_animController->KeyTrackWeight( m_currentTrack,
                                  0.0f,
                                  m_currentTime,
                                  0.25f,
                                  D3DXTRANSITION_LINEAR );

// Enable the new track
m_animController->SetTrackEnable( newTrack, TRUE );

// Add an event key to set the speed of the track
m_animController->KeyTrackSpeed( newTrack,

                                 1.0f,
                                 m_currentTime,
                                 0.25f,
                                 D3DXTRANSITION_LINEAR );

m_animController->KeyTrackWeight( newTrack,
                                  1.0f,
                                  m_currentTime,
                                  0.25f,
                                  D3DXTRANSITION_LINEAR );

// Remember current track
m_currentTrack = newTrack;

}
```

Listing 4.15 Teil 2 der Funktion *SetAnimationSet;* Überblenden der Animations-Tracks *(Fortsetzung)*

Nach der Aktivierung des neuen Animations-Tracks legen wir nun noch die Geschwindigkeit fest, mit der der neue Track animiert werden soll. Anschließend sorgen wir noch mit dem Befehl *KeyTrackWeight* dafür, dass der neue Animations-Track innerhalb der nächsten 0,25 Sekunden eingeblendet wird. Im Zusammenspiel mit der Ausblendung des vorhergehenden Animations-Tracks haben wir so einen Übergang der Animationen in einem Zeitbereich von 0,25 Sekunden realisiert. Nach dem erfolgreichen Überblenden der beiden Animations-Tracks wird der neue Track als aktueller Track gespeichert und kann so beim erneuten Aufruf der *SetAnimationSet*-Methode weiterverarbeitet werden. Um die einzelnen Funktionen der Befehle besser verstehen zu können, haben wir die wichtigsten Befehle an dieser Stelle noch einmal zusammengefasst und alle benötigten Parameter erklärt.

ID3DXAnimationController::GetAnimationSet

Die Funktion *GetAnimationSet* lädt ein Animations-Set aus einem Animationscontroller-Objekt

```
HRESULT GetAnimationSet(UINT Index,
                        LPD3DXANIMATIONSET *ppAnimSet);
```

Index	Die Variable *Index* bestimmt die Animationssequenz die aus dem Animationscontroller-Objekt geladen werden soll
ppAnimSet	Die zweite Variable der Funktion ist ein Zeiger auf eine Adresse eines *ID3DXAnimationSet*-Objektes. In diesem werden nach dem erfolgreichen Abschluss der Funktion die Animationsdaten zur Verfügung gestellt.

Die Funktion hat zwei verschiedene Rückgabewerte: Der Wert *S_OK* wird von der Funktion zurückgeliefert, wenn die Funktion ordnungsgemäß abgeschlossen worden ist. Wenn der Funktion falsche Parameter übergeben wurden und somit die Ausführung der Methode fehlschlug, wird die Konstante *D3DERR_INVALIDCALL* zurückgeliefert.

ID3DXAnimationController::SetTrackAnimationSet

Die Methode ordnet ein Animationsset einem Track zu

```
HRESULT SetTrackAnimationSet(UINT Track,
                      LPD3DXANIMATIONSET pAnimSet);
```

Track	Die Variable *Track* stellt einen *UINT*-Wert da, der dem in *pAnimSet* übergebenen Animations-Set zugeordnet wird
pAnimSet	Zeiger auf ein Animations-Set, das dem *UINT*-Wert der Variablen *Track* zugeordnet wird

Die Funktion besitzt drei Rückgabewerte: Der erste Wert *S_OK* wird bei erfolgreicher Abarbeitung des Befehls zurückgeliefert. Kommt es zu einem Fehler während der Befehlsausführung, sind die Rückgabewerte *D3DERR_INVALIDCALL* und *E_OUTOFMEMORY* möglich. Dabei wird der erste dieser beiden Werte zurückgeliefert, wenn es zu einem Fehler in den übergebenen Parametern des Befehls kommt, und der zweite Wert wird zurückgeliefert, wenn DirectX nicht in der Lage war, genügend Speicher zur Ausführung des Befehls zur Verfügung zu stellen.

Die Methode *SetTrackAnimationSet* wird auch zum Mixen von Animationssequenzen benutzt. Alle mit diesem Befehl vorbereiteten Animations-Sets werden dabei abhängig von ihrem Track-Weight und Track-Speed interpoliert, wenn der Befehl *ID3DXAnimationController::AdvanceTime* ausgeführt wird.

ID3DXAnimationController::UnkeyAllTrackEvents

Der Befehl entfernt alle gespeicherten Abläufe vom angegebenen Animations-Track

```
HRESULT UnkeyAllTrackEvents(UINT Track);
```

Track	Die Variable *Track* legt den Animations-Track fest, von dem alle Ereignisse und Abläufe entfernt werden sollen

Wurde die Funktion erfolgreich ausgeführt, wird der Wert *S_OK* zurückgeliefert. Bei einem Fehler bei der Übergabe der Parameter wird der Rückgabewert *D3DERR_INVALIDCALL* vom System zurückgegeben.

Diese Funktion verhindert die Ausführung aller vorher festgelegten Animationsabläufe für den angegebenen Track. Dabei gehen auch alle Daten verloren, die eventuell mit diesen Abläufen verbunden waren.

ID3DXAnimationController::KeyTrackEnable

Die Funktion *KeyTrackEnable* erstellt einen Ereignisschlüssel, der einen Animations-Track für die Animationserstellung freigibt oder sperrt

```
D3DXEVENTHANDLE KeyTrackEnable(UINT Track,
                        BOOL NewEnable,
                        DOUBLE StartTime );
```

Track	Die Variable *Track* identifiziert auch bei diesem Befehl den Track, der modifiziert werden soll
NewEnable	Mit dem booleschen Wert *NewEnable* wird festgelegt, ob der Animations-Track freigegeben (*TRUE*) oder ob dieser gesperrt (*FALSE*) werden soll
StartTime	Der DOUBLE-Wert *StartTime* legt die Systemzeit fest, zu der der erstellte Ereignisschlüssel aktiv werden soll

Die *KeyTrackEnable* Methode besitzt zwei Rückgabewerte: Bei Erfolg wird ein Handle auf das primäre Interpolationsereignis zurückgegeben. Wenn der übergebene Track unzulässig ist, liefert die Funktion den Wert *NULL* zurück.

ID3DXAnimationController::KeyTrackSpeed

Mit Hilfe der *KeyTrackSpeed*-Methode kann man die Wiedergabegeschwindigkeit eines Animations-Sets modifizieren

```
D3DXEVENTHANDLE KeyTrackSpeed(UINT Track,
                              FLOAT NewSpeed,
                              DOUBLE StartTime,
                              DOUBLE Duration,
                              D3DXTRANSITION_TYPE Transition);
```

Track	Die *UINT*-Variable *Track* identifiziert den Animations-Tack, der modifiziert werden soll
NewSpeed	Der *FLOAT*-Wert *NewSpeed* legt die neue Geschwindigkeit des Animations-Tracks fest
StartTime	Die Variable *StartTime* legt die Systemzeit fest, zu der die gewählte Aktion aktiviert werden soll
Duration	Der Wert *Duration* legt die Zeitspanne fest, die der Übergang zur nächsten Animationssequenz dauern soll
Transition	Die letzte Variable der Funktion legt nun noch die Art des Übergangs fest. Dabei wird dieser Variablen ein Mitglied der Enumeration *D3DXTRANSITION_TYPE* zugewiesen

Auch diese Funktion besitzt zwei mögliche Rückgabewerte. Genau wie der Befehl *KeyTrackEnable* liefert die Funktion, im Falle eines Erfolges, einen Handle auf ein Interpolationsereignis zurück. Der Wert *NULL* wird zurückgegeben, wenn ein Eingangsparameter fehlerhaft ist oder kein freies Ereignis zur Verfügung steht.

ID3DXAnimationController::KeyTrackWeight

Die Funktion erstellt einen Ereignisschlüssel, der die Wertigkeit eines Animations-Tacks festlegt oder verändert. Die Wertigkeit wird dabei als Multiplikator benutzt, wenn mehrere Animations-Tracks interpoliert werden.

```
D3DXEVENTHANDLE KeyTrackWeight(UINT Track,
                               FLOAT NewWeight,
                               DOUBLE StartTime,
                               DOUBLE Duration,
                               D3DXTRANSITION_TYPE Transition);
```

Track	Auch bei diesem Befehl dient die erste Variable dazu, den Animations-Track festzulegen, der modifiziert werden soll
NewWeight	Der Wert *NewWeight* legt die Wertigkeit des Animations-Tracks fest
StartTime	*StartTime* bestimmt mit Hilfe der Systemzeit den Zeitpunkt, zu dem die festgelegte Änderung aktiv werden soll
Duration	Auch dieser Befehl bietet die Möglichkeit, die Übergangszeit zu bestimmen. Mit der Variablen *Duration* wird diese Zeitspanne festgelegt.
Transition	Die letzte Variable der Funktion legt noch die Art des Übergangs fest. Dabei wird dieser Variablen ein Mitglied der Enumeration *D3DXTRANSITION_TYPE* zugewiesen.

Die Rückgabewert dieser Funktion sind äquivalent zu den Werten der Funktion *KeyTrackSpeed*

Anmerkung:
Die Wertigkeit eines Animations-Tracks wird wie ein Multiplikator benutzt, um festzulegen, wie groß der Einfluss des Animations-Tracks auf die Animation bei der Interpolation von mehreren Animations-Tracks ist.

ID3DXAnimationController::SetTrackEnable

Der Befehl *SetTrackEnable* gibt einen Animations-Track innerhalb eines Animations-Controller-Objektes frei oder sperrt diesen

```
HRESULT SetTrackEnable(UINT Track,
                       BOOL Enable);
```

Track	Index des Animations-Tracks, der gesperrt oder freigegeben werden soll
Enable	Der boolesche Wert *Enable* legt fest, ob ein Animations-Track innerhalb des Controllers für das Interpolieren von Animationen freigegeben (*TRUE*) oder ob dieser dafür gesperrt (*FALSE*) werden soll

Die Funktion besitzt drei Rückgabewerte. Der erste Wert *S_OK* wird bei erfolgreicher Abarbeitung des Befehls zurückgeliefert. Kommt es zu einem Fehler während der Befehlsausführung, sind die Rückgabewerte *D3DERR_INVALIDCALL* und *E_OUTOFMEMORY* möglich. Dabei wird der erste dieser beiden Werte zurückgeliefert, wenn es zu einem Fehler in den übergebenen Parametern des Befehls kommt, und der zweite Wert wird zurückgeliefert, wenn DirectX nicht genügend Speicher zur Ausführung des Befehles zur Verfügung stellen konnte.

Um einen Animations-Track mit einem anderen zu mischen, muss der Wert *Enable* auf *TRUE* gesetzt werden. Wird der Wert hingegen auf *FALSE* gesetzt, wird der Animations-Track für ein solches Mischen der Animationen gesperrt.

Mit den Befehlen, die wir bis jetzt genutzt haben, konnten wir die Bewegung unseres Mesh-Objekts realisieren. Um diese aber nun darstellen zu können, müssen diese Bewegungen in Koordinaten umgerechnet werden. Dies geschieht mit dem Befehl *FrameMove*. Dieser Befehl rechnet mit Hilfe eines Zeitwertes und einer Basismatrix die Koordinaten eines jeden Objekts des Meshs aus. Damit wir eine Bewegung ohne Ruckeln hinbekommen, setzen wir zur Ermittlung des Zeitwertes wieder den Timer unserer *Utilities*-Klasse ein. Mit Hilfe des Timers berechnen wir die Zeitspanne, die vergangen ist, seitdem der letzte Frame gerendert wurde. Die Zeit seit dem letzten Durchlauf wird mit dem Befehl *TicTimer* ermittelt. Nach der Ausführung dieses Befehls steht die Zeitspanne, die vergangen ist, seitdem dieser Befehl das letzte Mal ausgeführt wurde, in der Struktur *elapsed* der Klasse *Utilities* zur Verfügung. Dieser Wert muss noch durch die Taktfrequenz des Systems geteilt werden, um die vergangene Zeit in Millisekunden zu bekommen. Dieser Wert wird anschließend zusammen mit dem Matrix-Objekt der *Mesh*-Klasse an den Befehl *FrameMove* übergeben, der die Berechnung der Koordinaten des Meshs relativ zur angegebenen Basismatrix in der Funktion *GameMainRoutine* einleitet.

```
m_GameData.Utilities.TicTimer();

float elapsedTime;
elapsedTime = (float)m_GameData.Utilities.elapsed.QuadPart /
                                  m_GameData.Utilities.freq.QuadPart;

m_GameData.SkinnedMesh->FrameMove(elapsedTime,
                       &m_GameData.SkinnedMesh->MeshProperties.GetMatrix());
```

Listing 4.16 Einbinden des *FrameMove*-Befehls in die *GameMain*-Routine

Der Befehl *FrameMove* sorgt also dafür, dass die Bewegungen unseres Mesh-Objekts in Koordinaten innerhalb der 3D-Welt umgesetzt wird. Wir leiten die Berechnung der Koordinaten des Objekts mit dem Befehl *AdvanceTime* des Animationscontroller-Objekts ein. Mit Hilfe des Befehls wird der globale Zähler der Animationszeit um den übergebenen Wert aus der Variablen *elapsedTime* erweitert. Damit wird festgelegt, wie viel Zeit nach dem letzten Aufruf des *FrameMove*-Befehls vergangen ist. Danach addieren wir die vergangene Zeit zum Zähler *m_currentTime*. Dieser enthält somit die Zeit, die seit dem Initialisieren der Klasse *CGEHierarchyMesh* vergangen ist. Danach wird der Befehl ausgeführt, der die eigentliche Berechnung der Daten durchführt. Dieser Befehl ist rekursiv programmiert und wird im weiteren Verlauf für die Berechnung jedes Bone-Objekts aufgerufen. Der Funktion *UpdateFrameMatrices* wird beim ersten Aufruf der Root-Frame des Mesh-Objekts übergeben und die Basismatrix, die zur Berechnung aller weiteren Koordinaten benötigt wird. Nach der Berechnung aller Bones werden dann die Skin-Informationen des Meshs mit Hilfe der geänderten Bones berechnet und angepasst.

```
void CGEHierarchyMesh::FrameMove(float elapsedTime, const D3DXMATRIX *matWorld){

  // Advance the time and set in the controller
  if (m_animController != NULL){
    m_animController->AdvanceTime(elapsedTime, NULL);
  }
  m_currentTime+=elapsedTime;

  UpdateFrameMatrices(m_frameRoot, matWorld);

  D3DXMESHCONTAINER_EXTENDED* pMesh = m_firstMesh;
  if(pMesh && pMesh->pSkinInfo){
    UINT Bones = pMesh->pSkinInfo->GetNumBones();

    for (UINT i = 0; i < Bones; ++i){
      D3DXMatrixMultiply(&m_boneMatrices[i],
                         &pMesh->exBoneOffsets[i],
                         pMesh->exFrameCombinedMatrixPointer[i]);
    }

    HRESULT hr=S_OK;
    void *srcPtr;
    pMesh->MeshData.pMesh->LockVertexBuffer(D3DLOCK_READONLY, (void**)&srcPtr);

    void *destPtr;
    pMesh->exSkinMesh->LockVertexBuffer(0, (void**)&destPtr);

    // Update the skinned mesh
    pMesh->pSkinInfo->UpdateSkinnedMesh(m_boneMatrices,
                         NULL,
                         srcPtr,
                         destPtr);

    // Unlock the meshes vertex buffers
    pMesh->exSkinMesh->UnlockVertexBuffer();
    pMesh->MeshData.pMesh->UnlockVertexBuffer();
  }

}
```

Listing 4.17 FrameMove

Zum Schluss werden noch die reinen Vertex-Daten der Skin-Informationen des Meshs modifiziert. Dazu werden die Vertex-Buffer der beiden Objekte *MeshData.pMesh* und *exSkinMesh* der Klasse *pMesh* mit dem Befehl *LockVertexBuffer* für die Bearbeitung gesperrt. Diese beiden Buffer werden dann mit dem Befehl modifiziert und somit die aktuellen Skin-Infos ermittelt. Danach werden die beiden gesperrten Vertex-Buffer wieder freigegeben, und die modifizierten Informationen stehen in der Klasse *m_firstMesh* zur weiteren Verarbeitung zur Verfügung. Auch an dieser Stelle haben wir die Syntax der wichtigsten Befehle der letzten Funktion aufgelistet.

ID3DXAnimationController::AdvanceTime

Animiert das aktuelle Mesh und erweitert den Zähler der globalen Animationszeit um den angegebenen Wert

```
HRESULT AdvanceTime(DOUBLE TimeDelta,
                    LPD3DXANIMATIONCALLBACKHANDLER CallbackHandler);
```

TimeDelta — Die erste Variable der Funktion ist ein DWORD-Wert. Mit Hilfe dieses Wertes werden die Sekunden übergeben, um die die globale Animationszeit erweitert werden soll. Es sind nur Werte größer 0 erlaubt.

pCallbackHandler — Der zweite Parameter der Funktion ist ein Zeiger auf ein *ID3DXAnimationCallbackHandler*-Objekt, das zuvor vom Benutzer angelegt worden sein muss

Standardmäßig hat die Methode *AdvanceTime* drei Rückgabewerte. Im Falle der erfolgreichen Ausführung der Funktion liefert sie den Wert *S_OK* zurück. Im Falle eines Fehlers unterscheidet die Funktion zwei Fehlertypen. Bei einer Übergabe von falschen oder fehlerhaften Parametern wird der Fehlerwert *D3DERR_INVALIDCALL* zurückgegeben. Sollte es dem Befehl nicht möglich gewesen sein, genügend Speicher zur Ausführung im System zu reservieren, erhalten wir den Fehler *E_OUTOFMEMORY*.

ID3DXBaseMesh::LockVertexBuffer

Die Methode sperrt den Zugriff auf einen Vertex-Buffer für die Applikation und liefert einen Zeiger auf den gesperrten Speicherbereich zurück

```
HRESULT LockVertexBuffer(DWORD Flags,
                         LPVOID *ppData);
```

Flags — Der erste *DWORD*-Wert der Funktion *Flags* ist eine Kombination aus den folgenden *D3DLOCK*-Konstanten. Die gewählte Kombination legt die Art der Sperrung fest, die auf den genannten Speicherbereich durchgeführt werden soll.

D3DLOCK_DISCARD

Wird diese Option genutzt, überschreibt die Applikation den gesperrten Bereich mit den neuen Daten. Dies geschieht mit einer »Write-Only«-Operation. Man benutzt diese Option meist für die Benutzung von dynamischen Texturen, Vertex-Buffern oder Index-Buffern.

D3DLOCK_DONOTWAIT

Mit dieser Option kann die Applikation CPU-Zeit sparen. Wenn der Treiber der Grafikkarte den gewählten Speicherbereich nicht umgehend sperren kann, liefert der Befehl den Wert *D3DERR_WASSTILLDRAWING* zurück und signalisiert damit, dass der Sperrvorgang noch läuft. Dieses Flag ist aber nur gültig, wenn ein Surface mit einem dieser Flags erstellt wurde: *IDirect3DDevice9::CreateOffscreenPlainSurface*, *IDirect3DDevice9::CreateRenderTarget* oder *IDirect3DDevice9::CreateDepthStencilSurface*. Dieses Flag kann auch mit BackBuffer-Speicherbereichen genutzt werden.

D3DLOCK_NO_DIRTY_UPDATE

In der Regel erzeugt das Sperren einer Ressource einen »Dirty«-Speicherbereich. Dieses Flag verhindert jegliche Änderung an diesem Bereich durch die Applikation. Damit ist es für die Applikation möglich, diesen Speicherbereich auszuwerten, wenn sie weitere Informationen zu den Werten innerhalb des »Dirty«-Bereiches besitzt.

D3DLOCK_NOOVERWRITE

Die Applikation überschreibt keine Daten des Vertex-Buffers und des Index-Buffers. Diese Option ermöglicht es dem Hardwaretreiber, umgehend den Programmablauf wieder zurück an die Applikation zu geben und dann mit dem Rendern fortzufahren. Wird diese Option nicht genutzt, muss der Hardwaretreiber den Rendervorgang erst beenden, bevor er den Ablauf wieder an die Applikation zurückgibt.

D3DLOCK_NOSYSLOCK

Das Standardverhalten eines Grafikspeicher-»Locks« ist es, einen systemweiten kritischen Bereich einzurichten. Dieses Verhalten garantiert, dass während der Lebenszeit der Sperrung die Display-Einstellungen nicht geändert werden können. Diese Option schaltet dieses Verhalten aus. Dies kann notwendig werden, um die Responsezeit des Systems bei langen Rendervorgängen zu erhöhen.

D3DLOCK_READONLY

Mit dieser Option wird festgelegt, dass die Applikation nicht in den Speicherbereich schreiben kann. Damit ist es möglich, Ressourcen in eigenen Speicherbereichen abzulegen und die Zeit zu sparen, die das Entsperren von Vertex-Buffern benötigt.

| *ppData* | Der zweite Parameter der Funktion ist der Zeiger auf den Vertex-Buffer-Bereich, der gesperrt werden soll. Bei erfolgreicher Abarbeitung des Befehles enthält der Zeiger den gelockten Speicherbereich |

Die Methode hat zwei Rückgabewerte: Wird die Funktion erfolgreich abgearbeitet, wird der Wert *D3D_OK* zurückgeliefert. Wird hingegen der Wert *D3DERR_INVALIDCALL* von dem Befehl zurückgeliefert, ist es bei der Übergabe der Parameter des Befehls zu einem Fehler gekommen.

Bei der Arbeit mit Vertex-Buffern ist es möglich, mit mehreren parallelen *Lock*-Befehlen auf einen Speicherbereich zu arbeiten. Es ist aber darauf zu achten, dass für jede ausgeführte *Lock*-Anweisung auch eine *Unlock*-Anweisung vorhanden ist. Der Befehl zum Rendern des Vertex-Buffers *DrawPrimitive* wird auf jeden Fall misslingen, wenn nicht vorher alle *Lock*-Anweisungen mit einem *Unlock*-Befehl zurückgenommen wurden.

ID3DXBaseMesh::UnlockVertexBuffer

Entsperrt einen vorher gesperrten Vertex-Buffer und gibt diesen somit wieder frei

```
HRESULT UnlockVertexBuffer(VOID);
```

Trotz der geringen Parameteranzahl hat dieser Befehl doch zwei Rückgabewerte: *D3D_OK* wird zurückgegeben, wenn der Befehl erfolgreich abgearbeitet wurde, und der Wert *D3DERR_INVALIDCALL* wird geliefert, wenn es bei der Übergabe der Parameter zu einem Fehler gekommen ist.

Den ersten Einsatz der rekursiv programmierten Funktion *UpdateFrameMatrices* haben Sie ja schon gesehen: in der Funktion *FrameMove* wird die Funktion mit dem Root-Frame des Mesh-Objekts als Parameter aufgerufen. Jetzt wollen wir uns ansehen, was bei der Abarbeitung des Befehls geschieht und an welcher Stelle die Funktion rekursiv zum Einsatz kommt. Der erste Befehl der Routine erstellt einen Zeiger auf das im ersten Parameter übergebene *D3DXFRAME*-Objekt. Wird dem Befehl beim Aufruf auch der zweite Parameter übergeben, ein *D3DXMATRIX*-Objekt, wird dieses sofort anschließend benutzt, um die Daten des aktuellen Frames zu berechnen. Danach startet der rekursive Teil der Funktion. Als Erstes überprüft die Funktion, ob der aktuelle Frame einen Geschwister-Frame besitzt. Ist dies der Fall, ruft sich die Funktion selbst auf und übergibt diesem Aufruf den Geschwister-Frame als Parameter zur Berechnung. Die nächste Abfrage stellt fest, ob der aktuelle Frame einen Child-Frame besitzt. Ist dies der Fall, erfolgt auch an dieser Stelle ein rekursiver Aufruf der Funktion *UpdateFrameMatrices* mit dem Child-Frame als Parameter. Diese Vorgehensweise stellt sicher, dass nach Abarbeitung des ersten Aufrufs des Befehls alle Frames des Mesh-Objekts neu berechnet wurden und an die Matrix des Mesh-Objekts angepasst wurden.

```
void CGEHierarchyMesh::UpdateFrameMatrices(const D3DXFRAME *frameBase,
                              const D3DXMATRIX *parentMatrix){

  D3DXFRAME_EXTENDED *currentFrame = (D3DXFRAME_EXTENDED*)frameBase;

  // If parent matrix exists multiply our frame matrix by it
  if (parentMatrix != NULL){
    D3DXMatrixMultiply(&currentFrame->exCombinedTransformationMatrix,
                  &currentFrame->TransformationMatrix,
                  parentMatrix);
  }else{
    currentFrame->exCombinedTransformationMatrix = currentFrame->TransformationMatrix;

  }

  if (currentFrame->pFrameSibling != NULL){
    UpdateFrameMatrices(currentFrame->pFrameSibling,
```

Listing 4.18 Die rekursive Funktion *UpdateFrameMatrices*

```
                    parentMatrix);
  }

  if (currentFrame->pFrameFirstChild != NULL){
    UpdateFrameMatrices(currentFrame->pFrameFirstChild,
                        &currentFrame->exCombinedTransformationMatrix);
  }
}
```

Listing 4.18 Die rekursive Funktion *UpdateFrameMatrices (Fortsetzung)*

Nachdem alle Berechnungen des Mesh-Objekts abgeschlossen sind, können wir uns jetzt darum kümmern, die Daten unserer Figur auszugeben. Das Zeichnen unseres Objektes startet, wie auch bei den Beispielen vorher, in der Funktion *Render* der Klasse *GameMainRoutines*. Zu diesem Zweck übergeben wir der Funktion einen Zeiger auf das Direct3D-Device, in dem das Objekt dargestellt werden soll.

```
m_GameData.SkinnedMesh->Render(m_GameData.pd3dDevice);
```

Dabei ist in diesem Fall die Funktion *Render* nur der Ausgangspunkt bei der Darstellung des Mesh-Objekts. Wie auch bei den anderen Funktionen des Objekts benötigt auch die Anzeige des Meshs eine rekursive Funktion. Den Aufruf dieser rekursiven Routine haben wir in der Funktion *Render* gekapselt. Die *DrawFrame*-Funktion benötigt dabei beim ersten Aufruf zwei Informationen. Die erste Angabe ist das Device, in dem das Mesh gerendert werden soll, und der zweite Parameter gibt den Basisframe des Objektes an, das dargestellt werden soll.

```
void CGEHierarchyMesh::Render(LPDIRECT3DDEVICE9 device) const{

  if (m_frameRoot){
    DrawFrame(device,m_frameRoot);
  }
}
```

Listing 4.19 Die Render-Funktion der Klasse *CGEHierarchyMesh*

Die Funktion *DrawFrame* ist dabei in der gleichen Weise rekursiv aufgebaut, wie wir dies innerhalb dieses Kapitels schon einige Male gesehen haben. Als Erstes werden in dieser Funktion mit dem Befehl *DrawMeshContainer* alle *LPD3DXMESHCONTAINER*-Objekte des aktuellen Frames in dem Direct3D-Device ausgegeben, das der Funktion übergeben wurde. Danach wird überprüft, ob das aktuelle Element eventuell Nachbar-Elemente (Sibling) oder Kind-Elemente (Child) besitzt. Ist dies der Fall, werden diese Frames von der Funktion rekursiv aufgerufen. Die Funktion ruft sich also so lange selbst auf, bis alle Elemente des Mesh-Objekts im Direct3D-Device dargestellt wurden.

```
void CGEHierarchyMesh::DrawFrame(LPDIRECT3DDEVICE9 device,LPD3DXFRAME frame) const{

  // Draw all mesh containers in this frame
  LPD3DXMESHCONTAINER meshContainer = frame->pMeshContainer;
  while (meshContainer){
    DrawMeshContainer(device,meshContainer, frame);
    meshContainer = meshContainer->pNextMeshContainer;
  }
}
```

Listing 4.20 Die *DrawFrame*-Funktion dient zur rekursiven Abarbeitung des Mesh-Objekts bei der Darstellung des aktuellen Frames

```
// Recurse for siblings
if (frame->pFrameSibling != NULL){
  DrawFrame(device,frame->pFrameSibling);
}

// Recurse for children
if (frame->pFrameFirstChild != NULL){
  DrawFrame(device,frame->pFrameFirstChild);

}
}
```

Listing 4.20   Die *DrawFrame*-Funktion dient zur rekursiven Abarbeitung des Mesh-Objekts bei der Darstellung des aktuellen Frames *(Fortsetzung)*

Bevor wir nun zum Ende des SkinnedMesh-Kapitels kommen, wollen wir uns aber noch die Funktion ansehen, die unser Mesh endgültig in unser Direct3D-Device ausgibt und somit das eigentlich sichtbare Ergebnis darstellt.

Die Darstellung der Daten ist in der Funktion *DrawMeshContainer* eingebunden. Diese wird für jedes Element des Meshs aus der Funktion *DrawFrame* aufgerufen. Die Routine castet als Erstes zwei der übergebenen Parameter in die beiden klasseneigenen Strukturen *D3DXFRAME_EXTENDED* und *D3DXMESHCONTAINER_EXTENDED*, die zur Weiterverarbeitung der Daten genutzt werden. Als Nächstes werden die Matrixdaten des zu zeichnenden Objekts im der Funktion übergebenen Direct3D-Device als Weltdaten festgelegt, um die Koordinaten zu definieren, an denen das aktuelle Mesh-Element gezeichnet werden soll. Danach startet die Wiedergabe des Objekts, wie auch schon vorher in einer *for*-Schleife. Dabei werden für jedes Objekt des Mesh-Frames zuerst das passende Material und die passende Textur ausgewählt. Danach wird überprüft, ob es sich bei den aktuellen Mesh-Daten um ein Skinned Mesh oder eine normales Mesh handelt und dieses dementsprechend ausgewählt, bevor das ganze Element mit dem *DrawSubset*-Befehl dargestellt wird.

```
void CGEHierarchyMesh::DrawMeshContainer(LPDIRECT3DDEVICE9 device,
                          LPD3DXMESHCONTAINER meshContainerBase,
                          LPD3DXFRAME frameBase) const{

  D3DXFRAME_EXTENDED *frame = (D3DXFRAME_EXTENDED*)frameBase;

  D3DXMESHCONTAINER_EXTENDED *meshContainer =
                    (D3DXMESHCONTAINER_EXTENDED*)meshContainerBase;

  device->SetTransform(D3DTS_WORLD, &frame->exCombinedTransformationMatrix);

  for (UINT iMaterial = 0; iMaterial < meshContainer->NumMaterials; iMaterial++){

    device->SetMaterial( &meshContainer->exMaterials[iMaterial] );
    device->SetTexture( 0, meshContainer->exTextures[iMaterial] );


    LPD3DXMESH pDrawMesh = (meshContainer->pSkinInfo)
                ? meshContainer->exSkinMesh: meshContainer->MeshData.pMesh;

    // Finally Call the mesh draw function
    pDrawMesh->DrawSubset(iMaterial);


  }
}
```

Listing 4.21   Die *DrawMeshContainer*-Funktion zur Darstellung der Mesh-Daten

Damit wäre das Mesh-Kapitel dieses Buches abgeschlossen. Wir wollen an dieser Stelle nicht verschweigen, dass es zu diesem Thema weitaus mehr Techniken gibt, als wir an dieser Stelle unterbringen konnten. Die drei dargestellten Methoden sollten aber für jeden Spieleprogrammierer eine ausreichende Grundlage bieten, um auch komplexere Projekte realisieren zu können.

Physik für Spieleprogrammierer

Freier Fall

Nach Meinung des griechischen Philosophen Aristoteles (384 bis 322 v. Chr.) bewegen sich schwere Körper nach unten, leichte wegen ihrer Leichtigkeit nach oben. Schwere Körper würden dementsprechend schneller zu Boden fallen als leichtere Körper. Weiterhin vertrat er die Meinung, dass ein fallender Körper mit konstanter Geschwindigkeit fällt. Zu seiner Zeit stand er mit seiner Meinung nicht alleine da, sondern wurde von allen spätantiken Gelehrten unterstützt.

Die Gesetze des freien Falls wurden vom italienischen Mathematiker, Physiker und Astronom Galileo Galilei (1564 bis 1642) erkannt. Demnach fallen alle Körper in einem Vakuum gleich schnell. In einem Vakuum ist somit die Gestalt, die Masse und die Zusammensetzung ohne Bedeutung. Die Fallgeschwindigkeit ist proportional zur Fallzeit, der Fallweg ist proportional zum Quadrat der Fallzeit. Daraus ergibt sich, dass die Beschleunigung für alle Körper gleich groß ist, zumindest so lange, wie sich die Körper am gleichen Ort befinden. Zur damaligen Zeit gab es keine geeigneten Zeitmesser, welche in der Lage waren, die genaue Zeit eines fallenden Objektes zu erfassen. So behalf sich Galileo mit Fallexperimenten vom Turm zu Pisa und ermittelte in einer verlangsamten Fallschiene die Fallgeschwindigkeit mit einem Eimer Wasser. Dieser ließ durch ein kleines Loch eine konstante Menge Wasser laufen, das anschließend gewogen wurde. Somit konnten unterschiedliche Körper miteinander verglichen werden.

Der englische Physiker und Mathematiker Isaac Newton (1643 bis 1727) formulierte das Gravitationsgesetz. Dieses Gesetz beschreibt den freien Fall auf der Erde. So entstand die allgemeine Formel:

$$s(t) = -\frac{1}{2}gt^2$$

Das Minuszeichen bezieht sich auf einen abwärts fliegenden Körper.

Newtonsches Gravitationsgesetz

Unter anderem beschrieb Isaac Newton die Umlaufbahn von Planeten als Fallphänomen. Sein Gravitationsgesetz ließ sich erstmals in der Astronomie anwenden. Demnach befindet sich ein Mond, welcher sich in der Umlaufbahn eines Planeten befindet, im ständigen Fall. Dieser wird jedoch durch die Gravitationskräfte kompensiert, sodass es nicht zum unmittelbaren Absturz kommt. Das newtonsche Gravitationsgesetz geht von einer Gravitationskraft F aus. Diese verhält sich mit den zwei gegenseitig anziehenden Massen $m1$ und $m2$ proportional zu den Massen beider Körper und umgekehrt proportional zum Quadrat des Abstandes r der Massenschwerpunkte.

$$F = G\frac{m_1 m_2}{r^2}$$

Mit G bezeichnet man die Gravitationskonstante.

Erdnaher freier Fall

Wir werden uns verstärkt mit dem erdnahen freien Fall beschäftigen. Dieser ist natürlich in erster Linie von der allgemeinen Fallbeschleunigung g = 9,80665 m/s^2 abhängig.

Normal-Fallbeschleunigung

Entgegen der allgemeinen Meinung ist die Fallbeschleunigung im erdnahen Bereich nicht überall gleich. Aufgrund der Erdabplattung und der Erdrotation ergeben sich unterschiedliche Beschleunigungswerte. Am Äquator finden wir mit g = 9,78 m/s^2 die geringste Fallbeschleunigung. An den Polen ist die Beschleunigung mit 9,83 m/s^2 am größten. Außerdem ist die Fallbeschleunigung von der Höhe über Normal Null abhängig.

Daraus ergibt sich die Normal-Fallbeschleunigung nach DIN 1305 g = 9,80665 m/s^2.

Wenn wir diesen Wert runden, ergibt sich ein als allgemein angesehener Wert von g = 9,81 m/s^2.

Bei einem erdnahen Fall geht man von der Fallbeschleunigung g = 9,81 m/s^2 aus. Dies bedeutet, dass sich die Geschwindigkeit *v* eines aus dem Ruhezustand beschleunigten Körpers um 9,81 m/s pro Sekunde vergrößert. Daraus ergibt sich eine gleichmäßige Beschleunigung. Ein fallen gelassenes Objekt hätte somit nach einer Sekunde die Geschwindigkeit von 9,81 m/s (ca. 35 km/h) erreicht. Nach zwei Sekunden wären es bereits 19,62 (ca. 71 km/h) und nach drei Sekunden wäre die Geschwindigkeit von 29,43 m/s (ca. 106 km/h) erreicht. Da verblasst jedes Auto vor Neid. Eine Beschleunigung von weniger als drei Sekunden von Null auf Hundert. Das wünscht sich so mancher PS-Bolide.

In der Praxis würde ein menschlicher Körper (beispielsweise ein Fallschirmspringer) nach 7 Sekunden eine Fallgeschwindigkeit von etwa 55 m/s (ca. 198 km/h) erreichen. Dies ist deutlich weniger, als die zuvor aufgezeigte linear beschleunigte Fallgeschwindigkeit. Dies liegt daran, dass in der Praxis der Fallschirmspringer nicht in einem Vakuum springen würde. In der Praxis bremst der Luftwiderstand den freien Fall, sodass nach ca. 7 Sekunden die Höchstgeschwindigkeit erreicht würde. Der fallende Körper wird nicht weiter beschleunigt. Die Fallbeschleunigung wird durch den zunehmenden Luftwiderstand aufgehoben. Eine zusätzliche Beschleunigung ist nicht mehr möglich.

HINWEIS   Wir haben die Maximalgeschwindigkeit eines Fallschirmspringers auf ca. 198 km/h festgelegt. Dies ist aber nicht die wirkliche Höchstgeschwindigkeit, die ein Springer erreichen kann. Sollte der Springer die normale X-Lage (Bauch, Gesicht nach unten und Arme und Beine gespreizt) verlassen und kopfüber in die Tiefe stürzen, verringert sich der Luftwiderstand erheblich, und Geschwindigkeiten bis zu 500 km/h sind möglich.

Simulation des erdnahen freien Falls (ohne Luftwiderstand)

Für unsere Simulation des einfachen freien Falls gehen wir von einer konstanten Fallbeschleunigung von 9,81 m/s^2 aus. Geographische Besonderheiten (Höhenlage) bleiben unberücksichtigt. Somit werden alle Objekte wie Regentropfen, Schneeflocken oder Fallschirmspringer mit einer gleich bleibenden Kraft beschleunigt. Als Fallrichtung legen wir die Y-Achse fest. Die Fallrichtung ist von Y_n gegen Null.

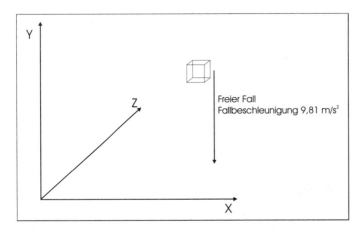

Abbildung 5.1 Schematische Darstellung des freien Falls im Vakuum

Als Besonderheit bei der Simulation des freien Falls ist zu beachten, dass wir nicht mit einer zeitbasierten Einheit rechnen können. Die einzelnen Szenen werden in Frames dargestellt. Somit müssen wir die Verschiebung eines Objektes pro Frame (nicht pro Sekunde) errechnen. Letztendlich ist die Frameberechnung natürlich mit der Maßeinheit pro Sekunde (FPS = Frame pro Sekunde) verknüpft, sodass wir im Endeffekt wieder auf eine Beschleunigung pro Sekunde kommen. Aber nichtsdestotrotz stehen wir zunächst vor der Aufgabe, die Verschiebung von Objekt X pro Frame zu ermitteln. Wir können die Eigenverschiebung wie folgt ermitteln:

```
float Fallgeschwindigkeit;
float Falldauer;
Fallgeschwindigkeit = Falldauer * 9,81;
Objekt_Position.y -= Fallgeschwindigkeit * FrameTime;
```

Listing 5.1   Ermittlung der neuen y-Position eines Objektes im freien Fall

Simulation des erdnahen freien Falls (mit Luftwiderstand)

Ein freier Fall wird durch den Luftwiderstand gebremst. Bisher haben wir dem Luftwiderstand (Luftreibung) keine Bedeutung zukommen lassen. Dies soll sich jetzt ändern. Der Luftwiderstand nimmt mit dem Quadrat der Geschwindigkeit zu. Dies können wir natürlich exakt berechnen. Einerseits würde eine exakte Berechnung einen realistischen Fall simulieren, andererseits würden wir sehr viel Rechenzeit hierauf verwenden. Rechenzeit ist ein kostbares Gut, sodass wir uns für einen Trick entschieden haben. Durch die Definition einer maximalen Fallgeschwindigkeit können wir uns komplizierte Rechenoperationen sparen:

```
if(Fallgeschwindigkeit > Maximale_Fallgeschwindigkeit)
  Fallgeschwindigkeit = Maximale_Fallgeschwindigkeit;
```

Listing 5.2   Festlegen einer maximalen Fallgeschwindigkeit

Dies ist bereits eine erheblich vereinfachte Simulationsmethode, dennoch wollen wir diese Methode noch stärker optimieren. Hierzu betrachten wir die Objekte, welche einem freien Fall unterliegen. Hierbei sprechen wir von Regentropfen, Schnee oder Asteroiden. Derartige Objekte haben ihre Höchstgeschwindigkeit längst erreicht, bevor der Spieler sie zu sehen bekommt. Daraus können wir ableiten, dass wir bei Objekten, deren Beschleunigungsphase wir nicht zu sehen bekommen, von vornherein mit einer konstanten Fallgeschwindigkeit arbeiten können.

```
float Fallgeschwindigkeit_ObjektA = 55;   //(Fallschirmspringer in X-Formation)
float Fallgeschwindigkeit_ObjektB = 10;   //(Ein Blatt von einem Baum)
```

Listing 5.3 Definition einer konstanten Fallgeschwindigkeit bei unterschiedlichen Objekten

Natürlich ist dies eine stark vereinfachte Simulationsmethode. Dennoch kann man diese Technik sehr wohl als alltagstauglich bezeichnen. Selbst wenn Sie die Beschleunigungsphase eines Objektes beobachten, ist die Höchstgeschwindigkeit oftmals sehr schnell erreicht, sodass wir eine Beschleunigung nicht ausmachen können. Denken Sie bitte an ein Blatt von einem Baum. Wenn sich das Blatt löst, erkennt man keine Beschleunigung. Es gleitet sanft zu Boden.

Simulation des erdnahen freien Falls (mit Windeinflüssen)

Bei der Simulation des Luftwiderstandes konnten wir den Rechenprozess so weit reduzieren, dass lediglich eine konstante Fallgeschwindigkeit übrig blieb. Dies funktioniert bei der Simulation des freien Falls mit Windeinflüssen nicht mehr. Dieses Thema ist weitaus komplizierter.

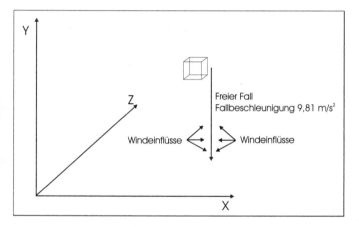

Abbildung 5.2 Schematische Darstellung des freien Falls mit Windeinflüssen

Windeinflüsse sind keine absolute Größe, womit gemeint ist, dass sie sich auf unterschiedlichen Objekten auch unterschiedlich auswirken. So werden leichte Objekte wie eine Schneeflocke sehr stark beeinflusst. Schwere Objekte wie ein abstürzendes Flugzeug erfahren lediglich eine marginale Beeinflussung. Hieraus kann man ableiten, dass die Windeinflüsse bei einem leichten Objekt zu 100 Prozent übernommen werden können. Somit würde der Windeinfluss beispielsweise bei einem Auftrieb einfach von der aktuellen Fallgeschwindigkeit subtrahiert:

```
Eigenverschiebung += Windeinfluss;
```

Bei einem schweren Objekt geht das nicht. Ein schweres Objekt kann nur leicht durch die Windeinflüsse vom Kurs abgebracht werden. Hieraus ergibt sich die folgende Grundformel:

```
Eigenverschiebung += Wirkungsfaktor * Windeinfluss;
```

Bei dieser Formel besteht das Problem, den passenden Wirkungsfaktor für ein Objekt zu definieren. Grundsätzlich liegt der Wirkungsfaktor im Wertebereich von 0.0f bis 1.0f. Ein Wirkungsfaktor größer 1.0f macht keinen Sinn, weil es dann zu einer Beeinflussung käme, welche größer ist, als die Windeinflüsse selber.

Windeinflüsse beschränken sich nicht auf die Beeinflussung der Fallgeschwindigkeit eines Objektes, vielmehr wird die Fallrichtung beeinflusst. Bei einem starken Sturm fällt der Regen nicht senkrecht auf die Erde, sondern findet einen diagonalen Weg. Um die Windeinflüsse zu berücksichtigen, müssen wir die Einflüsse erst einmal kennen. Neben der Windgeschwindigkeit ist auch die Windrichtung von Bedeutung. Hierzu definieren wir die Windeinflüsse als *D3DXVECTOR3*:

```
Windeinflüsse = D3DVECTOR3(x_Geschwindigkeit_Wind,
                           y_Geschwindigkeit_Wind,
                           z_Geschwindigkeit_Wind);
```

Die Windeinflüsse können wie folgt in die Berechung der neuen Position eines Objektes einfließen:

```
D3DXVECTOR3 Windeinflüsse;
D3DXVECTOR3 Objekt_Eigenverschiebung;
D3DXVECTOR3 Objekt_Position;
Objekt_Position = (Objekt_Eigenverschiebung + Windeinflüsse)
```

Listing 5.4   Berechnung der neuen Objektposition mit Windeinflüssen

HINWEIS   Damit die Windeinflüsse einer Szene korrekt berücksichtigt werden können, benötigt man zwei Angaben: zum einen die Windgeschwindigkeit und zum anderen die Windrichtung. Aus diesen Angaben können wir einen Windeinflussvektor konstruieren:

```
D3DXVECTOR3 Windeinflussvektor;
D3DXVECTOR3 Windrichtung;
float Windgeschwindigkeit;
Windeinflussvektor = Windgeschwindigkeit * Windrichtung;
```

Wechselnde Windverhältnisse

Oftmals wirkt eine Szene realistischer, wenn sich die Windverhältnisse ab und an ändern. Bei stetig gleich bleibenden Windverhältnissen haben wir nicht viel zu tun. Die Windeinflüsse werden einmalig als konstante Größe festgelegt und immer wieder unverändert eingesetzt. Mit Hilfe eines Zufallgenerators können wir die Windverhältnisse beeinflussen:

```
srand( (unsigned)time( NULL ) );
Windverhältnisse.x = float((rand()%16+-8)+(float(rand()%100+0)/100));
Windverhältnisse.y = float((rand()%16+-8)+(float(rand()%100+0)/100));
Windverhältnisse.z = float((rand()%16+-8)+(float(rand()%100+0)/100));
```

Listing 5.5   Zufällige Windverhältnisse erzeugen

Wenn Sie derart dynamische Windverhältnisse verwenden möchten, sollten Sie darauf achten, dass nicht bei jedem Frame die Windverhältnisse manipuliert werden. Es wäre nicht sehr natürlich, wenn sich die Windverhältnisse mehrere hundert Mal pro Sekunde verändern würden. Legen Sie ein Zeitintervall fest, nach dem sich die Windverhältnisse ändern sollen. Dieses darf an sich auch dynamisch sein, jedoch sollte der Intervall nicht zu kurz geraten.

HINWEIS Zu den wechselnden Windverhältnissen gehört auch ein aus verschiedenen Richtungen wehender Wind. Zum Beispiel wird aus einem Nord-Ost-Wind ein starker Nord-Wind. Mit der bisher besprochenen Technik können wir nur zufällig erzeugte Windverhältnisse schaffen. Möchten Sie einen drehenden Wind simulieren, müssen Sie die Windrichtung um eine Achse drehen. Dies geschieht natürlich auch wieder in Abhängigkeit der aktuellen Framezeit. Hierdurch wird ein kontinuierliches Umschwenken gewährleistet.

Geschossflugbahn

Bisher haben wir uns mit dem freien Fall beschäftigt. Beim freien Fall handelt es sich vereinfacht ausgedrückt um eine vertikale Flugbahn. Nun wollen wir uns um die horizontale Flugbahn eines Objektes kümmern. Geschosse finden in vielen Computerspielen ihren Platz. Oftmals werden einfache gradlinige Flugbahnen beschrieben. Beispielsweise beim Abschuss einer Kugel aus einem Gewehrlauf. Die Kugel fliegt gradlinig ohne Einfluss von Gravitationskräften. Das ist physikalisch vollkommen unmöglich, aber wer achtet in einem Ego-Shooter-Game schon auf solche Feinheiten. Sehr wohl achtet man auf die Flugbahn, wenn man eine Handgranate wirft oder einen Mörser abfeuert. Die Flugbahn dieser Waffen darf nicht gradlinig sein, sondern es muss eine Kurve beschrieben werden. Nun ist es wichtig, dass die Flugbahn möglichst realistisch erscheint. Das heißt, die beschriebene Kurve darf weder zu steil noch zu flach verlaufen. Sie muss dem natürlichen Wurf eines Objekts nachempfunden sein.

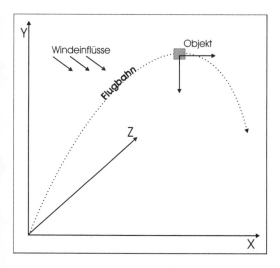

Abbildung 5.3 Schematische Darstellung einer Geschossflugbahn

Würden wir nun die wissenschaftlich exakte Berechnung suchen, stünden wir vor einem ganz und gar nicht trivialen Problem. Wir werden uns aber auf die Simulation beschränken, und die muss lediglich für die Anforderungen eines Computerspiels ausgelegt sein. Bevor wir mit den Berechnungen beginnen, wollen wir zusammenfassen, welche Informationen benötigt werden:

- Anfangsgeschwindigkeit

- Ausrichtung der Abschussvorrichtung

- Windverhältnisse (bzw. andere Einflüsse)

Die Anfangsgeschwindigkeit ist von enormer Bedeutung. Je höher diese ist, desto weiter wird das Objekt fliegen. Die Ausrichtung der Abschussvorrichtung legt die Flugbahn zum Zeitpunkt des Abschusses fest. Hieraus ergibt sich folgender Ansatz:

*Flugbahn = Anfangsgeschwindigkeit * Flugrichtung*

Die anfängliche Flugrichtung entspricht der Ausrichtung der Abschussvorrichtung.

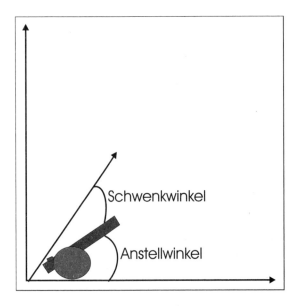

Abbildung 5.4 Anstellwinkel und Schwenkwinkel einer Kanone

Der Anstellwinkel beschreibt, wie hoch eine Flugbahn verlaufen soll. Bei einer zweidimensionalen Darstellung wäre dies bereits ausreichend, um die Abschussrichtung zu definieren. In einem dreidimensionalen Raum benötigen wir zur Definition der Flugbahn noch den Schwenkwinkel. Der Schwenkwinkel beschreibt die horizontale Bewegung und der Anstellwinkel beschreibt die vertikale Bewegung. Mit diesen Erkenntnissen können wir die anfängliche Flugbahn ermitteln:

*x = cos(Anstellwinkel) * sin(Schwenkwinkel)*
y = sin(Anstellwinkel)
*z = cos(Anstellwinkel) * cos(Schwenkwinkel)*

Zusammen mit der Anfangsgeschwindigkeit ergibt sich die folgende Eigenverschiebung:

```
Eigenverschiebung.x = Anfangsgeschwindigkeit * cos(Anstellwinkel) * sin(Schwenkwinkel);
Eigenverschiebung.y = Anfangsgeschwindigkeit * sin(Anstellwinkel);
Eigenverschiebung.z = Anfangsgeschwindigkeit * cos(Anstellwinkel) * cos(Schwenkwinkel);
```

Während der gesamten Flugdauer wirkt kontinuierlich die Erdanziehung auf das Flugobjekt ein. Dies müssen wir in unserer Rechung berücksichtigen:

```
Eigenverschiebung.y -= Fallgeschwindigkeit * FrameTime;
```

Insbesondere bei langsam fliegenden Objekten oder bei Objekten, welche eine hohe Flugbahn beschreiben, kommen die Windeinflüsse in besonderem Maß zur Geltung. Wir müssen aber berücksichtigen, dass die

Windeinflüsse nur eine geringe Auswirkung auf das Flugobjekt haben. Dies können wir mit Hilfe eines Wirkungsgrades steuern:

```
Eigenverschiebung += Wirkungsfaktor*Windgeschwindigkeit;
```

Beispielprogramm *Geschossflugbahn*

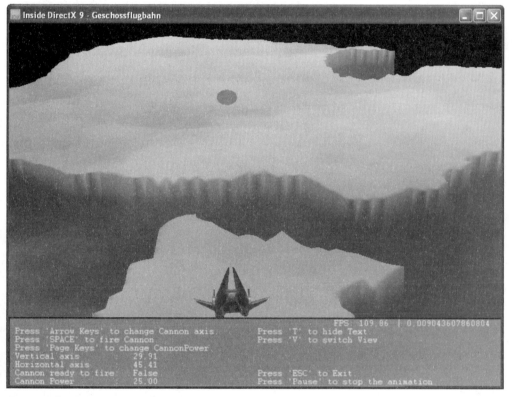

Abbildung 5.5   Beispielprogramm *Geschossflugbahn*

Mit unserem Beispielprogramm wollen wir eine klare Darstellung des Themas erzielen. Wir haben eine Abschussbasis und eine Kugel. Die Kugel dient als Geschoss, welches von einer stationären Basis in einem definierten Winkel und einer definierten Kraft abgeschossen wird. Winkel und Kraft bestimmen die Flugrichtung und Flugweite.

Mit der Leertaste wird die Kugel abgefeuert. Mit den Tasten → und ← wird der horizontale Winkel eingestellt. Der vertikale Winkel wird mit den Tasten ↑ und ↓ eingestellt. Mit den Tasten Bild↑ und Bild↓ lässt sich die Abschussgeschwindigkeit festlegen. Mit der Taste V können Sie in die stationäre Ansicht wechseln.

Grundkonzept/Objektstruktur

Wir haben das Demoprogramm auf eine zukünftige Erweiterung ausgelegt. Hierzu wurde eine Objektstruktur geschaffen, welche unterschiedlichste Objekte verwalten kann. So ist es möglich, anhand einer Struktur sowohl stationäre als auch mobile Objekte zu kontrollieren.

```
struct _Object
{
    D3DXVECTOR3      Position;
    float            hAxis;
    float            vAxis;
    bool             active;
    bool             action;
    int              MeshTyp;
    D3DXVECTOR3      MoveDirection;
    D3DXMATRIX       matWorld;
    float            Geschwindigkeit;
    int              KeyPress;
    double           StartTime;
    float            CannonPower;
} Object[100];
```

Als Erstes dürfte auffallen, dass wir ein Objekt-Array gebildet haben. Bei einem Demoprogramm, welches lediglich zwei Objekte verwendet, ist das nicht notwendig. Dennoch wollten wir die Möglichkeit offen lassen, weitere Objekte zu integrieren. So könnte aus einer Einzelschussvorrichtung leicht ein Multi-Flak-Geschütz werden. Der Parameter *Position* erfasst die aktuelle Position des Objekts. Die Parameter *hAxis* und *vAxis* sind speziell für stationäre Bodengeschütze ausgelegt. Sie bestimmen die horizontale und vertikale Neigung des Objektes. Natürlich dürften diese Parameter auch bei einem mobilen Objekt verwendet werden. So könnten Sie dem Flug einer Rakete eine entsprechende Neigung geben. Dadurch würde der Flug gleich sehr viel realistischer wirken. Der Parameter *active* bestimmt, ob ein Objekt überhaupt berechnet werden soll. Somit wird auch bestimmt, ob das Objekt gerendert wird. Nicht aktive Objekte fallen aus allen Berechnungen heraus und werden auch nicht gerendert. Der Parameter *action* legt fest, ob die aktuelle Aufgabe eines Objektes beendet wurde. Beispielsweise wird dieser Parameter auf *TRUE* gesetzt, wenn sich das Objekt im Flug befindet. Nachdem das Objekt aufgeschlagen ist, wird es für eine neue Aktion wieder freigegeben und der Parameter wird auf *FALSE* gesetzt. Der *MeshTyp* bestimmt unterschiedliche Mesh-Kategorien. Dies ist wichtig, da die Meshes zwar über eine einheitliche Struktur verwaltet werden sollen, aber nicht alle gleich aussehen. Mit *MoveDirection* wird die Bewegungsrichtung der mobilen Objekte festgelegt. Der Parameter *matWorld* beinhaltet die Worldmatrix des Objekts. Diese sollte für jedes Objekt einzeln gespeichert werden, weil hierdurch unnötige Berechnungen entfallen. Die Geschwindigkeit eines Objektes wird mit dem Parameter *Geschwindigkeit* beschrieben. Viele Objekte haben eine begrenzte Lebensdauer bzw. benötigen eine zeitabhängige Berechnung. Hierzu muss der Zeitpunkt der Aktivierung erfasst werden. Dieser wird in dem Parameter *StartTime* gespeichert. Der letzte Parameter heißt *CannonPower* und ist ein spezieller Parameter, welcher die Startgeschwindigkeit von Geschossen festlegt.

Definition der Meshes

Wir haben bereits erläutert, dass wir unterschiedliche Mesh-Typen verwenden wollen. Diese müssen individuell angelegt werden. In unserem Beispiel verwenden wir zwei Meshes. Zum einen kommt eine Kanone zum Einsatz und zum anderen verwenden wir eine Kanonenkugel.

Zuerst muss die Objektstruktur mit den Grunddaten gefüllt werden:

```
// Kanone
m_GameData.Object[0].Position = D3DXVECTOR3(-30,13.5,-25);
m_GameData.Object[0].MeshTyp = 1;
m_GameData.Object[0].vAxis=float(45*(3.1415/180));
m_GameData.Object[0].hAxis=float(45*(3.1415/180));
m_GameData.Object[0].CannonPower=25; //25m/s

// Kanonenkugel
m_GameData.Object[1].Position = D3DXVECTOR3(-30,-10,-25);
m_GameData.Object[1].MeshTyp = 2;
m_GameData.Object[1].vAxis=20;
m_GameData.Object[1].hAxis=float(45*3.145/180);
```

Bitte beachten Sie, dass beiden Objekten ein unterschiedlicher Mesh-Typ zugewiesen wurde. Nur so können die Objekte getrennt berechnet und gerendert werden.

Anschließend werden die benötigten Meshes geladen:

```
// ------------------------------------------------------------
// Mesh -Kanone-
// ------------------------------------------------------------
if(FAILED(m_GameData.Cannon.LoadMeshFile(m_GameData.pd3dDevice,"Meshes\\Cannon.x"))){
    MessageBox(NULL,"Error init Cannon mesh ","Cannon mesh",MB_OK);
    exit(0);
}

m_GameData.Cannon.MeshProperties.SetYPosition(13.5);
m_GameData.Cannon.MeshProperties.SetXPosition(-30);
m_GameData.Cannon.MeshProperties.SetZPosition(-25);


// ------------------------------------------------------------
// Mesh -Kanonenkugel-
// ------------------------------------------------------------
if(FAILED(m_GameData.Cannonball.LoadMeshFile(m_GameData.pd3dDevice,"Meshes\\shot.x")))
{
    MessageBox(NULL,"Error init Cannonball mesh ","Cannonball mesh",MB_OK);
    exit(0);
}

m_GameData.Cannonball.MeshProperties.SetYPosition(15.5);
m_GameData.Cannonball.MeshProperties.SetXPosition(-30);
m_GameData.Cannonball.MeshProperties.SetZPosition(-25);
m_GameData.Cannonball.MeshProperties.Scale(10.0f, 10.0f,10.0f);
```

Auswertung der Tastatureingabe

Die Animation eines Objektes ist nicht immer ganz einfach. So kommt es immer wieder vor, dass ein Objekt mit einem festen Faktor bewegt wird. Beispielsweise addieren Sie bei jedem Renderdurchlauf den Wert 1.0f auf die x-Position eines Objektes. Je nachdem, welcher Leistungsstufe der verwendete Computer entspricht, mag dieser Wert angemessen sein. Spätestens ein oder zwei Computergenerationen später kommt es zu ungewollten Geschwindigkeitsrekorden. Bei einem älteren Computer wurde beispielsweise 40-mal pro

Sekunde gerendert. Der neue Computer schafft aber 160 Durchläufe pro Sekunde. Ein Objekt, dessen Bewegung mit einem statischen Wert berechnet wurde, ist mit dem neuen Computer unnatürlich schnell.

Wir verwenden in unserer *Utilities*-Klasse Geschwindigkeitsvariablen, welche von dynamischer Natur sind. Sie werden der Leistungsklasse des Computers angepasst.

Beispielsweise wird mit der Variablen *m_GameData.Utilies.Speed.R0125x* eine Achtelumdrehung pro Sekunde festgelegt. Für eine volle Umdrehung benötigt das Objekt exakt 8,0 Sekunden. Dieses Verhalten ist auf jedem Computer gleich.

```
switch(m_GameData.Object[0].KeyPress)
{
case 1: //Left
   m_GameData.Object[0].hAxis -=m_GameData.Utilities.Speed.R0125x;
   break;
case 2: //Right
   m_GameData.Object[0].hAxis +=m_GameData.Utilities.Speed.R0125x;
   break;
case 3: //Up
   m_GameData.Object[0].vAxis -=m_GameData.Utilities.Speed.R0125x;
   break;
case 4: //Down
   m_GameData.Object[0].vAxis +=m_GameData.Utilities.Speed.R0125x;
   break;
case 5: //Page Up
   m_GameData.Object[0].CannonPower +=m_GameData.Utilities.Speed.R1x;
   break;
case 6: //Page Down
   m_GameData.Object[0].CannonPower -=m_GameData.Utilities.Speed.R1x;
   break;
}
```

Bevor wir die Kanonenkugel abschießen können, muss die Kanone ausgerichtet werden. Ebenfalls muss die Abschussgeschwindigkeit festgelegt werden. Hierzu wird die Tastatureingabe ausgewertet und die entsprechenden Parameter der Objekt-Struktur verändert. Diese können dann für weitere Berechnungen verwendet werden.

Kanonenkugel abfeuern

Eben haben wir behauptet, dass wir dynamische Geschwindigkeitsvariablen verwenden. Dies ist natürlich auch richtig, dennoch sind diese Variablen auf einen gewissen Grundwert ausgelegt.

Beispiel:

m_GameData.Utilies.Speed.R0125 → Achtel Umdrehung pro Sekunde

m_GameData.Utilies.Speed.R05 → Halbe Umdrehung pro Sekunde

m_GameData.Utilies.Speed.R1 → Eine Umdrehung pro Sekunde

m_GameData.Utilies.Speed.R4 → Vier Umdrehungen pro Sekunde

Bei der Geschwindigkeit der Kanonenkugel ist diese Vorberechnung nicht möglich. Der Anwender kann mit Hilfe der Power-Tasten die Abschussgeschwindigkeit dynamisch verändern. Für uns bedeutet dies, dass wir einen anderen Weg gehen müssen:

```
if(m_GameData.Object[1].action)
{
    m_GameData.Object[1].Position += m_GameData.Object[1].MoveDirection *
    m_GameData.Object[0].CannonPower * ((float)m_GameData.Utilities.elapsed.QuadPart
                                        /m_GameData.Utilities.freq.QuadPart   ) ;
    m_GameData.Object[1].Position.y -=
    float((m_GameData.Utilities.Speed.S10)* pow(((double)GetTickCount()-
                                m_GameData.Object[1].StartTime)/1000,2));
    if (m_GameData.Object[1].Position.y < 0)
    {
        m_GameData.Object[1].action = false;
    }
}
```

Mit dieser kleinen Routine sind wir in der Lage, die Abschussgeschwindigkeit der Kanonenkugel auf die Leistung des Computers anzupassen. Die Kanonenkugel wir auf jedem Computer gleich schnell fliegen. Auch wenn dies bedeutet, dass sie auf sehr alten Computern nur ruckelnd vorwärts kommen wird. Natürlich ist es nicht unser Ziel, eine Animation ruckelnd darzustellen, aber wenn es darum geht, eine Animation in der richtigen Geschwindigkeit zu zeigen, dann ist das auf jeden Fall zu verantworten. Was könnte schlimmer sein als ein Rennwagen, der über die Rennstrecke schleicht.

Während des Fluges

Nachdem die Kanonenkugel abgefeuert wurde, zeigen die Gravitationskräfte ihre Wirkung. Wie wir bereits besprochen haben, vernachlässigen wir den Windwiderstand und konzentrieren uns auf die theoretische Flugbahn der Kugel. Diese muss einen typischen Bogen ergeben:

- Die Kugel benötigt eine Vorwärtsbewegung
- Die Kugel unterliegt den Gravitationskräften

Die Vorwärtsbewegung bestimmt sich aus der Flugrichtung (*MoveDirection*) und der Abschussgeschwindigkeit beim Start:

```
m_GameData.Object[1].Position += m_GameData.Object[1].MoveDirection *
    m_GameData.Object[0].CannonPower * ((float)m_GameData.Utilities.elapsed.QuadPart
                                        /m_GameData.Utilities.freq.QuadPart   ) ;
```

Vereinfacht kann die Formel für die Fortbewegung folgendermaßen ausgedrückt werden:

*Position += Bewegungsrichtung * Geschwindigkeit * Framefaktor*

Wir wissen, dass wir eine dynamische Geschwindigkeitsanpassung an die Durchlaufzeit eines Frames berechnen wollen. Diese Dynamik haben wir mit *Framefaktor* bezeichnet.

Neben der Fortbewegung der Kugel wirken auch noch die Gravitationskräfte. Diese ziehen die Kugel immer weiter zum Erdboden:

```
    m_GameData.Object[1].Position.y -=
    float((m_GamcData.Utilities.Speed.S10)* pow(((double)GetTickCount()-
                                m_GameData.Object[1].StartTime)/1000,2));
```

Die Geschwindigkeit des freien Falls ist 9,81 m/s^2. Mit der dynamischen Geschwindigkeit von *m_GameData.Utilities.Speed.S10* liegen wir sehr nahe an dem Wert, und dieser soll für unsere Berechnungen auch ausreichend sein. Eigentlich würde die Fallgeschwindigkeit durch den Luftwiderstand gebremst. Der Luftwiderstand ist so stark, dass ein Objekt nach einer bestimmten Zeit nicht weiter beschleunigen würde. Eine Feder würde sehr schnell ihre Endgeschwindigkeit erlangen, und eine Kanonenkugel würde wesentlich mehr Zeit benötigen.

Da wir den Luftwiderstand einfach ignorieren, fällt eine Feder genauso schnell wie eine Kanonenkugel. Das ist so lange kein Problem, solange die beiden Typen nicht gleichzeitig fallen, denn dann würde man das physikalische Ungleichgewicht im direkten Vergleich beobachten.

Reibungsfreier Stoß

Was passiert, wenn zwei Objekte aufeinander treffen? Die beiden Objekte kollidieren miteinander. Bei einer Kollision kommt es letztendlich zu einem Stoß. Das erste Objekt stößt das zweite Objekt an, und das zweite Objekt stößt das erste Objekt an. Wir werden uns mit genau dieser Wechselwirkung beschäftigen.

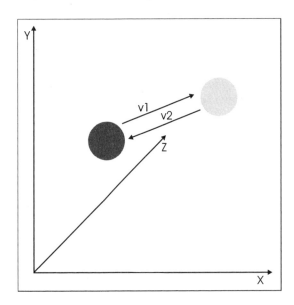

Abbildung 5.6 Zwei Objekte auf Kollisionskurs

Zwei Objekte rasen mit den Geschwindigkeiten *v1* und *v2* aufeinander zu. Wie schnell sind die Objekte nach der Kollision?

Bevor wir fortfahren, müssen wir uns die Situation zum Zeitpunkt des Aufpralls ansehen.

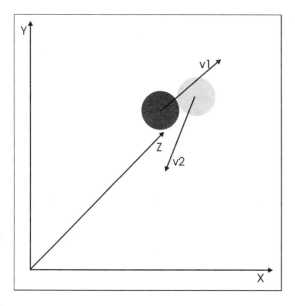

Abbildung 5.7 Kollision zweier Objekte

Zum Zeitpunkt des Aufpralls erkennen wir, dass sich die beiden Objekte nicht direkt auf das Zentrum des jeweils anderen Objektes zu bewegen, sondern das andere Objekt lediglich streifen. Dies macht die Berechnung wesentlich schwerer. Würden sich die beiden Objekte jeweils genau auf das Zentrum des anderen Objektes hinbewegen, könnte man das Energieerhaltungsgesetz anwenden.

HINWEIS   Der Energieerhaltungssatz kann immer dann hervorragend herangezogen werden, solange ein Objekt ruht und sich ein Objekt in Bewegung befindet. Dann trifft zu, dass $v_2 = 0$ ist.

$$\frac{m_1 * v_1^2}{2} + 0 = \frac{m_1 * v_1^{r2}}{2} + \frac{m_2 * v_2^{r2}}{2}$$

Impulserhaltungssatz

$$(m_1 * v_1) + 0 = (m_1 * v_1^{'}) + (m_2 * v_2^{'})$$

$$v_1^{'} = \frac{m_1 - m_2}{m_1 + m_2} * v_1$$

$$v_2^{'} = \frac{2m_1}{m_1 + m_2} * v_1$$

Wie es in solchen Fällen üblich ist, versuchen wir die komplizierte Berechnung auf eine einfachere Berechnung zu reduzieren. Unser Problem ist, dass sich die Objekte nicht genau aufeinander zu bewegen. Das liegt daran, dass die Objekte an das Koordinatensystem gebunden sind. Die Physik geht von dem Grundsatz der gleichwertigen Inertialsysteme aus. Diese Tatsache können wir nun nutzen.

»Ein Körper, auf den keine äußere Kraft wirkt, bleibt in Ruhe oder behält seinen Bewegungszustand bei.« Das ist das erste new-tonsche Gesetz. Wenn wir ein Objekt in einem reibungsfreien Raum in Bewegung versetzen, wird das Objekt seine ursprüngliche Richtung und Geschwindigkeit für immer beibehalten. Das gilt so lange, bis eine Kraft auf das Objekt wirk. Wenn eine Kraft wirkt (Bremskraft, Beschleunigung, Seitenwind ...) verändert sich möglicherweise die Bewegungsrichtung oder die Geschwindigkeit. Da aber keine Kräfte wirken, befindet sich das Objekt in einem Trägheits- oder Inertialsystem.

Da alle Inertialsysteme gleichwertig sind, können wir uns von dem ursprünglichen Koordinatensystem lösen und ein neues wählen. Jetzt sollten wir ein Koordinatensystem wählen, welches unser Ursprungsproblem löst.

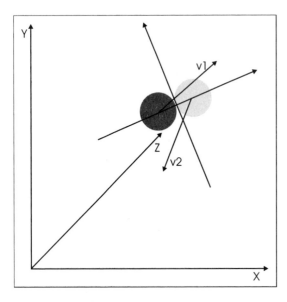

Abbildung 5.8 Neues Koordinatensystem mit einer Achse auf den Schwerpunkten der Objekte

Wir wählen ein Koordinatensystem, welches eine Achse als Verbindungslinie zwischen den Schwerpunkten der Objekte darstellt. Das heißt, eine Achse geht exakt durch das Zentrum von Objekt 1 und durch das Zentrum von Objekt 2.

Nachdem wir uns bildlich vor Augen geführt haben, wie das neue Koordinatensystem auszusehen hat, müssen wir die mathematische Umsetzung vollziehen. Zum einen benötigen wir neue Einheitsvektoren. Der erste Einheitsvektor ist der normalisierte Vektor zwischen den beiden Schwerpunkten. Dieser Einheitsvektor wird als n bezeichnet:

$$\vec{n} = \frac{\vec{r}_2 - \vec{r}_1}{\vec{r}_2 - \vec{r}_1}$$

Der andere Vektor steht senkrecht auf dem ersten Einheitsvektor und steht tangential zum Kollisionspunkt der beiden Objekte:

$$\vec{t} = \begin{pmatrix} -n_y \\ n_x \end{pmatrix}$$

Natürlich müssen wir auch die Geschwindigkeit und die Bewegungsrichtung an das neue Koordinatensystem anpassen. Es würde kaum Sinn machen, wenn die beiden Objekte entlang der ursprünglichen Bewegungsvektoren laufen würden. Da wir eine Achse direkt durch den Schwerpunkt der beiden Objekte gezogen haben, benötigen wir die Richtung und Geschwindigkeit der beiden Objekte in n-Richtung und in t-Richtung (n-Richtung = Normalen-Richtung, t-Richtung = Tangenten-Richtung):

- Geschwindigkeit und Richtung von Objekt 1 in n-Richtung

$$v_{1,n} = \vec{v}_1 * \vec{n}$$

- Geschwindigkeit und Richtung von Objekt 2 in n-Richtung

$$v_{2,n} = \vec{v}_2 * \vec{n}$$

- Geschwindigkeit und Richtung von Objekt 1 in t-Richtung

$$v_{1,t} = \vec{v}_1 * \vec{t}$$

- Geschwindigkeit und Richtung von Objekt 2 in t-Richtung

$$v_{2,t} = \vec{v}_2 * \vec{t}$$

Den Stoß im neuen Koordinatensystem berechnen

Da wir uns in einem reibungsfreien Raum befinden, können wir bei der Berechnung des Stoßes den tangentialen Anteil des Stoßes ignorieren. Wir benötigen lediglich die Geschwindigkeit entlang der n-Richtung. Hierzu nutzen wir die Formeln für die Impulshaltung sowie der Energieerhaltung:

$$v'_{1,n} = \frac{m_1 v_{1,n} + 2 m_2 v_{2,n} - m_2 v_{1,n}}{m_1 + m_2}$$

$$v'_{2,n} = \frac{m_2 v_{2,n} + 2 m_1 v_{1,n} - m_1 v_{2,n}}{m_1 + m_2}$$

Wir kennen nun die Geschwindigkeit in Normalrichtung. Die Geschwindigkeit in tangentialer Richtung bleibt unverändert.

Rückkehr in das ursprüngliche Koordinatensystem

Die Rückkehr ist denkbar einfach. Wir müssen lediglich die einzelnen Komponenten mit den Einheitsvektoren multiplizieren und addieren:

$$v'_1 = v'_{1,n} \vec{n} + v_{1,t} \vec{t}$$

$$v'_1 = v'_{1,n} \vec{n} + v_{1,t} \vec{t}$$

Sourcecode

Wir haben eine Funktion erstellt, welche die Auswirkungen eines Stoßes berechnet. Genauer gesagt ist die Funktion auch in der Lage, die Auswirkungen einer Kollision zu berechnen. Eine Kollision ist im Grunde genauso wie ein Stoß auf ein einzelnes Objekt.

Stoss

Berechnet die Auswirkungen eines Stoßes auf ein Objekt

```
HRESULT Stoss(
        D3DXVECTOR3 vP1Pos,
        D3DXVECTOR3 vP2Pos,
        D3DXVECTOR3 vP1Speed,
        D3DXVECTOR3 vP2Speed,
        float fP1Mass,
        float fP2Mass,
        D3DXVECTOR3 *vP1SpeedOut,
        D3DXVECTOR3 *vP2SpeedOut);
```

vP1Pos *vP2Pos*	Die Positionen der beiden Objekte. Die Positionen werden benötigt, damit ein neues Koordinatensystem aufgebaut werden kann. Dieses Koordinatensystem muss eine Achse durch die Schwerpunkte der beiden Objekte führen.
vP1Speed *vP2Speed*	Dies ist ein Geschwindigkeitsvektor. Er gibt die Geschwindigkeit der Objekte an, und gleichzeitig wird die Bewegungsrichtung definiert.
fP1Mass *fP2Mass*	Die Masse der beiden Objekte
vP1SpeedOut, *vP2SpeedOut*	Diese beiden Zeiger nehmen die neue Geschwindigkeit/Bewegungsrichtung der beiden Objekte auf

---

```
HRESULT CTerrain::Stoss(D3DXVECTOR3 vP1Pos, D3DXVECTOR3 vP2Pos,
                        D3DXVECTOR3 vP1Speed, D3DXVECTOR3 vP2Speed,
                        float fP1Mass, float fP2Mass,
                        D3DXVECTOR3 *vP1SpeedOut, D3DXVECTOR3 *vP2SpeedOut)
{
    D3DXVECTOR3 vTangent,    //Einheitsvektor in Normal-Richtung
                vNormal;     //Einheitsvektor in Tangential-Richtung

    float
            //Geschwindigkeiten der Objekte in Normal- und Tangential-Richtung
            fP1TangSpeed    =0.0f,
            fP1NormSpeed    =0.0f,
            fP2TangSpeed    =0.0f,
            fP2NormSpeed    =0.0f,

            //Masse der einzelnen Objekte
            fGesamtmasse    =0.0f,

            //Impulsenergie von Objekt 1 und Objekt 2
            fP1Impuls       =0.0f,
            fP2Impuls       =0.0f,
```

Listing 5.6 Stoß

```
                //Relative Geschwindigkeit zur Masse
                fP1SpeedP2Mass    =0.0f,
                fP2SpeedP1Mass    =0.0f,

                //Endgeschwindigkeit in Normal-Richtung
                fP1FinalNormSpeed =0.0f,
                fP2FinalNormSpeed =0.0f;

        //Berechnung der Einheitsvektoren
        D3DXVECTOR3 tmpVec1;
        D3DXVec3Subtract(&tmpVec1,&vP1Pos,&vP2Pos);
        D3DXVec3Normalize(&vNormal,&tmpVec1);

        vTangent.x = -vNormal.y;
        vTangent.y =  vNormal.x;
        vTangent.z =  vNormal.z;

        //Geschwindigkeit in den neuen Einheitsvektoren abbilden
        fP1TangSpeed = D3DXVec3Dot(&vP1Speed, &vTangent);
        fP1NormSpeed = D3DXVec3Dot(&vP1Speed, &vNormal);

        fP2TangSpeed = D3DXVec3Dot(&vP2Speed, &vTangent);
        fP2NormSpeed = D3DXVec3Dot(&vP2Speed, &vNormal);

        //Stoßberechnung
        fGesamtmasse = fP1Mass + fP2Mass;
        fP1Impuls = fP1NormSpeed * fP1Mass;
        fP2Impuls = fP2NormSpeed * fP2Mass;
        fP1SpeedP2Mass = fP1NormSpeed * fP2Mass;
        fP2SpeedP1Mass = fP2NormSpeed * fP1Mass;

        fP1FinalNormSpeed = fP1Impuls + 2*fP2Impuls -fP1SpeedP2Mass;
        fP1FinalNormSpeed /= fGesamtmasse;

        fP2FinalNormSpeed = fP2Impuls + 2*fP1Impuls -fP2SpeedP1Mass;
        fP2FinalNormSpeed /= fGesamtmasse;

        //Transformation in das ursprüngliche Koordinatensystem
        *vP1SpeedOut = fP1FinalNormSpeed * vNormal +fP1TangSpeed * vTangent;
        *vP2SpeedOut = fP2FinalNormSpeed * vNormal +fP2TangSpeed * vTangent;

        return S_OK;
}
```

Listing 5.6 Stoß *(Fortsetzung)*

Beispielprogramm *Reibungsfreier Stoß*

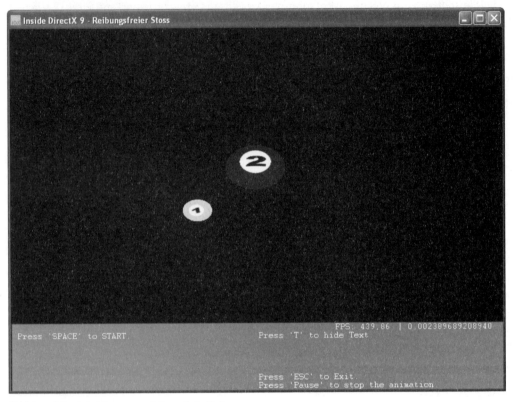

Abbildung 5.9   Beispielprogramm *Reibungsfreier Stoß*

Unser Beispielprogramm agiert mit zwei Objektes. Die beiden Kugeln sind unterschiedlich schwer und bewegen sich mit der gleichen Geschwindigkeit. Die Masse der jeweiligen Kugel ist entscheidend für das Verhalten nach dem Zusammenstoß. Die leichtere Kugel wird die Bewegungsrichtung stärker verändern. Die schwere Kugel wird die Bewegungsrichtung nicht so stark verändern.

Vorbereitungen für den Start

Wir haben eine kleine Struktur zur Steuerung der Kugeln geschaffen:

```
struct _Object
{
    D3DXVECTOR3     Position;
    D3DXVECTOR3     velocity;
    D3DXVECTOR3     rotate;
    D3DXMATRIX      matWorld;
    float           mass;
} Object[100];
```

Diese Struktur ist sehr großzügig dimensioniert. Die Dimensionsgröße ist für das Demoprogramm unerheblich. Über den Eintrag *Position* wird die jeweils aktuelle Position der Kugeln gespeichert. Der Eintrag *velocity* erfasst die Bewegungsrichtung sowie die Bewegungsgeschwindigkeit. Mit *mass* wird die Masse der jeweiligen Kugel gespeichert. Die Einträge *rotate* und *matWorld* sind für das Beispielprogramm nicht wirklich notwendig. Sie steuern zum einen die Rotation der Kugeln und zum anderen kann eine Weltmatrix gespeichert werden. Die Weltmatrix zu speichern ist eigentlich eine gute und sinnvolle Technik. Dieses Programm ist jedoch so klein und übersichtlich, dass wir darauf verzichtet haben.

Wenn Sie die ⌈Leertaste⌉ drücken, wird die Sequenz neu gestartet. Hierzu setzen wir die notwendigen Parameter in die Ausgangskonfiguration:

```
// Object1
GameMain.m_GameData.Object[0].Position = D3DXVECTOR3( -10.0f,0.0f,0.0f);
GameMain.m_GameData.Object[0].velocity = D3DXVECTOR3(  0.01f,0.0f,0.0f);
GameMain.m_GameData.Object[0].rotate   = D3DXVECTOR3(   0.0f,0.0f,0.0f);

// Object2
GameMain.m_GameData.Object[1].Position = D3DXVECTOR3(  0.0f, 10.0f,0.0f);
GameMain.m_GameData.Object[1].velocity = D3DXVECTOR3(  0.0f,-0.01f,0.0f);
GameMain.m_GameData.Object[1].rotate   = D3DXVECTOR3(  0.0f,  0.0f,0.0f);
```

Objekt1 ist die linke Kugel, welche sich von links nach rechts bewegen wird. Der Bewegungsvektor ist entlang der X-Achse in den positiven Bereich gerichtet. Das *Objekt2* befindet sich in der oberen Bildschirmmitte und bewegt sich nach unten. Dementsprechend ist der Bewegungsvektor entlang der Y-Achse in den negativen Bereich gerichtet.

Kollision der Kugeln

Bevor wir auf eine Kollision reagieren können, müssen wir die Kollision erkennen. Wir unterteilen die bevorstehenden Aufgaben in:

- Erkennen einer Kollision

- Reaktion auf eine Kollision

Zum Erkennen einer Kollision bietet sich die Kollisionserkennung nach der Bounding-Sphere-Methode an. Diese Methode ist nicht sonderlich kompliziert und misst lediglich die Entfernung zwischen den Kugelzentren. Sobald die Entfernung kleiner ist als die Summe der Radien, liegt eine Kollision vor. Die Methode *SphereHitsSphere* liefert im Fall einer Kollision ein *TRUE*, andernfalls wird kontinuierlich ein *FALSE* zurückgegeben.

SphereHitsSphere

Die Methode prüft, ob eine Kollision zwischen zwei Objekten (Bounding Spheres) vorliegt

```
SphereHitsSphere(D3DXVECTOR3 CenterA,
                 float RadiusA,
                 D3DXVECTOR3 CenterB,
                 float RadiusB)
```

CenterA	Mittelpunkt der ersten Bounding Sphere (des ersten Objekts)
RadiusA	Radius der ersten Bounding Sphere (des ersten Objekts)
CenterB	Mittelpunkt der zweiten Bounding Sphere (des zweiten Objekts)

RadiusB	Radius der zweiten Bounding Sphere (des zweiten Objekts)
Wenn eine Kollision vorliegt, liefert die Methode *TRUE* zurück. Liegt keine Kollision vor, wird *FALSE* zurückgegeben.	

Bevor wir weitergehen, schauen wir uns den mathematischen Hintergrund dieser Methode an:

```
bool GameMainRoutines::SphereHitsSphere(
          D3DXVECTOR3 CenterA,
          float RadiusA,
          D3DXVECTOR3 CenterB,
          float RadiusB)
{
   D3DXVECTOR3 tmpVec1;
   D3DXVec3Subtract(&tmpVec1,&CenterA,&CenterB);
   if (D3DXVec3LengthSq(&tmpVec1)<= (RadiusA + RadiusB) * (RadiusA + RadiusB))
   {
      return true;
   }
   else return false;
}
```

Wenn wir nun erkennen wollen, ob eine Kollision zwischen den beiden Kugeln vorliegt, rufen wir die Methode *SphereHitsSphere* mit den entsprechenden Parametern auf:

```
if( SphereHitsSphere(m_GameData.Object[0].Position,1,m_GameData.Object[1].Position,2))
{
   Stoss(
      m_GameData.Object[0].Position,m_GameData.Object[1].Position,
      m_GameData.Object[0].velocity,m_GameData.Object[1].velocity,
      50, 100,
      &m_GameData.Object[0].velocity , &m_GameData.Object[1].velocity) ;
}
```

Wenn die Kollision erkannt wird, müssen wir reagieren. Es kann nicht sein, dass die Kugeln ungehindert ihre Bewegungsrichtung beibehalten. Führen wir uns nochmals vor Augen, dass eine Kollision im Grunde gleichbedeutend mit einem Stoß ist. Die Methode *Stoss* haben wir bereits vorgestellt. In unserem Beispielprogramm verwenden wir diese Methode, um die neue Bewegungsgeschwindigkeit und Bewegungsrichtung zu berechnen.

Die neu berechneten Daten werden in den Objekteigenschaften der beiden Kugeln gespeichert (*&m_GameData.Object[0].velocity, &m_GameData.Object[1].velocity*) und von diesem Zeitpunkt an für alle weiteren Berechnungen verwendet.

Einfache Ballphysik

Spielen Sie Billard? Der Leitsatz »Eintrittswinkel gleich Austrittswinkel« ist hinreichend bekannt. Obwohl Sie diese Regel sicherlich kennen, möchten wir das Thema etwas näher beleuchten.

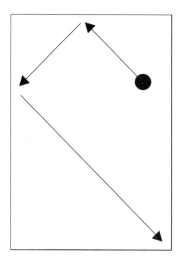

Abbildung 5.10 Eintrittswinkel gleich Austrittswinkel

In einer Kiste würde ein Ball ununterbrochen von den Wänden abprallen. Gemindert wird die Bewegungsgeschwindigkeit durch Reibung und Energieverluste beim Aufprall an der Wand. Diese Einflüsse werden wir im weiteren Verlauf nicht berücksichtigen.

Abpraller von einer horizontalen oder vertikalen Wand

Beim Billardspiel ist ein Ballabpraller von einer Bande gut zu beobachten. Wir können perfekt die Gesetzmäßigkeit von Eintrittswinkel gleich Austrittswinkel erkennen. Dies liegt aber vor allem daran, dass ein Billardtisch lediglich horizontale und vertikale Bande besitzt.

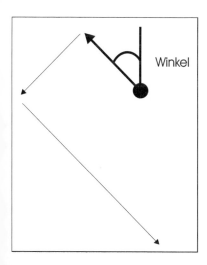

Winkel

Abbildung 5.11 Winkelberechnung an einer horizontalen Wand

Oftmals werden Sie Beispiele finden, welche sich mit Ballabprallern an rechtwinkligen Wänden beschäftigen. Die entsprechenden Berechnungen sind recht einfach: Man bildet eine Hilfslinie, welche senkrecht auf der Wand steht und in Richtung des Balls zeigt. Dann kann man anhand dieser Linie und dem Bewegungsvektor des Balls den entsprechenden Winkel berechnen. Wenn dieser Winkel ermittelt wurde, haben wir den Eintrittswinkel. Ist der Eintrittswinkel bekannt, kennen wir auch den Austrittswinkel.

In der Praxis können wir diese Berechnung noch weiter vereinfachen: Wenn wir auf eine horizontale oder vertikale Wand treffen, müssen wir lediglich den entsprechenden Bewegungsvektor umkehren und haben die Flugbahn des Balls nach der Kollision mit der Wand.

Wir treffen folgende Annahmen:

- Bewegungsvektor Ball = (–1.0f, –1.0f, 0.0f)
- Kollision mit einer horizontalen Wand

In diesem Fall müssen wir lediglich den horizontalen Bestandteil des Bewegungsvektors mit –1.0f multiplizieren und wir erhalten den neuen Bewegungsvektor:

```
Bewegungsvektor_Ball.y *= -1.0f;
```

Der neue Bewegungsvektor sieht wie folgt aus:

```
Bewegungsvektor Ball = (–1.0f, 1.0f, 0.0f)
```

Abpraller von einer schrägen Wand

Einen Abpraller von einer schrägen Wand zu berechnen, ist ungleich schwieriger. Einfach den Eingangsvektor umzukehren, funktioniert hierbei nicht.

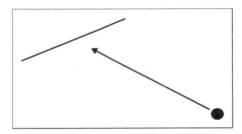

Abbildung 5.12 Abpraller von einer schrägen Wand

Sie erinnern sich, bei der horizontalen Wand haben wir eine Hilfslinie senkrecht auf die Wand gezeichnet. Mit Hilfe dieser Hilfslinie konnten wir die Winkel berechnen. Eine senkrechte Linie auf eine Schräge zu zeichnen, ist nicht ganz so einfach. Mit einem Geodreieck könnten wir diese Aufgabe leicht lösen, aber dies steht uns nun mal nicht zur Verfügung. Außerdem kennen wir auch nicht die genaue Lage der Wand.

Die Lösung für unser Problem heißt *Normalvektor*. Wie wir wissen, steht der Normalvektor senkrecht auf einem Polygon, und eine Wand wird aus vielen Polygonen gebaut. Alle Polygone auf der Wand haben die gleiche Ausrichtung (solange die Wand nicht gebogen ist).

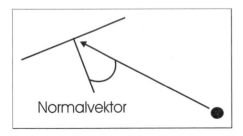

Abbildung 5.13 Abpraller an einer schrägen Wand unter Berücksichtigung des Normalvektors

Unsere Aufgabe ist es, eine Formel abzuleiten, welche den neuen Bewegungsvektor des Balls nach der Kollision mit der Wand berechnet.

Bevor wir Ihnen die Formel vorstellen, müssen wir einen Blick auf die benötigten Komponenten werfen.

Wir benötigen die folgenden Komponenten:

- Bewegungsvektor des Balles

- Normalvektor der Wand

Der Bewegungsvektor des Balles muss nicht mehr berechnet werden, dieser ist uns bereits bekannt. Ohne diesen Vektor wäre eine Animation des Balles quasi unmöglich. Der Normalvektor sollte uns auch bekannt sein, weil wir diesen beim Erstellen der Wand berechnet haben. Für alle, die dies nicht getan haben, erklären wir es an dieser Stelle nochmals. In der Regel verwenden wir zum Berechnen des Normalvektors die Methode *CalcNormal()*:

```
pVertices[0].normal=
CalcNormal(pVertices[0].position,pVertices[1].position,pVertices[2].position);
pVertices[1].normal=
CalcNormal(pVertices[0].position,pVertices[1].position,pVertices[2].position);
pVertices[2].normal=
CalcNormal(pVertices[0].position,pVertices[1].position,pVertices[2].position);
```

Zur Berechnung des Normalvektors müssen die drei Vertices eines Polygons bekannt sein:

```
D3DXVECTOR3 CalcNormal(D3DXVECTOR3 v1, D3DXVECTOR3 v2, D3DXVECTOR3 v3)
{
    D3DXVECTOR3 tv1, tv2, tv3;
    D3DXVec3Subtract(&tv1,&v2,&v1);
    D3DXVec3Subtract(&tv2,&v3,&v1);

    D3DXVec3Cross(&tv3,&tv1,&tv2);
    D3DXVec3Normalize(&tv3,&tv3);
    return tv3;
}
```

Die Berechnung basiert auf dem Crossprodukt der Vektoren. Die Methode liefert einen normalisierten Vektor zurück, welcher (natürlich) senkrecht auf dem Polygon steht. Genau gesagt steht er nicht senkrecht auf dem Polygon, sondern senkrecht auf dem entsprechenden Vertex. Aber da ein Polygon immer plan ist, lässt dies die Schlussfolgerung zu, dass der Normalvektor an jeder Stelle des Polygons gleich ist.

Nun kommen wir zur eigentlichen Berechnung der neuen Bewegungsrichtung. Hierzu verwenden wir die folgende Formel:

i = Bewegungsvektor des Balls
n = Normalvektor
v = Gesuchter Vektor (neuer Bewegungsvektor des Balls)
$v = i - 2*D3DXVec3Dot(&i, &n)*n;$

Der neue Bewegungsvektor ist mit dieser Formel leicht zu berechnen.

Beispielprogramm *Einfache Ballphysik*

Unser Beispielprogramm beschreibt das Abprallen einer Billardkugel von einem Dreieck. Wir haben ein Dreieck gewählt, weil dieses symbolisch für alle Arten von 3D-Objekten steht. Ob das Dreieck Bestandteil einer Wand ist oder ob es den Teil einer Bodenplatte bildet, ist für die Berechnung völlig bedeutungslos. Natürlich sind auch alle anderen Objekte (Mesh) aus Dreiecken konstruiert.

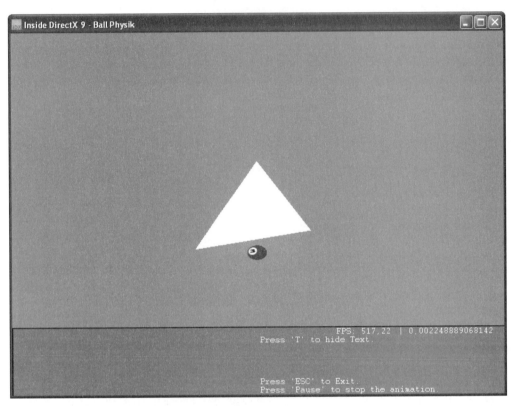

Abbildung 5.14   Eine Billardkugel auf Kollisionskurs mit einem Dreieck

Das Dreieck dreht sich kontinuierlich um die Y-Achse. Damit die kollidierende Billardkugel richtig berechnet werden kann, verwenden wir den Normalvektor des Dreiecks. Da sich die Position des Dreiecks bei jedem Renderdurchlauf verändert, müssen wir auch jedes Mal den Normalvektor neu berechnen. Hierzu haben wir die Routine *InitVB()* erstellt. Diese Routine erstellt den Vertex-Buffer für das Dreieck und berechnet den Normalvektor:

```
HRESULT GameMainRoutines::InitVB(LPDIRECT3DDEVICE9 pd3dDevice, float winkel)
{
    // =================================================================
    // Initialize three Vertices for rendering a triangle
    // =================================================================
    SAFE_RELEASE (pVB);

    // Create the vertex buffer.
```

Listing 5.7   Die Routine *InitVB()*

```
if( FAILED( pd3dDevice->CreateVertexBuffer( 3*2*sizeof(CUSTOMVERTEX),
                                            0, D3DFVF_CUSTOMVERTEX,
                                            D3DPOOL_DEFAULT, &pVB, NULL ) ) )
{
    return E_FAIL;
}

if( FAILED( pVB->Lock( 0, 0, (void**)&pVertices, 0 ) ) )
        return E_FAIL;

float x, y;
float radius = 10.0f;

x=radius*cos(winkel);
y=radius*sin(winkel);
pVertices[0].position = D3DXVECTOR3(x, -5, y);

x=radius*cos(winkel+3.14);
y=radius*sin(winkel+3.14);
pVertices[1].position = D3DXVECTOR3(x, -5, y);

x=0;
y=0;
pVertices[2].position = D3DXVECTOR3(x, 10, y);

pVertices[0].normal=
CalcNormal(pVertices[0].position,pVertices[1].position,pVertices[2].position);
pVertices[1].normal=
CalcNormal(pVertices[0].position,pVertices[1].position,pVertices[2].position);
pVertices[2].normal=
CalcNormal(pVertices[0].position,pVertices[1].position,pVertices[2].position);

pVB->Unlock();

return S_OK;
}
```

Listing 5.7   Die Routine *InitVB()* (Fortsetzung)

Die Besonderheit an dieser Routine ist die Übergabe eines Winkels zur Berechnung eines Vertex-Buffers. Normalerweise wird ein Winkel nicht benötigt. Es würde reichen, den Vertex-Buffer wie gewohnt zu erstellen und später bei Bedarf über die Rotation der Weltmatrix zu drehen.

In diesem Fall möchten wir aber anhand des Vertex-Buffers (bzw. anhand der Lage der einzelnen Vertices) den Normalvektor berechen. Dies gelingt nur, wenn sich die Vertices auch in der richtigen Lage befinden. Wenn dies der Fall ist, ist es ein Leichtes, den Normalvektor zu ermitteln.

Als nächsten Schritt müssen wir prüfen, ob die Billardkugel mit dem Dreieck kollidiert. In diesem Beispiel verwenden wir keine echte Kollisionsüberprüfung, sondern beschränken uns auf die Berechnung der Kollisionsreaktion. Damit ist gemeint, dass wir die neue Bewegungsrichtung berechnen:

```
if ((double)GetTickCount() > CollisionDelay + 1500)
{
    if(m_GameData.Object[0].Position.x <=0.0f && collision==false)
    {
        D3DXVECTOR3 tmpVec1(0.0f, 0.0f, 0.0f);
```

Listing 5.8   Kontrolle, ob die Billardkugel mit dem Dreieck kollidiert, und die Berechnung der entsprechenden Reaktion

```
          D3DXVECTOR3 tmpVec2(0.0f, 0.0f, 0.0f);
          D3DXVECTOR3 tmpVec3(0.0f, 0.0f, 0.0f);
          D3DXVECTOR3 NorVec(1.0f, 0.0f, 0.0f);

          D3DXVec3Normalize(&tmpVec1,&m_GameData.Object[0].velocity);
          D3DXVec3Cross(&tmpVec2,&NorVec,&m_GameData.Object[0].velocity);
          D3DXVec3Subtract(&tmpVec3,&m_GameData.Object[0].velocity,&NorVec);

          D3DXVECTOR3 v, i, n;                 // v = gesuchter Vektor ( Neue richtung )
          i = m_GameData.Object[0].velocity;  //Ausgangsvektor ( Eingehende richtung )
          n = pVertices[0].normal;            // Normalvektor

          v = i - 2 * D3DXVec3Dot(&i,&n) * n;
          m_GameData.Object[0].velocity=v;

          collision=true;
          CollisionDelay=(double)GetTickCount();
        }
    else
      {
          if(collision)
          {
              m_GameData.Object[0].Position  = D3DXVECTOR3( 50.0f,0.0f,0.0f);
              m_GameData.Object[0].velocity  = D3DXVECTOR3(-55.0f,0.0f,0.0f);
              collision=false;
          }
        }
    }
```

Listing 5.8 Kontrolle, ob die Billardkugel mit dem Dreieck kollidiert, und die Berechnung der entsprechenden Reaktion *(Fortsetzung)*

Wie bereits erwähnt, verwenden wir keine echte Kollisionsprüfung. Wenn die Billardkugel den Nullpunkt der X-Achse unterschreitet, wird die Berechnung der neuen Bewegungsrichtung eingeleitet. Nach exakt 1.500 Millisekunden wird die Kugel erneut auf das Dreieck abgefeuert. Je nachdem, wie das Dreieck im Moment der Kollision gedreht ist, wird die Kugel abgeleitet.

Reibungseinflüsse

Bisher haben wir über Bewegung und Beschleunigung gesprochen und dabei die Reibungseinflüsse ignoriert. Um ein Objekt in Bewegung zu versetzen, ist es notwendig, die Haftreibung (Bodenhaftung) zu überwinden. Nachdem die Haftreibung überwunden wurde, wirkt kontinuierlich die Gleitreibung.

Haftreibung

Unter einer Haftreibung versteht man die Kraft, die zwei sich berührende Körper daran hindert, sich aufeinander zu zu bewegen. Die Voraussetzungen, unter denen eine Haftreibung entsteht, sind eindeutig:

- Die Objekte müssen sich berühren
- Die Berührungsfläche steht unter einem bestimmten Druck

Die Kraft (Druck), welche ein Objekt zu Boden drückt, wird im Wesentlichen durch die Masse des Objektes bestimmt.

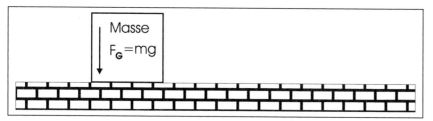

Abbildung 5.15 Das Objekt wird durch die Eigenmasse zu Boden gedrückt

Die Gravitationskraft wirkt umso stärker, je mehr Masse vorhanden ist. Das heißt, ein schweres Objekt hat eine größere Haftreibung als ein leichtes Objekt. F_G bezeichnet somit die Kraft, welche ein Objekt auf den Boden drückt.

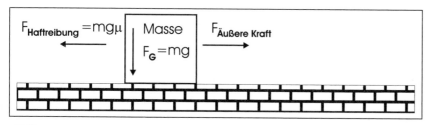

Abbildung 5.16 Bewegung eines ruhenden Objekts

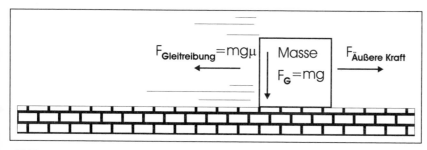

Abbildung 5.17 Bewegung eines nicht ruhenden Objekts

Eine äußere Kraft versucht das Objekt zu verschieben.

HINWEIS Wenn eine äußere Kraft F_a ein Objekt zu verschieben sucht, baut sich eine betragsgleiche Gegenkraft $-F_a$ auf. Diese verhindert eine Relationsbewegung beider Körper.

Je nachdem, ob sich ein Objekt bereits in Bewegung oder in Ruhe befindet, tritt eine andere Kraft auf. Die Haftreibung kann auch grob als Bodenhaftung beschrieben werden. Bei der Haftreibung handelt es sich um eine Reibungsart, welche sich von anderen Reibungen unterscheidet. Bei einer Reibung wird normalerweise immer Energie in Bewegung und Wärme umgewandelt. Bei der Haftreibung, welche nur dann wirkt, wenn sich ein Objekt in Ruhe befindet, kommt es zu keiner Energieumwandlung. Deshalb spricht man auch von der Haftkraft.

Dennoch ist die Haftreibung, wie alle anderen Reibungen auch, von der Materialeigenschaft und Oberflächenbeschaffenheit abhängig. Diese Verkettung ist die Ursache, weshalb die Haftreibung nur als grobe Näherung durch eine physikalische Gesetzmäßigkeit beschrieben werden kann.

Die durch die Haftreibung hervorgerufene Haltekraft F_H ist abhängig von der Normalkraft F_N. Weiterhin besteht eine Abhängigkeit zum Reibungskoeffizienten μ_H. Entgegen einer verbreiteten Meinung ist die Haltekraft nicht von der Größe der Auflagefläche abhängig.

$$F_H = \mu_H * F_N$$

Hier ein paar Beispielwerte.

Material/Oberfläche	Reibungskoeffizient
Mauerwerk auf Sand und Kies	0,3
Gummireifen auf Asphalt	0,9
Holz auf Holz	0,65
Holz auf Stein	0,6
Stahl auf Stein	0,45
Stahl auf Eis	0,02

Tabelle 5.1   Beispiele unterschiedlicher Haftung

Wenn wir uns den kleinen Reibungskoeffizienten von Stahl auf Eis anschauen, dann wissen wir auch, warum die Kufen eines Schlittens aus Stahl/Eisen gefertigt werden und nicht aus Holz oder Gummi. Sie finden auch einen Beispielwert von Gummireifen auf Asphalt. Hierzu ist anzumerken, dass bei einem Autoreifen die Größe der Auflagefläche von Bedeutung ist. Das ist bei den meisten anderen Materialien nicht der Fall, aber bei Gummi spielt die Verzahnung des Gummis mit dem Untergrund eine Rolle. Deshalb sind Rennreifen auch besonders breit.

Haftreibung überwinden

Wenn wir eine Kiste verschieben wollen, müssen wir zuerst die Bodenhaftung überwinden. Wir wissen bereits, dass die Bodenhaftung (Haftreibung) von der Masse des Objekts abhängig ist. Außerdem fließen Materialeigenschaften und Oberflächenstrukturen in die Überlegungen ein. Ohne Bodenhaftung würden wir ein Objekt mit der denkbar kleinsten Kraft in Bewegung versetzen. Beispielsweise lassen sich Objekte auf einer perfekten Eisfläche sehr leicht verschieben. Programmiertechnisch ist das auch keine schwere Umsetzung. Zuerst definieren wir eine spezifische Haftreibung für ein Objekt. Anschließend steigert man solange die Beschleunigung, bis die Haftreibung überwunden ist. Ist die Haftreibung überwunden, kommt die Gleitreibung zur Wirkung. Bevor wir mit der Gleitreibung fortfahren, betrachten wir den folgenden Sourcecode:

```
if(Bewegung == FALSE && Beschleunigung > Haftreibung)
{
    Bewegung = TRUE;
    // Hier weiteren Sourcecode integrieren
}
else  if Bewegung == TRUE)
{
    //Hier weiteren Sourcecode für die Bewegung unter Einfluss
                                        von Gleitreibung integrieren
}
```

Bewegung unter dem Einfluss der Gleitreibung

Die Haftreibung wird, nachdem sich das Objekt in Bewegung gesetzt hat, durch die Gleitreibung abgelöst. Die Haftreibung wird bedeutungslos.

Je nachdem, wie die Gleitreibung in Erscheinung tritt, benötigen wir ein Simulationsmodell. Simulationen lassen sich am besten mit einfachen Parametern und einem begrenzten Blick über den Tellerrand umsetzen. Für unsere Simulation treffen wir folgende Annahmen:

- Die Beschleunigung des Objektes ist gleich bleibend
- Die Beschleunigung wird von einem wechselnden Untergrund nicht beeinflusst
- Bodenunebenheiten werden nicht berücksichtigt

Berechnung der Reibungsbeschleunigung

Unter Reibungsbeschleunigung verstehen wir eine ganz normale Beschleunigung, welche von der Gleitreibung beeinflusst wird. Die Beeinflussung spiegelt sich in dem Reibungskoeffizienten wider. Dieser ist besonders klein, wenn eine geringe Reibung vorliegt. Dementsprechend beschreibt ein hoher Reibungskoeffizient eine starke Beeinflussung. Die Tabelle 5.1 zeigt ein paar Beispiele unterschiedlicher Reibungskoeffizienten.

Reibungsbeschleunigung = Bewegungsrichtung – (Bewegungsrichtung * Reibungskoeffizient)

Beispiele:

Stahl auf Eis = Reibungskoeffizient von 0.02f

Reibungsbeschleunigung = Bewegungsrichtung (1.0f, 1.0f, 1.0f) – (Bewegungsrichtung (1.0f, 1.0f, 1.0f) * 0.02f).

Stahl auf Stein = Reibungskoeffizient von 0.45f

Reibungsbeschleunigung = Bewegungsrichtung (1.0f, 1.0f, 1.0f) – (Bewegungsrichtung (1.0f, 1.0f, 1.0f) * 0.45f).

Anhand der beiden Beispiele können Sie gut erkennen, dass die Bewegungsrichtung auf der Eisfläche kaum gebremst wird. Auf einer Steinfläche findet eine deutliche Reduzierung der Bewegungsrichtung und somit der Geschwindigkeit statt.

Berechnung der Eigenverschiebung

Nachdem wir die Reibungsbeschleunigung ermittelt haben, müssen wir die Eigenverschiebung des Objektes berechnen:

Eigenverschiebung += Reibungsbeschleunigung

Die Eigenverschiebung wird genauso berechnet, wie wir es mit einer normalen Beschleunigung auch tun würden. Warum sollte das auch einen Unterschied machen? Schließlich ist die Beschleunigung im Grunde ein abstrakter Wert, welcher die Eigenverschiebung beeinflusst.

Losgelöst von der Simulation

Unter realen Bedingungen finden wir keine idealisierten Verhältnisse wie in unserem Simulationsmodell. Ein hervorragendes Beispiel ist ein Autorennen. Ein Rennwagen, der auf der Idealspur fährt, hat eine optimale

Bodenhaftung. Sobald der Wagen die Idealspur verlässt, ändern sich die Bedingungen. Hier ein paar Beispiele:

- Trockene Rennstrecke → Normale Reibung, das Fahrzeug wird normal abgebremst
- Vereiste Rennstrecke → Kleine Reibung, das Fahrzeug wir kaum abgebremst
- Sandbank/Kiesbett → Große Reibung, das Fahrzeug wird stark abgebremst

Neben den unterschiedlichen Fahrbahnoberflächen treten noch andere Faktoren auf. So muss ein Fahrzeug
in der Realität mit Bodenunebenheiten genauso fertig werden, wie mit Hindernissen auf der Straße.

Unterschiedliche Bodenbeschaffenheiten lassen sich leicht integrieren. Wir müssen lediglich für jeden
Bodentyp einen eigenen Reibungskoeffizienten bestimmen. Hindernisse auf der Straße sollten auch keine
größeren Probleme darstellen.

Kollisionen erkennen und reagieren

Eine Kollisionserkennung ist in den meisten Spielen unerlässlich. Unter einer Kollision versteht man den Zusammenprall von zwei Objekten. Innerhalb unserer Vorstellungskraft ist der Sachverhalt vollkommen klar. Dennoch stehen wir nun vor der Aufgabe, mathematisch eine Kollision zu erkennen. Mitunter werden wir auf sehr komplexe mathematische Routinen stoßen, welche eine gewisse Rechenzeit beanspruchen. In komplexen Spielewelten gibt es eine Vielzahl von Objekten, insofern ist es kaum möglich, jedes Objekt kontinuierlich auf eine mögliche Kollision zu prüfen. Wir werden uns also nicht nur mit dem Erkennen einer Kollision beschäftigen, sondern auch Überlegungen anstellen, wie sich unnötige Berechnungen vermeiden lassen.

Kollision: Kugel – Kugel (Bounding Sphere)

Die Bounding Sphere (technisch: begrenzende Kugel) ist Bestandteil der meisten Kollisionserkennungen. Warum dies der Fall ist und warum die Bounding Sphere eine enorme Geschwindigkeitssteigerung darstellt, wollen wir uns jetzt genauer anschauen.

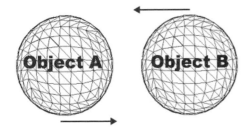

Abbildung 6.1   Zwei Objekte auf Kollisionskurs

Um eine Kollision zwischen zwei Objekten festzustellen, ist es notwendig, jedes Dreieck des ersten Objektes mit jedem Dreieck des zweiten Objektes auf eine eventuelle Kollision zu testen. Bei kleineren Objekten wäre dies durchaus machbar, bei größeren und sehr vielen Objekten wäre diese Technik allerdings unbrauchbar. Um die Sache zu vereinfachen, bedienen wir uns eines Tricks. Wir umgeben die Objekte mit einer Kugel (Bounding Sphere) und prüfen anschließend nur noch die Kugeln (nicht mehr die einzelnen Dreiecke) auf eine mögliche Kollision.

Die Ungenauigkeit der Bounding-Sphere-Technik

Als kritischer Mensch werden Sie feststellen, dass eine Kollision der Bounding Sphere nicht zwangsläufig eine Kollision der Objekte bedeutet. Besonders deutlich wird die Ungenauigkeit bei länglichen Objekten (oder wie in unserem Beispiel einem Stern).

Abbildung 6.2   Bounding Sphere schneiden sich, aber dennoch kollidieren die Objekte nicht

Wenn Objekte mit einer Kugel umhüllt werden, entstehen an den Seiten Hohlräume. Hier können sich die Kugeln schneiden, ohne dass sich die Objekte berühren. Entsprechend der Bounding-Sphere-Technik würde jedoch eine Kollision festgestellt werden. Man kann also sagen, dass uns die Bounding-Sphere-Technik in die Irre führt. Wie kann uns eine derart ungenaue Technik helfen? Diese Frage ist leicht zu beantworten: Der wesentliche Vorteil dieser Technik besteht darin, dass wir Objekte von einer möglichen Kollision ausschließen können. Wenn sich nach der Bounding-Sphere-Technik zwei Objekte nicht berühren, können sich auch die Dreiecke der Objekte nicht berühren. Jedes Objekt, welches wir von einer möglichen Kollision ausschließen, wird auch aus einer zeitintensiven Detailprüfung ausgeschlossen.

Hieraus ergeben sich zwei Arbeitsphasen:

- Grobe Kollisionserkennung (Bounding Sphere). Bei der groben Kollisionsprüfung werden lediglich die Bounding Spheres der verschiedenen Objekte auf eine mögliche Kollision geprüft. Sollte eine Kollision erkannt werden, wird eine Detailprüfung vorgenommen.

- Detailprüfung. Diese Prüfung wird nur dann durchgeführt, wenn sich die Bounding Spheres zweier Objekte schneiden. Nur in diesem Fall ist es möglich, dass sich die Objekte ebenfalls berühren.

Verzicht auf die Detailprüfung

Es ist nicht in jedem Fall notwendig, eine Detailprüfung vorzunehmen. Nehmen wir an, die Bounding Sphere umhüllt ein kugelähnliches Objekt. Bei solchen Objekten gibt es wenig Hohlräume, und somit ist die Wahrscheinlichkeit hoch, dass bei einer Kollision der Bounding Spheres auch eine tatsächliche Kollision der Objekte vorliegt. Ein weiteres Szenario für den Verzicht auf die Detailprüfung wäre der Beschuss eines Objektes (schnell fliegendes Raumschiff) mit einer schnellen Waffe (Maschinengewehr, Impulslaser usw.). Hierbei spielt es oftmals keine Rolle, ob die Kugel genau getroffen hat oder ob sie das Ziel um wenige Zentimeter verfehlt. Wer kann schon mehrere Dutzend Kugeln gleichzeitig im Auge behalten?

Berechnen der Bounding Sphere

Wenn wir in der DirectX-Programmierung von Objekten sprechen, meinen wir oftmals Meshes. Nun wollen wir ein mehr oder weniger komplexes Objekt mit einer virtuellen Kugel umgeben. Am besten berechnet man eine Bounding Sphere direkt beim Laden eines Meshs. Eine Bounding Sphere benötigt ein Zentrum und einen Radius. Um diese zu ermitteln, ist es notwendig, alle Vertexdaten des Meshs zu analysieren. Im Idealfall wurde das Mesh um den Koordinatenursprung konstruiert. Das würde bedeuten, dass das Zentrum die Koordinaten (0.0f, 0.0f, 0.0f) hat. Für den korrekten Radius müssen Sie sich dann nur die am entferntesten liegenden Koordinaten merken. Sollte das Zentrum nicht im Koordinatenursprung liegen, müssen Sie die Vertexdaten des Meshs analysieren. Hierzu müssen Sie den gesamten Datensatz durchforsten und sich die jeweils kleinsten und größten x-, y- und z-Werte merken. Hieraus bilden Sie den Mittelpunkt und anschließend den Radius.

Kollision von Kugel und Kugel

Wir können eine Kugel durch ihren Mittelpunkt und den Radius bestimmen. Eine Kollision tritt dann auf, wenn die Entfernung der beiden Mittelpunkte kleiner ist als die Summe der Radien. Dies gilt bei Kreisen genauso wie bei Kugeln.

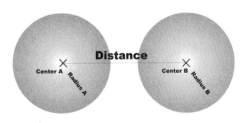

Abbildung 6.3 Schematische Darstellung von sich annähernden Kugeln

Wir berechnen die Entfernung zweier Kugeln *CenterA – CenterB* und vergleichen sie mit der Summe der Radien *RadiusA + RadiusB*. Für den Fall, dass beide Werte genau gleich sind, berühren sich die Kugeln und wir interpretieren das als Kollision. Die Funktion *CalculateSphereCollision()* übernimmt den Kollisionstest zwischen zwei Kugeln.

CalculateSphereHitsSphere

Berechnet, ob zwei Bounding Spheres miteinander kollidieren

```
bool CalculateSphereCollision(
    3DXVECTOR3  CenterA,
    float RadiusA,
    3DXVECTOR3  CenterB,
    float RadiusB)
```

CenterA	Zentrum von Bounding Sphere A
RadiusA	Radius von Bounding Sphere A
CenterB	Zentrum von Bounding Sphere B
RadiusB	Radius von Bounding Sphere B

Die Methode liefert den Wert *true* zurück, wenn eine Kollision stattgefunden hat. Andernfalls wird *false* zurückgegeben.

```
bool GECollision::CalculateSphereHitsSphere(
   3DXVECTOR3 CenterA,
   float RadiusA,
   3DXVECTOR3 CenterB,
   float RadiusB)
{
   D3DXVECTOR3 tmpVec1;
   D3DXVec3Subtract(&tmpVec1,&CenterA,&CenterB);

   if (D3DXVec3LengthSq(&tmpVec1)<= (RadiusA + RadiusB) * (RadiusA + RadiusB))
   {
      return true;
   }
   else return false;
}
```

Listing 6.1 CalculateSphereCollision

Die Funktion *CalculateSphereCollision* liefert also *true*, wenn es eine Kollision zwischen den beiden angegebenen Kugeln gibt, und *false*, wenn es keine gibt. Vielleicht wundern Sie sich, warum die Funktion mit dem Quadrat der Vektorlänge und dem Quadrat der Summe der Radien rechnet! Das hat einen einfachen Grund: Die Wurzel zu ziehen (was bei der Berechnung der tatsächlichen Vektorlänge nötig wäre), ist relativ langsam.

Schneller geht es, einfach die Quadrate zu vergleichen. Probleme mit Vorzeichen kann es nicht geben, da sowohl die Vektorlänge als auch die Radiensumme immer positiv sein sollten.

Kollision: Punkt – Kugel

Ob ein Punkt innerhalb einer Kugel liegt, ist in den unterschiedlichsten Situationen von Bedeutung. Hierbei ist nicht unbedingt eine abgefeuerte Gewehrkugel gemeint. Dies liegt daran, dass eine Gewehrkugel mitunter eine hohe Geschwindigkeit erreicht und somit in einem unglücklichen Frame-Rhythmus eine Berechnung vor der Kugel und eine Berechnung hinter der Kugel stattfindet. Dennoch kann die Berechnung, ob ein Punkt eine Bounding Sphere schneidet, sehr hilfreich sein. Langsamere Objekte wie z.B. Raketen oder Torpedos können hiermit gut auf Kollision geprüft werden. Außerdem kann man mit dieser Technik eine gute Bestandsaufnahme erheben. Sie können den aktuellen Status eines beliebigen Punktes abfragen.

CalculatePointHitsSphere

Berechnet, ob zwei Bounding Spheres miteinander kollidieren

```
bool CalculateSphereCollision(
    3DXVECTOR3 Point,
    3DXVECTOR3 Sphere,
    float Radius)
```

Point	Ein beliebiger Punkt im 3D-Raum
Sphere	Zentrum der Bounding Sphere
Radius	Radius der Bounding Sphere

Die Methode liefert den Wert *true* zurück, wenn eine Kollision stattgefunden hat. Andernfalls wird *false* zurückgegeben.

```
bool GECollision::CalculatePointHitsSphere(
    D3DXVECTOR3 Point,
    D3DXVECTOR3 Sphere,
    float Radius)
{
    D3DXVECTOR3 tmpVec1;
    D3DXVec3Subtract(&tmpVec1,&Point,&Sphere);

    if (D3DXVec3LengthSq(&tmpVec1)<= Radius)
    {
        return true;
    }
    else return false;
}
```

Listing 6.2 CalculatePointHitsSphere

Diese Methode ist der *CalculateSphereHitsSphere()*-Methode sehr ähnlich. Auch diesmal wird überprüft, ob die Entfernung des Radius der Bounding Sphere sich mit dem definierten Punkt schneidet.

Beispielprogramm: SphereHitsSphere – PointHitsSphere

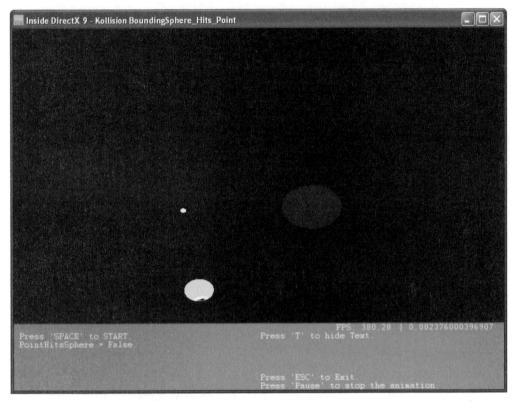

Abbildung 6.4   Beispielprogramm *SphereHitsSphere – PointHitsSphere*

Das Beispielprogramm beinhaltet zwei Kollisionsüberprüfungen. Zum einen sollen die beiden auf Kollisionskurs befindlichen Kugeln im Falle der Kollision auseinander driften und zum anderen haben wir einen kleinen weißen Punkt integriert, um die *PointHitsSphere()*-Methode zu demonstrieren. Der Zusammenstoß der beiden Kugeln wird natürlich mit der *SphereHitsSphere()*-Methode kontrolliert.

PointHitsSphere

Bei der *PointHitsSphere()*-Methode benötigen wir einen beliebigen Punkt im 3D-Raum. Dieser wird auf eine Kollision mit einer Kugel geprüft. In unserem Beispielprogramm visualisieren wir den Punkt durch eine kleine Kugel. Würden wir einen einzelnen Punkt nehmen, könnte man diesen nicht erkennen.

Nachdem die Objekte ihre neue Position eingenommen haben, überprüfen wir die Kollision. Den Aufruf finden Sie in der *SetupMatrices()*-Routine.

```
m_GameData.CollisionPointHitsSphere=m_GameData.Collision.CalculatePointHitsSphere(
                            m_GameData.Object[2].Position,
                            m_GameData.Object[0].Position,
                            1.0f);
```

Wir überprüfen die horizontal rollende Billardkugel auf eine Kollision mit dem weißen Punkt. *m_GameData.Object[2].Position* beinhaltet das Zentrum des weißen Punktes. *m_GameData.Object[0].Position* beinhaltet das Zentrum der horizontal rollenden Billardkugel. Diese Kugel hat einen Radius von 1.0f. Solange eine Kollision stattfindet, wird dies durch den Infotext *"PointHitsSphere = True"* angezeigt. Andernfalls ist *"PointHitsSphere = False"* zu lesen.

SphereHitsSphere

Nachdem die beiden Kugeln zusammengestoßen sind, sollen sie voneinander abprallen. Damit dies eintritt, muss zuerst die Kollision erkannt werden. Hierzu nutzen wir die *CalculateSphereHitsSphere()*-Methode.

```
if( m_GameData.Collision.CalculateSphereHitsSphere(
                            m_GameData.Object[0].Position,
                            1,
                            m_GameData.Object[1].Position,
                            2))
{
   Stoss(
        m_GameData.Object[0].Position,m_GameData.Object[1].Position,
        m_GameData.Object[0].velocity,m_GameData.Object[1].velocity,
        50, 100,
        &m_GameData.Object[0].velocity , &m_GameData.Object[1].velocity) ;
}
```

Die Methode *Stoss()* tritt erst in Erscheinung, nachdem die Kollision erkannt wurde. Für den jetzigen Kontext ist sie bedeutungslos und wird nur der Vollständigkeit halber mit aufgeführt. Für die *CalculateSphereHitsSphere()*-Methode benötigen wir die Zentren sowie die Radien von zwei Bounding Spheres. In dem Beispielprogramm ist das nicht schwer, da die Objekte Billardkugeln sind. Die Bounding Sphere legt sich somit exakt um die äußere Hülle. Es treten keine Leerräume auf.

Kollision: Strahl – Kugel

Das Erkennen einer Kollision zwischen einem Strahl und einer Kugel ist sehr hilfreich. Sehr schnelle Geschosse werden nicht wirklich durch die 3D-Welt bewegt. Man begnügt sich damit, zu berechnen, was das Geschoss anstellt, nachdem es abgefeuert wurde. Eine Gewehrkugel ist so klein und so schnell, dass man sie im Spiel nicht erkennen könnte. Also muss man sie auch nicht wirklich bewegen.

Eine weitere wichtige Anwendung einer Kollision mit einem Strahl ist das Aufnehmen von Objekten. Wenn sie sich mit dem Mauszeiger auf einem Objekt befinden, könnten Sie es aufnehmen. Das Problem ist aber, dass Sie nicht wissen, ob ein Objekt in diesem Augenblick genau unter dem Cursor liegt. Verlängern Sie den Mauszeiger mit einem Strahl in Blickrichtung, können Sie eine Kollision mit verschiedenen Objekten berechnen. Diese Technik wird auch als Picking bezeichnet und dient oftmals dazu, ein Objekt aufzunehmen.

Strahlengleichung

Ein Strahl ist unendlich. Hierin unterscheidet er sich von einer Linie. Eine Linie besitzt einen Anfangs- und Endpunkt. Ein Strahl hingegen besitzt einen Ausgangspunkt (C = Center und eine Laufrichtung (D = Direction). Die Laufrichtung ist normalisiert, sie hat die Länge 1.0f.

Die Strahlengleichung lautet:

$$R(s) = C + (s * D)$$

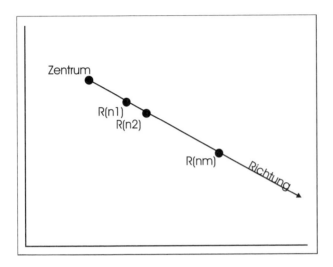

Abbildung 6.5 Strahlengleichung

Kugelgleichung

Unser Ziel ist es, eine Kollision eines Strahls mit einer Kugel festzustellen. Hierzu benötigen wir neben der Strahlengleichung auch eine Kugelgleichung. Wenn wir bei einem zweidimensionalen Kreis feststellen möchten, ob eine Kollision stattgefunden hat, müssen wir lediglich die Entfernung des zu prüfenden Punktes mit dem Kreisradius vergleichen.

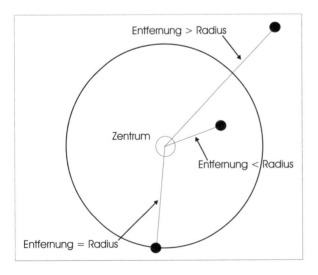

Abbildung 6.6 Kollision eines Punktes mit einem Kreis

Wenn die Entfernung eines Punktes mit dem Radius des Kreises übereinstimmt, liegt eine Kollision mit dem Rand vor. Sollte die Entfernung kleiner sein als der Radius des Kreises, liegt der Punkt innerhalb des Kreises. In dem Fall, dass der Radius größer ist als der Radius des Kreises, liegt der Punkt außerhalb des Kreises.

So verhält es sich mit einem zweidimensionalen Kreis. Aber wie können wir eine Kollision mit einer Kugel feststellen? Im Grunde verändert sich nicht viel. Lediglich die Z-Achse kommt hinzu. Hierzu gibt es zwei Gleichungen, welche uns einmal eine Kollision mit dem Rand berechnen oder eine Kollision mit dem Inneren der Kugel anzeigt.

- Kollision mit dem Rand

$$\left(x-x_M\right)^2+\left(y-y_M\right)^2+\left(z-z_M\right)^2=r^2$$

- Kollision mit dem Inneren der Kugel

$$\left(x-x_M\right)^2+\left(y-y_M\right)^2+\left(z-z_M\right)^2\le r^2$$

Strahlengleichung und Kugelgleichung verbinden

Bisher haben wir zwei Gleichungen, welche autark arbeiten. Die beiden Gleichungen bringen uns unserem Ziel nicht unbedingt näher, denn wir wollen testen, ob ein Punkt auf einem Strahl eine Kugel schneidet.

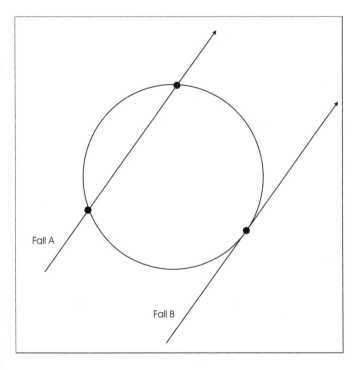

Fall A

Fall B

Abbildung 6.7 Strahl schneidet Kugel

In den meisten Fällen erhalten wir zwei Schnittpunkte, wenn ein Strahl eine Kugel schneidet: einen Eintrittspunkt und einen Austrittspunkt. Das ist bei allen dreidimensionalen Körpern der Fall. Wenn der Strahl aber nur soeben die Kugel berührt, haben wir, wie in Fall B, nur einen Schnittpunkt, was selten vorkommt.

Um Fall A und Fall B zu überprüfen, ist es notwendig, die Strahlengleichung mit der Kugelgleichung zu verbinden.

$$s^2+\left(a*s\right)+b=0$$

$$s_{1,2} = \frac{a}{2} + \sqrt{\frac{a^2}{4} - b}$$

In dieser Gleichung werden noch die Variablen *a* und *b* verwendet. Diese sind wie folgt definiert:

$$a := 2 * \left(x_D * \left(x_C - x_M \right) + y_D * \left(y_C - y_M \right) + z_D * \left(z_C - z_M \right) \right)$$

$$b := \left(x_c - x_M \right)^2 + \left(y_c - y_M \right)^2 \left(z_c - z_M \right)^2 - r^2$$

$$b := \left| C - M \right|^2 - r^2$$

DirectX kommt zur Hilfe

Die Methode *D3DXSphereBoundProbe()* berechnet, ob es zu einer Kollision zwischen einem Strahl und einer Bounding Sphere gekommen ist.

D3DXSphereBoundProbe

Berechnet, ob sich eine Bounding Sphere und ein Strahl schneiden

```
BOOL D3DXSphereBoundProbe(
                CONST D3DXVECTOR3 * pCenter,
                FLOAT Radius,
                CONST D3DXVECTOR3 * pRayPosition,
                CONST D3DXVECTOR3 * pRayDirection );
```

pCenter	Zentrum der Bounding Sphere
Radius	Radius der Bounding Sphere
pRayPosition	Ausgangspunkt des Strahls
pRayDirection	Laufrichtung des Strahls

Die Methode liefert *true* zurück, wenn sich der Strahl mit der angegebenen Bounding Sphere schneidet. Andernfalls erhalten wir ein *false*.

In dem Beispielprogramm *SphereHitsSphere – PointHitsSphere* haben wir diese Methode nachträglich einge-baut. Direkt über dem weißen Punkt haben wir den Ausgangspunkt des Strahls platziert. Die Laufrichtung zeigt direkt auf den weißen Punkt. Das bedeutet, wir haben auf jeden Fall eine Kollision mit dem Punkt. Die gelbe Billardkugel mit der Nummer 1 läuft von links nach rechts durch das Bild. Sobald sich die Kugel in dem Strahl befindet, wird dies registriert.

Wir haben einen Zähler integriert, welcher die Anzahl der Objekte im Strahl zählt. Solange sich die gelbe Bil-lardkugel nicht über dem weißen Punkt befindet, kommt es lediglich zu einer Kollision des Strahls mit dem weißen Punkt. Der Wert von *Ray hits Bounding Sphere* ist 1.0f.

Nachdem die Billardkugel in den Strahl gerollt ist, ändert sich der Wert für *Ray hits Bounding Sphere* auf 2.0f.

Abbildung 6.8 Die gelbe Billardkugel befindet sich vor dem Strahl, welcher sich direkt über dem weißen Punkt befindet

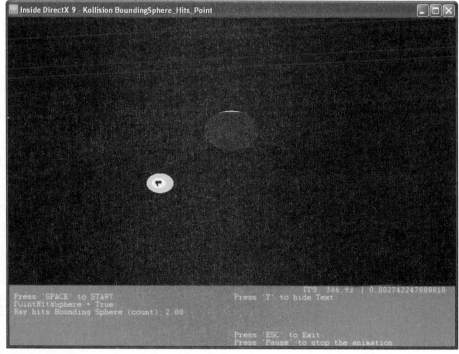

Abbildung 6.9 Die Billardkugel befindet sich im Strahl

Damit wir eine mögliche Kollision eines verwendeten Objektes mit dem Strahl erkennen können, müssen wir jedes Objekt explizit auf eine Kollision hin testen:

```
for(int i=0; i<3; i++)
  {
    if(D3DXSphereBoundProbe( &m_GameData.Object[i].Position,
                             1.0f,
                             &D3DXVECTOR3(-5.0f, 0.0f, -10.0f),
                             &D3DXVECTOR3( 0.0f, 0.0f,   1.0f)))
    {
      m_GameData.CollisionWithRayCount++;
    }
  }
```

Die Routine ist völlig unspektakulär und erhöht bei einer Kollision lediglich den Zähler *m_GameData.CollisionWithRayCount*.

Kollision: Linie – Kugel

Sie haben gesehen, wie eine Kollision mit einem Strahl berechnet werden kann. Ein Strahl ist für die meisten Kollisionsberechnungen weitestgehend ungeeignet, weil er unendlich lang ist. Er besitzt lediglich einen Anfangspunkt und eine Richtung. Einen Endpunkt finden wir nicht. Bei der Prüfung, ob es zur Kollision gekommen ist, muss man theoretisch unendlich weit rechnen.

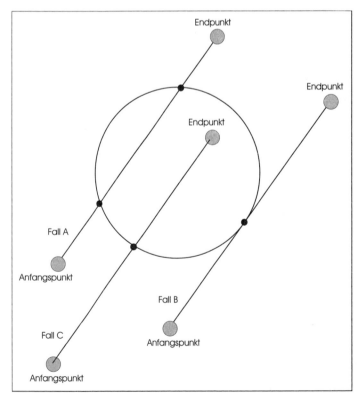

Abbildung 6.10 Eine Linie schneidet die Kugel

Eine Linie hat ähnliche Eigenschaften wie ein Strahl. Sie unterscheidet sich vom Strahl dadurch, das ein definierter Anfangspunkt und ein definierter Endpunkt existiert.

Bei einer Linie müssen drei unterschiedliche Fälle berücksichtigt werden. Im Gegensatz zu einem Strahl kann eine Linie auch mitten in der Kugel enden (Fall C). Somit ergibt sich auch nur ein Schnittpunkt. Das ist bei einem Strahl natürlich nicht möglich.

Zur Implementierung im Sourcecode haben wir die Methode *CalculateLineHitsSphere()* erstellt.

CalculateLineHitsSphere

Berechnet, ob sich eine Bounding Sphere und eine Linie schneiden

```
bool CalculateLineHitsSphere(
                    D3DXVECTOR3 LineA,
                    D3DXVECTOR3 LineB,
                    D3DXVECTOR3 Sphere,
                    float Radius,
                    D3DXVECTOR3 *pOut)
```

LineA	Erster Punkt der Linie
LineB	Zweiter Punkt der Linie
Sphere	Eine Bounding Sphere
Radius	Der Radius der Bounding Sphere
*pOut	pOut ist vom Datentyp *D3DXVECTOR3* und erfasst den Schnittpunkt zwischen Bounding Sphere und Linie

Die Methode liefert *true* zurück, wenn sich der Strahl mit der angegebenen Bounding Sphere schneidet. Andernfalls erhalten wir *false*.
Neben dem direkten Rückgabewert erhalten wir auch noch den Schnittpunkt zwischen Bounding Sphere und der zu prüfenden Linie. Dies sind absolute Koordinaten, welche sich auf das zurzeit gültige Koordinatensystem beziehen.

Die Parameter der Methode *CalculateLineHitsSphere()* sind leicht verständlich. Lediglich auf den Zeiger **pOut* sollten wir etwas genauer eingehen. *pOut* liefert uns die exakten Koordinaten des Schnittpunktes zwischen Linie und Kugel. Hierdurch ist der Informationsgehalt um einiges größer als das Erkennen einer einfachen Kollision. Stellen Sie sich vor, Sie haben ein recht großes Objekt mit einer Bounding Sphere umgeben, z.B. einen Planeten. Dieser wird mit Raketen beschossen und Sie wollen die Einschläge mit einer ordentlichen Explosion würdigen. In diesem Fall benötigen Sie exakte Koordinaten. Lediglich festzustellen, dass eine Kollision stattgefunden hat, löst die gestellte Aufgabe nicht.

```
bool GECollision::CalculateLineHitsSphere(
                    D3DXVECTOR3 LineA,
                    D3DXVECTOR3 LineB,
                    D3DXVECTOR3 Sphere,
                    float Radius,
                    D3DXVECTOR3* pOut)
{

    // Liegt der Anfangspunkt der Linie in der Kugel?
    if(CalculatePointHitsSphere(LineA, Sphere,Radius))
    {
        *pOut = LineA;
```

```
    return true;
}


//Berechnung der Länge und der Richtung der Linie
D3DXVECTOR3 LineDir;
D3DXVec3Subtract(&LineDir, &LineB, &LineA);

float LineLength = D3DXVec3Length(&LineDir);
LineDir /= LineLength;

D3DXVECTOR3 Diff;
D3DXVec3Subtract(&Diff, &LineA, &Sphere);

const float a = 2.0f * (LineDir.x * Diff.x +
                        LineDir.y * Diff.y +
                        LineDir.z * Diff.z);

const float b = D3DXVec3LengthSq(&Diff) − Radius * Radius;

// Die Diskriminante berechnen
const float Discriminant = ((a * a) * 0.25f) − b;


// Diskriminante kleiner 0.0f → kein Schnittpunkt
if(Discriminant < 0.0f) return false;

const float Root = sqrtf(Discriminant);
const float s = a * -0.5f − Root;

if(s >= 0.0f)
{
    if(s <= LineLength)
    {
        // Den Schnittpunkt berechnen und die Funktion verlassen
        *pOut = LineA + (s * LineDir);
        return true;
    }
}
return false;
}
```

Beispielprogramm: Kollision zwischen Kugel und Linie

Abbildung 6.11 Kollision zwischen Kugel und Linie

In unserem Beispielprogramm dreht sich alles um die gelbe Billardkugel. Wenn die Kugel die Linie schneidet, werden die Koordinaten ermittelt und als *HitPosition* angezeigt. Die Billardkugel läuft von links nach rechts durch das Bild und kollidiert dann mit der zweiten Billardkugel.

In der *SetupMatrices()*-Methode finden wir die Kollisionsabfrage:

```
D3DXVECTOR3 pOut;
   for(int i=0; i<2; i++)
   {
      m_GameData.Object[i].HitPosition=D3DXVECTOR3(0.0f, 0.0f, 0.0f);
      if(i==0)
      {
         m_GameData.HitPosition =D3DXVECTOR3(0.0f, 0.0f, 0.0f);
         if(m_GameData.Collision.CalculateLineHitsSphere(
                                    m_GameData.LinePointA,
                                    m_GameData.LinePointB,
                                    m_GameData.Object[i].Position,
                                    1.0f,
                                    &pOut))
         {
```

```
            m_GameData.CollisionWithRayCount++;
            m_GameData.Object[i].HitPosition = pOut;
            m_GameData.HitPosition =m_GameData.Object[i].HitPosition;
        }
    }
}
```

Mit dieser Routine überprüfen wir beide Billardkugeln auf eine mögliche Kollision mit der Linie. Da wir aber wissen, dass nur die gelbe Billardkugel mit dem Index 0 die Linie schneidet, können wir die zweite Billardkugel vernachlässigen. Eigentlich ist das kein sauberes Arbeiten, aber hier geht es lediglich um die Kollision zwischen Kugel und Linie. Indem wir uns auf eine Kugel konzentrieren, kann der Sachverhalt am einfachsten dargelegt werden.

Kollision: Linie – Ebene

Objekte werden aus Dreiecken gefertigt. Somit ist es nahe liegend, dass der Schnittpunkt einer Linie mit einem Dreieck von hohem Interesse ist. Bevor wir die Kollision zwischen Linie und Dreieck berechnen, müssen wir einen Zwischenschritt einlegen. Wir müssen die Kollision mit einer Ebene berechnen.

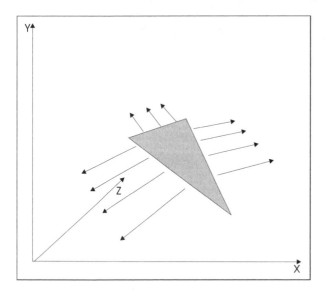

Abbildung 6.12 Ein Dreieck in der Ebene eingebettet

Eine Ebene ist unendlich groß. Ein Dreieck ist in der Ebene eingebettet. Daraus lässt sich schließen, dass es quasi unendlich viele Ebenen geben kann. Für jedes Dreieck kann eine eigene Ebene existieren. Es ist aber auch möglich, dass sich mehrere Dreiecke in einer Ebene befinden. Hieraus können wir drei Schlussfolgerungen treffen:

- Trifft eine Linie ein Dreieck, schneidet die Linie auch die Ebene des Dreiecks
- Trifft eine Linie die Ebene eines Dreiecks, muss die Linie nicht unbedingt das Dreieck schneiden
- Trifft eine Linie nicht die Ebene des Dreiecks, kann die Linie auch nicht das Dreieck schneiden

Insbesondere die dritte Schlussfolgerung wird uns sehr hilfreich sein. Immerhin können wir so testen, ob eine mögliche Kollision mit einem Dreieck überhaupt möglich ist. In Bezug auf die Performance ist dies eine deutliche Einsparung.

Mathematischer Hintergrund von Ebenen

Grundsätzlich muss man eine Ebene als mathematisches Gebilde verstehen, welches den 3D-Raum in zwei Hälften schneidet. Eine Ebene dehnt sich unendlich weit aus. Nachdem eine Ebene in den Raum gezeichnet wurde, gibt es nur noch etwas, was sich darüber oder darunter befindet. Es gibt unterschiedliche mathematische Modelle. In der 3D-Programmierung wird häufig die parametrisierte Koordinatenform verwendet. Auch wir tun dies:

$$E : ax1 + bx2 + cx3 - d$$

Die ersten drei Parameter sind die Normal-Vektoren (von drei Punkten in der Ebene) und d ist der Abstand der Ebene zum Nullpunkt.

Ebene eines Dreiecks berechnen

Wir wissen bereits, dass ein Dreieck in eine Ebene eingebettet ist, und wir wissen, dass zumindest die Ebene des Dreiecks geschnitten werden muss, damit das Dreieck geschnitten werden kann. Wenn die Ebene nicht geschnitten wird, gibt es auch keine theoretische Möglichkeit, dass das Dreieck geschnitten werden kann.

Wir wissen nicht, wie wir die Ebene eines Dreiecks berechnen. Im Normalfall berechnet man die Ebene mit Hilfe von drei Punkten. Dies können die drei Vektoren eines Polygons sein. Zuerst berechnet man die zwei Richtungsvektoren, welche die Ebene ausdehnen.

- *Vektor1* von *Vektor3* abziehen und *Vektor3* von *Vektor2*

  Anschließend muss man das Kreuzprodukt der beiden Vektoren bilden und erhält den Normalvektor der Ebene. Dieser steht bekanntlich senkrecht auf der Ebene.

- Kreuzprodukt bilden

  Eigentlich haben wir hierdurch die Ausrichtung der Ebene bereits ermittelt. Was jetzt noch fehlt, ist der Abstand zum Nullpunkt. Hierzu müssen wir lediglich einen der drei verwendeten Punkte in die nach d aufgelöste Ebenengleichung einsetzen.

- $d = ax1 + bx2 + cx3$
  Nachfolgend ein kleines Demoprogramm, welches die Ebene aus drei angegebenen Vektoren erstellt. Die drei Vektoren werden als gegeben angesehen. Im Regelfall sind dies die Eckpunkte eines Polygons.

```
D3DXVECTOR3 v1, v2, v3;

//Richtungsvektoren berechnen
D3DXVECTOR3 rv1, rv2;
rv1 = v3-v2;
rv2 = v1-v2;

//Normalvektor berechnen
D3DXVECTOR3 vn;
```

Listing 6.3 Ebene aus drei Punkten berechnen

```
vn.x = (rv1.y*rv2.z) – (rv1.z*rv2.y);
vn.y = (rv1.z*rv2.x) – (rv1.x*rv2.z);
vn.z = (rv1.x*rv2.y) – (rv1.y*rv2.x);

//Abstand der Ebene zum Nullpunkt berechnen (Skalarprodukt v1 und vn)
float d = -(v1.x*vn.x + v1.y*vn.y + v1.z*vn.z);

//Ebene normalisieren
float nl = sqrtf(vn.x*vn.x + vn.y*vn.y + vn.z*vn.z);
vn.x /= nl;
vn.y /= nl;
vn.z /= nl;
d /= nl;
```

Listing 6.3   Ebene aus drei Punkten berechnen *(Fortsetzung)*

Durch drei Punkte kann man eine Ebene exakt berechnen. Ein Dreieck besitzt exakt die benötigten drei Punkte, welche wir zur Berechnung der Ebene benötigen. DirectX bietet eine fertige Methode zur Berechnung von Ebenen an.

D3DXPlaneFromPoints

Berechnet eine Ebene von den drei angegebenen Punkten

```
D3DXPLANE * D3DXPlaneFromPoints(
                D3DXPLANE * pOut,
                CONST D3DXVECTOR3 * pV1,
                CONST D3DXVECTOR3 * pV2,
                CONST D3DXVECTOR3 * pV3
);
```

pOut	Ein Pointer zu der berechneten Ebene
pV1	Ein Pointer zu dem ersten der drei Punkte
pV2	Ein Pointer zu dem zweiten der drei Punkte
pV3	Ein Pointer zu dem dritten der drei Punkte

Der Rückgabewert dieser Methode ist der gleiche wie in dem Parameter *pOut*. Hierdurch kann die Methode als Parameter für andere Methoden verwendet werden.

HINWEIS   In unserer Kollisions-Klasse haben wir diese Methode gebildet. Sie zeigt auf rudimentäre Art und Weise die Funktionsweise zum Berechnen einer Ebene.

```
bool GECollision::CreatePlaneFromPoints(
                D3DXVECTOR3 LineA,
                D3DXVECTOR3 LineB,
                D3DXVECTOR3 LineC,
                D3DXPLANE   *plane)
{
    //Richtungsvektoren berechnen
    D3DXVECTOR3 rv1, rv2;
    rv1 = LineC-LineA;
    rv2 = LineA-LineB;
```

Listing 6.4   CreatePlaneFromPoints

```
//Normalvektor berechnen
D3DXVECTOR3 vn;
vn.x = (rv1.y*rv2.z) - (rv1.z*rv2.y);
vn.y = (rv1.z*rv2.x) - (rv1.x*rv2.z);
vn.z = (rv1.x*rv2.y) - (rv1.y*rv2.x);

//Abstand der Ebene zum Nullpunkt berechnen (Skalarprodukt v1 und vn)
float d = -(LineA.x * vn.x + LineA.y * vn.y + LineA.z * vn.z);

//Ebene normalisieren
D3DXPLANE pplane;
float nl = sqrtf(vn.x*vn.x + vn.y*vn.y + vn.z*vn.z);
pplane.a /= nl;
pplane.b /= nl;
pplane.c /= nl;
pplane.d /= nl;

*plane=pplane;

return true;
}
```

Listing 6.4 CreatePlaneFromPoints *(Fortsetzung)*

Es gibt noch eine weitere Methode, um eine Ebene zu bilden. Hierzu wird lediglich der Normal-Vektor sowie ein Punkt aus der Ebene benötigt. Der Punkt ist im Regelfall ein Eckpunkt eines Polygons. Der Normal-Vektor ist somit der Normal-Vektor des Polygons.

```
D3DXVECTOR3 v1, vn;

//Abstand der Ebene zum Nullpunkt berechnen (Skalarprodukt v1 und vn)
float d = -(v1.x*vn.x + v1.y*vn.y + v1.z*vn.z);

//Ebene Normalisieren
float nl = sqrtf(vn.x*vn.x + vn.y*vn.y + vn.z*vn.z);
vn.x /= nl;
vn.y /= nl;
vn.z /= nl;
d /= nl;
```

Im Grunde handelt es sich um die gleiche Berechnungstechnik wie die Drei-Punkte-Lösung. Lediglich die Berechnung des Normal-Vektors entfällt. Dieser wird ja als gegeben vorausgesetzt. Die entsprechende Methode von DirectX lautet *D3DXPlaneFromPointNormal()*.

D3DXPlaneFromPointNormal

Berechnet eine Ebene von den drei angegebenen Punkten

```
D3DXPLANE * D3DXPlaneFromPointNormal(
  D3DXPLANE * pOut,
  CONST D3DXVECTOR3 * pPoint,
  CONST D3DXVECTOR3 * pNormal
);
```

pOut   Ein Pointer zu der berechneten Ebene

pPoint   Ein Pointer zu einem Punkt aus der Ebene

pNormal   Ein Pointer zu dem Normal-Vektor der Ebene

Der Rückgabewert dieser Methode ist der gleiche wie in dem Parameter *pOut*. Hierdurch kann die Methode als Parameter für andere Methoden verwendet werden.

HINWEIS   In unserer Kollisions-Klasse haben wir eine ebenbürtige Methode implementiert:

```
bool GECollision::CreatePlaneFromPointNormal(
                    D3DXVECTOR3 Point,
                    D3DXVECTOR3 Normal,
                    D3DXPLANE   *plane)
{
   //Abstand der Ebene zum Nullpunkt berechnen (Skalarprodukt v1 und vn)
   float d = -(Point.x * Normal.x + Point.y * Normal.y + Point.z * Normal.z);

   //Ebene normalisieren
   D3DXPLANE pplane;
   float nl = sqrtf(Normal.x*Normal.x + Normal.y*Normal.y + Normal.z*Normal.z);

   Normal.x /= nl;
   Normal.y /= nl;
   Normal.z /= nl;
   d /= nl;

   pplane.a = Normal.x;
   pplane.b = Normal.y;
   pplane.c = Normal.z;
   pplane.d = d;

   *plane=pplane;

   return true;
}
```

Listing 6.5   CreatePlaneFromPointNormal

Kollision mit der Ebene

Unser eigentliches Thema ist die Kollision einer Linie mit einer Ebene. Um dieses Ziel zu erreichen, haben wir erläutert, wie eine Ebene aus drei Punkten gebildet werden kann. Nun wollen wir uns die Methode *CalculateLineHitsPlane()* anschauen. Mit Hilfe dieser Methode werden wir eine Kollision zwischen einer Ebene und einer Linie erkennen. Dies ist ein wichtiger Schritt auf dem Weg zum Erkennen einer Kollision zwischen Linie und Dreieck.

Die Methode *D3DXPlaneIntersectLine()* kommt von DirectX und berechnet einen Schnittpunkt zwischen Linie und Ebene.

D3DXPlaneFromPointNormal

Berechnet einen Schnittpunkt zwischen Linie und Ebene

```
D3DXVECTOR3 * D3DXPlaneIntersectLine(
    D3DXVECTOR3 * pOut,
    CONST D3DXPLANE * pP,
    CONST D3DXVECTOR3 * pV1,
    CONST D3DXVECTOR3 * pV2
);
```

pOut	Die Koordinaten des Schnittpunktes (falls ein Schnittpunkt vorhanden ist)
pP	Ein Pointer zu der Ebene
pV1	Ein Pointer zu Punkt 1 der Linie
pV2	Ein Pointer zu Punkt 2 der Linie

Der Rückgabewert dieser Methode ist der gleiche wie in dem Parameter *pOut*. Hierdurch kann die Methode als Parameter für andere Methoden verwendet werden.

Die gleiche Aufgabe wird auch von unserer Methode *CalculateLineHitsPlane()* erfüllt. Sie ist in unserer Kollisions-Klasse eingebunden:

```
bool GECollision::CalculateLineHitsPlane(
                    D3DXVECTOR3 LineA,
                    D3DXVECTOR3 LineB,
                    D3DXPLANE   plane,
                    D3DXVECTOR3 *pOut)

{
    // Länge und normalisierte Richtung der Linie berechnen
    D3DXVECTOR3 LineDir;
    D3DXVec3Subtract(&LineDir, &LineB, &LineA);

    // Ist der Nenner gleich NULL, gibt es keinen Schnittpunkt
    float Denominator = plane.a * LineDir.x +
                        plane.b * LineDir.y +
                        plane.c * LineDir.z;

    if(fabsf(Denominator) < 0.0001f)
    {
```

Listing 6.6 CalculateLineHitsPlane

```
    // Schneidet der Startpunkt die Ebene?
    if(fabsf(LineA.x * plane.a +
             LineA.y * plane.b +
             LineA.z * plane.c + plane.d) < 0.0001f)
    {
        *pOut = LineA;
        return true;
    }
    else
    {
        // Keine Kollision!
        return false;
    }
}

float s =   (plane.a * LineA.x +
             plane.b * LineA.y +
             plane.c * LineA.z + plane.d) / -Denominator;

if(s < 0.0f || s > 1.0f) return false;

*pOut = LineA + (s * LineDir);

return true;
}
```

Listing 6.6 CalculateLineHitsPlane *(Fortsetzung)*

Kollision: Linie – Dreieck

Bei der Kollisionsprüfung einer Linie und eines Dreiecks wird zunächst geprüft, ob die Ebene des Dreiecks geschnitten wird. Wenn die Ebene geschnitten wurde, ist auch ein Schnittpunkt mit dem Dreieck möglich. Wenn wir einen Schnittpunkt mit der Ebene haben, müssen wir nur noch prüfen, ob der Schnittpunkt innerhalb des Dreiecks liegt.

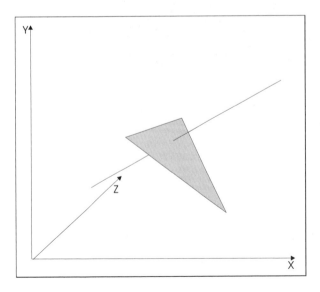

Abbildung 6.13 Eine Linie schneidet ein Dreieck

Um festzustellen, ob der Schnittpunkt der Linie mit der Ebene auch in dem Dreieck liegt, könnten wir die Winkel des Schnittpunktes zu den drei Ecken des Dreieckes berechnen. Wenn alle drei Winkel exakt 360 Grad ergeben, liegt der Punkt innerhalb des Dreiecks. Winkelberechnungen sind sehr langsam und würden eine wirksame Kollisionsabfrage zur Performancebremse machen, deshalb möchten wir Ihnen die Methode *CalculateLineHitsTriangle()* vorstellen. Sie ist in unsere Kollisions-Klasse eingebunden:

```cpp
bool GECollision::CalculateLineHitsTriangle(
                    D3DXVECTOR3 LineA,
                    D3DXVECTOR3 LineB,
                    D3DXVECTOR3 TriangleA,
                    D3DXVECTOR3 TriangleB,
                    D3DXVECTOR3 TriangleC,
                    D3DXVECTOR3 *pOut)
{
   bool r=false; //Für die Rückgabewerte

   //Ebene des Dreiecks berechnen. Sie ist die Grundlage für alle weiteren Berechnungen
   D3DXPLANE p;
   if(FAILED(CreatePlaneFromPoints(TriangleA, TriangleB, TriangleC, &p))){
      MessageBox(NULL,"Create Plane ","CalculateLineHitsTriangle",MB_OK);
      return false;
   }

   D3DXVECTOR3 Intersection;

   if(FAILED(CalculateLineHitsPlane(LineA, LineB, p, &Intersection))){
      //Die Ebene wird nicht geschnitten, folglich kann das Dreieck auch
      //nicht geschnitten werden.
      return false;
   }

   //Richtungsvektoren berechnen
   D3DXVECTOR3 rv1, rv2;
   rv1 = TriangleC-TriangleB;
   rv2 = TriangleA-TriangleB;

   //Normalvektor berechnen
   D3DXVECTOR3 vn, tmpvn;
   D3DXVec3Cross(&tmpvn, &rv1, &rv2);
   D3DXVec3Normalize(&vn, &tmpvn);

   D3DXVECTOR3 tmpv1;
   D3DXPLANE tmpplane;

   //Test mit der ersten Ebene entlang der Punkte A und B
   D3DXVec3Cross(&tmpv1, &(TriangleA-TriangleB), &vn);
   CreatePlaneFromPointNormal(TriangleA, tmpv1, &tmpplane);
   if(Intersection.x * tmpplane.a +
      Intersection.y * tmpplane.b +
      Intersection.z * tmpplane.c + tmpplane.d < 0.0f) return false;

   //Test mit der zweiten Ebene entlang der Punkte B und C
   D3DXVec3Cross(&tmpv1, &(TriangleB-TriangleC), &vn);
   CreatePlaneFromPointNormal(TriangleB, tmpv1, &tmpplane);
   if(Intersection.x * tmpplane.a +
      Intersection.y * tmpplane.b +
```

Listing 6.7 CalculateLineHitsTriangle()

```
        Intersection.z * tmpplane.c + tmpplane.d < 0.0f) return false;

    //Test mit der dritten Ebene entlang der Punkte C und A
    D3DXVec3Cross(&tmpv1, &(TriangleC-TriangleA), &vn);
    CreatePlaneFromPointNormal(TriangleC, tmpv1, &tmpplane);
    if(Intersection.x * tmpplane.a +
    Intersection.y * tmpplane.b +
    Intersection.z * tmpplane.c + tmpplane.d < 0.0f) return false;

    *pOut = Intersection;

    return true;
}
```

Listing 6.7 CalculateLineHitsTriangle() *(Fortsetzung)*

Die Methode *CalculateLineHitsTriangle()* berechnet zuerst den Schnittpunkt mit der Ebene. Anschließend wird geprüft, ob der Schnittpunkt vor den drei Ebenen der Seiten liegt. Ist dies der Fall, kann man sagen, dass der Schnittpunkt innerhalb des Dreiecks liegt.

Beispielprogramm: Kollision zwischen Linie und Dreieck (Ebene)

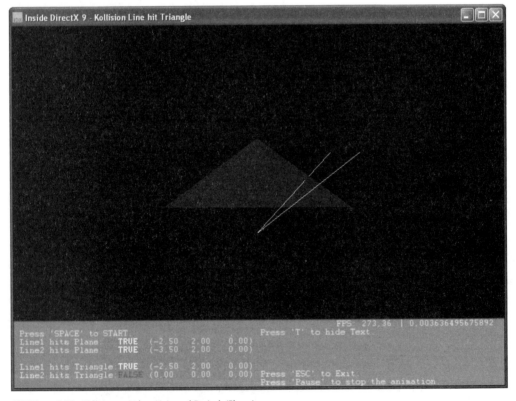

Abbildung 6.14   Kollision zwischen Linie und Dreieck (Ebene)

In unserem Beispielprogramm haben wir ein Dreieck und zwei Linien erstellt. Eine Linie schneidet das Dreieck und somit auch die Ebene des Dreiecks. Die zweite Linie verfehlt das Dreieck leicht, trifft aber immerhin noch die Ebene.

```
// Triangle 0
m_GameData.Triangle[0].PointA = D3DXVECTOR3( -5.0f, 0.0f, 0.0f);
m_GameData.Triangle[0].PointB = D3DXVECTOR3(  0.0f, 5.0f, 0.0f);
m_GameData.Triangle[0].PointC = D3DXVECTOR3(  5.0f, 0.0f, 0.0f);
D3DXMatrixIdentity(&m_GameData.Triangle[0].matWorld );

// Line 0
m_GameData.Line[0].PointA = D3DXVECTOR3(  0.0f, 2.0f,  10.0f);
m_GameData.Line[0].PointB = D3DXVECTOR3( -5.0f, 2.0f, -10.0f);
D3DXMatrixIdentity(&m_GameData.Line[0].matWorld );

// Line 1
m_GameData.Line[1].PointA = D3DXVECTOR3(  0.0f, 2.0f,  10.0f);
m_GameData.Line[1].PointB = D3DXVECTOR3( -7.0f, 2.0f, -10.0f);
D3DXMatrixIdentity(&m_GameData.Line[1].matWorld );
```

Mit den Methoden *InitLine()* und *InitTriangle()* werden die Vertex-Buffer erstellt.

```
HRESULT GameMainRoutines::InitTriangle()
{
    for (int i=0; i<m_GameData.MaxLine ; i++)
    {
        CUSTOMVERTEX_Line cv_Vertices[]=
        {
            {m_GameData.Triangle[i].PointA.x, m_GameData.Triangle[i].PointA.y,
                                        m_GameData.Triangle[i].PointA.z},
            {m_GameData.Triangle[i].PointB.x, m_GameData.Triangle[i].PointB.y,
                                        m_GameData.Triangle[i].PointB.z},
            {m_GameData.Triangle[i].PointC.x, m_GameData.Triangle[i].PointC.y,
                                        m_GameData.Triangle[i].PointC.z},
        };
        if (FAILED(m_GameData.pd3dDevice->CreateVertexBuffer(3*sizeof(CUSTOMVERTEX_Line),
                0, D3DFVF_XYZ, D3DPOOL_DEFAULT, &m_GameData.Triangle[i].VBuffer, NULL)))
        {
            MessageBox(NULL,"Error while creating VertexBuffer","FillVertices()",MB_OK);
        }

        VOID* p_Vertices;
        if (FAILED(m_GameData.Triangle[i].VBuffer->Lock(0, 3*sizeof(CUSTOMVERTEX_Line),
                                        (void**)&p_Vertices, 0)))
        {
            MessageBox(NULL,"Error trying to lock","FillVertices()",MB_OK);
        }else
        {
            memcpy(p_Vertices, cv_Vertices, 3*sizeof(CUSTOMVERTEX_Line));
            m_GameData.Triangle[i].VBuffer->Unlock();
        }
    }
    return true;
}
```

Listing 6.8 InitTriangle()

```
HRESULT GameMainRoutines::InitLine()
{
   for (int i=0; i<m_GameData.MaxLine ; i++)
   {
      CUSTOMVERTEX_Line cv_Vertices[]=
      {
         {m_GameData.Line[i].PointA.x, m_GameData.Line[i].PointA.y,
                                     m_GameData.Line[i].PointA.z},
         {m_GameData.Line[i].PointB.x, m_GameData.Line[i].PointB.y,
                                     m_GameData.Line[i].PointB.z},
      };
      if (FAILED(m_GameData.pd3dDevice->CreateVertexBuffer(2*sizeof(CUSTOMVERTEX_Line)
         , 0, D3DFVF_XYZ, D3DPOOL_DEFAULT, &m_GameData.Line[i].VBuffer, NULL)))
      {
         MessageBox(NULL,"Error while creating VertexBuffer","FillVertices()",MB_OK);
      }

      VOID* p_Vertices;
      if (FAILED(m_GameData.Line[i].VBuffer->Lock(0, 2*sizeof(CUSTOMVERTEX_Line),
                                     (void**)&p_Vertices, 0)))
      {
         MessageBox(NULL,"Error trying to lock","FillVertices()",MB_OK);
      }else
      {
         memcpy(p_Vertices, cv_Vertices, 2*sizeof(CUSTOMVERTEX_Line));
         m_GameData.Line[i].VBuffer->Unlock();
      }
   }
   return true;
}
```

Listing 6.9 InitLine()

In der Methode *SetupMatrices()* finden wir die eigentliche Kollisionsabfrage. Sie überprüft das Dreieck mit beiden Linien dahingehend, ob eine Kollision stattgefunden hat. Grundsätzlich haben wir das Programm so aufgebaut, dass mehrere Dreiecke und mehrere Linien verwendet werden können. Sollte dies der Fall sein, wird natürlich jedes Dreieck mit jeder Linie getestet.

```
D3DXVECTOR3 pOut;
D3DXPLANE tmpplane;

for(int i=0; i<m_GameData.MaxTriangle ; i++)
{

   D3DXPlaneFromPoints(
               &tmpplane,
               &m_GameData.Triangle[i].PointA,
               &m_GameData.Triangle[i].PointB,
               &m_GameData.Triangle[i].PointC);
```

Zuerst müssen wir die Ebene des zu prüfenden Dreiecks bestimmen. Diese wird in der Variablen *tmpplane* gespeichert.

```
for(int u=0; u<m_GameData.MaxLine ; u++)
{
    m_GameData.Line[u].HitPositionPlane        = D3DXVECTOR3(0.0f, 0.0f, 0.0f);
    m_GameData.Line[u].HitPositionTriangle     = D3DXVECTOR3(0.0f, 0.0f, 0.0f);

    if(m_GameData.Collision.CalculateLineHitsPlane(
            m_GameData.Line[u].PointA,
            m_GameData.Line[u].PointB,
            tmpplane,
            &pOut))
    {
        m_GameData.Line[u].HitPlane=true;
        m_GameData.Line[u].HitPositionPlane = pOut;
    }
    else m_GameData.Line[u].HitPlane=false;
```

Als erste Berechnung wollen wir feststellen, ob eine Kollision mit der Ebene stattgefunden hat. Wenn dies der Fall ist, wird die Variabel *m_GameData.Line[u].HitPlane* auf *true* gesetzt und die Kollisionskoordinaten in der Variablen *m_GameData.Line[u].HitPositionPlane* gespeichert.

```
    if(m_GameData.Collision.CalculateLineHitsTriangle(
            m_GameData.Line[u].PointA,
            m_GameData.Line[u].PointB,
            m_GameData.Triangle[i].PointA,
            m_GameData.Triangle[i].PointB,
            m_GameData.Triangle[i].PointC,
            &pOut))
    {
        m_GameData.Line[u].HitTriangle=true;
        m_GameData.Line[u].HitPositionTriangle = pOut;
    }
    else m_GameData.Line[u].HitTriangle=false;
```

Mit der zweiten Berechnung wollen wir eine mögliche Kollision einer Linie mit einem Dreieck erkennen. Hierzu nutzen wir die Methode *CalculateLineHitsTriangle()*. Diese haben wir bereits vorgestellt. Wenn eine Kollision stattgefunden hat, wird die Variable *m_GameData.Line[u].HitTriangle* auf *true* gesetzt und die Kollisionskoordinaten in der Variablen *m_GameData.Line[u].HitPositionTriangle* gespeichert.

```
    }
}
```

Kollision: Dreieck – Dreieck

Nun kommen wir zu einem sehr interessanten Punkt. Wir wollen die Kollision zwischen zwei Dreiecken feststellen. Diese Technik ist von höchstem Interesse, schließlich besteht die gesamte 3D-Welt (und alle in ihr vorkommenden Objekte) aus Dreiecken. Mit dieser Technik können wir eine echte Kollision zwischen zwei Objekten erkennen.

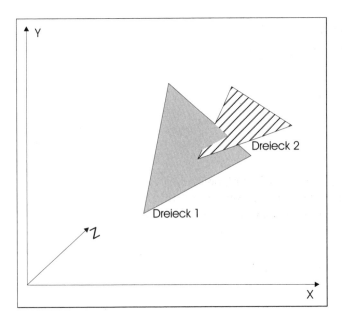

Abbildung 6.15 Kollision von zwei Dreiecken

Dreiecke schneiden sich oftmals nicht in einem einzigen Punkt, sondern in einer Schnittlinie. Die Berechnung der Schnittlinie ist eine komplexe Aufgabe, sodass wir eine Ausschlussregel definieren können.

Wenn alle Punkte des ersten Dreiecks auf der gleichen Ebene des zweiten Dreiecks liegen, kann keine Kollision stattgefunden haben.

Schauen Sie sich hierzu Abbildung 6.15 nochmals an. Wenn Sie das Dreieck 1 weiter nach oben verschieben, wird deutlich: Wenn alle Punkte oberhalb des zweiten Dreiecks liegen, ist eine Kollision unmöglich.

Wir möchten Ihnen die Methode *CalculateTriangleHitsTriangle()* vorstellen. Sie berechnet die Schnittlinie zweier Dreiecke.

CalculateTriangleHitsTriangle

Berechnet eine Schnittlinie zwischen zwei Dreiecken

```
bool CalculateTriangleHitsTriangle(
                const D3DXVECTOR3 Triangle1A,
                const D3DXVECTOR3 Triangle1B,
                const D3DXVECTOR3 Triangle1C,
                const D3DXVECTOR3 Triangle2A,
                const D3DXVECTOR3 Triangle2B,
                const D3DXVECTOR3 Triangle2C,
                D3DXVECTOR3* HitStart,
                D3DXVECTOR3* HitEnd)
```

Triangle1A	Der erste Eckpunkt des ersten Dreiecks
Triangle1B	Der zweite Eckpunkt des ersten Dreiecks
Triangle1C	Der dritte Eckpunkt des ersten Dreiecks
Triangle2A	Der erste Eckpunkt des zweiten Dreiecks
Triangle2B	Der zweite Eckpunkt des zweiten Dreiecks

Triangle2C	Der dritte Eckpunkt des zweiten Dreiecks
HitStart	Ein Zeiger auf eine Variable vom Typ *D3DXVECTOR3*, welche den Startpunkt der Schnittlinie erfasst
HitEnd	Ein Zeiger auf eine Variable vom Typ *D3DXVECTOR3*, welche den Endpunkt der Schnittlinie erfasst

Wenn eine Kollision der beiden Dreiecke vorliegt, wird *true* zurückgegeben. Zusätzlich erfassen die Variablen *HitStart* und *HitEnd* den Anfangs- und Endpunkt der Schnittlinie. Wenn sich die Dreiecke nicht schneiden, wird *false* zurückgegeben.

Die Schnittlinie zwischen zwei Dreiecken kann auf unterschiedliche Art und Weise genutzt werden. Sie ist hilfreich, wenn ein exakter Schaden dargestellt werden soll.

Manchmal ist es aber ausreichend, wenn lediglich festgestellt wird, ob eine Kollision stattgefunden hat. In vielen Fällen ist es nicht notwendig, die genaue Schnittlinie zu kennen. Es reicht aus, zu wissen, dass eine Kollision an der ungefähren Position *xyz* erkannt wird. Wenn wir von der ungefähren Position sprechen, meinen wir nicht, dass eine große Abweichung geduldet wird. Hier handelt es sich um minimale Abweichungen, die im Spielbetrieb nicht weiter auffallen.

Für diesen Zweck möchten wir Ihnen eine weitere Technik zum Erkennen einer Kollision zwischen zwei Dreiecken vorstellen.

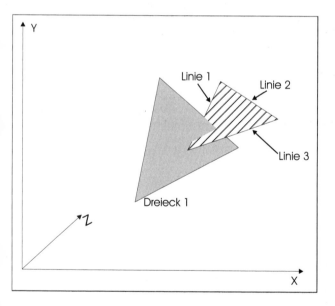

Abbildung 6.16 Kollision zwischen zwei Dreiecken

Wir haben bereits die Kollision zwischen einer Linie und einem Dreieck kennen gelernt. Genau betrachtet besteht ein Dreieck aus drei Linien. Nun müssen wir nur noch prüfen, ob eine der drei Linien das Zieldreieck schneidet. Wenn dies der Fall ist, liegt eine Kollision vor:

```
for(int i=0; i<m_GameData.MaxTriangle ; i++)
{
   for(int u=0; u<1 ; u++)
   {
      bool r1, r2, r3, r4=false;
      D3DXVECTOR3 HIT;
```

```
    r1=m_GameData.Collision.CalculateLineHitsTriangle(
        m_GameData.Triangle[i].PointA + m_GameData.Triangle[1].Pos,
        m_GameData.Triangle[i].PointB + m_GameData.Triangle[1].Pos,
        m_GameData.Triangle[u].PointA,
        m_GameData.Triangle[u].PointB,
        m_GameData.Triangle[u].PointC,
        &HIT);
    if(r1) r4=true;
```

Linie 1 wird auf eine mögliche Kollision getestet:

```
    r2=m_GameData.Collision.CalculateLineHitsTriangle(
    m_GameData.Triangle[i].PointB + m_GameData.Triangle[1].Pos,
        m_GameData.Triangle[i].PointC + m_GameData.Triangle[1].Pos,
        m_GameData.Triangle[u].PointA,
        m_GameData.Triangle[u].PointB,
        m_GameData.Triangle[u].PointC,
        &HIT);
    if(r2) r4=true;
```

Linie 2 wird auf eine mögliche Kollision getestet:

```
    r3=m_GameData.Collision.CalculateLineHitsTriangle(
        m_GameData.Triangle[i].PointC + m_GameData.Triangle[1].Pos,
        m_GameData.Triangle[i].PointA + m_GameData.Triangle[1].Pos,
        m_GameData.Triangle[u].PointA,
        m_GameData.Triangle[u].PointB,
        m_GameData.Triangle[u].PointC,
        &HIT);
    if(r3) r4=true;
```

Linie 3 wird auf eine mögliche Kollision getestet:

```
    if(r4)
    {
        m_GameData.Triangle[i].HitStart=HIT;
        m_GameData.Triangle[i].HitEnd=HIT;
        m_GameData.Triangle[i].TriangleHitTriangle=true;
    }
    else
    {
        m_GameData.Triangle[i].TriangleHitTriangle=false;
        m_GameData.Triangle[i].HitStart=D3DXVECTOR3(0.0f, 0.0f, 0.0f);
        m_GameData.Triangle[i].HitEnd=D3DXVECTOR3(0.0f, 0.0f, 0.0f);
    }
    }
}
```

Sie sehen, dass wir mit bereits bekannten Mitteln eine Kollision zwischen zwei Dreiecken erkennen können. Dennoch müssen wir an dieser Stelle auf ein Problem hinweisen. Dieser Test funktioniert nicht, wenn sich die Dreiecke in der gleichen Ebene befinden. Das hört sich schlimmer an, als es in Wirklichkeit ist. Dass sich zwei Dreiecke in der exakt gleichen Ebene befinden, kommt faktisch nicht vor. Somit können wir diesen Misstand hinnehmen.

Für welche Technik Sie sich auch entscheiden möchten, beide Techniken sind funktionell und erfüllen ihren Zweck. Wenn Sie sich für die zweite Technik entscheiden, sollten Sie sich eine Funktion bauen, welche unnötige Tests ausschließt. Hierzu können Sie folgende Regeln beherzigen:

- Bevor Sie prüfen, ob eine Linie ein Dreieck schneidet, sollten Sie prüfen, ob die Linie die Ebene des Dreiecks schneidet. Wenn die Linie die Ebene nicht schneidet, kann sie das Dreieck auch nicht schneiden.

- Nachdem der Schnittpunkt einer Linie mit dem Dreieck erkannt wurde, müssen die verbleibenden Linien nicht mehr getestet werden. Es genügt, zu erkennen, dass sich die Dreiecke schneiden. Es ist nicht von Interesse, mit wie viel Linien sich die Dreiecke schneiden.

Beispielprogramm: Kollision zwischen zwei Dreiecken

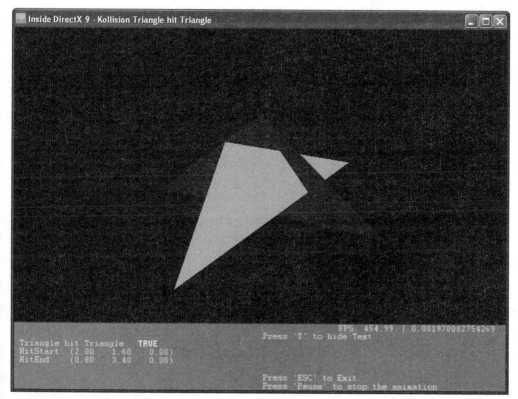

Abbildung 6.17 Kollision zwischen zwei Dreiecken

Unser Beispielprogramm demonstriert die Methode *CalculateTriangleHitsTriangle()*.

Animation des Dreiecks

Zur Demonstration wird ein Dreieck vertikal bewegt. Durch die Bewegung des Dreiecks können wir genau erkennen, wie sicher die *CalculateTriangleHitsTriangle()*-Methode arbeitet. Hier gibt es keine Ungenauigkeiten.

```
float speed=m_GameData.Utilities.Speed.RO25x ;

if(MoveDirectionTriangle)
{
   m_GameData.Triangle[1].Pos.y += speed;
   if(m_GameData.Triangle[1].Pos.y > 5) MoveDirectionTriangle=false;
}
else
{
   m_GameData.Triangle[1].Pos.y -= speed;
   if(m_GameData.Triangle[1].Pos.y < -5) MoveDirectionTriangle=true;
}
InitTriangle();
```

Zuerst legen wir mit der Variabeln *speed* die Bewegungsgeschwindigkeit des Dreiecks fest. Abhängig von der Bewegungsrichtung addieren beziehungsweise subtrahieren wir die Geschwindigkeit.

Prüfung auf Kollision

Nun muss auf eine mögliche Kollision zwischen den Dreiecken hin geprüft werden. Den entsprechenden Sourcecode finden Sie in der Methode *SetupMatrices()*:

```
for(int i=0; i<m_GameData.MaxTriangle ; i++)
{
   D3DXVECTOR3 HitStart, HitEnd;
   if(m_GameData.Collision.CalculateTriangleHitsTriangle(
           m_GameData.Triangle[0].PointA,
           m_GameData.Triangle[0].PointB,
           m_GameData.Triangle[0].PointC,
           m_GameData.Triangle[1].PointA+m_GameData.Triangle[1].Pos,
           m_GameData.Triangle[1].PointB+m_GameData.Triangle[1].Pos,
           m_GameData.Triangle[1].PointC+m_GameData.Triangle[1].Pos,
           &HitStart, &HitEnd))
   {
      m_GameData.Triangle[i].HitStart=HitStart;
      m_GameData.Triangle[i].HitEnd=HitEnd;
      m_GameData.Triangle[i].TriangleHitTriangle=true;
```

Im Falle einer Kollision merken wir uns die Daten der Schnittlinie. Diese wird durch einen Anfangs- und einen Endpunkt definiert.

```
   }
   else
   {
      m_GameData.Triangle[i].TriangleHitTriangle=false;
      m_GameData.Triangle[i].HitStart=D3DXVECTOR3(0.0f, 0.0f, 0.0f);
      m_GameData.Triangle[i].HitEnd=D3DXVECTOR3(0.0f, 0.0f, 0.0f);
   }
}
```

Wenn es zu keiner Kollision kommt, setzen wir den Anfangs- und Endpunkt der potenziellen Schnittlinie wieder auf NULL zurück. So kommt es nicht zu Verwirrungen.

Spieleprogrammierung in der Praxis

Die Idee

Im ersten Teil des Buches haben Sie alle Techniken kennen gelernt, die Sie benötigen, um Ihre ersten Gehversuche in der Welt der Spieleprogrammierung unternehmen zu können. Dabei wurden alle benötigten Teile der DirectX-API besprochen, die es Ihnen ermöglichen, an dieser Stelle die Entwicklung eines kleinen Demo-Spiels zu realisieren und zu dokumentieren. Da wir für diesen Teil des Buches nur etwa 120 Seiten zur Verfügung haben, wird das hier dargestellte Spiel nicht sehr anspruchsvoll und technisch ausgereift sein. Wir wollen Ihnen dafür aber die komplette Entstehung eines Spieles vorstellen, von der ersten Idee über die ersten technischen Umsetzungen bis zum kompletten Zusammenspiel aller eingesetzten Techniken. Wir haben dabei darauf geachtet, dass sich alle Techniken nachvollziehen und verstehen lassen. Zu diesem Zweck haben wir darauf verzichtet, kompilierte DLL-Dateien und Libraries zu benutzen, obwohl das sicher Performancevorteile mit sich gebracht hätte. Wir haben den gesamten Sourcecode offen gelegt und dadurch nachvollziehbar gemacht. Denn in unseren Augen gibt es nichts Schlimmeres, als dass in einem Buch an den wichtigsten Stellen auf die Funktionen der eigenen GameEngine des Autors verwiesen wird. In unserer GameEngine gibt es zwar auch Klassen für die einzelnen Funktionen der DirectX-API, diese sind aber frei zugänglich und ebenso gut dokumentiert wie die Funktionen des Spieles.

Damit aber genug bezüglich der Ansprüche, die wir an diesen Teil des Buchs stellen. Wir wollen Ihnen ja die Arbeitsschritte bei der Entwicklung eines Spieles näher bringen. Dazu werden wir Ihnen als Erstes einige Methoden vorstellen, wie man sich unserer Meinung nach an solch ein großes Projekt begibt. Dabei können Sie bereits im Vorfeld erkennen, wo im weiteren Verlauf des Projektes eventuell Probleme auftauchen können oder wo die technischen Mittel für die Realisierung einzelner Projektabschnitte nicht ausreichen.

Wie die Überschrift des Kapitels schon aussagt, steht vor der Programmierung eines Spieles die Idee zu einem Spiel. Dabei ist es heutzutage leider nicht mehr nur der geniale Einfall, der ein Spiel zu einem Renner macht, sondern in den letzten Jahren ist die grafische Umsetzung einer Spielidee immer wichtiger geworden. Es ist daher so gut wie unmöglich geworden, ein erfolgreiches Spiel alleine in Heimarbeit zu programmieren und anschließend zu vertreiben. Unserer Meinung nach sollte sich jeder Spieldesigner von Anfang an mit Gleichgesinnten zusammentun und dann gemeinsam im Team eine Spielidee ausarbeiten und realisieren. Diese Zusammenarbeit in einem Team hat sich bei unserer Arbeit immer wieder als Vorteil erwiesen und so manches Projekt vor dem frühzeitigen Ende bewahrt.

Das wichtigste bei der Arbeit in einem Team ist dabei die Kommunikation und Dokumentation. Es ist also wichtig, dass man die Ideen zu einem Spiel nicht nur im Kopf hat, sondern diese auch zu Papier bringt. Dies schafft den gleichen Wissensstand bei allen Mitgliedern des Teams und bietet sämtlichen Teilnehmern die Möglichkeit, gemeinsam über Probleme nachzudenken. Durch diese gemeinsame Arbeit an einem Projekt werden Sie feststellen, dass sich aus den kreativen Ideen der einzelnen Teilnehmer schneller etwas Brauchbares entwickelt, als dies bei einer Einzelarbeit der Fall wäre. Sollten Sie jetzt das Problem haben, dass sich in Ihrer näheren Umgebung niemand findet, der sich wie Sie für die Entwicklung eines zukünftigen 3D-Klassikers interessiert, empfehlen wir Ihnen die einschlägigen Foren im Internet. Hier finden sich immer ambitionierte Entwickler, die gerne mit anderen zusammenarbeiten und dabei auch gerne mal etwas von ihrem Know-how weitergeben. Dabei zeigt sich nach unserer Erfahrung, dass eine gut funktionierende Community noch immer eine Lösung für jedes Problem gefunden hat, das im Laufe der Entwicklung eines Projektes aufgetreten ist. Wir empfehlen deshalb jedem, der sich in die Welt der Computerspielentwicklung vorwagen will, dies nicht alleine zu tun, sondern immer in Zusammenarbeit mit Gleichgesinnten. Denn es wäre schade, wenn Ihre ersten Versuche in dieser Umgebung schnell wieder scheitern, weil Sie an einer Stelle alleine nicht mehr weiterkommen.

Das Spielprinzip

Nach diesen ersten generellen Worten zum Thema Spielentwicklung wollen wir uns nun darum kümmern, was alles passieren muss, damit aus einer ersten Idee zu einem Spiel ein komplettes Spielprinzip entsteht und sich somit das Drehbuch Ihres Spieles entwickelt. Die Entwicklung des Spielprinzips sollte bei Ihrem Projekt eine nicht unwesentliche Rolle spielen. An dieser Stelle können Sie nämlich schon feststellen, wo es im späteren Verlauf des Projektes zu eventuellen Problemen kommen kann. Sie sollten an diesem Punkt schon wissen, welche Techniken Sie bei der Entwicklung des Spieles einsetzten wollen und was Sie mit Ihrem Know-how realisieren können. Es macht nämlich zum Beispiel keinen Sinn, für Ihr Projekt Lichteffekte mit Hilfe von Vertex-Shader-Berechnungen einzuplanen, wenn Sie nicht wissen, wie Sie diese auch technisch umsetzen können. Das Erlernen von neuen Techniken sollte unserer Meinung nach nicht während der Entwicklung eines Spieles stattfinden, sondern schon im Vorfeld geschehen. Es macht mehr Sinn, ein kleines Demo-Projekt zu erstellen, in dem man neue Programmiertechniken übt, als die neuen Kenntnisse in einem umfangreichen Projekt zum ersten Mal auszutesten. Wir sind mit der Regel »Jede Technik, die in einem Spielprojekt eingesetzt wird, muss vorher mindestens einmal in einem Demo-Projekt getestet werden« immer gut gefahren.

Im weiteren Verlauf dieses Abschnitts wollen wir Ihnen noch einige andere Verhaltensregeln bei der Entwicklung eines Spielprinzips mit auf den Weg geben. Darunter sind einige Regeln, die sich für die Autoren als hilfreich erwiesen haben, aber nicht den Anspruch auf den allein gültigen Weg bei der Entwicklung eines Spiels erheben. Es reicht uns an dieser Stelle, wenn wir es schaffen, Ihnen durch diesen kurzen Abschnitt einige Denkanstöße mit auf den Weg zu geben. Wenn wir es mit diesen Verhaltensregeln schaffen, bei dem einen oder anderen Leser das Scheitern eines Projektes und den damit einhergehenden Frust zu verhindern, haben wir erreicht, was wir wollten.

Das Spielprinzip in der Krise

Auch wenn die technische Umsetzung eines Spielprinzips immer wichtiger wird, sollte man die Idee des Spieles doch nicht ganz außer Acht lassen. Was nützt das schönste 3D-Spiel, bei dem man sich nach zehn Minuten spielen überlegt: »Was mach ich eigentlich hier, und warum habe ich dafür Geld bezahlt?«. Mit einer guten Spielidee schafft man es auch heutzutage noch, Spieler für ein Spiel zu interessieren. Doch leider zeigt sich immer mehr, dass sich ein Spiel trotz guten Spielprinzips nicht durchsetzt, wenn die technische Umsetzung nicht stimmt. Als Beispiel für diese Theorie möchten wir an dieser Stelle an einen Klassiker der Spielindustrie erinnern, ohne dabei jedoch Namen zu nennen. Stellen Sie sich einmal vor, Sie steuern ein Raumschiff und rings um Ihr Raumschiff fliegen Himmelskörper, die Sie mit einem gezielten Schuss in zwei Teile spalten müssen. Dies geschieht so lange, bis sich die einzelnen Teile der Objekte in Staub aufgelöst haben. Mit dieser einfachen, aber genialen Idee, hat uns einer der Vorläufer des heutigen PC stundenlang an den Fernseher gefesselt. Diese Idee ist unserer Meinung nach heute noch so gut und einfach, wie vor zwanzig Jahren. Wir würden aber diesem Spiel in der ursprünglichen 2D-Darstellung heute nicht mehr unsere Zeit opfern. Hat das Spiel hingegen eine ansprechende 3D-Umsetzung, würden wir wahrscheinlich einen längeren Blick riskieren und auch wieder einige Zeit vor dem PC verbringen.

Unserer Meinung nach zeigt sich darin der Weg, den die Spielindustrie beschreiten wird. In Zukunft wird sich ein Spiel nur dann durchsetzten, wenn es über eine spektakuläre grafische Aufmachung verfügt. Das Spielprinzip ist dann nur noch zweitrangig und dient lediglich dazu, den Langzeitspaß an einem Spiel zu erhöhen. Diesem, unserer Meinung nach schlechtem Trend wollen wir aber entgegenwirken und Sie an dieser Stelle auffordern, sich auch um ein ausgefeiltes Spielprinzip in Ihren Projekten zu kümmern und nicht nur um spektakuläre Grafiken.

Trotz allem ist die Idee zu einem Spiel der erste Schritt bei der Entwicklung Ihres Projektes. Zur Entwicklung dieser Idee sollten Sie sich und Ihren Mitstreitern mindestens vier Wochen Zeit geben. In dieser Zeit ist es von Vorteil, alle Einfälle, die sich mit der Spielidee beschäftigen, aufzuschreiben und zu sammeln. Nach diesen vier Wochen sollten Sie sich im Team die gesammelten Einfälle ansehen und diese auswerten. Spätestens an dieser Stelle zeigt sich, ob die ursprüngliche Idee zu Ihrem Spiel etwas wert war. Ist nämlich in diesen vier Wochen nicht genügend Material für ein komplettes Spiel zusammengekommen, kommt auch im weiteren Verlauf des Projektes nicht genug Material zusammen und man sollte die Idee an dieser Stelle wieder verwerfen. Im besten Fall wird innerhalb der »Bedenkzeit« soviel Material gesammelt, dass innerhalb des Teams an dieser Stelle schon eine Diskussion aufkommt, welches die besten Ideen sind und welche Einfälle unbedingt umgesetzt werden müssen. Hierbei kommt dem Projekt natürlich auch die Entwicklung in einem Team zugute. Manchmal ist es schon verwunderlich, in welche Richtungen die Gedanken der einzelnen Teammitglieder gehen, wenn man sich über das ursprünglich gleiche Thema Gedanken macht. Dies stellt jedoch sicher, dass das endgültige Spielprinzip dann auch ein breites Spektrum von Ideen abdeckt und damit vielleicht auch interessant für eine breitere Spieler-Community wird.

Entstehung eines Spielprinzips

Wenn Sie jetzt gedacht haben, Sie könnten nach der Zeit des Ideensammelns direkt mit der Programmierung des ausgedachten Spieles anfangen, müssen wir Sie an dieser Stelle leider enttäuschen. Bevor Sie mit der Umsetzung Ihrer Ideen starten, möchten wir Ihnen empfehlen, aus der losen Blättersammlung ein Gesamtkonzept zu erstellen. Mit diesem Konzept können Sie an dieser Stelle der Entwicklung schon die Schwerpunkte des Spieles festlegen und auch die Knackpunkte herausfinden, die bei der Programmierung hinterher zu Problemen führen könnten. Dazu reicht es meist schon, alle gewünschten Features und Optionen des

Spieles in eine Tabelle zu schreiben. Diese sollte dann auch die jeweilige Technik enthalten, die zur Umsetzung der Features benötigt wird, und auch dem jeweiligen Teammitglied, das diese Technik beherrscht, zugewiesen sein. Mit Hilfe dieser einfachen Gegenüberstellung lassen sich meistens ganz leicht die Stellen identifizieren, bei denen es zu Problemen kommen kann und wo man eventuell noch Hilfe benötigt. Sie können dann gezielt nach Unterstützung für Ihr Projekt suchen oder wissen sofort, an welcher Stelle Sie sich noch weiteres Wissen aneignen müssen. Mit der Tabelle 7.1 wollen wir einmal eine solche Gegenüberstellung skizzieren.

Feature/Optionen	Benötigte Technik	Entwickler
Animierte Spielfiguren können sich frei innerhalb eines Raums bewegen	Skinned Meshes	Klaus
	Kollisionsabfrage	??????
	Abfrage der Eingabegräte	Klaus
Die Gegner bewegen sich auf festen Wegen und eröffnen das Feuer, wenn der Spieler in Sichtweite kommt	Bewegungsskripts	Heinz
	KI	Horst
Wenn der Spieler getroffen wird, ist eine Explosion zu hören und zu sehen	DirectSound	Klaus
	Partikeleffekte	??????

Tabelle 7.1 Tabelle zur Definition der benötigten Techniken eines Projektes

Aus der Tabelle ist genau zu sehen, wo noch Defizite innerhalb dieses erfundenen Teams vorhanden sind. Das Team muss sich also im Bereich der Kollisionsabfrage und der Partikeleffekte weiterbilden oder es müssen weitere Mitstreiter gefunden werden, die diese beiden Themen beherrschen.

Nach dieser groben Festlegung der Techniken sollten Sie sich nun dem eigentlichen Spielprinzip oder auch dem Spielablauf widmen. Stellen Sie sich das Spielprinzip als eine Art kleines Drehbuch zum Spiel vor. Hier sollten Sie die wichtigsten Elemente Ihres Spieles noch einmal genauer beschreiben. Dabei ist es natürlich Ihnen überlassen, wie genau Sie dies tun, aber aus eigener Erfahrung können wir Ihnen sagen, dass es zu dieser Zeit der Entwicklung eines Spieles besser ist, eher zu viele als zu wenige Elemente des Projektes zu beschreiben.

Sie sollten in Ihrem »Drehbuch« alle wichtigen Dinge rund um Ihr Projekt notieren. Zu allererst sollten Sie natürlich festlegen, in welchem Spielegenre Ihr Projekt stattfinden soll. Mit dieser ersten Entscheidung legen Sie auch schon fest, wie ausführlich Ihre Beschreibung des Spielablaufes sein sollte. Haben Sie sich für einen 3D-Ego-Shooter entschieden, macht es natürlich keinen Sinn, die Spielhandlung bis in das kleinste Detail zu beschreiben, da die Handlung durch das Genre eigentlich schon festgelegt ist. Anders sieht es aus, wenn Sie sich für ein Adventure- oder ein Simulationsspiel entschieden haben. In diesem Fall sollten Sie alle wichtigen Punkte Ihres Spieles auch genau aufschreiben. Alle Höhepunkte sollten genau festgeschrieben und ausformuliert werden, damit man diese im Verlaufe des Projekts nicht aus den Augen verliert. Es kommt nämlich immer wieder vor, dass sich während der Programmierung des Spieles, die eigentliche Spielidee in eine andere Richtung entwickelt. Man sollte aber so konsequent sein, immer wieder zu den festgelegten Abläufen seines Spielprinzips zurückzukehren, um die Ideen seines Spieles nicht zu verwaschen. Ein weiteres wichtiges Thema, das Sie an dieser Stelle festlegen sollten, ist die Steuerung Ihres Spieles. Es gilt an dieser Stelle, herauszufinden, welches Eingabegerät die beste Wahl für Ihr Projekt ist. Müssen Sie schnelle, genaue Bewegungen realisieren, ist wahrscheinlich die Maus die beste Wahl. Bei vielen einzelnen Befehlen, die Sie in Ihrem Spiel realisieren wollen, lässt sich dies am schnellsten über die Tastatur durchführen. Häufig ist auch eine Kombination aus diesen beiden Eingabegeräten sehr sinnvoll. Beim Genre der Flugsimulatoren sollten

Sie aber auch auf jeden Fall auf den Einsatz von Joysticks oder sogar Force Feedback-Joysticks setzen, um dem besonderen Feeling dieses Genres entgegenzukommen.

Auch über die Wahl des geeigneten Sichtwinkels Ihres Spieles sollten Sie sich im Vorfeld schon Gedanken machen. Soll der Spieler Ihres Spieles eventuell das Ganze aus der Ego-Perspektive erleben, müssen Sie für einen hohen Detailreichtum in Ihrem Spiel sorgen, da die Kamera sehr nah an die einzelne Objekte herankommt. Gleichzeitig wird es dann auch schwerer, im Spiel die Übersicht zu behalten, da der Spielausschnitt, den der Spieler zu sehen bekommt, sehr beschränkt ist. Für schnelle Spiele ist diese Perspektive also eher ungeeignet. Bei Spielen mit einer hohen Dynamik sollten Sie daher eher auf einen Sichtwinkel setzen, der es dem Spieler erlaubt, einen besseren Überblick zu erlangen. Hier ist eine Verfolgungsperspektive sehr zu empfehlen, denn mit dieser Ansicht der Dinge haben Sie nicht nur eine bessere Übersicht, sondern die Bewegung Ihres Spielers sorgt zusätzlich für Bewegung im Spiel.

Am Ende sollten Sie natürlich noch festlegen, was das Ziel Ihres Spieles ist. Sie sollten das Ende des Spieles definieren, den Weg dorthin und natürlich zusätzliche Optionen wie Extraleben, Punktesystem und Gegenstände, die Ihrem Spieler das Leben erleichtern können. Die Gegner sollten Sie natürlich auch nicht vergessen. Sie sollten deren Bewegungsradius festlegen, die Waffen, mit denen sie Ihrem Spieler nach dem Leben trachten und deren Anzahl. Zu guter Letzt ist es auch nicht ganz unwichtig, in welcher Umgebung Ihr Spiel stattfindet. Soll der ganze Spielablauf innerhalb eines Gebäudes stattfinden, auf einem Planeten oder im Weltall?

Die Storyline

Sie sehen schon, es gibt eine große Menge an Informationen, die Sie vor dem Beginn der eigentlichen Arbeit sammeln oder sogar festlegen sollten. Eine weitere Möglichkeit, um Ihrem Spiel schon im Vorfeld Leben einzuhauchen, ist eine Storyline. Dieses Stilmittel ist besonders nützlich bei Spielen, die über die Handlung eines Ego-Shooters hinausgehen. Ganz besonders empfehlenswert ist eine solche Story zum Spiel aus dem Adventure-Genre. In der Story zum Spiel sollten Sie alle wichtigen Handlungsabläufe und deren Ziele beschreiben. Auch mögliche Irrwege und Sackgassen können Sie an dieser Stelle festlegen. Beim Einsatz von Non Player Characters (NPC) sollten Sie an dieser Stelle schon die gesamte Interaktionsmöglichkeit des Spielers mit diesem Objekt festlegen. Darüber hinaus sollten Sie auch bereits die Position des NPC im Spiel bestimmen und den Nutzen, den der Spieler von der Kommunikation mit diesem Objekt hat. Auch an dieser Stelle zählt wieder, je ausführlicher Sie an dieser Stelle arbeiten, umso leichter wird Ihnen die Umsetzung Ihrer gesamten Story am Ende fallen, da Sie an jeder Stelle des Projektes auf strukturierte Informationen zurückgreifen können. Es kann Ihnen dann nicht passieren, dass Sie gerade die Programmierung eines NPC abgeschlossen haben und nach tagelanger Arbeit plötzlich nicht mehr wissen, welches Ziel Sie mit der Erstellung dieses Charakters verfolgt haben. Die Gefahr, während der Programmierung in eine Sackgasse zu geraten, ist ungleich geringer, wenn Sie das Ziel immer ohne Probleme im Blick haben. Gerade bei der Arbeit in einem Team wissen dann alle Mitglieder, wo es lang geht.

Außer dem reinen Text sollten Sie, wenn es Ihr Talent erlaubt oder wenn Sie einen begabten Grafiker in Ihrem Team haben, schon so früh wie möglich mit Zeichnungen und Bildern arbeiten. Für die meisten Mitmenschen ist es wesentlich leichter, Ihre Gedanken nachvollziehen zu können, wenn sie ein Bild Ihrer Idee vor Augen haben, anstatt einer genauen Szenenbeschreibung. Gerade wenn Sie vielleicht noch auf der Suche nach Mitstreitern für Ihr Projekt sind, können Sie diese mit visuellem Material leichter und schneller überzeugen, als nur mit Worten. Dabei sollten Sie Ihrer Phantasie freien Lauf lassen. Skizzieren Sie ruhig alle Objekte, die Sie in Ihr Spiel integrieren wollen oder sogar ganze Szenen oder Karten. Alles was Ihnen hilft, sich Ihr Projekt so genau wie möglich vorstellen zu können, sollten Sie auch tun. Auch ist es durchaus üblich, mit Hilfe von 3D-Grafikprogrammen komplette Designstudien zu erstellen oder mit Hilfe von 3D-Modellern schon die Objekte für Ihr Spiel zu kreieren.

Bei all den Möglichkeiten, die es gibt, Ihr Projekt zu beschreiben und die Story zu planen, sollten Sie aber eines nicht aus den Augen verlieren: Alles, was Sie Vorfeld planen, sollten Sie auch technisch umsetzen können. Es ist der Tod eines jeden Projektes, wenn im Verlauf der Programmierarbeit immer mehr von den geplanten Spiele-Features begraben werden müssen, nur weil man sie technisch nicht umgesetzt kan. Leider ist es häufig so, dass spätestens bei der dritten Programmierhürde, die nicht überwunden werden kann, das gesamte Projekt ins Wanken gerät und sich der Spaß an der Programmierung gegen Null begibt. Oder noch schlimmer: Ein Projekt wird fertig gestellt, mit dem sich am Ende keiner der Mitwirkenden mehr identifizieren kann. Bei der Planung eines Spiels sollten Sie also immer versuchen, erfolgreich den Grat zwischen machbaren Techniken und sensationellen Spieloptionen zu beschreiten.

Das Spiel

Nachdem wir Ihnen einige theoretische Gedanken zur Entwicklung eines Spiels von unserer Seite mit auf den Weg gegeben haben, müssen wir diese für das Spiel in unserem Buch auch schon wieder verwerfen. Leider haben wir an dieser Stelle nicht den Platz, die Entwicklung eines kompletten Spiels mit ausgefeilter Geschichte und Storyline zu dokumentieren. Das Ziel unseres Spieles ist es, die beschriebenen Techniken der ersten Kapitel dieses Buches in ein zusammenhängendes Projekt zu integrieren und Ihnen die generelle Vorgehensweise hierbei näher zu bringen. Dabei legen wir Wert auf das Zusammenspiel der einzelnen DirectX-Techniken und der Erklärung aller Programmabschnitte.

Wir haben uns deshalb zu folgendem Konzept für das Spiel zum Buch entschieden:

- Die Basis unseres Spieles ist ein klassisches Raumschiffspiel
- Der Spieler kann sich innerhalb der Spielumgebung frei bewegen
- Die Steuerung des Spielers geschieht über die Maus und die Tastatur
- Die Kamera ist in einer Verfolgerposition zum Spieler installiert
- Der Spieler hat es in einem Level mit 30 Gegnern zu tun, die mit Hilfe einer Energiekugel abgeschossen werden müssen
- Die Gegner können ebenfalls Energiekugeln verschießen
- Die Berührung mit einer Energiekugel oder mit einem Gegner beendet das Spiel
- Es kommen 3D-Soundeffekte und Partikeleffekte zum Einsatz

Da dieses Spielprinzip relativ einfach gehalten ist, verzichten wir an dieser Stelle auf eine Storyline und wollen mit der Beschreibung der einzelnen Objekte im Spiel fortfahren.

Objekte im Spiel

In diesem Abschnitt wollen wir alle Objekte vorstellen, die wir in unserem Spiel einsetzen werden. Dabei werden wir kurz beschreiben, was wir mit dem Einsatz dieses Objekts erreichen wollen und wie wir es in das Spiel integrieren. Die einzelnen Objekte sind dabei schon aus dem ersten Teil des Buchs bekannt. Wir haben zum größten Teil die bekannten Klassen genutzt und diese nur an jenen Stellen erweitert, an denen wir für das Spiel neue Funktionen benötigten.

SettingsDialog

Der *SettingsDialog* ist auch für das Spielprojekt wieder die Grundlage zur Erkennung der DirectX-Möglichkeiten Ihrer Hardware. Wir haben diesen unverändert zu den vorhergehenden Projekten wieder in unsere Windows-Applikation *GameEngine* eingebaut. Diese ist wie immer unsere Tür zum Windows-System. Alle benötigten Routinen zur Kommunikation mit dem System sind hier untergebracht. Wir haben dabei jedoch diesmal darauf verzichtet, die Tastatur innerhalb der Windows-Umgebung abzufragen, sondern sind bei dem Spiel dazu übergegangen, die Eingabegeräte komplett in der DirectX-Umgebung abzufragen.

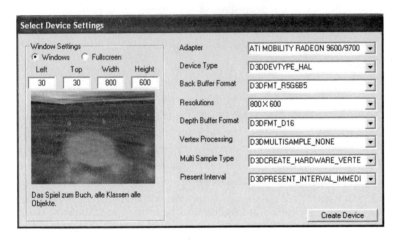

Abbildung 7.1   Das Objekt *SettingsDialog* ist auch diesmal Ausgangspunkt des Projekts

Wir schaffen es somit, einen idealen Startpunkt für unsere DirectX-Applikation innerhalb des Windows-Systems zu kreieren. Durch die Abfrage der Eingabegeräte direkt unter DirectX schaffen wir es erstens, autark vom Windows-System zu arbeiten, und zweitens können wir uns den exklusiven Zugriff auf die benötigten Geräte sichern. Wir müssen also nicht extra sicherstellen, dass beispielsweise die Maus nicht außerhalb unseres Spieles genutzt wird und dadurch die Bewegung des Spielers unterbrochen wird. Wir geben für unser Spiel einfach die Maus nicht für andere Applikationen frei und können exklusiv mit den Bewegungen des Gerätes arbeiten.

Skybox

Nach der Erstellung des DirectX-Device mit Hilfe der *GameEngine*-Routinen und des *SettingsDialog* stehen uns die Weiten des DirectX-Systems zur Verfügung. Diese Weiten sind aber so weit, dass wir sie für unser erstes komplexeres Projekt ein wenig begrenzen müssen. Zu diesem Zweck haben wir uns für den Einsatz einer Skybox entschieden. Wir haben diese Skybox einer *SkySphere* vorgezogen, da wir die Logik innerhalb des gesamten Spieles auf BoundingBoxes aufgebaut haben. Wir nutzen diese zur Abfrage von Kollisionen, bei der Bestimmung der Positionen der einzelnen Objekte und auch bei der Begrenzung des Spielfeldes.

Abbildung 7.2 Die Skybox des Spiels

Dabei berechnen wir für jedes Objekt dynamisch eine BoundingBox und berechnen anschließend deren Koordinaten in der Welt-Matrix des Device. Danach ist es eine Kleinigkeit, die Beziehungen der einzelnen Objekte zueinander mit Hilfe ihrer BoundingBoxes zu berechnen.

Beim Einsatz der Skybox greifen wir dabei zusätzlich zu einem kleinen Trick. Wir haben für unser Spiel festgelegt, dass die Kamera unseren Spieler immer verfolgt. Die Kamera ist also um fünf Einheiten hinter und um fünf Einheiten über dem Spieler angeordnet. Bei dieser Kamerakonfiguration können wir es unserem Spieler also nicht erlauben, bis genau an den Rand unseres Spielfeldes zu gelangen, da bei einer Drehung des Spielers am Rande des Spielfeldes die Kamera aus der Skybox geraten würde und wir nur noch die Skybox als eine Wand zu sehen bekommen würden. Wir werden deshalb die Bewegungsfreiheit unseres Spielerobjekts innerhalb der Skybox begrenzen. Eine weitere technische Spitzfindigkeit werden wir bei der Realisierung der Skybox nutzen. Wir werden mit zwei unterschiedlichen Objekten arbeiten. Das erste Objekt ist ein Mesh-Objekt. Dieses werden wir nutzen, um alle Berechnungen durchzuführen, die sich mit dem Spielfeld beschäftigen. Das zweite Objekt wird eine Instanz unserer eigenen Klasse *CGeometry* sein. Diese werden wir ausschließlich dafür nutzen, die Skybox darzustellen. Warum wir diese Kombination gewählt haben, werden wir Ihnen später im Kapitel erklären, wenn wir uns mit der Berechnung der Koordinaten der Skybox beschäftigen.

Spieler

Das nächste Objekt, das wir in unser Projekt einfügen werden, wird das Spielerobjekt sein. Wir haben uns in diesem Fall für ein einfaches Mesh entschieden. Dieses werden wir mit Hilfe der *SimpleMesh*-Klasse in die Applikation einfügen. Die Einbindung des einfachen Mesh-Objekts bietet uns die Möglichkeit, schnell und einfach zu ersten Erfolgen zu kommen. So ist es möglich, mit nur vier Funktionen der Klasse das Spielerobjekt innerhalb des Spielfeldes zu positionieren und darzustellen. Weiterhin kommen uns die DirectX-Funktionen zur Berechnung einer *BoundingBox* bei Mesh-Objekten bei unserem Spielaufbau sehr entgegen.

Abbildung 7.3 Das Spielerobjekt wird über
eine Mesh-Datei realisiert

Nach diesen beiden für uns wichtigen Eigenschaften ist ein weiterer Vorteil die Steuerung des Objekts. Diese lässt sich nämlich ohne große Probleme über die Matrix des Objekts realisieren.

Diese drei Punkte haben uns die Wahl des Spielerobjekts sehr vereinfacht. Sicherlich hätten wir an dieser Stelle auch ein Skinned Mesh einsetzen können, der Einsatz dieses Objekts und die daraus resultierenden Berechnungen im Spielablauf hätten aber den Rahmen dieses Buches gesprengt. Wir haben uns deshalb gegen dieses Objekt entschieden, obwohl es vom programmiertechnischen Standpunkt die interessantere Wahl gewesen wäre und das Spiel an sich aufgewertet hätte.

Gegner

Beim Spielobjekt des Gegners haben wir uns auch für den Einsatz einer *SimpleMesh*-Klasse entschieden. Dabei spielten die schon beim Spielerobjekt angestellten Überlegungen eine große Rolle. Bei den Gegnern kam es uns auch auf einfache Handhabung und unkomplizierte Berechnungen an.

Mit Hilfe des Gegner-Objekts wollen wir aber innerhalb des Spiels eine weitere Technik demonstrieren. Wir werden Ihnen die Möglichkeit vorstellen, ein Objekt innerhalb eines Spielablaufs zu serialisieren. So werden wir mit Hilfe eines einzigen Mesh-Objekts insgesamt 30 Gegner erstellen, die alle völlig unabhängig voneinander agieren und reagieren. Bei richtiger Programmierung ist es somit möglich, die Arbeit für eine Objektgruppe nur einmal durchzuführen. Sie können dann ohne große Probleme eine große Anzahl von Objekten kreieren, die Ihr Spiel aufwerten, aber nicht wirklich mehr Arbeit bedeuten. Dabei können Sie die einzelnen Objekte eher zufällig einsetzen, indem Sie Zufallsgeneratoren in Ihre Spielschleife einbinden. Oder Sie entwickeln eine Künstliche Intelligenz für Ihre Objekte und machen es somit dem Spielobjekt in Ihrem Projekt noch schwerer, zu bestehen.

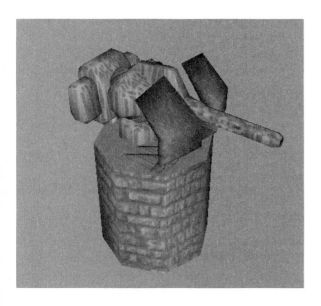

Abbildung 7.4 Das Gegner-Mesh

Steuerung

Eines der wichtigen Elemente bei einem Spiel ist die Steuerung. Sie entscheidet maßgeblich mit über den Spielspaß und die Motivation des Spielers. Sie sollte möglichst dynamisch und präzise funktionieren, um dem Nutzer das Gefühl der vollen Kontrolle im Spiel zu geben. Sie sollte bei aller Dynamik aber nicht zu empfindlich sein, damit nicht jedes Zucken der Hand gleich zum Verlust eines Lebens im Spiel führt. Wir haben uns für unser Spiel zu einer einfachen, aber sehr wirkungsvollen Variante der Steuerung entschieden. Durch die allgemein übliche Aufteilung der Steuerung auf zwei Eingabegeräte haben wir die Möglichkeit geschaffen, die Präzision der Maussteuerung mit der Flexibilität der Tastatureingabe zu kombinieren. Wir haben bei diesem Projekt zwar die Möglichkeiten der beiden Eingabegeräte nur rudimentär eingesetzt, können dadurch aber die generelle Vorgehensweise bei dieser Steuerungsvariante demonstrieren und Ihnen vielleicht eine Anregung geben, wie Sie diese Steuerung in Ihren Projekten einsetzen können.

Geschoss

Die drei letzten Objekte im Spiel wollen wir nur kurz skizzieren, da sie nichts mit dem eigentlichen Spielablauf zu tun haben, sondern vielmehr dazu dienen, das Spiel optisch und akustisch aufzupeppen. Wir haben uns dafür entschieden, die Geschosse unserer Spielobjekte sichtbar zu machen und somit dem Spieler die Möglichkeit zu geben, darauf zu reagieren. Dies ist ein Stilmittel, das mit einer realistischen Umsetzung eines Spieles wenig zu tun hat. Würde man nämlich davon ausgehen, dass die Physik in unserem Spiel einigermaßen realistisch ist, wäre es kaum möglich, die Lasergeschosse unseres Spielerobjekts oder auch die der Gegner überhaupt zu sehen. Weiterhin haben wir uns dazu entschlossen, die Geschwindigkeit der Geschosse unterschiedlich zu gestalten. So ist es dem Spieler möglich, vor einem gegnerischen Geschoss davonzufliegen. Wiederum ein nicht sehr realistisches Szenarium.

Effekte

Um dem gesamten Spielablauf noch ein paar optische Akzente zu verpassen, haben wir uns für die Integration von *PointSprites* in unser Projekt entschieden. Wir werden diese an zwei unterschiedlichen Stellen nutzen. Zum einen werden wir mit diesem Partikeleffekt eine Leuchtspur realisieren, die von den Geschossen der Spielobjekte hinter sich her gezogen wird. Zum anderen werden wir mit Hilfe der *PointSprites* eine Explosion kreieren, die die Kollision von zwei dynamischen Objekten innerhalb des Spieles kennzeichnen wird. Die zusätzliche Benutzung eines Nebeleffektes wird die Atmosphäre der Spielwelt ein wenig verdüstern. Und zum guten Schluss setzen wir noch einen Schutzschild-Effekt um, der immer dann das Spielerobjekt umgibt, wenn es nicht von gegnerischen Geschossen getroffen werden kann.

Sound

Das letzte Objekt, das wir an dieser Stelle noch erwähnen wollen, sind die Soundeffekte, die das gesamte Spielgeschehen abrunden sollen. Es macht nämlich keinen Spaß, selbst das kleinste Spiel in vollkommener Stille zu spielen, und wir können Ihnen demonstrieren, wie man mit wenigen Soundobjekten einen ersten Ansatz von Spielatmosphäre schafft.

Entwicklungsstufen und benötigte Funktionen

Sie haben nun alle Objekte kennen gelernt, die wir innerhalb unseres Spielprojekts einsetzen werden. In diesem Kapitelabschnitt legen wir die einzelnen Entwicklungsstufen des Projektes fest und werden diese kurz erläutern. Sie erhalten dadurch eine Übersicht über den Entwicklungsablauf unseres Projektes und den Gedanken, die wir uns bei jedem einzelnen Schritt gemacht haben. Dabei wird es an dieser Stelle nicht um die programmiertechnische Umsetzung der einzelne Schritte gehen, sondern vielmehr um die theoretischen Überlegungen, die wir zu jeder einzelnen Stufe der Entwicklung anstellen. Auch wollen wir uns schon im Vorfeld überlegen, wie wir die einzelnen Entwicklungsschritte zufrieden stellend testen können. Dabei wird ein wichtiger Anhaltspunkt für uns die Framerate sein. Diese werden wir von Anfang an auswerten und überprüfen, wie die gerade aktuelle Entwicklungsstufe diesen Wert beeinflusst. So können wir bereits während der Entwicklung des Projektes eventuelle Performancebremsen identifizieren und entschärfen.

Die Skybox

Das erste Objekt, das wir in unser Projekt integrieren werden, ist die Skybox, die unser Spielfeld darstellen wird. Sie stellt die äußeren Grenzen unserer Spielwelt dar. Wir werden diese Grenzen über zwei Objekte realisieren und dabei die Vorzüge der beiden Elemente getrennt voneinander einsetzen. Zum einen werden wir die Funktionen eines Mesh-Objekts zur Berechnung der Koordinaten der Skybox nutzen, und zum anderen werden wir mit Hilfe eines Vertex-Buffers die Skybox darstellen. Diesen Vertex-Buffer haben wir innerhalb der Klasse *CGeometry* gekapselt. Auf den ersten Blick sieht dieses Verfahren nicht ganz logisch aus, und es ist sicherlich auch möglich, eine Skybox mit nur einem der beiden erwähnten Objekte zu realisieren. Wir haben uns aber dafür entschieden, da die Qualität der Darstellung der Texturen bei der *CGeometry*-Klasse besser ist, als bei einem einfachen Mesh. Die Texturen sind dabei klarer zu sehen und das Ganze erscheint um einiges detailreicher als bei den Texturen des Mesh-Objekts. Zum anderen wollen wir aber auch nicht auf die

Funktionen des Mesh-Objekts verzichten, da diese die Grundsteine für unser Kollisionsabfragesystem bilden.

Das Testen der Skybox an dieser Stelle wird nicht sehr schwer sein, da es noch nicht wirklich viel zu testen gibt. Wir werden die Kamera innerhalb der Skybox positionieren und überprüfen, ob die Texturen der Box wie erwartet dargestellt werden. Danach werden wir die einzelnen DirectX-Texturfilter testen, um die bestmögliche Qualität bei der Darstellung der Texturen zu erreichen. Dabei werden wir schon einen ersten Blick auf die Performance des Projektes werfen, da diese durch die falsche Wahl der Textur oder des Filters durchaus bereits schwer beeinträchtigt werden kann.

Integrieren des Spielers in das Projekt

Da wir für die Darstellung des Spielers ein Mesh-Objekt gewählt haben, ist das eigentliche Einfügen des Objekts in unser Projekt relativ einfach. Wir nutzen dazu die *SimpleMesh*-Klasse, die wir bereits früher im Buch vorgestellt haben. Diese stellt alle Funktionen zur Verfügung, um eine Mesh-Datei mit den passenden Texturen zu laden und darzustellen. Dies ist die Basis, auf der wir aufbauen werden, denn wir benötigen für unser Spiel noch ein paar weiterführende Funktionen. Die erste Erweiterung wird die Berechnung einer BoundingBox für das Mesh-Objekt sein. Diese werden wir auf zwei Arten berechnen lassen. Die erste Box wird eine Axis-Aligned BoundingBox (AABB) werden. Diese ist (wie der Name schon sagt) an den Achsen des Koordinatensystems ausgerichtet und lässt sich somit innerhalb des gesamten Projektes einfach berechnen und auswerten. Bei der zweiten Berechnung handelt es sich um die Bestimmung der Oriented BoundingBox (OBB). Diese Box bezieht sich dabei auf die Außenmaße des Mesh-Objekts und ist deshalb nicht wie die AABB an den Achsen des Koordinatensystems ausgerichtet. Dabei ist die Reihenfolge der Aufzählung an dieser Stelle falsch gewählt. Zur Berechnung der Axis-Aligned BoundingBox werden wir nämlich die Maße der OBB benötigen und diese dann in das Koordinatensystem der Welt-Matrix umrechnen. Beide Boxen werden wir dann anschließend zur Berechnung der Kollisionen des Spielers mit seiner Umwelt benutzen. Dazu werden wir die *SimpleMesh*-Klasse dahingehend erweitern, dass wir unser Spielobjekt mit anderen Objekten auf Kollision und Nicht-Kollision vergleichen können.

Als zusätzliche Erweiterung werden wir noch ein paar Berechnungen der Positionsmatrix des Spielers hinzufügen. Damit möchten wir später eine dynamische Änderung der Neigung des Objekts erreichen, die abhängig von der Steuerung des Objekts sein wird.

Spieler steuern

Bei der Steuerung des Spielers wollen wir – wie bereits erwähnt – auf die Kombination der beiden Standardeingabegeräte eines Computers setzten. Dabei setzen wir die Maus dazu ein, das Spielobjekt um die eigene Y-Achse rotieren zu lassen, und mit den Pfeiltasten wird das Raumschiff beschleunigt. Ein Schuss wird mit der linken Maustaste ausgelöst.

Kollision

Bei der Kollision des Spielers setzen wir auf die Berechnung der BoundingBoxes eines jeden Objekts im Spiel, und zur Erkennung einer Kollision werden wir diese Boxen auf Überlappung prüfen. Dies bedeutet, wenn sich zwei Boxen innerhalb des Spieles überschneiden, dann überschneiden sich auch die beiden dazugehörenden Objekte, und es ist eine Kollision im Spiel aufgetreten. Um an dieser Stelle Performance zu sparen, werden wir eine einfache Erkennung einsetzen. Dabei werden wir eine relativ grobe Abfrage der Kollision mit Hilfe eines AABB-Vergleichs durchführen.

Gegner einfügen

Damit wir mit unserer Kollisionsabfrage nicht immer überprüfen müssen, ob sich der Spieler noch auf dem Spielfeld befindet, werden unserem Projekt auch ein paar feindlich gesinnte Objekte hinzugefügt. Dazu werden wir mit der Erstellung eines Gegners starten, den wir genau wie das Spielerobjekt mit Hilfe eines Meshs einfügen werden. Da wir die gesamten Kollisionsberechnungen schon beim Spielerobjekt realisiert haben, können wir bereits auf die benötigten Funktionen zurückgreifen.

Gegner steuern

Da wir bei der Steuerung des Gegners nicht auf Eingabegeräte zurückgreifen können, müssen wir die Steuerung der Gegner auf programmiertechnischem Weg realisieren. Dabei werden wir zwei Techniken zum Einsatz bringen. Jeder Gegner wird seine Umgebung in einem vorgegebenen Radius beobachten und darauf reagieren, ob der Spieler sich nähert. In diesem Fall wird sich der Gegner in die Richtung des Spielers drehen und gezielte Schüsse auf den Spieler abgeben. Bis sich der Spieler aber im Umkreis des Gegners befindet, werden die Steuerung und die Schüsse des Gegners von Zufallsgeneratoren bestimmt.

Gegner serialisieren

Da jedes Spiel mit nur einem Gegner auf die Dauer langweilig wird, möchten wir unserem Projekt eine etwas größere Zahl von gegnerischen Objekten spendieren. Wir werden also das eingefügte Gegnerobjekt kopieren und per Zufallsgenerator auf dem Spielfeld verteilen. Durch das selbstständige Agieren der Gegner sollte dies eine ansprechende Aufgabe für den Spieler werden.

Schuss einfügen

Aller guten Dinge sind drei. Nach diesem Motto werden wir beim Einbinden des Schuss-Objekts in unser Projekt agieren. Wir werden ein dementsprechendes Mesh-Objekt kreieren, das wir als Schuss einsetzen können und mit dem wir alle Berechnungen so durchführen können, wie wir sie von den beiden ersten Mesh-Objekten kennen gelernt haben. Dabei ist die Steuerung bei diesem dritten Mesh-Objekt minimal. Wir benötigen dafür nur eine Richtungsangabe, die Geschwindigkeit des Schusses und wie lange dieser Schuss dauern soll.

Schuss serialisieren

Auch das Schuss-Objekt werden wir serialisieren. Es soll ja schließlich mehr als nur ein Schuss zur gleichen Zeit auf dem Spielfeld vorhanden sein. Wir werden den ersten kreierten Schuss also so oft kopieren, wie wir ihn für unser Projekt benötigen und die Berechnungen für jeden Schuss voneinander unabhängig durchführen.

Zusätzliche Objekte

Außer den direkten Spielobjekten werden wir auch noch einige Elemente in unserer Applikation einsetzen, die nicht für den direkten Spielablauf benötigt werden, das Ganze aber abrunden sollen. Wir haben uns dabei für einige grafische Effekte entschieden, die ohne größere Probleme dargestellt werden können. Diese Effekte werden wir mit PointSprites realisieren.

Effekte

Die *PointSprites* setzen wir zur Darstellung einer Explosion und einer Leuchtspur hinter den einzelnen Schuss-Objekten ein. Dabei werden wir auch hier wieder mit der Serialisierung der zugehörigen *PointSprites*-Klasse arbeiten. Die Explosion werden wir im gesamten Projekt nur einmal haben. Um die Übersicht des Spielers nicht zu stören, wird immer nur die letzte Kollision innerhalb des Projektes mit der Explosion gekennzeichnet. Der Effekt wird so lange an dieser Stelle verbleiben, bis es zu einer erneuten Explosion kommt. Zur Verbesserung der Atmosphäre des Spielfeldes werden wir über die RenderStates des Device einen Nebeleffekt in das Projekt integrieren. Ebenfalls über die RenderStates werden wir einen Schutzschild für das Spielerobjekt realisieren. Dabei setzen wir auf die Alpha Blend-Technik, um die Textur eines Mesh-Objekts durchsichtig zu machen.

Sound

Außer den grafischen Effekten werden wir dem Projekt auch noch einige Sound-Schnipsel mit auf den Weg geben, die das Ganze auch akustisch abrunden sollen. Dabei werden wir uns auf die Unterstützung der PointSprites-Effekte mit Tönen beschränken. Das soll heißen, wir werden die Explosion und die Schüsse der Objekte mit Soundsamples aufwerten. Wir planen, dazu 3D-Soundeffekte im Spiel einzusetzen, die den Spieler dann auch im Spiel unterstützen werden, da er einen Schuss in seinem Rücken eher hören als sehen wird und darauf regieren kann.

Performance-Optimierung

Bei der Performance Optimierung im Spiel setzen wir auf eine Trennung der einzelnen Berechnungen innerhalb der Renderschleife. Wir peilen für dieses Projekt eine durchschnittliche Framerate von 100 Frames pro Sekunde an. Das heißt, die gesamte Renderschleife wird pro Sekunde 100-mal durchlaufen. In diesem Fall macht es keinen Sinn, jede Berechnung der Objekte bei jedem Durchlauf der Schleife zu berechnen. Wir planen daher, innerhalb der Frame-Berechnungsfunktion eine Unterteilung einzufügen. Wir werden die Framerate pro Sekunde in vier Teile aufspalten. Dabei werden dann während jedem Durchlauf der Renderschleife nur 25 Prozent der gesamten Berechnungen durchgeführt. Diese Vorgehensweise richtig eingesetzt, sollte selbst auf schwächeren Systemen für eine optimale Spiele-Performance sorgen.

Das Spielfeld erstellen

Nachdem wir mit Hilfe des *SettingsDialog* und den Funktionen der *GameEngine*-Klasse ein lauffähiges Direct3D-Device erstellt haben, müssen wir dieses auch schon wieder in seinen Ausmaßen begrenzen. Für unser erstes Spielobjekt haben wir uns entschieden, nicht in die Weiten des Universums vorzudringen, sondern zunächst einen kleinen, überschaubaren Teil davon zu erkunden. Dafür müssen wir also ein Spielfeld innerhalb des Direct3D-Device erstellen, in dem dann unser gesamtes Spiel stattfinden soll. Dieses kasten-förmige Objekt wird die Bewegungsfreiheit des Spielerobjekts schon sehr einschränken. Diese Einengung der Bewegungsfähigkeit geht uns bei diesem Projekt noch nicht weit genug. Wir wollen die benötigten Berechnungen innerhalb des Spieles noch weiter minimieren und haben uns daher entschlossen, die Logik des Spieles aus dem dreidimensionalen Raum in den zweidimensionalen Raum zu verlegen. Was soll das denn bedeuten, werden Sie sich jetzt vielleicht fragen? Das bedeutet, wir werden zwar das ganze Spiel in 3D-Technik darstellen, die Berechnungen zum Spiel aber nur in zwei Dimensionen durchführen. Dazu haben wir definiert, dass die Y-Position eines jeden Objekts innerhalb des Spiels immer 1.0f sein wird. Wir können also während der Entwicklung des Projektes so arbeiten, als ob wir das komplette Spielfeld immer von oben sehen und die Höhe der Objekte nicht vorhanden wäre. Dieser kleine Trick hat den Vorteil, dass wir bei den Funktionen innerhalb des Spieles immer nur die X- und Z-Werte eines jeden Objekts betrachten müssen. Dies vereinfacht die Programmierung der einzelnen Objekte noch einmal ungemein und gibt uns die Möglichkeit, auf dem uns zur Verfügung stehenden Platz ein komplettes Projekt zu dokumentieren.

An dieser Stelle wollen wir nun jetzt endlich mit der Erstellung der Skybox beginnen und die Theorie erst mal hinter uns lassen. Wir benötigen zwei bekannte Klassen zur Initialisierung des Spielfeldes, die wir in einem *struct* zusammengefasst haben, um im weiteren Verlauf einfach auf alle relevanten Informationen zugreifen zu können:

```
struct _Ground{
  CGeometry Geometry;
  CGEMesh SimpleMesh;
}Ground;
```

Listing 7.1 Struktur zur Zusammenfassung der Spielfeldoptionen

Es handelt sich dabei um die beiden Klassen *CGeometry* und *CGEMesh*. Zunächst werden wir uns die Klasse *CGEMesh* ansehen. Die Klasse wurde zur Verwaltung eines einfachen Mesh-Objekts konzipiert, und an dieser Stelle benötigen wir auch keine anderen Funktionen des Mesh-Objekts, sodass wir, ohne lange zu zögern, die Mesh-Datei laden können, die unser Spielfeld begrenzen soll. Wir setzen dabei die Funktion *LoadMesh-File* der Klasse ein und erhalten dadurch die gewünschten Mesh-Informationen:

```
hr = m_GameData.Ground.SimpleMesh.LoadMeshFile(m_GameData.pd3dDevice,
                                     "Meshes\\Terrain64x64_new.x");
if(FAILED(hr)){
  MessageBox(NULL,"Error ground mesh ","ground mesh",MB_OK);
  exit(0);
}
// Initialise Needed Parameters
m_GameData.Ground.SimpleMesh.ComputeBoundingBoxEx(m_GameData.pd3dDevice);
D3DXVECTOR3 MinField= m_GameData.Ground.SimpleMesh.AABBmin;
D3DXVECTOR3 MaxField =m_GameData.Ground.SimpleMesh.AABBmax;
```

Listing 7.2 Initialisieren des Mesh-Objekts zum Berechnen der Skybox

Nach dem erfolgreichen Laden des Mesh-Objekts können wir dann auch schon die ersten Daten abfragen, die wir zur Erstellung des nächsten Objekts benötigen. Hierzu lassen wir zunächst die BoundingBox des Objekts berechnen. Dabei werden die beiden Vektoren berechnet, die den minimalen Vektor des Meshs und den maximalen Vektor des Objekts darstellen. Mit Hilfe dieser beiden Werte können wir dann direkt anschließend die Ausmaße des nächsten Objekts unserer Skybox bestimmen.

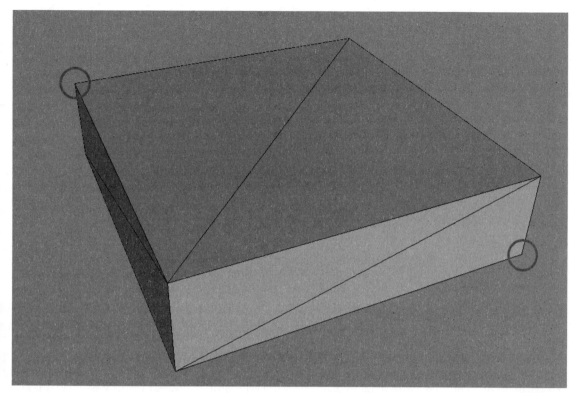

Abbildung 7.5 Mesh-Objekt zum Festlegen des Spielfeldes mit dem Minimal- und dem Maximal-Vektor

Nach der Initialisierung der *CGeometry*-Klasse und der Festlegung, dass wir die Instanz der Klasse als Skybox benutzen wollen, übergeben wir die beiden ermittelten Vektoren *MinField* und *MaxField* an die Funktion *MakeBox* der Klasse. Diese berechnet aus den angegebenen Daten eine Box, bestehend aus einzelnen Vertices. Die Anzahl der Vertices jeder Seite der Skybox werden mit den ersten drei Parametern des Befehls festgelegt. Mit den nächsten Parametern wird die Position der Box in der Welt-Matrix des Device sowie die Ausdehnung des Objekts in den drei Dimensionen bestimmt. Direkt nach der Bestimmung der Ausmaße des Objekts teilen wir der *Geometry*-Klasse mit, dass wir für die Skybox mehr als eine Textur vorgesehen haben, und laden diese Texturen danach auch sofort.

```
HRESULT hrLoadSkyBox = S_OK;

hrLoadSkyBox |= m_GameData.Ground.Geometry.SetD3DDevice(m_GameData.pd3dDevice);
hrLoadSkyBox |= m_GameData.Ground.Geometry.SetSkyBox(true);

hrLoadSkyBox |= m_GameData.Ground.Geometry.MakeBox(20,20,20,
                                 MinField.x,              // X-Position
                                 MinField.y,              // Y-Position
                                 MinField.z,         // Z-Position
                                 MaxField.x - MinField.x,    //Breite
                                 (MaxField.y- MinField.y)/2, //Höhe
                                 MaxField.z - MinField.z);   //Tiefe
```

Listing 7.3 Erstellen des Objekts zur Darstellung der Skybox

```
hrLoadSkyBox |= m_GameData.Ground.Geometry.SetBoxMultiTexture(true);

hrLoadSkyBox |= m_GameData.Ground.Geometry.SetBoxTextureEx(
                "Texturen\\front_800x800.jpg",m_GameData.Ground.Geometry.Front);
hrLoadSkyBox |= m_GameData.Ground.Geometry.SetBoxTextureEx(
                "Texturen\\back_800x800.jpg",m_GameData.Ground.Geometry.Back);
hrLoadSkyBox |= m_GameData.Ground.Geometry.SetBoxTextureEx(
                "Texturen\\right_800x800.jpg",m_GameData.Ground.Geometry.Right);
hrLoadSkyBox |= m_GameData.Ground.Geometry.SetBoxTextureEx(
                "Texturen\\left_800x800.jpg",m_GameData.Ground.Geometry.Left);
hrLoadSkyBox |= m_GameData.Ground.Geometry.SetBoxTextureEx(
                "Texturen\\up_800x800.jpg",m_GameData.Ground.Geometry.Top);
hrLoadSkyBox |= m_GameData.Ground.Geometry.SetBoxTextureEx(
                "Texturen\\down_800x800.jpg",m_GameData.Ground.Geometry.Bottom);


hrLoadSkyBox |= m_GameData.Ground.Geometry.SetBoxTile (1,1,1,1,1,1,1,1,1,1,1,1);

if(FAILED(hrLoadSkyBox)){
  MessageBox(NULL,"Error Geometry Create Box ","Geometry",MB_OK);
  exit(0);
}
```

Listing 7.3 Erstellen des Objekts zur Darstellung der Skybox *(Fortsetzung)*

Dazu nutzen wir den Befehl *SetBoxTextureEx* der Klasse *CGeometry*. Dieser Funktion übergeben wir den Speicherort der Textur und einen Parameter, mit dem bestimmt wird, für welchen Teil der Box die Textur gedacht ist. Durch den Einsatz von je einer Textur für je eine Seite der Box schaffen wir es, wie bei einem Panoramabild den Eindruck eines Rundumblicks zu vermitteln. Damit ist es für den Spieler nicht auf den ersten Blick ersichtlich, dass es sich bei seiner Umgebung um eine Box handelt. Erst wenn er sich einer Ecke der Box nähert, löst sich das Trugbild auf und er wird die Ränder der Skybox erkennen.

Damit wäre auch schon die Initialisierung des Spielfeldes abgeschlossen. Da es sich bei unserem Spielfeld um ein statisches Objekt handelt, wird es sich im Laufe des Projektes auch nicht mehr verändern. Alle Aufgaben, die das Spielfeld jetzt noch zu erfüllen hat, ist die Einschränkung der Bewegungsfreiheit des Spielerobjekts und die Darstellung der Texturen unserer Spielwelt.

Einhalten der Begrenzung

Die Einhaltung der Spielfeldbegrenzung ist die wohl wichtigste Aufgabe, die wir mit unserem Spielfeld sicherstellen. Diese Einhaltung wird zwar programmiertechnisch bei der Bewegung des Spielerobjekts in der Funktion *FrameMovePlayerAndCamera()* realisiert, aber der Vollständigkeit halber wollen wir sie schon an dieser Stelle einmal erwähnen. Die Grundlage zur Beschränkung der Bewegungsfreiheit sind die schon erwähnten *Axis-Aligned BoundingBoxes* des Spielers und des Spielfeldes. Diese werden vor jeder Bewegung des Spielers mit Hilfe der Funktion *ComputeBoundingBoxEx* der *CGEMesh*-Klasse berechnet. Anschließend wird die BoundingBox des Spielfeldes um den Abstand des Spielers zur Kamera verkleinert. Dies stellt sicher, dass sich nicht nur der Spieler immer innerhalb der Skybox befindet, sondern auch die Kamera diese niemals verlässt.

```
m_GameData.Player.SimpleMesh.ComputeBoundingBoxEx(m_GameData.pd3dDevice);

m_GameData.Ground.SimpleMesh.ComputeBoundingBoxEx(m_GameData.pd3dDevice);

m_GameData.Ground.SimpleMesh.AABBmin.x +=5;
m_GameData.Ground.SimpleMesh.AABBmin.z +=5;
m_GameData.Ground.SimpleMesh.AABBmax.x -=5;
m_GameData.Ground.SimpleMesh.AABBmax.z -=5;

HRESULT hr;
hr = m_GameData.Player.SimpleMesh.ObjectIsOnField(m_GameData.Ground.SimpleMesh.AABBmin,
                                   m_GameData.Ground.SimpleMesh.AABBmax);
```

Listing 7.4 *FrameMovePlayerAndCamera*: Die Funktion stellt sicher, dass der Spieler das Spielfeld nicht verlassen kann

Nach der Festlegung der effektiven Spielfeldgröße werden die beiden Boxen mit dem Befehl *ObjectIsOnField* der *CGEMesh*-Klasse verglichen. Dabei brauchen wir nicht die gesamten Vertices der Boxen zu vergleichen, sondern nur die Eckpunkte der beiden Boxen. Wir stellen dabei fest, ob sich die Eckpunkte der Spieler-BoundingBox (*AABBmin* und *AABBmax*) innerhalb der Eckpunkte *minField* und *maxField* der Spielfeld-BoundingBox befinden. Dies wird mit einfachen Größer- und Kleiner-Abfragen für jede Achse der Boxen erledigt:

```
HRESULT CGEMesh::ObjectIsOnField(D3DVECTOR minField,D3DVECTOR maxField){

HRESULT hr = S_FALSE;

BOOL bXAchseOK,bYAchseOK,bZAchseOK;
bXAchseOK=bYAchseOK=bZAchseOK = true;

if (AABBmin.x < minField.x || AABBmax.x > maxField.x){
  bXAchseOK = false;
}
if (AABBmin.z < minField.z || AABBmax.z > maxField.z){
  bZAchseOK = false;
}
if (AABBmin.y < minField.y || AABBmax.y > maxField.y){
  bYAchseOK = false;
}
if (bXAchseOK && bYAchseOK && bZAchseOK){
  hr = S_OK;
}
return hr;
}
```

Listing 7.5 *ObjectIsOnField*: Überprüft, ob sich der Spieler noch auf dem Spielfeld befindet

Befinden sich die Spielereckpunkte auf jeder Achse innerhalb der Spielfeldeckpunkte, hat der Spieler das Feld nicht verlassen und die Funktion kann den Wert *S_OK* an die aufrufende Funktion zurückgeben.

Dieser Wert wird dann in der Funktion *FrameMovePlayerAndCamera()* direkt wieder ausgewertet. Erhält diese Funktion von der Funktion *ObjectIsOnField* einen Wert zurückgeliefert, der ungleich *S_OK* ist, wird die Position des Spielers wieder auf die Position des letzten Frames festgelegt und somit die Bewegung des Spielers im aktuell berechneten Frame ignoriert.

```
if(hr != S_OK){

  m_GameData.Player.SimpleMesh.MeshProperties.SetXPosition(IstPositionX);

  m_GameData.Player.SimpleMesh.MeshProperties.SetZPosition(IstPositionZ);

}
```

Listing 7.6   *FrameMovePlayerAndCamera*: Wenn der Spieler versucht, das Feld zu verlassen, dann Bewegung verhindern

Damit hätten wir alle relevanten Funktionen rund um das Spielfeld und der Berechnung seiner Grenzen abgehandelt. Es bleibt uns zum Schluss nur noch, die Funktion zur Darstellung des Spielfeldes innerhalb unseres Direct3D-Device zu definieren.

Das Spielfeld darstellen

Diese Darstellung ist Ihnen aus den vorangegangenen Kaptiteln schon bekannt. Da alle unsere Klassen mit Render-Funktionen ausgestattet sind, die weitgehend autark arbeiten, brauchen wir zur Darstellung der Skybox nur noch die Render-Funktion der *CGeometry*-Klasse aufrufen, die die Skybox anschließend in unserem Device darstellt:

```
if(FAILED(m_GameData.Ground.Geometry.Render())){
  MessageBox(NULL,"Error Ground.Geometry.Render ","Error-Render",MB_OK);
  exit(0);
}
```

Listing 7.7   Darstellen des Spielfeldes mit der Render-Routine der *CGEGeometry*-Klasse

Somit hätten wir alle Aufgaben erledigt, die wir zur Darstellung der Skybox benötigen. Wir haben jetzt das Spielfeld, in dem unser Projekt stattfinden soll und in das wir im nächsten Abschnitt die dynamischen Objekte einfügen können. Die Abbildung 7.6 zeigt das erstellte Spielfeld innerhalb des Direct3D-Device. Dabei zeigt der linke Teil der Abbildung einen Screenshot, der außerhalb der Skybox liegt, und beim linken Teil befindet sich die Kamera innerhalb der Skybox.

Abbildung 7.6   Screenshot des Spielfeldes, außerhalb und innerhalb fotografiert

Den Spieler in das Spielfeld integrieren

Nachdem wir den Ort des Spielgeschehens definiert und erstellt haben, möchten wir uns im folgenden Abschnitt mit der Hauptfigur unseres Projektes beschäftigen. Das Spielobjekt ist das Element unserer Applikation, das die meiste Aufmerksamkeit erhält. Dies meinen wir in zweierlei Hinsicht: Durch die ständige Präsenz des Objekts im Blickfeld des Spielers steht das Element sozusagen unter ständiger Beobachtung und ein Fehler oder eine Ungereimtheit bei diesem Objekt fällt sofort auf. Aus diesem Grund sollten Sie bei der Erstellung eines Spielerobjekts auf jeden Fall mehr Sorgfalt walten lassen, als bei den anderen Objekten des Spieles. Da wir im Bereich der Mesh-Erstellung nicht die größten Künstler sind, haben wir uns entschlossen, auf ein fertiges Mesh-Objekt[1] zurückzugreifen. Genau wie für unser Spielfeld haben wir auch für den Spieler eine *struct* angelegt, in der wir alle wichtigen Informationen rund um dieses Element während des Spielverlaufs sammeln werden. Dabei nutzen wir diese Struktur nicht ausschließlich für unseren Spieler, sondern auch für die Gegner-Objekte, die Sie später in diesem Kapitel noch kennen lernen werden. Über die einzelnen Mitglieder der Struktur werden Sie später noch mehr erfahren. An dieser Stelle reicht uns deshalb eine kurze Beschreibung der Funktionen der einzelnen Elemente. Das erste Objekt in der Struktur ist eine Instanz der schon bekannten *CGEMesh*-Klasse. Mit ihr werden wir alle Aufgaben rund um das Mesh-Objekt des Spielers erledigen. Die beiden nächsten *float*-Werte werden wir für die Drehung des Spielers um seine Y-Achse verwenden. Dabei nimmt der Wert *ViewDirection* immer den Winkel auf, in den der Spieler gerade sieht, und der Wert *DesiredViewDirection* nimmt den Winkel auf, den der Benutzer mit Hilfe der Maus als gewünschte Blickrichtung festgelegt hat. Den dritten *float*-Wert in der Gruppe benötigen wir nur für das Spielerobjekt, nicht aber für die Gegner-Objekte. Mit diesem Wert speichern wir immer die Position der Kamera hinter dem Spieler.

```
struct _Player{
  CGEMesh SimpleMesh;
  float ViewDirection;
  float DesiredViewDirection;
  float CameraPosition;
  bool Alive;
  int iShotDurability;
  D3DXVECTOR3 vShotPosition;
  D3DXVECTOR3 vShotDirection;
};
```

Listing 7.8 Die Struktur des Spielerobjekts

Der boolesche Wert *Alive* ist leicht zu erklären. Dieser Wert ist solange *true*, bis das Objekt in eine Kollision verstrickt wurde. Danach wird dieser Wert auf *FALSE* gesetzt und das Mesh-Objekt wird bei der Berechnung und Darstellung des nächsten Frames nicht mehr berücksichtigt. Die beiden letzten Elemente der Struktur sind *D3DXVECTOR3*-Strukturen, die wir für die Speicherung der Parameter des Schusses für die Objekte nutzen werden.

Wir haben so also alle wichtigen Daten an einem Platz, nun wollen wir auch direkt damit anfangen, diese Informationen zu erstellen. Dazu schauen wir uns als Erstes in der Klasse *GameMainRoutines* den Teil der *GameMainInit*-Routine an, der das Laden des Spieler Mesh-Objckts übernimmt. Dabei treffen wir auf wenig Neues. Wir laden das Mesh-Objekt wie gewohnt mit der *LoadMeshFile*-Funktion der *CGEMesh*-Klasse und erhalten somit Zugriff auf die Daten des Meshs.

---

[1] Copyright by 2006 PSIONIC von *http://www.psionic3d.co.uk*

```
HRESULT hrLoadPlayer;
hrLoadPlayer = m_GameData.Player.SimpleMesh.LoadMeshFile(m_GameData.pd3dDevice,
                                            "Meshes\\spaceship_new.x");
if(FAILED(hrLoadPlayer)){
  MessageBox(NULL,"Error player mesh ","player mesh",MB_OK);
  exit(0);
}


// Initialise Needed Parameters
m_GameData.Player.SimpleMesh.MeshProperties.SetYPosition(1.0f);
m_GameData.Player.DesiredViewDirection = 0;
m_GameData.Player.ViewDirection = 0;
m_GameData.Player.Alive = true;
```

Listing 7.9 *GameMainInit*: Laden des Spieler-Meshs

Nach dem Laden initialisieren wir dann anschließend nur noch die wichtigsten Variablen der Spieler-Struktur. Dabei setzen wir die Y-Position des Objekts, wie bereits erwähnt, auf den Wert 1. Dies werden wir dann auch mit allen anderen Objekten des Spieles machen und somit das gesamte Geschehen des Spieles in eine Ebene verlagern. Die beiden Werte für die Blickrichtung und die gewünschte Blickrichtung setzen wir auf den Wert 0. Damit stellen wir sicher, dass das Spielerobjekt nicht beim Starten des Spieles schon um seine Y-Achse rotiert, sondern sich erst bewegt, wenn der Benutzer seinen ersten Steuerungsbefehl mit der Maus gibt. Mit dem letzen Wert teilen wir dann unserem System noch mit, dass das Spielerobjekt bei den Berechnungen der einzelnen Frames berücksichtigt werden soll.

Darstellen des Spielers

Damit hätten wir den Spieler in unser Projekt integriert. Was uns jetzt noch fehlt, ist die Darstellung des Objekts. Dieses ist aber bei der gesamten Arbeit mit dem Spielerobjekt die einfachste Aufgabe. Zum Zeichnen des Objekts rufen wir innerhalb der *Render*-Routine der *GameMainRoutines*-Klasse einfach die *Render*-Funktion der *Mesh*-Klasse auf.

```
if (m_GameData.Player.Alive != false){
  m_GameData.Player.SimpleMesh.Render(m_GameData.pd3dDevice);

  m_GameData.pd3dDevice->SetRenderState( D3DRS_ALPHABLENDENABLE, true );
  m_GameData.Shield.SimpleMesh.Render(m_GameData.pd3dDevice);
  m_GameData.pd3dDevice->SetRenderState( D3DRS_ALPHABLENDENABLE, false );

  if(m_GameData.Player.iShotDurability > 0){
    m_GameData.Shot.SimpleMesh.Render(m_GameData.pd3dDevice);
    m_GameData.SpielerEffektShot.RenderPointSprites( m_GameData.pd3dDevice);
  }
}
```

Listing 7.10 *Render*: Darstellen des Spielers

Dies geschieht aber nicht direkt, sondern erst dann, wenn die Überprüfung der *Alive*-Variable ergeben hat, dass das Spielerobjekt noch weiter im Spiel ist. Mit den nächsten Befehlszeilen greifen wir zwar dem Geschehen ein wenig vor, die Funktionen gehören aber eigentlich auch zur Darstellung des Spielers, seines Schildes und seines Schuss-Objekts. Es wird hierbei überprüft, ob die Schussdauer des Spieler-Schusses noch größer 0 ist. Ist dies der Fall, werden anschließend auch das Schuss-Objekt des Spielers sowie der dazugehörige Leuchtspur-Effekt gerendert.

Abbildung 7.7   Spielerobjekt, geladen aus der Mesh-Datei und auf das Spielfeld gerendert

Das Raumschiff des Spielers sieht zwar ganz nett aus, wenn es so allein auf weiter Flur in unserem Spielfeld schwebt. Das ist aber auf Dauer ein wenig langweilig. Wir wollen deshalb so schnell wie möglich dafür sorgen, dass etwas Bewegung ins Spielfeld kommt. Im folgenden Abschnitt werden wir uns deshalb sofort darum kümmern, dass sich dies ändert und wir ein wenig Geschwindigkeit in das Geschehen bekommen.

Die Steuerung des Spielers

Wir wollen also den Zustand der Bewegungslosigkeit unseres Spieler-Meshs so schnell wie möglich beheben. Zu diesem Zweck müssen wir zunächst die Klasse *CGEInput* einbinden, die wir zur Abfrage der Eingabegeräte in unser Projekt konzipiert haben. Diese Klasse fragt die Standardmaus und die Standardtastatur Ihres Computersystems ab und stellt diese Informationen zur Verfügung. Dabei setzten wir auf eine direkte Abfrage der Peripheriegeräte und verzichten auf eine gepufferte Abfrage. Die Instanz der Klasse wird unter dem Namen *Input* innerhalb der _GAMEDATA-Struktur in der Klasse *GameMainRoutines* deklariert.

```
m_GameData.Input.StartDevice(MainHWND);
```

Mit dem Befehl *StartDevice* wird beim Starten der Applikation innerhalb der Funktion *GameMainInit* die Überwachung der beiden erwähnten Geräte eingeschaltet. Danach führen wir bei jedem Durchlauf der Funktion *GameMainRoutine* den Befehl *ReadImmediateData* aus. Dieser liest den aktuellen Status der beiden Geräte aus:

```
m_GameData.Input.ReadImmediateData();
```

Die ermittelten Informationen werden dann von der *CGEInput*-Klasse in den Variablen *GEInputMouseState* bzw. *GEInputKeyboardState* gespeichert. Dabei enthält die erste Variable – wie der Name schon andeutet – die Mausinformationen und die zweite Variable die Daten der Tastatur.

Von der Eingabe zur Bewegung

Mit diesen Informationen können wir uns dann auch schon direkt die Funktionen unseres Projektes ansehen, die wir zur Bewegung des Spielers erstellt haben. Wir werden dabei die Eingabe des Benutzers in zwei Schritten in eine Bewegung umsetzten. Der erste Schritt ist die Festlegung der gewünschten Blickrichtung, die wir über die Bewegung der X-Achse der Standardmaus realisieren. Zunächst legen wir mit Hilfe der Variablen *fBewegungsSchritt* die Schrittweite fest, mit der sich die gewünschte Blickrichtung bei jedem Durchlauf der Frame-Berechnung maximal ändern darf. Wenn wir eine durchschnittliche Framerate von 100 Bildern pro Sekunde zu Grunde legen, kann sich die Blickrichtung also um maximal 100 Grad pro Sekunde ändern.

Zur Festlegung der Änderung des Blickwinkels fragen wir also die Variable *lX* innerhalb der Struktur *GEInputMouseState* der *Input*-Klasse ab. Ist diese Variable größer als 0, addieren wir den Inhalt der Variablen *fBewegungsSchritt* zur Variablen *DesiredViewDirection*, die den gewünschten Blickwinkel des Spielerobjekts enthält. Ist der Inhalt der Variablen *lX* jedoch kleiner als 0, subtrahieren wir die Schrittweite vom gewünschten Blickwinkel. Dabei ist der Wert in der Variablen *DesiredViewDirection* immer eine Gradangabe.

```
floatfBewegungsSchritt = 1.0f;

if (m_GameData.Input.GEInputMouseState.lX > 0){
  m_GameData.Player.DesiredViewDirection += fBewegungsSchritt;
}else if(m_GameData.Input.GEInputMouseState.lX < 0){
  m_GameData.Player.DesiredViewDirection -= fBewegungsSchritt;
}

if (m_GameData.Player.DesiredViewDirection>360){
  m_GameData.Player.DesiredViewDirection = 0;
}else if (m_GameData.Player.DesiredViewDirection < 0 ){
  m_GameData.Player.DesiredViewDirection = 360;
}
```

Listing 7.11 *FrameMovePlayerAndCamera*: Ermitteln der gewünschten Bewegungsrichtung

Durch die Arbeit mit Gradwerten müssen wir anschließend sicherstellen, dass wir die Limitierungen dieses Systems nicht verletzen. So muss sichergestellt sein, dass der gewünschte Blickwinkel nicht unter den Wert 0 sinkt und auch nicht über den Wert 360 steigt. Zu diesem Zweck haben wir zusätzlich eine *if...else if*-Abfrage integriert, die diese Einschränkungen in unserer Routine umsetzt.

Somit haben wir also ermittelt, in welche Richtung der Benutzer unser Spielobjekt als Nächstes steuern möchte, und wir können damit beginnen, den Willen des Spielers umzusetzen, sprich wir wollen der Abfrage der Eingabe eine Bewegung folgen lassen. Doch vorher möchten wir an dieser Stelle noch ein paar theoretische Sätze zur Umsetzung der Bewegung verlieren.

Die Drehung

Welche Überlegungen müssen wir also anstellen, bevor wir eine Bewegung des Spielerobjekts durchführen?

Gedanken zur Durchführung der Drehung	
*	Müssen wir eine Drehung durchführen?
*	Wenn ja, in welche Richtung müssen wir uns drehen?
*	Wenn ja, sollen wir uns um mehr als 180 Grad drehen?
*	Wenn ja, drehen wir uns am besten andersrum?

Tabelle 7.2 Berechnung der Drehung

Diese Überlegungen, die für jeden Menschen im Kleinkindalter ohne Probleme zu realisieren sind, müssen wir unserem Projekt nun jetzt programmiertechnisch beibringen. Dazu deklarieren wir zunächst wieder einige Hilfsvariablen zur Berechnung der Drehung. Mit der ersten Variablen, die Variable *Drehrichtung*, legen wir im Lauf der Berechnung einen Wert fest, der im weiteren Verlauf der Funktion *FrameMovePlayerAndCamera* dazu dient, die Animation der Drehung durchzuführen. Das nächste Objekt, der Integerwert *PositionsDelta*, benötigen wir, um das Delta des aktuellen Blickwinkels zum gewünschten Blickwinkel zu speichern. Der letzte Wert *fRotate* dient dann abschließend noch dazu, den Wert aufzunehmen, um den das Objekt letztendlich gedreht werden soll.

Nachdem wir nun erörtert haben, welche Variable welche Aufgabe innerhalb der Berechnung der Drehung übernimmt, wollen wir uns diese Berechnung einmal genauer anschauen. Den ersten Schritt dabei haben wir in der Tabelle 7.2 als »Müssen wir eine Drehung durchführen?« betitelt. Dazu vergleichen wir an dieser Stelle einfach die beiden Werte *DesiredViewDirection* und *ViewDirection* der Struktur *Player*. Dabei finden wir heraus, ob die gewünschte Blickrichtung ungleich der aktuellen Blickrichtung des Spielers ist. Dabei beschränken wir diesen Vergleich der beiden *float*-Variablen aber auf einen Vergleich mit *int*-Werten. Wir betrachten also nur die ganze Zahl vor dem Komma. Diese Beschränkung müssen wir an dieser Stelle vornehmen, da das Spielobjekt ansonsten niemals aufhören würde, sich zu drehen. Es würde nämlich beim Vergleich der beiden *float*-Werte nie zu einer Übereinstimmung kommen. Nachdem wir nun geklärt haben, ob das Spielerobjekt eine Drehung durchführen soll, müssen wir anschließend klären, wohin diese Drehung gehen soll. Dazu vergleichen wir erneut die beiden Blickrichtungen der *Player*-Objekte. Ist dabei der Wert der gewünschten Blickrichtung größer, als der der aktuellen Blickrichtung, soll eine Drehung nach rechts ausgeführt werden. Ist der Wert kleiner, soll das Objekt eine Drehung nach links ausführen. Diese Entscheidung entspricht dem zweiten Gedanken »Wenn ja, in welche Richtung müssen wir uns drehen?« aus der Tabelle 7.2. Wenn wir nun also schon entschieden haben, dass sich das Spielerobjekt drehen soll, und wir auch wissen, in welche Richtung, dann stellt sich als Nächstes die logische Frage »Sollen wir uns um mehr als 180 Grad drehen?«. Hat der vor dem PC sitzende Benutzer nämlich bestimmt, dass die nächste Drehung des Spielerobjekts um 200 Grad nach links sein soll, dann ist es schneller und effektiver, anstelle einer Linksdrehung um 200 Grad eine Rechtsdrehung um 160 Grad auszuführen. Diese Entscheidung können wir ganz leicht fällen, indem wir das Delta zwischen den beiden Blickwinkeln ermitteln und auswerten. Dazu ziehen wir einfach beide Werte voneinander ab und speichern den sich daraus ergebenden Wert in der Variablen *PositionsDelta*. Bei einer gewünschten Rechtsdrehung überprüfen wir, ob das Delta der beiden Winkel kleiner dem Wert −180 ist. Ist dies der Fall, dann ist eine Linksdrehung kürzer, und der Spieler dreht sich dementsprechend in die andere Richtung.

```
int Drehrichtung = GEPLAYERDIRECTION_AHEAD;
int PositionsDelta = 0;
float fRotate = 0.0f;

if((int)m_GameData.Player.DesiredViewDirection != (int)m_GameData.Player.ViewDirection ){
  if((int)m_GameData.Player.DesiredViewDirection <
                                        (int)m_GameData.Player.ViewDirection ){
    // Drehrichtung überprüfen (rechts)
    PositionsDelta = (int)m_GameData.Player.DesiredViewDirection -
                                        (int)m_GameData.Player.ViewDirection;
    if( PositionsDelta < -180){
      fRotate = m_GameData.Utilities.Speed.R8x;
      Drehrichtung = GEPLAYERDIRECTION_LEFT;
    }else{
      fRotate = (-1) * m_GameData.Utilities.Speed.R8x;
      Drehrichtung = GEPLAYERDIRECTION_RIGHT;
    }
  }else {
    // Drehrichtung überprüfen (links)
    PositionsDelta = (int)m_GameData.Player.DesiredViewDirection -
                                        (int)m_GameData.Player.ViewDirection;
    if( PositionsDelta > 180){
      fRotate = (-1)* m_GameData.Utilities.Speed.R8x;
      Drehrichtung = GEPLAYERDIRECTION_RIGHT;
    }else{
      fRotate = m_GameData.Utilities.Speed.R8x;
      Drehrichtung = GEPLAYERDIRECTION_LEFT;
    }
  }
}else{
  // Geradeaus  fliegen
  fRotate = 0;
  Drehrichtung = GEPLAYERDIRECTION_AHEAD;
}
```

Listing 7.12 *FrameMovePlayerAndCamera*: Bestimmen der Drehung

Nachdem die Entscheidung getroffen ist, in welche Richtung sich das Spielerobjekt drehen soll, bestimmen wir nun den Wert, um den sich das Objekt drehen soll. Dies realisieren wir mit der Variablen *fRotate*. Dieser Variablen weisen wir einen *float*-Wert zu, den wir mit Hilfe der *Speed*-Struktur der Klasse *CGEUtilities* erhalten. Der Wert *R8x* entspricht, abhängig von der Framerate des Spieles, einer Rotation von acht Umdrehungen pro Sekunde. Anschließend legen wir noch mit der Konstanten *GEPLAYERDIRECTION_LEFT* fest, welche Bewegungsanimation für den aktuellen Bewegungsschritt genutzt werden soll. Dieses Vorgehen ist also notwendig, wenn die gewünschte Drehung mehr als eine halbe Drehung beträgt. Wird dagegen eine Drehung nach rechts bestimmt, die weniger als einer halben Drehung entspricht, wird eine normale Drehung nach rechts ausgeführt. Dazu übergeben wir an die *fRotate*-Variable einen negativen Wert und setzten die Variable *Drehrichtung* gleich *GEPLAYERDIRECTION_RIGHT*.

In der gleichen Weise gehen wir auch vor, wenn die ursprünglich gewünschte Blickrichtung größer als die aktuelle Blickrichtung ist. In diesem Fall gehen wir zunächst von einer Linksdrehung aus und überprüfen im Verlauf der Routine, ob eine Rechtsdrehung nicht doch effektiver wäre.

Die einfachste Richtungsauswahl tritt in dem Fall auf, wenn der aktuelle Blickwinkel und der gewünschte Blickwinkel identisch sind. In diesem Fall müssen wir keine Drehung einleiten und auch keine Bewegungsanimation starten. Die beiden dafür benötigten Variablen werden also mit dem Wert *0* bzw. *GEPLAYER-DIRECTION_AHEAD* gefüllt.

Alle Berechnungen und Vergleiche, die wir bis zu dieser Stelle durchgeführt haben, dienten nur dem Zweck, herauszufinden, um wie viel Grad wir die aktuelle Blickrichtung des Spielerobjekts anpassen müssen. Diesen Wert finden wir nun in der Variablen *fRotate*. Diesen addieren wir nun zu dem Wert der Variablen *ViewDirection* innerhalb der *Player*-Struktur.

```
m_GameData.Player.ViewDirection+= fRotate;
if (m_GameData.Player.ViewDirection >= 360.0f){
  m_GameData.Player.ViewDirection -=360;
}else if(m_GameData.Player.ViewDirection <= 0.0f){
  m_GameData.Player.ViewDirection +=360;
}
m_GameData.Player.SimpleMesh.MeshProperties.AngleY((float)m_GameData.Player.ViewDirection *
GEFLOATRADN);
```

Listing 7.13 FrameMovePlayerAndCamera: Neuen Blickwinkel bestimmen

Auch an dieser Stelle müssen wir wieder sicherstellen, dass der neue Blickwinkel nicht die Einschränkungen der Grad-Berechnung verletzt. Wir überprüfen zu diesem Zweck den Wert der Variablen *ViewDirection* und addieren oder subtrahieren 360 Grad, je nachdem, ob die gewünschte Gradzahl 360 Grad überschreitet oder 0 Grad unterschreitet. Der so ermittelte Wert wird dann anschließend an die Matrix des Spielerobjekts übergeben, und zwar mit der *AngleY*-Funktion der *CGEObjectProperties*-Klasse.

```
m_GameData.Player.CameraPosition = (m_GameData.Player.ViewDirection + 180);
if (m_GameData.Player.CameraPosition>=360){
  m_GameData.Player.CameraPosition-=360;
}else if (m_GameData.Player.CameraPosition<=0){
  m_GameData.Player.CameraPosition+=360;
}
```

Listing 7.14 *FrameMovePlayerAndCamera*: Festlegen der Kameraposition

Die nahezu gleiche Berechnung, wie die des aktuellen Blickwinkels, führen wir anschließend noch einmal mit der Position der Kamera innerhalb unseres Direct3D-Device durch. Bei dieser hatten wir festgelegt, dass sie immer genau hinter dem Spieler stehen und dabei in die gleiche Richtung wie der Spieler sehen soll. Diese Verfolgerperspektive erhalten wir, indem wir die Kamera immer um 180 Grad versetzt zum Blickwinkel des Spielers positionieren. Dazu müssen wir zum Wert des Spielerblickwinkels *ViewDirection* immer nur 180 Grad addieren und das Ergebnis in der Kameraposition *CameraPosition* speichern. Da es sich auch an dieser Stelle um Gradangaben handelt, dürfen wir auch hier nicht vergessen, die Überschreitung der 0- und 360-Grad-Grenzen abzufangen und eventuell zu korrigieren.

An dieser Stelle haben wir die Auswertung des ersten Eingabegeräts abgeschlossen. Wir haben die Mausbewegung des Benutzers in einen *float*-Wert umgewandelt, der die Drehung des Spielerobjekts in dem aktuellen Frame darstellt. Nach diesem ersten Schritt wollen wir uns aber nicht lange ausruhen, direkt mit der Auswertung der Tastatur fortfahren und so ermitteln, ob sich unser Spielobjekt nicht nur drehen, sondern auch nach vorne bewegen soll.

Der Schritt vorwärts

Den Befehl, um unser Spielerobjekt nach vorne zu bewegen, haben wir über die Tastatur unseres Systems realisiert. Dazu fragen wir bei jedem Aufruf der Funktion *FrameMovePlayerAndCamera* den Tastaturbuffer unserer *Input*-Klasse ab. Wird bei dieser Abfrage erkannt, dass die Taste [↑] gedrückt wurde, starten wir die Berechnung der neuen Position des Spielers in unserem Spielfeld. Bevor wir jedoch die neue Position des Spielers berechnen, merken wir uns zunächst die aktuelle Position des Spielers in den beiden Variablen *IstPositionX* und *IstPositionZ*. Diese beiden Werte benötigen wir für den Fall, dass die neu berechnete Position des Spielers außerhalb des Spielfeldes liegt. In diesem Fall stellen wir die aktuelle Position des Spielers wieder her und ignorieren somit die Eingabe des Benutzers über die Tastatur:

```
//Aktuelle Position merken
float IstPositionX,IstPositionZ;
IstPositionX = m_GameData.Player.SimpleMesh.MeshProperties.GetXPosition();
IstPositionZ = m_GameData.Player.SimpleMesh.MeshProperties.GetZPosition();


// Gewünschte neue Position berechnen
if (m_GameData.Input.GEInputKeyboardState[DIK_UP] & 0x80){
    float PlayerFloat = (FLOAT)(m_GameData.Player.ViewDirection   * GEFLOATRADN);
    float px = (float)sin((float)PlayerFloat) * m_GameData.Utilities.Speed.S20;
    float pz= (float)cos((float)PlayerFloat) * m_GameData.Utilities.Speed.S20;
    m_GameData.Player.SimpleMesh.MeshProperties.SetXPosition(IstPositionX + px);
    m_GameData.Player.SimpleMesh.MeshProperties.SetZPosition(IstPositionZ + pz);
}
```

Listing 7.15 *FrameMovePlayerAndCamera*: Festlegen der neuen Position des Objektes

Um den Status der [↑]-Taste von unserem Tastaturbuffer zu erhalten, maskieren wir das Byte 200 des Buffers *GEInputKeyboardState* mit dem Wert 80Hex. Dabei benutzen wir die Konstante *DIK_UP* der *DirectInput*-Klasse. Ist das Ergebnis dieser UND-Verknüpfung ungleich 0, dann ist die [↑]-Taste gedrückt worden und wir müssen eine neue Position für das Spielerobjekt berechnen. Dazu berechnen wir über die aktuelle Blickrichtung des Spielers das passende Bogenmaß. Mit diesem und der Variablen *S20* der Struktur *Speed* berechnen wir dann anschließend die neue Position des Spielers und übergeben diesen Wert direkt wieder an die *Player*-Klasse. Somit hätten wir auch schon die neue Position des Spielerobjekts festgelegt und hätten diese Aufgabe erfüllt, wenn nicht die Einschränkungen des Spielfeldes wären. Zur Sicherstellung der Grenzen des Spielfeldes müssen wir an dieser Stelle noch die neue Position des Spielers mit diesen Grenzen überprüfen. Zu diesem Zweck berechnen wir zunächst die beiden benötigten *BoundingBox*-Objekte des Spielers und des Spielfeldes. Die BoundingBox des Spielfeldes reduzieren wir dann um den Abstand der Kamera zum Spieler, um auch die Kamera immer innerhalb des Spielfeldes zu behalten.

```
// Spielfeld und Spieler BoundingBox bestimmen
m_GameData.Player.SimpleMesh.ComputeBoundingBoxEx(m_GameData.pd3dDevice);
m_GameData.Ground.SimpleMesh.ComputeBoundingBoxEx(m_GameData.pd3dDevice);

// Spielfläche eingrenzen für die Kamera
m_GameData.Ground.SimpleMesh.AABBmin.x +=5;
m_GameData.Ground.SimpleMesh.AABBmin.z +=5;
m_GameData.Ground.SimpleMesh.AABBmax.x -=5;
m_GameData.Ground.SimpleMesh.AABBmax.z -=5;
```

Listing 7.16 *FrameMovePlayerAndCamera*: Sicherstellen der Spielfeldgrenzen

```
HRESULT hr = m_GameData.Player.SimpleMesh.ObjectIsOnField(m_GameData.Ground.SimpleMesh.AABBmin,
                                    m_GameData.Ground.SimpleMesh.AABBmax);

if(hr != S_OK){
  m_GameData.Player.SimpleMesh.MeshProperties.SetXPosition(IstPositionX);
  m_GameData.Player.SimpleMesh.MeshProperties.SetZPosition(IstPositionZ);
}
```

Listing 7.16 *FrameMovePlayerAndCamera*: Sicherstellen der Spielfeldgrenzen *(Fortsetzung)*

Nach der Einschränkung des Spielfeldes können wir nun mit der Funktion *ObjectIsOnField* der *GEMesh*-Klasse feststellen, ob sich das Spielerobjekt noch innerhalb der Spielfeldgrenzen befindet und es sich bei der aktuellen Bewegung des Spielerobjekts um eine gültige Bewegung handelt. Liefert die Funktion nicht den Wert *S_OK* zurück, befindet sich die neue Position des Spielers außerhalb unseres gewünschten Spielfeldes und die Bewegung darf nicht durchgeführt werden. In diesem Fall setzen wir die Position des Spielers wieder auf ihre Ausgangsposition zurück.

Damit wären die Funktionen abgeschlossen, die die Position des Spielerobjekts beeinflussen, und an dieser Stelle steht die Position des Spielers fest. Die reine Änderung der Spielerposition sähe aber innerhalb des Spieles nicht eindrucksvoll und ziemlich statisch aus. Wir wollen deshalb über eine minimale Animation unseres Spielers ein wenig mehr Dynamik ins Spiel bringen.

Bewegung und Animation

Dabei ist der Begriff Animation doch etwas zu hoch gegriffen. Unsere Animation wird nicht – wie vielleicht vermutet – aus verschiedenen Bildern oder Frames bestehen. Die Animation unseres Spielerobjekts wird auf der Änderung der seitlichen Neigung des Spielers beruhen. Hierbei neigt sich das Spieler-Mesh in die Richtung, die der Benutzer der Applikation über die Mauseingabe vorbestimmt hat.

Abbildung 7.8 Spielerobjekt: Bewegung und Animation

Die Animation des Spielers besteht also daraus, abhängig vom Blickwinkel des Spielers, den richtigen Neigungswinkel des Objekts zu berechnen. Zur Berechnung dieses Winkels benötigen wir im Vorfeld zwei Angaben. Der erste benötigte Wert ist der Neigungswinkel, den das Spielobjekt maximal zu einer Seite haben soll. Diesen maximalen Winkel speichern wir vor der Berechnung der Neigung in der *float*-Variablen *fMaximalNeigung*. Als Nächstes berechnen wir die Variable *fNeigungsSchritt*. Diesen Wert benötigen wir, um die jeweils passende Neigung der X-Achse und der Z-Achse im Verhältnis zum Blickwinkel des Spielers, also der Y-Achse, zu berechnen.

```
float    fMaximalNeigung = 20.0f;
float    fNeigungsSchritt = fMaximalNeigung / 90.0f;
```

Listing 7.17 *FrameMovePlayerAndCamera*: Deklarieren der benötigten Variablen zur Neigung des Spielers

Die Theorie zur Berechnung der Neigung lässt sich am besten an einem Schaubild erläutern. In Abbildung 7.9 sehen Sie unser Spielobjekt aus der Vogelperspektive. Außerdem haben wir den Blickwinkel des Spielers mit einem Pfeil gekennzeichnet. Zur Berechnung der Neigung muss man nun die Y-Achse des Objekts in vier Viertel teilen (im Bild bezeichnet mit *Q1* bis *Q4*). Abhängig davon, in welchem Viertel sich der Blickwinkel des Spielers befindet, müssen die Winkel der X-Achse und der Z-Achse bestimmt werden.

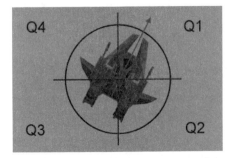

Abbildung 7.9 Berechnung des Neigungswinkels

Die minimalen und maximalen Werte der X-Achse bzw. der Z-Achse haben wir einmal in der Tabelle 7.3 aufgeführt. Bei einer Berechnung der Winkel der beiden genannten Achsen müssen wir also zunächst feststellen, in welchem Kreisviertel wir uns befinden. Anschließend sehen wir uns die Maximal- und Minimalwerte der beiden Achsen an und berechnen dann mit Hilfe des Blickwinkels die passende Neigung für die beiden Achsen.

Viertel	X-Achse	Z-Achse
Q1	0 → fMaximalNeigung	fMaximalNeigung → 0
Q2	fMaximalNeigung → 0	0 → −fMaximalNeigung
Q3	0 → −fMaximalNeigung	−fMaximalNeigung →0
Q4	−fMaximalNeigung → 0	0 → fMaximalNeigung

Tabelle 7.3 Maximal- und Minimalwerte der Achsen in den einzelnen Kreisvierteln bei einer Rechtsdrehung

Soweit die Theorie, in der Praxis haben wir diese Berechnung der Animation in der Funktion *FrameMovePlayerAndCamera* der *GameMainRoutines*-Klasse untergebracht. Bevor wir aber die Neigung der einzelnen Achsen berechnen können, müssen wir noch feststellen, in welche Richtung sich unser Objekt neigen soll. Dies haben wir bei der Ermittlung des Blickwinkels weiter vorne in der Funktion in der Variablen *Drehrichtung* gespeichert. Bei einer gewünschten Drehung nach rechts, wenn die Variable *Drehrichtung* also gleich dem Wert *GEPLAYERDIRECTION_RIGHT* ist, berechnen wir für die beiden Achsen eine Rechtsneigung. Zunächst speichern wir aber die aktuelle Blickrichtung des Spielerobjekts in der Integer-Variablen *tmpVD*. Danach stellen wir mit einfachen Vergleichen des Blickwinkels mit den Grenzen der Kreisviertel fest, in welchem Viertel des Kreises sich der Blickwinkel des Spielers befindet. Haben wir das Viertel des Kreises herausgefunden, in dem sich die Y-Achse aktuell befindet, berechnen wir die absolute Position der Achse innerhalb des aktuellen Viertels des Kreises. Mit diesem Wert berechnen wir dann anschließend die Neigungen der beiden Achsen und übergeben diese an das Spieler-Meshobjekt.

```
if (Drehrichtung == GEPLAYERDIRECTION_RIGHT){
    int tmpVD = (int)m_GameData.Player.ViewDirection;
    if(m_GameData.Player.ViewDirection >= 0 && m_GameData.Player.ViewDirection < 90){

        tmpVD -= 0;
        m_GameData.Player.SimpleMesh.MeshProperties.RotateZ((fMaximalNeigung -
                                            (tmpVD * fNeigungsSchritt)));
        m_GameData.Player.SimpleMesh.MeshProperties.RotateX((0 +
                                            (tmpVD * fNeigungsSchritt)));

    }else if(m_GameData.Player.ViewDirection >= 90 &&
                                    m_GameData.Player.ViewDirection < 180){
        tmpVD -= 90;
        m_GameData.Player.SimpleMesh.MeshProperties.RotateZ((0 -
                                            (tmpVD * fNeigungsSchritt)));
        m_GameData.Player.SimpleMesh.MeshProperties.RotateX((fMaximalNeigung -
                                            (tmpVD * fNeigungsSchritt)));
    }else if(m_GameData.Player.ViewDirection >= 180 &&
                                    m_GameData.Player.ViewDirection < 270){
        tmpVD -= 180;
        m_GameData.Player.SimpleMesh.MeshProperties.RotateZ(((-1* fMaximalNeigung) +
                                            (tmpVD * fNeigungsSchritt)));
        m_GameData.Player.SimpleMesh.MeshProperties.RotateX((0 -
                                            (tmpVD * fNeigungsSchritt)));
    }else if(m_GameData.Player.ViewDirection >= 270 &&
                                    m_GameData.Player.ViewDirection < 360){
        tmpVD -= 270;
        m_GameData.Player.SimpleMesh.MeshProperties.RotateZ((0 +
                                            (tmpVD * fNeigungsSchritt)));
        m_GameData.Player.SimpleMesh.MeshProperties.RotateX(((-1* fMaximalNeigung) +
                                            (tmpVD * fNeigungsSchritt)));
    }
}
```

Listing 7.18 *FrameMovePlayerAndCamera*: Berechnung der Rechts-Neigung des Spielers

Diese Vorgehensweise wollen wir noch einmal an dem genauen Beispiel erläutern, wenn sich der Blickwinkel des Spielers im Viertel *Q4* befindet. Wir gehen dabei davon aus, dass der aktuelle Wert der Variablen *ViewDirection* 330 ist. In diesem Fall würde der Vergleich

```
m_GameData.Player.ViewDirection>=270 && m_GameData.Player.ViewDirection<360
```

den Wert *true* ergeben und die Abarbeitung der Funktion würde damit fortgesetzt, dass wir von der Variablen *tmpVD* den Wert 270 abziehen würden. Somit hätten wir die Position innerhalb des Viertelkreises mit dem Wert 60 bestimmt. Diesen Wert nutzen wir anschließend zusammen mit den Werten *fNeigungsSchritt* und *fMaximalNeigung* zur Berechnung der Neigungswinkel. Wenn wir uns dabei die Angaben für den Bereich Q4 in der Tabelle 7.3 ansehen, stellen wir fest, dass der Wert für die Z-Achse in diesem Viertel zwischen *0* und *fMaximalNeigung* liegen muss. Da wir uns an Position 60 innerhalb des vierten Viertels des Kreises befinden, ergibt sich zur Berechnung der Z-Achse die folgende Formel:

```
0 + (60 * (20.0f / 90.0f)) = 13,3333333333
```

Bei der Position 60 innerhalb des vierten Kreisviertels ist der Wert für die Z-Achse also 13,33333. In gleicher Weise berechnen wir auch den Wert der X-Achse. Dabei haben wir festgelegt, dass der Wert dieser Achse in diesem Viertel zwischen *–fMaximalNeigung* und *0* liegt. Daraus ergibt sich zur Berechnung des X-Wertes diese Gleichung:

```
-20.0f + (60 *(20.0f / 90.0f)) = -6,6666666666666667
```

Durch die dynamische Berechnung dieser beiden Winkel (wie in diesem Beispiel erläutert) ist es uns möglich, eine nahezu gleich bleibende Neigung des Spielers in jede Blickrichtung zu realisieren. Wir erhalten dadurch den Effekt, dass es so aussieht, als würde sich unser Spielobjekt sozusagen »in die Kurve legen«.

Genau wie die Neigung nach rechts, können wir mit dieser Methode auch die Neigung nach links bestimmen. Zu diesem Zweck müssen wir nur die Berechnungsgrundlage innerhalb der einzelnen Kreisviertel ändern. Diese geänderten Werte haben wir in Tabelle 7.4 aufgeführt.

Viertel	X-Achse	Z-Achse
Q1	0 → –fMaximalNeigung	–fMaximalNeigung → 0
Q2	–fMaximalNeigung → 0	0 → fMaximalNeigung
Q3	0 → fMaximalNeigung	fMaximalNeigung →0
Q4	fMaximalNeigung → 0	0 → –fMaximalNeigung

Tabelle 7.4 Maximal- und Minimalwerte der Achsen in den einzelnen Kreisvierteln bei einer Linksdrehung

Die eigentlichen Berechnungen funktionieren dabei aber genauso wie bei der vorhergegangenen Neigungsbestimmung. Wir haben dazu lediglich die Berechnung der Neigung in den jeweiligen Kreisvierteln an die Angaben der Tabelle 7.4 anpasst.

```
if (Drehrichtung == GEPLAYERDIRECTION_LEFT){
  int tmpVD = (int)m_GameData.Player.ViewDirection;

  if(m_GameData.Player.ViewDirection >= 0 && m_GameData.Player.ViewDirection < 90){

    m_GameData.Player.SimpleMesh.MeshProperties.RotateZ((-1 * fMaximalNeigung) +
                                            (tmpVD * fNeigungsSchritt));
    m_GameData.Player.SimpleMesh.MeshProperties.RotateX((0 -
                                            (tmpVD * fNeigungsSchritt)));

  }else if(m_GameData.Player.ViewDirection >= 90 &&
                                  m_GameData.Player.ViewDirection < 180){
    tmpVD -= 90;
    m_GameData.Player.SimpleMesh.MeshProperties.RotateZ((0 +
                                            (tmpVD * fNeigungsSchritt)));
    m_GameData.Player.SimpleMesh.MeshProperties.RotateX((-1 * fMaximalNeigung) +
                                            (tmpVD * fNeigungsSchritt));

  }else if(m_GameData.Player.ViewDirection >= 180 &&
                                  m_GameData.Player.ViewDirection < 270){
    tmpVD -= 180;
    m_GameData.Player.SimpleMesh.MeshProperties.RotateZ((fMaximalNeigung -
```

Listing 7.19 *FrameMovePlayerAndCamera*: Berechnung der Linksneigung des Spielers

```
                                            (tmpVD * fNeigungsSchritt)));
     m_GameData.Player.SimpleMesh.MeshProperties.RotateX((0 +
                                            (tmpVD * fNeigungsSchritt)));

   }else if(m_GameData.Player.ViewDirection >= 270 &&
                                    m_GameData.Player.ViewDirection < 360){
     tmpVD -= 270;
     m_GameData.Player.SimpleMesh.MeshProperties.RotateZ((0 -
                                    (tmpVD  * fNeigungsSchritt)));
     m_GameData.Player.SimpleMesh.MeshProperties.RotateX((fMaximalNeigung -
                                    (tmpVD * fNeigungsSchritt)));
   }
}
```

Listing 7.19 *FrameMovePlayerAndCamera*: Berechnung der Linksneigung des Spielers *(Fortsetzung)*

Um den Unterschied zu verdeutlichen, wollen wir genau das gleiche Beispiel wie bei der Rechtsneigung auch bei der Linksneigung ausrechnen. Wir gehen also wieder davon aus, dass sich der Blickwinkel des Spielers bei 330 Grad befindet. Genau wie im vorhergehenden Beispiel ziehen wir wieder 270 ab und erhalten die Position 60 im vierten Quadranten des Kreises. Diesen Wert setzen wir dann in die beiden Gleichungen ein. Bei der Z-Achse ergibt sich dadurch die folgende Gleichung:

```
0 -   (60  * (20.0f / 90.0f)) = -13,3333333333
```

Und für die Berechnung des X-Wertes ergibt sich folgende Formel:

```
20.0f - (60 *(20.0f / 90.0f)) = 6,6666666666666667
```

Sie sehen, dass wir zwar die gleichen Zahlen herausbekommen, die Vorzeichen sich jedoch verändert haben. Dies zeigt, dass sich diese Berechnung der Neigung wahrscheinlich auch eleganter lösen ließe, wir aber lieber den ausführlichen Weg gewählt haben, um Ihnen unsere Denkweise bei der Berechnung der Neigung ein wenig näher zu bringen.

Damit wäre die Steuerung und die Bewegung unseres Spielerobjekts abgeschlossen. Wir wollen im nächsten Abschnitt noch kurz die Handhabung der Kameraposition innerhalb unseres Projektes erläutern, bevor wir zum nächsten wichtigen Objekt in unserer Applikation kommen, dem Schuss des Spielers.

Kamera setzen

Wir haben für unser Projekt festgelegt, dass die Kamera unserem Spielerobjekt immer mit einem festen Abstand folgen soll. Dabei befindet sich die Kamera nicht nur hinter dem Objekt, sondern auch über ihm. Diese Position verschafft uns eine ideale Sicht über das Geschehen vor dem Spielobjekt und kurz dahinter. In der Abbildung 7.10 sehen Sie eine seitliche Ansicht des Spielerobjekts sowie die schematische Darstellung der Kameraperspektive.

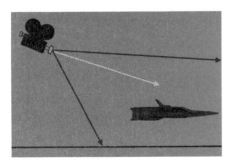

Abbildung 7.10 Schematische Darstellung der Kameraposition und des Spielerobjekts

In der Abbildung sind alle benötigten Vektoren zur Festlegung der Kameraoptionen sichtbar gemacht worden. Der Punkt innerhalb des Kameraobjektives stellt dabei die Position der Kamera innerhalb des Projektes dar. Im Sourcecode haben wir dazu innerhalb der Struktur *m_GameData* den *D3DXVECTOR3*-Vektor *vEyePt* definiert. Der helle Pfeil in der Grafik stellt den Vektor *vLookatPt* dar. Dieses Objekt ist ebenfalls in der Struktur *m_GameData* definiert und wird im weiteren Verlauf der Funktion die Positionskoordinaten aufnehmen, auf die unser Kamera-Objekt sehen soll. Den dritten Vektor *vUpVec*, den wir benötigen, haben wir innerhalb der Grafik nicht dargestellt. Dieses *D3DXVECTOR3*-Objekt stellt den Wert da, der der Kamera mitteilt, wo innerhalb des Direct3D-Device oben ist. Mit Hilfe dieser drei Vektoren wollen wir nun die beiden Matrix-Objekte berechnen, mit der die Kameraposition dynamisch bestimmt werden kann:

```
m_GameData.vEyePt = new D3DXVECTOR3(5.0f,5.0f,5.0f );
m_GameData.vLookatPt = new D3DXVECTOR3( 0.0f, 2.5f, 0.0f);
m_GameData.vUpVec = new D3DXVECTOR3(0.0f, 1.0f, 0.0f);
```

Listing 7.20 *GameMainInit*: Erstes Festlegen der benötigten Vektoren

Innerhalb der Funktion *GameMainInit* der *GameMainRoutines*-Klasse initialisieren wir die angesprochenen *D3DXVECTOR3*-Objekte zum ersten Mal. Da wir innerhalb der Struktur *m_GameData* nicht die Vektoren, sondern nur einen Zeiger auf einen Vektor speichern, müssen wir an dieser Stelle zusätzlich das Schlüsselwort *new* einfügen, um die Vektoren zu erstellen.

Nach der Erstellung der Vektor-Objekte können wir diese zunächst wieder vergessen. Wir benötigen sie bei der gesamten Initialisierung unseres Projekts nicht mehr, sondern treffen das nächste Mal erst in der Funktion *FrameMovePlayerAndCamera* auf unsere Vektoren. Hier kommen sie direkt anschließend nach der Bestimmung der Position des Spielers zum Einsatz, um die *ViewMatrix* und die *ProjektionsMatrix* unseres Direct3D-Device zu bestimmen und somit die Kamera der Spielsituation anzupassen. Dazu erstellen wir zunächst zwei temporäre *D3DXMATRIXA16*-Objekte, die wir zur Berechnung der beiden angesprochenen Matrizen benötigten. Zunächst berechnen wir die *ProjektionsMatrix* mit Hilfe des Befehls *D3DXMatrixPerspectiveFovLH*. Dieser Befehl legt den Bereich fest, der für den Benutzer der Applikation zu sehen sein soll. Es wird sozusagen die Größe des Bildausschnittes bestimmt, der dem Spieler später angezeigt werden soll.

Nach der Berechnung des ersten benötigten Matrix-Objekts bestimmen wir zunächst den Vektor neu, in dem wir die Koordinaten speichern, auf die das Kamera-Objekt ausgerichtet werden soll. Wir bestimmen mit dem Vektor *vLookatPt* die Position, die unsere Kamera im Fokus haben soll. Wir brauchen dabei aber nur die X- und Y-Koordinaten des Vektors neu bestimmen, da wir bei der Erstellung des Vektors den Y-Teil auf *2.5f* eingestellt haben und dieser sich über das gesamte Spiel nicht ändern muss. Wir bestimmen dabei die beiden Werte mit Hilfe der Position des Spieler-Meshs, da wir dieses ja immer im Blickfeld haben wollen.

```
D3DXMATRIXA16 matView;
D3DXMATRIXA16 matProj;

D3DXMatrixPerspectiveFovLH( &matProj,
                            D3DX_PI/3,
                            ((float)m_GameData.DeviceSettings.wndWidth /
                            m_GameData.DeviceSettings.wndHeight),
                            1.0f,
                            200.0f );

m_GameData.vLookatPt->x = m_GameData.Player.SimpleMesh.MeshProperties.GetXPosition();
m_GameData.vLookatPt->z = m_GameData.Player.SimpleMesh.MeshProperties.GetZPosition();

float tempFloat = (FLOAT)(m_GameData.Player.CameraPosition * GEFLOATRADN);
m_GameData.vEyePt->x = (7*(float)sin((float)tempFloat)) +
                        m_GameData.Player.SimpleMesh.MeshProperties.GetXPosition();
m_GameData.vEyePt->z = (7*(float)cos((float)tempFloat)) +
                        m_GameData.Player.SimpleMesh.MeshProperties.GetZPosition();

// Kamera festlegen
D3DXMatrixLookAtLH( &matView,
                    m_GameData.vEyePt,
                    m_GameData.vLookatPt,
                    m_GameData.vUpVec );

m_GameData.pd3dDevice->SetTransform( D3DTS_PROJECTION, &matProj );
m_GameData.pd3dDevice->SetTransform( D3DTS_VIEW, &matView );
```

Listing 7.21 *FrameMovePlayerAndCamera*: Setzen der Kamera-Parameter

Danach berechnen wir die Position der Kamera. Dies erledigen wir mit Hilfe des Wertes *CameraPosition* der *Player*-Struktur. Wir berechnen dabei einen Kreisbogen rund um die Position unseres Spielerobjekts und platzieren die Kamera auf diesem Bogen an der in der Variablen *CameraPosition* angegebenen Position. Wir verfügen nun über alle drei Vektoren, die zur Bestimmung der *ViewMatrix* unseres Device notwendig sind. Wir berechnen die Matrix mit Hilfe des Befehls *D3DXMatrixLookAtLH* und übergeben die beiden Matrix-Objekte direkt anschließend mit dem Befehl *SetTransform* an unser Device.

Damit ist die Bestimmung der Kameraposition innerhalb des Projekts abgeschlossen und wir können uns direkt wieder interessanteren Dingen zuwenden. Bis jetzt kann unser Spielerobjekt nur innerhalb des Spielfeldes umherfliegen und wir können ihm dabei zusehen. Das wird aber mit der Zeit ziemlich langweilig und wir würden uns doch etwas mehr Action wünschen. Zu diesem Zweck werden wir als Nächstes unserem Spielerobjekt die Möglichkeit verschaffen, einen Schuss abzugeben.

Der Schuss

Auch bei der Integration des Schuss-Objekts in unser Projekt setzen wir wieder auf den Einsatz eines Mesh-Objekts. Mit dessen Hilfe ist es uns ganz leicht möglich, mit allen bisher gezeigten Techniken ein präzises Schuss-Objekt für unser Projekt zu realisieren.

Die Abbildung 7.11 zeigt eine Szene mit den integrierten Schuss-Mesh-Objekten, ausgehend vom Spielerobjekt und einigen Gegner-Objekten. Dies ist das Ziel der Einfügung der Schuss-Objekte. Wie wir zu diesem Ziel gelangen, wollen wir uns jetzt ansehen

Abbildung 7.11 Szene mit verschiedenen Schuss-Mesh-Objekten

Schuss-Mesh laden

Beim Laden des Schusses gehen wir genauso vor, wie beim Einfügen des Spielerobjekts in unser Projekt. Wir laden das Schuss-Mesh mit der Funktion *LoadMeshFile* der *CGEMesh*-Klasse und sind damit auch schon fast am Ende der Initialisierung angelangt.

```
HRESULT hrLoadShot;
hrLoadShot = m_GameData.Shot.SimpleMesh.LoadMeshFile(m_GameData.pd3dDevice,
                                       "Meshes\\shot.x");
if(FAILED(hrLoadShot)){
  MessageBox(NULL,"Error shot mesh ","shot mesh",MB_OK);
  exit(0);
}

// Initialise Needed Parameters
m_GameData.Shot.SimpleMesh.MeshProperties.SetYPosition(1.0f);
```

Listing 7.22 *GameMainInit*: Mesh-Objekt für den Schuss laden

Die einzige zusätzliche Einstellung, die wir außer dem Laden des Meshs benötigen, ist die Festlegung der Y-Position des Schusses. Diese muss auch hier wieder auf den Wert *1.0f* festgelegt werden, damit sich das Schuss-Objekt genau wie das Spielerobjekt in der gewünschten Spielebene befindet.

Schuss-Mesh behandeln

Die eigentliche Berechnung und Behandlung des Schuss-Meshs befindet sich wieder in unserer zentralen Funktion *FrameMovePlayerAndCamera* innerhalb der *GameMainRoutines*-Klasse. Der erste Schritt bei dieser Berechnung ist zunächst die Abfrage, ob überhaupt ein Schuss abgegeben werden soll. Dies stellen wir fest, indem wir die linke Maustaste der Standard-Systemmaus auswerten. Dazu lesen wir erneut den Buffer *GEInputMouseState* unserer *Input*-Klasse aus. Der Buffer hat an der Position *0* des Arrays *rgbButtons* den aktuellen Status der linken Maustaste gespeichert. Hat der Benutzer die linke Maustaste gedrückt, überprüft die Funktion als Nächstes, ob nicht bereits ein Schuss des Spielers auf dem Spielfeld vorhanden ist. Dies stellen wir fest, indem wir den Wert der Gültigkeitsdauer des Schusses im Spiel überprüfen. Ist dieser Wert kleiner oder gleich 0, dann ist auf dem Spielfeld kein Spieler-Schuss mehr vorhanden und wir können einen neuen Schuss erstellen. Zur Initiierung des nächsten Schusses müssen wir an dieser Stelle zunächst die Lebensdauer des neuen Objekts festlegen. Anschließend bestimmen wir die Startposition des Schusses, indem wir die aktuelle Position des Spielerobjekts für die Schussposition innerhalb der *Player*-Struktur übernehmen.

```
if((m_GameData.Input.GEInputMouseState.rgbButtons[0] & 0x80)){
    if (m_GameData.Player.iShotDurability <= 0){
        // Lebensdauer Schuss
        m_GameData.Player.iShotDurability = 700;
        // Schussposition festlegen
        m_GameData.Player.vShotPosition.x =
                        m_GameData.Player.SimpleMesh.MeshProperties.GetXPosition();
        m_GameData.Player.vShotPosition.z =
                        m_GameData.Player.SimpleMesh.MeshProperties.GetZPosition();

        // Schussrichtung festlegen
        float ShotFloat = (FLOAT)(m_GameData.Player.ViewDirection * GEFLOATRADN);
        m_GameData.Player.vShotDirection.x = (float)sin((float)ShotFloat) *
                                        m_GameData.Utilities.Speed.S50;
        m_GameData.Player.vShotDirection.z = (float)cos((float)ShotFloat) *
                                        m_GameData.Utilities.Speed.S50;

        . . .

    }
}
```

Listing 7.23 *FrameMovePlayerAndCamera*: Initiieren des nächsten Schusses des Spielers

Das letzte Element, das wir bestimmen müssen, ist die Richtung des Schusses. Wir haben festgelegt, dass die Richtung des Schusses durch die Blickrichtung des Spielers im Moment der Schussabgabe bestimmt wird. Dazu berechnen wir mit der Variablen *ViewDirection* der *Player*-Struktur den Wert, um den sich die Schuss-Position bei jeder neuen Berechnung eines Frames verändern soll. Dieser Wert wird der Schussposition in den nächsten 700 Frames hinzuaddiert. Damit wäre die Initialisierung des nächsten Schusses abgeschlossen und das Objekt auf den Weg gebracht. Innerhalb der nächsten 700 Frames müssen wir nun nur noch die einmal eingeschlagene Richtung weiterführen und die nächsten Positionen des Schusses berechnen.

```
// Schuss weiterführen
if (m_GameData.Player.iShotDurability > 0){
    m_GameData.Player.iShotDurability -= 1;
    m_GameData.Player.vShotPosition.x += m_GameData.Player.vShotDirection.x;
    m_GameData.Player.vShotPosition.z += m_GameData.Player.vShotDirection.z;

    . . .

}

m_GameData.Shot.SimpleMesh.MeshProperties.SetXPosition(
                        m_GameData.Player.vShotPosition.x);
m_GameData.Shot.SimpleMesh.MeshProperties.SetZPosition(
                        m_GameData.Player.vShotPosition.z);
```

Listing 7.24 *FrameMovePlayerAndCamera*: Weiterführen des Schusses des Spielerobjekts

Zur Weiterführung des Schusses addieren wir im weiteren Verlauf der Funktion so lange den Wert der Variablen *vShotDirection* zu der Variablen *vShotPosition* der *Player*-Struktur, wie der Wert der Variablen *iShotDurability* größer *0* ist. Dabei wird bei jeder Neuberechnung der Position von der Variablen *iShotDurability* der Wert subtrahiert. Wir stellen so sicher, dass der Schuss nicht endlos lange vorhanden ist und der Spieler sich den Gegnern nähern muss, um sie mit einem Schuss zu erreichen. Zum Schluss übergeben wir die errechnete Position dem *Shot*-Mesh-Objekt und haben damit die Berechnung des Spieler-Schusses abgeschlossen. An dieser Stelle haben wir bewusst auf einige Sourcecode-Zeilen verzichtet, da sie nicht direkt mit dem Schuss-Objekt zu tun haben, sondern dieses grafisch und audiotechnisch aufwerten. Diese Zeilen werden wir aber später im Kapitel noch aufgreifen und näher erläutern.

Den ersten Gegner einfügen

Die Objekte, die wir bis jetzt in unser Projekt eingebunden haben, sind zwar schon ganz ansehnlich, aber zu einem richtigen Spiel fehlt uns noch etwas. Denn was ist schon ein Spiel ohne einen Gegner? Wir könnten sonst nur bis in alle Ewigkeit mit unserem Spielerobjekt in der Spielwelt herumfliegen und hier und da mal einen Schuss in die Umgebung abgeben. Deshalb wollen wir an dieser Stelle auch zusehen, dass wir schnellstmöglich einige weitere Objekte bzw. ein paar Gegner in unsere Spielwelt einbinden. In Abbildung 7.12 greifen wir diesem Abschnitt schon ein wenig vor und Sie sehen den ersten eingefügten Gegner direkt vor unserem Spielerobjekt auftauchen.

Abbildung 7.12   Der erste Gegner vor dem Spielerobjekt

Auch beim Integrieren der Gegner setzen wir in unserem Projekt auf ein einfaches Mesh-Objekt, um an dieser Stelle auch einen möglichst schnellen Erfolg zu erzielen. Wir binden also auf gewohnte Weise das Mesh-Objekt des Gegners mit dem *LoadMeshFile*-Befehl ein. Im Gegensatz zu den bisherigen Mesh-Objekten verwenden wir aber bei unserem Gegner die *ProgressiveMesh*-Technik. Dazu erstellen wir gleich nach dem Laden der Mesh-Datei mit dem Befehl *CreateProgressiveMesh* die einzelnen Detailstufen des Meshs, mit denen wir nachher im weiteren Verlauf arbeiten wollen.

```
if(FAILED(m_GameData.Gegner[0].SimpleMesh.LoadMeshFile(m_GameData.pd3dDevice,
                                          "Meshes\\cannon_new.x"))){
  MessageBox(NULL,"Error gegner mesh ","player mesh",MB_OK);
  exit(0);
}

if(FAILED(m_GameData.Gegner[0].SimpleMesh.CreateProgressiveMesh(m_GameData.pd3dDevice,
                          m_GameData.Gegner[0].SimpleMesh.GetSimpleMesh()))){
  MessageBox(NULL,"Error create progressive mesh ","progressive mesh",MB_OK);
  exit(0);
}

m_GameData.Gegner[0].SimpleMesh.SetRenderLevel(8);
m_GameData.Gegner[0].SimpleMesh.RadiusFullMeshQuality = 20.0f;
m_GameData.Gegner[0].SimpleMesh.RadiusHalfMeshQuality = 40.0f;
m_GameData.Gegner[0].SimpleMesh.RadiusLowMeshQuality = 60.0f;
m_GameData.Gegner[0].DesiredViewDirection = 0;
m_GameData.Gegner[0].ViewDirection = 0;
m_GameData.Gegner[0].Alive  = true;
m_GameData.Gegner[0].iShotDurability = 0;
```

Listing 7.25 *GameMainInit*: Ersten Gegner einfügen

Nach der Erstellung der einzelne LOD-Meshes müssen wir dann nur noch die Grundinitialisierung der weiteren benötigten Variablen der Gegner-Struktur vornehmen. Zunächst bestimmen wir mit dem Befehl *SetRenderLevel* der *CGEMesh*-Klasse, dass das Gegner-Objekt standardmäßig mit der kleinsten Detailstufe gerendert werden soll. Danach legen wir die Radien fest, in denen sich die Darstellung der Meshes ändern soll, wenn sich das Spielerobjekt nähert. Dabei haben wir drei Stufen festgelegt. Solange sich der Spieler mehr als 60 Einheiten von dem Gegner-Objekt entfernt aufhält, wird das Gegner-Mesh mit der niedrigsten Detailstufe (*Level of Detail*) dargestellt. Beim Näherkommen des Spielers erhöht sich diese Stufe dann immer um den Wert 2. Wenn er zwischen 60 und 40 Einheiten entfernt ist, wird beim Gegner-Mesh die Detailstufe 6 gerendert. Ab dem Radius 40 wird dann die Stufe 4 eingesetzt. Wird bei der Annäherung des Spielerobjekts an das Gegner-Mesh der Radius 20 unterschritten, wird dieses in bester Qualität dargestellt.

```
for (int i = 0; i< m_GameData.GegnerCount;i++){
  if (m_GameData.Gegner[i].Alive != false){
    m_GameData.Gegner[i].SimpleMesh.RenderProgressive(m_GameData.pd3dDevice);
    if(m_GameData.Gegner[i].iShotDurability > 0){
      m_GameData.GegnerShot[i].SimpleMesh.Render(m_GameData.pd3dDevice);
      m_GameData.GegnerEffektShot[i].RenderPointSprites( m_GameData.pd3dDevice);
    }
  }
}
```

Listing 7.26 Rendern: Darstellen aller Objekte rund um den Gegner

Das Rendern des Objekts geschieht dabei, wie schon bei den anderen Mesh-Objekten, in der *Render*-Funktion der Klasse *GameMainRoutines*. Da es sich aber bei dem Gegner-Mesh um das einzige *ProgressiveMesh* handelt, wird dieses nicht wie gewohnt einfach mit der *Render*-Funktion der *Mesh*-Klasse dargestellt, sondern wir nutzen in diesem Fall die Funktion *RenderProgressive* der besagten Klasse. Anschließend überprüfen wir noch den Status der jeweiligen Schüsse der Gegner-Objekte und stellen diese gegebenenfalls dar.

Somit haben wir die Initialisierung des ersten Gegners abgeschlossen. Das soll uns aber an dieser Stelle nicht reichen, denn ein einziger Gegner ist eigentlich gar kein Gegner. Wir haben deshalb alle Funktionen rund um das Gegner-Objekt so gestaltet, dass wir die Anzahl der Gegner frei definieren und diese auch jeweils frei handeln können.

Duplizieren der Gegner

Wir wollten das Projekt also so gestalten, dass wir die Gegneranzahl ohne Probleme frei definieren können. Zu diesem Zweck haben wir die Struktur _Player und die darin enthaltene Klasse CGEMesh so gestaltet, dass sie alle benötigten Informationen und Daten intern speichern. Wir brauchen somit nur noch zwei Variablen, um alle eingesetzten Gegner-Objekte zu organisieren. Diese beiden Variablen sind zum ersten ein Integerwert, in dem wir die maximale Anzahl der Gegner festlegen, und das zweite Objekt ist ein Zeiger auf eine Instanz der _Player-Struktur.

```
int GegnerCount;
_Player * Gegner;
```

Bei der Initialisierung der Klasse GameMainRoutines müssen wir nun mit Hilfe dieser beiden Variablen nur noch die gewünschte Anzahl der Gegner-Objekte festlegen. Dazu übergeben wir der Variablen m_Game Data.GegnerCount den Maximalwert der gegnerischen Objekte, die erstellt werden sollen, und benutzen diesen Wert sofort anschließend, um mit dem Operator new den Zeiger m_GameData.Gegner, ein Array aus _Player-Strukturen, zuzuweisen.

```
m_GameData.GegnerCount = 30;
m_GameData.Gegner = new _Player[m_GameData.GegnerCount];
```

Listing 7.27 *GameMainRoutines*: Festlegen der Gegneranzahl

Nachdem wir die Speicherplätze für die einzelnen Gegner-Objekte angelegt haben, müssen wir diese nur noch mit Leben füllen, d.h. wir werden den einzelnen Elementen des Arrays Mesh-Informationen zuweisen und danach seine Position auf dem Spielfeld bestimmen. Wir nutzen dazu, wie immer im weiteren Verlauf des Kapitels, eine *for*-Schleife, um alle Gegner-Objekte nacheinander zu behandeln. Damit wir nicht bei jedem Gegner-Mesh wieder die kompletten Mesh-Informationen mitsamt Texturen und Materialien aus einer Datei einlesen müssen, haben wir uns entschieden, die kompletten Daten des ersten Gegner-Objekts auch für die anderen Gegner zu kopieren. Wir nutzen dazu den Befehl *memcpy*, um das erste Element des Arrays Gegner in alle weiteren Speicherplätze zu kopieren. Hierzu haben wir noch eine *if*-Abfrage eingefügt, da es unsinnig wäre, den ersten Gegner in sich selber zu kopieren. Danach hat sich auch schon die Gleichförmigkeit der Gegner erledigt. Ab jetzt werden wir die einzelnen Gegner immer individuell berechnen und behandeln. Dies geschieht zunächst, indem wir allen Elementen eine eigene Position und Blickrichtung auf dem Spielfeld zuweisen:

```
int XPos, ZPos;

for (int i = 0; i< m_GameData.GegnerCount;i++){
  if(i>0){
    memcpy(&m_GameData.Gegner[i],&m_GameData.Gegner[0],sizeof(m_GameData.Player));
  }
```

Listing 7.28 *GameMainInit*: Initialisierung der Gegner-Objekte

```
  m_GameData.Gegner[i].SimpleMesh.MeshProperties.SetYPosition(0.0f);

  // calculate x Position
  XPos = (int) m_GameData.Utilities.CreateRandom(MinField.x,MaxField.x);
  m_GameData.Gegner[i].SimpleMesh.MeshProperties.SetXPosition((float)XPos);

  // calculate z Position
  ZPos = (int) m_GameData.Utilities.CreateRandom(MinField.z,MaxField.z);
  m_GameData.Gegner[i].SimpleMesh.MeshProperties.SetZPosition((float)ZPos);

  // set view direction
  m_GameData.Gegner[i].DesiredViewDirection =
                            m_GameData.Utilities.CreateRandom(0.0f,359.0f);
}
```

Listing 7.28 *GameMainInit*: Initialisierung der Gegner-Objekte *(Fortsetzung)*

Bei der Festlegung dieser Koordinaten setzen wir dabei komplett auf den Zufall. Wir nutzen die Funktion *CreateRandom* der Klasse *CGEUtilities*, um jeweils einen zufälligen *float*-Wert innerhalb der angegebenen Grenzen zu erhalten. Diese Grenzen sind bei der Festlegung der Position die beiden Vektoren *MinField* und *MaxField*, in denen wir vorher die Grenzen unseres Spielfeldes hinterlegt hatten. Die so ermittelten Werte werden dann den jeweiligen Mesh-Objekten zugewiesen. Am Ende der Routine bestimmen wir noch die gewünschte Blickrichtung der einzelnen Array-Elemente. Diese liegt dabei zwischen *0* und *359* Grad und wird in der Variablen *DesiredViewDirection* der einzelnen Objekte gespeichert. Dies bedeutet, dass sich die Gegner sofort am Anfang des Spieles direkt in diese Richtungen drehen werden.

Somit hätten wir mit nur wenigen Befehlen aus einem einzigen Gegner eine ganze Schar von Gegnern gemacht, die unserem Spielerobjekt im Verlaufe des Spieles durchaus Kopfzerbrechen bereiten können. Aber zu unseren Gegner gehört nicht nur das Initialisieren der Objekte, sondern wir müssen die einzelnen Gegner auch während jedes neuen Frames berechnen. Die Vorgehensweise zur Behandlung der einzelnen Gegner-Objekte werden wir uns im nächsten Abschnitt ansehen.

Berechnung der Gegner

An dieser Stelle haben sich also die Gegner mehr oder weniger gleichmäßig auf dem Spielfeld verteilt und möchten unser Spielerobjekt so schnell wie möglich wieder aus dem Spiel werfen. Dabei werden die Gegner genau wie der Spieler bei jedem Frame neu berechnet. Wir haben also in die Funktion zur generellen Berechnung des nächsten Frames die folgende *for*-Schleife mit eingebaut. Diese Schleife zählt einen Integerwert bis zur maximalen Anzahl der Gegner durch und benutzt diesen Indexwert zum Aufruf der Funktion *Frame-MoveGegner*, die dann anschließend die Berechnung für den Gegner mit dem übergebenen Index durchführt:

```
for (int i = 0; i< m_GameData.GegnerCount;i++){
  FrameMoveGegner(i);
}
```

Listing 7.29 *FrameMove*: Berechnen aller Gegner

Diese Berechnung der einzelnen Objekte fängt dabei ziemlich unspektakulär an. Das Erste, was wir innerhalb der Funktion *FrameMoveGegner* machen, ist die Überprüfung, ob der boolesche Wert *Alive* der aktuellen Gegner-Struktur den Wert *false* besitzt. Ist dies der Fall, ist das Gegner-Objekt im Verlauf des Spieles bereits zerstört worden und wir brauchen es an dieser Stelle nicht erneut zu berechnen. Die Funktion wird daraufhin umgehend verlassen. Wurde der Gegner hingegen noch nicht getroffen, und besitzt die Variable *Alive* den Wert *true*, gehen wir direkt zur ersten Aufgabe bei der Berechnung des Gegners über. Dabei müssen wir ermitteln, mit welcher Qualität das *ProgressiveMesh*-Objekt des aktuellen Gegners innerhalb des Rendervorgangs dargestellt werden soll:

```
VOID GameMainRoutines::FrameMoveGegner(int i){

  if (m_GameData.Gegner[i].Alive == false){
    return;
  }
  ...

  // Renderqualität festlegen

  float DistanceToPlayer;
  D3DXVECTOR3 PlayerPosition =
            D3DXVECTOR3 (m_GameData.Player.SimpleMesh.MeshProperties.GetXPosition(),
                         m_GameData.Player.SimpleMesh.MeshProperties.GetYPosition(),
                         m_GameData.Player.SimpleMesh.MeshProperties.GetZPosition());

  m_GameData.Gegner[i].SimpleMesh.CheckDistance(PlayerPosition,&DistanceToPlayer);

  m_GameData.Gegner[i].SimpleMesh.SetRenderLevel(8);

  if (DistanceToPlayer <= m_GameData.Gegner[i].SimpleMesh.RadiusLowMeshQuality){
    m_GameData.Gegner[i].SimpleMesh.SetRenderLevel(6);
  }

  if (DistanceToPlayer <= m_GameData.Gegner[i].SimpleMesh.RadiusHalfMeshQuality){
    m_GameData.Gegner[i].SimpleMesh.SetRenderLevel(4);
  }

  if (DistanceToPlayer <= m_GameData.Gegner[i].SimpleMesh.RadiusFullMeshQuality){
    m_GameData.Gegner[i].SimpleMesh.SetRenderLevel(0);
  }
```

Listing 7.30 *FrameMoveGegner*: Festlegen der Render-Qualität des aktuellen Gegner-Objekts

Damit wir die Qualität der Darstellung des Meshes bestimmen können, benötigen wir zunächst die Position des Spielerobjekts, da wir die Qualität des Gegner-Meshes von der Entfernung zum Spieler abhängig machen wollen. Wir erstellen also zunächst ein *D3DXVECTOR3*-Objekt, in dem wir die Position des Spielers speichern. Diesen Vektor übergeben wir zusammen mit einem Zeiger auf einen *float*-Wert an die Funktion *CheckDistance* der *CGEMesh*-Klasse. Dieser Befehl ermittelt den Abstand zwischen dem Gegner und dem Spieler und gibt diesen im zweiten Parameter der Funktion wieder zurück. Da Sie diese Routine bis jetzt noch nicht kennen gelernt haben, wollen wir uns ihre Funktion im folgenden Exkurs einmal genauer ansehen.

Bei der Funktion *CheckDistance* handelt es sich um eine eher einfache Funktion, die uns aber einen wichtigen Dienst erweist. Mit ihrer Hilfe können wir feststellen, in welcher Entfernung voneinander sich zwei Vektoren befinden. Diese Information können wir dann weiterverarbeiten, um z.B. die Render-Qualität eines Objekts festzulegen oder um die Sichtweite eines Objekts zu überprüfen:

```
void CGEMesh::CheckDistance(D3DXVECTOR3 CheckObject, float * Distance){
  D3DXVECTOR3 ownPosition = D3DXVECTOR3(this->MeshProperties.GetXPosition(),
                                        this->MeshProperties.GetYPosition(),
                                        this->MeshProperties.GetZPosition());
  D3DXVECTOR3 result;
  D3DXVec3Subtract(&result,&ownPosition,&CheckObject);
  *Distance = D3DXVec3Length(&result);
return;
```

Listing 7.31 *CheckDistance*: Feststellen der Entfernung zwischen zwei Vektoren

Die Funktion ist in der Klasse *CGEMesh* integriert. Sie ist so angelegt, dass immer die Entfernung des aktuellen Meshs zu einem übergebenen *D3DXVECTOR3*-Objekt berechnet wird. Dazu müssen wir als Erstes die Position des aktuellen Meshs bestimmen und in einem Vektor speichern. Danach benötigen wir noch einen temporären Vektor, der anschließend mit der Funktion *D3DXVec3Subtract* gefüllt wird. So haben wir den Vektor bestimmt, der den Abstand der beiden Eingangs-Vektoren darstellt. Damit wir diesen Abstand leichter bearbeiten können, berechnen wir direkt anschließend die Länge des Ergebnis-Vektors und geben diese Länge als Ergebnis der Berechnung an die aufrufende Funktion zurück.

D3DXVec3Subtract-Funktion

Subtrahiert zwei *D3DXVECTOR3*-Objekte

```
D3DXVECTOR3 *D3DXVec3Subtract(D3DXVECTOR3 *pOut,
                              CONST D3DXVECTOR3 *pV1,
                              CONST D3DXVECTOR3 *pV2);
```

pOut   Die Variable *pOut* stellt einen Zeiger auf ein *D3DXVECTOR3*-Objekt dar. Dieses Objekt enthält nach der Abarbeitung des Befehles das Ergebnis.

pV1   Der zweite Parameter stellt ebenfalls einen Zeiger auf das *D3DXVECTOR3*-Element dar. Dabei ist dieser aber als Konstante deklariert und kann nicht geändert werden.

pV2   Der dritte Parameter entspricht dem zweiten Parameter

Die Funktion liefert im ersten Parameter *pOut* einen Zeiger auf ein *D3DXVECTOR3*-Objekt zurück, das die Differenz der beiden übergebenen Vektoren enthält.

Anmerkung:
Der Rückgabewert der Funktion ist der gleiche Wert, der auch im Parameter *pOut* gespeichert wird. Deshalb kann die Funktion *D3DXVec3Subtract* auch als Parameter einer neuen Funktion dienen.

D3DXVec3Length-Funktion

Die Funktion liefert die Länge des übergebenen 3D-Vektors zurück

```
FLOAT D3DXVec3Length( CONST D3DXVECTOR3 *pVec );
```

pVec   Der einzige Parameter der Funktion ist das zu berechnende *D3DXVECTOR3*-Objekt

Als Rückgabewert liefert die Funktion einen *float*-Wert, der die Länge des Vektors darstellt.

Nachdem Sie nun wissen, wie sich die Entfernung der einzelnen Gegner-Objekte zum Spieler-Mesh bestimmen lässt, wollen wir mit dem Festlegen der Render-Qualität fortfahren. In der Variablen *DistanceToPlayer* hat die Funktion *CheckDistance* die Entfernung des Gegners zum Spielerobjekt gespeichert. Diese Variable werten wir nun im weiteren Verlauf der Funktion aus. Zunächst setzen wir die Qualität des Gegner-Meshs jedoch auf die niedrigste Stufe, da diese Stufe immer dann gerendert werden soll, wenn der Spieler außerhalb der Reichweite des Gegners ist. Direkt anschließend überprüfen wir die drei vorher festgelegten Radien, die die Qualitätsstufe des Meshs bestimmen sollen. Wird bei der Überprüfung ein gültiger Vergleich festgestellt, wird der zugeordnete Render-Level dargestellt.

Nach der Festlegung der Qualitätsstufe des Meshs können wir nun darangehen, die Bewegung des Meshs zu realisieren. Dabei basiert die Bewegung zunächst nur auf einer rein zufälligen Drehung des Gegners um die eigene Y-Achse:

```
if((int)m_GameData.Gegner[i].DesiredViewDirection ==
                              (int)m_GameData.Gegner[i].ViewDirection ){

  int Bewegungsrichtung = (int) m_GameData.Utilities.CreateRandom( -10.0f,10.0f);

  // Neue Zielrichtung eingeben
  if (Bewegungsrichtung >= 0){
    m_GameData.Gegner[i].DesiredViewDirection += fBewegungsSchritt;
  }else if(Bewegungsrichtung < 0){
    m_GameData.Gegner[i].DesiredViewDirection -= fBewegungsSchritt;
  }
}

// 360°<->0° bei Zielrichtung behandeln
if (m_GameData.Gegner[i].DesiredViewDirection>360){
  m_GameData.Gegner[i].DesiredViewDirection = 0;
}else if (m_GameData.Gegner[i].DesiredViewDirection < 0 ){
  m_GameData.Gegner[i].DesiredViewDirection = 360;
}
```

Listing 7.32 *FrameMoveGegner*: Festlegung der neuen Bewegungsrichtung

Wir überprüfen dabei als Erstes, ob die letzte gewünschte Bewegung des Gegners bereits abgeschlossen ist. Ist dies der Fall, treffen wir als Nächstes die Entscheidung, in welche Richtung sich das Gegner-Objekt als Nächstes drehen soll. Dabei bestimmen wir eine Zufallszahl zwischen –10 und 10 und speichern diese in der Variablen *Bewegungsrichtung*. Diese Variable bestimmt anschließend, in welche Richtung sich der Gegner drehen soll. Ist der Wert der Variablen positiv, ist die nächste Bewegung des Meshs eine Rechtsdrehung. Hat die Variable hingegen einen negativen Wert, wird eine Drehung nach Links eingeleitet. Da wir auch hier wieder mit Gradangaben arbeiten, müssen wir an dieser Stelle wie gewohnt den Übergang zwischen *0* und *360* Grad in beiden Richtungen abfangen.

Nach der Bestimmung der Drehrichtung müssen wir diese Drehung nun mit dem Mesh-Objekt durchführen. Dabei gehen wir ähnlich der Drehung vor, die Sie schon bei der Drehung des Spieler-Meshes kennen gelernt haben. Die eigentliche Drehung wird über die Variable *Drehrichtung* bestimmt. Diese Variable wird zunächst mit der Konstante initialisiert, deren Wert wir als »Nicht-Drehung« definiert haben. Nun können wir mit der eigentliche Drehung beginnen und überprüfen zunächst, ob sich die gewünschte Blickrichtung von der aktuellen Blickrichtung unterscheidet. Ist dies nicht der Fall, werden am Ende der *if*-Schleife alle Variablen so eingestellt, dass es bei diesem Durchlauf der Berechnung unseres Gegners zu keiner Drehung kommt. Unterscheiden sich hingegen die beiden Blickrichtungen, steht nichts mehr im Wege, die Drehung durchzuführen.

Nach der generellen Feststellung, ob sich die beiden Positionen auf dem Kreisbogen rund um das Gegner-Objekt unterscheiden, ermitteln wir als Nächstes, ob die gewünschte Sichtrichtung kleiner ist als die aktuelle Richtung. Ist dies der Fall, müssen wir einen Bewegungsschritt nach links ausführen. Ob wir diese Drehung wirklich nach links ausführen müssen, oder doch lieber nach rechts, weil der Weg kürzer wäre, überprüfen wir direkt anschließend. Bei einer gewünschten Drehung größer 180 Grad soll sich der Gegner nicht nach links drehen, sondern in die andere Richtung, da diese Drehung kürzer ist. Wir haben somit bestimmt, in welche Richtung sich der Gegner drehen soll. Jetzt brauchen wir nur noch festzulegen, wie schnell oder besser gesagt, wie weit dieser Schritt sein soll. Dazu benutzen wir wieder eine Konstante der *Speed*-Struktur der *CGEUtilities*-Klasse:

```
int Drehrichtung = GEPLAYERDIRECTION_AHEAD;
int PositionsDelta = 0;

// Drehrichtung einleiten
if((int)m_GameData.Gegner[i].DesiredViewDirection !=
                                    m_GameData.Gegner[i].ViewDirection ){
  if((int)m_GameData.Gegner[i].DesiredViewDirection <
                                    m_GameData.Gegner[i].ViewDirection ){
    // Drehrichtung überprüfen
    PositionsDelta = (int)m_GameData.Gegner[i].DesiredViewDirection -
                                (int)m_GameData.Gegner[i].ViewDirection;
    if( PositionsDelta < -180){
        fRotate = m_GameData.Utilities.Speed.R16x;
        Drehrichtung = GEPLAYERDIRECTION_LEFT;
    }else{
        fRotate = (-1) * m_GameData.Utilities.Speed.R16x;
        Drehrichtung = GEPLAYERDIRECTION_RIGHT;
    }
  }else{
  // Drehrichtung überprüfen
  PositionsDelta = (int)m_GameData.Gegner[i].DesiredViewDirection -
                              (int)m_GameData.Gegner[i].ViewDirection;
    if( PositionsDelta > 180){
        fRotate = (-1)* m_GameData.Utilities.Speed.R16x;
        Drehrichtung = GEPLAYERDIRECTION_RIGHT;
    }else{
        fRotate = m_GameData.Utilities.Speed.R16x;
        Drehrichtung = GEPLAYERDIRECTION_LEFT;
    }
  }
}else{
  // Geradeaus
```

Listing 7.33 *FrameMoveGegner*: Durchführung der gewünschten Drehung

```
  fRotate = 0;
  Drehrichtung = GEPLAYERDIRECTION_AHEAD;
}

// Mesh Neue aktuelle Richtung festlegen
m_GameData.Gegner[i].ViewDirection+=fRotate;
if (m_GameData.Gegner[i].ViewDirection > 360.0f){
  m_GameData.Gegner[i].ViewDirection = 0;
}else if(m_GameData.Gegner[i].ViewDirection < 0.0f){
  m_GameData.Gegner[i].ViewDirection = 360;
}

// Gegner Blickrichtung setzen

m_GameData.Gegner[i].SimpleMesh.MeshProperties.AngleY(
                    (float)m_GameData.Gegner[i].ViewDirection * GEFLOATRADN);
```

Listing 7.33 *FrameMoveGegner*: Durchführung der gewünschten Drehung *(Fortsetzung)*

Den Wert dieses Strukturelements speichern wir in der Variablen *fRotate*, um mit Hilfe dieses *float*-Wertes anschließend die neue Blickrichtung festzulegen. Dazu addieren wir diesen Wert einfach zu der aktuellen Blickrichtung des Objekts. Anschließend folgt die unvermeidbare Überprüfung der Gradzahl und ganz am Ende schließlich die Übergabe des Wertes an das Mesh-Objekt des aktuellen Gegners.

Somit haben wir die Berechnung eines Gegner-Objekts abgeschlossen. Der Gegner dreht sich nun im Spiel um seine eigene Y-Achse und versucht, den Spieler zu orten. Doch nur das reine Bewegen und Warten, dass das Spielerobjekt vorbeikommt, ist doch nicht das, was wir uns unter einem interessanten Spiel vorstellen. Wir haben deshalb den Gegner-Objekten auch noch die Möglichkeit gegeben, sich gegen den Spieler zu wehren. Dazu haben wir den Gegnern die gleichen Mittel an die Hand gegeben, wie unserem Spielerobjekt. Die Gegner können sich mittels eines Schusses gegen unseren Spieler verteidigen. Die Einbindung dieser Möglichkeit geschieht in der gleichen Funktion *FrameMoveGegner* wie die Berechnung des Gegners, und soll im nächsten Abschnitt unser Thema sein.

Die Schüsse der Gegner

Bevor wir uns die Funktion *FrameMoveGegner* weiter ansehen, wollen wir noch kurz erwähnen, dass wir auch bei diesen Schuss-Objekten auf Instanzen der Struktur *_Player* setzen. Diese Instanzen fassen wir in einem Array zusammen. Als Objekt zum Zugriff auf die einzelnen Arrayelemente nutzen wir einen Zeiger auf das Array:

```
_Player * GegnerShot;
```

Dieses Array initialisieren wir in der Funktion *GameMainRoutines* und weisen diesem als Arrayelemente die Menge der gewünschten Anzahl an Gegner-Objekten zu, die wir vorher ja schon in der Variablen *Gegner-Count* gespeichert hatten:

```
m_GameData.GegnerShot = new _Player[m_GameData.GegnerCount];
```

Beim Füllen des Arrays *GegnerShot* setzen wir auf den Einsatz von Kopien eines bereits vorhandenen Objekts. Nur verzichten wir diesmal sogar darauf, das erste Objekt aus einer Datei zu laden, sondern kopieren einfach das Objekt, das wir vorher schon als Schuss-Objekt für den Spieler geladen und initialisiert hatten:

```
// Copy Shot for Enemies
for (int i = 0; i< m_GameData.GegnerCount;i++){
  memcpy(&m_GameData.GegnerShot[i],&m_GameData.Shot,sizeof(m_GameData.Player));
  m_GameData.GegnerShot[i].SimpleMesh.MeshProperties.SetYPosition(1.0f);
}
```

Listing 7.34 *GameMainInit*: Kopieren der Objekte für die gegnerischen Schüsse

Zum Kopieren der einzelnen Elemente nutzen wir den *memcpy*-Befehl in Zusammenarbeit mit einer *for*-Schleife, die alle Elmente des Arrays durchläuft. Nach dem Kopieren der einzelnen Elemente wird jedem Element dann noch die Y-Position *1.0f* zugewiesen, damit auch diese Objekte im Verlauf des Projektes in der gewünschten Spielfeldebene agieren.

Nach dieser kurzen Erläuterung, wie wir die gegnerischen Schüsse erstellt haben und diese im weiteren Verlauf verwalten wollen, kommen wir wieder zurück zur Funktion *FrameMoveGegner*, in der wir die eigentliche Verwaltungsarbeit für die Schüsse vornehmen werden. Dabei müssen wir folgende Arbeitsschritte beachten: Zunächst müssen wir feststellen, ob vom aktuellen Gegner noch ein Schuss auf dem Spielfeld existiert. Anschließend können wir dann einen neuen Schuss einleiten und zu guter Letzt diesen Schuss bei jedem neuen Render-Durchlauf neu berechnen.

Wir starten also mit der Abfrage, ob der letzte Schuss des Objekts bereits komplett ausgeführt wurde. Erst wenn dieses der Fall ist, können wir einen neuen Schussvorgang initiieren. Um eine gewisse Unregelmäßigkeit in die Schussabfolge der einzelnen Gegner-Objekte zu bekommen, haben wir die Wahrscheinlichkeit für die Auslösung eines neuen Schusses etwas verringert. Wir lassen von der Funktion *CreateRandom* eine Zufallszahl zwischen −10.000 und 100 bestimmen. Wenn die ermittelte Zahl größer 0 ist, wird im weiteren Verlauf der Funktion ein Schuss ausgelöst. Wir erhalten dadurch eine Wahrscheinlichkeit von 100 zu 1, dass während der Berechnung des neuen Frames ein Schuss ausgelöst wird. Nachdem wir festgelegt haben, dass ein neuer Schuss erstellt werden soll, legen wir direkt die Dauer fest, die sich dieser neue Schuss maximal auf dem Spielfeld befinden soll. Anschließend legen wir die Ausgangsposition des Schusses fest, indem wir einfach die X- und Z-Position des aktuellen Gegner-Meshs übernehmen. Zu guter Letzt müssen wir noch festlegen, in welche Richtung sich der Schuss von der gerade festgelegten Position entfernen soll. Wir benutzen zur Berechnung der Richtung die Blickrichtung des aktuellen Gegner-Objekts und, wie gehabt, eine Konstante der Struktur *Speed* der *Utilities*-Klasse. Mit diesen beiden Werten berechnen wir die Schrittweite, die der Schuss in jedem Frame zurücklegen soll.

```
// Schuss initiieren
if (m_GameData.Gegner[i].iShotDurability <= 0){
  // Zufällig festlegen, ob geschossen werden soll
  int Zufallsschuss = (int) m_GameData.Utilities.CreateRandom(-10000.0f,100.0f);

  if (Zufallsschuss > 0){
    // Lebensdauer Schuss
    m_GameData.Gegner[i].iShotDurability = 500;

    // Schuss Position festlegen
    m_GameData.Gegner[i].vShotPosition.x =
                        m_GameData.Gegner[i].SimpleMesh.MeshProperties.GetXPosition();
```

Listing 7.35 *GegnerFrameMove*: Behandlung des Schussobjektes, des aktuellen Gegner-Objektes

```
     m_GameData.Gegner[i].vShotPosition.z =
                     m_GameData.Gegner[i].SimpleMesh.MeshProperties.GetZPosition();

     // Schuss Richtung festlegen
     float ShotFloat = (FLOAT)(m_GameData.Gegner[i].ViewDirection  * GEFLOATRADN);

     m_GameData.Gegner[i].vShotDirection.x = (float)sin((float)ShotFloat) *
                                       m_GameData.Utilities.Speed.S100;
     m_GameData.Gegner[i].vShotDirection.z = (float)cos((float)ShotFloat) *
                                       m_GameData.Utilities.Speed.S100;


     . . .

     }
   }
}


// Schuss weiterführen
if (m_GameData.Gegner[i].iShotDurability > 0){
  m_GameData.Gegner[i].iShotDurability -= 1;

  m_GameData.Gegner[i].vShotPosition.x += m_GameData.Gegner[i].vShotDirection.x;
  m_GameData.Gegner[i].vShotPosition.z += m_GameData.Gegner[i].vShotDirection.z;

  . . .


}

m_GameData.GegnerShot[i].SimpleMesh.MeshProperties.SetXPosition(
                              m_GameData.Gegner[i].vShotPosition.x);

m_GameData.GegnerShot[i].SimpleMesh.MeshProperties.SetZPosition(
                              m_GameData.Gegner[i].vShotPosition.z);
}
```

Listing 7.35 *GegnerFrameMove*: Behandlung des Schussobjektes, des aktuellen Gegner-Objektes *(Fortsetzung)*

Nach der Initialisierung des Schusses, die nur einmal pro Schussdauer ausgeführt wird, sehen wir uns jetzt noch die Funktionen an, die während eines jeden Frames innerhalb der Haltbarkeit des Schusses ausgeführt werden. Diese Funktionen sind dabei wieder sehr simpel. Zuerst verkürzen wir die Lebensdauer des Schusses um den Wert 1, danach addieren wir die berechnete Schrittweite zur aktuellen Position des Schusses. Am Ende der Routine *GegnerFrameMove* übergeben wir die berechnete Position des Schusses zum Rendern an das aktuelle *GegnerShot*-Objekt. Wir haben an dieser Stelle an zwei Positionen (gekennzeichnet durch »…«) einige Sourcecode-Zeilen ausgeblendet. Diese Funktionen dienen zur Berechnung der Effekte und des Sounds des Schusses. Diese wollen wir etwas später in diesem Buch noch erklären. Mit der Fertigstellung der Funktion *GegnerFrameMove* haben wir nun schon ein ansehnliches Spielgeschehen in unserem Projekt geschaffen. Wir haben eine frei definierbare Anzahl von Gegnern und ein vollständig steuerbares Spieler-Mesh. Alle Objekte sind dabei in der Lage, auf seinen Gegner zu schießen. Es steht also einem ersten Spiel nichts im Wege.

Abbildung 7.13 Spielfeld mit Spieler, Gegnern und Schüssen

Wenn Sie das Projekt an dieser Stelle starten würden, wäre die Überraschung sicherlich groß. Sie könnten nämlich mit Ihrem Alter Ego über das Spielfeld fliegen und auch auf Ihre Gegner schießen, aber es würde nichts passieren. Auch wenn ein Gegner Ihr Spielerobjekt treffen würde, hätte das keine Konsequenzen zur Folge, denn an dieser Stelle haben wir zwar alle Objekte dargestellt und berechnet, aber nur jedes Objekt für sich. Es fehlt die Interaktion der einzelnen Objekte untereinander. Um dieses Zusammenspiel der einzelnen Elemente wollen wir uns im nächsten Abschnitt kümmern. Dabei wollen wir sicherstellen, dass die Berührung zweier Objekte im Spiel auch eine Reaktion nach sich zieht.

Kollision im Spiel

Das Ziel dieses Abschnittes ist es, die Kollision zwischen zwei Objekten auf dem Spielfeld zu ermitteln und darauf zu reagieren. Dabei müssen wir drei unterschiedliche Spielsituationen überprüfen. Als Erstes wäre da unser Spielerobjekt. Dieses müssen wir auf zwei Arten der Kollision überprüfen. Zunächst einmal die wahrscheinlichste Methode, die Kollision eines feindlichen Geschosses mit unserem Spieler, danach noch die Situation, wenn der Spieler gegen ein Gegner-Objekt fliegt und dadurch sein Leben im Spiel aushaucht. Das letzte Kollisionsereignis wäre dann noch das Treffen des Spieler-Schusses auf einen Gegner, wodurch dieser dann sein Leben im Spiel verliert.

Nachdem Sie bereits weiter vorne im Buch in den Grundlagen der Kollision verschiedene Methoden zur Kollisionserkennung kennen gelernt haben, wollen wir an dieser Stelle klären, welche dieser Techniken in unserem Projekt eingesetzt werden kann.

Alle Objekte, die wir überprüfen wollen, haben wir in unser Projekt als eine Instanz der Klasse *CGEMesh* eingefügt. Wir müssen also eine Kollisionsabfrage zweier *CGEMesh*-Instanzen untereinander realisieren. Zu diesem Zweck haben wir eine der einfachsten Kollisionserkennungen in die Klasse integriert. Wir nutzen innerhalb der Klasse die so genannte *Axis-Aligned BoundingBox* (AABB) zur Erkennung der Kollision zweier Elemente. Zur Erkennung der Berührung zweier Objekte gehen wir dazu in zwei Schritten vor. Zunächst berechnen wir für jede Instanz der Klasse die erwähnte *BoundingBox* innerhalb der Weltmatrix des

Direct3D-Device. Dazu benutzen wir den DirectX-Befehl *D3DXComputeBoundingBox*. Anschließend überprüfen wir diese Box auf eine eventuelle Kollision mit den Boxen der anderen Objekte. Bevor wir jedoch zur Erklärung der gesamten Funktion kommen, möchten wir bereits an dieser Stelle einige DirectX-Befehle erklären, die Ihnen im weiteren Verlauf der Routine begegnen werden.

Da wäre zunächst die Funktion zur Berechnung der BoundingBox des Mesh-Objekts. Diese benötigen wir als Grundstein für alle weiteren Berechnungen innerhalb unserer Kollisionsabfrage. Zum besseren Verständnis haben wir hier die Syntax dieses Befehls aufgeführt.

D3DXComputeBoundingBox-Funktion

Erstellt eine achsenorientierte BoundingBox des gewählten Mesh-Objekts

```
HRESULT WINAPI D3DXComputeBoundingBox(const D3DXVECTOR3 *pFirstPosition,
                                      DWORD NumVertices,
                                      DWORD dwStride,
                                      D3DXVECTOR3 *pMin,
                                      D3DXVECTOR3 *pMax);
```

pFirstPosition	Die erste Variable der Funktion beinhaltet einen Zeiger auf die erste Position des Vertex-Buffers, in dem die ermittelte Box gespeichert werden soll
NumVertices	Im Parameter *NumVertices* wird die maximale Anzahl der zu berücksichtigenden Vertices des Meshs an die Funktion übergeben
dwStride	Mit diesem Parameter wird die Größe der Vertices innerhalb des Meshs festgelegt
pMin	Dieser Zeiger auf eine *D3DXVECTOR3*-Struktur enthält nach dem Abschluss des Befehls den Vektor der linken unteren Ecke der BoundingBox
pMax	*pMax* stellt, wie der Parameter *pMin*, einen Zeiger auf ein *D3DXVECTOR3*-Element dar. Dieses enthält am Ende der Funktion die rechte obere Ecke der BoundingBox.

Diese Funktion liefert nach erfolgreicher Abarbeitung die Konstante *D3D_OK* zurück. Wenn der Befehl fehlschlägt, ist ein möglicher Rückgabewert *D3DERR_INVALIDCALL*. Damit wird angezeigt, dass einer der übergebenen Parameter ungültig ist.

Der nächste Befehl, dem Sie begegnen werden, ist der Befehl *D3DXVec3TransformCoord*. Dieser Befehl hilft uns dabei, die Koordinaten der Objekt-Matrix des Meshs in dessen Koordinaten innerhalb der Welt-Matrix zu konvertieren.

D3DXVec3TransformCoord-Funktion

Berechnet ein *D3DXVECTOR3*-Objekt als Ergebnis aus der Berechnung des übergebenen 3D-Vektors und der übergebenen Matrix

```
D3DXVECTOR3 *WINAPI D3DXVec3TransformCoord(D3DXVECTOR3 *pOut,
                                           CONST D3DXVECTOR3 *pV,
                                           CONST D3DXMATRIX *pM);
```

pOut	Der erste Parameter der Funktion ist ein Zeiger auf ein *D3DXVECTOR3*-Objekt, das das Ergebnis der Berechnung enthält
pV	Die Variable *pV* enthält den Vektor, der durch die Funktion mit der Matrix kombiniert werden soll

pM   Der Parameter *pM* ist die *D3DXMATRIX*-Struktur, die zur Kombination der beiden Elemente genutzt werden soll

Als Rückgabeparameter liefert die Funktion einen Zeiger auf den berechneten Vektor. Dies ermöglicht es, dass diese Funktion auch als Parameter bei dem Aufruf einer weiteren Funktion dienen kann.

An dieser Stelle wollen wir noch eine Struktur vorstellen, die uns im Laufe der Funktion *ComputeBoundingBoxEx* begegnen wird. Zur Erstellung der Vertex-Buffer innerhalb der Routine haben wir in der *CGEMesh*-Klasse ein eigenes Vertex-Buffer-Format erstellt. Mit Hilfe dieses so genannten *Flexible Vertex Format* (FVF) werden wir die Vertex-Buffer der beiden BoundingBoxes erstellen und im späteren Verlauf des Projektes auch darstellen.

FVF Vertex Buffers

```
#define FVF_CUBEVERTEX (D3DFVF_XYZ | D3DFVF_DIFFUSE)

struct CUBEVERTEX {
  D3DXVECTOR3 pos;
  DWORD colour;
  CUBEVERTEX(){}
  CUBEVERTEX(float x, float y, float z){
    this->pos.x = x;
    this->pos.y = y;
    this->pos.z = z;
  }
  CUBEVERTEX(D3DXVECTOR3 vec){
    this->pos.x = vec.x;
    this->pos.y = vec.y;
    this->pos.z = vec.z;
  }
};
```

Die Konstante *FVF_CUBEVERTEX* ist eine Kombination aus den Vertex-Dataflags, die wir im weiteren Verlauf benutzen wollen, um die benötigten Vertex-Buffer zu initialisieren. Dabei bestimmt diese Konstante, dass unser Vertex-Format einen Positionsvektor und eine Diffuse-Farbe enthält.

Die Struktur *CUBEVERTEX* enthält nicht nur die beiden benötigten Objekte für die Position und die Farbe, wir haben darüber hinaus noch zwei Konstruktor-Funktionen hinzugefügt, damit wir innerhalb des Projekts *CUBEVERTEX*-Objekte auf komfortable Weise erstellen können.

Dabei setzen wir in unserer Klasse nicht allein auf den DirectX-Befehl zur Berechnung der BoundingBox. Der Befehl *D3DXComputeBoundingBox* stellt eher die Basis zur Berechnung des Objekts innerhalb unserer Klasse dar. Bedingt durch die Handhabung der Objekt-Matrix innerhalb unserer Klasse wird bei der Nutzung dieses Befehles nicht die AABB des Meshs berechnet, sondern dessen *Object Oriented BoundigBox* (OBB). In der Abbildung 7.14 sehen Sie den Unterschied zwischen den beiden erwähnten Objekten. Dabei bildet die *OBB* die transparente Box direkt um das Spielerobjekt, und die *AABB* wird als *Wireframe*-Objekt mit den eingezeichneten Achsen dargestellt.

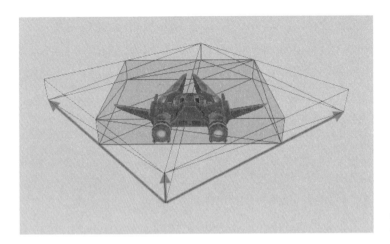

Abbildung 7.14 Spielerobjekt mit der
AABB- und *OBB*-BoundingBox

Die Umrechnung der *Object BoundingBox* in die gewünschte *Axis-Alinged BoundingBox* haben wir in die Funktion *ComputeBoundingBoxEx* innerhalb der *CGEMesh*-Klasse integriert. Dabei haben wir in dieser Funktion nicht nur die Berechnung der Box sichergestellt. Zum besseren Debuggen und um das ganze Thema besser darstellen zu können, haben wir auch dafür gesorgt, dass innerhalb der Funktion noch zwei Vertex-Buffer-Objekte berechnet werden, mit denen wir die beiden Boxen auch innerhalb des Spieles darstellen können.

ComputeBoundingBoxEx

Somit hat die Funktion *ComputeBoundingBoxEx* drei bzw. vier Aufgaben. Als Erstes berechnen wir mit dem DirectX-Befehl die BoundingBox unseres Objekts. Anschließend rechnen wir die Koordinaten dieser Box in die passenden Koordinaten innerhalb der Welt-Matrix um. Mit den so erhaltenen Koordinaten erstellen wir dann nacheinander einen Vertex-Buffer zur Darstellung der OBB, den dazugehörenden Index-Buffer und abschließend einen weiteren Vertex-Buffer für die Darstellung des AABB.

Beginnen wir mit der Erklärung dieser, für die Kollision unseres Projekts wichtigen Funktion. Zunächst stellen wir alle Informationen und Variablen zusammen, die wir für die Ausführung des Befehles *D3DXComputeBoundingBox* benötigen. Dies wären zunächst die Anzahl der Vertices innerhalb des Mesh-Objekts. Wir speichern diese in der Variablen *NumVertices*. Direkt anschließend bestimmen wir die Größe jedes dieser Vertex-Objekte. Die Größe speichern wir in der *DWORD*-Variablen *dwStride*. Nach der Festlegung der Eingangswerte der Funktion erstellen wir danach die Objekte, die die berechneten Informationen aufnehmen sollen. Dazu benötigen wir zwei *D3DXVECTOR3*-Objekte und einen Zeiger auf ein ebensolches Objekt. Den Zeiger *verts* benutzen wir dann umgehend, um einen Speicherbereich für einen Vertex-Buffer zu blocken. Diesen Vertex-Buffer übergeben wir anschließend an die Funktion zum Erstellen der Bounding-Box. Nach der Ausführung des Befehls geben wir den geblockten Speicher wieder frei.

```
HRESULT   CGEMesh::ComputeBoundingBoxEx(LPDIRECT3DDEVICE9 pd3dDevice){
  HRESULT hr = S_OK;

  DWORD NumVertices = m_pD3DXMesh->GetNumVertices();
  DWORD dwStride = m_pD3DXMesh->GetNumBytesPerVertex();
```

Listing 7.36 *ComputeBoundingBoxEx*: Berechnen der BoundingBox des Mesh-Objekts

```
// BoundingBox berechnen
D3DXVECTOR3 *verts;
D3DXVECTOR3    min;
D3DXVECTOR3    max;
m_pD3DXMesh->LockVertexBuffer(D3DLOCK_READONLY, (void**)&verts);

hr=D3DXComputeBoundingBox(verts,
                          NumVertices,
                          dwStride,
                          &min,
                          &max);

m_pD3DXMesh->UnlockVertexBuffer();
```

Listing 7.36 *ComputeBoundingBoxEx*: Berechnen der BoundingBox des Mesh-Objekts *(Fortsetzung)*

Durch die Nutzung einer eigenen Objekt-Matrix innerhalb der Mesh-Klasse benötigen wir von den ermittelten Informationen nur die beiden Vektoren *min* und *max*. Diese beiden Vektoren stellen die Ecken links unten und rechts oben der BoundingBox dar. Aus diesen beiden Vektoren erstellen wir anschließend die erste BoundingBox und einen dazu passenden Vertex-Buffer zur Darstellung. Zunächst deklarieren wir zwei Arrays des Typs *CUBEVERTEX*. Diese werden uns im weiteren Verlauf bei der Berechnung der benötigten Elemente behilflich sein. Da wir bis jetzt nur zwei Vektoren der gewünschten BoundingBox haben, aber einen kompletten Kasten zur Darstellung der Box haben möchten, müssen wir mit den vorhandenen Vektoren alle anderen Vektoren der Box bestimmen. Wir müssen sozusagen alle Ecken der Box ermitteln und speichern. Dazu weisen wir den einzelnen Elementen des Arrays *m_objectBounds* eine Kombination der x-, y- und z-Werte der beiden Vektoren *min* und *max* zu. Diese Kombinationen der beiden Vektoren bestimmen dabei die Ecken der BoundingBox.

```
CUBEVERTEX m_worldBounds[8];  //global
CUBEVERTEX m_objectBounds[8]; //local

m_objectBounds[0].pos.x = min.x;
m_objectBounds[0].pos.y = min.y;
m_objectBounds[0].pos.z = min.z;

m_objectBounds[1].pos.x = min.x;
m_objectBounds[1].pos.y = min.y;
m_objectBounds[1].pos.z = max.z;

m_objectBounds[2].pos.x = max.x;
m_objectBounds[2].pos.y = min.y;
m_objectBounds[2].pos.z = max.z;

m_objectBounds[3].pos.x = max.x;
m_objectBounds[3].pos.y = min.y;
m_objectBounds[3].pos.z = min.z;

m_objectBounds[4].pos.x = min.x;
m_objectBounds[4].pos.y = max.y;
m_objectBounds[4].pos.z = min.z;

m_objectBounds[5].pos.x = min.x;
m_objectBounds[5].pos.y = max.y;
m_objectBounds[5].pos.z = max.z;
```

Listing 7.37 *ComputeBoundingBoxEx*: Berechnen der OBB und Festlegen des Vertex-Buffers zur Darstellung (Teil 1)

```
m_objectBounds[6].pos.x = max.x;
m_objectBounds[6].pos.y = max.y;
m_objectBounds[6].pos.z = max.z;

m_objectBounds[7].pos.x = max.x;
m_objectBounds[7].pos.y = max.y;
m_objectBounds[7].pos.z = min.z;

// Globale Position der Box berechen
for( int i = 0; i < 8; i++ ){
  D3DXVec3TransformCoord(&m_worldBounds[i].pos,
                         &m_objectBounds[i].pos ,
                         &MeshProperties.GetMatrix());
}
```

Listing 7.37 *ComputeBoundingBoxEx*: Berechnen der OBB und Festlegen des Vertex-Buffers zur Darstellung (Teil 1) *(Fortsetzung)*

Wie bereits erwähnt, setzen wir bei unseren Mesh-Objekten eine eigene Art der Matrix-Verwaltung ein. Wir haben eine zusätzliche Klasse zur Handhabung der Matrixeigenschaften des Objekts geschaffen und dabei das eigentliche Mesh von der Welt-Matrix getrennt. Dies bietet uns bei vielen Aufgaben rund um das Mesh einige Vorteile, müssen aber dazu an dieser Stelle eine zusätzliche Rechnung einfügen und die gerade erstellte BoundingBox noch in die Welt-Matrix umrechnen. Dazu benutzen wir den Befehl *D3DXVec3TransformCoord*. Dieser macht aus jeder unserer Ecken des Kastens eine Position in der Welt-Matrix in unserem Direct3D-Device.

Von diesen neu berechneten Koordinaten nehmen wir das erste und siebte Element und setzen diese Koordinaten gleich der *Object Oriented BoundingBox* des Meshs innerhalb der Welt-Matrix. Die Nutzung dieser beiden Informationen ist zwar zurzeit leider noch nicht implementiert, wir sind damit aber auf die Zukunft der *CGEMesh*-Klasse vorbereitet, da wir der Klasse noch weitere Möglichkeiten implementieren wollen.

```
OBBmin = m_worldBounds[0].pos;
OBBmax = m_worldBounds[6].pos;

CUBEVERTEX* pVertices;

if (m_VertexBuffer == NULL){
  pd3dDevice->CreateVertexBuffer(8*sizeof(CUBEVERTEX),
                                 D3DUSAGE_WRITEONLY,
                                 FVF_CUBEVERTEX,
                                 D3DPOOL_MANAGED,
                                 &m_VertexBuffer,
                                 NULL );
}

hr = m_VertexBuffer->Lock( 0, 0, (void**)&pVertices, 0 );

memcpy(pVertices,&m_worldBounds, sizeof(m_worldBounds));

m_VertexBuffer->Unlock();

// Box speichern
memcpy(&OrientedBoundingBox,pVertices, sizeof(OrientedBoundingBox));
```

Listing 7.38 *ComputeBoundingBoxEx*: Berechnen der OBB und Festlegen des Vertex-Buffers zur Darstellung (Teil 2)

Als Nächstes legen wir den Vertex-Buffer zur Darstellung der OBB an. Dazu nutzen wir erneut die Funktion *CreateVertexBuffer*. Mit Hilfe dieser Funktion erstellen wir innerhalb der *CGEMesh*-Klasse eine klassenweite Variable zur Darstellung der BoundingBox. Dabei wird dieser Befehl nur beim ersten Durchlauf der Funktion *ComputeBoundingBoxEx* ausgeführt, um einen Vertex-Buffer zu erstellen. Bei allen anderen nachfolgenden Durchläufen wollen wir an dieser Stelle keinen neuen Buffer erstellen, sondern den im ersten Durchlauf erstellten Speicherbereich einfach nur verändern. Diese Veränderung erreichen wir mit dem Sperren des Speicherbereichs über den *Lock*-Befehl des Vertex-Buffer-Objekts. Wir sperren den Speicher des Vertex-Buffers dadurch für die Bearbeitung durch unsere Funktion. Danach kopieren wir die Kantenpositionen des OBB in den gerade gesperrten Speicherbereich und geben den Buffer direkt anschließend wieder mit dem *Unlock*-Befehl frei. Somit hätten wir alle Ecken der BoundingBox zur Darstellung während des Renderns des Objekts vorbereitet. Wir möchten aber nicht nur die acht Punkte zeichnen, sondern eine komplette Box. Zu diesem Zweck benötigen wir zusätzlich zum Vertex-Buffer der Box noch einen passenden Index-Buffer. Dieser Index-Buffer speichert die Informationen, die benötigt werden, um aus den Punkten Polygone bzw. Faces zu machen. Wir speichern in diesem Buffer also hintereinander weg, welche drei Ecken der BoundingBox jeweils ein Polygon ergeben. Zur Realisierung des Index-Buffers müssen wir, genau wie bei dem Vertex-Buffer, zunächst einen Buffer mit dem Befehl *CreateIndexBuffer* erstellen, den Speicherbereich für die Bearbeitung sperren und mit den einzelnen Informationen füllen.

```
WORD* indices=NULL;
if(m_IndexBuffer == NULL){
  pd3dDevice->CreateIndexBuffer(36 * sizeof(WORD),
                                D3DUSAGE_WRITEONLY,
                                D3DFMT_INDEX16,
                                D3DPOOL_MANAGED,
                                &m_IndexBuffer, NULL);
}

hr = m_IndexBuffer->Lock( 0, 0, (void**)&indices, 0 );

// front side
indices[0]  = 0; indices[1]  = 1; indices[2]  = 2;
indices[3]  = 0; indices[4]  = 2; indices[5]  = 3;

// back side
indices[6]  = 4; indices[7]  = 6; indices[8]  = 5;
indices[9]  = 4; indices[10] = 7; indices[11] = 6;

// left side
indices[12] = 4; indices[13] = 5; indices[14] = 1;
indices[15] = 4; indices[16] = 1; indices[17] = 0;

// right side
indices[18] = 3; indices[19] = 2; indices[20] = 6;
indices[21] = 3; indices[22] = 6; indices[23] = 7;

// top
indices[24] = 1; indices[25] = 5; indices[26] = 6;
indices[27] = 1; indices[28] = 6; indices[29] = 2;

// bottom
indices[30] = 4; indices[31] = 0; indices[32] = 3;
indices[33] = 4; indices[34] = 3; indices[35] = 7;

m_IndexBuffer->Unlock();
```

Listing 7.39 *ComputeBoundingBoxEx*: Erstellen des Index-Buffers zur Darstellung der BoundingBoxes

Beim Füllen des Index-Buffers übergeben wir dem Speicher dabei immer die Indizes der Koordinaten der Box, die ein Polygon ergeben sollen. Also zum Beispiel die beiden Polygone der Frontseite der Box. Diese werden zum einen aus den Koordinaten der Ecken 0, 1 und 2 gebildet, und zum anderen aus denen der Ecken 0, 2 und 3. Damit haben wir dann nicht nur die Möglichkeit, die Ecken der Box darzustellen, sondern auch die Kanten der Box.

Dabei wird dann die Darstellung der Box in der *RenderEx*-Funktion der *CGEMesh*-Klasse durchgeführt. Dieses geschieht über den Befehl *DrawIndexedPrimitive* unter Benutzung der Einstellung *D3DPT_TRIANGLELIST*. Diese Funktion wollen wir uns aber später noch einmal kurz ansehen. Zunächst müssen wir noch die zweite BoundingBox im Bund ansehen. Die *Axis-Aligned BoundingBox* können wir aus der *Object Oriented Bounding-Box* ermitteln. Da sich die OBB immer innerhalb der AABB befinden wird, müssen wir nur den jeweils größten Wert einer Achse der OBB ermitteln und diesen Maximal-Wert der AABB zuweisen. Da wir die Koordinaten der OBB immer noch in dem Array *m_worldBounds* gespeichert haben, verwenden wir diese Informationen direkt zur Ermittlung der AABB des Mesh-Objekts.

Wir erweitern dabei die Ausdehnung der AABB innerhalb des Direct3D-Device immer weiter, ausgehend von der linken unteren Ecke der OBB. Um dies zu realisieren, initialisieren wir die beiden Vektoren *min* und *max* mit den Koordinaten dieser Ecke. Danach durchlaufen wir mit einer *for*-Schleife alle anderen Elemente des Arrays *m_worldBounds*. Dabei überprüfen wir, ob das jeweilige Element auf einer der drei Achsen größer als der aktuelle Wert der Achse in der Variablen *max* ist oder ob eine der Achsen kleiner als der aktuelle Wert der Achse in der Variablen *min* ist. Ist dies der Fall, wird dieser Wert als neuer Achsenwert Achse in *min* oder *max* übernommen. Nach Vollendung der Schleife haben wir damit erreicht, dass diesmal in den beiden Vektoren *min* und *max* die Eckpunkte der AABB gespeichert sind. Diese verarbeiten wir dann sogleich weiter im zweiten Vertex-Buffer. Dazu erstellen wir beim ersten Durchlauf einen Vertex-Buffer, den wir anschließend bei allen anderen Durchläufen der Funktion modifizieren. In den Vertex-Buffer erstellen wir ein *CUBEVER-TEX*-Element für jede Ecke der *Axis-Aligned BoundingBox*.

```
min.x=max.x=m_worldBounds[0].pos.x;
min.y=max.y=m_worldBounds[0].pos.y;
min.z=max.z=m_worldBounds[0].pos.z;

for (int i=1;i<8;i++){
   if (m_worldBounds[i].pos.x < min.x) min.x=m_worldBounds[i].pos.x;
   if (m_worldBounds[i].pos.x > max.x) max.x=m_worldBounds[i].pos.x;
   if (m_worldBounds[i].pos.y < min.y) min.y=m_worldBounds[i].pos.y;
   if (m_worldBounds[i].pos.y > max.y) max.y=m_worldBounds[i].pos.y;
   if (m_worldBounds[i].pos.z < min.z) min.z=m_worldBounds[i].pos.z;
   if (m_worldBounds[i].pos.z > max.z) max.z=m_worldBounds[i].pos.z;
}

CUBEVERTEX* pAABBVertices;

if (m_AABBVertexBuffer ==NULL){
   pd3dDevice->CreateVertexBuffer(8*sizeof(CUBEVERTEX),
                       D3DUSAGE_WRITEONLY,
                       FVF_CUBEVERTEX,
                       D3DPOOL_MANAGED,
                       &m_AABBVertexBuffer,
                       NULL );
}
```

Listing 7.40   *ComputeBoundingBoxEx*: Berechnen der AABB und Festlegen des Vertex-Buffers zur Darstellung

```
hr = m_AABBVertexBuffer->Lock( 0, 0, (void**)&pAABBVertices, 0 );

pAABBVertices[0] = CUBEVERTEX(min.x, min.y, min.z);
pAABBVertices[1] = CUBEVERTEX(max.x, min.y, min.z);
pAABBVertices[2] = CUBEVERTEX(max.x, min.y, max.z);
pAABBVertices[3] = CUBEVERTEX(min.x, min.y, max.z);
pAABBVertices[4] = CUBEVERTEX(min.x, max.y, min.z);
pAABBVertices[5] = CUBEVERTEX(max.x, max.y, min.z);
pAABBVertices[6] = CUBEVERTEX(max.x, max.y, max.z);
pAABBVertices[7] = CUBEVERTEX(min.x, max.y, max.z);

m_AABBVertexBuffer->Unlock();

// Box speichern
memcpy(&AxisAlignedBoundingBox,pAABBVertices, sizeof(AxisAlignedBoundingBox));
AABBmin = pAABBVertices[0].pos;
AABBmax = pAABBVertices[6].pos;

m_bolBoundingBoxOK = true;

return hr;
}
```

Listing 7.40 *ComputeBoundingBoxEx*: Berechnen der AABB und Festlegen des Vertex-Buffers zur Darstellung *(Fortsetzung)*

Nach der Freigabe des gesperrten Speichers des Vertex-Buffers müssen wir an dieser Stelle nur noch die beiden Werte für die linke untere Ecke und die rechte obere Ecke der AABB für die weitere Benutzung in unserem Projekt speichern. Dies geschieht in den beiden Vektoren *AABBmin* und *AABBmax*. Daran anschließend setzten wir noch die Variable *m_bolBoundingBoxOK* auf *true* und signalisieren der Klasse damit, dass wir eine BoundingBox berechnet haben und diese – falls gewünscht – auch während der Darstellung des Meshs mitgezeichnet werden kann.

Das war doch gar nicht so schwierig, oder? Wir haben in einer Funktion alle Objekte erstellt, die wir zur Ermittlung einer Kollision im Spiel benötigen, und können diese jetzt ganz bequem in unserem Projekt nutzen. Dabei haben wir nicht nur die eigentlich benötigten Objekte erstellt, sondern auch zwei Objekte, die uns den Unterschied der beiden BoundingBoxes darstellen sowie eine gewisse Möglichkeit zum Debuggen der Kollisionsfunktion geben. Um diese zusätzlichen Optionen darstellen zu können, haben wir eine zweite Render-Funktion in die Klasse *CGEMesh* integriert. Die Funktion *RenderEx* stellt dabei das Mesh-Objekt dar und zusätzlich auch noch die beiden errechneten Boxen. Diese neue Routine wollen wir uns als Nächstes ansehen, aber nur die Funktionen besprechen, die in diesem Zusammenhang neu für Sie sind.

RenderEx

Der erste Teil der Funktion dient dabei einzig und allein der Darstellung des Mesh-Objekts und sollte hinlänglich bekannt sein. Kurz zur Wiederholung möchten wir aber doch noch einmal die einzelnen Schritte zur Darstellung des Meshs skizzieren: Als Erstes legen wir eine temporäre Kopie der Welt-Matrix an. Die aktuelle Position des Meshs übergeben wir anschließend dem Direct3D-Device als neue Welt-Matrix, um die Stelle zu bestimmen, an dem das Mesh gerendert werden soll. Danach werden nacheinander alle Teile des Meshs dargestellt (*DrawSubset*) und die Welt-Matrix wieder auf ihren ursprünglichen Wert zurückgesetzt.

```
HRESULT CGEMesh::RenderEx(LPDIRECT3DDEVICE9 pd3dDevice){
  D3DXMATRIX matWorld;
  HRESULT hr;
  hr = S_OK;
  D3DXMATRIXA16 tmpWorld;
  pd3dDevice->GetTransform(D3DTS_WORLD ,&tmpWorld);
  matWorld = MeshProperties.GetMatrix();
  if(pd3dDevice->SetTransform( D3DTS_WORLD, &matWorld))return hr;

  for(UINT i = 0;i < m_dwNumMaterials; i++){
    if(hr = pd3dDevice->SetMaterial(&m_pMaterials[i]))return hr;
    if(hr = pd3dDevice->SetTexture (0,m_pTextures[i]))return hr;
    if(hr = m_pD3DXMesh->DrawSubset(i))return hr;
  };
  if(pd3dDevice->SetTransform( D3DTS_WORLD, &tmpWorld))return hr;
```

Listing 7.41 *RenderEx*: Darstellen des Mesh-Objekts

Direkt anschließend an die Darstellung des Mesh-Objekts haben wir die Funktion zur Darstellung der beiden BoundingBoxes hinzugefügt. Diese werden aber nur dann ausgeführt, wenn die beiden Boxen auch
berechnet wurden. Dies überprüfen wir mit der Variablen *m_bolBoundingBoxOK*. Diese hat den Wert *true*,
sobald die Berechnung der beiden Boxen im Vorfeld durchgeführt wurde.

Da wir ja nicht die soliden Boxen innerhalb unseres Projektes sehen wollen, haben wir zunächst die Render-
States des Direct3D-Device so geändert, dass die beiden Boxen nur als Wireframe-Gebilde dargestellt werden. Dazu speichern wir zunächst den aktuellen Status der RenderStates in der Variablen *tmpFillMode* und
setzen dann anschließend die Konstante *D3DFILL_WIREFRAME* in den RenderStates.

```
if(m_bolBoundingBoxOK){

  DWORD tmpFillMode;
  pd3dDevice->GetRenderState( D3DRS_FILLMODE, &tmpFillMode);
  pd3dDevice->SetRenderState( D3DRS_FILLMODE, D3DFILL_WIREFRAME);

  //OBB
  pd3dDevice->SetStreamSource( 0, m_VertexBuffer,0, sizeof(CUBEVERTEX) );
  pd3dDevice->SetIndices( m_IndexBuffer);
  pd3dDevice->SetFVF( FVF_CUBEVERTEX);
  pd3dDevice->DrawIndexedPrimitive(D3DPT_TRIANGLELIST,0,0,8,0,12);

  //AABB
  pd3dDevice->SetStreamSource( 0, m_AABBVertexBuffer,0, sizeof(CUBEVERTEX) );
  pd3dDevice->SetIndices( m_IndexBuffer);
  pd3dDevice->SetFVF( FVF_CUBEVERTEX);
  pd3dDevice->DrawIndexedPrimitive(D3DPT_TRIANGLELIST,0,0,8,0,12);

  pd3dDevice->SetRenderState( D3DRS_FILLMODE, tmpFillMode);
}

  return hr;
}
```

Listing 7.42 *RenderEx*: Darstellen der BoundingBoxes des Mesh-Objekts

Jetzt steht dem Zeichnen der beiden Boxen nichts mehr im Wege. Wir nutzen dazu den Befehl *DrawIndexed-
Primitive*. Mit dessen Hilfe stellen wir eine TriangleList (*D3DPT_TRIANGLELIST*) innerhalb unseres Device

dar. Als Eingabe für diesen Befehl bestimmen wir vorher die Index-Buffer und Vertex-Buffer, die wir in der Funktion *ComputeBoundingBoxEx* berechnet haben. Dabei stellen die Vertex-Buffer die Eckpunkte der jeweiligen Box dar, und der Index-Buffer legt fest, wie diese Punkte verbunden werden sollen. Nach der Darstellung der beiden Boxen müssen wir dann nur noch sicherstellen, dass die RenderStates im Device wieder auf ihren ursprünglichen Wert zurückgesetzt werden.

Somit hätten wir den nächsten Punkt zum Thema Kollision im Spiel abgeschlossen und kommen dem Ziel einer funktionierenden Kollisionserkennung immer näher. Bevor wir uns die eigentlichen Funktionen zum Testen der Kollision zweier Objekte ansehen, wollen wir zunächst zeigen, wie wir die Abfrage der Kollision der einzelnen Objekte untereinander im Projekt realisiert haben.

FrameMove

Bei der Einbindung der einzelnen Funktionen zur Kollisionserkennung werden Sie jetzt eine Technik kennen lernen, die wir zur Verbesserung der Performance innerhalb des Projektes eingefügt haben. Wir haben innerhalb der Funktion *FrameMove* einen Zähler eingebaut. Dieser Zähler gibt den Status des aktuellen Renderdurchlaufs an. Abhängig von diesem Status können dann verschiedene Berechnungen ausgeführt werden. Damit können wir erreichen, dass bestimmte Berechnungen nicht bei jedem Frame durchgeführt werden, sondern nur bei jedem vierten Durchlauf. Damit können wir die Performance des Spieles erheblich steigern, ohne auf Funktionen verzichten zu müssen. Der jeweils aktuelle Durchlauf wird dabei in der Variablen *CurrentRenderPass* der Struktur *m_GameData* gespeichert. Diese Variable wird so lange erhöht, bis ihr Wert größer 3 ist. Dann wird sie zurück auf 0 gesetzt und der Index der Renderdurchläufe wieder auf den Ausgangswert gesetzt.

```
m_GameData.v +=1;
if (m_GameData.CurrentRenderPass > 3){
  m_GameData.CurrentRenderPass = 0;
}
FrameMovePlayerAndCamera();
```

Listing 7.43 *FrameMove*: Festlegen des aktuellen Renderdurchlaufs und Starten der Berechnung der Objekte

Auch wenn wir die meisten Funktionen rund um die Kollisionserkennung nur jeweils in 25% der Frames berechnen, haben wir uns trotzdem dazu entschlossen, die Routine des Spielers bei jedem Renderdurchlauf abarbeiten zu lassen. Dies ist besonders für die Steuerung zu empfehlen, da sonst 75% der Steuerungsbefehle des Benutzers verloren gehen würden. Damit das Spielerobjekt bei jedem Renderdurchlauf berechnet wird, haben wir die Funktion *FrameMovePlayerAndCamera* ohne die Abfrage nach dem Status der Variablen *CurrentRenderPass* in die Funktion *FrameMove* integriert. Die restlichen Funktionen beim Vorgang der Kollisionserkennung haben wir auf vier Renderdurchläufe verteilt, um die Performance des Projektes auf einem hohen Niveau zu halten. Im ersten Durchlauf berechnen wir dabei die Bewegung des Gegners sowie die BoundingBox-Objekte der einzelnen Gegner. Dabei werden die Berechnungen nur gestartet, wenn die Überprüfung der Variablen *Alive* eines Gegners ergeben hat, dass dieser zuvor nicht vom Spieler getroffen wurde.

```
if (m_GameData.CurrentRenderPass == 0){
  for (int i = 0; i< m_GameData.GegnerCount;i++){
    if (m_GameData.Gegner[i].Alive != false){
      FrameMoveGegner(i);
```

Listing 7.44 *FrameMove*: Berechnen der BoundingBox-Elemente

```
      m_GameData.Gegner[i].SimpleMesh.ComputeBoundingBoxEx(m_GameData.pd3dDevice);
    }
  }
}


if (m_GameData.CurrentRenderPass == 1){
    m_GameData.Shot.SimpleMesh.ComputeBoundingBoxEx(m_GameData.pd3dDevice);
}

if (m_GameData.CurrentRenderPass == 2){
  for (int i = 0; i< m_GameData.GegnerCount;i++){
    if (m_GameData.Gegner[i].Alive != false){
      m_GameData.GegnerShot[i].SimpleMesh.ComputeBoundingBoxEx(m_GameData.pd3dDevice);
    }
  }
}
```

Listing 7.44 *FrameMove*: Berechnen der BoundingBox-Elemente *(Fortsetzung)*

Die Funktionen im nächsten Renderdurchlauf sind dann nicht ganz so performancehungrig wie die Routinen des ersten Durchgangs der Renderschleife. An dieser Stelle berechnen wir nämlich nur die BoundingBox des Spielergeschosses. Die Funktionen, die während der nächsten Schleife abgearbeitet werden, sind dann schon wieder ein wenig aufwändiger. Beim dritten Durchlauf der Funktion *FrameMove* werden dann alle BoundingBoxes der gegnerischen Geschosse berechnet. Dieses aber auch wieder nur, wenn der zum Schuss gehörende Gegner noch in das Spielgeschehen integriert ist. Diese Funktionen waren sehr einfach und übersichtlich. Wir haben sozusagen alles für die vier Renderdurchläufe vorbereitet. Dieser ist sozusagen unser finaler Durchlauf, bei dem die Daten der ersten drei Durchläufe ausgewertet und die Kollisionen der einzelnen Objekte überprüft werden.

Wir wollen uns an dieser Stelle also auf die Kollisionserkennung zwischen den einzelnen Objekten konzentrieren. Dazu haben wir aus dem folgenden Sourcecode wieder alle Funktionen weggelassen, die mit diesen Funktionen nicht direkt etwas zu tun haben. Diese Stellen sind durch drei Punkte (. . .) gekennzeichnet. Sie sollten sich also nicht wundern, dass der hier abgedruckte Code nicht Eins zu Eins mit dem zugehörigen Projekt auf der Buch-CD übereinstimmt. Wir starten also mit der Kollisionserkennung. Hierbei gehen wir immer nach dem gleichen Schema vor. Wir nehmen entweder ein Objekt oder eine Gruppe von Objekten und überprüfen deren Kollision mit den für diese Objekte relevanten Gegner-Elementen.

Da wir alle Tests immer mit der maximalen Anzahl von Gegner-Objekten durchführen müssen, beginnen wir die Funktionen mit einer *for*-Schleife. Diese Schleife ist mit der maximalen Anzahl der Gegner-Objekte *GegnerCount* begrenzt. Der erste Test, den wir durchführen, prüft an dieser Stelle erneut, ob das aktuelle Gegner-Objekt noch im Spiel aktiv ist und ob das Spielerobjekt ebenfalls noch aktiv am Geschehen teilnimmt. Können diese beiden Fragen mit ja beantwortet werden, können wir mit der Kollisionserkennung starten. Dabei ist die erste Situation, die wir überprüfen wollen, ob das Spieler-Objekt vor einen Gegner geflogen ist. Bei dieser Abfrage begegnet uns zum ersten Mal die eigentliche Funktion zum Testen zweier Objekte auf eine eventuelle Kollision. Die Funktion *TestAABBCollision* überprüft die BoundingBox des aktuellen Objekts mit der BoundingBox, die der Funktion übergeben wurde. Dabei werden ausschließlich die beiden Vektoren der unteren linken Ecke oder oberen rechten Ecke der gegnerischen BoundingBox benötigt. Wurde eine Kollision zwischen den beiden Objekten erkannt, liefert die Funktion den Wert *S_OK* zurück und zeigt damit an, dass sich die beiden BoundingBoxes der Objekte berühren. In diesem Fall würde das eine sofortige Verabschiedung des Spielerobjekts aus dem Spielgeschehen bedeuten, indem die Variable *Alive* des Spielers auf *false* gesetzt wird.

Bei der zweiten Abfrage kümmern wir uns um das Geschoss des Spielers. Wir prüfen dabei, ob das BoundingBox-Objekt dieses Schusses mit der AABB eines Gegners kollidiert. Ist dies der Fall, dann muss sich der betroffene Gegner aus dem Spiel verabschieden, denn wir setzen auch in diesem Fall die *Alive*-Variable innerhalb seiner Struktur auf den Wert *false*.

```
HRESULT hr;
if (m_GameData.CurrentRenderPass == 3){
  for (int i = 0; i< m_GameData.GegnerCount;i++){
    if (m_GameData.Gegner[i].Alive != false && m_GameData.Player.Alive != false){

    hr = m_GameData.Player.SimpleMesh.TestAABBCollision(
                              m_GameData.Gegner[i].SimpleMesh.AABBmin,
                              m_GameData.Gegner[i].SimpleMesh.AABBmax);
      if(hr == S_OK){
        m_GameData.Player.Alive = false;

        . . .
      }


    if(m_GameData.Player.iShotDurability > 0){
        hr = m_GameData.Shot.SimpleMesh.TestAABBCollision(
                                m_GameData.Gegner[i].SimpleMesh.AABBmin,
                                m_GameData.Gegner[i].SimpleMesh.AABBmax);
        if(hr == S_OK){
          m_GameData.Gegner[i].Alive = false;

          . . .
        }
      }
    }

    if(m_GameData.Gegner[i].iShotDurability > 0 && m_GameData.Player.Alive != false){


    hr = m_GameData.GegnerShot[i].SimpleMesh.TestAABBCollision(
                                m_GameData.Player.SimpleMesh.AABBmin,
                                m_GameData.Player.SimpleMesh.AABBmax);
      if(hr == S_OK){
        m_GameData.Player.Alive = false;
        . . .
      }
    }
  }
}
```

Listing 7.45 *FrameMove*: Testen der Kollisionen der Objekte

Die letzte Kollision, die wir an dieser Stelle überprüfen wollen, ist die Erkennung, ob das Geschoss eines Gegners das Spielerobjekt getroffen hat. Ist dies der Fall, wird auch an dieser Stelle die Darstellung des Spielerobjekts eingestellt.

An dieser Stelle haben wir somit alle relevanten Prüfungen auf eventuelle Kollisionen in unser Projekt integriert. Wir haben alle relevanten Spielsituationen abgefragt und können so sicherstellen, dass der Spieler nicht schadlos eine Berührung mit dem Gegner oder eines seiner Geschosse überleben würde. Auch kann der Spieler sich wehren, indem er seinerseits das Leben eines Gegners mit Hilfe seiner Geschosse erheblich verkürzen kann. Nachdem wir die Funktion *TestAABBCollision* nun schon ein paar Mal im Einsatz gesehen haben, wollen wir uns nun auch die Technik ansehen, die hinter dieser Funktion steht.

TestAABBCollision

Wer nun bei der Funktion zur Überprüfung der Kollision eine ausgefeilte Funktion mit vielen DirectX-Befehlen erwartet hat, den müssen wir leider enttäuschen. Da wir zur Ermittlung der Kollision die *Axis-Aligned BoundingBox* gewählt haben, ist die Erkennung, ob eine Berührung vorliegt, verhältnismäßig einfach.

```
HRESULT    CGEMesh::TestAABBCollision(D3DVECTOR minGegner,D3DVECTOR maxGegner){

  if (!(AABBmax.x >= minGegner.x && maxGegner.x >= AABBmin.x)){
    return S_FALSE;
  }

  if (!(AABBmax.y >= minGegner.y && maxGegner.y >= AABBmin.y)){
    return S_FALSE;
  }

  if (!(AABBmax.z >= minGegner.z && maxGegner.z >= AABBmin.z)){
    return S_FALSE;
  }

  return S_OK;
}
```

Listing 7.46 *TestAABBCollision*: Erkennung der Kollision zweier AABBs

Wir müssen nur feststellen, ob sich einer der beiden Vektoren innerhalb der BoundingBox des zweiten Objekts befindet. Nur in diesem Fall findet eine Kollision statt. Darum ist auch die Abfrage dieses Status ziemlich einfach. Wir müssen lediglich herausfinden, ob sich die Werte der Vektoren bei der jeweiligen Achse zwischen den beiden Werten des zu überprüfenden Gegner-Objekts befinden. Um dies sicherzustellen, überprüfen wir jeweils, ob der minimale Wert des ersten Objekts kleiner ist als der maximale Wert des zweiten Objekts und ob der maximale Wert des ersten Objekts größer ist als der des zweiten Objekts. Ist dies der Fall, befindet sich das erste Objekt nicht innerhalb der Grenzen des zweiten Objekts, und es kann keine Kollision vorliegen. Erst wenn sich bei allen drei Abfragen herausstellt, dass sich die Ecken des ersten Objekts innerhalb des zweiten Objekts befinden, wird eine Kollision zurückgemeldet und kann weiterverarbeitet werden.

An dieser Stelle haben wir alle dynamischen Objekte des Spieles abgehandelt und deren Interaktion miteinander bestimmt. Wir können uns durch die Spielwelt bewegen, dabei gegnerische Objekte abschießen und müssen aufpassen, dass wir nicht selbst Opfer eines Geschosses werden. Dem Spielen steht also nichts mehr im Weg. Alle Themen, die wir jetzt noch behandeln wollen, dienen einzig und allein dazu, das Spiel für den Spieler interessanter zu machen. Ein sehr interessanter Punkt dabei sind natürlich die Aktionen der Gegner. Sind diese statisch oder werden diese dynamisch erzeugt oder hat man sogar den Eindruck, der Gegner hätte über das, was er gerade macht, nachgedacht? Dies führt uns zum Thema des nächsten Abschnitts, der Künstlichen Intelligenz in unserem Projekt.

Künstliche Intelligenz, was ist das?

Bevor wir diese Frage beantworten können, sollten wir zunächst versuchen, den Begriff »Künstliche Intelligenz« oder wie es auch Englisch heißt »Artificial Intelligence« genauer zu definieren. Dabei stellen wir gleich fest, dass es für den Begriff Künstliche Intelligenz keine allgemein gültige Definition gibt, sondern dass es sich bei der KI eher um eine Kombination aus verschiedenen Wissens- und Forschungsgebieten handelt. Dabei haben alle Gebiete das gleiche Ziel: die Erschaffung einer Maschine oder eines Computers, die bzw. der denken kann. Da das Ziel einer komplex denkenden Maschine aber noch in sehr weiter Ferne liegt, konzentrieren sich die Wissenschaftler auf einzelne Themengebiete, in denen sie versuchen, eine künstliche Intelligenz zu erschaffen.

Forschungsgebiete in der Künstliche Intelligenz	
Spracherkennung	Im Gebiet der Spracherkennung wird an der Entwicklung von Verfahren gearbeitet, die es Computern oder Maschinen ermöglicht, gesprochene Worte zu erkennen und diese dann weiterzuverarbeiten. Ziel solcher Systeme ist es, dem Benutzer zu ermöglichen, in seiner eigenen natürlichen Sprache mit einem Computer oder einer Maschine zu kommunizieren.
Wahrnehmung	Ein weiteres Gebiet in der Forschung zur Künstlichen Intelligenz ist das Gebiet der Wahrnehmungsforschung. Dieses Gebiet beschränkt sich nicht nur auf einen Sinn, wie das Gebiet der Spracherkennung, sondern es wird versucht, Systeme zu erschaffen, die versuchen, mehrere menschliche Sinne nachzubilden und deren Ergebnisse zu kombinieren.
Robotik	Das Forschungsgebiet der Robotik ist ein spezielles Gebiet der Wahrnehmungsforschung. Hier geht es darum, die Ergebnisse der Wahrnehmung eines Systems direkt in Bewegungen und Aktionen umzusetzen. Dabei müssen unterschiedlichste Informationen wie z.B. Bilder, Geräusche und die Informationen des Tastsinns aufgenommen und verarbeitet werden. Ein sehr schönes Beispiel für diese Art der Forschung ist der RoboCup[a], der alljährlich ausgetragen wird und bei dem Roboter gegeneinander Fußball spielen.
Expertensysteme	Im Gegensatz zu den eben erwähnten Gebieten werden bei Expertensystemen keine Informationen direkt vom Computer aufgenommen. In diesen Systemen sind vielmehr das Wissen und die daraus resultierenden Folgerungen eines Spezialgebietes gespeichert. Diese Informationen können dann zur Beurteilung von Sachverhalten abgerufen werden.
Maschinelles Lernen	Das maschinelle Lernen ist eine weitergehende Entwicklung zu den eben beschriebenen Expertensystemen. Während bei den Expertensystemen neben dem Wissen auch die Diagnose eingepflegt werden muss, ist es das Ziel beim maschinellen Lernen, dass das System die Diagnose durch eigene Beurteilung des Wissens selbst erstellt. Es soll sozusagen aus den gespeicherten Erfahrungen eigenes Wissens generiert werden.
Game Playing	Eines der ersten Anwendungsgebiete für die Expertensysteme war das so genannte Game Playing. Dabei wurden als erste Anwendungen im Bereich der Künstlichen Intelligenz Expertensysteme für die Spiele Dame und Schach entwickelt. Das war die Geburtsstunde der KI im Bereich der Spielentwicklung. Seitdem hat dieser Zweig der Forschung enorme Fortschritte gemacht.

a   http://www.robocup.org

Wie Sie sehen, ist der Begriff der Künstlichen Intelligenz sehr weitläufig. Wir wollen uns im weiteren Verlauf aber nicht nur mit dem Teil der KI beschäftigen, den wir benötigen, um einen Gegner intelligent handeln zu lassen. Wir wollen dazu ermitteln, was der Computer tun muss, um uns den Eindruck zu verschaffen, wir hätten es mit einem menschlich denkenden Wesen zu tun. Wie nicht anders zu erwarten, gibt es bei diesem Thema auch sehr weit auseinander gehende Standpunkte der Experten. Da wir an dieser Stelle nicht in diese Diskussion mit einsteigen wollen und es an dieser Stelle auch zu weit führen würde, haben wir uns entschlossen, nur die generellen Aussagen zum Thema KI in einem Computersystem wiederzugeben. Im Anschluss wollen wir dann versuchen, diese Theorien etwas näher zu beleuchten. Es gibt unserer Meinung nach vier generelle Aussagen zum Thema Künstliche Intelligenz in Computersystemen. Diese lassen sich wie nachfolgend beschrieben zusammenfassen.

Man kann über Künstliche Intelligenz bei Computern reden, wenn

- das System menschlich handelt;
- das System menschlich denkt;
- das System rational denkt;
- das System rational handelt.

Diese vier Punkte haben scheinbar alle mehr oder weniger die gleiche Aussage. Im Folgenden wollen wir uns aber einmal ansehen, wo bei diesen Aussagen der Unterschied liegt und jede Aussage für sich einmal genauer betrachten. Im Anschluss an die Definition der einzelnen Theorien wollen wir uns dann um die Künstliche Intelligenz kümmern, die wir in unser Projekt eingebaut haben.

Die Theorie des menschlichen Handelns

Zur Erklärung dieser Theorie sehen wir uns eine der ersten Arbeiten über Künstliche Intelligenz an. Der Mathematiker Alan Turing[1] hat 1950 die Arbeit »Computing machinery and intelligence« veröffentlicht. Ziel dieser Arbeit von Turing war es, zu erforschen, ob eine Maschine jemals in der Lage sein wird, eigenständig zu denken. Dabei lag das Hauptziel seiner Forschung nicht darin, zu klären, was Intelligenz und das damit verbundene Denken ausmacht, sondern er hat einen praxisorientierten Test erfunden, der seither den Namen »Turing-Test« trägt. Der Aufbau des Testablaufs ist dabei folgendermaßen: Eine menschliche Testperson steht in Verbindung mit einem Menschen und einem Computersystem. Damit der Test fair abläuft und die Testperson unvoreingenommen agieren kann, läuft die Kommunikation zu den beiden Testobjekten ausschließlich über die gleichen Schnittstellen. Die Aufgabe der Testperson ist es nun, mit Hilfe von gezielten Fragen, herauszufinden, welcher ihrer Kommunikationspartner das Computersystem und welcher der Mensch ist. Im gesamten Testablauf ist der Computer und auch der Mensch über die Ziele der Probanten informiert, daher wird der Computer versuchen, sich genau wie ein Mensch zu verhalten. Nach dem Ende des Tests muss die Testperson dann bestimmen, welcher der beiden Kommunikationspartner das Computersystem und welcher der Mensch war. Kann die Testperson dieses nicht unterscheiden, könnte der Computer nach Turing als intelligent aufgefasst werden. Dieses bedeutet nicht, dass der Computer wirklich intelligent ist, sondern vielmehr, dass des Computersystem in der Kommunikation mit der Testperson menschlich gehandelt hat.

Die Theorie des menschlichen Denkens

Im Unterschied zu dem menschlichen Handeln, das mit Hilfe des Turing-Tests relativ genau bewertet werden kann, betrachtet der Bereich des menschlichen Denkens den Prozess des Denkens an sich. Dabei wird also nicht danach geforscht, was ein Mensch denkt, sondern dieses Gebiet versucht zu erforschen, wie ein Mensch denkt. Die Forschung auf diesem Gebiet ist sehr kompliziert und trotz intensiver Nachforschungen ist uns kein Beispiel für diese Art der Künstlichen Intelligenz untergekommen, das wir an dieser Stelle zur Erklärung

---

[1]   Alan Mathison Turing (* 23. Juni 1912 in London; † 7. Juni 1954)

hätten nutzen können. Die Forschung auf diesem Gebiet hat dann auch bis heute noch nicht eindeutig klären können, wie der Vorgang des Denkens bei einem Menschen abläuft. Dieses erschwert die Forschung in diesem Gebiet noch einmal zusätzlich, denn es ist nicht möglich, etwas nachzustellen, von dem man gar nicht weiß, wie es funktioniert. Dabei können wir aber eine generelle Aussage über die Theorie des menschlichen Denkens treffen:

Ein System denkt menschlich, wenn nicht nur der Eingang und der Ausgang des Denkvorgangs dem eines Menschen gleicht, sondern auch der Denkprozess an sich.

Die Theorie des rationalen Denkens

Die nächste Theorie, die wir uns ansehen wollen, ist die Theorie des rationalen Denkens eines Menschen. Diese Art des Denkens wird oft auch mit dem Begriff des »logischen Denkens« in Verbindung gebracht. Dieser Bereich der Intelligenz bewegt sich schon weit in das Thema der Philosophie hinein. Im alten Griechenland hat sich schon der Philosoph Sokrates[1] mit dem Thema des »richtigen Denkens« befasst. Dabei hatte er schon damals mit seinen Lehren und seinen Schlussfolgerungen den Grundstein für die Theorie gelegt, die wir heutzutage als rationales Denken kennen. Seine Schlussfolgerungen waren dabei immer nach dem gleichen Muster aufgebaut. Es wurden immer zwei Voraussetzungen, die so genannten Prämissen, zu einer Schlussfolgerung, der so genannten Konklusion, verknüpft.

Das klassische Beispiel für dieses Thema ist folgendes:

Prämisse 1:   Alle Menschen sind sterblich.

Prämisse 2:   Sokrates ist ein Mensch.

Konklusion: Also ist Sokrates sterblich.

Sollten Sie sich mit dem Thema rationales Denken noch weiter auseinander setzen wollen, wird Ihnen dieses Beispiel des Öfteren unterkommen. Uns hingegen reichen die Informationen hinsichtlich des rationalen Denkens an dieser Stelle aus. Damit hätten wir auch schon die letzte Theorie innerhalb des Themas Künstliche Intelligenz erreicht, nämlich die des rationalen Handelns.

Die Theorie des rationalen Handelns

Diesen Punkt können wir dabei sehr schnell behandeln, denn die Theorie des rationalen Handelns unterscheidet sich nicht von der des rationalen Denkens. Beim rationalen Handeln versucht man, genau wie beim rationalen Denken, von einer gegebenen Ausgangssituation durch logisch aufeinander abgestimmte Handlungen zu einem Ziel zu kommen.

KI in Computerspielen

Damit wäre unser Ausflug in die Theorie des menschlichen Denkens und Handelns abgeschlossen und wir können uns an dieser Stelle wieder mit dem eigentlichen Thema dieses Abschnittes befassen. Bei der Betrachtung der eben aufgeführten Theorien kommen wir zu der Schlussfolgerung, dass für ein Computer-

---

[1]   Sokrates (* 469 v. Chr.; † 399 v. Chr.)

spiel ausschließlich die Theorie des menschlichen Handelns in Frage kommt. Denn beim Spielen unseres Projektes interessiert es den Benutzer nicht, wie seine Computergegner ihre Handlungen berechnen oder welche Gedanken er sich dabei gemacht hat. Es interessiert ihn einzig und allein die Handlung an sich. Diese Handlung bzw. Vorgehensweise sollte dabei für den Benutzer so intelligent oder auch menschlich wie möglich erscheinen. Daraus können wir für uns ableiten, dass eine Künstliche Intelligenz in Computerspielen besonders gut gelungen ist, wenn sie das Verhalten eines Menschen möglichst gut simuliert. Dabei kommt diese Simulation des menschlichen Handelns in so gut wie jedem Computerspiel vor. In einem Ego-Shooter wird die KI der Gegner beispielsweise versuchen, den Benutzer so schnell wie möglich auf einer Karte zu finden und zu bekämpfen. Bei einer Aufbausimulation hingegen wird die KI zunächst versuchen, ihr eigenes Reich zu sichern, bevor sie versucht, mehr oder weniger trickreich den Spieler zu überwältigen. Gleichgültig, von welchem Spielgenre man ausgeht, immer wird die KI von dem Computer berechnet und muss demnach vom Entwickler im Vorfeld programmiert werden. Dabei wirkt eine Simulation des menschlichen Handelns als besonders gut gelungen, wenn es dem Programmierer gelingt, seine KI sogar lernfähig zu gestalten. Dies bedeutet, der Computergegner wäre somit in der Lage, die Aktionen des Spielers zu beobachten und diese dann gegebenenfalls vorauszuahnen.

Zurzeit wird die Künstliche Intelligenz in den Computerspielen immer weiter entwickelt und perfektioniert. Die Gegner bei Ego-Shootern werden immer »menschlicher« und sie agieren auch immer mehr miteinander. Doch mit der Entwicklung von immer schnelleren Internetzugängen und deren immer weiteren Verbreitung wird der Stellenwert der KI nicht mehr ganz so wichtig sein. Denn in Zukunft werden die meisten Spiele online gespielt und somit gegen echte menschliche Gegner. Die Spielbetreiber werden dann das Spielgeschehen mit so genannten »Bots« ein wenig aufpeppen. Damit würde in solchen Spielen ein riesiger Turing-Test entstehen, denn der Spieler vor seinem Rechner kann dann nicht mehr unterscheiden, ob sein Gegenüber aus Fleisch und Blut oder aus Bits und Bytes besteht. Je mehr Spieler aber ein Spiel spielen werden, umso mehr werden die berechneten Gegner an Stellenwert verlieren. Somit wird sich die KI immer mehr von der Simulation des menschlichen Handelns wegbewegen und auf neue Gebiete konzentrieren. Dabei ist es denkbar, dass in Zukunft immer mehr Energie zur Entwicklung immer komplexerer Lebensräume innerhalb der Spiele aufgebracht wird und somit der Aufgabe der KI von der Simulation der Gegner immer weiter zu Simulationen von komplexen Umwelten geht.

KI im Projekt

Nachdem wir uns die Theorie der Künstlichen Intelligenz angeschaut haben, wollen wir auch in unserem Projekt eine gewisse Intelligenz für unsere Gegner-Objekte integrieren. Dabei müssen wir aber schon an dieser Stelle gestehen, dass es dabei um eine minimale Version des menschlichen Handelns geht. Dies hat zwei Gründe, zum einen ist es sehr schwer eine Künstliche Intelligenz für ein Computerspiel zu entwickeln. In einer professionellen Computerschmiede arbeiten meist ganze Gruppen von Entwicklern nur an diesem einen Thema. Zum zweiten würde eine ausgefeilte Intelligenz der Gegner innerhalb unseres Projektes dem Spieler keine Chance mehr lassen, das Spiel als Sieger zu beenden. Durch die große Anzahl der Gegner und des relativ kleinen Spielfelds könnte der Benutzer mit seinem Spielerobjekt den Gegnern dann nicht mehr entkommen.

Für unsere KI haben wir folgendes Szenario entwickelt: Bei unseren Gegner-Objekten handelt es sich um Geschütztürme, die auf dem Spielfeld verteilt sind. Wir gehen jetzt einmal davon aus, dass in den wirren der Schlacht die Kommunikation zwischen den einzelnen Gegnern unterbrochen wurde und diese wegen der schlechten Sicht nur maximal 20 Einheiten weit sehen können. Da die Kommandanten der einzelnen Türme aber sehr nervös sind, schießen sie, auch wenn sie keinen Gegner sehen, auf alles, was sich vermeintlich bewegt. Nur wenn sich der Gegner innerhalb des Sichtradius befindet, können die Gegner genau zielen und richten sich demnach auch in die Richtung des Spielers aus.

Diese kleine Geschichte rund um die Künstliche Intelligenz der Gegner lässt sich relativ einfach programmiertechnisch umsetzten. Wie schon etwas weiter vorne in diesem Buch beschrieben, dreht sich der Gegner erst einmal rein zufällig um seine eigene Achse. Diese Bewegungen haben wir mit einem Zufallsgenerator realisiert, wie auch die Geschosse des Gegners rein zufällig bestimmt wurden. Diese Vorgehensweise lässt die Handlungen der Gegner für den Spieler unseres Projektes sehr unkoordiniert und schwer vorhersehbar erscheinen. Erst wenn sich der Spieler einem Gegner nähert, hören diese zufälligen Bewegungen auf und der Gegner wird sich ohne zu zögern in die Richtung des Spielers drehen. Diese Reaktion haben wir im Sourcecode dadurch realisiert, dass wir bei jedem Durchlauf der Funktion *FrameMoveGegner* den Abstand zwischen den einzelnen Gegnern und dem Spielerobjekt überprüfen. Ist dieser Abstand kleiner oder gleich dem vorherbestimmten Abstand in der Variablen *GegnerSichtweite* der Struktur *m_GameData*, wird die Steuerung des Gegners von der Zufallsbewegung auf die gezielte Drehung umgestellt. Dazu benutzen wir die Berechnungen, die Sie schon beim *Billboarding* kennen gelernt haben. Wir bestimmen dabei einfach die Position des aktuellen Gegner-Objekts und speichern diese in einem Vektor. Diesen Vektor subtrahieren wir mit dem Befehl *D3DXVec3Subtract* von jenem Vektor, der die Position des Spielers bestimmt. Wir erhalten somit einen Vektor, der die Entfernung zwischen den beiden übergebenen Vektoren bestimmt. Mit Hilfe der Berechnung des Arkustangens aus dem X- und Z-Wert dieses Vektors können wir dann die genaue Gradzahl bestimmen, in die sich der Gegner drehen muss, um den Spieler genau vor sich zu haben. Dieses ist, wie gesagt, die gleiche Funktion, die beim *Billboarding* mit einem zweidimensionalen Objekt und der Kamera des Device durchgeführt wird.

```
m_GameData.Gegner[i].SimpleMesh.CheckDistance(PlayerPosition,&DistanceToPlayer);

. . .

if (DistanceToPlayer <= m_GameData.GegnerSichtweite){

  D3DXVECTOR3 result;
  D3DXVECTOR3 ownPosition = D3DXVECTOR3(
                    m_GameData.Gegner[i].SimpleMesh.MeshProperties.GetXPosition(),
                    m_GameData.Gegner[i].SimpleMesh.MeshProperties.GetYPosition(),
                    m_GameData.Gegner[i].SimpleMesh.MeshProperties.GetZPosition());

  D3DXVec3Subtract(&result,&ownPosition,&PlayerPosition);

  float tmpFloat;
  if (result.x > 0.0f){
    tmpFloat = -atan(result.z/ result.x) - 3.141592f / 2.0f;
  }else{
    tmpFloat = -atan(result.z/ result.x) + 3.141592f / 2.0f;
  }

  int Bewegungsrichtung = (int)(tmpFloat/GEFLOATRADN);

  // Grad festlegen
  if (Bewegungsrichtung>=360){
    Bewegungsrichtung--360;
  }else if (Bewegungsrichtung<=0){
    Bewegungsrichtung+=360;
  }
```

Listing 7.47 *FrameMoveGegner*: Künstliche Intelligenz bei der Drehung des Gegners

```
    m_GameData.Gegner[i].DesiredViewDirection = (float)Bewegungsrichtung;

}else{
  // Zufälliges Berechnen der Bewegung
  . . .
}
```

Listing 7.47 *FrameMoveGegner*: Künstliche Intelligenz bei der Drehung des Gegners *(Fortsetzung)*

Die durch die Arkustangens-Funktion berechnete Gradzahl wird in der Variablen *Bewegungsrichtung* gespeichert. Danach stellen wir wieder sicher, dass sich die errechnete Gradzahl im Bereich von 0 bis 360 Grad befindet. Diesen bereinigten Wert übergeben wir dann anschließend an die Variable *DesiredViewDirection* der aktuellen Gegner-Struktur und teilen dem Gegner-Objekt so mit, in welcher Richtung sich der Spieler befindet. Im weiteren Verlauf der Funktion *FrameMoveGegner* wird diese gewünschte Blickrichtung dann auch in eine Bewegung umgesetzt.

An dieser Stelle sei kurz angemerkt, dass wir in der ersten Version des Spieles auch noch die Geschosse der Gegner mit Hilfe einer Künstlichen Intelligenz gesteuert haben. Dabei haben die Gegner so lange planlos umhergeschossen, bis der Spieler ins Blickfeld kam. Nach dem Eintreten des Spielers in das Blickfeld des Gegners wurde dann gezielt geschossen, d.h. der Gegner hat erst seine Drehung ausgeführt und danach direkt auf den Spieler geschossen. Diese Funktion haben wir aber zu Gunsten des »Game Plays« wieder verworfen, da durch die gezielten Schüsse der Gegner das Spiel unspielbar wurde, da das Spielerobjekt kurz nach dem Start des Spieles direkt wieder zerstört wurde.

Effekte im Spiel

Damit möchten wir das Thema Künstliche Intelligenz abschließen und uns in diesem Abschnitt wieder mit etwas weniger Theorie beschäftigen. Themen der folgenden Abschnitte sollen jene Techniken sein, die zwar nicht unbedingt zur Funktion des Spieles gebraucht werden, dieses aber durch optische Effekte wesentlich aufwerten.

Schutzschild

Der erste optische Effekt, den wir an dieser Stelle erklären wollen, bildet auch schon gleich eine Ausnahme. Er dient nicht nur allein zur optischen Aufwertung unseres Projektes, sondern er soll auch gleichzeitig dem Benutzer des Spieles das Leben auf unserem Spielfeld vereinfachen. Dabei haben wir für die Nutzung des Schild-Objekts folgende Logik festgelegt. Der Schutzschild soll das Spielerobjekt vor den Geschossen der Gegner auf dem Spielfeld schützen. Solange sich der Spieler innerhalb des Schutzschildes befindet, kann er also nicht getötet werden, es sein denn, er würde vor einen Gegner fliegen. Nach einem festgelegten Zeitraum verschwindet der Schutzschild dann plötzlich und positioniert sich neu auf dem Spielfeld. Der Spieler kann den Schutzschild erneut erlangen, indem er den Schild berührt. Danach startet der Zeitraum, in dem der Spieler den Schutz vor den Geschossen beanspruchen kann, erneut und die ganze Prozedur beginnt von vorne. Soweit die Theorie des Objekts. Jetzt wollen wir uns ansehen, wie wir das Ganze technisch umgesetzt haben. Da wir im Laufe des Projektes schon sehr gute Erfahrungen mit der *_Player*-Struktur gesammelt haben, benutzen wir diese auch für das Schutzschild-Objekt:

```
_Player Shield;
```

Dieses Objekt wird innerhalb der *m_GameData*-Struktur definiert und wie gewohnt geladen. Auf der linken Seite der Abbildung 7.15 sehen Sie dabei das originale Mesh, das wir für dieses Objekt erstellt haben.

Abbildung 7.15   Das Schutzschild-Objekt als Original-Mesh und integriert in das Projekt

Auf der rechten Seite derselben Abbildung sehen Sie, wie dieses Mesh aussieht, nachdem wir es in das Spiel eingebunden haben. Sie erkennen dabei direkt den Unterschied zwischen den beiden Darstellungen. Auf der linken Seite ist die Kugel ein massives schwarzes Objekt, und auf der rechten Seite ist das gleiche Konstrukt eine transparente Kugel mit glitzernden Einschlüssen innerhalb der Oberfläche.

Darstellung des Schutzschildes

Die Realisierung dieses Effektes schaffen wir ganz einfach durch den Einsatz der Alphablend-Technik während der Darstellung des Mesh-Objekts. Dabei sorgt diese Technologie dafür, dass während des Renderns eines Objekts eine ganz bestimmte Farbe der Textur, in unserem Falle Schwarz, transparent dargestellt wird. Den Effekt schalten wir vor dem Rendern des Objekts mit dem Befehl *SetRenderState* ein. Dieser Funktion übergeben wir dabei zwei Parameter, zum einen die Konstante *D3DRS_ALPHABLENDENABLE* und zum anderen einen booleschen Wert, der angibt, ob die Funktion, die durch die Konstante bezeichnet wurde, eingeschaltet bzw. ausgeschaltet werden soll:

```
m_GameData.pd3dDevice->SetRenderState( D3DRS_ALPHABLENDENABLE, true );
m_GameData.Shield.SimpleMesh.Render(m_GameData.pd3dDevice);
m_GameData.pd3dDevice->SetRenderState( D3DRS_ALPHABLENDENABLE, false );
```

Listing 7.48   *Render*: Den Schutzschild im Projekt darstellen

Direkt nach der Darstellung des Schutzschild-Objekts schalten wir die Alphablend-Technik aber auch direkt wieder aus, da wir diese für die reguläre Darstellung der Objekte nicht benötigen. Somit haben wir auch schon den ersten optischen Effekt unseres Projektes realisiert. Da der Schutzschild, wie bereits erwähnt, nicht nur eine optische Komponente im Spiel ist, sondern auch spieltechnische Auswirkungen hat, wollen wir uns aber auch noch den Rest der Funktion ansehen, die sich mit diesem Objekt beschäftigt.

Berechnung des Schutzschildes

Dabei haben wir zwei Elemente der _Player-Struktur für die Nutzung mit dem Schutzschild-Objekt ein wenig zweckentfremdet. Die beiden Variablen *iShotDurability* und *Alive* haben bei der Benutzung innerhalb der Schutzschild-Funktionen eine neue Bedeutung bekommen. Während der Integerwert *iShotDurability* im bisherigen Verlauf des Projektes der Indikator dafür war, wie lange ein Geschoss innerhalb unserer Spielwelt bestehen soll, gibt dieser nun die Dauer an, die der Spieler durch den Schutzschild beschützt wird. Solange der Wert dieser Variablen größer oder gleich 0 ist, wird die Position des Spielers automatisch auch für die Position des Schutzschildes übernommen:

```
if(m_GameData.Shield.iShotDurability >= 0){

  m_GameData.Shield.iShotDurability -= 1;
  m_GameData.Shield.SimpleMesh.MeshProperties.SetXPosition(
                    m_GameData.Player.SimpleMesh.MeshProperties.GetXPosition());

  m_GameData.Shield.SimpleMesh.MeshProperties.SetYPosition(1.0f);

  m_GameData.Shield.SimpleMesh.MeshProperties.SetZPosition(
                    m_GameData.Player.SimpleMesh.MeshProperties.GetZPosition());

}
```

Listing 7.49 *FrameMovePlayerAndCamera*: Berechnen der Position des Schutzschildes

Die zweite boolesche Variable *Alive* ist bei der Benutzung innerhalb der Schutzschild-Funktionen ein Flag, das dem System anzeigt, ob sich der Schutzschild zurzeit beim Spieler befindet oder ob es sich frei auf dem Spielfeld bewegt. Dabei zeigt die Kombination der beiden Variablen *iShotDurability* und *Alive* den Status des Schutzschildes an. Ist der Wert in der Variablen *iShotDurability* größer *0*, wird das Schutzschild-Objekt – wie zuvor gezeigt – mit dem Spielerobjekt mitbewegt. Eine Änderung dieser Bewegung tritt ein, wenn die Variable *iShotDurability* kleiner *0* ist. In diesem Fall beginnt in der Funktion *FrameMove* die Neuberechnung des Schutzschild-Objekts. An dieser Stelle kommt dann das Flag *Alive* ins Spiel. Dieses zeigt der Funktion an, ob die Position des Schutzschildes neu berechnet werden muss, oder ob die Position bereits berechnet wurde. Ist diese Variable auf *true* gesetzt, zeigt dies der Funktion an, dass es sich bei dem aktuellen Frame um den ersten Frame nach Ablauf des Wertes *iShotDurability* handelt, und somit eine neue Position für den Schutzschild berechnet werden muss. Dann wird mit den schon bekannten *CreateRandom*-Funktionen der *CGEUtilities*-Klasse eine neue Position für den Schutzschild auf dem Spielfeld berechnet. Mit dieser neuen Position wird dann auch gleich eine neue BoundingBox für das Schutzschild-Objekt berechnet. Anschließend wird das Flag *Alive* auf *false* gesetzt, damit das System weiß, dass es beim nächsten Durchlauf der *FrameMove*-Funktion nicht erneut eine Position für das Schutzschild-Objekt berechnen muss.

```
if(m_GameData.Shield.iShotDurability < 0 && m_GameData.Player.Alive != false){

  if(m_GameData.Shield.Alive == true){

    int XPos, ZPos;
    // calculate x Position
    XPos = (int) m_GameData.Utilities.CreateRandom(m_GameData.MinField.x+5,
                              m_GameData.MaxField.x-5);
    m_GameData.Shield.SimpleMesh.MeshProperties.SetXPosition((float)XPos);
```

Listing 7.50 *FrameMove*: Festlegen des aktuellen Status des Schutzschildes

```
// calculate z Position
ZPos = (int) m_GameData.Utilities.CreateRandom(m_GameData.MinField.z+5,
                                    m_GameData.MaxField.z-5);
m_GameData.Shield.SimpleMesh.MeshProperties.SetZPosition((float)ZPos);

m_GameData.Shield.SimpleMesh.ComputeBoundingBoxEx(m_GameData.pd3dDevice);
m_GameData.Shield.Alive = false;
}

hr = m_GameData.Shield.SimpleMesh.TestAABBCollision(
                                    m_GameData.Player.SimpleMesh.AABBmin,
                                    m_GameData.Player.SimpleMesh.AABBmax);

if(hr == S_OK){
  m_GameData.Shield.iShotDurability = 2000;
  m_GameData.Shield.Alive = true;
}
}
```

Listing 7.50 *FrameMove*: Festlegen des aktuellen Status des Schutzschildes *(Fortsetzung)*

Nach der Festlegung der neuen Position kommt eine schon häufiger genutzte Funktion erneut zum Einsatz. Mit dem Befehl *TestAABBCollision* der *CGEMesh*-Klasse stellen wir fest, ob sich das Spielerobjekt und das Schutzschild-Objekt berühren. Ist dies der Fall, soll der Schutzschild den Spieler in den nächsten 2.000 Frames begleiten und ihm während der Zeit Schutz vor den Geschossen der Gegner bieten. Frei nach Wilhelm Bush, dieses war der erste Streich, doch der zweite folgt sogleich ... Wir wollen uns also nicht lange bei diesem einen Effekt ausruhen, sondern direkt zum nächsten Effekt übergehen, den wir wiederum mit dem Einsatz der RenderStates des Direct3D-Device realisieren wollen.

Nebel

Im Abschnitt über die Künstliche Intelligenz der Gegner-Objekte in unserem Projekt haben wir Ihnen ein kurzes Szenario über die KI der Gegner vorgestellt. In diesem Szenario haben wir festgelegt, dass die Gegner-Objekte in unserem Spiel nur eine eingeschränkte Sicht haben und sie unseren Spieler erst sehen können, wenn dieser näher als 20 Einheiten an sie herangekommen ist. Erst dann drehen sie sich in die Richtung des Spielers. Diese Story ist natürlich glaubwürdiger, wenn sie durch eine schlechte Sicht im Spiel unterstützt wird. In Abbildung 7.16 sehen Sie den Unterschied, den der Einsatz dieser Technik im Spiel bewirkt.

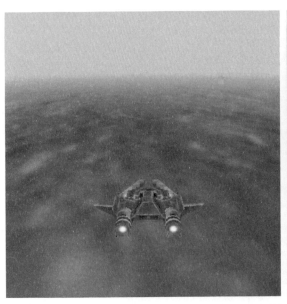 

Abbildung 7.16　Vergleichsansicht: Spielwelt mit und ohne Nebeleffekte

Auf der linken Seite der Abbildung sehen Sie das Spielfeld mit eingeschalteter Nebel-Funktion, im rechten dagegen ist diese Option noch nicht implementiert. Sie sehen schon, dass es durch die Verwendung dieses Effektes gelingt, dem Spiel mehr Atmosphäre und Natürlichkeit zu geben. Außerdem können wir dadurch die Spielbalance zwischen Gegner und Spieler ein wenig angleichen, da der Benutzer durch den Nebel optisch die gleiche Sichtweite erhält, wie sie die Gegner rein rechnerisch besitzen.

Realisierung des Nebeleffektes

Alle Optionen, die wir benötigen, lassen sich über die RenderStates des Device einstellen. Wir haben die dafür benötigten Befehle in der Funktion *InitRenderOptions* der Klasse *GameMainRoutines* untergebracht. An dieser Stelle geben wir die Rahmenparameter vor, die später während des Renderns der Szene von dem Device als Nebel berechnet wird:

```
m_GameData.pd3dDevice->SetRenderState(D3DRS_FOGCOLOR, D3DCOLOR_XRGB(192, 192, 192));
m_GameData.pd3dDevice->SetRenderState(D3DRS_FOGVERTEXMODE, D3DFOG_LINEAR);
m_GameData.pd3dDevice->SetRenderState(D3DRS_FOGSTART, Float2DWORD(20.0f));
m_GameData.pd3dDevice->SetRenderState(D3DRS_FOGEND,   Float2DWORD(70.0f));
```

Listing 7.51　*InitRenderOptions*: Festlegen der Parameter der Nebeldarstellung

Zunächst wird die Farbe des Nebels festgelegt. Wir haben uns hier für einen Standard-Grauton entschieden, um den düsteren Eindruck von schlechtem Wetter zu simulieren. Danach legen wir die Art des Nebels auf einen linearen Vertex-Nebel fest. Dessen Anfangs- und Endpunkt setzen wir auf die Werte 20 für den Beginn der Berechnung des Nebels, und den Wert 70 für seine stärkste Auswirkung. Mehr Einstellungen benötigen wir an dieser Stelle nicht, und wir können uns direkt mit der Einbindung des Nebels in den Rendervorgang des Device beschäftigen. Zur Realisierung des Nebels haben wir die Darstellung der Objekte in zwei Durchläufe aufgeteilt. Wir können somit auf einfache Art und Weise bestimmen, welche Elemente mit der Berechnung der Nebel-Werte in unserem Device dargestellt werden sollen, und welche nicht:

```
for(pass=0; pass < 2; pass++){
  switch (pass){
    case 0:

    m_GameData.pd3dDevice->SetRenderState(D3DRS_FOGENABLE, true);

    if(FAILED(m_GameData.Ground.Geometry.Render())){
      MessageBox(NULL,"Error Ground.Geometry.Render ","Error-Render",MB_OK);
      exit(0);
    }

    for (int i = 0; i< m_GameData.GegnerCount;i++){
      if (m_GameData.Gegner[i].Alive != false){
        m_GameData.Gegner[i].SimpleMesh.RenderProgressive(m_GameData.pd3dDevice);
      }
    }

    m_GameData.pd3dDevice->SetRenderState(D3DRS_FOGENABLE, false);
    break;
```

Listing 7.52 *Render:* Element mit Nebelwertberechnung darstellen

Zur Realisierung der beiden Renderdurchläufe haben wir in der Funktion *Render* der Klasse *GameMainRoutines* eine Kombination aus einer *for*-Schleife und einer *switch*-Anweisung eingefügt. Über die *for*-Schleife stellen wir sicher, dass jeder *case*-Block innerhalb des *switch*-Konstrukts genau einmal ausgeführt wird. Beim ersten Durchlauf der Schleife (*pass = 0*) werden alle Objekte in das Device gerendert, die wir mit einer Nebeldarstellung versehen wollen. Dabei handelt es sich um das eigentliche Spielfeld und die Gegner-Objekte. Somit erreichen wir ein generelles Nebelfeld auf unserer Spielfläche. Zusätzlich werden noch alle Gegner ab einer bestimmten Entfernung vom Nebel verschluckt, sind für unseren Spieler also nicht mehr zu erkennen. Im nächsten Durchlauf der Schleife werden alle Objekte dargestellt, bei denen wir auf eine Berechnung des Nebels verzichten:

```
    case 1:

    TCHAR String[50];
    int height=10;
    int tmpheight=0;
    sprintf(String,"FPS: %.2f",m_GameData.Utilities.AverageFPS );
    height+=m_GameData.GameFonts.DrawText(String,
                                  m_GameData.Utilities.Color.White,
                                  0,10,0,0,
                                  m_GameData.GameFonts.CourierNormal14);
    height+=m_GameData.GameFonts.DrawText("Press 'ESC'   to Exit.",
                                  m_GameData.Utilities.Color.White ,
                                  0,height,0,0,
                                  m_GameData.GameFonts.CourierNormal14 );

    if (m_GameData.Player.Alive != false){
      m_GameData.Player.SimpleMesh.Render(m_GameData.pd3dDevice);
      if(m_GameData.Player.iShotDurability > 0){
        m_GameData.Shot.SimpleMesh.Render(m_GameData.pd3dDevice);
```

Listing 7.53 *Render:* Darstellen der Objekte ohne Berechnung des Nebelwertes

```
        m_GameData.SpielerEffektShot.RenderPointSprites( m_GameData.pd3dDevice);
      }
    }

    for (int i = 0; i< m_GameData.GegnerCount;i++){
      if (m_GameData.Gegner[i].Alive != false){
        if(m_GameData.Gegner[i].iShotDurability > 0){
          m_GameData.GegnerShot[i].SimpleMesh.Render(m_GameData.pd3dDevice);
          m_GameData.GegnerEffektShot[i].RenderPointSprites( m_GameData.pd3dDevice);
        }
      }
    }

    m_GameData.EffektExplosion.RenderPointSprites( m_GameData.pd3dDevice);
    break;
  }
}
```

Listing 7.53 *Render*: Darstellen der Objekte ohne Berechnung des Nebelwertes *(Fortsetzung)*

Das erste Element, bei dem wir auf die Berechnung des Nebeleffektes verzichten, ist der Text am oberen linken Rand des Bildschirms. Er wäre mit der Darstellung eines Nebeleffektes nicht zu lesen und die Informationen, die an dieser Stelle angezeigt werden, gingen für den Benutzer verloren. Als nächstes Element haben wir bei der Darstellung des Spielers und bei allen seiner zugehörigen Elemente auf eine Berechnung des Nebels verzichtet. Da sich der Spieler ja immer im Blickfeld des Benutzers befindet, würde an dieser Stelle ein Nebeleffekt den Spielspaß beeinträchtigen, da er immer nur ein trübes Objekt vor der Kamera hätte. Gleiches gilt auch für das Geschoss des Spielers und den Leuchtspureffekt des Geschosses. Wie bei diesen beiden letzten Objekten, verzichten wir auch bei jedem der sich noch im Spiel befindlichen Gegner-Objekte auf die Nebeldarstellung. Damit schaffen wir eine kleine Hilfe für den Spieler unseres Projektes. Die Gegner-Objekte an sich werden ja wie beschrieben mit einem Nebeleffekt dargestellt und sind somit für unseren Spieler in weiter Entfernung nicht zu sehen. Dadurch, dass wir aber die Leuchtspur der gegnerischen Geschosse nicht im Nebel verschwinden lassen, ist es für den Spieler leichter, die einzelnen Gegner ausfindig zu machen. Das letzte Objekt, das wir an dieser Stelle darstellen, ist der Explosionseffekt, der immer an der Stelle gerendert wird, an dem der letzte Gegner oder der Spieler zerstört wurde.

Damit hätten wir die Implementierung des Nebeleffektes in unser Projekt abgeschlossen, und Sie haben an dieser Stelle auch bereits die Effekte kennen gelernt, um die wir uns als Nächstes kümmern werden. Diese beiden Effekte sind die Leuchtspur der Geschosse sowie der Explosionseffekt nach der Zerstörung eines Objekts. Bei beiden Effekten handelt es sich um Partikeleffekte, deren Einbindung in das Projekt wir uns als Nächstes ansehen werden.

Partikeleffekte im Spiel

Die generelle Vorgehensweise für die Einbindung von Partikeleffekten in ein Projekt haben Sie bereits in den Grundlagen von DirectX kennen gelernt und wir brauchen diese hier nicht noch einmal zu wiederholen. Für unser Spiele-Projekt haben wir uns entschlossen, *PointSprites* für zwei unterschiedliche Effekte einzusetzen. Da wäre zu einem die Leuchtspur der Geschosse. Dieser Effekt ist dabei nicht nur alleine für die Optik des Spieles wichtig, sondern auch für die Spielbarkeit. Erst durch diese Partikelspur ist der Benutzer der Applikation in der Lage, die Geschosse der Gegner zu sehen und darauf zu reagieren. Der zweite Effekt, die Explosion, hingegen haben wir nur aus rein optischen Gründen mit in das Projekt aufgenommen, denn es sieht dann doch schon etwas komisch aus, wenn ein getroffener Spieler oder Gegner ohne jede Regung vom Spielfeld verschwindet. In diesem Fall könnte man nicht unterscheiden, ob das Verschwinden des Objekts jetzt ein Treffer oder ein Software-Bug war.

Zur Realisierung der Effekte benutzen wir die schon bekannte Klasse *CGEPartikel*. Drei Variablen dieser Klasse haben wir in die Struktur *m_GameData* eingefügt, damit wir im weiteren Verlauf der Funktionen wie gewohnt ganz einfach auf die Funktionen der Klassen zugreifen können:

```
CGEPartikel SpielerEffektShot;
CGEPartikel EffektExplosion;
CGEPartikel *GegnerEffektShot;
```

Dabei ist die dritte Variable im Bund ein Zeiger auf die *CGEPartikel*-Klasse. Dieser Zeiger wird beim Starten des Projekts innerhalb der Konstruktor-Funktion der Klasse *GameMainRoutines* mit einem Array aus *CGEPartikel*-Klassen gefüllt. Die Größe dieses Arrays wird dabei durch die Anzahl der ausgewählten Gegner-Objekte bestimmt:

```
m_GameData.GegnerEffektShot = new CGEPartikel[m_GameData.GegnerCount];
```

Leuchtspuren initialisieren

Nach der Einbindung der Klasse in das Projekt kann diese, wie schon in den Grundlagen beschrieben, für unser Spiel initialisiert werden. Diese erste Initialisierung befindet sich, wie bei allen anderer Objekten, ebenfalls in der Funktion *GameMainInit* der Klasse *GameMainRoutines*. Dabei ist die Klasse so gestaltet, dass wir alle benötigten Informationen an die Klasse übergeben, bevor wir abschließend die Textur des PointSprite laden und es somit initialisieren. Für die Leuchtspur des Spielergeschosses haben wir dazu die folgenden Parameter gewählt:

```
// ==============================================================
// Load Point Sprites
// ==============================================================
// Initialise Player Shot Parameters
m_GameData.SpielerEffektShot.currentPosition = D3DXVECTOR3(0.0f, 0.0f, 0.0f);
m_GameData.SpielerEffektShot.maxVolume = D3DXVECTOR3(0.5f, 0.5f, 0.5f);
m_GameData.SpielerEffektShot.PointSize = 0.2f;
m_GameData.SpielerEffektShot.baseColor = D3DCOLOR_COLORVALUE(0.0f, 0.0f, 1.0f,1.0f);
m_GameData.SpielerEffektShot.CreatePointSprites(m_GameData.pd3dDevice,
                                  "Texturen\\point.bmp");
```

Listing 7.54 *GameMainInit*: Erstellen des PointSprite für das Spielergeschoss

Zunächst initialisieren wir die Position des Elements mit einem Vektor. Da diese im Laufe des Projektes immer aktualisiert wird, genügt an dieser Stelle die Übergabe eines Null-Vektors. Der nächste Vektor, den wir an die Klasse übergeben, bestimmt die maximal mögliche Ausdehnung der *PointSprites*-Elemente relativ gesehen zum aktuellen Standpunkt des Sprites. Mit der Variablen *PointSize* bestimmen wir anschließend die Größe des PointSprite für diesen Effekt. Bevor wir dann am Ende mit der Funktion *CreatePointSprites* die Textur des Effektes laden und das ganze Objekt initialisieren, müssen wir noch die Farbe des Effektes festlegen. Dazu übergeben wir der *D3DCOLOR*-Variablen die gewünschte Farbe. Mit dem Makro *D3DCOLOR_COLORVALUE* erstellen wir dafür den passenden Wert, indem wir die RGBA-Elemente der Farbe einzeln bestimmen. In diesem Fall haben wir für die Leuchtspur des Spielergeschosses einen blauen Ton gewählt.

Bei der Erstellung der Gegnergeschosse gehen wir zunächst erst einmal genauso wie bei dem Geschoss des Spielers vor. Der einzige Unterschied bei der Erstellung des PointSprites ist die Farbe. Anstatt eines blauen Tons, wie bei der Leuchtspur des Spielers, bekommt das *PointSprites*-Objekt der Gegner eine rote Farbe.

```
// Initialise Enemy Shot Parameters
m_GameData.GegnerEffektShot[0].currentPosition = D3DXVECTOR3(0.0f, 0.0f, 0.0f);
m_GameData.GegnerEffektShot[0].maxVolume = D3DXVECTOR3(0.5f, 0.5f, 0.5f);
m_GameData.GegnerEffektShot[0].PointSize = 0.2f;
m_GameData.GegnerEffektShot[0].baseColor = D3DCOLOR_COLORVALUE(1.0f, 0.0f, 0.0f,1.0f);
m_GameData.GegnerEffektShot[0].CreatePointSprites(m_GameData.pd3dDevice,
                                      "Texturen\\point.bmp");

// Copy Enemy Shot Effekt
for (int i = 0; i< m_GameData.GegnerCount;i++){
  if(i>0){
    memcpy(&m_GameData.GegnerEffektShot[i],&m_GameData.GegnerEffektShot[0],
                                 sizeof(m_GameData.SpielerEffektShot));
  }
  m_GameData.GegnerEffektShot[i].currentPosition.x =
                     m_GameData.Gegner[i].SimpleMesh.MeshProperties.GetXPosition();
  m_GameData.GegnerEffektShot[i].currentPosition.y = -5.0f;
  m_GameData.GegnerEffektShot[i].currentPosition.z =
                     m_GameData.Gegner[i].SimpleMesh.MeshProperties.GetZPosition();
}
```

Listing 7.55 *GameMainInit*: Erstellen und Serialisieren der PointSprites für die Gegnergeschosse

Wie bei allen anderen Objekten, die wir im Verlauf des Projektes für den Gegner erstellt haben, legen wir auch bei den *PointSprite*-Objekten für jeden Gegner eine Instanz der Klasse *CGEPartikel* an. Diese werden nacheinander durch Kopieren des ersten Elements des *PointSprite*-Arrays erstellt und anschließend wird ihnen die Position des Gegners mitgeteilt, dessen Geschossleuchtspur sie im Verlaufe des Spieles darstellen werden.

Explosion initialisieren

Da es sich bei dem Explosionseffekt wie bei dem Leuchtspureffekt um ein *PointSprite*-Objekt handelt, wird dieses logischerweise genauso initialisiert. Dabei ändern wir nur zwei Punkte bei der Erstellung des Effektes. Im Gegensatz zur Leuchtspur erlauben wir den einzelnen Elementen des Effektes, sich 1,5 Einheiten vom Mittelpunkt der Explosion zu entfernen. Die zweite Änderung ist die Größe der einzelnen Elemente. Diese setzen wir auf den zehnfachen Wert der Größe des Leuchtspureffektes:

```
// Initialise Explosion Effect
m_GameData.EffektExplosion.currentPosition = D3DXVECTOR3(0.0f, -10.0f, 0.0f);
m_GameData.EffektExplosion.maxVolume = D3DXVECTOR3(1.5f, 1.5f, 1.5f);
m_GameData.EffektExplosion.PointSize = 2.0f;
m_GameData.EffektExplosion.baseColor = D3DCOLOR_COLORVALUE(1.0f, 0.0f, 0.0f,0.0f);
m_GameData.EffektExplosion.CreatePointSprites(m_GameData.pd3dDevice,
                                      "Texturen\\point.bmp");
```

Listing 7.56 *GameMainInit*: Erstellen des PointSprite-Objekts für den Explosionseffekt

Damit hätten wir die beiden PointSprite-Effekte in unser Projekt eingefügt. Wir können sie also in unserem Projekt einsetzen, um dieses optisch aufzuwerten. Zum Einsatz der Effekte müssen wir nun nur noch während jedes Durchlaufs der Spielschleife die Parameter der einzelnen Effekte berechnen. Diese Berechnungen wollen wir uns im weiteren Verlauf ansehen. Dabei kümmern wir uns zunächst um die Berechnung, die wir benötigen, um die einzelnen Effekte in das Spiel zu integrieren. Daran anschließend sehen wir uns noch die Berechnungen an, die zur Realisierung der beiden Effekte durchzuführen sind.

Effektpositionen berechnen

Damit sich die einzelnen Effekte problemlos in unser Spiel einfügen, müssen wir diese wie alle anderen Objekte im Spiel ständig neu berechnen. Dazu haben wir Funktionen zur Berechnung der Effekte in die Routinen des Spielerobjekts *FrameMovePlayerAndCamera* und in die der Gegner-Objekte *FrameMoveGegner* eingefügt. Die Berechnungen sind dabei in zwei Phasen aufgeteilt. Die erste Phase wird ausgeführt, wenn der Effekt neu gestartet wird, und die zweite Phase ist dafür zuständig, den Effekt so lange weiterzuführen, bis dessen Gültigkeit oder auch seine Lebensdauer abgelaufen ist.

Beim Neustart des Leuchtspureffektes des Spielers, also in dem Moment, wenn der Benutzer die linke Maustaste betätigt hat, wird die Position des Effektes neu bestimmt. Dabei übernehmen wir nicht genau die Position des Spielers als Startposition des Effekts, sondern eine Position vor dem Spielerobjekt. Diese Position ist der aktuelle Schusswinkel des Geschosses. Wir erreichen mit dieser Versetzung der Startposition, dass der Effekt nicht in der Mitte unseres Raumschiffes entsteht, sondern zwischen den beiden Spitzen an dessen Bug:

```
//Schuss initiieren
// Effekt Position festlegen
m_GameData.SpielerEffektShot.currentPosition.y =
                    m_GameData.Shot.SimpleMesh.MeshProperties.GetYPosition();

m_GameData.SpielerEffektShot.currentPosition.x = m_GameData.Player.vShotPosition.x +
                        (m_GameData.Player.vShotDirection.x * 7);

m_GameData.SpielerEffektShot.currentPosition.z = m_GameData.Player.vShotPosition.z +
                        (m_GameData.Player.vShotDirection.z * 7);

m_GameData.SpielerEffektShot.MovePointSpritesSpur(true);
```

Listing 7.57 *FrameMovePlayerAndCamera*: Initialisieren des Leuchtspureffekts des Spielers

Nach der Bestimmung der neuen Effektposition rufen wir anschließend die Berechnung des Effekts in der *CGEPartikel*-Klasse auf. Mit der Übergabe des Wertes *true* an die Funktion *MovePointSpritesSpur* teilen wir ihr mit, dass diese den Effekt neu starten soll und somit die einzelnen PointSprites des Effektes auf die Ausgangsposition setzen muss.

Bei der Weiterführung des Effekts müssen wir anschließend lediglich sicherstellen, dass die Position des Spielergeschosses immer an den Effekt übergeben wird, bevor dieser neu gerendert wird.

```
//Schuss weiterführen
m_GameData.SpielerEffektShot.currentPosition.y =
                    m_GameData.Shot.SimpleMesh.MeshProperties.GetYPosition();
m_GameData.SpielerEffektShot.currentPosition.x = m_GameData.Player.vShotPosition.x;
m_GameData.SpielerEffektShot.currentPosition.z = m_GameData.Player.vShotPosition.z;

m_GameData.SpielerEffektShot.MovePointSpritesSpur(false);
```

Listing 7.58 *FrameMovePlayerAndCamera*: Weiterführen des Leuchtspureffekts des Spielers

Da wir diesen Effekt an dieser Stelle nicht neu starten, sondern nur fortsetzen wollen, übergeben wir der Funktion *MovePointSpritesSpur* den Wert *false*. Da sich die Berechnung des Leuchtspureffektes bei den einzelnen Gegner-Objekten nicht von der Erstellung und Weiterführung des Effekts beim Spielerobjekt unterscheidet, verzichten wir an dieser Stelle auf eine Erklärung der Befehle in der Funktion *FrameMoveGegner*.

Wir wenden uns an dieser Stelle lieber der Berechnung des nächsten PointSprite-Effekts unseres Projekts zu: der Explosion nach einer Kollision zwischen einem Gegner und dem Spielergeschoss oder des Spielers mit einem Gegnergeschoss. Dieser Effekt ist in den Spielablauf noch leichter zu integrieren als der Leuchtspureffekt. Da sich dieser Effekt nicht wie der gerade beschriebene Effekt in der Position ändert, müssen wir bei der Explosion die Position nur einmal bestimmen, nämlich zu Anfang des Effekts. In diesem Beispiel handelt es sich um eine Explosion des Gegners nach der Kollision mit dem Geschoss des Spielers. Die Position der Explosion wird nun an die Position gesetzt, die vorher das Gegner-Objekt inne hatte.

```
// Explosion initiieren
m_GameData.EffektExplosion.currentPosition.x =
                    m_GameData.Gegner[i].SimpleMesh.MeshProperties.GetXPosition();
m_GameData.EffektExplosion.currentPosition.y = 1.0f;
m_GameData.EffektExplosion.currentPosition.z =
                    m_GameData.Gegner[i].SimpleMesh.MeshProperties.GetZPosition();

m_GameData.EffektExplosion.MovePointSpritesExplosion(true);
```

Listing 7.59 *FrameMoveGegner*: Explosion nach Kollision neu starten

Direkt anschließend wird die Berechnung der Explosion wieder neu gestartet. Zu diesem Zweck übergeben wir der Funktion *MovePointSpritesExplosion* den booleschen Wert *true*. Damit wären die Berechnungen für den Explosionseffekt auch schon abgeschlossen. Alles, was jetzt noch bleibt, ist die einmal begonnene Berechnung fortzuführen. Zu diesem Zweck befindet sich der folgende Befehl am Ende der Funktion *Frame-Move*:

```
m_GameData.EffektExplosion.MovePointSpritesExplosion(false);
```

Dieser Befehl führt die einmal begonnene Explosion so lange weiter, bis durch die Kollision zweier Objekte eine Explosion an einem neuen Standort eingeleitet wird.

Wie Sie vielleicht festgestellt haben, gibt es in unserem Projekt nur ein PointSprite-Objekt zur Darstellung der Explosionen. Wir haben uns dafür entschieden, nur einen dieser Effekte in unser Projekt zu integrieren, da mehrere dieser Explosionseffekte zwar imposanter ausgesehen, aber die Übersicht im Spiel stark eingeschränkt hätten.

Nachdem wir uns nun die Berechnung der Effekte im Spiel angesehen haben, möchten wir uns noch mal mit den Berechnungen hinter den Effekten beschäftigen. Wir wollen dadurch noch einmal veranschaulichen, welche Berechnungen angestellt werden müssen, um scheinbar unregelmäßige Bewegungen innerhalb der Effekte zu realisieren.

Leuchtspurberechnung

In Abbildung 7.17 sehen Sie im Vordergrund die Leuchtspur eines Geschosses eines unserer Gegner-Objekte im Spiel. Sie sehen, dass die Spur aus einzelnen Punkten aufgebaut ist. Diese PointSprites sind unregelmäßig um die Flugbahn des Geschosses angeordnet (zu sehen weiter hinten in der Abbildung). Dabei scheint es bei der Anordnung keine Regelmäßigkeit zu geben. Wir haben es mit unserer Berechnung also geschafft, eine scheinbar chaotische Darstellung eines Effektes zu erzeugen.

Abbildung 7.17 Leuchtspureffekte im Spiel

Die Logik, die hinter der Berechnung dieser Leuchtspur steht, wollen wir uns jetzt einmal ansehen. Doch zuvor sollten wir uns noch einmal die Funktion der benutzten Variablen in Erinnerung rufen. Zunächst haben wir das Array *m_partikel*. Dieses Array besteht aus Elementen der Struktur *Partikel*. Dieses Array speichert also alle benötigten Informationen für jedes PointSprite, das im weiteren Verlauf berechnet und dargestellt werden soll. Die wichtigsten Bestandteile der Struktur *Partikel* sind dabei die Vektoren $m\_vCurPos$ und $m\_vCurVel$. Die Aufgaben dieser beiden *D3DXV ECTOR3*-Objekte möchten wir uns noch einmal anhand der Initialisierung der Werte in der Funktion *CreatePointSprites* der Klasse *CGEPartikel* ansehen. Bei der Initialisierung des Arrays *m_partikel* wird für jedes Element zunächst die aktuelle Position des Elements bestimmt und danach die Bewegungsrichtung, in die sich dieses Element vom Mittelpunkt des Effekts wegbewegen soll. Zur Festlegung des Mittelpunkts des Effekts nutzen wir das *D3DXVECTOR3*-Objekt *currentPosition*. In diesem Element haben wir den Ursprungspunkt des Effekts gespeichert. In der Regel bekommt die Klasse hierüber von der Hauptfunktion die Position übermittelt, an der der Effekt dargestellt werden soll. Da dieser Vektor die Basis für alle weiteren Positionsberechnungen ist, wird der Vektor direkt an den Vektor $m\_vCurPos$ übergeben:

```
for( int i = 0; i < GEMAX_PARTICLES; ++i ){
  m_partikel[i].m_vCurPos = currentPosition;
  m_partikel[i].m_vCurVel = Utilities.CreateRandomVector() *
                                Utilities.CreateRandom( 0.1f, 0.5f );
  m_partikel[i].m_vCurPos += m_partikel[i].m_vCurVel;
  m_partikel[i].m_vColor = baseColor;
}
```

Listing 7.60 *CreatePointSprites*: Initialisieren des Arrays *m_partikel*

Danach bestimmen wir mit den beiden Zufallsfunktionen *CreateRandomVector* und *CreateRandom* der Klasse *CGEUtilities* die Richtung und Entfernung, die sich das aktuelle PointSprite-Element bei jeder Neuberechnung des Effektes vom Mittelpunkt entfernen soll. Diesen ermittelten Vektor addieren wir dann direkt zum Vektor mit der aktuellen Position. Am Ende übergeben wir mit der Variablen *baseColor* nur noch die Farbe des PointSprite.

Nach der Initialisierung wollen wir uns jetzt die Funktionen zum Update der PointSprites während der Laufzeit des Projektes ansehen. Wie funktioniert nun also die Berechnung der Leuchtspur? Dies ist relativ einfach zu erklären. Wir möchten bei diesem Effekt ja erreichen, dass nicht alle Elemente des Effekts an einer Stelle dargestellt werden, sondern sie sollen alle in einer Reihe angezeigt werden, die durch die Flugbahn des Geschosses bestimmt wird. Wir haben die Funktion deshalb so gestaltet, dass pro Durchlauf der Funktion nur die Position eines Effektelements neu errechnet wird. Zu diesem Zweck nutzen wir die modulare Variable *currentPartikel*, die bestimmt, welches Element innerhalb des Arrays im aktuellen Durchlauf behandelt werden soll. Dabei sehen wir am Anfang der Funktion gleich die Ausnahme von der Regel. Mit der Variablen *reset* kann die normale Berechnung der Leuchtspur wieder auf ihren Ausgangswert zurückgestellt werden:

```
void CGEPartikel::MovePointSpritesSpur(bool reset){

  if (reset == true){
    currentPartikel = 0;
    for( int i = currentPartikel; i < GEMAX_PARTICLES; ++i ){
      m_partikel[i].m_vCurPos = currentPosition;
      m_partikel[i].m_vCurPos += m_partikel[i].m_vCurVel * 0.5f;
    }
  }

  if (currentPartikel > 99 || currentPartikel < 0){
    currentPartikel = 0;
  }

  for( int i = currentPartikel; i < (currentPartikel+1); ++i ){
    m_partikel[i].m_vCurPos = currentPosition;
    m_partikel[i].m_vCurPos += m_partikel[i].m_vCurVel * 0.5f;
  }

  currentPartikel += 1;
}
```

Listing 7.61 Berechnung der Leuchtspur zur Laufzeit des Projekts

Im Normalfall wird aber diese Funktion mit dem Wert *false* als Parameter aufgerufen. Dann wird nicht das ganze Array neu berechnet, sondern nur das Element, das mit der Variablen *currentPartikel* bestimmt wird. Dieses Element bekommt dann die gewünschte Position zugewiesen, die anschließend noch mit der bei der Initialisierung bestimmten Abweichung addiert wird. Zum Schluss der Funktion wird noch der nächste Durchlauf der Funktion vorbereitet, indem der Zähler auf das nächste Element des Arrays gesetzt wird.

Damit hätten wir den einfacheren der beiden PointSprite-Effekte abgehandelt. Kommen wir zum nächsten, etwas schwierigeren Effekt: der Explosion. Die Berechnung dieses Effekts ist etwas anspruchsvoller, da sie zeitgebunden ist und wir die Ausdehnung des Effekts während der Laufzeit überprüfen müssen.

Explosionsberechnung

In Abbildung 7.18 sehen Sie den fertigen Explosionseffekt auf dem Spielfeld unseres Projekts. Dabei ist auch hier die unregelmäßige Ausdehnung der Elemente zu sehen, die dem ganzen Effekt etwas Natürlichkeit verleihen. Welche Berechnungen wir durchführen müssen, um zu diesem Effekt zu gelangen, werden wir uns jetzt noch ansehen und damit den Abschnitt der Partikeleffekte in unserem Projekt abschließen.

Abbildung 7.18 Beispiel des Explosionseffekts im Projekt

Im Gegensatz zu dem zuvor beschriebenen Leuchtspureffekt ist der Explosionseffekt zeitabhängig. Dabei nutzen wir eine Zeitschleife zur Animation der einzelnen Elemente des *PointSprite*-Arrays. Wir stellen somit sicher, dass sich die Elemente der Explosion nicht länger als eine Sekunde von dem Ursprungsort der Kollision entfernen können. Zu diesem Zweck haben wir eine einfache Zeitschleife in die Funktion *MovePoint-SpritesExplosion* eingebaut. Da es uns hierbei nicht so sehr auf die Genauigkeit der Zeitschleife ankommt, haben wir dabei auf den Einsatz einer hochauflösenden Zeitmessung verzichtet.

```
void CGEPartikel::MovePointSpritesExplosion(bool reset){

    static double dStartAppTime = timeGetTime();
    float fElpasedAppTime = (float)((timeGetTime() - dStartAppTime) * 0.005);

    static double dLastFrameTime = timeGetTime();
    double dCurrenFrameTime = timeGetTime();
    double dElpasedFrameTime = (float)((dCurrenFrameTime - dLastFrameTime) * 0.005);
    dLastFrameTime = dCurrenFrameTime;
```

Listing 7.62 Zeitschleife zur Berechnung der einzelnen Objekte des Effekts

Zur Berechnung setzen wir klassische C++-Techniken ein. Mit Hilfe von zwei statisch deklarierten Variablen speichern wir dauerhaft den aktuellen Zeitwert (*dStartAppTime*) und den Zeitwert des letzten Durchlaufs (*dLastFrameTime*) der Explosionsberechnung. Die Zeitwerte erhalten wir dabei von der Funktion *timeGet-Time*. Diese gibt die Anzahl der Millisekunden zurück, die vergangen sind, seitdem das System gestartet wurde. Mit Hilfe dieser beiden Werte wird die Variable *dElpasedFrameTime* berechnet, die wir etwas später zur Festlegung der neuen Position eines jeden Elements des PointSprite-Arrays benötigen.

```
if (reset == true){
  currentPartikel = 0;
  for( int i = currentPartikel; i < GEMAX_PARTICLES; ++i ){
    m_partikel[i].m_vCurPos = currentPosition;
    m_partikel[i].m_vCurVel = Utilities.CreateRandomVector() *
                                      Utilities.CreateRandom( 0.1f, 0.5f );
    m_partikel[i].m_vCurPos += m_partikel[i].m_vCurVel;
  }
}
```

Listing 7.63 Zurücksetzen des Effekts auf eine neue Ausgangsposition

Nach der Berechnung der aktuellen Durchlaufzeit überprüft die Funktion den übergebenen Parameter *reset*. Dieser legt fest, ob die Position des Effekts neu bestimmt werden soll. Ist dieser Wert *true*, werden alle Point-Sprite-Objekte an der Position, die der Klasse über den *D3DXVECTOR3*-Vektor *currentPosition* übergeben wird, neu ausgerichtet. Dabei wird zuerst für jedes Objekt die gewünschte Ausgangsposition übernommen. Anschließend wird zu dieser Position ein zufälliger Vektor addiert, der sich zwischen 0,1 und 0,5 Einheiten von der Ausgangsposition entfernt befindet.

```
D3DXVECTOR3 tmpMax = currentPosition + maxVolume;

for( int i = 0; i < GEMAX_PARTICLES; ++i ){
  m_partikel[i].m_vCurPos += m_partikel[i].m_vCurVel * (float)dElpasedFrameTime;
  if (m_partikel[i].m_vCurPos.x > tmpMax.x ||
      m_partikel[i].m_vCurPos.y > tmpMax.y ||
      m_partikel[i].m_vCurPos.z > tmpMax.z){
        m_partikel[i].m_vCurPos = currentPosition;
        m_partikel[i].m_vCurVel = Utilities.CreateRandomVector() *
                                      Utilities.CreateRandom( 0.1f, 0.5f );
  }
}
```

Listing 7.64 Bewegung der PointSprites und Überprüfung der maximalen Entfernung

Am Ende der Funktion müssen wir noch die neuen Positionen der PointSprites berechnen. Dazu wird zur Position des PointSprite die vorher festgelegte Bewegungsrichtung in Kombination mit der aktuellen Frame-zeit addiert. Diese neue Position wird anschließend mit der maximal erlaubten Ausdehnung des Effekts verglichen. Ist die Position des PointSprite auf einer der drei Achsen größer, wird dieses Element direkt anschließend auf die Ausgangsposition des Effekts zurückgesetzt. Dabei bekommt das Element für die weiteren Berechnungen eine neue Bewegungsrichtung übergeben. Damit stellen wir sicher, dass sich die einzelnen Elemente des Effektes nicht immer gleich bewegen, sondern jeweils andere Wege innerhalb der Explosion nehmen.

Damit haben wir das Themengebiet der optischen Effekte abgeschlossen, im nächsten Abschnitt wollen wir uns um eine weitere Effektgruppe innerhalb der Entwicklung von Spiele-Projekten kümmern. Diese Effekte sind die akustischen Effekte, ohne die jedes Spiel ziemlich langweilig wäre. Wir wollen dabei die 3D-Sound-Möglichkeiten innerhalb einer Spiel-Applikation demonstrieren und Ihnen zeigen, wie diese einzusetzen sind.

Soundeffekte integrieren

Den Abschluss dieses Kapitels bilden die Soundeffekte. Mit Ihnen wollen wir unserem Projekt auch eine akustische Komponente geben. Wir haben uns dabei entschlossen, zwei einfache Soundeffekte in unsere Applikation einzubinden. Diese Soundeffekte realisieren wir mit Instanzen der Klasse *CGESound*. Dabei benutzen wir zwar nur zwei verschiedene Soundeffekte oder besser gesagt Sounddateien, aber zwölf Instanzen der genannten Klasse. Wie aber kommen wir auf die Anzahl 12 bei den *CGESound*-Klassen? Wir haben uns entschieden, einen Schuss-Sound und einen Explosions-Sound in das Spiel zu integrieren. Diese sollen die beiden wichtigsten Grafik-Effekte des Spieles unterstützen. Zum einem soll der Schuss-Sound immer dann abgespielt werden, wenn von einem Objekt auf dem Spielfeld ein neuer Schuss initiiert wird, zum anderen soll bei jeder Explosion auf dem Spielfeld ein passender Explosions-Sound abgespielt werden. Dabei haben wir die zwölf Instanzen der Klassen dann wie folgt aufgeteilt:

```
CGESound SoundExplosion;
CGESound SoundShotSpieler;
CGESound SoundShotGegner[9];
```

Wir haben also je ein Sound-Objekt für die Explosion und den Schuss des Spielers in die Applikation eingefügt. Zusätzlich initialisieren wir ein Array mit zehn Instanzen der *CGESound*-Klasse für die Geschosse der Gegner-Objekte. Dabei benutzen wir diese kleinere Anzahl von Sound-Objekten für die Gegner, damit sich die Performance der Applikation nicht zu sehr verschlechtert und die Speicherbelegung des Systemspeichers durch das Spiel nicht übermäßig in Anspruch genommen wird. Wir werden dabei aber nicht nur jedem dritten Gegner einen Soundeffekt zuordnen, sondern wir werden die Sound-Effekte dynamisch dem Gegner zuordnen, der im Begriff ist, einen neuen Schuss abzugeben. Da es für den Benutzer sehr schwer auseinander zu halten ist, ob er jetzt 10 oder 30 Schuss-Effekte hört, können wir durch diesen kleinen Trick die Performance schonen, aber trotzdem eine angemessene Soundkulisse schaffen.

Bevor wir aber die einzelnen Sound-Effekte wiedergeben können, wollen wir uns zunächst ansehen, wie diese in das Projekt eingebunden werden. Die Deklaration der Objekte innerhalb der Struktur *m_GameData* haben wir eben bereits aufgeführt. In der Funktion *GameMainInit* der Klasse *GameMainRoutines* füllen wir diese Objekte dann mit Leben und initialisieren die unterschiedlichen Sound-Klassen. Dabei beginnen wir mit den beiden einzelnen Sound-Objekten. Diese beiden Instanzen der Klasse *CGESound* starten wir mit Hilfe des Befehles *StartSoundDevice3D*. Dadurch initialisieren wir innerhalb der Instanzen alle Objekte, die zur Wiedergabe einer Sounddatei benötigt werden. Direkt anschließend ermitteln wir den Pfad zur ersten Sounddatei, die wir wiedergeben wollen und speichern diesen in der entsprechenden Klasse ab. Die Daten der Datei werden dann mit dem Befehl *OpenWaveFile* ausgelesen und temporär im Buffer *snd_buffer* gespeichert. Der Inhalt dieses Buffers, also die reinen Sounddaten, werden mit Hilfe der Funktion *CreateSoundBuffer3D* in einen *3DSoundBuffer* umgewandelt und in der dazugehörigen Klasse gespeichert. Diesen Vorgang wiederholen wir direkt anschließend noch einmal für das Objekt *SoundShotSpieler*:

```
UCHAR * snd_buffer = NULL;
m_GameData.SoundExplosion.StartSoundDevice3D(MainHWND,NULL);
m_GameData.SoundShotSpieler.StartSoundDevice3D(MainHWND,NULL);

m_GameData.Utilities.GEFindMediaPath(m_GameData.SoundExplosion.strFileName);
strcat(m_GameData.SoundExplosion.strFileName,"\\Sounds\\explosion.wav");
```

Listing 7.65 *GameMainInit*: Initialisierung der beiden einzelnen Sound-Objekte

```
// Read Data from Wave File to TempBuffer
snd_buffer = m_GameData.SoundExplosion.OpenWaveFile();

// Create Secondary Buffer from Temp Buffer
m_GameData.SoundExplosion.CreateSoundBuffer3D((UCHAR*)snd_buffer);

m_GameData.Utilities.GEFindMediaPath(m_GameData.SoundShotSpieler.strFileName);
strcat(m_GameData.SoundShotSpieler.strFileName,"\\Sounds\\gunfire.wav");

// Read Data from Wave File to TempBuffer
snd_buffer = m_GameData.SoundShotSpieler.OpenWaveFile();

// Create Secondary Buffer from Temp Buffer
m_GameData.SoundShotSpieler.CreateSoundBuffer3D((UCHAR*)snd_buffer);
```

Listing 7.65 *GameMainInit*: Initialisierung der beiden einzelnen Sound-Objekte *(Fortsetzung)*

Nachdem wir nun zweimal die Initialisierung der Sound-Objekte geübt haben, ist es kein großes Problem mehr, das Ganze noch einmal für die restlichen zehn Instanzen durchzuführen:

```
for (int i = 0; i< 10;i++){
  // Start the Sound Device in the Soundclass
  m_GameData.SoundShotGegner[i].StartSoundDevice3D(MainHWND,NULL);

  m_GameData.Utilities.GEFindMediaPath(m_GameData.SoundShotGegner[i].strFileName);
  strcat(m_GameData.SoundShotGegner[i].strFileName,"\\Sounds\\gunfire.wav");

  // Read Data from Wave File to TempBuffer
  snd_buffer = m_GameData.SoundShotGegner[i].OpenWaveFile();

  // Create Secondary Buffer from Temp Buffer
  m_GameData.SoundShotGegner[i].CreateSoundBuffer3D((UCHAR*)snd_buffer);
}

// Release TempBuffer

free(snd_buffer);
```

Listing 7.66 *GameMainInit*: Initialisierung des Arrays mit den Sound-Objekten

Dabei wiederholen wir den Vorgang natürlich nicht zehn Mal, sondern wir haben das Ganze in eine *for*-Schleife integriert. Diese läuft durch die einzelnen Elemente des Arrays und initialisiert diese mit den gewünschten Sound-Daten. Am Ende der Funktion *GameMainInit* stehen uns nun zwölf Sound-Objekte zur Verfügung, die wir zur Laufzeit der Applikation je nach Situation im Spiel wiedergeben können. Diese Situationen und die darauf folgende Wiedergabe der Sounds wollen wir uns im nächsten Abschnitt einmal ansehen.

Soundeffekte in der Spielschleife

Als erste Situation für einen Soundeffekt wollen wir uns die Auslösung eines Schusses durch das Spielerobjekt oder vielmehr durch den Benutzer der Applikation ansehen. Dieser Schuss wird in der Funktion *FrameMovePlayerAndCamera* ausgelöst. Nach der Überprüfung, ob der Benutzer die linke Maustaste gedrückt hat, wird das Geschoss des Spielers direkt initialisiert. Dabei werden zunächst alle geometrischen Berechnungen des Geschosses durchgeführt und die grafischen Effekte auf den Weg gebracht.

```
if((m_GameData.Input.GEInputMouseState.rgbButtons[0] & 0x80)){
  if (m_GameData.Player.iShotDurability <= 0){
    // Lebensdauer Schuss
    m_GameData.Player.iShotDurability = 700;
    // Schuss Position festlegen
    m_GameData.Player.vShotPosition.x =
                        m_GameData.Player.SimpleMesh.MeshProperties.GetXPosition();
    m_GameData.Player.vShotPosition.z =
                        m_GameData.Player.SimpleMesh.MeshProperties.GetZPosition();


    . . .


    // Sound starten

    m_GameData.SoundShotSpieler.Set3DBufferPosition(
                              &m_GameData.SpielerEffektShot.currentPosition);
    m_GameData.SoundShotSpieler.StopSoundBuffer();
    m_GameData.SoundShotSpieler.PlaySoundBuffer(0,0,0);
  }
}
```

Listing 7.67 *FrameMovePlayerAndCamera*: Nach Bestimmung der Auslösung eines neuen Schusses wird der Sound gestartet

Zum Starten des Soundeffekts müssen wir nur noch einen geringen Aufwand betreiben. Mit lediglich drei Befehlen können wir die Soundwiedergabe starten. Zunächst übergeben wir der *CGESound*-Klasse die Position, an der der Sound innerhalb unserer dreidimensionalen Welt abgespielt werden soll. Dann sorgen wir dafür, dass eine eventuell laufende Soundwiedergabe gestoppt wird und direkt anschließend starten wir die einmalige Wiedergabe des Sounds mit dem Befehl *PlaySoundBuffer* wieder neu. Damit hätten wir den Schuss-Effekt des Spielers in unser Projekt integriert. Bei der Integration der Schuss-Sounds der Gegner-Objekte müssen wir diese Vorgehensweise ein wenig erweitern, da wir – wie bereits erklärt – für 30 Gegner-Objekte nur zehn Soundeffekte zur Verfügung haben.

Im Gegensatz zum Spieler-Objekt wird beim Gegner der Schuss nicht durch eine Eingabe des Benutzers initialisiert, sondern durch einen Zufallsgenerator. Bestimmt der Zufall dabei, dass ein neuer Schuss abgegeben werden soll, werden an dieser Stelle zunächst alle geometrischen Berechnungen durchgeführt und das Geschoss auf den Weg gebracht.

```
if (m_GameData.Gegner[i].iShotDurability <= 0){
  // Zufällig festlegen ob geschossen werden soll
  int Zufallsschuss = (int) m_GameData.Utilities.CreateRandom(-10000.0f,100.0f);
  if (Zufallsschuss > 0){
    // Lebensdauer Schuss
    m_GameData.Gegner[i].iShotDurability = 500;

    // Schuss Position festlegen
    m_GameData.Gegner[i].vShotPosition.x =
                        m_GameData.Gegner[i].SimpleMesh.MeshProperties.GetXPosition();
    m_GameData.Gegner[i].vShotPosition.z =
                        m_GameData.Gegner[i].SimpleMesh.MeshProperties.GetZPosition();

    // Schuss Richtung festlegen
    float ShotFloat = (FLOAT)(m_GameData.Gegner[i].ViewDirection * GEFLOATRADN);
    m_GameData.Gegner[i].vShotDirection.x = (float)sin((float)ShotFloat) *
                                        m_GameData.Utilities.Speed.S100;
```

Listing 7.68 *FrameMoveGegner*: Bei einem neuen Schuss wird ein freier Soundeffekt ausgewählt und wiedergegeben

```
m_GameData.Gegner[i].vShotDirection.z = (float)cos((float)ShotFloat) *
                                     m_GameData.Utilities.Speed.S100;

. . .

for(int a=0; a < 10; a++){
  HRESULT hr = m_GameData.SoundShotGegner[a].IsPlayingSoundBuffer();
  if(hr == S_FALSE){
    m_GameData.SoundShotGegner[a].Set3DBufferPosition(
                        &m_GameData.GegnerEffektShot[i].currentPosition);
    m_GameData.SoundShotGegner[a].PlaySoundBuffer(0,0,0);
    break;
  }
 }
}
}
```

Listing 7.68 *FrameMoveGegner*: Bei einem neuen Schuss wird ein freier Soundeffekt ausgewählt und wiedergegeben *(Fortsetzung)*

Danach kommen wir an den Punkt, an dem wir dem Gegner-Objekt einen Soundeffekt zuordnen. Dies geschieht dabei folgendermaßen: Wenn ein Schuss-Sound für ein gegnerisches Geschoss wiedergegeben werden soll, überprüfen wir mit einer *for*-Schleife den Status einer jeden Sound-Klasse innerhalb des Arrays aus Sound-Objekten. Wir überprüfen dabei, ob das aktuelle Element des Arrays gerade einen Sound wiedergibt. Ist dies nicht der Fall, können wir dieses Objekt zur Wiedergabe des Sounds benutzen. Wir legen dann die neue Position des Sounds fest und leiten dessen Wiedergabe auch direkt ein. Spielt das aktuelle Objekt hingegen gerade einen Sound ab, können wir dieses Objekt nicht benutzen und wechseln über die Schleife zum nächsten Objekt zur Überprüfung seines Status. Sollte es einmal vorkommen, dass kein Objekt innerhalb des Arrays frei ist, sondern alle ihren Sound gerade wiedergeben, verzichten wir bei diesem Schuss auf die Soundwiedergabe und beenden die Funktion *FrameMoveGegner*.

Das letzte Sound-Objekt, das wir jetzt noch betrachten müssen, ist der Explosionseffekt. Im Gegensatz zum Schuss-Effekt gibt es diesen innerhalb des Spieles nur einmal. Die Objekte des Spiels müssen sich diese Effekte also alle miteinander teilen. Der Effekt wird also immer da eingesetzt, wo er gerade gebraucht wird. Der erste dieser Einsatzorte ist die Kollision des Gegners mit dem Schuss des Spielers. Dabei wird – wie bereits bekannt – zunächst die Kollision der beiden Objekte überprüft. Findet eine Kollision statt, initialisieren wir zunächst den grafischen Effekt an der Stelle der aufgetretenen Kollision:

```
// Collosiondetection Player Shot <-> Enemy
if(m_GameData.Player.iShotDurability > 0){
  hr = m_GameData.Shot.SimpleMesh.TestAABBCollision(
                            m_GameData.Gegner[i].SimpleMesh.AABBmin,
                            m_GameData.Gegner[i].SimpleMesh.AABBmax);
  if(hr == S_OK){
    m_GameData.Gegner[i].Alive = false;
    m_GameData.EffektExplosion.currentPosition.x =
                    m_GameData.Gegner[i].SimpleMesh.MeshProperties.GetXPosition();
    m_GameData.EffektExplosion.currentPosition.y = 1.0f;
    m_GameData.EffektExplosion.currentPosition.z =
                    m_GameData.Gegner[i].SimpleMesh.MeshProperties.GetZPosition();
    m_GameData.Player.iShotDurability = -1;

    m_GameData.EffektExplosion.MovePointSpritesExplosion(true);
```

Listing 7.69 *FrameMove*: Explosionssound nach der Kollisionserkennung

```
        m_GameData.SoundExplosion.Set3DBufferPosition(
                                &m_GameData.EffektExplosion.currentPosition);
        m_GameData.SoundExplosion.StopSoundBuffer();
        m_GameData.SoundExplosion.PlaySoundBuffer(0,0,0);
    }
}
```

Listing 7.69 *FrameMove*: Explosionssound nach der Kollisionserkennung *(Fortsetzung)*

Nach dem Start des PointSprite-Effekts müssen wir nun ebenfalls die Soundwiedergabe der Explosion starten. Dazu legen wir die neue Position der Explosion fest, stoppen gegebenenfalls die Wiedergabe eines alten Explosions-Sounds und beginnen die Wiedergabe direkt wieder von Anfang an.

Diese Vorgehensweise wiederholt sich in gleicher Weise bei allen anderen Kollisionserkennungen innerhalb der Funktion *FrameMove*:

```
if(m_GameData.Gegner[i].iShotDurability > 0 && m_GameData.Player.Alive != false){

    // Collosiondetection Enemy Shot <-> Player
    if(m_GameData.Shield.Alive == false){
        hr = m_GameData.GegnerShot[i].SimpleMesh.TestAABBCollision(
                                m_GameData.Player.SimpleMesh.AABBmin,
                                m_GameData.Player.SimpleMesh.AABBmax);
    }else{
        hr = S_FALSE;
    }

    if(hr == S_OK){
        m_GameData.Player.Alive = false;
        m_GameData.EffektExplosion.currentPosition.x =
                            m_GameData.Player.SimpleMesh.MeshProperties.GetXPosition();
        m_GameData.EffektExplosion.currentPosition.y = 1.0f;
        m_GameData.EffektExplosion.currentPosition.z =
                            m_GameData.Player.SimpleMesh.MeshProperties.GetZPosition();

        m_GameData.Gegner[i].iShotDurability = -1;

        m_GameData.EffektExplosion.MovePointSpritesExplosion(true);

        m_GameData.SoundExplosion.Set3DBufferPosition(
                                &m_GameData.EffektExplosion.currentPosition);
        m_GameData.SoundExplosion.StopSoundBuffer();
        m_GameData.SoundExplosion.PlaySoundBuffer(0,0,0);
    }
}
```

Listing 7.70 *FrameMove*: Die verschiedenen Einsatzorte des Explosionseffektes innerhalb der Funktion

Die letzte Aufgabe, die wir im Zusammenhang mit der Soundwiedergabe in unser Projekt integrieren müssen, ist die Festlegung der Spielerposition für die dreidimensionale Soundwiedergabe. Damit alle Soundeffekte immer im Verhältnis zur Position des Spielers berechnet werden, müssen wir noch die Position der *3DListener*-Objekte innerhalb der Soundklassen bestimmen. Dies geschieht bei der Berechnung der neuen Position des Spielers innerhalb der Funktion *FrameMovePlayerAndCamera*.

```
D3DVECTOR   tmpVec;
D3DVECTOR   tmpFrontVec;

tmpVec.x = m_GameData.Player.SimpleMesh.MeshProperties.GetXPosition();
tmpVec.y = m_GameData.Player.SimpleMesh.MeshProperties.GetYPosition();
tmpVec.z = m_GameData.Player.SimpleMesh.MeshProperties.GetZPosition();

float PlayerFloat = (FLOAT)(m_GameData.Player.ViewDirection  * GEFLOATRADN);

tmpFrontVec.z = (float)sin((float)PlayerFloat);
tmpFrontVec.y = 0.0f;
tmpFrontVec.x =  (float)cos((float)PlayerFloat);

if (tmpFrontVec.z != 1.0f){
  tmpFrontVec.z =  (float)cos((float)PlayerFloat);
}
m_GameData.SoundShotSpieler.Set3DListenerPosition(&tmpVec,&tmpFrontVec);
m_GameData.SoundExplosion.Set3DListenerPosition(&tmpVec,&tmpFrontVec);
for (int z=0; z< 10; z++){
  m_GameData.SoundShotGegner[z].Set3DListenerPosition(&tmpVec,&tmpFrontVec);
}
```

Listing 7.71 *FrameMove*: Setzen der *3DListener*-Position der Objekte

Dabei wird die Position des Spielers und die Blickrichtung in zwei Vektoren umgerechnet und den Sound-Klassen als neue Position des Spielers übergeben.

Mit dieser Funktion ist der Teil des Buches abgeschlossen, der die Erstellung eines Spiele-Projektes dokumentieren sollte. Aufgrund des beschränkten Platzes konnten wir leider nicht alle Features von DirectX an dieser Stelle in das Projekt einbauen. Wir werden dieses Projekt aber weiterentwickeln und auf unserer Website *http://www.inside-dx9.de* für die Leser unseres Buches zur Verfügung stellen.

Anhang A

Dokumentation der GameEngine

Klassenübersicht

CGEFont

- Variablen

    - *ID3DXFont*ArialNormal12;*

    - *ID3DXFont *ArialBold12;*

    - *ID3DXFont *ArialNormal14;*

    - *ID3DXFont *ArialBold14;*

    - *ID3DXFont *ArialNormal16;*

    - *ID3DXFont *ArialBold16;*

    - *ID3DXFont *ArialNormal18;*

    - *ID3DXFont *ArialBold18;*

    - *ID3DXFont *CourierNormal12;*

    - *ID3DXFont *CourierBold12;*

    - *ID3DXFont *CourierNormal14;*

    - *ID3DXFont *CourierBold14;*

    - *ID3DXFont *CourierNormal16;*

    - *ID3DXFont *CourierBold16;*

    - *ID3DXFont *CourierNormal18;*

    - *ID3DXFont *CourierBold18;*

- Methoden
    - `void InitFonts( LPDIRECT3DDEVICE9 Device);`
    - `int DrawText(LPCSTR text, DWORD color,  int x, int y, int width, int height, ID3DXFont *font);`

CGEUtilities

- Variablen

    - *double AverageFPS;*

    - *LONGLONG elapsed;*

    - *LONGLONG freq;*

    - *_SPEED Speed;*

    - *_COLOR Color;*

- Methoden
    - `void TicTimer();`
    - `void CalculateSpeed();`
    - `void InitColor();`
    - `HRESULT GEFindMediaPath(char* strPath);`

- `float CreateRandom(float fMin, float fMax);`
- `D3DXVECTOR3 CreateRandomVector( void );`

CGeometry

- Variablen

  - *enum _SURFACE {*

    - Front,
      Back,
      Right
      Left,
      Top,
      Bottom

  - }SURFACE;

  - enum _GEOTYPE {

    - GeoSquare,
      GeoSphere,
      GeoTorus,
      GeoBox,
      GeoPipe

  - }GEOTYPE;

- Methoden

  - `HRESULT MakePipe(int anzahlX,float radius, float height);`
  - `HRESULT MakeSquare(float anzahlX,float anzahlY,`
    `                float posX, float posY,`
    `                float width, float height);`
  - `HRESULT MakeSphere (int nRings , int nSegments, float m_fSize );`
  - `HRESULT MakeTorus (int nRings , int nSegments,`
    `                float MinorRadius, float MajorRadius);`
  - `HRESULT Render();`
  - `HRESULT SetD3DDevice(LPDIRECT3DDEVICE9 &Device);`
  - `HRESULT SetBoxTexture(LPCTSTR name, _SURFACE face);`
  - `HRESULT SetBoxTextureEx(LPCTSTR name, _SURFACE face);`
  - `HRESULT SetTexture(LPCTSTR name);`
  - `HRESULT SetTextureEx(LPCTSTR name, DWORD color);`
  - `HRESULT SetBoxMultiTextur(bool value);`
  - `HRESULT SetSkyBox(bool value);`
  - `HRESULT SetBoxTile(float tu_front, float tv_front,`
    `                float tu_back, float tv_back,`
    `                float tu_right, float tv_right,`
    `                float tu_left, float tv_left,`
    `                float tu_top, float tv_top,`
    `                float tu_bottom, float tv_bottom);`

- HRESULT CGeometry::MakeBox(float anzahlX, float anzahlY,
                             float anzahlZ, float posX,
                             float posY, float posZ,
                             float width, float height,
                             float depth);
- HRESULT SetMaterial(D3DMATERIAL9 Material);

CGEHierarchyMesh

- Variablen
    - *CGEObjectProperties MeshProperties;*
    - *CGEUtilities Utilities;*
- Methoden
    - HRESULT LoadMeshFile(LPDIRECT3DDEVICE9 device,
                           char* strFilename);
    - void Render(LPDIRECT3DDEVICE9 device) const;
    - void SetupBoneMatrices(LPDIRECT3DDEVICE9 device,
                             D3DXFRAME_EXTENDED *pFrame,
                             LPD3DXMATRIX pParentMatrix);
    - void FrameMove(float elapsedTime,const D3DXMATRIX *matWorld);
    - void SetAnimationSet(UINT index);

CGEInput

- Variablen
    - *BYTE GEInputKeyboardState[256];*
    - *DIMOUSESTATE2 GEInputMouseState;*
- Methoden
    - HRESULT StartDevice(HWND hwndDlg);
    - HRESULT ReadImmediateData();

CGEMesh

- Variablen
    - *D3DXVECTOR3 OBBmin;*
    - *D3DXVECTOR3 OBBmax;*
    - *D3DXVECTOR3 AABBmin;*
    - *D3DXVECTOR3 AABBmax;*
    - *CUBEVERTEX OrientedBoundingBox[8];*
    - *CUBEVERTEX AxisAlignedBoundingBox[8];*
    - *Float RadiusFullMeshQuality;*
    - *Float RadiusHalfMeshQuality;*
    - *Float RadiusLowMeshQuality;*

- *CGEObjectProperties MeshProperties;*

- *CGEUtilities Utilities;*

- Methoden

    - HRESULT LoadMeshFile(LPDIRECT3DDEVICE9 pd3dDevice,
                           char* strFilename);

    - HRESULT Render(LPDIRECT3DDEVICE9 pd3dDevice);

    - LPD3DXMESHGetSimpleMesh();

    - HRESULT CreateProgressiveMesh(LPDIRECT3DDEVICE9 pd3dDevice,
                                    LPD3DXMESH pD3DXMesh);

    - HRESULT SetRenderLevel(int Level);

    - Void CheckDistance(D3DXVECTOR3 CheckObject, float * Distance);

    - HRESULT RenderProgressive(LPDIRECT3DDEVICE9 pd3dDevice);

    - HRESULT ComputeBoundingBoxEx(LPDIRECT3DDEVICE9 pd3dDevice);

    - HRESULT RenderEx(LPDIRECT3DDEVICE9 pd3dDevice);

    - HRESULT ObjectIsOnField(D3DVECTOR minField,
                              D3DVECTOR maxField);

    - HRESULT TestAABBCollision(D3DVECTOR min,D3DVECTOR max);

CGEObjectProperties

- Methoden

    - void Scale(float x, float y,float z);

    - float GetXPosition (void);

    - float GetYPosition (void);

    - float GetZPosition (void);

    - D3DXVECTOR3 GetPosition(void);

    - void SetXPosition (float NewX);

    - void SetYPosition (float NewY);

    - void SetZPosition (float NewZ);

    - void SetPosition(D3DXVECTOR3 pos);

    - void MoveX (float);

    - void MoveY (float);

    - void MoveZ (float);

    - void AngleX (float);

    - void AngleY (float);

    - void AngleZ (float);

    - void RotateX (float);

    - void RotateY (float);

    - void RotateZ (float);

    - D3DXMATRIX GetMatrix(void);

    - void SetMatrix(D3DXMATRIX);

CGEPartikel

- Variablen

  - *D3DXVECTOR3 currentPosition;*

  - *D3DXVECTOR3 maxVolume;*

  - *D3DCOLOR baseColor;*

  - *Int maxPartikel;*

  - *Float PointSize;*

- Methoden
  - `HRESULT CreatePointSprites(LPDIRECT3DDEVICE9 pd3dDevice,`
                            `char* strFilename);`
  - `void MovePointSpritesSpur(bool reset);`
  - `void MovePointSpritesExplosion(bool reset);`
  - `void MovePointSpritesExplosionGame(bool reset);`
  - `HRESULT RenderPointSprites(LPDIRECT3DDEVICE9 pd3dDevice);`

CGESound

- Variablen

  - *TCHAR strFileName[260];*

  - *TCHAR strPath[260];*

  - *int sndIndex;*

  - *sndDevice sndDevices[20];*

- Methoden
  - `UCHAR* OpenWaveFile();`
  - `HRESULT StartSoundDevice(HWND hwndDlg, GUID* pSoundGUID);`
  - `HRESULT StartSoundDevice3D(HWND hwndDlg, GUID* pSoundGUID);`
  - `TCHAR * GetPathToSoundFile(HWND hwndDlg);`
  - `HRESULT CreateSoundBuffer(UCHAR *snd_buffer,int FX=0);`
  - `HRESULT CreateSoundBuffer3D(UCHAR *snd_buffer, int FX=0);`
  - `HRESULT InitSoundDevices(HWND hwndDlg );`
  - `HRESULT PlaySoundBuffer(DWORD dwReserved1, DWORD dwPriority,`
                          `DWORD dwFlags);`
  - `HRESULT IsPlayingSoundBuffer();`
  - `HRESULT StopSoundBuffer();`
  - `HRESULT SoundBufferSetFrequency(long lFrequency);`
  - `HRESULT SoundBufferSetVolume(long lVolume);`
  - `HRESULT SoundBufferSetPan(long lPan);`
  - `HRESULT SoundBufferSetEffect(int FX);`
  - `HRESULT Set3DBufferPosition(D3DVECTOR *pvPosition);`
  - `HRESULT Set3DListenerPosition(D3DVECTOR *pvPosition,`
                                `D3DVECTOR *pvFront);`

CGEFont

Die *CGEFont*-Klasse erleichtert die Handhabung von Bildschirmtexten. Es werden eine Reihe von Fonts deklariert und über eine zentrale Methode *InitFonts()* initialisiert. Diese Fonts bilden eine Art Portfolio und stehen dem Programmierer zur Verfügung.

Files

- *GEFont.h*
- *GEFont.ccp*

Variablen

Deklarationen	Beschreibung
ID3DXFont *ArialNormal12; *ID3DXFont *ArialBold12;* *ID3DXFont *ArialNormal14;* *ID3DXFont *ArialBold14;* *ID3DXFont *ArialNormal16;* *ID3DXFont *ArialBold16;* *ID3DXFont *ArialNormal18;* *ID3DXFont *ArialBold18;* *ID3DXFont *CourierNormal12;* *ID3DXFont *CourierBold12;* *ID3DXFont *CourierNormal14;* *ID3DXFont *CourierBold14;* *ID3DXFont *CourierNormal16;* *ID3DXFont *CourierBold16;* *ID3DXFont *CourierNormal18;* *ID3DXFont *CourierBold18;*	Fontname

Methoden

InitFonts
Diese Routine erstellt alle deklarierten Fonts (siehe öffentliche Deklaration)
void InitFonts(LPDIRECT3DDEVICE9 Device)
LPDIRECT3DDEVICE9 Device   Ein gültiges Direct3D-Device, in dem die Fonts erstellt werden sollen

DrawText

Mit dieser Methode wird ein Text auf dem Bildschirm angezeigt. Individuell kann die Textfarbe, die Position sowie der Zeichensatz gewählt werden.

```
int DrawText(LPCSTR text,
        DWORD color, int x, int y, int width, int height,
        ID3DXFont *font)
```

LPCSTR text	Dies ist der anzuzeigende Text
DWORD color	Hiermit wird die Textfarbe festgelegt
int x, y, width, height	Diese Parameter bestimmen einen rechteckigen Ausgabebereich, wobei die Parameter *x* und *y* die linke obere Ecke beschreiben. Der Ausgabebereich muss auf die Textgröße angepasst werden.
*ID3DXFont *font*	Ein gültiger ID3DXFont Anmerkung: Bevorzugt kann hier ein bereits deklarierter Font (siehe öffentliche Deklarationen) verwendet werden. Zu beachten ist, dass dieser Font zuvor durch die *InitFonts()*-Methode initialisiert werden muss.

Als Rückgabewert gibt die Funktion einen Integerwert der Fonthöhe zurück.

CGEUtilities

Die *CGEUtilities*-Klasse beinhaltet eine Reihe von hilfreichen Methoden aus unterschiedlichsten Bereichen. Die einzelnen Methoden sind im Regelfall keinem speziellen Themenbereich zugeordnet.

Files

- *GEUtilities.h*
- *GEUtilities.cpp*

Variablen

Deklarationen	Description
double AverageFPS;	In *AverageFPS* wird der durchschnittliche »Frames per Second«-Wert gespeichert. Dieser Wert wird über einen Zeitraum von einer Sekunde gemessen und anschließend gemittelt.
LONGLONG elapsed;	Mit der Methode *QueryPerformanceCounter()* wird die Dauer eines Frames (Messung von einem Renderaufruf zum nächsten) berechnet und in der Variablen *elapsed* gespeichert. Dies ist keine Angabe in Millisekunden, sondern ein Indexwert, basierend auf der Frequenz der CPU des Systems. Dabei hat der ermittelte Wert eine Auflösung von ca. einer Mikrosekunde (1/1.000.000stel einer Sekunde).
LONGLONG freq;	Mit der Methode *QueryPerformanceFrequency()* ermitteln wir die Frequenz des Timers. Das Ergebnis wird in der Variablen *freq* abgelegt.
_SPEED Speed;	Die Variable *Speed* ist vom Datentyp *_SPEED*. Dieser ist ein *struct*, und dessen Mitglieder repräsentieren eine Sammlung von vereinheitlichten Geschwindigkeiten. Durch die Vereinheitlichung ist es möglich, bestimmten Kategorien zuvor definierte Geschwindigkeiten zuzuweisen. Beispielsweise erhält eine Rakete der Kategorie »Superhammer« die Geschwindigkeit S1. Somit würden alle weiteren Kategorien mit der einheitlichen Geschwindigkeit S1 gleich schnell sein. ▶

Deklarationen	Description
_COLOR Color;	*Color* ist vom Datentyp *_COLOR* und beinhaltet eine Sammlung von definierten Farben. Jeder Farbwert ist vom Datentyp *DWORD* und entspricht somit dem DirectX-Farbformat *D3DCOLOR*.

Methoden

TicTimer

Diese Methode ermittelt die benötigte Zeit eines Renderdurchlaufs sowie die CPU-Frequenz und den FPS-Wert (FPS = Frames per Second)

void TicTimer()

CalculateSpeed

CalculateSpeed ermittelt die einzelnen Geschwindigkeiten der Variablen *Speed* (Datentyp *_SPEED*). Diese Methode muss bei jedem Render-aufruf erneut ausgeführt werden. Die ermittelten Geschwindigkeiten sind von der aktuellen Framedurchlaufzeit abhängig und müssen dynamisch angepasst werden.

void CalculateSpeed()

InitColor

InitColor initialisiert die einzelnen Farbwerte der Variablen *Color* (Datentyp *_COLOR*)

void InitColor()

GEFindMediaPath

Die Funktion *GEFindMediaPath* ermittelt den Pfad zum Media-Verzeichnis der Buch-Verzeichnisstrukur

HRESULT GEFindMediaPath(char* strPath);

char strPath*	Die Funktion gibt nach ordnungsgemäßer Durchführung einen Zeiger auf ein *char*-Array mit dem Pfad des Media-Verzeichnisses zurück

Die Funktion gibt *S_OK* zurück, wenn es bei der Durchführung zu keinen Problemen gekommen ist.

CreateRandom

Die Funktion *CreateRandom* ermittelt einen Zufallswert

float CreateRandom(float fMin, float fMax);

float fMin	Mit dem *float*-Wert *fMin* wird der Funktion die Untergrenze des Zahlenraums übergeben, in dem die Zufallszahl ermittelt werden soll
float fMax	Obergrenze des Zahlenraums zum Ermitteln der Zufallszahl

Die Funktion gibt die ermittelte Zufallszahl zurück. Diese liegt dabei zwischen *fMin* und *fMax*.

CreateRandomVector

Die Funktion erstellt einen zufälligen Vektor und speichert diesen in einem *D3DXVECTOR3*-Objekt

D3DXVECTOR3 CreateRandomVector(void);

Der Rückgabewert der Funktion ist ein *D3DXVECTOR3*-Objekt mit einem zufälligen Vektor als Inhalt

CGeometry

Die Klasse *CGeometry* beinhaltet Funktionen zur Erstellung von einfachen geometrischen Formen. Dabei bietet die Klasse Funktionen zur Erstellung und Darstellung von Objekten sowie zur Zuordnung von Texturen.

Files

- *CGeometry.h*
- *CGeometry.ccp*

Variablen

Deklarationen	Description

enum _SURFACE {Front,
            Back,
            Right,
            Left,
            Top,
            Bottom
}SURFACE;
	Enumeration der möglichen Oberflächen eines Box-Elements

enum _GEOTYPE {GeoSquare,
            GeoSphere,
            GeoTorus,
            GeoBox,
            GeoPipe
}GEOTYPE;
	Enumeration der geometrischen Objekte, die durch die Klasse *CGeometry* erstellt werden können

Methoden

MakePipe

Mit dem Befehl *MakePipe* wird ein geometrisches Objekt in Form einer Röhre erstellt

HRESULT MakePipe(int anzahlX, float radius, float height);

int anzahlX   Mit dem Integerwert *anzahlX* übergeben wir der Funktion die Anzahl von Vertices, die zur Erstellung der Röhre benutzt werden sollen

float radius	Der Parameter *radius* legt den Radius der Röhre fest
float height	Mit dem letzten Parameter kann die Höhe der zu erstellenden Röhre festgelegt werden

Die Funktion liefert die Konstante *S_OK* zurück, wenn die Funktion ohne Probleme abgearbeitet wurde.

MakeSquare

Funktion zur Erstellung eines Rechtecks (Plane) im dreidimensionalen Raum

```
HRESULT MakeSquare(float anzahlX, float anzahlY,
        float posX, float posY,
        float width, float height);
```

float anzahlX *float anzahlY*	Mit den Parametern *anzahlX* und *anzahlY* wird die Anzahl der Vertices des Rechtecks in X-und Y-Richtung angegeben
float posX *float posY*	Durch die beiden Variablen *posX* und *posY* wird der Ursprungspunkt des Rechtecks bestimmt
float width *float height*	Die Höhe bzw. die Breite des Rechtecks wird mit den beiden *float*-Werten *width* und *height* bestimmt

Die Funktion liefert die Konstante *S_OK* zurück, wenn die Funktion ohne Probleme abgearbeitet wurde.

MakeSphere

Mit der Funktion *MakeSphere* kann auf einfache Art und Weise eine Kugel oder auch Sphere erstellt werden

```
HRESULT MakeSphere (int nRings , int nSegments, float m_fSize);
```

int nRings	Der Parameter *nRings* gibt die Anzahl der Ringe an, die die zu erstellende Sphere besitzen soll. Dabei kann man sich die Ringe ähnlich den Breitengraden eines Globuses vorstellen.
int nSegments	Mit der Variablen *nSegments* übergeben wir der Funktion die Anzahl der Segmente, die die neue Sphere haben soll. Diese sind vergleichbar mit den Längengraden einer Weltkugel.
float m_fSize	Mit dem letzten Parameter geben wir dann noch die Größe des zu erstellenden Objektes an

Die Funktion liefert die Konstante *S_OK* zurück, wenn die Funktion ohne Probleme abgearbeitet wurde.

MakeTorus

Durch diese Funktion wird ein Torus (Donut) erstellt

```
HRESULT MakeTorus (int nRings , int nSegments,
        float MinorRadius, float MajorRadius);
```

int nRings	Anzahl der Ringe des Objekts
int nSegments	Anzahl der Segmente des Objekts
float MinorRadius	Größe des Innenradius des zu erstellenden Objekts
float MajorRadius	Größe des Außenradius des zu erstellenden Objekts

Die Funktion liefert die Konstante *S_OK* zurück, wenn die Funktion ohne Probleme abgearbeitet wurde.

Render

Darstellen des aktuellen geometrischen Objekts im Direct3D-Device

HRESULT Render();

Die Funktion liefert die Konstante *S_OK* zurück, wenn die Funktion ohne Probleme abgearbeitet wurde.

SetD3Ddevice

Mit dem Befehl *SetD3DDevice* wird das Direct3D-Device der Klasse übergeben, mit dem anschließend alle Operationen der Klasse stattfinden sollen

HRESULT SetD3DDevice(LPDIRECT3DDEVICE9 &Device);

LPDIRECT3DDEVICE9 &Device   Zeiger auf ein gültiges Direct3D-Device

Bei erfolgreicher Festlegung des Device liefert die Funktion *S_OK* zurück.

SetBoxTexture

Der Befehl *SetBoxTexture* legt die Textur für eine Oberfläche eines Box-Objektes fest

HRESULT SetBoxTexture(LPCTSTR name, _SURFACE face);

LPCTSTR name   Pfad zur Datei, die als Textur geladen werden soll

_SURFACE face   Oberfläche, die mit der Textur aus der Datei des ersten Parameters bespannt werden soll

Auch dieser Befehl liefert *S_OK* bei erfolgreicher Bearbeitung zurück.

SetBoxTextureEx

Der Befehl *SetBoxTextureEx* hat die gleiche Funktion wie der Befehl *SetBoxTexture*. Der Pfad der Datei kann bei diesem Befehl aber relativ zum Media-Verzeichnis der Verzeichnisstruktur angegeben werden.

HRESULT SetBoxTextureEx(LPCTSTR name, _SURFACE face);

LPCTSTR name   Siehe *SetBoxTexture*

_SURFACE face   Siehe *SetBoxTexture*

Rückgabewert siehe *SetBoxTexture*

SetTexture

Mit dem Befehl *SetTexture* wird die Textur des aktuellen Objektes festgelegt

HRESULT SetTexture(LPCTSTR name);

LPCTSTR name   Pfad zur Datei, die als Textur geladen werden soll

Auch dieser Befehl liefert *S_OK* bei erfolgreicher Bearbeitung zurück

SetTextureEx

Der Befehl *SetTextureEx* hat die gleiche Funktion wie der Befehl *SetTexture*, nur kann mit diesem Befehl zusätzlich noch eine Farbe übergeben werden, die die Klasse als Alpha-Wert der Textur benutzen soll

HRESULT SetTextureEx(LPCTSTR name, DWORD color);

LPCTSTR name   Pfad zur Datei, die als Textur geladen werden soll

DWORD color   Farbwert zur Festlegung des Alpha-Wertes der Textur

Die Funktion liefert die Konstante *S_OK* zurück, wenn die Funktion ohne Probleme abgearbeitet wurde.

SetBoxMultiTexture

Mit Hilfe dieses Befehls teilen wir der Klasse mit, dass eine erstellte Box auf jeder Seite eine eigene Textur haben soll

HRESULT SetBoxMultiTexture (bool value);

bool value   Der Wert *value* ist *true*, wenn mehr als eine Textur für die Box genutzt werden soll

Die Funktion liefert die Konstante *S_OK* zurück, wenn die Funktion ohne Probleme abgearbeitet wurde.

SetSkyBox

Legt fest, ob die erstellte Box als Skybox genutzt werden soll

HRESULT SetSkyBox (bool value);

bool value   Der Wert *value* ist *true*, wenn die Box als SkyBox genutzt werden soll

Die Funktion liefert die Konstante *S_OK* zurück, wenn die Funktion ohne Probleme abgearbeitet wurde.

SetBoxTile

Mit dem Befehl *SetBoxTile* ist es möglich, das Texture Mapping für die erstellte Box anzupassen

```
HRESULT SetBoxTile(float tu_front, float tv_front,
           float tu_back, float tv_back,
           float tu_right, float tv_right,
           float tu_left, float tv_left,
           float tu_top, float tv_top,
           float tu_bottom, float tv_bottom);
```

float tu_front,   Festlegen der Texturkoordinaten für die Front-Oberfläche des Box-Objekts
float tv_front

float tu_back,   Festlegen der Texturkoordinaten für die Back-Oberfläche des Box Objekts
float tv_back

float tu_right,   Festlegen der Texturkoordinaten für die Right-Oberfläche des Box-Objekts
float tv_right

float tu_left,   Festlegen der Texturkoordinaten für die Left-Oberfläche des Box-Objekts
float tv_left

float tu_top, float tv_top,	Festlegen der Texturkoordinaten für die Top-Oberfläche des Box-Objekts
float tu_bottom, float tv_bottom	Festlegen der Texturkoordinaten für die Bottom-Oberfläche des Box-Objekts

Die Funktion liefert die Konstante *S_OK* zurück, wenn die Funktion ohne Probleme abgearbeitet wurde.

MakeBox

Der Befehl *MakeBox* erstellt ein Rechteck innerhalb des Direct3D-Device

```
HRESULT MakeBox(float anzahlX, float anzahlY, float anzahlZ,
        float posX, float posY,  float posZ,
        float width, float height, float depth);
```

float anzahlX, float anzahlY, float anzahlZ	Mit diesen drei Parametern lässt sich die Anzahl der Vertices für jede Seite des Rechtecks festlegen
float posX, float posY, float posZ	Durch diese drei *float*-Werte wird die Position des Objekts innerhalb des Direct3D-Device festgelegt
float width, float height, float depth	Zum Schluß haben wir noch die Möglichkeit, die Größe des Rechtecks zu bestimmen, indem wir die Werte für die Länge, Breite und Höhe angeben

Die Funktion liefert die Konstante *S_OK* zurück, wenn die Funktion ohne Probleme abgearbeitet wurde.

SetMaterial

Legt die Materialeigenschaft des aktuellen geometrischen Objekts fest

```
HRESULT SetMaterial(D3DMATERIAL9 Material);
```

D3DMATERIAL9 Material   Material, das für die Darstellung des Objektes genutzt werden soll

Die Funktion liefert die Konstante *S_OK* zurück, wenn die Funktion ohne Probleme abgearbeitet wurde.

CGEHierarchyMesh

Mit der Klasse *CGEHierarchyMesh* integrieren wir die Möglichkeit zur Darstellung von SkinnedMesh-Objekten in unsere Engine. Die Klasse enthält alle notwendigen Funktionen, um ein SkinnedMesh zu laden, zu animieren und darzustellen.

Files

- *GEHierarchyMesh.h*
- *GEHierarchyMesh.cpp*

Variablen

Deklarationen	Beschreibung
CGEObjectProperties MeshProperties;	Klasse zur Verwaltung des Matrix-Objekts der Klasse
CGEUtilities Utilities;	Hilfsfunktionen zur vereinfachten Handhabung des Objekts

Methoden

LoadMeshFile

Mit der Methode *LoadMeshFile* wird eine SkinnedMesh-Datei geladen und innerhalb der Klasse zur weiteren Verarbeitung zur Verfügung gestellt

HRESULT LoadMeshFile(LPDIRECT3DDEVICE9 device,
        char* strFilename);

LPDIRECT3DDEVICE9 device	Zeiger auf ein Direct3D-Device, in dem das SkinnedMesh erstellt werden soll
char strFilename*	Zeiger auf einen Buffer mit dem Dateinamen der Datei, die geladen werden soll

Bei erfolgreicher Bearbeitung wird die Konstante *S_OK* zurückgegeben.

Render

Darstellen des SkinnedMeshs

void Render(LPDIRECT3DDEVICE9 device) const;

LPDIRECT3DDEVICE9 device	Zeiger auf das Device, in dem das Objekt der Klasse dargestellt werden soll

SetupBoneMatrices

Berechnet die aktuelle Position aller Bones-Objekte des übergebenen Frames

void SetupBoneMatrices(LPDIRECT3DDEVICE9 device,
        D3DXFRAME_EXTENDED *pFrame,
        LPD3DXMATRIX pParentMatrix);

LPDIRECT3DDEVICE9 device	Zeiger auf das gültige Direct3D-Device
*D3DXFRAME_EXTENDED *pFrame*	Frame, dessen Bone-Objekte neu berechnet werden sollen
LPD3DXMATRIX pParentMatrix	Matrix-Objekt des übergeordneten Frames

FrameMove

Befehl zur Berechnung des nächsten Frames zur Darstellung des SkinnedMesh-Objekts

void FrameMove(float elapsedTime, const D3DXMATRIX *matWorld);

| *float elapsedTime* | Seit dem letzten Render-Durchlauf vergangene Zeit |
| *const D3DXMATRIX *mat-World* | Matrix, die zur Berechnung des nächsten Frames genutzt werden soll |

SetAnimationSet

Festlegen des aktuellen Animations-Sets, das durch die Klasse wiedergeben werden soll

void SetAnimationSet(UINT index);

| *UINT index* | Index des wiederzugebenden Animations-Sets |

CGEInput

Mit Hilfe der Klasse *CGEInput* können die Eingaben der Standard-Maus und der Standard-Tastatur abgefragt werden. Die Eingaben werden dabei nicht zwischengespeichert, sondern direkt aus den Geräten gelesen.

Files

- *GEInput.h*
- *GEInput.cpp*

Variablen

Deklarationen	Description
BYTE GEInputKeyboardState[256];	Buffer zur Aufnahme der Tastatur-Stati bei Ausführung des Befehles *ReadImmediateData*
DIMOUSESTATE2 GEInputMouseState;	Buffer zur Aufnahme der Maus-Stati bei Ausführung des Befehles *ReadImmediateData*

Methoden

StartDevice

Mit dem Befehl *StartDevice* wird das Device zur Abfrage der Eingabegeräte gestartet

HRESULT StartDevice(HWND hwndDlg);

| HWND hwndDlg | Legt das Window-Objekt fest, das für die Überwachung der Eingabe genutzt werden soll |

Bei erfolgreicher Festlegung des Device liefert die Funktion *S_OK* zurück

ReadImmediateData

Der Befehl *ReadImmediateData* liest den aktuellen Status der Maus und der Tastatur aus und stellt diesen in den Variablen *GEInputKeyboardState* und *GEInputMouseState* zur Verfügung

HRESULT ReadImmediateData();

Bei erfolgreicher Festlegung des Device liefert die Funktion *S_OK* zurück.

CGEMesh

Die Klasse *CGEMesh* stellt alle Funktionen zur Verfügung, die wir innerhalb der Engine benötigen, um Simple- und Progressive-Meshes zu verwalten und darzustellen.

Files

- *GEMesh.h*
- *GEMesh.cpp*

Variablen

Deklarationen	Beschreibung
D3DXVECTOR3 OBBmin; D3DXVECTOR3 OBBmax;	Zwei *D3DXVECTOR3*-Objekte, in denen wir den Minimal- und den Maximalwert der OBB des Meshs speichern
D3DXVECTOR3 AABBmin; D3DXVECTOR3 AABBmax;	Zwei *D3DXVECTOR3*-Objekte, in denen wir den Minimal- und den Maximalwert der AABB des Meshs speichern
CUBEVERTEX OrientedBoundingBox[8]; CUBEVERTEX AxisAlignedBoundingBox[8];	FVF-Vertex-Arrays zur Aufnahme der Vertex-Informationen der beiden BoundingBox-Elemente
Float RadiusFullMeshQuality; Float RadiusHalfMeshQuality; Float RadiusLowMeshQuality;	Einteilung der Radien, die zur Berechnung des LOD des ProgressiveMeshs benutzt werden
CGEObjectProperties MeshProperties;	Klasse zur Verwaltung des Matrix-Objekts der Klasse
CGEUtilities Utilities;	Hilfsfunktionen zur vereinfachten Handhabung des Objektes

Methoden

LoadMeshFile

Laden eines SimpleMesh Objekts

HRESULT LoadMeshFile (LPDIRECT3DDEVICE9 pd3dDevice,
        char* strFilename);

LPDIRECT3DDEVICE9 *pd3dDevice*	Device, in dem das Mesh-Objekt erstellt werden soll
char* strFilename	Dateiname und Pfad zur Datei, die geladen werden soll

Wenn das Mesh erfolgreich geladen wurde, wird die Konstante *S_OK* zurückgegeben.

Render

Darstellen des Objekts

HRESULT Render (LPDIRECT3DDEVICE9 pd3dDevice);

LPDIRECT3DDEVICE9 *pd3dDevice*	Device, das zur Darstellung verwendet werden soll

Gibt die Konstante *S_OK* zurück, wenn das Objekt richtig dargestellt wurde.

GetSimpleMesh

Das geladene SimpleMesh wird zurückgegeben

LPD3DXMESH GetSimpleMesh();

Ein Zeiger auf das geladene SimpleMesh wird zurückgegeben

CreateProgressiveMesh

Aus einem geladenen SimpleMesh-Objekt wird ein ProgressiveMesh mit verschiedenen Detailstufen gebildet

HRESULT CreateProgressiveMesh(LPDIRECT3DDEVICE9 pd3dDevice,
              LPD3DXMESH pD3DXMesh);

LPDIRECT3DDEVICE9 *pd3dDevice*	Zeiger auf das Device, in dem die Berechnung stattfinden soll
LPD3DXMESH pD3DXMesh	Zeiger auf das SimpleMesh-Objekt, das konvertiert werden soll

Wenn das Objekt ordnungsgemäß konvertiert wurde, wird die Konstante *S_OK* zurückgegeben.

SetRenderLevel

Festlegen des LOD für die Darstellung des ProgressiveMesh-Objekts

HRESULT SetRenderLevel(int Level);

int Level	Index des »Level of Details«, der beim nächsten Renderdurchgang angezeigt werden soll

Beim erfolgreichen Festlegen des neuen Levels wird *S_OK* von der Funktion zurückgegeben.

CheckDistance

Mit der Funktion *CheckDistance* wird der Abstand des aktuellen Mesh-Objekts zur Position eines anderen Objekts überprüft

Void CheckDistance(D3DXVECTOR3 CheckObject, float * Distance);

D3DXVECTOR3 CheckObject	Mit dem Vektor *CheckObject* wird die Position des Objekts übergeben, das zur Position des Mesh-Objekts überprüft werden soll
*float * Distance*	Der Zeiger *Distance* zeigt auf einen *float*-Wert, der am Ende der Funktion den Abstand zwischen den beiden Objekten enthält

---

RenderProgressive

Darstellen eines ProgressiveMesh-Objekts

HRESULT RenderProgressive (LPDIRECT3DDEVICE9 pd3dDevice);

LPDIRECT3DDEVICE9 pd3dDevice	Zeiger auf das Direct3D-Device, in dem das Mesh dargestellt werden soll

Nach erfolgreicher Darstellung des Objekts meldet die Funktion die Konstante *S_OK* zurück.

ComputeBoundingBoxEx

Erstellen der OBB und AABB für das aktuelle Mesh-Objekt

HRESULT ComputeBoundingBoxEx(LPDIRECT3DDEVICE9 pd3dDevice);

LPDIRECT3DDEVICE9 pd3dDevice	Zeiger auf das Device, in dem die Berechnungen stattfinden sollen

Bei erfolgreichen Berechnungen der beiden BoundingBoxes wird die Konstante *S_OK* zurückgeliefert.

RenderEx

Darstellen des Mesh-Objekts und der beiden berechneten BoundingBoxes

HRESULT RenderEx (LPDIRECT3DDEVICE9 pd3dDevice);

LPDIRECT3DDEVICE9 pd3dDevice	Zeiger auf das Direct3D-Device, in dem das Mesh dargestellt werden soll

Nach erfolgreicher Darstellung des Objekts meldet die Funktion die Konstante *S_OK* zurück.

ObjectIsOnField

Mit der Funktion *ObjectIsOnField* können wir überprüfen, ob sich das aktuelle Mesh-Objekt innerhalb der Grenzen des übergebenen Objekts befindet

HRESULT ObjectIsOnField(D3DVECTOR minField, D3DVECTOR maxField);

D3DVECTOR minField	*Min*-Vektor des zu überprüfenden Feldes
D3DVECTOR maxField	*Max*-Vektor des zu überprüfenden Feldes

Die Funktion meldet den Wert *S_OK* zurück, wenn sich das aktuelle Mesh innerhalb der Grenzen des übergebenen Objektes befindet.

TestAABBCollision

Der Befehl überprüft, ob sich die übergebene AABB mit der AABB des aktuellen Meshs überschneidet und somit eine Kollision stattgefunden hat

HRESULT TestAABBCollision(D3DVECTOR min, D3DVECTOR max);

D3DVECTOR min	*Min*-Vektor der zu überprüfenden Box
D3DVECTOR max	*Max*-Vektor der zu überprüfenden Box

Die Funktion gibt den Wert *S_OK* zurück, wenn eine Kollision der beiden Objekte stattgefunden hat.

CGEObjectProperties

In der Klasse *CGEObjectProperties* sind alle Funktionen zusammengefasst, die wir in unserer Engine zur Modifikation eines Matrix-Objekts benötigen.

Files

■ *GEObjectProperties.h*

■ *GEObjectProperties.cpp*

Methoden

Scale

Der Befehl *Scale* skaliert die Matrix der Klasse um die angegebenen Werte

void Scale(float x, float y, float z);

float x, *float y,* *float z*	Mit den drei *float*-Werten der Funktion wird der Skalierungsfaktor für jede der drei Achsen festgelegt

GetXPosition, GetYPosition, GetZPosition

Die drei Funktionen liefern die Position der Matrix auf der jeweiligen Achse zurück

float GetXPosition (void);
float GetYPosition (void);
float GetZPosition (void);

Als Rückgabewert erhalten wir einen *float*-Wert der Matrixposition auf der jeweiligen Achse.

SetXPosition, SetYPosition, SetZPosition

Die drei Funktionen legen die Position der Matrix auf der jeweiligen Achse fest

void SetXPosition (float NewX);
void SetYPosition (float NewY);
void GetZPosition (float NewZ);

float NewX,	Mit den drei *float*-Werten wird die Position der Matrix auf der jeweiligen Achse festgelegt
float NewY,	
float NewZ	

MoveX, MoveY, MoveZ

Bewegen des Matrix-Objekts auf den einzelnen Achsen um den angegebenen Wert

void MoveX (float);
void MoveY (float);
void MoveZ (float);

| *float* | Wert, um den das Matrix-Objekt in die jeweilige Richtung verschoben werden soll |

AngleX, AngleY, AngleZ

Festlegen des Winkels des Matrix-Objekts auf der angegebenen Achse

void AngleX (float);
void AngleY (float);
void AngleZ (float);

| *float* | Winkel, der für die entsprechende Achse festgelegt werden soll |

RotateX, RotateY, RotateZ

Rotation der einzelnen Achsen um den angegebenen Wert

void RotateX (float);
void RotateY (float);
void RotateZ (float);

| *float* | Winkel, um den die jeweilige Achse rotiert werden soll |

GetPosition

Ermitteln der Matrixposition

D3DXVECTOR3 GetPosition(void);

Die Funktion liefert ein *D3DXVECTOR3*-Objekt mit der Position der Matrix zurück.

SetPosition

Festlegen der Matrixposition

void SetPosition(D3DXVECTOR3);

D3DXVECTOR3   Mit dem *D3DXVECTOR3*-Objekt wird die Position der Matrix festgelegt

---

GetMatrix

Ermitteln des gesamten Matrix-Objekts

D3DXMATRIX GetMatrix (void);

Die Funktion liefert ein *D3DXMATRIX*-Objekt mit allen Informationen der Matrix zurück

---

SetMatrix

Festlegen der Matrix

void SetMatrix (D3DXVECTOR3 pos);

D3DXMATRIX   Mit dem *D3DXMATRIX*-Objekt wird das Matrix-Objekt der Klasse neu festgelegt

---

CGEPartikel

Mit der Klasse *CGEPartikel* ermöglichen wir die Darstellung einiger PointSprite-Effekte innerhalb der Engine.

Files

- *GEPartikel.h*
- *GEPartikel.cpp*

Variablen

Deklarationen	Beschreibung
D3DXVECTOR3 currentPosition	Variable zur Festlegung der aktuellen Postion des Effektes in der Klasse
D3DXVECTOR3 maxVolume	Vektor, der die maximale Ausdehnung des Effektes festlegt
D3DCOLOR baseColor	*D3DCOLOR*-Objekt, das die Farbe des Effektes bestimmt
Int maxPartikel	Maximale Anzahl von Partikeln in dem Effekt
Float PointSize	Größe der einzelnen Punkte des Effekts

Methoden

CreatePointSprites

Mit der Funktion *CreatePointSprites* erstellen wir alle nötigen Objekte innerhalb der Klasse zur Darstellung eines PointSprite-Effekts

HRESULT CreatePointSprites(LPDIRECT3DDEVICE9 pd3dDevice, char* strFilename);

LPDIRECT3DDEVICE9   Device, das zur Erstellung des PointSprite verwendet werden soll
pd3dDevice

char strFilename*   Pfad zur Datei, die die Textur des PointSprite enthält

Die Funktion liefert *S_OK* zurück, wenn das Objekt korrekt erstellt wurde.

MovePointSpritesSpur

Neuberechnung des Leuchtspur-Effekts

void MovePointSpritesSpur(bool reset);

bool reset   Mit dem Wert *reset* wird angegeben, ob der Effekt neu initialisiert werden soll

---

MovePointSpritesExplosion

Neuberechnung des Standard-Explosionseffekts

void MovePointSpritesExplosion (bool reset);

bool reset   Mit dem Wert *reset* wird angegeben, ob der Effekt neu initialisiert werden soll

---

MovePointSpritesExplosionGame

Neuberechnung des Explosionseffekts, der innerhalb des Spieles genutzt wird

void MovePointSpritesExplosionGame (bool reset);

bool reset   Mit dem Wert *reset* wird angegeben, ob der Effekt neu initialisiert werden soll

---

RenderPointSprites

Darstellen des PointSprite-Effekts

HRESULT RenderPointSprites(LPDIRECT3DDEVICE9 pd3dDevice);

LPDIRECT3DDEVICE9   Device, das zur Darstellung des PointSprite verwendet werden soll
pd3dDevice

Die Funktion liefert *S_OK* zurück, wenn das Objekt korrekt dargestellt wurde.

CGESound

Die Klasse *CGESound* beinhaltet alle Funktionen zum Laden und Abspielen von 2D- und 3D-SoundBuffern.

Files

- *GEPartikel.h*
- *GEPartikel.cpp*

Methoden

OpenWaveFile

Öffnen einer *.wav*-Datei und Auslesen der Sounddaten

UCHAR* OpenWaveFile();

Die Funktion liest die Daten aus einer Sounddatei aus und legt diese in einem Buffer ab. Die Funktion liefert bei erfolgreicher Abarbeitung einen Zeiger auf diesen Buffer zurück.

StartSoundDevice, StartSoundDevice3D

Starten eines SoundDevice oder eines SoundDevice mit 3D-Soundunterstützung

HRESULT StartSoundDevice(HWND hwndDlg, GUID* pSoundGUID);
HRESULT StartSoundDevice3D(HWND hwndDlg, GUID* pSoundGUID);

HWND hwndDlg	Window-Handle, das mit dem SoundDevice verbunden werden soll
GUID pSoundGUID*	GUID-Objekt, das die Soundhardware repräsentiert, mit dem das Device zusammenarbeiten soll

Die Funktionen liefern *S_OK* zurück, wenn das Device gestartet werden konnte.

CreateSoundBuffer, CreateSoundBuffer3D

Erstellen eines SoundBuffers oder eines 3D-SoundBuffers

HRESULT CreateSoundBuffer(UCHAR *snd_buffer, int FX=0);
HRESULT CreateSoundBuffer3D(UCHAR *snd_buffer, int FX=0);

*UCHAR *snd_buffer*	Zeiger auf die Sounddaten, mit denen der Buffer erstellt werden soll
int FX	Eventuelle Effekte, die für diesen SoundBuffer genutzt werden sollen

Die Funktionen liefern *S_OK* zurück, wenn der SoundBuffer erstellt werden konnte.

SoundBufferSetFrequency, SoundBufferSetVolume, SoundBufferSetPan, SoundBufferSetEffect

Modifizierung der verschiedenen Parameter des SoundBuffers der Klasse

HRESULT SoundBufferSetFrequency(long lFrequency);
HRESULT SoundBufferSetVolume(long lVolume);
HRESULT SoundBufferSetPan(long lPan);
HRESULT SoundBufferSetEffect(int FX);

long lFrequency	Anpassen der Frequenz, des Volumens und der Pan-Einstellung des SoundBuffers
long lVolume	
long lPan	
int FX	Setzen des gewünschten Effektes beim SoundBuffer der Klasse

Die Funktionen liefern *S_OK* zurück, wenn die Modifikationen am SoundBuffer durchgeführt werden konnten.

StopSoundBuffer

Wiedergabe des SoundBuffers der Klasse anhalten

HRESULT StopSoundBuffer();

Die Funktion liefert *S_OK* zurück, wenn der Sound angehalten werden konnte.

IsPlayingSoundBuffer

Die Funktion überprüft, ob der SoundBuffer der Klasse gerade seine Sound-Daten wiedergibt

HRESULT IsPlayingSoundBuffer();

Die Funktion liefert *S_OK* zurück, wenn der SoundBuffer gerade wiedergegeben wird.

InitSoundDevices

Initialisieren des Sound-Device und Anbindung an das übergebende *HWND*-Objekt

HRESULT InitSoundDevices(HWND hwndDlg);

HWND hwndDlg	Handle auf ein Window-Objekt, das an das Sound-Device gebunden werden soll

Die Funktion liefert *S_OK* zurück, wenn die Initialisierung erfolgreich war.

PlaySoundBuffer

SoundBuffer der Instanz der Klasse *CGESound* wiedergeben

HRESULT PlaySoundBuffer(DWORD dwReserved1,
            DWORD dwPriority,
            DWORD dwFlags);

DWORD dwReserved1	Reserviert und nicht belegt
DWORD dwPriority	Dieser Parameter legt fest, ob die Wiedergabe des SoundBuffers der Klasse Priotiät vor der Wiedergabe eines anderen SoundBuffers haben soll

| *DWORD dwFlags* | Flags zur Steuerung der Wiedergabe des Sounds |

Die Funktion liefert *S_OK* zurück, wenn die Wiedergabe des SoundBuffers starten konnte.

Set3DbufferPosition

Position des 3D-SoundBuffers festlegen

HRESULT Set3DBufferPosition(D3DVECTOR *pvPosition);

| *D3DVECTOR *pvPosition* | Vektor für die Position des SondBuffers |

Die Funktion liefert *S_OK* zurück, wenn die Position gesetzt werden konnte.

Set3DlistenerPosition

Position des 3DListeners festlegen

HRESULT Set3DListenerPosition(D3DVECTOR *pvPosition,
                D3DVECTOR *pvFront);

| *D3DVECTOR *pvPosition* | Vektor für die Position des Listener-Objekts |
| *D3DVECTOR *pvFront* | Ausrichtung des Listener-Objekts |

Die Funktion liefert *S_OK* zurück, wenn die Position und die Orientierung des Objekts gesetzt werden konnten.

Anhang B

Glossar

In diesem Glossar haben wir noch einmal die wichtigsten Fachbegriffe alphabetisch aufgeführt. Dabei haben wir immer dann die englische Bezeichnung des Fachbegriffs genutzt, wenn diese sich im allgemeinen Sprachgebrauch der DirectX-Programmierung durchgesetzt hat oder die Übersetzung des Begriffs ins deutsche keine richtige Bedeutung bekommen hätte.

Alpha-Wert Der Alpha-Wert eines Pixels bestimmt im DirectX-Framework seine Deckkraft. Ein maximaler Alpha-Wert bedeutet dabei, dass der Pixel undurchsichtig ist. Ein Alpha-Wert von 0 bedeutet demnach, dass der Pixel durchsichtig ist. Bei einem mittleren Alpha-Wert wird das Pixel durchscheinend dargestellt.

Alpha Blend Die Alpha Blend-Methode kombiniert zwei Bilder unter der Benutzung des Farbwertes und des Alpha-Wertes eines jeden Pixels. Diese Technik erlaubt es, ein Bild über ein anderes Bild zu rendern und dabei eine Mischung aus beiden Bildern darzustellen. Bei der Mischung von zwei Bildpunkten werden zunächst deren Farbwerte anhand des Alpha-Wertes eingestuft. Danach wird der untere der beiden Bildpunkte erneut mit dem Umkehrwert des oberen Bildpunktes kombiniert. Dieses Ergebnis wird dann zu dem Wert des oberen Bildpunktes addiert und somit der finale Farbwert des Pixels errechnet.

Alpha Channel Der Alpha Channel bezeichnet die Deckkraft eines Image, bestimmt durch den Alpha-Wert in Kombination mit dem Farbwert eines Pixels. Der Alpha-Wert für jedes Pixel wird dabei in einem separaten Alpha-Surface gespeichert bzw. es wird ein konstanter Alpha-Wert in diesem Surface gespeichert.

Alpha Color-Komponente Die Alpha Color-Komponente ist der Anteil einer 32-Bit-Farbe, der deren Deckkraft bestimmt. In den meisten Fällen wird der Alpha-Wert pro Bildpunkt mit dessen Farbkomponenten kombiniert. Weit weniger gebräuchlich ist dieser Ausdruck bei Texturen, deren Bildpunkte den Alpha-Wert in einem separaten Surface gespeichert haben.

Alpha Edge Blend Mit dem Begriff Alpha Edge Blend bezeichnet man die teilweise Nutzung der Alpha Blend-Technik. Dabei wird die Alpha Channel-Information nur an den Rändern eines Bildes genutzt, um den Aliasing-Effekt zu reduzieren.

ambient Dieser Begriff bezeichnet eine Lichtquelle, die alles in einer Szene erleuchtet. Dabei spielt für diese Art der Beleuchtung weder die Position, noch die Ausrichtung oder die Oberfläche eines Objektes eine Rolle. Da diese Lichtquelle eine Szene mit gleich bleibender Stärke beleuchtet, sind die Parameter der Objekte bei der Berechnung der Lichtstärke ohne Bedeutung. Bei der Nutzung von mehreren *ambient*-Lichtquellen werden diese innerhalb der Szene kombiniert.

Anisotropic-Filter Der Anisotropic-Filter ist eine MipMap-Filter-Methode zur Reduzierung der anisotropen Verzerrung.

ARGB Alpha-(Deckkraft), Rot-, Grün- und Blau-Wert eines Bildpunktes. Die Daten jeder Farbe werden dabei einzeln im Speicher abgelegt, und zwar in der Reihenfolge BGRA.

Billboard Mit dem Begriff Billboard wird ein einfaches Objekt bezeichnet, dessen Oberfläche dem Betrachter zugewandt ist. Eine Textur, meist ein animiertes Sprite-Objekt, wird diesem Billboard zugewiesen, um dem Benutzer den Eindruck eines dreidimensionalen Objekts zu vermitteln.

Billboarding Bei der Billboarding-Technik handelt es sich um eine 2D-Technik, die den Eindruck eines 3D-Objekts innerhalb einer Szene vermitteln soll. Der Szene einer Applikation wird dabei eine Grundform, meist ist dies ein Rechteck, hinzugefügt. Dieses Objekt wird dann während der Laufzeit immer so ausgerichtet, dass seine Oberfläche immer dem Betrachter zugewandt ist. Die Oberfläche wird dann mit statischen oder dynamischen Texturen belegt, sodass der Betrachter den Eindruck eines dreidimensionalen Objekts erhält.

Blend-Faktor Der Blend-Faktor einer Textur bestimmt, wie die einzelnen Pixel der Textur mit den Pixeln anderer Texturen gemischt werden sollen.

Blend Mode Mit dem Begriff Blend Mode wird der Algorithmus beschrieben, der festlegt, wie eine Textur mit den Farben einer Oberfläche kombiniert wird, auf der die Textur hinzugefügt wird.

Bump Mapping Durch den Einsatz der Bump Mapping-Technik ist es möglich, bei der Oberflächenstruktur eines Objektes einen dreidimensionalen Eindruck zu vermitteln. Dabei werden Höhen und Tiefen einer Oberfläche in separaten Texturen gespeichert, die dann einem Objekt hinzugefügt werden und mit Standard-Texture-Blending-Techniken berechnet werden.

Codec Abkürzung für Kompressor/Dekompressor. Dabei handelt es sich entweder um eine Software oder eine Hardware, die benutzt wird, um digitale Medien zu komprimieren oder zu dekomprimieren.

Kollisions-Erkennung Bei der Kollisions-Erkennung handelt sich um einen Prozess, der feststellen soll, ob sich zwei Objekte oder Bestandteile von zwei Objekten in einer Szene den gleichen Platz teilen.

Culling Mit der Culling-Methode kann man ein Face von der Liste der zu rendernden Faces entfernen. Die Faces können dabei durch verschiedene Techniken entfernt werden, z.B. durch das Weglassen der Rückseite eines Objektes, durch die Festlegung eines Sichtbereiches oder durch das Weglassen von verdeckten Oberflächen.

directional Das »directional«-Licht ist eine Lichtquelle die einer Szene hinzugefügt wird. Dabei werden alle Objekte mit der gleichen Intensität beleuchtet, als wäre die Lichtquelle unendlich weit von den Objekten entfernt. Die »directional«-Lichtquelle hat dabei eine Ausrichtung, aber keine Position. Dieses Licht ist am besten dazu geeignet, Lichtquellen mit einem weiten Abstand zu simulieren, wie z.B. das Licht der Sonne.

emissive Die »emissive«-Eigenschaft ist eine Materialeigenschaft, die bestimmt, ob das Material eines Objektes Licht ausstrahlt. Dabei ist die »emissive«- Eigenschaft eine von zwei Eigenschaften, die festlegen, wie das Material eines Objekts das Licht reflektiert.

Face Ein Face ist ein einzelnes Polygon innerhalb eines Meshs oder eines anderen 3D-Objekts.

falloff Der »falloff«-Wert bestimmt den Dämpfungsfaktor des inneren (inner cone) und äußeren (outer cone) Kegels einer »spotlight«-Lichtquelle.

flimmern Als flimmern bezeichnet man das Schimmern auf einem 3D-Objekt, das durch eine schlechte Trennung der Z-Werte der einzelnen Texturen erscheint. Dabei können Bildpunkte der abgewandten Oberfläche auf der dem Benutzer zugewandten Oberfläche dargestellt werden und umgekehrt.

Focus window Das »Focus window« ist das Window-Objekt einer Applikation, das an DirectDraw gebunden wird, um Window-Meldungen abzufragen. Der »Focus window«-Message-Handler übernimmt die Meldungen, die durch DirectDraw weitergeleitet wurden. Eine Applikation kann dabei nur ein »Focus window« besitzen.

Frame Ein Frame ist ein einzelnes Bild in einem Film, einer Animation oder einer 3D-Szene.

Front Buffer Der Front Buffer ist der Speicherbereich, der vom Monitor oder einem anderen Ausgabegerät dargestellt wird.

Hardware Abstraction Layer (HAL) Mit dem Begriff Hardware Abstraction Layer oder auch kurz HAL wird die Kombination aus Hardware und Gerätetreibern bezeichnet, die es möglich macht, Applikationen zu entwickeln, ohne auf die Hardware-Anbindung achten zu müssen. Wenn die Applikation dabei eine Anforderung an die Hardware stellt, die von dieser nicht erfüllt werden kann, wird diese Anforderung per Software vom System emuliert.

Hardware Emulation Layer (HEL) Anforderungen von Applikationen an die Hardware, die von dieser nicht unterstützt werden, können bis zu einem gewissen Grad emuliert werden. Dies geschieht im Hardware Emulation Layer, dem so genannten HEL.

Human Interface Device (HID) Ein Human Interface Device ist ein Eingabegerät, das die Eingabe des Benutzers an das System weiterleitet. Dabei ist es unerheblich, um welche Form des Eingabegerätes es sich handelt. Dabei wird ein Bus-unabhängiges Protokoll benutzt, das im Original von der Universal Serial Bus (USB) Device Working Group entwickelt wurde.

Hit Detection Mit dem Begriff Hit Detection wird die Technik bezeichnet, die die Mausposition mit der Geometrie der Szene vergleicht. Meist wird diese Technik genutzt, um festzustellen, über welchem Objekt der Szene sich die Maus bei der Ausführung eines Klicks befand.

Kernel Mode Der Kernel Mode ist der Arbeitsmodus des Prozessors, der einen direkten Zugriff zum System hat. Ein Treiber oder ein Prozess, der im Kernel Mode arbeitet, hat Zugriff auf den Systemspeicher und die Hardware des Systems.

Key Frame Ein Key Frame ist ein Bild oder eine Animation, das bzw. die alle benötigten Daten zur Darstellung enthält, ohne auf einen vorhergehenden Frame zugreifen zu müssen.

Light Map Die Light Map ist eine Textur oder eine Gruppe von Texturen, die Lichtinformationen für eine 3D-Szene enthalten.

Material Mit dem Begriff Material wird eine Eigenschaft verbunden, die bestimmt, wie die Oberfläche eines Objektes das Licht reflektiert. Ein Material hat eine *emissive-*, *diffuse-*, *ambient-* und *specular-*Eigenschaft. Der *emissive-*Wert beschreibt die Farbe des Lichts, das von dem Material ausgesandt wird. Die drei anderen Eigenschaften bestimmen die Parameter zur Reflexion des Lichtes.

Mesh Ein Mesh ist ein Objekt, dessen Oberfläche aus einzelnen Elementen, den so genannten Faces besteht. Jedes dieser Faces wird durch ein einfaches Polygon dargestellt.

MipMap Der Begriff Mip kommt aus dem Lateinischen (multum in parvo) und bedeutet soviel wie »viel auf kleinem Platz«. Mit der Bezeichnung MipMap ist daher eine Gruppe von Texturen gemeint, die dasselbe Motiv zeigen, die sich aber von der Größe unterscheiden. Dabei sind die Kanten einer Textur immer halb so groß wie die der Vorgängertextur. Wenn der Betrachter nahe am Objekt steht, wird die Textur mit der höchsten Auflösung genutzt. Je weiter er sich von diesem entfernt und das Objekt somit immer kleiner wird, desto kleiner wird auch die Textur innerhalb der Gruppe, die zur Darstellung benutzt wird.

Mixing Im Bereich DirectSound beschreibt der Prozess des Mixing die Kombination von mehreren sekundären SoundBuffern in einem primären SoundBuffer, welcher dann anschließend die Audiodaten an die Sound-Hardware weitergibt. Dabei wird die Anzahl der sekundären SoundBuffer, die in diesem Prozess genutzt werden, nur von der Performance des Systems beschränkt.

Modell-Koordinaten Wenn man bei der Arbeit mit DirectX von Modell-Koordinaten spricht, meint man immer eine Koordinate, ausgehend vom Mittelpunkt des Modells oder des Objekts.

Multipass Texture Blending Mit der Multipass Texture Blending-Technik wird der Vorgang beschrieben, wenn ein 3D-Objekt wiederholt gerendert wird und dabei die einzelnen Texturen der Render-Durchgänge gemischt werden. Diese Technik wird bei unterschiedlichen Spezialeffekten eingesetzt.

Normal Vector Der »Normal Vector« bezeichnet einen Vektor, der senkrecht auf einer Ebene (Face) steht. Er schließt also mit den die Ebene aufspannenden Vektoren jeweils einen rechten Winkel ein.

Point Light Der Begriff »Point Light« bezeichnet eine Lichtquelle, die in alle Richtungen gleich strahlt.

Point List Eine Point List ist die einfachste Form eines 3D-Objekts. Es handelt sich hierbei um eine Sammlung von nicht verbundenen Punkten im dreidimensionalen Raum.

Primary Buffer Der Primary Buffer ist bei DirectSound der SoundBuffer, in dem alle Sounddaten gemischt und anschließend an die Sound-Hardware weitergegeben werden.

Primary Surface Mit Primary Surface bezeichnet man den Speicherbereich, der das Bild aufnimmt, das auf dem Bildschirm dargestellt werden soll.

RGBA Rot-, Grün-, Blau- und Alpha- (Deckkraft) Eigenschaft eines Bildpunktes. Die Daten jeder Farbe sind im Speicher in ABGR-Reihenfolge abgelegt.

Root Frame In der Direct3D-Programmierumgebung ist der »Root Frame« der Frame, der keine übergeordneten (Parent) Elemente besitzt. Er ist das allererste Element in der Hierarchie der Frames. Der »Root Frame« enthält alle Elemente der darzustellenden Szene.

Scene Die Scene ist die Zusammenfassung aller Objekte, die die virtuelle Umwelt bestimmen. Dazu gehören nicht nur die sichtbaren Objekte, sondern auch alle Sound-, Licht- und Effekt-Objekte, die in der Szene enthalten sind.

Secondary Sound Buffer Mit Hilfe des Secondary Sound Buffers wird ein einzelner Sound oder Audiostream bezeichnet, der bei seiner Wiedergabe seine Daten an den Primary Buffer weiterleitet.

Sound Buffer Der Sound Buffer ist ein DirectSound-Objekt zur Verwaltung von Audiodaten. Es gibt verschiedene Sound Buffer-Objekte wie den Primary Buffer und den Secondary Sound Buffer.

specular Die *specular*-Eigenschaft ist eine Materialeigenschaft, die bestimmt, wie ein Lichtpunkt auf einem glänzenden Objekt reflektiert wird. Die *specular*-Eigenschaft ist eine von zwei Eigenschaften eines Materials, die bestimmen, wie dieses das Licht reflektieren soll.

Spotlight Mit dem Begriff Spotlight wird eine Lichtquelle beschrieben, die einen Lichtkegel aussendet. Nur Objekte innerhalb des Lichtkegels werden beleuchtet. Der Lichtkegel besteht dabei aus zwei unterschiedlichen Lichtstärken. In der Mitte gibt es einen zentralen, hell erleuchteten Bereich, der als Ausgangspunkt des Lichtes fungiert. Der zweite Bereich umschließt den ersten Bereich und ist ein Produkt aus der Lichtstärke des zentralen Bereichs und der Dunkelheit rund um den zweiten Bereich.

Static Buffer Der Static Buffer ist ein spezieller Secondary Sound Buffer. Er enthält die Daten eines gesamten Sounds. Dieser Buffer wird typischerweise nur einmal gefüllt und danach immer wieder abgespielt.

Streaming Buffer Der Streaming Buffer ist ein spezieller Secondary Sound Buffer. Er enthält nur einen Teil der Daten eines Sounds. Der Inhalt des Buffers muss deshalb während der Wiedergabe erneuert werden. Dieser Buffer wird häufig zur Wiedergabe von größeren Sounddateien genutzt, um den vom Sound Buffer belegten Speicher im Systemspeicher zu minimieren.

Textur   Die Textur ist ein rechteckiger Bereich von Bildpunkten, der um ein visuelles Objekt gelegt wird.

Texture Blending   Mit dem Begriff »Texture Blending« wird die Technik beschrieben, bei der die Farben der Bildpunkte einer Textur mit den Farben der Pixel auf der Oberfläche eines Objektes kombiniert werden.

Textur-Koordinaten   Die Textur-Koordinaten bestimmen den Teil der Textur, der von einem Objekt auf dessen Oberfläche wiedergegeben wird.

Texture Filtering   Der Prozess zur Kombinierung von ein oder mehreren Bildpunkten zu einem einzigen Bildpunkt während der Berechnung einer Textur wird »Texture Filtering« genannt.

Texture Mapping   Beim Texture Mapping wird eine Textur auf ein Objekt gelegt. Da die Textur ein flaches Bild ist und die meisten Objekte meist nicht flach sind, muss die Textur anhand einer Karte auf die Oberfläche der Objektes gelegt werden. Diese Karte bestimmt dabei mit Hilfe der Textur-Koordinaten, welcher Teil der Textur auf welchen Teil des Objekts aufgebracht werden soll.

Einheitsvektor   Vektor mit der Größe (Länge) 1.0.

Vertex   Mit Vertex wird ein Punkt im dreidimensionalen Raum bezeichnet.

View Transformation   Die »View Transformation« ist eine Matrix-Multiplikation, die die Vertices von WorldSpace in den entsprechenden ViewSpace konvertiert.

WAVE   Ein Dateiformat, in dem Microsoft Windows Sounds in Wellenform speichert. Diese Dateien haben die Endung *.wav*.

Welt-Koordinaten   Die Welt-Koordinaten sind die Koordinaten relativ gesehen zum Mittelpunkt einer Szene.

World Transformation   Die World Transformation ist eine Matrix-Multiplikation, die die Vertices von ModelSpace in den entsprechenden WorldSpace konvertiert.

Z-Buffer   Der Z-Buffer ist der Speicherbereich, der die Tiefe jedes Pixels einer Szene speichert. Bildpunkte mit einem kleinen Z-Wert überschreiben dabei Bildpunkte mit einem hohen Z-Wert.

Stichwortverzeichnis

Wissen aus erster Hand

Das Visual C# 2005-Entwicklerbuch ist ein umfangreiches Arbeits- und Referenzbuch zur Erstellung von Windows- und Webanwendungen mit C# und Visual Studio 2005. Es beschreibt detailliert Struktur und Syntax von C#, behandelt die objektorientierte Programmierung und geht auf die Neuerungen von C# 2005 ebenso ein wie auf wichtige Utility-Klassen aus dem .NET Framework. Neben der reinen Sprache wird auch die Visual Studio–Entwicklungsumgebung mit ihren Möglichkeiten, produktiver zu arbeiten, behandelt.

Autor	Dirk Louis, Shinja Strasser
Umfang	ca. 800 Seiten, 1 CD
Reihe	Das Entwicklerbuch
Preis	59,00 Euro [D]
ISBN	3-86063-543-3

Microsoft Press-Titel erhalten Sie im Buchhandel, PC-Fachhandel und in den Fachabteilungen der Warenhäuser